2021年度上海广播电视奖（新闻）获奖作品选

上海市广播电视协会 编

文汇出版社

图书在版编目(CIP)数据

2021年度上海广播电视奖(新闻)获奖作品选 / 上海市广播电视协会编.—上海：文汇出版社,2023.1
 ISBN 978-7-5496-3980-9

Ⅰ.①2⋯ Ⅱ.①上⋯ Ⅲ.①新闻—作品集—中国—当代 Ⅳ.①I253

中国国家版本馆CIP数据核字(2023)第017405号

2021年度上海广播电视奖(新闻)获奖作品选

上海市广播电视协会 编

责任编辑 / 熊　勇
封面装帧 / 张　晋

出版发行 / 文汇出版社
　　　　　 上海市威海路755号
　　　　　 （邮政编码 200041）
经　　销 / 全国新华书店
排　　版 / 南京展望文化发展有限公司
印刷装订 / 启东市人民印刷有限公司
版　　次 / 2023年1月第1版
印　　次 / 2023年1月第1次印刷
开　　本 / 720×1000　1/16
字　　数 / 750千字
印　　张 / 44

ISBN 978-7-5496-3980-9
定　　价 / 78.00元

本书编委会

主　　编：林罗华

执行主编：赵复铭

编　　委：林罗华　许志伟
　　　　　赵复铭　王克耀

不辱使命　不负时代　踔厉奋进

（代前言）

2021年是一个永载史册，荣耀辉煌的年份。

这一年是伟大、光荣、正确的中国共产党诞生100周年。100年风雨沧桑，100年筚路蓝缕，100年不懈奋斗，100年风华正茂。中国共产党始终带领伟大的中国人民，经过长期艰苦卓绝的英勇奋斗，实现了从站起来到富起来到强起来的伟大时代飞跃，开启了中华民族伟大复兴的壮美征程。

这一年是见证中国在习近平新时代中国特色社会主义思想指引下改革发展取得更加辉煌成就的一年。我们实现了脱贫攻坚的伟大胜利，让一亿多贫困人口成功脱贫，几千年来，在中国实现了彻底消除绝对贫困人群，创造了令世界瞩目的伟大奇迹，我们向世界骄傲地宣告，我国经过改革开放的洗礼，我国经济社会发展三步走战略的目标中，全体中国人民全面小康的宏伟目标实现了。

这一年更是继往开来，开启中华民族伟大复兴向第二个百年伟大征程奋进的一年。在以习近平同志为核心的党中央坚强领导下，我们取得了战胜新冠肺炎疫情的战略性胜利，经济社会向着更高质量发展的目标坚定前行，人民的幸福感、获得感、安全感更加强烈。

时代的飞速发展也推动了意识形态领域主流媒体的转型创新。这一年主流新闻媒体发展守正创新，破茧重生，在融合做强上又迈上了新台阶，实现了新的历史跨越。传统的广播电视媒体开始实现与新媒体的融入，打造全媒体传播矩阵，多媒体联动，全方位立体呈现，牢牢把握住主流舆论场，为党的路线方针政策和社会主义主流核心价值观的传播发挥了主力军作用。新闻的传播力、引导力、影响力、公信力进一步提升。这一年中，市区两级主流媒体机构，紧贴时代要求，把握舆论导向,深入社会一线,反映民众心声,充分运用全媒体传播的新优势,出色完成了一场又一场新闻宣传的重大战役。出精品,树标杆,展形象,为2021年的媒体内容建设留下了精彩的一页。我们协会携手市区两级主流媒体,于5—7月开展了《奋斗与荣光》——庆祝中国共产党成立100周年主题短视频大赛,上海广播电视台、上海教育电视台和全市16家区级融媒体中心的采编播人员热情参与到这场大赛中,活动共收到162件参赛作品,这些作品各具特色,视角新颖,题材多样,故事生动,形态鲜活。其中青浦区融媒体中心精心制作的《百年芳华》等12件作品脱颖而出,分获一二三等奖。经受众网络投票,虹口区融媒体中心采制的《从虹镇老街到瑞虹新城》等10件作品,获"十佳人气奖",浓墨重彩地颂扬了中国共产党百年光辉历史,展示了中国共产党领导中国和中国人民取得的光荣而伟大的胜利,为庆祝建党百年,营造了浓厚的舆论氛围。2021年我们取得了全面奔向小康的伟大胜利。众多媒体的记者积极深入云南、贵州、青海、新疆等上海对口支援脱贫攻坚的地区,采访报道那里的真实感人故事,生动讲述中国人民奔小康的幸福与喜悦。东方卫视精心策划组织的大型节目《极限挑战》之三区三州行、《我们在行动》等,以脱贫攻坚为主题,以节目演绎人员现场真实的体验、直播、带货等形式,展现脱贫奔小康的佳绩,展示奔小康的人们幸福感、获得感,节目得到了国家广电总局的赞誉和嘉奖。

这一年来,媒体人始终牢记习近平总书记的殷殷嘱托,用心观察,用情体验,用力展现,不断创新,提升了新的传播效果。在2021年度上海广播电视奖的评选中,由上海广播电视台、上海教育电视台和16家区级融媒体中心选送的所有232件参评作品都是2021年中内容生产创新创优成果的展现。113件获奖作品是所有精品力作的代表。由上海广播电视台和全市16家区级融媒体中心联手创新打造的大型全媒体直播节目《民生一网通》,以其围绕中心,服务大局,回应民声,服务民众的鲜明特点,得到了社会的高度赞誉,荣获特等奖,书写了媒体融合传播的新历史。由上海广播电视台精心打造的新闻纪录片《诞生地》是庆祝中国共产党建党100周年的扛鼎之作,以中国共产党建党100周年为宏大叙事,聚焦上海作为党的诞生地这一特殊的历史地位,将党在一个世纪的光辉历史和上海的特殊贡献融为一体,内容厚重,纵横捭阖,思想深刻,获得了电视新闻类作品的一等奖。纪录片中心创制的系列纪录片《行进中的中国》,围绕全面小康的热点,分别聚焦中国的脱贫攻坚工程和疫情防控常态化下中国经济的快速复苏,以一个个鲜活的故事讲述当代中国应对各种挑战的中国力量。是又一个用国际视角,讲活中国故事的国际传播代表作。2021年,上海教育电视台内容作品品质有了较大的提升,其中电视新闻专题《大医生——陈尔真》生动展现了当代白衣战士的魅力风采,为疫情防控中的市民带来了专业的解析,在同类题材中脱颖而出,令人印象深刻。

这一年中,16家区级融媒体中心的内容生产和创新创优也有了长足进步,很多作品令人瞩目。在庆祝建党百年的主题宣传中,虹口区融媒体中心的互动创意作品《创文曝光台》,题材独到,手段多样,直击社会热点。崇明区融媒体中心采制的电视新闻《花博园区成为中国首个碳中和园区》,视角独到,立意站位高,在花博会报道中独树一帜。嘉定区融媒体中心采制的系列报道《手机呼叫转移易"结"不易"解",三大营运商联合推出解决方案》,舆论监督有力,回应民众关切,推动有关方面整改有实效,结构完整,社会效果良好。这些区级融媒体中心主创的优秀作品印证了他们的实力和水准。

2022年元旦,习近平总书记在新年贺词中激励全国人民向着新的目标,踔厉奋发,笃行不怠,不负时代,不负历史,不负人民。2022年是宣传极其重要的一年,党的二十大将胜利召开,这是党中央擘画中华民族伟大复兴新宏伟蓝图的划时代盛会,这是中华民族向第二个百年奋进的伟大进军号角。全面宣传贯彻落实党的二十大精神,开启新征程,奋进新时代是我们新闻宣传的主旋律,媒体人要牢记使命担当,不断创新前行,以时代之问,观察社会,记录发展,在时代大潮和人民的奋斗中做历史之答,倾全力打好党的二十大新闻宣传的大仗硬仗,向党的二十大献礼。

2022年,是媒体融合发展改革涉深水区的一年,经过多年的磨合和淬炼,融合传播的大矩阵开始形成,全媒体立体传播已经成为媒体人的共识,我们要在习近平新闻思想指引下,围绕党的中心工作,服务发展大局,把握舆论主动权,紧贴民生实事,汇聚民心民意,凝聚全社会向上的力量,继续书写新的时代篇章。

上海市广播电视协会会长　林罗华

2022 年 9 月

目 录

不辱使命　不负时代　踔厉奋进（代前言）……………………林罗华　001

广播电视特等奖

新闻栏目｜民生一网通（代表作）……………………………………005
　　　　｜在关注民生中发现深层次问题——评《民生一网通》
　　　　　专栏…………………………………………陈保平　020
　　　　｜《民生一网通》创作体会……………《民生一网通》栏目组　021

广 播 新 闻

一等奖
系列报道｜引领区一线观察………………………………………030
　　　　｜掬一捧水而知味江河——简评系列报道《引领区一线
　　　　　观察》………………………………………秦恒骥　036
　　　　｜这是浦东的故事，也是我们的故事——《引领区一线
　　　　　观察》采写体会…………………胡旻珏　赵宏辉　037
长 消 息｜十条公约、两场投票、四千户居民参与……封闭11个月的
　　　　　这扇门终于能开了！………………………………041
　　　　｜事实描述是受众的"第一需求"——简评《十条公约、两场投
　　　　　票、四千居民参与……封闭11个月的这扇门终于能开了！》
　　　　　………………………………………………秦恒骥　043
　　　　｜在"分歧意见"中挖掘新闻闪光点——《十条公约、两场投票、
　　　　　四千户居民参与……封闭11个月的这扇门终于能开了！》
　　　　　创作体会……………………………………姚轶凡　044

新闻评论 | 上海办税大厅首开"办不成事反映窗口",办成了不少事! ……… 049
　　　　 | 小"窗口"折射大新闻——评广播新闻《上海办税大厅首开
　　　　　 "办不成事反映窗口",办成了不少事!》 ………… 方颂先 050
　　　　 | 善于发现　见微知著——《上海办税大厅首开"办不成事
　　　　　 反映窗口",办成了不少事!》创作体会 …………… 俞承璋 053

二等奖

现场直播 | 重走一大路(片段) …………………………………………… 061
新闻节目编排 | 990早新闻(5月23日) ………………………………… 072
短　消　息 | 苏州市吴江区人庞云华今天当选为青浦区金泽镇人大
　　　　　　 代表 …………………………………………………………… 091
长　消　息 | 三兄弟同获"光荣在党50年"纪念章,党龄相加逾160年 … 093
长　消　息 | 上海100台"一键叫车"智慧屏好用吗?关于便捷性、响应
　　　　　　 度、知晓率,记者实地调查 ……………………………………… 096
新闻评论 | 不做折腾"植物人"的"木头人" …………………………… 099
长　消　息 | 上海网约车大多不合规?!管理思路能否改一改? ……… 103

三等奖

新闻访谈 | 《践行"人民城市"的上海样本》系列访谈(代表作:曹杨
　　　　　 社区) ………………………………………………………………… 108
新闻访谈 | 筑梦空间站——天和核心舱发射特别直播 ……………… 129
新闻访谈 | 反诈,检察在行动(第一期) ……………………………… 149
长　消　息 | 人要有梦想!你看巩立姣! ……………………………… 161
长　消　息 | 小小湿地守望者 …………………………………………… 164
新闻评论 | 一份《处罚决定书》凭什么火出圈?罚得明明白白也是营商
　　　　　 环境 …………………………………………………………………… 167
连续报道 | 手机呼叫转移易"结"不易"解"　三大运营商联合推出解决
　　　　　 方案 …………………………………………………………………… 172
长　消　息 | 警惕绿色债券"漂绿"现象 ………………………………… 177
新闻评论 | 不要让大家觉得骗子比我们还努力 ……………………… 180
短　消　息 | "90后"叶叔华院士全英文演讲鼓励女性打破"玻璃天花板"
　　　　　　 ……………………………………………………………………… 184

电 视 新 闻

一等奖

纪 录 片	诞生地（节选）…………………………………………………………	192
	上海，历史的时空——文献纪录片《诞生地》点评 …… 吕新雨	204
	让历史"活"起来——大型文献纪录片《诞生地》创作 感受 ……………………………… 冯迪犇　谢申照工作室	205
长 消 息	001号浦东新区法规落地 …………………………………………	209
	这条"001号"新闻内容深刻有意义——简评《001号浦东 新区法规落地》 ………………………………………… 金希章	210
	记录001号浦东新区法规诞生——《001号浦东新区法规 落地》创作手记 ………………………………………… 陈慧莹	211
系列报道	全球供应链变局下的中国机会 ……………………………………	217
	大视野深剖析　大调查有内涵——简评《全球供应链变局下 的中国机会》系列报道 ………………………………… 李　蓉	229
	向世界讲述中国危中寻机的智慧——《全球供应链变局下的 中国机会》创作体会 …………………………………… 王皙皙	230

二等奖

现场直播	伟大的开端——中共一大纪念馆开馆直播特别报道（节选）……	237
新闻专题	我在"一大"修房子 ………………………………………………	254
新闻编排	东方新闻（2021年7月26日）………………………………………	262
新闻专题	流调蹲点记录 ………………………………………………………	291
新闻访谈	改变世界｜曹德旺：做企业越难越要挺身而出 …………………	300
长 消 息	一份公函的善意 ……………………………………………………	311
系列报道	执行第一线（第三季）………………………………………………	315
纪 录 片	大医生——陈尔真 …………………………………………………	328
长 消 息	花博园区成为中国首个碳中和园区 ………………………………	334
短 消 息	华山医院：马昕、张文宏接受国产新冠病毒灭活疫苗紧急 接种 ……………………………………………………………	338
系列报道	"慢车情长"（系列报道）……………………………………………	341

三等奖

系列报道	上海城市数字化转型现状调查	355
系列报道	上海楼市新政后 开发商暗箱违规现象调查	364
纪 录 片	一级响应（第五集）	373
纪 录 片	流动的中国	394
新闻访谈	环球交叉点——西方偏见，中国如何应对	415
长 消 息	吴老，我来送送您	431
长 消 息	从棚户区到公租房 环卫工人安家上海	434
纪 录 片	走出荣耀：前浪	438
长 消 息	水庆霞的左右为难 蝉联冠军的双倍喜悦	454
长 消 息	31岁的钟天使跑赢了26岁的自己	457
长 消 息	林家村：从"百草园"到"薄荷香文苑" 农家书屋助力乡村振兴	460
新闻专题	"这一年，我的朋友圈"之"谭若霜：风貌区里的烟火人生"	463
新闻专题	致命纪念册	471

媒 体 融 合

一等奖

短视频现场新闻	还跟风报培训班？沪教委负责人道破"双减"重点		500
	52秒，这条短视频破圈传播力从何而来——简评短视频现场新闻《还跟风报培训班？沪教委负责人道破"双减"重点》	袁夏良	501
	聚焦"双减"政策的2 600万流量短视频是如何炼成的？——《还跟风报培训班？沪教委负责人道破"双减"重点》创作体会	朱齐越 林美德	502
创意互动	这条需要胆识的隐蔽战线，你敢挑战吗？		505
	重大主题和创新表达的有机融合——简评《这条需要胆识的隐蔽战线，你敢挑战吗？》	李 蓉	506
	用新颖鲜活的形式讲述党的红色金融史——《这条需要胆识的隐蔽战线，你敢挑战吗？》创作心得	周忆垚	507
短视频专题报道	挥别"李清照"？一位外卖小哥眼里的张江		511

	别样的"宏大叙事"——简评短视频专题报道《挥别"李清照"？一位外卖小哥眼里的张江》………… 袁夏良 512
	为了遇见好故事，做有准备的新媒体人——短视频专题报道《挥别"李清照"？一位外卖小哥眼里的张江》创作体会 ……………………………………………… 徐 晓 513
短视频现场新闻	【喊麦】"两会"朝你招招手，节奏你都跟我走！………… 516
	在传播互动融合中创新报道的"语态"和"样态"——简评短视频现场新闻《【喊麦】"两会"朝你招招手，节奏你都跟我走！》……………………………………… 严三九 518
	重大政治事件"破圈"新尝试：当上海两会遇上"洗脑"喊麦——短视频现场新闻《【喊麦】"两会"朝你招招手，节奏你都跟我走！》创作体会 ………… 沈颖婕 519

二等奖

短视频专题报道	假包装、假小票、假物流……揭秘海外假代购全流程 ………	526
短视频现场新闻	独家首发：守护这座城市最美的"烟火"！ ……………	531
融合创新	百年大党正青春——庆祝中国共产党成立100周年上海广播100位主持人100小时融媒体特别直播 ……………	534
融合创新	陈芋汐和她的207C ………………………………………	545
短视频专题报道	流调蹲点记录系列短视频（节选）………………………	550
短视频现场新闻	架起"空中走廊" 阿富汗松子开启神奇之旅：一探进博 ……	556
短视频专题报道	一"网"情深 上海城市数字化转型现状调查：我们的城市 …………	558

三等奖

短视频专题报道	陆老师有话说：七年了，高层小区的消防龙头里竟然没有一滴水？ ………………………………………………	563
短视频现场新闻	时代楷模吴蓉瑾专访：肖僖康的故事 ……………………	565
短视频专题报道	百年芳华 感恩有你 ……………………………………	567
短视频现场新闻	带着清华大学的录取通知书，他来上海陪父亲送快递 ………	570

短视频现场新闻	外卖小哥台风天停车疏通窨井道	571
短视频专题报道	"白宫義见"特别报道：中美俄元首视频会晤	574
短视频专题报道	一夜成军的白衣天使	580
短视频专题报道	芦粟阿哥	584
融合创新	特大喜讯！奉贤小囡姜冉馨取得本届奥运会上海首枚金牌，实现奉贤奥运金牌零的突破	589
新媒体新闻专栏	阿姨爷叔请提问	592

国 际 传 播

一等奖

纪 录 片	行进中的中国	601
	中国减贫故事的国际表达——评析纪录片《行进中的中国》 朱晓茜	615
	以国际视野向世界讲述中国脱贫故事——《行进中的中国》创作手记 陈亦楠	617

二等奖

| 电视新闻专题 | WhyChina 你所看不懂的中国 | 625 |
| 新媒体品牌栏目 | PudongUpdate（浦东在线）（作品简介） | 633 |

三等奖

电视新闻专题	百年大党——老外讲故事·上海解放特辑（Witness a New Dawn）（节选）	643
电视新闻访谈	环球交叉点——"乒乓外交"五十载 以史鉴今正当时	649
长 消 息	上海迪士尼暂停开放 所有游客午夜前完成核酸检测离园	665

附录：

2021年度上海广播电视奖获奖作品名录	667
第16届上海长江韬奋奖获奖者（广播电视）	682
第31届上海新闻奖获奖作品名录（广播电视）	683
第32届中国新闻奖获奖作品名录（上海广播电视）	688

广播电视特等奖

2021年度上海广播电视奖
参评作品推荐表

栏目名称	民生一网通		创办日期	2020年11月30日
专栏周期	每周一至周五（日播）	播出频道	FM93.4上海新闻广播、上视新闻综合频道	语　种	中　文
播出单位	上海广播电视台东方广播中心、融媒体中心十六区融媒体中心		体　裁	广播电视新闻专栏
作　者（主创人员）	集体		编　辑	集体
专栏简介	2020年11月30日起，上海广播电视台东方广播中心携手融媒体中心，联合上海16个区融媒体中心，推出全国首档大型日播融媒联播节目《民生一网通》。它是落实"人民城市人民建，人民城市为人民"重要理念，助力上海城市数字化转型和"一网统管、一网通办"两张网建设推出的民生节目。共计报道百姓各类"急难愁"问题458件，已推动落实解决445件，推动解决率高达97%；全年网络关注量突破1.5亿，直播在线人次131.4万，单条视频传播最高达659万，全年获点赞43.8万、评论11万，"民生一网通"小程序收到市民各类留言5 426条，大量市民为节目点赞："实实在在为民办事，支持支持。""你们想老百姓所想，为我们处理了很多难题，感谢！""解决老百姓实事，利民，太棒了。"……取得热烈社会反响。 　　工作日每周一至周五中午11点05分，在上视新闻综合频道、FM93.4上海新闻广播、话匣子FM、阿基米德、看看新闻、快手、视频号等平台同步音视频直播。广播电视"双频"共振、互联网多平台联动，形成全媒体传播矩阵。 　　《民生一网通》节目目前已在广、电、网端推出一周年有余。日常节目接收市民急难愁问题线索及市民建议，以记者外出直播、当事人微信连线、新闻成片等形式展现问题解决进程。节目开播至今，几乎天天都在为群众办实事，为老百姓在线解决急难愁，涌现出了"植物人为何要亲自上门办证""网红大楼的甜蜜烦恼""电子亮证大通关"等优秀作品，不仅帮助了当事人解决困难，一些引起社会高度关注的案例，还改善了政府部门的			

专栏简介	相关政策，提升了上海精细化管理的水平。此外，对于一些难啃的"硬骨头"问题，节目还设置了"搞定了伐"板块，对节目中无法马上解决的求助案例进行跟踪报道，动态呈现没有解决的堵点到底在哪儿，剖析新问题产生的原因，对群众困难进行跟踪解决。 除了为群众办实事，节目还聚焦"两张网"，以一网通办指南片、一网统管案例片、城市数字化转型应用报道为特色，设置"现场通""人民建议信箱"等板块。同时结合时事，在上海中风险隔离点解封后，制作随申码红黄码变绿背后的秘密。并不定期推出"数字上海新风景·新年访谈""'一网通办'上线三周年""新手通'关'记""聚焦城市管理最小单元"等特别策划节目。 目前，这档承担上海广播电视台媒体融合先锋使命的民生节目，通过打通 xnews（电视）和@radio（广播）融合平台，实现了广播、电视工作人员共同策划，共同参与，共同制作的主阵地。柴多火焰高，人多办法好。在广播和电视工作者的共同努力下，节目已得到6次市委宣传部"新闻评点"表扬；入选上海宣传系统"我为群众办实事"重点民生项目，并赢得2021长三角广播电视媒体融合成长项目奖、上海新闻奖等殊荣。
社会效果	《民生一网通》这档由上海广播电视台融媒体中心、东方广播中心联合打造的大型日间融媒联播节目，始终紧扣"我为群众办实事"主题主线，推出大量"在线解决急难愁"的直播报道、追踪报道和体验式报道，不仅展现上海基层治理的细密针脚和民生温度，反映城市治理数字化和智能化水平，更切实地推动相关部门工作流程、管理规则的改进更新。大量市民为节目点赞，有效地发挥了全媒体时代"通联部""群工部"的重要功能。

民生一网通(代表作)

【时间】2021年3月22日

【雪瑾】联通现场,时刻在线。各位观众、听众、网友,欢迎您收看《民生一网通》,我是主持人雪瑾。我们的节目在每周一至周五11:05,在上视新闻综合频道、调频93.4上海新闻广播,以及看看新闻、话匣子FM、阿基米德客户端和快手同步音视频直播。欢迎您拨打热线电话22005858/62706270发表观点、参与互动;或通过屏幕下方其他的互动方式,参与节目。

【雪瑾】欢迎本期节目嘉宾——上海交通大学国际与公共事务学院助理教授——秦川申,欢迎您!秦教授在日常生活当中有没有使用过我们的一网通办以及电子亮证的一些功能。

【上海交通大学国际与公共事务学院助理教授 秦川申】其实是使用过的。就拿最近来说的话,刚刚前面我进这个广播大厦用的就是这个电子亮证的功能,是用的电子身份证的信息。

【雪瑾】这个实际上是我们前期的节目中已经发现很多市民,在线下场景中比较常用的一个功能了。那么从今天开始我们将会有三期节目一起来关注我们的电子亮证功能使用的各种场景,因为前期我们也做过一些调研,不少市民给我们反馈很多,我们的电子亮证功能在实际使用过程当中遇到了一些阻碍和瓶颈,到底是不是这样?接下来节目我们一起来关注。

记者调查:打造"不带证城市"还有哪些坎儿?

【雪瑾】近期,上海公布了《深化"一网通办"改革构建全方位服务体系的工作方案》,明确未来三年的改革举措和工作任务。方案明确,2021年底前,"一网通办"要实现从"可用"向"好用"转变。实现基本公共服务全覆盖。推出10项示范性公共服务场景应用。2022年底前,实现从"好用"向"爱用"转变。实现公共服务全覆盖,全面推进公共场所服务提升,服务质量和水平达到全国一流。2023年底前,实现从"爱用"向"常用"转变。"一网通办"全方位服务体系基本建成。

【雪瑾】目前,随着一网通办功能的普及,很多便民服务,老百姓只要通过一部智能手机就能一手掌握,比如说电子亮证功能就是其中之一。那么这些展现在手机屏幕上的身份证、驾驶证、医保卡、居民户口本,甚至是无偿献血证在上海的公共服务领域以及企业办事中,可用吗?好用吗?老百姓爱用吗?"是骡子是马还得拉出来遛遛"。在不打招呼的情况下,记者也对一些部门和单位进行了一番明察暗访。

【解说词】上午,记者作为一名要寄包裹的市民,来到了市中心的一家邮局。

【暗访画面】

记者:我要寄包裹的话,我要出示身份证吗?

邮局工作人员:对,要身份证原件噢。

记者:一定要身份证原件吗?我今天带来一个随申办……

【解说词】记者随后打开了手机里的随申办电子亮证功能,里面的电子身份证很快显现了出来,不仅身份证的正反面画面都有,还有一个可以进行系统认证的扫码亮证功能,然而即使是这么完整的电子信息,邮局工作人员依然告知,无法使用。

【暗访画面】

记者:那我亮证,电子亮证可以吗?

邮局工作人员:不行,随便到哪个邮局都要原件。这是统一的。

记者:那法律不是认可这个电子亮证吗?

邮局工作人员:你不要跟我讲什么法律不法律,全市邮局都统一的。你要寄包裹,要寄ems,全部是原件身份证。

记者:我今天没带就没法寄啦?

邮局工作人员:没法寄,这是规定,我们也没有办法。这是上面的规定。不是我说了算的。

记者:但是这上面号码什么都有呢?

邮局工作人员:没用的。

记者:这不是警察都认可的吗?

邮局工作人员:警察认可,我们邮局不认可。

记者:现在不是这个电子证件挺便民的,方便老百姓?

邮局工作人员：对啊，这个没办法的，我说了不算，再说监控也在这里，全是联网的，我如果给你们收了，明天就下来一个公文了，我就回去了。你要寄的话可以，你到我们总局去寄，看他们怎么说。我也没办法，虽然我很同情你，但是监控在我也没办法，我吃这碗饭的。除非我脱掉（这身工作服），我可以去寄。

【解说词】在邮局吃了闭门羹，记者又带着电子身份证来到了上海图书馆，扮成一名需要办理读者证的市民。

【暗访画面】

记者：你好，我今天身份证没带，我用电子亮证可以办读书证吗？

图书馆工作人员：随申码也可以。

记者：随申码就可以是吗，那电子身份证可以吗？

图书馆工作人员：可以。

记者：像这样的电子身份证就可以是吗？

图书馆工作人员：可以，你先去申请。

【解说词】记者发现，在上海图书馆，电子亮证几乎畅通无阻，不仅可以出示电子身份证，还可以出示在随申办里的电子读者证。那么是不是所有上海的图书馆都可以这样方便了呢？为了一探究竟，记者又来到了一家街镇图书馆。

【暗访画面】

记者：我想问一下，这里可以办图书证吗？

街镇图书馆工作人员：可以啊，今天这么晚来。以后4点半之前来。

记者：需要身份证吗？

街镇图书馆工作人员：需要身份证，需要100元现金。

记者：如果我用电子亮证？

街镇图书馆工作人员：不行的，一定要本人身份证。

记者：你看，随申办，电子亮证。

街镇图书馆工作人员：不行的，我们一定要进去，要扫码的。我们弄不出的。你给我没用。

【解说词】街镇图书馆的工作人员告诉记者，由于图书馆扫描身份证的设备还没有更新换代，所以无法使用记者的电子身份证进行认证。

【暗访画面】

街镇图书馆工作人员：我们是老设备，不是新式设备，我们的机器都是老式的，新的东西弄不进去的。你看，还是要扫码的。

记者：白跑三楼啦，不行吗？

街镇图书馆工作人员：你试试，扫不进去的。扫得进去，我帮你扫了。记住，我们这里一定是原件。

记者：我这个就是原件呀，上海市政府不是认可的吗？随申办呀！

街镇图书馆工作人员：随申办对的，但是我这个设备弄不进去。

【解说词】电子身份证吃了两次闭门羹，记者决定拿着电子户口本去区房产交易中心试一试，一进门，记者就发现了很多一网通办的宣传海报，让记者对此次体验获得成功信心倍增。

【暗访画面】

记者：我想问一下，这里电子户口簿可以用吗？

房产交易中心工作人员1：你要给谁用？限购还是税务？

记者：就是过户。房产过户。

房产交易中心工作人员1：我记得税务是不可以的。我记得限购是不可以的，但是我不是限购部门，我们两个部门不清楚，我记得他们不可以收的。

记者：不可以收的？

房产交易中心工作人员1：我记得是不可以的。一定要原件的。你不放心，五号六号窗口问一下。

记者：电子户口簿可以用吗？

房产交易中心工作人员2：没看到过嘛，不能用的。

记者：不能用的？一定要用原件的？

房产交易中心工作人员2：对啊。

记者：我是随申办上的电子户口簿，不能用的啊？

房产交易中心工作人员2：不可以用的。

【暗访画面】

记者：不动产登记，公证服务，这里都可以。自助查询，不动产权利人，可以通过随申办查询不动产权利人，用这个可以网上快速缴纳房产税。但是不认电子的户口本。

【雪瑾】我们记者前往的这些部门，包括像邮局，还有我们的图书馆，还有刚才我们前往的是这个房产交易中心，可能是很多日常我们市民在办理公共服务当中常去的一些地方，那么在我们今天节目当中，我们也向大家发出了这样一个调查的邀请，特别希望看到和收听我们节目的观众和听众朋友，包括我们一些网友，你们在日常生活当中有没有使用过电子亮证的这样一个功能？在什么样的场景当中使用的是最多的？在使用的过程当中有否碰到相关的一些问题，那么又有什么样的建议，期待大家在我们的直播过程当中，以及后面几天的节目当中持续地一起向我们来反馈，参与的方式很简单，22005858打电话给我们，期待您的来电。那么看完了刚才我们记者的暗访，秦教授刚才也是看得很认真，其实每一个场景的使用它的一个结果都是不一样的，您有没有发现其中的问题在哪里？

【上海交通大学国际与公共事务学院助理教授　秦川申】我们在上海市的电子证照的管理暂行办法当中,其实有一些遵循的原则,其中有12个字特别关键,分别叫作标准统一,互认互通和利己便民,那我们利己便民是最终的一个目的,我们可以往后再说,那前面的这两个就特别关键,一个是标准统一,它是不是在各个公共管理和服务部门,它所有的标准是统一的,这个是我们可能要关注的一个问题。那互认互通这是两方面的事情,一个是关于法律上面这个电子证照和我们的实体证件它是不是能够互通,然后同时也是一个技术上的问题,在那个图书馆的这个案例当中,其实我们可以看到办事人员他是有这个意愿,但是在技术上它是不兼容的,所以当中我们看到有很多的不一致的地方,是显示了这个在兼容性方面还是存在一些可以改进的空间。

【雪瑾】我们就单单说图书馆的这个事情,你看如果是在市级的一些图书馆能使用,再到街镇的图书馆,那么它不能使用,它不能够使用的一个原因是在于技术上的一个革新,就是相关的这些人员,首先我觉得非常欣喜的是发现大家对于电子亮证这功能都不陌生,就是不是说我一问这个情况大家是不清楚的,业务部门还是知道这方面内容,只是说我现在的可能技术条件上面还没有完全跟进,所以这个功能我现在没法使用,但是未来我们可以期待说是不是解决了技术的问题,设备更新了之后我们就能够使用,因为这个在我们之前所提到的这个方案当中,我们很多的公共服务方面其实恰恰是最需要立即来更新使用,我们这个电子亮证功能的目标也已经有了,那么但是我们又回到最初的,包括像我们的邮局也好,包括房产交易中心,这个里面好像和我们具体的业务部门,平时的一些日常的规范和原有的这个制度上面出现了一些不兼容的问题,导致我们现在电子亮证功能使用的不畅通,那么这个问题我们怎么来解决?

【上海交通大学国际与公共事务学院助理教授　秦川申】其实可以看到我们对于这个公共管理和服务部门,它当中是有两个词:一个叫管理,一个叫服务。那我们如果从管理的角度出发的话,它更多的强调是一个秩序,我们在这个办事的流程上面保证它的准确性,不犯错。那如果从服务的角度出发的话,更加关注的是人的满意度,包括这个便捷。所以在规章制度上面,其实我自己个人还是比较能够理解邮政办事人员,他对于这个制度上面或者说我们这办事流程和法律上面一个兼容性的这样的一个顾虑,觉得这个是可以通过未来对于办事流程工作流程的一个改进去克服的一些问题,我觉得这个并不是一个特别大的障碍。

【雪瑾】但是现在我们其实会有一些问题在这个里面,因为像我们在部分的部门当中,不能够使用电子亮证的这个功能不是少数,而且大家也会说可能是不是因为规章制度上的一个不兼容导致现在的这个使用不畅,但是我们发现不管是从国家层面,就是在2019年国务院关于在线政务服务的若干规定,还是我们上海的一些地方性的关于电子证照的一个管理暂行办法当中都已经明确提到了,我们要求相关的部门要根据我们的这样的一个倡议,包括现有的这样一个规定,细化我们的应用场景,包括在部门的一些规范规定当中,一定要对于本办法不相适应的条款进行修订,目的就是要消除电子证照应用的一个制度障碍,那么一个是(20)19年,一个是(20)18年到今天的2021年已经有一定的时间了,为什么说我们相应的一些提供服务的部门,即便它是管理的功能,在这个其中风险意识更高的前提下,没有对我们的一些制度性的规范进行一个跟进,导致我们的一线窗口的工作人员也没有一个服务参照的标准,这个其实是我们比较想要知道的答案。

【上海交通大学国际与公共事务学院助理教授　秦川申】其实我们刚刚前面说这个数字化转型,它都会有一个阵痛期,这阵痛期的话,我们在很多的这个法律制度上面都会落后于技术一些节奏的,所以在这个数字化转型的过程当中,我们发现了这些问题,我相信这个法律和制度很快就会补上来的。

【雪瑾】那我们在今天所说的这些应用的场景,可能还会有更多的一些体验,但是在这个过程当中,是不是对我们很多的一些制度的推行,或者说执行层面上的一些细则的更新能够有一些反思和思考？您觉得未来我们说的现在使用这个一网通办也好,也是为了让我们的市民,包括我们的企业,在整个办事端更加便捷和方便,当然这些便捷和方便都是基于安全的这样的一个底座才能够实现的。我们也特别理解相关的业务部门在推行的过程中考虑到安全的一些因素,有些时候步子不能迈得太大,但是不迈大并不代表我们不迈的这样的一个原来的动机和目标,那么在这个过程当中,我们怎么能够未来让这些制度在更新的过程当中更加顺畅,我们可以做一些什么样的推动？

【上海交通大学国际与公共事务学院助理教授　秦川申】刚才前面我们讲这个数字化转型,它其实是具有一个网络外部性的特点的,那网络外部性是什么？如果我们通俗地来讲就是使用的人越多,那这样的一个技术对于个人和社会来说的话,它带来的效益会更大,那我们说的兼容的问题,其实可以通过立法的手段来加以干预的。那我相信就是在未来的话,这个我们刚在前面提到法律条款都是(20)18年(20)19年的,我相信还是在一个不断地跟进的一个过程当中,我们目前这个一网通办已经实行了一段时间,所以我觉得有很多问题和一些试点当中的一些发现,都可能成为我们未来的一个立法的依据,我也很期待看到这样的一个立法能够有一个跟进和补充。

【雪瑾】那么在这个新的三年计划当中,我们也希望首先从面前的这些细化的应用场景中,我们市民真正在使用这些电子证照的时候,能不能得到相应的一些认可,使用起来是否更加便捷和畅通。当然我想可能也需要我们市民朋友提供一些建议,就是在哪一些我们最常用的场景中,我们希望这些功能是最快的,马上就能够更新的;而哪一些应用场景我们可以稍微逐步地后续更新,以及您在具体使用的过程当中有没有碰到更加棘手的问题,期待您的来电,我们也希望和《民生一网通》节目一起来推动我们电子证照以及一网通办各种功能的完善和优化。

松江区一道路损坏严重,市民"雨天一身泥、晴天一身灰"

【雪瑾】接下来我们再来关注民生的案例,有一位市民向我们反映:松江区新桥镇申港二支路长约一公里不到,这条路路面损坏严重,道路泥泞不堪,雨天一身泥、晴天一身灰,道路两边倾倒了各种垃圾,几乎没人管。具体情况到底怎样?我们来连线正在现场的记者陆兰婷:

【记者　陆兰婷】好的,雪瑾,那么我现在就站在申港二支路,申港二支路说是一条路,其实有很多泥土,根本就是说看不出有什么路的,那么这条路呢,你可以看出现在我后面还有很多垃圾,这个垃圾,早上我来的时候,这里已经出动了很多的环卫工人和那个安保,他们已经把垃圾弄干净了,而且今天算是这条路最干净的时刻了。刚刚一阵大风刮来,就像那个沙尘暴,那么这里的情况是糟糕到这个程度。那么到底持续了有多久?我们来请市民葛阿姨来给大家介绍一下,葛阿姨,来请。过来。

【附近居民　葛阿姨】我住在这里已经六年了。从搬过来就很脏的,今天算干净一点儿,平时还要脏。

【记者　陆兰婷】脏到什么程度?

【附近居民　葛阿姨】像一座山,像一座假山,垃圾一堆堆像山一样。

【记者　陆兰婷】都是些什么垃圾?

【附近居民　葛阿姨】生活垃圾也有,厂里的垃圾也有,塑料纸也有,样样有,还有泡沫,还有木条子。

【记者　陆兰婷】这垃圾有人运吗?

【附近居民　葛阿姨】要很长时间才来运一次,有时候一个星期,有时候一个月。

【记者　陆兰婷】除了这里的垃圾,这路下雨天怎么走?

【附近居民　葛阿姨】没办法走,都是泥巴,像以前农村里的那种泥巴,很脏的,我穿一次性套鞋的。

【记者　陆兰婷】我刚听你说上次还摔了一跤?

【附近居民　葛阿姨】星期天出去买菜的时候,这泥太滑了,滑了一跤,还好没有大碍。

【记者　陆兰婷】你跟有关部门反映过吗？

【附近居民　葛阿姨】反映过的,我跟村里反映过,拍照也给他看过,本来过年前,两个礼拜前,我发给他看,我说你叫我怎么过大年夜,他说我给你去联系一下,联系后,过年一个礼拜,来运过了,后来又不来运了。最近又来运过了。过年要一个月,垃圾又是很多的。

【记者　陆兰婷】听说这里晚上车停很多。

【附近居民　葛阿姨】都是大卡车,一路上都是停的,走路晚上看起来很不舒服。

【记者　陆兰婷】这里有路灯吗？

【附近居民　葛阿姨】很暗的,不是很亮的。

【记者　陆兰婷】没有路灯,路又不好。

【附近居民　葛阿姨】我用手机,是很危险的,这里还黏答答,我一般晚上都不太出来,因为年纪大了,晚上不出来。就是泥巴黏答答。天好,就像你说的,灰尘,沙尘暴。

【记者　陆兰婷】就是天好一身灰,雨天一身泥是吗？

【附近居民　葛阿姨】是的。

【记者　陆兰婷】雪瑾,听说这条路已经在维修了,但是从去年开始维修到现在,还没有维修好,(前两天。那个阿姨我在说话,请你稍微等一下,你有意见我们已经告诉大家了。)那么前两天我在这里提前采访的时候正好是下雨天,那么这里所有的车子上面都是泥巴,然后也没有一个人管理的。那么从反映的人拍了一张照片给我说,自从我前两天来采访过以后,他们派了一个保安在路口蹲着,但是那个垃圾还是没有清理,今天来的,因为我提前也告诉了他们,新桥镇,所以我到了现场,这边保安有十几个就在清理这边的垃圾,最后这堆垃圾,是我说你不能再清理了,还是让我们直播的时候,让我们所有的听众和观众朋友大家可以看一看。这条路今天就算是非常干净的,那么这条路我前两天来根本没看到一个工人在维修,那么这条路到底在修,还是没有在修,还是拖了那么多久,那么我们现在就请他们那个新桥镇直属的一个企业,专门是维修道路的,您过来,您贵姓？

【新桥镇直属上海明中置业有限公司经理　蒋政辉】我姓蒋。

【记者　陆兰婷】蒋经理是吧？这条路到底现在是在修还是没修啊？

【新桥镇直属上海明中置业有限公司经理　蒋政辉】我把这条路原委讲一下。这条路,去年8月我们是启动修的,新桥镇人民政府出资来维修这条路。然后8月我们开工过以后做了两个礼拜,然后碰到沪苏铁路,这条路到底的左边有一个大型搅拌站,然后它那个大型车辆进出,他们要求我们停工,那么因为他们配合那个市里的重大项目,我们要开始停工,一直停到10月底,12月份我们开始复工,然后我们从12月份做,一直做到今年1月中旬15号左右,把这条管子下面这个路下面那个管挖掉了,放了管子放好了,就地下部分管好了,然后到了1月中旬民工都回去了,快要过春节了都回去了。然后3月份左右他们又来了,我们又开始复工了。

【记者　陆兰婷】这条路有多长?

【新桥镇直属上海明中置业有限公司经理　蒋政辉】600米。

【记者　陆兰婷】就是600米的路,排一个地下管道或煤气管也好,水管也好,电信管子也好,真的也用不了那么久。

【新桥镇直属上海明中置业有限公司经理　蒋政辉】主要是这条路是没法全封闭的,如果是你说的情况像新建小区的话,我们很快的,但是我们一边挖一边后面是个中心小区,他们从这里进材料的,这里是老百姓的小区,这条路我是没办法封闭的,因为没办法封闭。

【记者　陆兰婷】那么你接下来准备怎么办呢?

【新桥镇直属上海明中置业有限公司经理　蒋政辉】就是现在我们已经准备复工了。

【记者　陆兰婷】现在已经是3月底了,都3月20日了。

【新桥镇直属上海明中置业有限公司经理　蒋政辉】前段时间你看一下天气,没有复工,因为是下雨。

【记者　陆兰婷】下雨也不能干,那么马上清明节,清明时节雨纷纷又不能干,再下去马上要到黄梅天也不能干,那你怎么办?

【新桥镇直属上海明中置业有限公司经理　蒋政辉】如果天气好的话,按计划,我们就是总归在4月份,4月底内完成。

【记者　陆兰婷】这条是你们镇级道路是吧?

【新桥镇直属上海明中置业有限公司经理　蒋政辉】这个应该是镇级道路。

【记者　陆兰婷】要是再来几辆大卡车,马上就把路面给压坏了。

【新桥镇直属上海明中置业有限公司经理　蒋政辉】像我们普通的企业的进出是没问题的,因为搅拌站已经用好了,他不用了,那边不用了,他如果用的话,要他们另外有自己一个便道,另外走了,这条路就不用了。像这个普通的车那么十几吨,我觉得没问题的。

【记者　陆兰婷】它搅拌车不是十几吨,都是50吨上下,说20吨都没问题的,但是它出来的那种特别巨大的,我就担心你这个是镇级道路,你如果按照镇级道路的这个规格来修这条路的话,我估计用不了多久,这条路又变成老样子了,你能保质保量修好吗?

【新桥镇直属上海明中置业有限公司经理　蒋政辉】这个能保质保量做好的,肯定的。

【记者　陆兰婷】到时候我们也要回访,那么你现在就是跟我们电视机前面的那个关注和这个周围的我们老百姓承诺一下你这条路什么时候能修好?

【新桥镇直属上海明中置业有限公司经理　蒋政辉】这条路就是说在天气好的情况下,4月底完成。

【记者　陆兰婷】4月底还是没把握了?

【新桥镇直属上海明中置业有限公司经理　蒋政辉】就是4月底,基本上没问题。我看了天气,这段时间天气都好的,15天天气预报,我工程一直看天气的。

【记者　陆兰婷】他刚刚也是讲了很多的原因,这条路因为什么春节没返工,又下雨,从反正去年8月到现在已经半年多了,就这么一个600米的道路,各种原因没修成,现在就变成这个样子,而且今天算是非常干净,因为今天是没有下雨,但是在这个维修过程当中,你也要保证老百姓的这个正常的出行。那么在这个就是修路的过程当中怎么来减少垃圾,怎么来保证老百姓的这个环境的卫生?不能因为你施工这里就可以这么弄的,那么我们接下来请他们镇的环卫所副所长来说一下,在修路的时间,你怎么来把这个垃圾弄掉?

【新桥镇环卫所副所长　顾秀芬】陆老师,是这样的,就是说产生的垃圾一块,就是小区现在这里边一共有17户人家,然后产生的一个生活垃圾,那么还有一个就是企业里边,他们都是跟我们是签约的,就生活垃圾25块钱一桶签约的。那么他比如说就是有些是签约,就是签约的一个量不够,然后还有一些就是你像这边不是有园区,园区里边可能有十几二十几家企业,那么他可能签的就是四五家,有些都是没有签的,那么没有签约的,我们是不清运的。

【记者　陆兰婷】签约不签约跟老百姓生活没关系,老百姓眼里就是说你有垃圾,你就是要清理掉,你签约,然后你清理不掉,你自己那什么一桶多少钱,你去找他们去啊对吧?你垃圾不清是不对的。

【新桥镇环卫所副所长　顾秀芬】所以老师这样的,所以我的意思就是说我先说明一下,就说这个垃圾就怎么产生的,就因为他们比如说就签约的量不足,那么它产生的,那么它这个垃圾去哪里?因为我们不清,那么它只能是偷倒,所以这边一般就是说产生的就是一个是偷倒垃圾,还有一个就是小区里边居民产生的一个正常的一个生活垃圾,那么我们确实也是清的,前两天就因为这边就是前面在修路,15吨的车,车子进不来,那么我们这一点确实做得不好,就是15吨的车进不来,我们就是没有派小车过来。后续我们就这样,就是说每天,在道路维修期间,大车进不来的情况下,我们每天就是安排小车到这边来清理。

【记者　陆兰婷】我就说前两天我还来采访的时候,你们那个保洁员都说了,现在连保洁都没办法,所以你看地上全都是垃圾,那么这个保洁怎么保洁法,扫地都不能扫,刚刚还有人准备用大扫帚在扫了,一扫全都是灰尘。

【新桥镇环卫所副所长　顾秀芬】所以现在就是说它工期还没结束的时候,那么我们只能临时弄点这种夹子或者怎么样的,就清一下,因为扫不好扫,我们用小型的清扫工具,我们过来清好。施工以后就没问题了,那么我们大车也开了进来了,直接就是压缩车压掉了。

【记者　陆兰婷】这条路是在新桥镇春申社区,这个春申社区有一个管委会,那么这条路怎么做好长效管理综合管理,那么春申社区管委会王主任也到了现场。

【春申社区管委会　王主任】这里属于我们的管理区域。

【记者　陆兰婷】因为你们也每天会有来回的巡逻,居民也向你们反映,那么为什么这个问题就没解决？路是没修好,但是环卫也好,包括综合的,就是整个综合管理好像都是比较差的。

【春申社区管委会　王主任】现在这方面,我们从上个星期三接到反映的一个情况。

【记者　陆兰婷】星期三是我来过的那天。

【春申社区管委会　王主任】后来,星期四,我召集了有关部门,包括那个城管,包括居委会书记,那么环卫几方就针对这个事情怎么样彻底来解决。第一,我跟居委会协商开了一个协调会,因为这边三四排那个动迁户,这里也是没有封闭式的,开放式的,那么垃圾的投放点要选址在哪里？接下来一个选址选好,每天要及时清理掉。第二个针对这个路边投放点,那么这边路经过的企业也好,居民也好,无意识当中潜意识当中好像把这里当成扔垃圾的一个点,所以形成了坡道。那么现在在偷倒的问题,我跟新桥城管这边也协商过了,当天星期四协调会开好以后,那么请城管已经在这边 24 小时蹲守了,现在已经没有偷倒的情况了,因为你采访的那个阿姨,她也跟我说,上个星期一她出去的,后来已经比以前干净了,偷倒已经没有了。那么接下来我要做的什么事情？因为这边路边投放的点,人家潜意识当中好像是扔垃圾的一个点,那么针对这个事情,我要彻底把他们那个思想要扭转过来,请城管这边派了特保,第二个请那个环卫和城管针对这条路的一些企业,包括商铺也好,排摸一个每天产出的量到底有多少,合同签约的情况是怎么样？就是说要对这个企业进行管理,就是偷倒垃圾进行管理。

【记者　陆兰婷】那么你们这个会不会再装些那个摄像头啊什么的？

【春申社区管委会　王主任】摄像头现在已经装好了,前段时间已经装好了。接下来我们对这块管理上下点功夫,跟有关部门联动起来,共享的资源我们也要派上用场。那么一个 24 小时的监管,那么整一个企业产出量的一个排名,不签的,少的,我们该补上的补上。

【记者　陆兰婷】这个是你们的后续工作。我知道了,一个是派安保24小时蹲守看看有没有人偷倒,第二个是说他们要排摸谁倒的垃圾,那么这个是可以的。那么我们讲,在今天的采访当中,看起来就是说建立后续管理,包括工程管理已经开始抓紧了,那么我们在想,上海正在进行大规模的新农村建设,如果新农村建设的路还有那么长,这600米的这段路还是不能解决的话,就是老百姓的那个感受是非常不好的。好在他们已经将后续的工作做上去了。好的,我们今天的采访就到这里,谢谢雪瑾。

【雪瑾】谢谢陆兰婷从现场给我们带回的报道。刚才在采访过程当中,我们看到这条路虽然不长,但是来往的车辆通行还是比较多的,而且在今天阳光明媚的前提下,我们看到车辆开过仍然会有扬尘的这样一个现象产生,那么可见如果一旦下雨,周边的这个情况居民一定是感同身受,觉得特别糟糕,但是我们有很多的疑问在这个里面,案例虽小出现的问题可能不小,首先路为什么这么长时间没修,也许有工程的原因,有天气的原因,但是路不修并不代表说垃圾可以乱放,那么相关的一些环卫部门也给到了一些解释,他们在摸底摸得还是比较清楚的,来源于生活垃圾17户,来源于周边的企业,可能是因为商户跟我们的这个环卫清运的一个签约,没有跟它的量匹配起来,所以导致他们有偷倒的现象,那我们又想问了,监管又去了哪里?秦教授刚才看了我们整个案例,你也发现这其中有很多的问题,您觉得最关键的一个点在哪儿?

【上海交通大学国际与公共事务学院助理教授　秦川申】对,其实这是特别以小见大的一个案例,刚刚前面我们在案例当中可以看到它是一个变糟的一个案例,就是和我们讲的这个破窗理论是能够完全契合的,当中会涉及很多问题。首先这个我特别敬佩这个记者,所有的问题都提得特别在点上,关于道路建设的,我们可能会涉及建、运、维,就是我们这个道路建设的问题怎么样去处理这个运行的问题,刚刚前面提到这个卡车的这个增量的问题,还有它的维护的问题是怎么来做的,当然这是道路方面的问题,当然还有一些是环境的问题,刚刚前面也提到了,这个居民的行为,企业的行为,这些都是我们叠加的一个状况,所以在整个案例当中,我觉得在当中其实是缺乏了一个精细化管理的一个过程。我知道松江区的话,他们的河长制是推行得比较好的,比较成功的,但是有没有可能做一个路长制的这样的一个制度,把它日常管理给精细化,我觉得这个也可能是一个解决的方案。

【雪瑾】您刚才说到这个路长制,虽然现有的制度当中并没有推行,但是我们可以发现它底层的一个支持是在于多部门联动形成一个协同的机制。其实我们在发现很多民生问题的时候,恰恰是在多部门联动的过程当中会出现环节上的一些疏漏,尤其是在面对问题的时候,大家都认为这不是我部门的问题,而是其他部门造成了现在这样的一个现状,出现了一个推诿的责任,这是我们在很多解决民生问题的时候最不愿意看到的一个现象。那么在我们今天很多类似案例的记者采访的过程当中,我们会发现解决问题一定有方法也有时间,而且在媒体的跟进之后也会发现很多的问题解决得非常有效率。其实我们希望很多相关的一些部门在解决民生问题的时候,能不能在日常的过程当中去走一走这些路,看一看解决这些问题的方法,而不是找天气的原因,找工程技术的原因,找各部门联动的这些原因,导致很多的一些问题和方法,包括这些修路的计划会有一些延迟。其实城市的管理是在于我们在日常的过程当中一定要多多关心,多多地去做这些事情。冰冻三尺,非一日之寒,相信这条泥泞的道路也不是一天所形成的,但是希望这条路尽快修好,也希望周边的垃圾清运的问题中间盘根错节的这些技术难点能够统统解决清楚。好的,接下来如果您在日常生活当中,也像我们很多居民,发现城市管理有一些疏漏问题的话,欢迎给我们来电。直播热线22005858。

案例追踪：浦东栖山路
健身步道破损已修复

【雪瑾】我们再来做一个案例的追踪,我们之前有一位市民陆先生向我们反映,在浦东新区洋泾街道栖山路健身步道有破损的一个情况,我们给大家补充一下前情的一个情况,这条步道是在小区的外围跟沿街的商铺紧密相连,在四五个月前这条健身步道是修建完成了,那么据相关的这个陆先生跟我们说,没想到四五个月期间,不仅这条路发生了一个面貌上的变化,颜色变得暗沉了,同时出现了一些坑洼的迹象,居民在上面健身有不少的坑,容易出现一些意外的伤害事故。那么在上周我们节目播出的第二天,施工方东外滩园林市政有限公司负责人汤海波也在节目当中说,其实这个路段,目前还是一个暂时性的措施,他们会利用这个周末的时间把整个地面来铺好,那么就在昨天市民陆先生还特意给我们节目组来电,说家门口的健身步道已经修好了,我们来看看修复后的一个情况,修复前整个沙粒的颗粒还是非常明显,修复之后目前发现还是相对比较平整的,我们欣喜地感觉到我们整个相关的这个路政市政有限公司汤海波所说的一个后续的举措,确实是在当时能够进行一个及时的更新。但是我们更希望这条路在后续的使用过程当中,日常的维护不要少,把修好的路还是能够保障它的一个正常的使用,也希望我们相关的部门在修路过程当中反思一下在这个案例中所遇到的一些问题,让我们把更多的一些民生的服务做得更好一点。

【雪瑾】好,接下来我们再来接听一路热线电话,这一位是我们的龚先生,看龚先生遇到什么样的问题,龚先生您好。龚先生,我们现在是《民生一网通》节目正在直播,接通了您的电话来跟我们说一说在生活当中碰到什么问题了吗?

【龚先生】就是我们家前面一条河道,这个水又臭又绿。

【雪瑾】您家是住在哪个区?具体的位置能告诉我们吗?

【龚先生】外冈。嘉定区外冈镇。

【雪瑾】这条河有名字吗?

【龚先生】叫朱家泾。

【雪瑾】那么现在每一条河应该都是有河长的,河长的信息也是及时公布的,能看到相关的河长的这个信息是谁吗?

【龚先生】我们这里没有。

【雪瑾】那么这条朱家泾河目前的一个情况是从什么时候出现了黑臭,还是一直都是这样?

【龚先生】好几年了。

【雪瑾】这样黑臭到什么程度?您有拍摄过现场的照片吗?

【龚先生】没有。

【雪瑾】你能跟我们用语言形容一下吗?

【龚先生】这个我讲不出来的,第一个就是河水不够清澈。一米深的烂泥,大粪直接倒河里的。

【雪瑾】您是说有这个排污的现象?

【龚先生】排在河里。

【雪瑾】这些都是您看到的吗?

【龚先生】不是天天来倒的,有时候,我一看到坏事了,这个大粪都抽在河里去了。

【雪瑾】就是以前发现过有这样的一个情况,排污的情况对吗?那么龚先生我想问一下这条河两边住的是村民,那么有没有跟比如说村委会反映过这个情况?

【龚先生】反映过,大概有两个月了。

【雪瑾】两个月,那么反映之后有回复吗?

【龚先生】没有回复。

【雪瑾】村里面没有给到任何的回复,那你有没有通过其他的渠道反映过这个情况,比如说打过12345或者其他的一些投诉的热线电话?

【龚先生】12345我没打过。

【雪瑾】所以现在的这条河道就是四五年时间内一直是处于淤泥很多,然后河道也不清澈,接下来还有臭味,是不是?现在反馈给村委会,村委会没有一个回复是吗?

【龚先生】村委会说,来了几个人看了一看,他们说这个泥巴没地方抽。所以这样也不了了之。

【雪瑾】就是来了看过情况,但是发现现在这个淤泥没法清理,对吧?所以这个事情就没有解决,是不是?所以是有回复的,但是是没有改观,没有举措对吧?好的,龚先生这样,我们留了您的联系方式,我们要到现场来看一看具体的情况,龚先生也麻烦您就是帮我们用手机录视频也好,然后拍照片也好,把现场的这个情况帮我们进行一个取证拍摄好吗?便于我们后续来了解情况。那么保持您的电话畅通,我们后续派记者去现场看一看跟踪好吗?希望到时候您提供给我们更多的线索好吗?好,谢谢龚先生给我们来电反馈,又是一个关于河道治理的问题。小村边上的一个河道,现在据我们反馈的这位龚先生表示,是因为有技术问题,淤泥抽不了,没办法解决,那么这条河道到底是景观河道还是其他的什么河道,包括它的这个权属到底是归属于谁,相关的责任部门到底是谁,也等待我们记者更多地一一去了解现场的情况。秦教授在这个案例当中怎么看?

【上海交通大学国际与公共事务学院助理教授　秦川申】其实这个案例它提供的信息还是比较有限的,但是我们和前面的几个民生案例放在一起来看的话,其实我们可以看到有很多的问题,我们看似是老大难的问题,但是一旦有媒体监督的介入之后,问题通常会比较快解决,像刚刚前面健身步道的这个案例,我也关注这个节目是3月18日到今天,其实也就只有4天的时间,就已经至少暂时性能够有一个措施。那我相信就是有很多的案例,它当中的难点并不是我们真正意义上的难点,当然对于这个河道的案例,我们可能还需要有更多的跟踪调查,我们可能需要注意的就是我们在日常的这种民生工程,公共设施的这样的一个运维过程当中,我们到底是向媒体监督去做一个响应,还是向公众的需求去做一个响应,我觉得这是我们未来这个公共治理方面需要去在观念上有一些转变的地方。当然我也希望就是我们《民生一网通》,以后接到这种需要向媒体监督,借助媒体的力量才能解决的事情,越少越好。

【雪瑾】当然,其实我们节目的开播也是希望能够更多来关注我们一些民生案例,其实也通过个案的一些分析,都知道碰到这样的事情应该怎么来做,但是同样在我们龚先生这个案例当中,我们比较担心的是一个问题,就是虽然相关的信息我们反馈给了村委会也好,居委会也好,包括我们刚才的这个修路反映给镇里了,这个渠道是畅通的,然而当我们看到这个现状发现问题之后就束手无策了,我们不太希望说看到这个问题之后就选择性视而不见,那么实际上你做了很多的民心工程,但你没有把市民一直就放在心上了。所以像刚才的这个案例,我们也会在线下进行及时跟踪,在之后播出的节目当中给大家带来一个反馈。当然节目平台一直是开通当中,热线电话22005858直播的时候,您可以拨打,在平时您可以拨打62706270给我们节目做反馈,再次感谢秦教授做客今天的节目。

以上就是我们民生一网通节目的全部内容,明天的同一时间您依然可以通过各大平台收听收看,也期待您的积极参与,明天见。

在关注民生中发现深层次问题
——评《民生一网通》专栏

市委宣传部阅评组组长　陈保平

《民生一网通》是上广、东广携手融媒体中心联合上海 16 个区融媒体中心,推出的全国首档大型日播联播节目。自 2020 年 11 月 30 日开播以来,共计报道老百姓"急难愁"问题 458 件,推动解决 445 件,解决率高达 97%。全年网络关注量突破 1.5 亿,直播在线人次 131.4 万。大量市民为节目点赞。称其"实实在在为民办事""为我们处理了很多难题"。社会反响热烈。业内专家也给予较高评价。

这个节目是在落实市委提出"人民城市人民建,人民城市为人民"重要理念,助力上海城市数字化转型和"一网统管、一网通办"两张网建设背景下推出的。也是继承广电媒体"市民访谈""夏令热线"等一系列为民纾困节目的传统,在新环境下的再出发。与以往同类节目和现在一些"服务热线"最大的不同,就是"一网通"的建立,为百姓投诉、记者调查、职能部门解决问题创造了一个"看得见的平台",什么问题?是否事实?如何解决?公众满意度怎样?在线上一目了然,大大增强了透明度。人人可以对解决问题献计献策,也可以对政府的作为评头论足。从而提高了解决问题的效率。体现了"人民城市人民建"在社会治理方面的作用。

从该节目播出的案例看,记者对一些疑难问题大都采取调查直播的方式。比如上海在公共服务领域实施"电子亮证"功能后,老百姓只要一部智能手机就能亮证办事,方便多了。但在实际运用中,不少市民反映与宣传的不一样,一些单位办事仍需要出示原件。给未带原件来办事的老百姓带来诸多不便。为此,《民生一网通》专门做了三期记者调查:题为《打造"不带证城市"还有哪些坎儿?》,跟踪报道了邮局、房屋交易所、街镇图书馆等场所,对这些没有实施"电子亮证"的单位进行了曝光,也让他们解释了原因、诉说了困难。最后请公共事务学院的专家实事求是地分析问题所在,给予客观评价,提出积极建议,促使矛盾化解。

值得一提的是,这个节目不是就事论事的舆论监督,哪里不能"亮证"就批评哪里。而是始终围绕不能"亮证"的原因,"哪些坎儿"阻碍了一个新生事物的发展?通过一些个案发现普遍性的问题,如技术层面的细化,法律需要跟进、制度亟待完善。并及时告知有关部门，推进更深入一步的改革。真正体现了媒体在上海数字化转型过程中的建设性作用。

应该看到，"人民城市人民建"，这个"建"不只是城市物质文明的建，一定也包括城市精神文明和制度文明的建。如何让人民群众更广泛、更深入、更有序地投身到建设精神文明和制度文明的实践中去，是我们要把上海建设成社会主义国际化大都市的题中应有之义。《民生一网通》节目的近两年探索，为我们提供了这方面的生动案例。值得赞许。

《民生一网通》创作体会

《民生一网通》栏目组

2020年11月30日，由上海广播电视台融媒体中心、东方广播中心联合打造的全国首档大型日间融媒联播节目《民生一网通》正式与观众、听众和网友见面。从栏目开创伊始，《民生一网通》就始终紧扣"我为群众办实事"主题主线，推出大量"在线解决急难愁、倾情助力'两张网'"的直播报道、追踪报道和体验式报道，通过走好新时期的群众路线，不仅展现上海基层治理的细密针脚和民生温度，体现城市治理数字化和智能化水平，更切实推动相关部门工作流程、管理规则的改进更新。

已故著名电视人，中央电视台《东方时空》总制片陈虻曾经说过："不要因为走得太远，而忘记了为什么出发。"在这个新媒体时代，媒介是多元的，但报道事实、尊重事实，还原真相、探究真相，仍然是新闻最强大的生命力，《民生一网通》节目背后承载的，不只是收视率、影响力、话语权，更是一种广泛尊重，一种平视态度，一种把每一个生命当生命、把每一个人当人的关怀。这种关怀，它不光是一种新闻的语态，也是整个《民生一网通》栏目组的"初心"。

一、扎实践行"我为群众办实事"，收获市民热烈反响

无论是正面报道还是舆论监督，新闻的本质就是陈述事实。城市运行总有堵点和困难，更何况上海还是一座拥有近2 500万常住人口的超大型城市，在城市运行中，总会存在一些瑕疵和不周到的情况，民有所呼，我有所应，在市民需要发声，需要帮助时，主流媒体不能无视问题，而是要有声音，要有行动，做一座连接社会、公众和政府的桥梁。

自 2021 年 6 月起,《民生一网通》连续推出"搞定了伐"系列报道,通过对曾经报道问题"回头看"的回访形式,以记者长达数月的追踪报道,推动一批"历史遗留""硬骨头"民生难题最终得以落实解决。《搞定了伐:小区儿童滑梯产生的矛盾化解了吗?》报道中,记者聚焦金沁苑的儿童滑梯区嬉戏声扰民、老人愤怒倾倒垃圾阻挠的纠纷难题,进行连续多月的持续追踪,通过实地调查走访、多方沟通联动、反复耐心调和,让原本火药味十足的邻里纷争得到妥善解决;《搞定了伐:天钥桥路 1121 弄小区大门一夜之间被封堵,回到正轨了吗?》报道中,记者回到市民曾反映小区大门一夜之间被水泥砖块封堵的现场,关注问题解决的最新进展,报道播出后,小区居民专门送来锦旗,感谢《民生一网通》为居民和街道居委以及当地房管局搭建起的沟通桥梁,让民意坐上"直通车"、架起为民服务"连心桥"。

2021 年 10 月,节目组接到市民张阿姨的求助信息后,第一时间采访播出《市民昏迷一年多,残疾证申请竟需本人亲自到场?》报道,对植物人必须去医院"上门"评残的问题进行了真实记录和多方求证的扎实报道,通过《民生一网通》及《新闻坊》的连续报道,引起巨大社会反响,该新闻登上微博热搜第五名、同城第一,获全国 70 多家媒体微博转发、阅读量 1 亿多人次,获全国 28 家媒体微信转载、微信累计阅读量 109 万。报道播出后,本市相关部门迅速改进工作流程,市残联和市卫健委做出明确回应,对明确诊断为"植物人"且有办理残疾人证意愿人员,提供"上门评残"服务。

作为一档落实"人民城市"重要理念的融媒民生新闻节目,自诞生之日起,《民生一网通》就将"我为群众办实事"作为节目最鲜明的出发点和落脚点,一年来,通过直击现场、联动各方、沟通协同、现场办公等多种报道形式,快速反馈市民百姓"急难愁盼"的真实诉求,搭建各方充分沟通、共同参与治理的大平台,通过汇聚多方力量,让"协调"变成"协同",共同沟通问题、推动问题、解决问题,开播至今已解决各类民生问题 500 余件。

二、与"两张网"建设紧密结合,"新闻+政务+服务"节目气质越发鲜明

作为一档紧紧围绕上海政务服务"一网通办"、城市运行"一网统管"以及总客服"12345"市民服务热线运行而开办的全新节目,《民生一网通》紧密结合"两张网"建设,始终坚持当好上海政务服务的宣传员、推介员和评议员、监督员,以鲜活事例和生动展示,解码城市运行"一网统管",让高效处置一件事直达眼前;展现政务服务"一网通办",让高效办成一件事可听可见,持续展现上海在数字化转型中不断提升的治理数字化水平,一年来,不仅彰显出"新闻+政务+服务"的鲜明节目模式,更成为立体化、进行式展现上海智能化城市治理进程的一扇重要窗口。

2021年3月栏目组策划推出3集《电子亮证大通关》系列报道,外场记者明察暗访,内场节目深入探讨,剖析上海打造"不带证城市"以及数字化转型过程中,还有哪些环节有缺失,哪些堵点要疏通、又该如何疏通;为让市民更快更系统地掌握"一网通办"办事技巧,节目专门策划"如何申领和使用电子医保卡""如何用随申码打印证照""怎样通过手机申请新能源车补贴"等市民生活高频场景的办事指南,并围绕十一、春节长假、花博会等特殊时间节点,第一时间发布"一网通办"办理注意事项的贴心提示。

2021年7月超强台风"烟花"登陆前夕,《民生一网通》专门策划推出"智慧防汛"特别版面,记者赶赴市、区两级城运中心,展现上海如何以"一网统管"为抓手实现防汛防台应急处置、紧急抢险、迎战台风的快速反应和跨部门联动。

《民生一网通》携手市人民建议征集办公室,长期开设"人民建议信箱"节目版块,让更多的"民间诸葛亮"的"锦囊妙计"呈现在公众面前,激发广大公众参与治理的热情,提高参与的针对性。

三、持续深化"广、电、网"融屏传播,在多维互动中提升"网感"与"黏性"

有别于一般的民生新闻节目,《民生一网通》作为全国首档真正实现"电视+广播+新媒体"及"市区联动"的新闻直播节目,不仅融合全媒体的传播渠道,更是融"广、电、网"的新闻生产、直播互动、二次传播于一体,融屏联动、跨界造势,真正形成"1+1+1>3"的传播效果。栏目组由电视、广播、新媒体编辑记者团队共同组成,和16家区融媒体中心一起,使用xnews平台,打破办公区域限制,实现"云"合作。

节目通过新闻综合频道、FM93.4上海新闻广播、看看新闻、阿基米德、话匣子FM、快手、微信视频号等平台同步"融屏"联播,市民们边看直播、边互动留言,主持人即时选读重要留言和网友问题,或抛给记者、或直接提问现场工作人员,"进行时"的跨屏互动和及时反馈,获得广大市民的踊跃参与,极大提升了节目的"黏性"和关注度。报道播出后,当天的"新闻坊"微信公众号还会挑选重要选题制作微信推文,进行二次发力和网端发酵,形成长尾效应,多篇报道成为社会关注的"爆款"产品。

除了融屏传播,《民生一网通》还尤为注重以轻快鲜活的网络语态和视频表现手法,提升报道的"网感"和年轻态。2021年5月,节目策划推出4期系列报道《新手通"关"记》,将话筒、镜头交给年轻群体,通过自拍杆、手机稳定器、后置镜头等年轻人善用的拍摄装备,制作成Vlog风格的短视频产品,以第一人称视角讲述过程和感受,展现上海大力推进"一网通办"环境下,年轻人在就业、买房、结婚、生子等一道道人生重要关卡中的真实体验。

面向未来,《民生一网通》节目将继续扎实践行"我为群众办实事"实践,通过更多元的案例、更深入的探讨、更充分沟通、更鲜活的展示,在线解决"急难愁"、助力建设"两张网",织密为民服务这张网,进一步走好新时期的群众路线,努力为上海探索城市治理现代化新路提供新动能。

附件:

《民生一网通》主创人员名单

上海广播电视台
主创人员:常亮、赵路露、蔡雪瑾、迟迅、姚轶文、高嵩、籍明
编辑:杨叶超、范嘉春、陈霞、吴茜、曹旭、魏颖、王卫东

十六家区级融媒体中心参与的主创人员
浦东新区:沈　佳、郑贵勇、张　婷
黄浦区:范沁毅、刘惠明、瞿煌俊
静安区:张　琦、彭旭卉、楼英俊
徐汇区:刘　坤、吴会雄、柴　斌
虹口区:耿小彦、蒋碧玮、须志洋
普陀区:朱亦萱、张　琼、丁婉星
杨浦区:李　军、王歆瑜、汤顺佳
长宁区:李婷婷、周若尘、李毓丹
闵行区:郭　莹、徐　悦、戴立骅
奉贤区:乔　欢、吴口天、傅潇瑶
金山区:徐　庆、朱　奕、唐屹超
青浦区:顾舜丽、丁全青、张　婧
嘉定区:涂　军、印沁沁、秦　建
松江区:周样波、沈一帆、陈　燕
宝山区:陆勇强、李苏新、龚　昱
崇明区:施　希、吴仲亨、朱卓君

广 播 新 闻

一 等 奖

2021年度上海广播电视奖
参评作品推荐表

作品标题	引领区一线观察记	参评项目	广播新闻
		体　裁	新闻专题（系列报道）
		语　种	中　文
作　者（主创人员）	胡旻珏、赵宏辉	编　辑	俞　倩
刊播单位	上海广播电视台东方广播中心	刊播日期	2021年8月9日7时17分53秒 2021年8月10日7时04分32秒 2021年8月12日7时09分28秒
刊播版面（名称和版次）	FM93.4上海新闻广播《990早新闻》	作品字数（时长）	6分23秒 6分02秒 4分59秒
采编过程（作品简介）	打造社会主义现代化建设引领区，是党中央、国务院赋予浦东新区的一项新的重大任务。随着建设大幕开启，浦东要如何继续书写改革传奇？这组系列报道以"开放""创新""人民"为关键词，深入一线观察记录，并配以采访手记，展现引领区的新气象。 在"开放篇"中，通过一家落户外高桥保税区的企业做离岸业务的模式之变，展现浦东与世界经济从容对话的决心；"创新篇"中，大企业开放创新中心为小企业赋能，展现浦东打造"创新的热带雨林"；而在"人民篇"中，则聚焦因疫情封闭的心圆西苑小区，展现浦东以人民为中心的社会治理。这组系列报道虽然聚焦的都是一个个小故事、微观面，但是却都以小见大，展现了浦东建设社会注意现代化引领区的磅礴力量。			
社会效果	随着浦东打造引领区的大幕开启，引领区是什么、要怎么建设？这成为一些社会公众的疑问。引领区文件字字千钧，既是大礼包，也是沉甸甸的担子。在这组系列报道中，记者以"开放""科创""人民"作为关键词，以一个个生动的故事和案例作为主线，深入浅出地诠释"引领区"三个字背后的内涵和意义。三篇报道各有侧重、形成合力，并通过话匣子等新媒体端进行传播，取得了良好的传播效果。			

引领区一线观察

打造社会主义现代化建设引领区,是党中央、国务院赋予浦东新区的一项新的重大任务,也是当下面对纷繁复杂的外部环境,中国又一次打出的"战略王牌"。

在这个最火热的季节,围绕《引领区文件》中提出"更高水平改革开放的开路先锋、自主创新发展的时代标杆、全球资源配置的功能高地、扩大国内需求的典范引领,以及现代城市治理的示范样板"五大战略定位,浦东拉开了轰轰烈烈的"引领区"建设大幕。今天起,本台早新闻将以"开放""创新"和"人民"为关键词,探寻1210平方公里的浦东大地上,源源不断进行着的改革传奇。

"开放"篇:与世界经济从容对话

浦东开发开放之初,"在地球仪旁思考浦东开发"这句话,被写成美术字贴在机关食堂,尽人皆知。31年后的今天,"增强全球资源配置能力",在《引领区文件》中单独成篇。眼下,这块中国改革开放的前沿阵地,正在努力与世界经济从容对话,将文件中一个个战略任务,落地为一项项业务突破。请听报道:

总部位于德国的维兰德公司,已有200年历史。2001年进入中国,落户外高桥保税区,先后建立起卷材切割中心,技术服务中心和贸易销售中心,产品销往韩国、日本、德国、美国等地。但总经理高桂花心里清楚,即便业务发展迅速,但在全球业务流通上,他们还有不小的堵点:

"我们亚洲的业务只占了10%左右,在我们全球的布局里面是非常低的。所以我觉得我们这方面是还可以大大地有一个扩展,有非常大的一个契机。"

转机出现在几个月前。当时维兰德金属上海公司在一单业务上犯了愁,一个韩国客户急着采购原材料,最快的方式是从德国母公司直接空运发货到韩国。这是一笔典型的离岸转手买卖,维兰德却在跨境付汇上被"堵"住了。财务经理谢燕华解释说:

"空运单据,它是不作为货权转移的一个证明文件。它没办法证明你这个货物已经交接了。我只能转给我亚洲其他公司做。就算我的单子、我接的客户,我也做不了,因为我没办法收付汇。"

也是在那个当下,首批加入上海自贸区全球营运商计划的维兰德,将问题反映给了"一对一"服务促进专班,联系相关部门,寻找解决方案。短短两个月,维兰德实现"空运跨境贸易收付汇"的突破。高桂花说,得益于这项业务的落地,公司上半年营收额增长近30%,更让总部看到了在上海拓展全球业务的可能性:"我们的CEO给我们的一个战略,就是要拓展我们的业务。已经提出来,我们这个事业部要翻番的一个目标。"

打通一个堵点,成为一个亮点。全球营运商计划启动以来,41家企业对应的41个服务促进专班,在第一轮走访中累计梳理出了192个实际问题,半年来已经解决173个,其中不少制度性"破题"更是成为营商环境"教科书"式的鲜活案例。

坐在上海办公室里,无时差配置全球资源的业务,被普遍认为是浦东深入推进高水平制度型开放,增强全球资源配置能力的一个重要抓手。上海自贸区保税区管理局财金服务处处长梁翔特别提到,此次中央《引领区文件》中就明确,支持浦东商业银行机构对诚信合规企业,自主优化离岸转手买卖业务审核流程:

"只有简量了,那么企业才愿意来做,这样我们能够把这个产业在这个区域内发展好。"

从一句表述到政策落地,真正能够做起"运作全球""配置全球"的大生意,浦东还有很多要做。比如,对标最高标准,逐步建立与全球接轨的规则体系、营商环境;解决企业在调拨全球资源过程中可能遇到的贸易便利化、特殊人才落户等各种瓶颈,这些都是难啃的硬骨头。在外高桥集团股份有限公司总经理俞勇看来,加速浦东全球资源配置的步伐,必须更懂企业、更懂产业。

"打造全球资源配置的高地,说起来就这么很简单的一句话,但实际要从实施的角度来看的话,我们要了解他们真正的一些需求,以及要解决全球资源配置当中,他们目前碰到的一些瓶颈问题到底是什么。我们是有自信和底气,按照全球资源配置的未来这些高能级的贸易主体的集聚,我们是能够提供更好的一个营商环境。"

以上由记者胡旻珏报道。

下面请听上海电台首席记者胡旻珏发来的采访手记《从一句话到一项突破》：

这段时间，浦东是一个大家都会讨论的热词。很多人说，中央《引领区意见》（以下简称《意见》）是大礼包，27条内容，字数不多，却字字千钧，又字字千金。但深入浦东采访，你会感受到，它更是一份沉甸甸的责任书。《意见》中，通篇可见的"允许""支持""探索"等词汇，意味着每一条都要靠各个部门实打实地去推进落地。那是一种"等不起的紧迫感、慢不得的危机感、坐不住的责任感"。

眼下，改革进入深水区，推进的复杂程度、敏感程度和艰巨程度早已远超当年。每一项制度突破、创新之举的推出，不仅要看到市场需求、企业需求，更考验政府部门是否敢于跨前一步、愿意多想一步，来解决实际操作中可能会遇到的各种这样、那样的难题。以全球营运商计划为例，翻开41本企业专属档案，每一个问题的后面，都落实了调研走访、工作例会、问题解决、督办工作和案例收集五项工作制度。持续推进下，直到问题解决，最终与企业相互成就。

如今，"引领区"建设大幕开启。要"与世界经济从容对话"的浦东，正在更努力地拥抱世界，也被世界拥抱！

"创新"篇：打造创新的热带雨林

在浦东开发开放的历程中，创新的基因始终融在血脉之中。随着社会主义现代化建设引领区的大幕开启，这片创新热土再度迸发出新的速度与激情。围绕《引领区文件》提出的"自主创新发展的时代标杆"这个全新战略定位，浦东正凝聚起创新链上下游企业，共同打造生机勃勃的"创新热带雨林"。请听报道：

位于浦东张江的上海金仕达软件科技公司，最近正在研发一款用于银行反洗钱的管理系统。让公司人工智能专家孙科有些发愁的是，系统需要依托人工智能技术搭建，但由于缺乏足够的算法和模型做支撑，开发一度陷入了瓶颈。

"我们作为一家偏行业的企业的话，并不会像IT企业一样，会做非常多的一个纯技术的积淀。对于一些底层的算法建设、收集特定的数据，这个时间成本和周期都是非常久的。"

就在上个月,公司成为百度飞桨人工智能产业赋能中心的合作企业。这意味着,他们可以借助百度积累的数据库和算法模型,完善自己的产品。孙科说,这就好比走上了一条快车道。

"它的开源社区非常丰富。支持的算法的种类,还有预训练模型的库都非常庞大。我们可以比较快节奏地去完成这个事情,而不是说从头开始建设。"

这个百度飞桨人工智能产业赋能中心,就坐落于张江人工智能岛,也是浦东"大企业开放创新中心计划"的首批成员。百度 AI 产品研发部主任研发架构师谢永康说,赋能中心开放了线上线下各类资源,重点支持产业链上的合作伙伴,特别是初创企业。

"它像一个中央厨房,它提供'锅台炉灶'各种工具,还提供'半成品的菜',就比如积累的大规模的数据、预训练的模型。合作伙伴可以利用这个'中央厨房',把这个'菜'做出来,各个层次的都能够实现人工智能产业的赋能。"

让大企业开放出资源,和中小企业手牵手,浦东推出的这项"大企业开放创新中心计划",还吸引了如罗氏、微软、强生等龙头企业加入,几乎全部专注浦东重点硬核产业。浦东科经委副主任徐敏栩说,开放创新中心不单是由大企业支持中小企业,而是大小企业的双向赋能,目标是打造一片"创新的热带雨林"。

"大企业利用他们的市场优势、资源优势、网络优势、行业能力等,来为广大的科技小企业进行赋能。那么同时,广大的科技小企业,他们自身也有很多创新的火花和探索实践,也会激发大企业的创新的活力。"

创新是浦东始终肩负的初心使命。围绕《引领区文件》提出的"全力做强创新引擎",浦东开始了新一轮征程。前不久,全球首台 10 拍瓦激光实验装置——上海超强超短激光实验装置初步开放,有望推动一项项"从 0 到 1"的原始创新。中科院上海光学精密机械研究所副所长冷雨欣说:

"有望把我们的上海超强超短激光实验装置融入大科学设施集群,为科学家提供一个综合性的极端的物理条件。非常希望企业利用我们的大科学装置,开展前沿的物质科学、生命科学等方面的研究,带动我们企业的科研的发展。"

而要实现"从 1 到 10、从 10 到 100"的跨越,浦东还有很多"硬骨头"要啃。比如《引领区文件》提出,开展自行研制体外诊断试剂试点、建立企业研发进口微量耗材管理服务平台等。一字一句既是"大礼包",也是沉甸甸的担子。浦东新区副区长吴强说,他们将紧紧围绕产业发展全链条、企业发展全生命周期,推动新一轮制度创新。

"去找寻出制约我们科技创新和产业发展的制度性的瓶颈在哪儿,企业和机构的需求在哪儿,基础性的科学研究怎样集聚更多的资源。浦东应该去做尝试性的制度突破。成功的、有益的,我们就去复制推广。我们的改革需求来自企业的需求,这样我们的改革才是有成效的、有活力的、可持续的。"

以上由记者胡旻珏、赵宏辉报道。

下面请听本台记者赵宏辉发来的采访手记《大象起舞和蚂蚁雄兵》:

"创新的热带雨林",这是采访中很多企业都向记者提到的一个词。在热带雨林中,既有参天的大树,也有植被和昆虫,还有看不见的微生物。它们互相滋养,生生不息。

一个良好的创新生态圈同样如此:小企业需要有大企业提供资金、技术和平台,大企业同样需要中小企业组成创新链,提升自身的研发效率,取得更大的突破。从这个角度看,浦东推出的这项"大企业开放创新中心计划",正是打破了固有的思维:把过去对企业的单向支持变成了企业间的双向赋能,从单打独斗变成了携手并进。既有龙头企业、科研院所等"大象起舞",也有广大中小科技企业组成的"蚂蚁雄兵"——这就是浦东所描绘的创新生态。

当然,创新并非一日之功。要让整片雨林生机勃勃,不仅要有大树和小苗,还要有源头活水,更要有良好的气候环境。在这次《引领区文件》中我们看到,从基础科研、前期投入、创新环境乃至税收优惠等,都有具体细致的安排,可以说是拳拳到肉、扎扎实实的。的确,只有想企业之所想、急企业之所急,围绕企业全生命周期开展制度创新,浦东这座"创新引擎",才更能迸发出源源不竭的动力。

"人民"篇:封闭小区里的三种颜色

一个地方的发展,归根结底,要看人民的满意度。在浦东开发开放进程中,相比经济领域取得的巨大成就,与百姓生活密切相关的各项社会事业这几年加紧跟上。对照中央《引领区文件》中提出,浦东要成为"现代城市治理的示范样板",一系列践行"人民城市"重要理念的举措不断推进。"浦东引领区建设"之"人民篇",今天聚焦川沙新镇心圆西苑小区。请听报道《封闭小区里的三种颜色》:

一个小区,会是什么颜色?在封闭管理的这一周,心圆西苑小区居民闵勇的相机里,经常会出现三种颜色——随处可见的志愿者红、让人心安的警察蓝,以及身穿防护服的"大白"们。

"红色是志愿者马甲,截至昨天是332人,今天还在增加。大家每天看到志愿者为我付出,其实是一个'磁铁',吸引着他们要来。"

从小区封闭管理的第一天起,闵勇就穿上了这件红马甲,背着20多斤的设备,出现在小区各个角落,用镜头记录这段特殊的时光。在他看来,这抹红色,是一份责任,是一点儿温暖。

"以前的黏合度,作为社区治理,居委会黏合度只是老人和小孩,年轻人白天很忙。那这次大家就觉得完全不一样了,这次的主力军就是年轻人。原来的那些志愿者阿姨主要是变成楼组长了,发挥她们对楼栋熟悉的优势。"

不管男女老少,这件红马甲已然成为小区里最明亮的标志。只要找到了红色,就找到了守望相助的力量。

同样让人安心的还有蓝色,它专属于隔离在这个小区里的13位人民警察。他们有的是派出所民警,有的是看守所民警,还有交通警察。在疫情发生后,大家身着这身蓝色制服,在党旗前庄严宣誓,成立了临时党支部。担任书记的严晓明通过电话告诉记者:

"每天早上8点到晚上8点,就是有三到四名民警在居委会进行值班,处理一些突发的事情。还要安排一位民警做夜班的一个值守,还有一个人配合我们卫计委那边做一个流调的工作。"

只要有需要,他们中的一些人还会穿上白色防护服,和医疗保障组一起参与楼道消杀、协助120救护车转运病人等。电话那头,严晓明反复说,这些事都很平凡。

"我们这边像民警、老师、医生,大家都义无反顾地站出来了。我们这边有一个餐饮店,他从第一天封闭开始,就每天给我们送餐。虽然量满足不了里面志愿者的一个用餐情况,但他从来也没有停过。把这个餐送过来,人就走了。确实让我们也挺感动的。"

当然,小区里让人温暖的颜色,远不止红色、蓝色和白色。闵勇至今已经拍了足足60G的照片和视频素材。在他给记者发来的很多张照片里,穿黑色制服的是保安师傅,装空调的电工是小区居民,睡在居委会里的是逆行进驻小区的街镇干部。这几天,他又给自己定了新目标:想为小区里300多位志愿者,每人拍一张照片;想在疫情结束后,举办一个小型摄影展,名字就叫"同心圆"。

"居委会的工作和物业的工作被理解和被认可。在大家以前,我父母辈才去找居委会的。我们也就是为了一个车位的事情,交物业费我才会到物业公司去一趟。但这次就交集很大。其实潜移默化的变化,就是我们小家安宁了,我们大家才会好。"

下面请听本台首席记者胡旻珏发来的采访手记《最好的社会治理》：

对一个5 000多人的大型社区来说，最好的社会治理是什么？封闭管理中的心圆西苑小区交出了最好答卷——最好的治理来自每个人的参与！小区里，各行各业的居民主动做起志愿者；小区外，街镇集结了百来人力量，负责物资运送、后勤保障；而在距离小区20多公里的浦东城市运行综合管理中心，大屏幕上还有一张用大数据拉起的疫情防控网。

虽说疫情突然，但关键时刻能让大家跳出各自"小框框"，在更大社会层面形成合力，也有赖于浦东这些年在社会治理上的不懈努力。1 308个家门口服务站，实现了村居全覆盖。不断推进的15分钟生活服务圈，通过资源向基层倾斜、服务在基层提供，让村居民们在"家门口"就能找到人、办成事，实现了打通联系服务群众的"最后一公里"。

现代化城市不只是水泥墩子和高楼大厦，引领区建设也不仅体现在经济数据上。让城市治理能更好地看见"人"，把最好的资源留给"人"，同样是浦东引领区建设的应有之义。

掬一捧水而知味江河
——简评系列报道《引领区一线观察》

市委宣传部新闻阅评组成员　秦恒骥

浦东被党中央、国务院定位于社会主义现代化建设引领区，这片土地上的干部群众，按照形成五大功能的战略要求，以时不我待之势迅速行动，涌起了创造新奇迹的澎湃浪潮。电台记者仅在一个多月后，就以"一线观察"为题，通过讲述几则典型故事，用清冽的浪花将这股浪潮捧给了受众，有令人细品的效果。

引领区的媒体传播，对新闻人而言，这是一个宏大的题材，这是一个需要长期地、持续关注的题材，这又是一个从责任意识而言不必讳言的"宣传"。而媒体从事的宣传之意识，必须寓于"新闻"之中。这组报道的鲜明特征恰恰是新闻的品质显著。

报道讲述的三个故事，都体现了引领区五大功能形成目标的要义。开放篇通过一个故事，讲述和论证了有关对外开放的制度建设在引领区形成中的重要性；创新篇通过故事讲述了以"热带雨林"做比喻的营造创新环境的必要性和可行性；人民篇讲述的是社会治理这一引领区功能中的一个重要侧面。三个侧面，三个典型事实，三朵浪花，虽然不可能也不是记者要表达的引领区的全貌，但它的典型意义在于，通过具象的、生动的事实，达到了见一斑而窥全貌的效果。典型性就是新闻性。任何"新闻"都应具备典型意义，任何称得起"新闻"的事实的传播，无论是"正面"的还是所谓"负面"的，就效果而言，游离了相对于社会整体的典型性功能揭示，都不具备"新闻"意义。

这就对记者提出了课题，重大题材，即使是宣传的需要，也必须通过辛勤地撷取素材，用有新闻价值的内容来表达。毛泽东同志说过，综合宜少、典型宜多。这是新闻宣传的经典之论。典型性新闻是具象的、鲜活的、生动的，这一切的获得，远比笼统地用"综合"手法要花工夫得多。且不论素材的获取来自脚下、眼中，重要的是，你获取，尤其是选择的素材，是置于大背景下，通过在大量的素材基础上的比较、鉴别中，方能定夺。这个用脑的功夫，又远比平铺直叙的综合用力得多。

掬一捧水而品味江河，这一捧水不是随意、随处、随时可得的。电台这组报道显示了这一基本的新闻规律，因此也是电台被认为成功的启示所在。

这是浦东的故事，也是我们的故事
——《引领区一线观察》采写体会

东方广播中心记者　胡旻珏　赵宏辉

在最火热的季节，引起最火热的期待——2021年7月15日，《中共中央国务院关于支持浦东新区高水平改革开放、打造社会主义现代化建设引领区的意见》正式公布，瞄准高水平改革开放、高质量发展、高效能治理，肩负引领使命的浦东，开启了更大力度、更深层次、也更为全面的探索。

当轰轰烈烈的"引领区"建设大幕就此拉开，作为对接浦东条线的记者，我们同样深感自豪。即便没有亲历开发开放之初那段峥嵘岁月，但目睹、记录30年来的沧海巨变，笔下的每一项改革、每一次突破、每一个创新，依然让人怦然心动。当历史再次选择浦东，也让我与"引领区同成长"。

从最初的激动与兴奋，走向更深层次的思考与谋划，《引领区一线观察记》就此出炉。当时,随着《意见》落地,人们对引领区有期待、有热情、也有疑问。作为当下面对纷繁复杂的外部环境,中国又一次打出的"战略王牌",浦东打造社会主义现代化建设引领区被寄予厚望。但,如何理解"引领"二字?浦东要"引领"什么?"引领"又与我们普通人有什么关系?围绕浦东承担的新使命,我们的系列报道就从继续书写改革传奇的典型事件、典型人物中找寻答案,最终确定以"开放""创新""人民"作为关键词,深入观察,以生动的故事和案例作为主线,并配以采访手记,以点带面展现引领区新气象。

回到引领区建设,"引领"二字——既是对浦东过往成就的肯定,也是新征程上书写新奇迹、新篇章的开始。这组报道中的三个案例,同样也有浦东开发开放的传承,在高起点上谋划更高水平开放的突破。

比如"开放篇"中,开门见山提及——浦东开发开放之初,"在地球仪旁思考浦东开发"这句话被写成美术字贴在机关食堂,尽人皆知。31年后的今天,"增强全球资源配置能力"在《引领区文件》中单独成篇。报道中,我们走进一家落户外高桥保税区的外资企业,详细记录其离岸贸易业务的突破,以及如何精准地找到瓶颈难点,实现制度创新。案例的背后,是浦东与世界经济从容对话的决心;是各个职能部门努力将文件中一个个战略任务,落地为一项项政策措施的奋斗历程。

再比如"创新篇"中,我们以一家位于张江的人工智能企业为样本,聚焦浦东以大企业赋能小企业,打造"创新的热带雨林";"人民篇"的角度更独特,当时川沙一个小区恰好因疫情封闭管理,但得益于浦东这些年围绕社会治理做出的不懈努力,几千人的大型居民区,社区治理井井有条。我们通过对话小区居民、志愿者、社区干部等,以封闭小区里的三种颜色,穿起点点滴滴,诠释"以人民为中心"的城市治理理念。每篇报道之后,我们还配以记者手记,由案例进一步引发思考。可以说,这三篇报道角度各有侧重,最终形成合力,解答公众关于"引领区是什么、要怎么建设"的疑问,同时也展望未来,为引领区建设营造了良好社会氛围。

站在前排看历史,是职业赋予的荣幸,亦是责任。当职业生涯能与引领区"同成长"、与引领区"同频共振",记者这个身份就不只是旁观者;记录的过程也不仅是"你们""他们",而是一个共同体"我们"——用我们的笔、我们的话筒、我们的镜头,去记录和传播我们引领区建设的每一项改革、每一次突破、每一个创新——这就是我们的使命。

我曾经在朋友圈看过这样一篇文章,是一位基层法官写的,题目叫作《其实你办的不是案子,而是别人的人生》,给了我很大的触动,也深深影响了我。记者写的也不只是报道,在这些字里行间,是浦东在改革创新中的每一次探索,每一步脚印;是无数参与者、建设者的作为、担当和情怀;更是他们主动"承载国家战略,引领浦东未来"的英雄气概和豪迈情怀。

再回到记者这个职业。每天,我们记录百姓生活的点点滴滴,记录这座城市的变迁与脉动,光荣与梦想。记者的职业经历有着比常人更加丰富的人生体验,但光影和文字的背后,也交织着记者的苦累酸甜,锻炼着我们的"脚力""眼力""脑力"和"笔力"。对接浦东很多年,早已记不清这是第几次观察浦东,记录浦东;有时太熟悉某个领域,往往就会陷入一种固定思维。采访时带着设想、带着答案、自然就会带着结局。但如果能找准一个角度、从"心"入手,观察浦东、读懂浦东,其实每一次依然会有收获。

就像这组报道,当年浦东开发开放时提出的口号是"振兴上海、服务全国、面向世界"。挂在当时管委会食堂里的那幅著名标语,写的是"在地球仪旁思考浦东开发";可见,浦东的开发开放不仅关乎上海,更关乎国家顶层设计和战略部署,跳出浦东看浦东,站在国家战略层面思考,才能够真正理解浦东对上海、对全国,乃至对全球经济格局的深刻意义。

岁月静好下,总有人负重前行;风云激荡中,更有人勇立潮头。当时代赋予你与引领区"同成长",与国家战略"同呼吸",这还不值得你继续为它付出、为它兴奋吗?下一篇引领区一线观察,我们再见!

2021年度上海广播电视奖
参评作品推荐表

作品标题	十条公约、两场投票、四千户居民参与……封闭11个月的这扇门终于能开了！		参评项目	广播新闻
			体裁	长消息
			语种	中文
作者（主创人员）	姚轶凡	编辑		陈霞、孟诚洁
刊播单位	上海广播电视台东方广播中心	刊播日期		2021年1月13日 07点13分
刊播版面（名称和版次）	《990早新闻》	作品字数（时长）		3分39秒
采编过程（作品简介）	基层社会治理有多难？从这扇因疫情防控而暂时关闭的小门想要重新开启难上加难便可见一斑。 　　这篇报道源自宝山淞南七村居民2020年底的一个电话投诉。家住宝山淞南七村的居民许先生给本台听众热线电话62706270来电反映，去年年初疫情来临，小区采取封闭式管理，小区一扇开了20多年的边门被封闭。去年5月，进入疫情常态下防控，百姓生活逐步恢复，孩子们返校开学，可是这扇原本为了方便孩子步行便可抵达学校的"方便之门"久久不见重启，七村居民为此都很闹心。 　　获悉情况，记者随即前往现场进行了实地采访。原来，这道门连通着一墙之隔的九村，多年来，淞南七村是借淞南九村的道出入。七村居民长期借道，有的在九村随地扔垃圾，有的把车都停在了九村……林林总总的不文明行为令不少九村居民心生怨气，不同意再开此门。 　　门到底开还是不开？一时让两个小区的社区基层工作者陷入两难境地。遂了七村居民的心，将门重启，显然"按下葫芦起了瓢"，容易伤了九村居民的心。 　　如何破此僵局？记者为此跟踪采访一个多月记录事情发展过程。			
社会效果	随着疫情防控进入常态化，上海全市范围当时类似宝山淞南社区一扇门该不该开，怎么开的争议为数不少，淞南社区发扬基层民主，突出共建共治共享的做法通过广播新闻的报道，为化解类似矛盾提供了现实参照。后续在宝山区多次党政会议上，这扇门的故事也作为社会治理典型案例被提及，成为基层取经借鉴的对象，取得了良好的社会反响。			

十条公约、两场投票、四千户居民参与……封闭11个月的这扇门终于能开了!

为了两个小区中间一扇门是否开启,昨天上午9点,宝山区的淞南七村和九村同步进行征询表决的计票工作,半小时后,结果揭晓,同意率达到97%以上,远远超过三分之二同意的法定标准。去年年初,因疫情之下小区封闭管理而锁上的这扇门,终于在11个月后,要合情合理合规地重新开启了。请听本台记者姚轶凡发来的报道:

实况:【同意票1 305票,占98%……(声音减弱)】

1 337张表决票,在工作人员快速清点下,淞南九村的计票很快出了结果。10分钟后,淞南七村计票结果也出来了,同意的票数2 724张,占比97%。听到这个结果,七村居民林阿婆激动得一个劲地说,这个结果来之不易。

实况:【非常激动,这个"方便之门"开了以后,特别是小孩子严寒中不要绕道了。】

一扇门为何会牵动两个小区4 000多户人家?七村居民将记者带到了一扇锁着的铁门前,道出了原委。20多年前,为了方便七村的孩子上学,社区开了这道边门,穿过九村,五分钟就能走到淞南二小。去年初疫情之下,小区封闭式管理,关闭了这道门。5月,疫情防控进入常态化后,小区其他的门都重新开启,唯独这道门迟迟没开。

实况:【开学之后,小朋友要读书,小学生要走外面,走五里路,步行半个小时;这个门20多年走下来,现在已经是常态化了,不能轻易地关掉就关掉了。】

开了20多年的方便之门,这回卡在了哪儿?原来,七村居民长期借道,有的把车都停在了九村,让不少九村的居民心里有了想法。

实况:【七村的一些居民随便扔垃圾,他们车子占用我们九村的公用车位,我们九村一些居民就不同意往我们这里走。】

僵持之下,两村居民便有了争执,矛盾越积越深。对于社区来说,遂了七村居民的心,将门重启,显然"按下葫芦起了瓢",容易伤了九村居民的心。如何破此僵局?淞南镇副镇长王薇说:

"充分听取不同人群的意见,寻求最大公约数,在党组织的引领下,两家小区商量'居民通行公约',强调开关门的时间,只走行人,派保安、保洁,管理这道门。我们很多楼组长,党员代表做好居民的解释和安抚工作,取得更多老百姓的理解,通过民主协商的有力手段,把这件事做好。"

"不得乱扔垃圾;做到文明遛狗……"10条"居民通行公约"公示7天后,开始就边门是否重启,发放征询意见表。两个小区4000多户人家,专项工作组党员包干分区,敲门入户做工作。不少原本坚持反对的九村居民,态度逐渐松动。王先生说,上周零下4摄氏度的那个晚上,看到党员志愿者再次上门沟通,他当场表态了:

实况:【在这么大冷的天,居委干部、社区党员为了这扇小门,他们也非常辛苦,我也蛮感动的,投下了赞成票。】

表决顺利通过,铁门将改造成设有门禁的旋转门,尽快开放。一扇小小的门,考验基层管理者的脑力、脚力,更考验心力。在依法合规广开言路的基础上,"走了心""用了情",迎来的何止是"冰释前嫌",更多的是美美与共的和谐共处。

事实描述是受众的"第一需求"
——简评《十条公约、两场投票、四千居民参与……封闭11个月的这扇门终于能开了!》

市委宣传部新闻阅评组成员　秦恒骥

《十条公约、两场投票、四千居民参与……封闭11个月的这扇门终于能开了!》,电台的这条几百字的录音通讯,推送到受众耳边的是一个完整的事实的反映,由于这一事实生动地揭示了社区自治、治理的重大课题,具有鲜明的案例特征,因此,可以毫不夸张地做出"结论":这是一篇完美的主题宣传新闻;而它的生命力又体现在细、活的事实描述中。

社区治理这样的主旋律宣传,通过具体案例、新闻事实来表达,这本不"稀罕"。但如何表达新闻事实,往往考验着记者各自的功力。这篇通讯介绍的是两个小区之间的一扇门的开、关、开过程,一件"小事",揭示了居民之间如何和谐相处的社会课题,特别反映了社区组织在其中的作用。通讯至少在两个"点"上显示了值得称道之处。首先,记者在采访的基础上,先对新闻事实演变的全貌有了"胸有成竹"的掌握,做了如何"描述"的谋篇。全文根据事实,从四个方面描述了紧连两个小区那扇门被重新打开的关键过程和因果,在"描述"中构成了一则完整的新闻故事。其次,故事的描述,全部在展示故事细节中完成。故事至少演绎了四方面细节:大门敞开对受益小区,尤其是小区中的孩子上学带来的好处;大门关闭使孩子们上、下学不便的表述,仿佛或者真实地丈量过孩子们路程;为了重新打开大门,居委干部们严寒中一家家征询意见的描写。如此等等,若干细节的严丝合缝地组合,使故事的立体感、生动性、鲜活度达到了完美的统一。这样的故事,事实充分,全是实话,篇幅又短而得当,如何不吸引受众?

广播新闻又有自身独特的表现手法。这篇报道在四个细节的表现上,都精到地用到了实况录音的手法,为受众营造了身临其境之感。从这一点,是否可以这样说,让受众在听觉的代入感中,如临其境,进入故事之中,又是广播新闻受众的"第一需求"。

在"分歧意见"中挖掘新闻闪光点
——《十条公约、两场投票、四千户居民参与……封闭11个月的这扇门终于能开了!》创作体会

东方广播中心记者　姚轶凡

古人有云"兼听则明,偏信则暗",对于长期坚守一线的新闻记者而言,采访中遇到意见相左,甚至观点严重对立的情况时有发生。兼听则明,善于听取分歧意见,有经验的记者常常能在峰回路转中,发现更有价值的新闻线索。《十条公约、两场投票、四千户居民参与……封闭11个月的这扇门终于能开了!》就是记者在一次七嘴八舌,意见不一的采访中获得的"意外之喜"。

一、善听"分歧意见",洞悉新闻线索里的"好苗子"

《十条公约、两场投票、四千户居民参与……封闭11个月的这扇门终于能开了!》源自宝山淞南七村居民2020年底的一个电话投诉。

家住宝山淞南七村的居民许先生给本台听众热线电话62706270来电反映,2020年年初疫情来临,小区采取封闭式管理,小区一扇开了20多年的边门被封闭。去年5月,进入疫情常态下防控,百姓生活逐步恢复,孩子们返校开学,可是这扇原本为了方便孩子步行便可抵达学校的"方便之门"久久不见重启,七村居民为此都很闹心。

获悉情况,记者随即前往现场进行了实地采访。

听闻记者到现场采访,一传十、十传百,瞬间涌来了很多居民,这其中有七八十岁的老人,也有三四十岁的家长们。

"开学之后,小朋友要读书,小学生要走外面,走五里路,步行半个小时。"很多要送自己的孙子孙女上学的爷爷奶奶们诉求最强烈,"这个门20多年走下来,现在已经是常态化了,不能轻易地关掉就关掉了。"

还有一些上了年纪的老人也拄着拐杖赶了过来:"原来我们老年人到社区医院看病,走这个门也可少走不少路,门不开,对腿脚不便的老年人实在不方便。"

让记者非常意外的是,人群中不只有淞南七村的居民,还有与淞南七村一墙之隔的淞南九村的居民,他们对淞南七村居民提出的诉求几乎一边倒持反对

态度。

"七村的一些居民随便扔垃圾,他们车子占用我们九村的公用车位,我们九村一些居民就不同意往我们这里走。"原来,这道门连通着一墙之隔的九村,多年来,淞南七村是借淞南九村的道出入。七村居民长期借道,有的在九村随地扔垃圾,有的把车都停在了九村……林林总总的不文明行为令不少九村居民心生怨气,不同意再开此门。

公说公有理,婆说婆有理。两村居民各持己见,互不相让,小门能否开启,陷入僵局。难题面前,不退缩,以记者 20 余年的基层采访经验看来,这场由一扇小门引发的纷争背后牵动的是 4 000 多户百姓的利益,不容小觑,更不能草率妄下定论,须定下心来,跟踪采访,以一个旁观者的身份,公平公正地真实记录,反映民声。

二、善析"分歧意见",凭借"脚力"跑出好新闻

脚力、眼力、脑力和笔力,新闻四力当中,脚力是根基。入行之初,业界前辈总会语重心长地说,"好新闻是跑出来的"。前辈谆谆教诲,记者常挂于心间,20 余年一线采访,离新闻现场更近一些,把"到群众中去,倾听最真实的声音"谨记于心,写出"接地气、冒热气"的优秀新闻稿件,早已成为孜孜以求的职业追求。

门到底开还是不开? 一时让两个小区的社区基层工作者陷入两难境地。遂了七村居民的心,将门重启,显然"按下葫芦起了瓢",容易伤了九村居民的心。

如何破此僵局? 一次,两次,三次……记者为此跟踪采访一个多月记录事情发展过程。

"充分听取不同人群的意见,寻求最大公约数。"当记者找到淞南镇副镇长王薇时,这位温婉而不失干练的女镇长态度很明确:"要在党建引领下,两家小区商量'居民通行公约',强调开关门的时间,只走行人,派保安、保洁管理这道门。"

有了方案,贵在执行。于是,在接下来的一个多月里,两个小区的居委会多次召开居民意见征询会,收集民意,拟定意见征询表,多次修订"居民通行公约",并在七村和九村按相关规定同步进行"边门是否重新开启"征询意见工作。

"不得乱扔垃圾;做到文明遛狗……"10 条"居民通行公约"公示 7 天后,开始就边门是否重启,发放征询意见表。两个小区 4 000 多户人家,专项工作组党员包干分区,敲门入户做工作。

跟随工作者走访、观察、倾听、记录……十条"居民通行公约"诞生过程并非

一帆风顺,特别是迫切希望小门能早早重启的七村居委会工作者,急民之所急,多次主动前往九村,听取七村居民意见,九村居委会干部也没闲着,汇总意见,同样多次前往七村协商"公约"细则……点点滴滴,看在眼里,记者也为双方居委会工作者的细心、耐心为之深深感动。

三、善用"分歧意见",抓细节,展现感人真情

采访中,记者为社区工作者为之付出的"脑力""心力"由衷点赞,特别是一个个感人至深的细节令人记忆深刻,成了日后报道中"点睛"之笔。

社区基层工作在解决百姓烦心事过程中,能否"走心"是关键。小门重启工作最紧要的时刻,一位将近70岁的社区志愿者阿姨向记者述说,那时正好遭遇了当年上海最冷寒潮,连着多日最低温度突破零下,"寒风中,脚一度冷得都有些迈不开步"。即便如此,他们依旧坚持日行万步,爬着难以计数的楼梯台阶,敲门发放征询意见表,"为了孩子和老人能够早日通过这扇小门就学、就医,再冷,再累也要坚持"。

淞南九村原本持反对意见的王先生也和记者感同身受,他回忆:记得,那天晚上8点多,当天气温最低已经零下4摄氏度,看到党员志愿者再次上门沟通,再硬的心肠,这时候也被他们感动了。他当场表态了:"在这么大冷的天,居委干部、社区党员为了这扇小门,非常辛苦,我也蛮感动的,投下了赞成票。"

2021年1月12日,上午9点,两场关乎小门能否重启的现场征询表决会同时在七村和九村举行。两边会场挤满居民,听着唱票声,大家的目光齐刷刷地投向计票黑板。

"同意票1 305票,占98%……"1 337张表决票,在工作人员快速清点下,淞南九村的计票很快出了结果。10分钟后,淞南七村计票结果也出来了,同意的票数2 724张,占比97%。两村的同意率均达到97%以上,远远超过三分之二同意的法定标准。这意味着,因疫情之下小区封闭管理而锁上的这扇门,终于在11个月后,要合情合理合规地重新开启了。

听到这个结果,七村居民林阿婆激动得一个劲地说,这个结果来之不易:"非常激动,这个'方便之门'开了以后,特别是小孩子严寒中能够不要绕道了。"

九村的不少居民也认为,公开、公平、公正,遇事不退避,不偏颇,两个小区的基层管理者按章、依法推动"边门"合法重启,值得点赞!

表决顺利通过,小铁门经过一番翻新,一周后重新开放。在场的居民纷纷表示:"小门重开,还换了崭新的旋转门,真不错!"

在依法合规广开言路的基础上,铁门合情合理合规地再度开启,既赢得了百姓的赞誉,也给出了一个基层治理的经典"走心"实践案例,颇具借鉴意义。

"好的新闻报道,要靠好的作风文风来完成,靠好的脚力、眼力、脑力、笔力得来"。听细节、听分歧,通过一个多月的跟踪采访,记者坚定初心:树立新闻采写的"平衡意识"既是新闻工作者必备的一项基本功,更是真实、客观反映新闻事件的前提要诀。在一线采访中,新闻工作者要始终紧绷"质疑""思辨"两根弦,学会倾听,尤其不放过"分歧意见"背后的细枝末节,挖掘新闻闪光点。

2021年度上海广播电视奖参评作品推荐表

作品标题	上海办税大厅首开"办不成事反映窗口",办成了不少事!	参评项目	广播新闻
		体裁	新闻评论
		语种	中文
作者（主创人员）	俞承璋、周仲洋	编辑	范嘉春
刊播单位	上海广播电视台东方广播中心	刊播日期	2021年7月19日 7时17分01秒
刊播版面（名称和版次）	FM93.4上海新闻广播《990早新闻》	作品字数（时长）	4分13秒
采编过程（作品简介）	记者在上海基层税务部门调研时发现闵行区税务局在办税大厅里开设了"办不成事反映窗口",这是上海税务系统里的新鲜事。这对于上海优化营商环境,改善纳税人服务具有典型意义,于是记者进一步深入采访,挖掘典型事例予以报道。编辑部对这则新闻专门配发了短评。		
社会效果	报道虽然切口很小,却反映了政府管理部门服务思路的转变。闵行区税务局办税大厅专门开设"办不成事反映窗口",受理纳税人办理涉税事务中的疑难杂症。这种政府部门换位思考、便民利民的做法,充分体现了"以人民为中心"的执政理念。编辑配发短评,进一步总结提炼了闵行区办税大厅开设"办不成事反映窗口"意义,指出"办不成事反映窗口"更应该成为倒逼所有常规窗口改善服务的一种示范。这篇报道有力地推动了上海营商环境优化。		

上海办税大厅首开"办不成事反映窗口",办成了不少事!

闵行区税务局办税大厅有一个特殊的窗口,服务台上的牌子写着"办不成事反映窗口"。这个在上海税务系统中首个设立的"办不成事反映窗口"设立3个多月来,成了纳税人和缴费人的"解忧杂货铺"。请听报道。

中外合资媛穗(上海)餐饮管理公司财务总监张美春一进闵行区税务局办税大厅,就直接找到"办不成事反映窗口"。

【我们的企业法人是外籍,所以他没有在中国这样的数据库里面的一些资料,我们没有办法通过扫码登录。】

原来今年5月,这家公司刚成立不久,就碰上全面推行电子营业执照,法人一证通不再发放,但由于外籍法人无法通过实名认证,就无法登录电子税务局,影响到日常经营。

了解清楚原委后,窗口服务人员帮助张美春协调区市场监督局,和税务局一起做了法人线下信息采集和实名认证,并登录电子税务局测试各类涉税业务,办不成的事终于办成了,张美春不禁为"办不成事反映窗口"的办事效率点赞。

闵行区税务局纳税服务科科长陈高森介绍,"办不成事反映窗口"试点设立3个多月来,已经成了闵行纳税人和缴费人的"解忧杂货铺"。

【我们窗口设立以来,一共收集到了问题68个,那么现在已经解决了63个,还有5个现在在推进之中。】

闵行区税务局总经济师程健透露,"办不成事反映窗口"设立的初衷是搭建跨部门沟通、跨流程协调的桥梁,但是在设立之初,还是很担心整套机制运行不畅,让"办不成事反映窗口"反而成为笑柄。

【问题提得多了,可能我们也办不了;问题提得少了,我们可能也没有设立的意义。通过前一个阶段的运行,这些顾虑都是多余的。】

下一步,"办不成事反映窗口"将进一步完善受理、登记、转办、反馈流程,让窗口办成事成为常态。在办税大厅负责人、闵行区税务局第一税务所所长罗爱萍看来,开设"办不成事反映窗口"就是要尽力为人民群众办成事。

【这个窗口的设立也就是把纳税人的一些急事、难事、办不成的事,当成我们自己的要紧事,我们来办理。】

以上由记者俞承璋报道。

【片花】

下面播送清洋撰写的快评:《"办不成事窗口",让为民服务"办成事"》

到服务窗口办事儿,群众最怕遇到违反规定"办不了"、缺少关键材料"很难办"、办事人员怕担责"不给办"。闵行区办税大厅的"办不成事反映窗口",就是专治这些"疑难杂症"的解忧杂货铺,群众办事难的"肠梗阻"打通了,政府与企业、群众的"连心桥"也就搭好了。

从办不成到办成了,这样的转变需要服务部门跨前一步,打破常规,想群众所想,改善自身工作。看似开了一个"小窗口",但背后需要付出的努力"并不少"。只要以百姓需求为导向,创新工作流程,不仅无须担忧这样的窗口成为"摆设",更会让这样为民服务的态度成为"标杆"。

何止一个税务大厅,"办不成事窗口"更应该成为倒逼所有常规窗口改善服务的一种示范,利用一网通办、一网统管,将更多的难题化解在事件办理之前,让群众花最少的时间、跑最少的路、交最少的材料、找最少的部门,让行政效率最高、服务管理最规范。当天下再无"办不成事窗口",当百姓再不需要解忧杂货铺,才是为民服务最优化之时。

小"窗口"折射大新闻
——评广播新闻《上海办税大厅首开"办不成事反映窗口",办成了不少事!》

市委宣传部新媒体阅评组成员　方颂先

2021年以来,各级政府为了进一步优化营商环境,加大对小微企业、个体工商户全方位的支持,实施新的结构性减税政策等系列"组合拳",让市场主体活力不断被激发,同时,各级办事机关通过数字化转型,创立"一网通办"等线上办事通道,在线下也不断增开各类"窗口",简化办事手续,提高办事效率。在这样的一个社会大背景下,上海市闵行区税务局办税大厅里的一个小小的新开窗口,引起了记者的注意,于是就诞生了这则广播新闻。

广播新闻《上海办税大厅首开"办不成事反映窗口",办成了不少事!》2021年7月19日在上海人民广播电台《990早新闻》节目中播出,编辑部还特地为这则报道配上了短评。

一石激起千层浪,上海闵行税务局开设"办不成事"反映窗口,把纳税人缴费人的"急事""难事""办不成事"当成自己的要紧事来办,"办不成事反映窗口"成为人民群众遇到急事难事的"倾诉口"、解决问题的"突破口"。报道迅速在全国各地引起反响,2021年8月,厦门市行政服务中心也正式启用"办不成事反映窗口"。广东、四川、湖北、河南、北京及全国各地的"办不成事反映窗口"如雨后春笋般相继涌现并得到广泛的报道,中国广播电视台、《人民日报》等央媒还专门为这一现象做深入报道并发表了多篇评论。

广播新闻《上海办税大厅首开"办不成事反映窗口",办成了不少事!》是一则优秀的新闻报道,笔者认为报道的成功主要有以下三大因素:

一、善于在寻常中发现不寻常的新闻敏感

所谓新闻敏感,指的是新闻工作者迅速、准确地识别具有新闻价值的事实的能力,我们也经常把新闻敏感比喻为记者的"新闻眼""新闻鼻""新闻嗅觉"等。记者要善于透过一般现象挖掘出隐藏着的有价值的新闻事实,判断出在同一事物的诸多事实中,哪一个是最具有价值的新闻事实。

一段时间以来,上海为了提升城市功能,改善营商环境,持续关注提高各级政府的办事效率。在加快城市管理的数字化转型中,上海不仅开设了"一网通办",出台了一批领先全国的举措,提出了"进一张网办全部事"的愿景,还在中国(上海)自由贸易区、临港新片区、长三角示范区等地方,不断出台新政,力争帮助事企业单位和个人能顺利办成不同领域的事项,解决"办不完的手续、跑不完的路、盖不完的章"之类的烦心事。上海这些"先行先试"的领域,吸引了媒体的持续关注,也催生了大量的新闻报道。

相比于上述地区,在上海闵行区税务局的办税大厅新开了一个窗口,本来是一件"不起眼"的小事,却引起了广播记者的关注:为什么叫"办不成事反映窗口"?"反映"什么?怎么"反映"?"反映"以后怎么办?办不成的事能办成吗?在弄清这一系列问题后,记者开始挖掘为什么要开设"办不成事反映窗

口"的背后意义。正是出于记者的这种高度新闻敏感,一条广播好新闻才浮出了水面。

二、把握从一个窗口总览社会全景的新闻视野

报道的切口很小,只是闵行区税务局办税大厅新开了一个窗口,但小小的"办不成事"反映窗口,关涉的却是群众心头大事。受理纳税人办理涉税事务中的疑难杂症,政府部门换位思考、便民利民的做法,其背后体现的已不仅是提高办事效率,优化营商环境等,而是"以人民为中心"的执政理念。

长期以来,"门难进、事难办、人难看"等社会顽疾不仅存在于税务部门,比如,申请低保补助,材料丢失不齐全无法办理;办理继承、诉讼,要一系列类似"证明你妈是你妈"的手续,申请工伤医疗补助金,无法认定事故等级,等等,如今通过"办不成事"反映窗口,聚焦难点、对症下药,以前的"办不成",变成了现在的"想办成""能办成",这就是为什么一个地区税务局开设的窗口,能迅速成为全国各地各部门为群众办实事的新抓手,产生出强大的社会效益。

三、新闻加评论,融媒显威力

广播新闻《上海办税大厅首开"办不成事反映窗口",办成了不少事!》播出时,编辑即刻配发了短评,进一步总结提炼了闵行区办税大厅开设"办不成事反映窗口"意义,指出"办不成事反映窗口"更应该成为倒逼所有常规窗口改善服务的一种示范。短评还认为:群众办事难的"肠梗阻"打通了,政府与企业、群众的"连心桥"也就搭好了。从办不成到办成了,这样的转变需要服务部门跨前一步,打破常规,想群众所想,改善自身工作。看似开了一个"小窗口",但背后需要付出的努力"并不少"。

评论点明了报道的意义,升华了新闻的主题,给节目整体增添了亮色。

需要指出的是,上海人民广播电台的节目如今还通过其新媒体"阿基米德""话匣子""上海新闻广播"等的公众号、微博微信端等向全国传播,上海本地其他新媒体也及时转发了《上海办税大厅首开"办不成事反映窗口",办成了不少事!》这则报道。应该说,融媒体的传播新格局使这篇报道插上了翅膀,为全国各地各部门所知晓、被触动,从而成为一则大众喜闻乐见、津津乐道的"现象级"广播新闻。

善于发现　见微知著
——《上海办税大厅首开"办不成事反映窗口",办成了不少事!》创作体会

东方广播中心记者　俞承璋

找到一条好的新闻线索,可以说一篇出色的新闻报道完成了一半。《上海办税大厅首开"办不成事反映窗口",办成了不少事!》的采写过程,让记者对此感受很深。

新闻线索怎么找呢?新闻同行们八仙过海,各显神通。同样,这也是长期困扰新闻同行的"老大难"问题。以记者的经验,采访不同的条线,新闻线索的来源很不一样。有的条线上,行业主管部门积极主动邀请采访,对记者来说相对轻松,受访者主动提供的新闻素材丰富,但难免众多媒体众口一词;有的条线上,民生反映问题投诉多,就要求记者见招拆招,难免就事论事;还有的条线,很少组织记者采访,就需要记者发挥主观能动性,自己去摸报道线索,记者报道的自由度比较大。记者采访的税务条线就属于第三种情况。基于多年对上海税务领域的报道工作,让记者养成了经常走访基层税务部门的工作习惯,和基层税务干部交流,主动发现一些报道线索。这样做虽然效率比较低,但只要有一双善于发现的眼睛,还是能挖到不少好线索。

2021年7月初,记者去闵行区税务局走访时,听说了闵行区税务局的办税大厅里试点开设了"办不成事反映窗口"。作为一名一直在税务部门基层兜兜转转的"老司机",记者听说这样一个新名词就来了劲头,追问更多细节。在闵行区税务局宣传干部的配合下,记者终于搞清了"办不成事反映窗口"的来龙去脉。一条好的新闻线索通过记者的基层走访浮出了水面!

不可否认,发现这条线索有运气的成分。但是除了运气之外,基于多年行业积累,让记者拥有了一双"善于发现"的眼睛。

找到了好线索,接下去的采访、写稿堪称行云流水,一个关于上海税务部门优化营商环境的好故事一气呵成。

好故事总是打动人的。新闻稿提交当天,编辑部当即提出要在次日早新闻中配发评论,把这则新闻报道中宣传的好做法进一步总结、提炼、升华。编辑部评论"见微知著",用铿锵有力的文字揭开《上海办税大厅首开"办不成事反映窗

口",办成了不少事!》故事的面纱,对新闻的核心要义进行解读。

记者的编辑部同事,也是这篇作品的主创者之一,在拿到"办不成事反映窗口"这样一个主题时就激发起思考:在"办不成事儿"和"办成事儿"之间,究竟有哪些"肠梗阻"绊住了人们的脚步。

上海始终强调持续优化营商环境,推动"一网通办""一网统管"建设,让"一站式服务""一门式服务"等便民举措更好落地,让数据多跑路,企业和百姓少跑腿。但是这样的理念不能停留在政策层面,如何落地恰恰需要去打通那些"肠梗阻"。在具体办事过程中,不少市民都会碰到各种疑难杂症,很多时候是特别令人无助的,例如有些业务非常烦琐,但是办事窗口就是不能一次性告知所有需要注意的流程事项,导致跑了很多次都办不好;有的线上提交申请材料后,不能正常受理,让"一网通办"徒有虚名;还有的办理事项窗口工作人员无法处理,没有权限处理等。这种办不成事儿的无助感来自:从理论上看似应该不难的问题,在实际操作中恰恰变成了难题。"办不成事"反映窗口,就是针对这些痛点堵点,切切实实为百姓和企业解决急事、难事、烦心事。

都说民生无小事,"办不成事反映窗口"这样的小窗口,其实连接着大民生。民之所需、政之所向;民有所呼、政有所应。其实,这样的窗口早就应该开设,搜索相关数据我们也能发现类似窗口在全国其他地区的尝试,但是在采访中感受颇深的一点是,上海在设立窗口之初时的顾虑。担心整套机制运行不畅;担心"办不成事反映窗口"成为笑柄;担心问题提得多了,办不了;担心问题提少了,又没有设立的意义。其实,敢于开设"办不成事反映窗口",就已经体现出相关部门破题的勇气,不管最终能够办成多少事儿,为民服务的价值理念就已经传递出来了,改善政务服务的积极探索也已经迈出了第一步。

当"办不成事反映窗口"运行了一段时间,解决了一众问题,成为大家的"解忧杂货铺"后,我们其实特别想探讨另外一些层面的问题:为什么原来办不成的事,多了一个窗口就能办成了;如果特事特办能解决,正常窗口为何办不成;之前办不成的事儿,到底是因为主观原因,懒政推脱,人为设限,让办事群众吃了闭门羹,还是因为制度设计、历史遗留问题、办事人员权限等客观原因办不了?如果是办事人员没有处理权限导致服务不及时、不到位,那又该如何优化政务服务流程,加强部门协调与资源共享,简化办理流程,提高普通窗口的服务效能?这些问题都值得好好梳理与研究。总结出从"办不成"到"办成了"这个转变过程中,都做出了哪些努力,这才是开设"办不成事反映窗口"留给我们的更宝贵经验。从某种意义来讲,"办不成事反映窗口"既是解决难题的兜底窗口,还应该是改善作风的监督窗口,更是优化服务的改革窗口。

我们不能只满足于个案的解决,而是要从中找出疑难杂症产生的原因,并找出根治的办法来。这样,才能尽快补齐短板,打通政务服务的痛点堵点,促进政务服务水平不断提升。其实,在我们的报道之后,"办不成事反映窗口"已经不应再被视为一个简单的服务窗口,而是一种服务态度。这也是我们在最后的新闻评论中提到的:这样的窗口要想长久坚持下去,不至于成为"摆设",更应该让这种为民服务的态度成为"标杆",去复制,去推广,从一个税务大厅出发,成为倒逼所有常规窗口改善服务的一种示范,将更多的难题化解在事件办理之前,让群众花最少的时间、跑最少的路、交最少的材料、找最少的部门,让行政效率最高、服务管理最规范。开设"办不成事反映窗口"的终极目标,应该是让天下再无"办不成事反映窗口"。

一则好故事,让新闻评论思辨有扎实的基础;配发的短评,让新闻故事的重大意义得以彰显。从某种意义上说,这篇作品本身就是新闻采、编之间的相互成就。

二 等 奖

2021 年度上海广播电视奖
参评作品推荐表

作品标题	重走一大路 （上海嘉兴两台联合直播）	参评项目	广播新闻
		体 裁	现场直播
		语 种	中 文
主创人员	集 体	编 辑	集 体
刊播单位	东方广播中心	刊播日期	2021 年 6 月 25 日 8 点 40 分
刊播版面 （名称和版次）	上海新闻广播，横跨《990 早新闻》《直通 990》《海波热线》时段	作品字数 （时长）	89 分 34 秒
采编过程 （作品简介）	百年前，中共一大会议因被巡捕窥探、被迫中断。代表们分两批从上海坐火车前往浙江嘉兴，完成了建党伟业。百年后的 2021 年 6 月 25 日上午 8:48，复刻当年列车的上海—嘉兴红色旅游专列从上海出发，重走一大路。上海人民广播电台与嘉兴综合广播携手，在这列火车上推出特别直播《重走一大路》。 　　行进式直播，沉浸式还原"一大"路。这是首次全程在列车上进行的广播直播，在全国也属首开先河。主创团队把整个直播室搬进了车厢，搭起了广播在铁轨上的移动直播室。主持人随着列车的进程，结合车厢内的"红色足迹""方寸之间""时代记忆""南湖印象"主题陈列展，与来自浙江红船干部学院的嘉宾重温一个个历史细节，沉浸式还原当年一大代表的历史抉择。一旁的旅客们也加入直播之中，深情的回忆，欢快的合唱，将红色专列上的气氛从电波传遍长三角。 　　双重时空线，创意式重温初心地。特别节目交叠双重时空线，一重是世纪范畴的百年前与百年后，通过专家讲述，影视片段的穿插，呈现百年的初心不变，拓宽了时空的广度；另一重是当天的火车行进中和上海—嘉兴进行时，将百年前一大代表下车后路径与如今嘉兴的发展结合起来。 　　多元素整合，打造广播"公路片"。特别节目整体节奏如同一部"公路片"，始终在不停前行之中。既有中共一大代表董必武同志的孙子在火车上的家族回忆，有 50 年党龄的核工业系统退休老党员李华健讲述的奋斗		

采编过程（作品简介）	心声；也有南湖景区讲解员龚鑫带来的流动实景党课；有西藏那曲色尼"初心之旅"团成员的乘车体验和初心感悟，还有主持人与嘉宾身处红色专列中传递的激动心情。整场直播高潮迭起，气氛热烈。节目中还加入了建党电影中的精彩片段，匹配情绪烘托音乐，并在最后播放原创歌曲《灯塔之歌》，让节目可听性大增。
社会效果	本次直播全方位、全链条、全过程展现中共"一大"会议主要线路和重要节点，穿越时空，重温初心。 　　当天首发的 Y701 车次红色旅游列车，标志着首列长三角红色教育主题列车正式开通。上海、嘉兴两台的此次联合直播，以历史为媒，以新时代为线，标志着长三角媒体融合再创新路、更进一步。

重走一大路(片段)

【特别节目片头】
电影《1921》片段：
李汉俊：马林同志说上海不能待了。
王会悟：我建议转移到嘉兴，租一条船改在船上开会。
张国焘：我们什么时候出发？
王会悟：明天上午10点有一班火车。
张国焘：上车吧。
张国焘：同志们，现在到了最重要的时刻。讨论最后一项议题，选举党的中央机构。
毛泽东(众)：全世界无产者联合起来。
习近平：伟大的中国共产党万岁！

女播：沉沉黑夜中点燃的星火。
男播：漫漫前路中仰望的灯塔。
女播：从石库门到南湖。
男播：重走一大路。
合：上海、嘉兴两台联合直播。
【列车临时直播间】
【雪瑾】上海新闻广播。
【小布】嘉兴综合广播。
【雪瑾】听众朋友大家上午好，您现在收听的是上海、嘉兴两台联合推出的直播特别节目《重走一大路》。我是上海新闻广播主持人雪瑾。
【小布】各位好，我是嘉兴综合广播主持人小布。

【雪瑾】今天是个特别有意义的日子,就在 7 分钟之后 8 点 48 分被命名为"南湖·1921"红色旅游列车,就将从上海西站首发,开往嘉兴。

【小布】是的。我们将共同见证这一历史时刻,今天的直播也非常特别,因为我们的直播室就设在这趟列车上,我们将带领大家开启"重走一大路"的体验。

【雪瑾】立足当下,回望百年,我们把历史的长镜头推回 1921 年 7 月的上海。白色恐怖笼罩下的望志路 106 号的石库门房子里,中共一大会议因被密探窥视、巡捕袭扰被迫中断。

【小布】如何才能顺利完会?就在大家踌躇之时,一大代表李达的夫人王会悟提出了在浙江嘉兴续会的提议。经过商讨,代表们分两批从上海坐火车前往浙江嘉兴。

【雪瑾】百年后,这条串联起上海嘉兴两个梦想起航地的"一大路"被复刻出来。当年一大代表走过的风雨历程,将被后人重温、铭记。

【小布】现在是北京时间 8 点 42 分,红色旅游列车已经首发,上海新闻广播记者车润宇刚刚参加完首发仪式,一些相关的情况让我们来连线她。

【雪瑾】车润宇你好。好,车润宇给我们介绍一下刚才在首发仪式上你看到的情况。

【车润宇】好的,刚刚我也是在站台上参加了这样的一个首发仪式,其实在首发仪式上,我们可以看到、感受到今天这趟列车上的旅客可以说是非常非常多,今天这趟列车一共大约有 1 000 名的旅客,在首发仪式上面有"南湖·1921"红色旅游专列的主题列车的明信片的揭幕。同时还有嘉宾们,也是像西藏的那曲色尼初心之旅的代表团,以及这些的代表进行授旗。

在首发仪式的最后,是有一些领导就触摸这样的一个 LED 屏幕来响应本趟列车的正式启动,刚刚就在一分钟以前,我也是踏上了这样的一趟列车。其实今天的这趟列车可以说是我在普速列车里面看到的最漂亮的一节列车,这趟的 Y701 次列车也将会在——我们可以看到现在是 43 分,大约是在 5 分钟之后,就会从上海西站缓缓驶出,也是前往我们今天的目的地——浙江嘉兴,也是开启新时代重走一大路的旅游的开幕。

这一趟车厢我也给大家介绍一下为什么说是非常漂亮,这趟列车一共是有 10 节的编组,它的车顶是通过了一个普速列车的改造而成,全车的外部是采用红金绿这样的配色,也可以说是既保留了古朴的绿皮火车的风格,又体现了红色文化的元素。

其实最值得一提的就是我现在刚刚踏入的一号车厢和二号车厢。因为这也是这趟列车它确定了不忘初心、走新时代路的两大主题之后,将这两节车厢改造成了红色的专门功能的车厢。

在这里面，我们上来的时候可以看到这样的一个座位上面是进行了特别的布置。

另外，在车厢里面也是设置了像是有火车的邮局区，火车的学习角，以及上海党的一大会址，以及嘉兴南湖红船老照片的展示区，可以说是让旅客一踏上来，就感觉有一种沉浸式的感觉，其实其余的车厢也都是在外围进行了一些相应的改造，让旅客一踏上这趟车，就可以到沉浸式的体验中。

其实很多旅客会问，我们这趟车大概会有多久？在 8 点 48 分，它从上海西站开出之后，它的单程的运行时间是 73 分钟，因为这是一趟普速的列车，所以大概是在 10 点 01 分的时候，我们就会抵达浙江嘉兴，现在在列车上我们也可以感觉到我的身边可以说是人声鼎沸，很多的旅客非常兴奋。

刚刚我们也问了几名旅客，他们表示买到这张票也非常不容易，特别开心，也是想要去看一看，就是体会一下当年他们是怎么来乘坐这样的一个列车来抵达嘉兴的，雪瑾。

【雪瑾】好的，非常感谢车润宇给我们带来的介绍。

【列车临时直播间】

【雪瑾】听众朋友大家好，欢迎继续收听上海、嘉兴两台联合推出的直播特别节目《重走一大路》，我是上海新闻广播主持人雪瑾。

【小布】欢迎回来，我是嘉兴综合广播主持人小布。

【雪瑾】现在是北京时间的 8 点 46 分，还有两分钟我们"南湖·1921"红色旅游列车就将开动了。此时此刻在我们身边有很多的乘客都和我们小布两个人，我们两个人的心情是一样的，都充满着期待。小布还记得上一次坐列车是什么时候吗？

【小布】那要回到我大学时期了。过了三四年之后重新坐回绿皮火车，我现在心里也是心潮澎湃，有一种时光交错之感，因为我们现在坐的是复刻了 1921 年当时车厢的这么一个列车上，感觉和那边的革命先烈、先辈有一种交流之感，我们的心情我想应该是一样的。

【雪瑾】今天早间我们在月台看到列车缓缓驶入月台的时候，其实心里非常激动，由于整个列车经过特殊的一些布置之后，复刻了当年，所以大家就会觉得仿佛是穿越了时空的隧道，回到了当时。而我们红船精神也在我们这一代一代的发展当中继续传承下去。

那么今天我们也将跟随这趟列车沿着早期共产党人的足迹，从上海出发，抵达刚刚改造完成的嘉兴火车站，再沿宣公路行走至狮子汇渡口，当然这也是当年一大代表登船的地方，我们将会沉浸式体验那段"来时之路"。

【小布】今天我们还邀请到了一位特殊的嘉宾和我们的同行,他就是浙江红船干部学院党史党建教研室教师,嘉兴红船宣讲团成员李益模。李老师,欢迎您。

【雪瑾】欢迎李老师。

【李益模】雪瑾好,小布好,各位听众大家好。

【雪瑾】李老师是这段历史的研究者,也是一位青年学者,您可能对于我们来说的话更有发言权,那么此时此刻我们也坐在列车上等待着列车的启动,您此时的心情是什么样的?

【李益模】此时此刻的心情可以说非常激动,其实今天 7 点我就到了上海西站,第一时间登上列车,给我的感觉就是这个列车里面满满的,我们中共一大的元素有上海的元素,也有我们嘉兴的元素,革命启航红船精神,可以说作为一名 80 后的党校青年教师,我此时此刻真的非常激动,同时也通过这样一种形式把我们带回了一种历史的现场。

【小布】是的。我当时是跟李益模老师一起上车的,李老师平常在我的印象里是非常冷静的一个人,但是登上列车之后,我感觉李老师兴奋得像个孩子。

【雪瑾】也是拿起手中的手机,会把我们在这个列车上的这些细节拍摄下来,捕捉下来。

【李益模】确实是这样。因为某种意义上讲,其实我们 100 年前在那样一个风雨飘摇的年代,也是一批热血青年他们挺身而出。

其实今天我觉得我们很庆幸,虽然我们当年的那批共产党员当中可能很多都是那个时代的 90 后,今天对我而言,作为一个 80 后,我也觉得我也搭上了这样一趟列车。

【雪瑾】没错。此时此刻我们"南湖·1921"红色旅游列车已经开动了。我看到我身边的很多的市民,包括很多的乘客都已经拿起手机来记录下这一刻,但是我想我们今天坐在这个列车上,同时在我们的特殊直播间来回望那段历史,可能还是会问很多的和当年相关的一些问题。

李老师,我们想问的是当年从中共一大会议转移到嘉兴的续会,它到底是存在着怎样的偶然性以及它的必然性? 您怎么看呢?

【李益模】其实大家可能都知道,1921 年 7 月 23 号到 30 号,中国共产党第一次全国代表大会在当时上海的法租界望志路 106 号秘密地召开,到 30 号晚上的时候受到了密探的窥视、巡捕房的袭扰,后来就被迫转移到了嘉兴。就这个事件的本身来看,其实是非常偶然的,突然间有密探闯入了,然后巡捕房来袭扰了。

但是透过这些偶然的现象,包括今天我们正在开展党史学习教育,我跟很多的党员干部也进行探讨,我说其实看历史,我们首先要深入进去,要弄清楚它的事件的来龙去脉,但最终要跳出来看,其实这个事件看似是一个偶然的现象,但是偶然现象背后就蕴含着历史发展的一些规律,也就是刚才雪瑾讲到的有偶然性,背后有必然性。

那么其实我觉得能够当年从上海转移到嘉兴这个会议来看,我觉得有几个方面的因素,首先第一个从(信号中断)看,其实嘉兴和上海本身联系非常紧密,不仅今天我们长三角一体化基本上融汇在一起,其实近代的嘉兴虽然算是一个江南小城,但是它并不闭塞,它也比较开放,与上海本身就地域相连,两地的距离其实就像我们的嘉善平湖和上海其实是挨着的,不仅地域相连,除此之外语言相通,人缘也相亲,经济是一体的,来往就非常密切。

那个时候可能没有四通八达的高铁,但是1909年沪杭铁路线就通车了,那个年代其实就有火车,这是第一个。另外一个其实还有很多的我们水域的交通,对,所以说这是从历史的因缘来看,两者本身联系就非常紧密。

第二个方面我觉得从人的因素从主观的角度来讲,当年就不得不提,当时中共一大会议当中有一位会务工作者,她的名字叫王会悟,同志们也可以了解,你看三横"王",会议的"会",觉悟的"悟",其实非常巧合,名字叫王会悟,她在做会务工作。很巧,为什么她去做会务工作,她是一大代表李达的夫人,她也是嘉兴桐乡乌镇人。其实1921年7月30号,我们这个会议受到密探窥视、巡捕袭扰的时候,大家就一筹莫展,到底会议到哪里去开,所以在这种突发性事件的情况下,我觉得最核心的就是要找到一个相对更安全的地点开会。那么哪个地方安全呢,在大城市当中像在上海(信号中断)可能到相对偏远,就是说可能去反动力量统治相对薄弱的地区汲取革命的力量,所以王会悟就提出来能不能转移到嘉兴去,我们家那边有一个湖叫南湖,她之前的年轻的时候在那里读过书,能不能转移到那里去?下次如果出现什么问题,她也可以请一些社会贤达来帮忙出面营救或者怎么样,其实确确实实是这样。所以安全性包括这个人,事实上我们今天来讲,我觉得最初的年轻的团队是一个非常优秀的团队,你看出现问题的时候,像王会悟这样的不是正式的代表,会务工作者她都帮忙一起去想办法解决问题,所以我觉得给我们今天,对我们这代年轻人的影响也是非常大的,我觉得怎么样用我们今天的话来讲就是碰到什么事件,我们大家齐心协力去把这个问题解决好,当年其实也是体现了这样一种心态。这是从人的角度来讲。

当然更重要的我觉得客观的因素就是交通便捷。1909年沪杭铁路线通车了,我们到档案馆找到了当时的一些原始的档案材料,从上海当时是北站到嘉兴站,一天当中有6班不同的列车,有快车,有慢车,其中最快的火车90多公里的路程,7点35分从上海北站出发,10点25分能够到嘉兴站,也就是说两个小时50分钟,其实100年来你看我们的高铁从上海虹桥到嘉兴南站只有25分钟,当年两个小时50分钟,到25分钟少了一个0,事实上这就是一个时代的变迁,我们可以很直观地感受得到。

所以如果说偶然的现象背后有其必然性。

【直播间主持人宇皓】各位听众,我们正在为您直播的是特别节目《重走一大路》。

【雪瑾】用六个字概括了。

【直播间主持人宇皓】我们的节目正在直播当中,也希望您和我们共同来关注。

【雪瑾】在我们的李老师讲解的过程当中,能够听到在我们身边的环境当中不停地是有一些相应的讲解,因为列车出发之后也是向我们的各位乘客告知我们此趟旅程即将开始了,同时在这个旅途中我们将会有一些什么样的故事和大家分享,那么此时此刻我们所乘坐的车厢,同时还有一个视频在播放当年的一些历史的故事,也便于大家在乘坐的过程当中回顾当年。

【小布】当时其实关于党的一大为什么会从上海转移到嘉兴,我也不是第一次了解了,但是每一次听说都会为当年我们的革命先辈排除万难,那种坚定的信念而感动。

刚才李老师也提到了,为什么一大转移到嘉兴,也是天时地利人和,其中地利也离不开1921年的那趟列车。听众朋友们一定也很好奇,听你们说了半天红色旅游专列了,这辆复刻的列车到底有什么样的一个特别的布置?我们赶紧来连线正在红色旅游列车上的嘉兴综合广播记者子璇。子璇你好。

【雪瑾】好,我们稍后再来连线子璇,给我们介绍一下列车上的一些情况。

【小布】她可能是沉浸在了这个氛围当中。

【雪瑾】此刻在我们的行进……好,我们再次接通了子璇,子璇你好。

【子璇】你好雪瑾,你好小布。我现在就在我们这一次红色旅游列车的车厢当中,可以看到今天真的是游人如织,每一个座位上都坐满了各种游客,包括大家都会统一穿着红色的T恤衫来表示这样的一种热情,包括在车厢内部的环境,我觉得也有必要来跟各位做一个简单的介绍,毕竟是我们的红色的一个主题的车厢,对吧? 尤其是一号和二号车厢,所以其中会有很多红色的元素在其中。

像是在火车列厢的墙壁上,有我们中共一大纪念馆的这样的一个照片,还有我们的红船精神,还有我们的火车站附近的老站房等,包括值得一提的,还有是在我们的整个一号车厢的最前端,有一个南湖初心的邮局。在这儿,如果说各位有什么想要寄给过去,或者说寄给回忆当中一百年前1921的时刻,我们都可以通过这一封邮局去实现,包括前面还会有一些文创产品的展示区,那么刚才我在空闲的时间我也去走了一下我们的二号车厢,精彩的部分非常多,像是有读书角等之类的。

总而言之,确实这会跟我们平常坐火车的感受不太一样,尤其是今天在这样一个首开的日子,所有的人都共同乘坐在这样的一趟列车上,带着共同的期许,也都能看到大家特别洋溢的一种精神面貌,甚至有的人手中挥舞着鲜红的我们的国旗。

总而言之,你身处这个环境,你会不自觉地感到特别骄傲和自豪。雪瑾、小布,目前车厢的氛围情况就是这个样子。

【雪瑾】好的,非常感谢子璇给我们带来的介绍。我们知道此次的红色旅游列车一共有10节车厢,而其中两节就是1921红色主题车厢,那么当年我想我们回顾这段历史,也是通过我们实景的一个体验,再次和我们一起穿越时光。

在今天这趟列车上也有非常多特殊的乘客,那么此时此刻就有一位特殊的乘客坐在我们的身边,他就是董必武同志的长孙、董必武研究会会长董绍新,欢迎董会长。

【小布】董会长您好。想问问我们董会长,我们这趟列车其实是再现了百年前的样子,那么作为一大代表董必武同志的孙子,您今天坐在这里有什么样的一个感受呢?

【董绍新】我感觉是这样,有一种时光穿越的那种感觉,好像又回到了当年他们那些一大代表们100年前,他们乘坐着这趟列车,然后赶赴嘉兴。

【直播间主持人宇皓】各位听众,您正在收听到的是上海新闻广播。

【董绍新】我就在想,觉得当年他们坐在列车上的时候,他们的心情是什么样的?我觉得跟我们现在心情肯定不一样,我们现在是很愉快地看着窗外的宜人的这些景色,但是他们当年,当年100年前,我们的国家可是这种积贫积弱的,被列强侵略掠夺的那么一个状态,他们当时的心情肯定是很沉重的,而且他们是怀着那种责任感和使命感去奔赴嘉兴的。我觉得我们到了今天,我们虽然大家生活都很幸福,但是我们不能忘了他们当初的那种使命感和责任感。

【雪瑾】其实这也是为什么我们要重走一大路。

刚才我们李老师也讲到了,原先从上海到嘉兴的列车的时间要2小时50分钟,而此刻今天我们坐高铁的话最短就只要25分钟,其实这个速度也是代表着我们国家飞速发展的这样的一个节奏,但就在这样发展的一个过程当中,我们要不停地往回看,看一看曾经我们走过的这段路。

所以我想问一下董会长,您觉得在新时代下我们重走一大路,对于我们祖国的发展,甚至对于我们这些年轻人有什么样的意义?

【董绍新】我觉得建这条专线是一条非常有意义的事情,因为嘉兴我以前去过很多次,然后上海一大纪念馆这边我也来过很多次。从空间上来讲,原来老觉得虽然心里头知道它是一个整体的,但是从这个空间上感来讲,老觉得它就是两个地方的两个同时存在的事物。现在有了这条专线,我觉得它就像一条纽带,然后把这两个紧紧地联系在一起,让它形成了一个有机的整体,让我们能够很完整地去追思,去怀念那些一大代表当初所走过的心路历程。

【雪瑾】但是我们经常会说要居安思危,其实对于我们这些年轻人来说,甚至90后00后,那么您觉得我们要传承这样的一种红色精神,如何在我们的生活当中,可能在我们工作当中去更多地体现?

【董绍新】我觉得还是应该要保持我刚才说过要有这种责任感和使命感,因为我们的建设道路还没有走完,我们还要继续,我们可能以后还要面临很多的困难,面临很多的问题,但是我觉得我们只有坚持党的领导,以后无论碰到什么样的困难,就将无往而不利。

【小布】听了您的一席话,作为95后的年轻人,我觉得心里也有一团火在燃烧,其实一大代表董必武同志从1921年一大开完之后,他就与我们南湖结下了不解之缘,之后也是多次回到我们嘉兴南湖,我也希望董会长能多去我们嘉兴南湖,也和我们嘉兴的年轻人多交流。

【董绍新】好的。

【直播间主持人宇皓】各位听众正在为您直播的是特别节目《重走一大路》。

【雪瑾】李老师刚才在听董会长的一席话时也不停地在点头,您怎么来看?

【李益模】其实我理解刚才董会长的一席话,其实他核心的表达就是习总书记告诫我们的,无论走得多远,不能忘了从哪里出发,其实就是这样。讲到董会长他是董必武先生的孙子,讲到董老,我觉得这就是刚才正如小布所讲的,跟嘉兴确实非常有缘分,我记得当年到嘉兴参会的一大代表当中,董老是唯一后来1964年清明节重返了嘉兴南湖的中共一大代表,今天在我们南湖的湖心岛访踪亭当中还留下了董老的诗篇。他写道,"革命声传画舫中,诞生共党庆工农。重来正值清明节,烟雨迷蒙访旧踪",你看他这个诗词当中其实就是一种写实:当年回想革命的声音传到了我们船当中去了,中国共产党的成立是中国历史上开天辟地的大事件,诞生了共产党,他来的时候又刚好是清明节,到中国的清明节当中其实是一种去追思先贤的这样一种精神,所以这个意境非常吻合。所以我觉得除了刚才我踏上列车的是激动,我觉得这一下我又有一种心情,比较感动。另外一个我觉得也受到了革命先辈的一种感染,其实也更好地激励我们去不忘初心,今天我们各行各业去朝着我们自己的梦想,在伟大复兴的征程当中,我们也去贡献我们自己的绵薄之力。

【雪瑾】我想每一个人身处不同的环境和时代当中,感受一定是不一样的。但是当我们在回望当初这一群平均年龄不到28岁的青年,为了我们的明天,为了我们更好的生活,做出的这样的一些努力,同时他们坚定地选择了走这样的一条道路,我们现在当下在回忆的时候,会能够有更多的一些感悟和激励。

【李益模】是的。

【小布】今天董必武同志的孙子董绍新在这样的一趟列车上接受我们的采访,也让我们心中充满无限的怀念之情。那么在这趟列车上还有其他的一些乘客也来自我们的各行各业。子璇还在吗?

【雪瑾】好,此刻我们再来连线,稍后我们再来连线子璇,因为在我们今天的这趟列车上面有很多其他的一些乘客,他们对于这趟旅程也是充满了自己很多的一些期待。

【小布】他们也带着自己的故事来到了我们这趟列车上。

【雪瑾】李老师,刚才我们讲到一大会议转移到嘉兴的一个必然性和偶然性,其实如果到了嘉兴的话,我们知道这个红船一定是绕不开的,我们所说的传承这样一个红船精神,同时我们在嘉兴的各地,其实有各方的一些展览能够来体现这样的一些历史,也是在我们今天的这趟旅程当中,而这个列车恰恰只是我们这段旅程的开始。

2021年度上海广播电视奖
参评作品推荐表

作品标题	990早新闻(5月23日)	参评项目	广播新闻
		体 裁	广播-广播新闻-新闻节目编排
		语 种	中文
作 者（主创人员）	张明霞、何卓莹、李英蕤、葛婧晶	编 辑	张明霞
刊播单位	上海广播电视台东方广播中心	刊播日期	5月23日8时0分
刊播版面（名称和版次）	FM93.4上海新闻广播990早新闻	作品字数（时长）	60分00秒
采编过程（作品简介）	该作品以科技兴国、人才强国为主线，对新闻内容进行精心编排。 　　首先播出一组"上海科技节开幕、科学家走红毯"新闻内容。在动态报道的同时，上海连续五年让科学家在聚光灯下接受公众致敬的意义——在全社会弘扬科学精神、营造创新氛围的主题呼之欲出。 　　接下来安排一组"共和国痛别两位院士"的内容。通过两篇录音新闻追忆袁隆平和吴孟超两位科学巨擘的突出成就和家国情怀，不少素材都是提前准备，于节目播出当天结合最新内容串联而成。 　　接着安排播出编辑撰写的晨间快评《国士之风　山高水长》，对上述两个新闻事件予以总结评述。"充满笑容的红毯和充满哀伤的送行发生在同一天"——个中传递的意涵是相通的，"提醒我们谁是最该被记住的人，谁是这个社会最值得崇敬的人""心系苍生，苍生便永远不会忘记他们"。快评串联起了之前两则新闻的共同点，升华了主题。 　　接下来编排一条"我国火星探索之旅又传捷报"的动态新闻："祝融号"火星车到达火星表面巡视探测，呼应"科技兴国，成就不断"。 　　当天的早新闻，还安排了一组贴近生活的本地消息。这组新闻，致力于充分传递信息、提供服务性。 　　另外，早新闻中有关云南漾濞县、青海玛多县地震的后续消息、疫情防控方面的最新通报等，也网罗了截至当天早上的最新消息，保证早新闻		

采编过程（作品简介）	的信息量和及时性。 　　值得一提的是,990早新闻在每周日还为科普工作特设专题《科学魔方》,每周一次介绍最新、最热点的科技知识,在本市、国内新闻板块后播出。
社会效果	该早新闻作品主题突出、资讯丰富,同时音响制作精心、细节感人,获得业内和听众的好评。在收听率表现上,该作品播出时段呈现出了较明显的收听高峰。

990早新闻(5月23日)

【早新闻片头】

【早新闻提要】

▲上海科技节开幕,李强、龚正与全市科技工作者和青少年代表一起出席启动仪式。科技节将围绕十大主题板块推出2 300多项各类活动,在全社会弘扬科学精神、传播科学思想;老中青三代科学家、科技少年走过科技节红毯,在聚光灯下接受公众致敬。

▲共和国一日痛别两位院士:"杂交水稻之父"袁隆平、"中国肝胆外科之父"吴孟超。早新闻一起追忆与送别,播送晨间快评《国士之风、山高水长》。

▲花博会开园迎来首个周末,昨天全天入园近两万人次,客流平稳,秩序井然,播送记者的报道;上海新闻广播《花开盛世正崇明》专题今天继续在位于上海园的户外直播室进行,文旅达人带您进行花博深度游。阿基米德、话匣子FM同步直播。

▲"2021辰山草地广播音乐节十周年庆典"拉开帷幕,浪漫法兰西之夜在辰山植物园奏响,今晚将上演上音新时代版《长征组歌》。

▲安义夜巷回归,拉开2021"夜静安"生活节序幕,为消费者打造高品质夜生活体验。

▲祝融号火星车安全驶离着陆平台,到达火星表面,开始巡视探测。

▲大理州漾濞6.4级地震已造成全州伤亡35人,其中死亡3人,抢险救援正在进行。

▲美国总统拜登与到访的韩国总统文在寅举行会晤,双方表示,愿意与朝鲜进行外交接触。

▲国际货币基金组织提议筹资500亿美元,在全球范围内加快新冠疫苗接种和普及,确保明年上半年接种人口比例达到至少60%。

990 早新闻(5月23日)

本次节目监制：张明霞　何卓莹

【播】各位听众，早上好！欢迎收听990早新闻。我是杨烁，
我是兰馨。今天是5月23号，星期天，农历四月十二。
【播】首先来为您介绍一下天气情况：
今天本市阴有阵雨，累积雨量中等，今天下半夜转阴到多云，明天多云到晴。今天最高温度21度，明天最低温度18度。另外目前，本市空气质量指数33，评价等级优。根据最新预报，本市今天下午空气质量优，夜间优到良，明天良，后天轻度污染。
【播】990早新闻，首先带来今日要闻。

【今日要闻】

【播】以"百年回望崇尚科学自立自强"为主题的2021年上海科技节昨天在上海科技馆拉开帷幕。市委书记李强，市委副书记、市长龚正与全市科技工作者和青少年代表一起出席启动仪式，共同见证2021年上海科技节精彩开幕。中国科学院院士、中国科学院上海天文台名誉台长叶叔华，世界顶尖科学家协会副主席、诺贝尔化学奖获得者迈克尔·莱维特与"少年爱迪生"获奖代表赵天张、万海妍共同启动2021年上海科技节。

市领导吴清、诸葛宇杰、徐泽洲、张恩迪出席仪式。

全市各领域科技工作者代表、抗疫科普团队、大国工匠、基层科创团队以及在沪外国专家代表等亮相科学红毯秀。开幕式上，叶叔华院士、汪品先院士等科学家通过视频讲述奋斗历程、展望美好未来。科技节主题视频带领大家打卡上海科技地标，回顾上海科技发展的不平凡历程。

创办于1991年的上海科技节，以打造具有全球影响力的世界一流科技节为目标，以打造创新成果发布会、科技产品展示厅、科技工作者的节日、公众的科技嘉年华为愿景，30年来始终致力于普及科学知识、弘扬科学精神、传播科学思想、倡导科学方法，提高全民科学素质，已成为上海科创中心建设的重要活动品牌。

于5月22号到28号举办的2021年上海科技节，将围绕十大主题板块推出2 300多项各类活动，传承科学精神，用好科技史料，讲好科技故事，凝聚科技力量，在全社会营造良好的创新文化氛围，让公众共享科技盛宴。

【播】昨天，上海科技馆广场前短短几十米的红毯上，年龄跨度从15岁到94岁的20多位老中青三代科学家、科技少年一一走过，秀出各自的创新风采。上

海已是连续第五年用这样的方式,让科学家在聚光灯下接受公众的致敬。请听报道:

【现场实况:首先来到我们红毯上的,就是一位德高望重的科技前辈——中国科学院院士、上海天文台名誉台长叶叔华先生……】

在上海天文台台长沈志强的陪同下,94岁高龄的叶叔华踏上红毯,手捧鲜花、面带微笑,不时与现场的观众握手致意。她被称为"北京时间之母",因为全球五分之一人口使用的北京时间在她的主持下诞生。她也是中国首位女天文台长,倡导建设并建成了"上海65米射电望远镜",推动中国成为世界最大望远镜列阵(SKA)的创始国。在科研领域收获累累硕果的叶先生说起走红毯的感觉,象"刘姥姥进了大观园":

【叶叔华实况:怕走错了让大家笑。我就想我是不是像进了大观园的刘姥姥。另外也觉得很兴奋,除了电影明星之外,让我们也有机会走这个红毯,真的是对科技工作者的一个厚爱。我想尽我的绵薄之力,希望能够再做点事情。】

不久前,我国首辆火星车"祝融号"成功着陆火星,让国人振奋。作为"天问一号"探测器副总指挥,张玉花一亮相就引得现场观众热烈欢呼。红毯上的她依然走路带风,干练利落。她是上海航天首位女性总指挥,因为将"玉兔一号""玉兔二号"送上月球,也被称为"玉兔妈妈"。

【张玉花实况:我这次是从天问的飞控现场可以说是"溜回来"的,因为任务并没有完全完成。因为"祝融"落到火星上,火星车还要巡视,我的团队还在北京。参加这个活动也是宣传航天,航天科普也是我们的一个义务。】

继去年参加"科学红毯秀",上海市新冠肺炎临床救治专家组组长、复旦大学附属华山医院感染科主任张文宏带领团队再次走上红毯;2013年诺贝尔化学奖获得者迈克尔·莱维特教授将在上海这座他热爱的城市工作7个月以上,红毯的经历让他感受到了上海的创新氛围;而"中国青年五四奖章"获得者、"克隆猴"团队核心成员刘真以及科学少年的红毯秀,让人感受到了创新的年轻力量。他们一步一个"脚印"缓缓走过,脚步沉稳有力。正如丁文江院士在红毯上所说,科技节为公众关注科技工作者打开了一扇窗:

【丁文江实况:我觉得把这个舞台变成了一个平台,节日变成一个个常态。】

接下来,为期一周的科技节里,2 000多场活动将在申城的大街小巷上演。红毯上与科学家的亲密互动,也已在公众心里埋下了热爱科学的种子:

【观众实况:我不追流量明星的,(追)科学家肯定更有意义。通过今天的这个活动,我们又更了解这几位科学家,从这些科学家身上肯定会了解更多他们的故事,就会学习他们的科研精神。】

一边是带来累累硕果的"超强大脑",一边是不吝赞美的"科学粉丝"。这是上海的创新氛围,也是上海的创新气质。

以上由记者李雪梅报道。

【播】科学家本是不太习惯聚光灯的人,但一个崇尚科学、矢志创新、健康向上的社会,有理由让他们站到聚光灯下,让人们认识这些科学金字塔尖的名家大师,以及更多构筑坚实塔基的科研人才,让人们知道他们是用怎样的努力来探索未知、闯关夺隘、诠释家国情怀。上海科技节红毯,铺就的就是这样一条让科学精神走向大众的"星光大道"。

【播】一个将科技视作第一生产力,将创新视作第一动力的社会,一定意味着让科学精神留存于人们的内心深处,并在社会的角角落落生根发芽。昨天,两位用一生践行科学精神的共和国巨擘与世长辞:一位是"杂交水稻之父"、"共和国勋章"获得者、中国工程院院士袁隆平,享年91岁,一位是"中国肝胆外科之父"、中国科学院院士吴孟超,享年99岁。一稻济天下,肝胆两昆仑,接下来,我们一起追忆、缅怀这两位国士。

【播】昨天的湖南长沙,细雨凄迷,尽管医院全力救治,尽管家人在床边唱着他喜欢的《红梅花儿开》等歌曲,期盼袁老能够睁开双眼,但最终还是没能迎来奇迹。13时07分,"杂交水稻之父"袁隆平与世长辞。请听报道:

袁隆平出生于1930年,从事杂交水稻研究50多个春秋。他是我国研究与发展杂交水稻的开创者,也是世界上第一个成功利用水稻杂交优势的科学家。

【歌曲:我有着一个梦,走在田埂上,它同我一般高,我拉着我最亲爱的朋友,坐在稻穗下乘凉……】

这首歌叫作《我有一个梦》,正是由袁隆平作词的:

【袁隆平实况:第一个梦想就是禾下乘凉梦,我们争取高产、更高产、超高产。】

20世纪90年代,美国经济学家布朗向世界发出"谁来养活中国"的疑问。在此背景下,我国提出了超级稻育种计划,袁隆平领衔的科研团队接连攻破水稻超高产育种难题,超级稻亩产700公斤、800公斤、900公斤、1 000公斤和1 100公斤的五期目标相继完成,一次次刷新世界纪录。目前,我国杂交水稻种植面积超过1 700万公顷,占全国水稻总面积的50%,仅每年增产的粮食就可养活7 000万人。

袁隆平院士将毕生精力用在了水稻育种事业上,原因是"大家吃不饱饭,我亲眼见过"。在一次采访中,当记者问袁老,会不会害怕那样的场景再次出现,他坚定回答:"不可能了!"

【袁隆平实况:一粒粮食能救一个国家,也可以绊倒一个国家,这是粮食的重要性。20个世纪的60年代啊,计划的时候,饿死人啊,大家都吃不饱饭啊。

记者实况:您是不是特别害怕这样的场景再次出现?

袁隆平实况:不可能了,不可能了!】

步入高龄的袁隆平,仍每天坚持去试验田"打卡"。他说,要再完成两个目标才能放心退休。第一要做到杂交水稻大面积示范亩产1 200公斤;第二是耐盐碱的海水稻培育,将沧海变为桑田。

去年,90岁的袁老终于实现了心愿,他领衔研发的杂交水稻,在湖南省衡阳市的双季测产达到亩产1 530.76公斤。"海水稻"方面,今年1月,袁隆平团队已宣布将正式启动其商业化运营,计划用8到10年实现1亿亩盐碱地改造整治目标。

袁老一生成就斐然,却从未停止"下地"的步伐,直到去世前两个月,他还在海南三亚南繁基地工作,每天吃饭、散步、临睡,都在思考第三代杂交水稻的事情。甚至在病危之际,他也每天都挂念天气状况是否适合水稻生长。这位"农民科学家",一生诠释了八个字:知识、汗水、灵感、机遇。

【袁隆平实况:知识是基础,汗水要实践,所谓灵感是思想火花,思想火花人人有,不要放弃它。机会从来只给有心人,用英文讲呢就是 Chance favors the prepared mind ...】

"当他还是一个乡村教师的时候,已经具有颠覆世界权威的胆识;当他名满天下的时候,却仍然只是专注于田畴。"这是2004年"感动中国十大人物"对袁隆平的颁奖词。这样的袁老,让昨天自发聚集在湖南湘雅医院门口、为他送行的民众依依不舍:

【民众实况:袁爷爷,一路走好!袁爷爷,一路走好!】

应家属要求,运送袁老遗体的车驶向湖南杂交水稻研究中心,让老人再看看他毕生钟爱的"杂交稻"。而此时,不少湖南杂交水稻研究中心的工作者正在基地播种。前一天,他们刚刚根据袁老提出的产量目标,制订了具体的实施方案。年轻一代将传承袁老的精神,不断攀登科研高峰。

以上由本台记者综合制作。

【播】吴孟超,1922年出生于福建省闽清县,治病救人七十八载,九旬高龄依然坚守在门诊、手术室和病人的病床前。他一生见证着中国肝胆外科从无到有、从有到精的卓绝探索,在长达78年的从医生涯里,拯救了超过16 000名患者的生命,把自己的一生都献给了医学,献给了病人。请听报道。

【吴孟超实况:做医生最大的是德,要学做人,要对病人好,要爱病人,要有技术,精湛的技术,要踏实的工作,这样才能治好病人。】

吴孟超是我国肝胆外科的开拓者和创始人,带领同伴完成了我国第一例肝脏外科手术,使我国肝癌手术成功率从不到50%提高到90%以上,他主导建立了世界上最大的肝癌病理标本库。在诸多第一和荣誉的背后,吴孟超心中记挂的永远是病人。

【吴孟超实况:活一天就干一天,不能坐享其成,那不行,就是要积极地奋斗、拼命地奋斗。因为肝癌没消灭,它危害人民的健康还没解决。】

在一次媒体采访时,吴孟超曾经说过:"如果有一天倒在手术台上,那就是我最大的幸福!"70多年坚守手术台,他的脚趾由于长期用力抓地早已变形,右手的食指和无名指的关节也因长年持握手术刀变形,他完成了16 000多台手术,挽救了众多危重患者的生命。

【吴孟超实况:真正的外科医生,不是说光靠这个仪器设备,其实有很多医生开肝脏这个仪器那个仪器,搞了好多仪器,结果呢,花钱很多病人拿不起。我们都是一个靠我们技能,不是靠仪器,当然仪器也需要,是吧,不是必要的。】

东方肝胆医院住院部主治大夫的办公室不但在阴面,而且较为狭小,因为阳面的大房间全部都被用来作为患者居住的病房。这正是吴孟超所坚持的病人第一的理念,不仅把明亮的房间都留给病人,同时也让医生和患者的距离更近。患者刘女士始终记得,吴老在给她检查前所做的一个小动作。

【患者实况:他先把手放到自己怀里焐热了以后,然后再来给我做检查,手是温的,不太凉,不至于摸着你不舒服。】

在获得国家最高科学技术奖后,很多人对吴孟超说,已经这么大年纪了可以享受人生了。但他始终心怀消灭肝癌的梦想,脚步不停:捐出全部600万元奖金,联合6位知名院士向国家提交了"集成式研究乙型肝炎,肝癌的发病机理与防治"的建议案,被列入国家科技重大专项;由这个建议案促成建设的国家肝癌科学中心已经屹立在上海安亭,成为世界上最大的肝癌研究和防治基地。而吴孟超亲自带过四代徒弟,培养的博士、博士后近200人,设立了吴孟超医学科技基金会,奖励成绩突出的后起之秀,同时帮助农村地区免费乙肝筛查。吴孟超曾说,"只要党、国家和人民需要我,我随时可以战斗"。

【吴孟超实况:一种思想指导我,必须国家强。我选择的健康,我就是要为这个行业、这个专业,把它发展,一定要发展,才能够为全民的健康服务,才能够为国家做贡献。我就这种思想指导我,所以为着这个往前奔。】

以上由记者吕春璐报道。

【晨间快评片头】
【播】下面播送子央撰写的快评：国士之风、山高水长！
充满笑容的红毯和充满哀伤的送行都发生在昨天这个特别的日子里，尽管两者的基调大相径庭，个中传递的意涵却是相通的，提醒我们谁是"最该被记住"的人，谁是这个社会最值得崇敬的人。

一天之内，我们痛失两位共和国院士。长沙街头，市民冒雨送别袁老；社交媒体、朋友圈里，无数人打出了寄托哀思的蜡烛。人们的悲痛为何如此真切、如此深沉？这缘于两位院士毕生的理想和信念。袁隆平说，要让所有人远离饥饿；吴老则说，应该把国家和人民的需要作为终身的追求。他们扛起人世间的苦难，点亮国家民族的希望。心系苍生，苍生便永远不会忘记他们。

有的人说，昨天，世间熄灭了两盏明灯，天上多了两颗启明星。没错，国士之风，山高水长！他们只是换一个地方，继续守护着我们的前路。接过先辈的衣钵，吾辈当更强。吃好每一顿饭，做好每一件本职，好好工作，好好生活，即使没有国士般的星辰之光，也当用萤火之炬照亮他人、照亮后来者，一起携手绘就时代发展的璀璨星空。

【播】我们为远行的"国士"送行，也为依旧年轻着的科学家们喝彩。科技兴国，成就不断。昨天，备受关注的我国火星探索之旅又传捷报。记者从国家航天局获悉，根据遥测数据判断，昨天10时40分，"祝融号"火星车已安全驶离着陆平台，到达火星表面，开始巡视探测。

这关键一步的迈出，对于整个任务来说有哪些重要意义？

中国首次火星探测任务总设计师张荣桥说，这意味着火星车开始进入巡视科学探测阶段：

【张荣桥实况：火星车已经从陪伴了它303天的着陆平台上驶离，踏上了期待已久的新奇又陌生的火星大地，"步履非常稳健"。5月22日，为了纪念这个特殊的日子，所以我们在火星上的第一步就迈出了0.522米。】

自2020年7月23日"天问一号"探测器发射以来，在地火转移飞行、环火轨道运行期间，环绕器配置的中分辨率相机、高分辨率相机、矿物光谱分析仪、磁强计等7台科学载荷陆续开机探测，获取科学数据。航天科技集团八院火星探测器系统副总指挥张玉花介绍：

【张玉花实况：我们后期将迎来为期三个月的在中继轨道上给火星车当中继星用，等这个任务顺利完成后，我们要调入科学考察轨道，进行为期一个火星

年的火星科普考察,要获得中国人第一手的火星数据。】

【间奏】

【花博会专题报道片头】
昨天,以"花开中国梦,花惠新生活"为主题的第十一届中国生态文化高峰论坛在上海市崇明区举行。中国花卉协会会长江泽慧、国家林业和草原局副局长刘东生、上海市政协主席董云虎、副主席虞丽娟、第十二届上海市政协副主席、上海市生态文化协会会长李良园等领导和嘉宾出席论坛开幕式。

记者从论坛上了解到,中国有世界上最长的花卉栽培历史。原产中国的观赏植物种类已达7 000多种,其中有很多中国特有的优良种类,牡丹、蔷薇、杜鹃等多种花卉对世界花卉产业发展起到了重要作用。截至去年底,我国花卉种植面积达150多万公顷,年销售额达2 500多亿元,是世界最大的花卉生产基地、重要的花卉消费国和花卉进出口贸易国。

上海非常重视花卉产业。目前,上海有各类花卉批发、花卉服务、花店及销售点1万多家,其中鲜切花的年消费量为国内最大,庭院花卉、市政景观用花品质和数量均处于国内领先水平。

【播】昨天,以"花开两岸　同心圆梦"为主题的第十届中国花卉博览会台湾展园正式开园迎客。国台办副主任龙明彪为台湾展园揭幕。

花博会台湾展园由上海市台湾同胞投资企业协会承建,包括室内台湾馆及室外台湾园两部分。

【播】花博会开园第二天,迎来首个周末,昨天,花博园全天入园近两万人次,园区客流平稳,秩序井然。请听报道:

【工作人员实况:各位游客抓紧往外走,谢谢配合……】
上午9点一开园,大批游客接踵而至。为赶这趟花博之约,很多游客早6点就出了家门,随车两个多小时一路上岛。花博盛会中的崇明岛面貌一新,令大家对花博之旅充满期待。

【游客实况:还没进园,就发现崇明变化很大,绿化、周边河道也都不一样了,希望度过一个愉快的周末。】

集约出行到花博成了游客们的共识,花博专线、旅行社一日游线路成了热门之选。锦江旅游综合销售部经理张俊伟告诉记者,花博会一开幕,咨询花博线路电话不断,作为指定票务销售方,已经预先销售了10万张花博门票。

【张俊伟实况:从开幕以后,一下子团队量就上来了。今天入园23辆车,近

期接到的咨询电话、包括游客的下单量,可以看出市民对花博会的参观欲望是非常强烈的,这两天花博热线处于饱和状态。】

【导游实况:复兴馆……】

登上世纪馆空中花园后再来到复兴馆,"一日看尽长安花"。奇花异草令人不由自主慢下脚步,为眼前的姹紫嫣红啧啧称奇。

【游客实况:我们是来自南京林业大学的,特地来上海崇明看花博会,很多花卉都是课本上学过,但没有实地见过的,比如这个林荫鼠尾草,日常不是很常见,这次在这里看到,挺惊喜的。】

萱草、羽扇豆、琼花……走在曲径通幽的上海园,一簇一丛花草相依。游客游走于九曲弯桥,移步换景,处处花团锦簇、百花齐放,美不胜收。

【游客实况:太美丽了,眼睛一亮,真的太好了。这些花,我都来不及拍照,舍不得走。】

想一日游遍花博会,园内观光小火车成了热门代步工具,71辆电瓶车也承担了园内交通的重任,固定站点上下客,游客按图索骥,很是方便。花博指挥部园区运营中心副主任王树人告诉记者,依据前期客流压力测试,园内交通配置总体充足,能够满足游客需求。

【王树人实况:71辆电瓶车一天满负荷可以满足2万名游客乘坐的需要。外环投入8辆观光小火车,可以满足14 000名游客乘坐需要。】

餐饮保障方面,园区共设置了三处集中就餐点,汇集了沪上特色餐饮的花栖堂人气很高,花博会指挥部市场服务部园区商业科副科长黄曦龙提醒,如遇花栖堂满座,可移步"冰水茶室""美食广场"两处集中就餐点,同样也有众多好味可选。

【黄曦龙实况:冰水茶室位于花艺馆对面,美食广场位于竹藤馆,企业展园之间,里面可以提供全国各地的风味小吃;另外准备了12辆流动餐车和40辆售卖车,能同时满足5万人次以上的就餐需求。】

游走于园区,一步一景,目不暇接之余,游客们纷纷表示,园区虽大,但沿途设置了大量遮阳棚和休息长椅,很是人性化。王树人说,随着天气渐热,园区还增设了12处直饮供水点。

【王树人实况:我们会根据游客新的需求,做适度调整,满足游客不同方面的需求。】

以上由记者姚轶凡报道。

【播】花博会建议市民尽量集约化出行,并提前做好预约,如需自驾出行,也务必预约好停车场。那么,今天前往花博会的路况如何呢,我们马上来连线上海交通广播记者小乐,小乐请讲。

【记者小乐】好的,主持人。今天我们再来了解一下双休日期间前往花博园区的道路交通情况。目前从市区路网的情况来看,前往五洲大道、崇明方向的道路当中,在中环路的内圈、大柏树立交方向出现车流较高的状态,其余路段目前通行都是不错的。今天 G40 沪陕高速的上海段对小客车和货车采取限行措施:早上 7 点到 13 点,市区车辆禁止由崇明区三个出入口驶离高速。下午的 13 点至 20 点,禁止小客车和货车从崇明区三个收费站驶入高速之后,由市区方向进入高东收费站。这当中,其中市区往返启东方向以及长兴岛往返崇明岛方向的车辆是除外的。另外今天是双休日,所以七条花博专线和 10 条花博定制班线是全线开行,市民朋友可以通过"花博交通"进行预约往返。需要提醒您注意的是,如果需要观看晚间的无人机以及灯光秀表演,请留意花博专线的末班车时间。最晚的车是花博三线前往龙阳路地铁站,晚间 9 点是末班车。如果错过末班车,还可以通过区域的出租车换乘其他公交的方式,进入市区。请市民朋友特别留意,G40 沪陕高速长江隧道大桥,根据昨天的流量预判全天的通行应该是不错的。通行的流量相比平日的双休日应该要低,所以市民朋友可以放心地出行。以上是我这边掌握的情况,主持人。

【播】好的,感谢小乐的介绍。

【播】本台花博会特别直播《花开盛世正崇明》今天继续在位于上海园的户外直播室进行。今天的主题是"玩转花博、乐享崇明"。节目将邀请园艺专家、花博园建设者和崇明文旅超级达人,带您进行花博深度游。今天上午 9 点到 11 点,请关注上海新闻广播、阿基米德、话匣子 FM,实时收听收看。

【播】作为 2021 年上海广播节系列活动之一,本周末,由上海人民广播电台旗下"经典 947"呈现的"2021 辰山草地广播音乐节十周年庆典"在上海辰山植物园奏响。昨晚,著名指挥家余隆携上海交响乐团以"浪漫法兰西之夜"为主题,带来一场春风里、草地上的古典音乐盛宴。请听报道:

音乐会在《罗马狂欢节序曲》中开场:

【现场音乐实况……】

本次演出为纪念法国作曲家圣-桑逝世 100 周年,大提琴首席朱琳特别带来《a 小调第一大提琴协奏曲》:

【现场音乐实况……】

《卡门》组曲、《波莱罗圆舞曲》等深受观众喜爱的作品一一上演。乐队首席柳鸣说,这是她第一次在户外演出,开启了全新体验:

【柳鸣实况:这是我第一次在户外拉琴,对我来说很新鲜,更轻松一点儿,释放你内心的一种自然的天性吧。】

当优美的旋律在大草坪上回响，现场观众在初夏的晚风中仔细聆听、沉浸其中。观众栾瑛是和丈夫带着孩子一起来的，她说：

【观众实况：因为音乐本来就是可以跟自然是非常好的一个结合，所以我觉得这个场合会对我们的小朋友，第一次接触正规的交响乐是非常好的一个机会。】

2012年的第一届辰山草地广播音乐节，就是由指挥家余隆带领上海交响乐团拉开序幕。如今，朱琳由曾经的乐队一员成长为大提琴首席。她告诉记者，非常欣喜地看到，越来越多的年轻观众来到辰山，享受音乐：

【朱琳实况：你能够看到很多二十几岁的人来听音乐会，这个是一个非常开心的事情，他们可能觉得古典音乐离他们没有那么远。】

作为国内售票体量最大的户外古典音乐节，辰山草地广播音乐节如今已走过10年光阴。每年5月相约辰山，早已成为申城爱乐者与"经典947"的一场默契约定。观众苟雨诗还连续多年成为音乐节的志愿者：

【志愿者实况：在进场中我更多还会去看一下观众的状态，当了志愿者后还会有一种使命感，是希望很多人能够更加喜欢和欣赏这样的一个古典音乐。】

10年里，辰山草地广播音乐节的组织规模和演出质量得到了国际来访名家名团的肯定，还通过欧广联在海外播出。东方广播中心公益事业部艺术总监沈舒强说，音乐节已成为国际舞台上的一道亮丽风景：

【沈舒强实况：欧广联每天播出两小时，我们也做了很多的融媒体的一个转型，视频的直播。这10年来，这个品牌越来越深入广大乐迷心里面去了，也见证了中国和上海古典音乐的一个发展。】

以上由记者刘婷报道。

【播】今天辰山草地广播音乐节将上演上音新时代版《长征组歌》。廖昌永、张国勇、刘英、黄英、李秀英等名家携手方书剑、蔡程昱等青年学子代表与上海音乐学院青年交响乐团及合唱团，长三角区域音乐教育与艺术产业发展联盟合唱团近300人阵容出演。

12位全国各地纪念馆讲解员将与上海广播电视台著名主持人曹可凡、骆新、王涛、路平共同担任《长征组歌》的诗歌朗诵部分。

【播】来关心天气。伴随着位于江南的切变线雨带北抬，自昨天下半夜起，本市转为阴有阵雨天气，累计雨量将达到中等。由于降雨，气温也将随之下降，今天气温17~21摄氏度，大家出行须及时调整着装。

下周起，上海将迎来晴雨相间的天气，主要降雨过程在周三下午到周四上午,气温届时将回落到 24 摄氏度以下。其余时段则以多云天气为主,气温较高,其中,周二白天最高气温可达 30 摄氏度。

【间奏:我们与城市的脉搏同步、我们与生活的节奏同行,这里是 990 早新闻!】

【国内和本市新闻】

【播】990 早新闻,下面继续报告新闻:

【播】水利部长江水利委员会昨天表示,当前长江流域已全面进入汛期,长江中下游干流及两湖控制站水位快速上涨,部分支流可能发生超警洪水。

【播】证监会主席易会满昨天表示,"伪市值管理"本质是上市公司及实控人与相关机构和个人相互勾结,滥用持股、资金、信息等优势操纵股价,侵害投资者合法权益,扰乱市场秩序,境内外市场均将其作为重点打击对象。证监会对"伪市值管理"始终保持"零容忍",对利益链条上的相关方,无论涉及谁,一经查实,将从严从快从重处理并及时向市场公开。

【播】上海交通大学碳中和发展研究院昨天成立,力争成为国内权威的"碳中和"高端智库和具有国际影响力的"碳中和"研究机构。市委常委、副市长吴清等出席。

【播】"信仰的力量,教育的梦想",昨天,第十八届上海教育博览会开幕。本次教博会包括为期三天的现场展和三个月的线上展,全方位呈现教育系统育新人、传薪火的不渝初心,多视角展示教育系统奋斗担使命、砥砺新征程的丰富内涵。请听报道:

聚焦建党百年,以红色文化为主题开展系列活动是今年教博会最大的亮点。上海校园中有许多红色基因,与党史相关的红色历史、红色地标、红色人物故事以及红色校园建筑。黄浦区报童小学是一所充满红色底蕴的学校。1938 年,著名爱国教育家陈鹤琴先生创办了 50 所报童小学,在党的领导下,报童们晚上学习文化,白天则承担着秘密传送地下党刊物、侦察敌情等一系列革命任务。解放军进入上海后,小报童们利用自身便利条件,为他们绘制地图,为解放上海贡献了力量。校长张叶清说,学校将革命资源整合为探究课程,将红色精神延续下来。

【张叶清实况:我们学校根据报童的精神,搭建了大的课程框架,就叫新时

代小报童课程,围绕着爱国精神爱国课程,包括一个智慧课程、创新课程和艺术课程,五大课程培养报童的五有学子。】

上海商学院结合商科特色,选取了100件有代表性的商标原件,上海商学院副书记劳晓芸介绍,这些商标代表了百年党史的四个不同历史时期。通过展示这些带有红色记忆的小商标和主题微党课宣讲,一起来传承红色基因:

【劳晓芸实况:通过红色商业史的挖掘使广大学生通过学史来感知、来认识。这次我们带来了100件商标,其中一组就反映了我国的建设成就。学生在这个过程当中一边学习,通过这个商标一边了解这个商标后面的发展的历史,包括我们建设者的精神,从中受到教育。】

在去年推出"上海教育影响力电子地图"的基础上,今年教博会展示了"上海市大中小学校内外红色育人电子版图",新增7张红色主题电子地图,深入发掘本市校内外红色历史、红色建筑、红色资源。上海市教科院院长桑标说:

【桑标实况:红色育人在长三角地区资源非常丰富。这次教博会特别展开,就是红色资源的一个电子地图,各级各类的学校就是可以更好地充分利用我们这些红色的资源,在立德树人的过程当中很好地发挥作用】

职业体验也是本次教博会的另一大亮点。在现场,学生学做红船模型、自己动手组装戏曲脸谱、感受非遗文化。

【学生实况:这是我们木版水印的一个衍生品,是一个非遗的项目,这些衍生的作品让同学们来体验。

学生实况:感觉特别漂亮。

家长实况:我们刚刚小升初,每个学校的简介都看一下,对于一些职业学校或者中专有所了解,互动的体验感蛮好的。】

在上海深入推进数字化转型的当下,本届教博会还首次以线上线下融合的方式展开,现场百余个展位都可在线上进行视频浏览。从5月24日起,还将推出"话使命,谈育人"大直播,对话江苏、浙江、安徽三省相关城市教育掌门人与上海市16区教育局党工委书记。上海人民广播电台《教子有方》将播出访谈内容。

以上由记者刘康霞报道。

【播】2021"夜静安"生活节暨安义夜巷第三季昨晚(22日)正式启幕。此次安义夜巷将持续20个周末,其间会有早安市集、春日野餐、夏日派对、城市露营季、岁末狂欢王大主题活动。市集最大限度地应用100%环保可回收材料搭建,增加了和不同新锐艺术家合作的艺术空间,并增设露天电影等社交共享空间。

静安区商务委主任林晓珏介绍,还有一大升级,便是增加了"早安"环节,开设花市、早餐店、农夫市集和晨练课程:

【林晓珏实况：我们本来这个名字是围绕夜间经济来发声的，所以我们用的是"夜巷"，但是我们今年推出了早市，结合我们市民的早餐工程，从早上、中午一直到晚上，时间上也有所延长。80%的是来自新品牌，也会更多地借助我们年轻人喜欢的新媒体的表达方式，让更多的人来了解我们国际范、上海味、时尚潮和烟火气的夜间生活。】

据了解，静安区以启动"安义夜巷"升级版为契机，将带动全区夜间经济特色项目升级拓展，重点聚焦静安寺地区、吴江路—张园—丰盛里、大宁地区3个地标性夜生活集聚区。围绕夜购、夜食、夜游、夜娱等主题，为消费者打造"乐享生活家"市集、兴业太古汇"敢集"、大宁音乐广场夜间博物馆等高品质的夜生活体验。

以上由记者周导、曹梦雅报道。

【播】5月沪牌拍卖结果昨天公布，中标率5.0%。最低成交价91 400元，平均成交价为91 465元。

【播】来关注云南漾濞县、青海玛多县地震的后续消息。

昨晚举行的新闻发布会通报，截至昨天15点，大理州"5·21"漾濞6.4级地震造成全州伤亡35人，其中死亡3人，重伤7人，轻伤25人。

到昨天15点10分，通往灾区受阻断的主要公路干线已经全面抢通，恢复正常通行。大理机场的航班和大理火车站的动车运营正常。

除地方展开紧急救援外，昨天，应急管理部工作组抵达当地查看灾情，下一步，将继续不留死角搜救被困人员和抢险救援，妥善安置受灾群众。

青海方面，经第一轮核查，截至昨天上午10点，玛多县、玛沁县共有8名群众受轻伤，有部分群众的房屋和畜棚受损，部分道路、桥梁等不同程度受损。青海省消防救援总队已派员赴震区。

专家分析认为，两地强震相距很远，分属不同的地震构造单元，且没有直接接触，现有理论很难解释两次地震之间的关联性，更没有证据表明漾濞6.4级地震触发了玛多7.4级地震，但这两次地震的发生可能具有相同的构造成因。印度板块与欧亚板块碰撞导致青藏高原快速隆升，强烈构造变动一直持续至今，导致青藏高原内部及周缘地震活动强烈。

【播】疫情防控方面，安徽六安市卫健委昨天发布消息，当天新增1例确诊病例，为爱慕影楼工作人员，13日已作为密接转运到隔离点集中隔离观察。

另外深圳市昨天发布通报，当天新增1例境外输入关联新冠肺炎无症状感染者许某,与21日确诊的无症状感染者穆某曾登临同一艘国际货轮共同作业。初步判定,两人均为境外输入关联新冠肺炎无症状感染者。

【播】昨天上午,在甘肃省白银市景泰县黄河石林景区举行的黄河石林山地马拉松百公里越野赛遭遇极端天气,局地出现冰雹、冻雨、大风等灾害性天气,气温骤降,参赛人员出现身体不适、失温等情况,部分参赛人员失联,比赛停止。失联救援指挥部随即成立,并组织救援力量700多人投入搜救。截至今天3点,已发现16人遇难,还有5人失联,仍在进一步搜救中。

据介绍,该赛事共有172人参与。

【周末科普短音频】
【科学魔方-旭紫说片头】
用不一样的视角,为你"旭"说科技的魅力。

前几天有一条"非常高能"的重大科技新闻:由中科院高能物理所牵头的国际合作组,利用位于四川稻城的高海拔宇宙线观测站"拉索",在银河系内发现了大量的超高能宇宙加速器,并且记录到了人类目前所观测到的最高能光子。

不知你是否好奇,这条每个字都认识,但连起来就不知道在说什么的新闻,为什么会让全球的天文学家沸腾?今天,就试着帮大家解读一下。

宇宙线,大家可能有印象——这种在外层空间大量存在的高能带电粒子,有可能会对航天员的健康带来威胁;反过来,我们也可以利用它们进行空间育种实验。不过,由于大气层和地球磁场的保护,原初宇宙线无法到达地面,它们会与大气碰撞产生许许多多次级粒子。

宇宙线的能量很高,而有一部分的"高能"程度令人不可思议——可以达到目前人类所能制造的"最高能粒子"的百万倍甚至千万倍以上!而这就是所谓的"超高能宇宙线"。究竟是什么样的天体和物理机制创造了它们,更是让科学家百思不解。因此,科学家们就暂时把它们的来源称作是"超高能宇宙线加速器"。

看到有自媒体把这次的发现和外星文明联系了起来。说实话,这有点过度解读了——这里的加速器,不一定非得是一种"人造物",而是指代某种物理机制。

要追溯宇宙线的源头并不容易——因为它们几乎都带有电荷,所以会受到磁场的影响发生偏转,不像光是沿直线传播的。不过,在一些特定的环境中,被加速的"超高能"粒子会与加速器周围物质碰撞,产生出同样"超高能"的光,这是一种比医院的伽马刀能量高得多的"超高能γ射线",它是沿直线传播的。而找到了"超高能γ射线",就有可能顺藤摸瓜找到"超高能宇宙线加速器",于是,"超高能γ射线"成为科学家"解谜"的一个关键!

可以说,2018年开工建设的,占地1.36平方公里的"拉索",就是瞄准了这一全新的未知领域——作为人类所拥有的最强大的宇宙线观测装置,对于全球的高能物理领域的科学家都有着强大的吸引力。要知道,现在仅仅是在动用了一半观测能力的"试运行阶段",它就已经为我们带来了超乎预期,甚至有刷新认知的科学产出。你说科学家们能不兴奋吗?

如果说当年的LIGO,为人类开启了"引力波天文学"的时代;那这一次我们中国的"拉索",有望引领"超高能伽马天文观测"的浪潮。同时,拉索和"天眼FAST"类似,它也必将成为中国科研硬实力的一张新名片!

以上就是本周的"科学魔方旭苁说",我们下周继"旭"。

【国际新闻】

【播】990早新闻,来关注国际新闻:

【播】联合国安理会本月轮值主席、中国常驻联合国代表张军昨天就巴以停火发表新闻谈话。

安理会成员欢迎宣布于5月21号开始的停火,认可埃及、其他地区国家、联合国、中东问题"四方机制"及其他国际伙伴发挥的重要作用。安理会呼吁全面遵守停火决定。

安理会成员对在暴力中丧生的平民表示哀悼。安理会成员强调必须立即向巴勒斯坦平民特别是加沙地区提供人道援助。

此次安理会主席新闻谈话由中国、挪威、突尼斯同法国共同倡议提出,经安理会全体成员协商一致发表。

【播】美国总统拜登21号在白宫与到访的韩国总统文在寅举行会晤,双方表示愿意与朝鲜进行外交接触,同时重申朝鲜半岛无核化这一最终目标。拜登表示不排除在一定条件下与朝鲜领导人会面。

拜登还宣布任命负责东亚与太平洋事务的代理助理国务卿金成出任朝鲜事务特别代表,以推动美朝之间的外交接触。

【播】国际货币基金组织(IMF)21号发布报告,提议筹资500亿美元在全球范围内加快新冠疫苗接种和普及,确保明年上半年全球接种疫苗人口比例达到至少60%,尽早结束新冠疫情。

【播】英国广播公司BBC20号发布的一份调查报告显示,BBC记者巴希尔

1995 年以伪造文件和其他不当方式骗取戴安娜王妃同意接受采访,且 BBC 次年对这一事件的内部调查没有做到公正和透明。

戴安娜在这次专访中,披露了她与查尔斯王子的婚姻内幕,包括她与陆军上尉休伊特的绯闻以及卡米拉在这段婚姻中所扮演的角色。

巴希尔如何说服戴安娜接受采访长期受到质疑。去年 11 月,BBC 委托前资深法官约翰·戴森牵头做独立调查。调查认定,巴希尔伪造银行对账单,暗示戴安娜身边几名助手受雇于安全部门,对她实施监视。巴希尔把伪造的文件出示给戴安娜的弟弟查尔斯·斯潘塞,说服后者安排戴安娜与他见面,并赢得她的信任。

英国首相鲍里斯·约翰逊 21 号呼吁 BBC 采取一切措施,确保不再发生类似事件。英国司法大臣巴克兰 21 号说,政府将审查 BBC 的管理方式。

【播】奥地利籍探险家菲尔滕巴克昨天声称,位于尼泊尔一侧的珠穆朗玛峰南坡登山营地发生群体感染,上百名登山客和当地向导感染新冠病毒。目前这一说法尚未得到尼泊尔政府证实。

【汇听天下片头】
【播】进入今天的汇听天下:
【播】"网瘾"如今似乎已经不是专属年轻人的词汇,不少中老年人也逐渐犯上网瘾。有年轻人发现,自己的父亲凌晨一两点,还时常在刷短视频。以前,父亲只熬夜工作看球,最近却迷上了上网。《澎湃新闻》报道,有数据显示,截至去年底,我国网民规模达 9.89 亿,其中 50 岁及以上网民群体占比提升至 26%。调研发现,维系家庭情感和熟人社交圈是中老年人上网的主要动力,而获取资讯部分原因是为了找到跟晚辈的共同语言。

【播】又到了小龙虾上市的日子。近日,一篇署名六院朱瑞茵医生的帖子在网上热传,大意是朱医生提醒"小龙虾携带铅、汞、锰等大量毒素,市面上所有的小龙虾全部由闲散农户在河沟里收集,没有专业养殖户"。帖子更惊悚地声称"小龙虾是日军基因改造而来"。《上观新闻》记者致电市六医院,院方回复,该院没有这名医生,坊间传闻也不是第一次了。小龙虾原产于北美,是自然界中的生物,与基因改造没有半点关系。得益于良好的排毒减毒机制,小龙虾适应各种污染环境,所以体内污染物含量并不一定超标。

【播】前国足队长、申花球员冯潇霆在中国足坛是出了名的"书虫"。今年中超第一阶段比赛后,冯潇霆放假返沪。不过他没有急着回家,而是出现在了UFC精英训练中心,这里正在举行2021年中国高水平运动员"焕新计划"启动仪式。《新民晚报》报道,"焕新计划"项目是针对我国高水平运动员"人才可持续发展、职业发展转型"的公益教育项目。前两期"焕新计划"中,帆船运动员徐莉佳从英国特地飞回国内,全程参与,充实自我。从书籍中汲取营养,从不断学习中发掘自我,像运动员徐莉佳、冯潇霆那样爱读书,爱学习,是每个运动员,甚至每个普通人都值得去做的事情。人生不止赛场,精彩还在远方。

以上就是今天的汇听天下。

【结束语】

【播】节目最后再为您介绍一下天气情况:本市今天阴有阵雨,累积雨量中等。今天下半夜转阴到多云,明天多云到晴。东到东南风4～5级,今天夜里转偏北风3～4级。今天最高温度21摄氏度,明天最低温度18摄氏度。

昨天温度实况:徐家汇最高温度26.0摄氏度,最低温度19.5摄氏度;宝山最高温度26.7摄氏度,最低温度19.2摄氏度;松江最高温度24.5摄氏度,最低温度19.2摄氏度。

【播】以上就是今天990早新闻的全部内容。本次节目编辑李英蕤、葛婧晶,感谢您的收听!阿基米德可回听新闻,您还可以关注话匣子App或微信公众号"上海新闻广播",刷新更多热点新闻。

2021 年度上海广播电视奖
参评作品推荐表

作品标题	苏州市吴江区人庞云华今天当选为青浦区金泽镇人大代表	参评项目	广播新闻
		体　裁	短消息
		语　种	中　文
作　者（主创人员）	张全权、张婧、陆桂根	编　辑	陆桂根
刊播单位	青浦区融媒体中心	首发日期	2021 年 11 月 16 日
刊播版面（名称和版次）	青浦区广播电视台综合广播 106.7MHz　青广新闻	作品字数（时长）	1 分 28 秒
采编过程（作品简介）	作品短小精悍，点面结合，以点为主。在有限的篇幅里，介绍了流动人口庞云华是如何参选、当选人大代表的，还播出了他的当选表态。文字与同期声结合自然流畅。 　　2019 年 11 月 2 日，习近平总书记在考察上海时，第一次提出"人民民主是一种全过程的民主"。全过程人民民主重大理念的提出，不仅是对社会主义民主的深刻揭示与科学概括，而且是对人类民主政治的发展规律的合理表达与正当言说。它郑重提醒人们，只有从过程民主和成果民主、程序民主和实质民主、直接民主和间接民主、人民民主和国家意志相统一的角度来思考民主问题，才能够把握民主的真谛。人大代表是党和政府联系人民群众的桥梁和纽带，人大代表选举是全过程民主的重要一环，而选民资格认定是一项基础性的工作，流动人口选民资格认定又具有特殊性。青、吴、嘉三地人大常委会顺应形势出台的《办法》，创新人大工作机制，便利了流动人口，更好地保障了他们的选举权利。 　　宣传和诠释全过程民主是媒体义不容辞的职责。		
社会效果	作品播出后，更加了解了民主选举过程及人大工作的创新，同时也感受到了长三角一体化发展的热潮。		

苏州市吴江区人庞云华今天当选为青浦区金泽镇人大代表

今天(11月16日)是上海市区、镇两级人大换届选举投票日。上午9点左右,庞云华来到位于上海大观园的青浦区第62选区第9投票站,投下自己神圣而庄严的一票。同时他也是青浦区金泽镇人大代表的候选人。选举结果揭晓后,庞云华得知被选为金泽镇人大代表,心情很激动,他对记者说:"这是我第一次在上海参加人大代表选举,今后我会利用好这个为长三角一体化发展出力的新平台,更好地服务企业、服务市民百姓。"今年51岁的庞云华是苏州市吴江区人,作为一名注册会计师,早在2012年,他就把自己的会计师事务所注册在了金泽镇。近10年来,庞云华已为金泽镇招商100多家。

今年,青浦区人大常委会和吴江区、嘉善县人大常委会一起制定出台了《长三角生态绿色一体化发展示范区流动人口选民资格认定便利化操作办法》,创新人大工作机制,探索跨行政区域选民登记信息互联互通,更好地保障流动人口的选举权利。

据统计,青浦籍与吴江籍、嘉善籍选民在本次试点工作中异地登记参选的选民超过800人,庞云华就是其中之一。庞云华说:"以前如果想跨区域选举,必须回户籍所在地开介绍信,现在有了便利化制度,选举权得到了进一步保障,积极性也提高了。"

2021年度上海广播电视奖
参评作品推荐表

作品标题	三兄弟同获"光荣在党50年"纪念章，党龄相加逾160年	参评项目	广播新闻
		体　裁	超长消息
		语　种	中　文
作　者（主创人员）	程雪、倪格格、朱卓君、汤圣一	编　辑	程　雪
刊播单位	崇明区广播电视台综合广播	首发日期	2021年7月1日
刊播版面（名称和版次）	FM88.7/102.5《崇明新闻》	作品字数（时长）	1 289字，4分51秒
（作品简介）采编过程	作为中国共产党成立100周年庆祝活动的重要组成部分，党中央对全国710余万党龄达到50周年、一贯表现良好的党员颁发"光荣在党50年"纪念章。 　　在崇明竖新镇，就有这样一家人，兄弟三人都曾入伍当兵，因表现优异先后入党。今年兄弟三人同时获得纪念章，三人党龄相加超过160年。更为巧合的是，当初选择送他们当兵的老父亲，出生于1921年，今年正好100周岁，和中国共产党同龄。三兄弟共同戴上纪念章，为大家讲述峥嵘岁月。		
社会效果	为形成多平台到达、多渠道传播、多介质融合的新媒体传播模式，崇明区广播电视台综合广播（FM88.7/102.5）的《崇明新闻》节目除通过电台对外播出外，还通过上海崇明App、视频号、抖音号以及阿基米德崇明区广播电视台综合广播专区、喜马拉雅上海崇明专区等新媒体平台对外播出，深受广大听众网友的喜爱和好评。该新闻通过上海崇明App推出后，引起了听众网友的广泛关注。并被人民网、上观新闻等多家上级媒体及几十家新媒体客户端录用推送，全网浏览量近百万人次。		

三兄弟同获"光荣在党50年"纪念章,党龄相加逾160年

【导语】作为中国共产党成立100周年庆祝活动的重要组成部分,党中央对全国710余万党龄达到50周年、一贯表现良好的党员颁发"光荣在党50年"纪念章。在崇明竖新镇,就有这样一家人,亲兄弟三人都曾入伍当兵后相继入党,今年同时获得纪念章,三人党龄相加超过160年。更为巧合的是,当初选择送他们当兵的老父亲,出生于1921年,今年正好100周岁,和中国共产党同龄:

【同期声】我是老大梅衡权,今年82岁,党龄55年。我是老二梅衡瑞,今年80岁,党龄53年。我是老三梅衡仕,今年78岁,党龄58年。

虽然三位老人早已白发苍苍,已至耄耋之年,但依旧精神矍铄,有着军人的气质。此次兄弟三人同时拿到纪念章,激动万分。二哥梅衡瑞告诉记者,虽然年轻时在部队时曾几次遇险,但党和人民没有忘记,他们的热血和青春,都洒在这片生养他们的土地上:

【同期声】老党员梅衡瑞:他说我们党和国家永远不会忘记,听到这句话,我就非常开心。我有两次差一点儿一个指头差点骨折,还有一次从十几层高楼差一点儿摔下去,我抓到一根毛竹没有掉下去,所以现在党没有忘记我们,我们很开心。

20世纪60年代,虽然家境还算殷实,但梅家三兄弟在父亲的建议下义无反顾参军入伍,为保家卫国做贡献。入伍后,因为表现突出,兄弟三人先后光荣地加入了中国共产党。

大哥梅衡权是兄弟三人中当兵时间最长的一个,从 1961 年入伍,到 1994 年退休,33 年来,他从北京某工程兵司令部的战士到二炮后勤营房部建筑处的工程师,曾多次参与导弹发射工程基地的设计和规划,见证了中国国防事业的发展。在一次工作中,因为事故梅衡权险些丧命,在他的脑门上当年留下的伤痕还清晰可见。从死亡一线抢救回来后,不顾休息,他又及时投入了前线的工作中:

【同期声】老党员梅衡权:我们在地下工程,环境是非常艰苦,坑道里很暗,钻井很危险,这种情况下我是不怕的。关键时候我就想到自己是个党员,要尽到党员的责任。有了党的责任心,工作有动力,不怕苦不怕累。

三弟梅衡仕虽然年纪最小,却是三兄弟中党龄最长的一个,从部队转业后梅衡仕曾在崇明担任教师、公社党委委员、武装部干事等职务。在每项工作中,他始终冲锋在前,发挥党员先锋模范作用。退休后,他的"职务"更多了,自己家的房子也成为联系村民党员的睦邻点:

【同期声】老党员梅衡仕:在农村里担任 6 个职务,一个是村民小组长、党小组长、党支部委员、新乡贤理事会理事、网格长。虽然人已经退休了,但是作为一个党员,责任和担当是不能退休的。

三兄弟的父亲梅和靖出生于 1921 年,今年正好 100 周岁,当年将三个儿子送去入伍时,临行时,老父亲嘱托他们要保家卫国,做个对社会有用的人。

半个多世纪过去,如今三个儿子也已光荣退休渐渐老去,但这一初心本色,永不褪色。在祖辈的身体力行下,三位老人的子女也都在各自的岗位上取得一定成绩,陆续加入中国共产党:

【同期声】老党员梅衡瑞:儿子们都是党员,叮嘱下一代要好好做人,相信党。

【同期声】老党员梅衡权:节假日回家的时候,孩子们都来经常讲起事情,我们以前的事情,艰苦创业。不管做什么工作都要踏踏实实,认认真真做人,老老实实做事,做一个对社会有用的人。

2021 年度上海广播电视奖
参评作品推荐表

作品标题	上海100台"一键叫车"智慧屏好用吗？关于便捷性、响应度、知晓率，记者实地调查	参评项目	广播新闻
		体　裁	长消息
		语　种	中　文
作　者（主创人员）	周依宁、王迪杰、李斌	编　辑	李　斌
刊播单位	上海广播电视台东方广播中心	刊播日期	2021年9月13日7时34分
刊播版面（名称和版次）	上海新闻广播《990早新闻》	作品字数（时长）	4分00秒
（作品）采编过程简介	报道采编正值上海首批100台"一键叫车"智慧屏投入使用两个多月之际。记者广泛走访了试点区域，采访了解设备情况，并就何时计划覆盖"老城厢、旧小区、外环以外"等运力本就较弱的区域采访"申程出行"平台方。报道开篇极富现场感，原生态地记录下了长宁区北新泾街道新泾六村门口一位70多岁阿姨的使用过程，直观反映出"应答率不高""操作仍有门槛"等问题，而后由点及面，案例与数据相结合，再引出了布点有待改善、设备须精细化管理等。1000字左右，浓缩了大量暗访、蹲点、体验的采编一手素材。		
社会效果	报道播出后，受到了交通委主管部门、街道社区及老年居民的广泛关注，也切实推动了"申程出行"平台方收集用户建议、优化自身功能的相关工作，让后续服务更契合中老年市民的出行习惯。该报道为2021年9月上海主要媒体月度自荐好稿。		

上海 100 台"一键叫车"智慧屏好用吗？关于便捷性、响应度、知晓率，记者实地调查

上海首批 100 台"一键叫车"智慧屏投入使用已有两个多月，使用情况如何？本台记者近日走访了部分智慧屏点位，实地体验。记者还了解到，第二批数百个智慧屏即将启动安装，进一步覆盖老城厢、旧小区、外环以外等区域。请听报道。

【王：我帮你撑好，你手机拿出来，手机号码输进入。 史：137……】

在长宁区北新泾街道新泾六村门口，70 多岁的史阿姨一手操作着智慧屏，一手翻找着手机验证短信。她的女儿不时从旁提醒帮助。

【史：我开开来，要命了。 王：这个最下面。 史：不是，还要打开流量。 王：你不需要流量……】

家门口的这块"智慧屏"装了两个多月，史阿姨还是头一回用，操作有些生疏。输入手机号及验证码后，"智慧屏"开始呼叫车辆……但 10 分钟过去了，依旧没有司机接单。"初体验"并不顺利，最终，女儿用手机软件为她叫来了车。

【1 公里，3 分钟，叫她取消，我这里帮她叫好了呀。】

在北新泾街道，这样的"一键叫车"智慧屏目前有 13 块，两个多月里，累计发出用车需求约 700 人次，实际完成近 600 单。一些成功叫到过车的老年居民告诉记者，实际操作并非"一键"那么简单，但大家愿意用发展的眼光去看待。

【居民 1：刚刚装好我就用了一趟，老人不要写地址。 居民 2：哎哟比（扬招）叫车容易，如果没有这个噢，特别是看见你残疾人，真的不停的。】

这周，北新泾街道打算就"智慧屏"的使用情况专门开一次会。街道办事处副主任李志斌表示，届时会把各方都邀请来。

【召集用过比较多的居民代表、申程出行，还有市交通委主管部门，还有我们

区交通中心的一些人来,主要还是发现有什么需要改进的地方。】

在杨浦区国和路611弄小区,记者随机采访了几位居民,发现知晓度有待提高。在普陀区曹杨新村街道、静安区彭浦新村、闵行区姚虹路等地,"智慧屏"则被布点在了社区事务受理服务中心、文化中心或社区食堂里,受限于场所的开放时间,使用率也不高。

【居民3:没弄过,这怎么操作啊? 居民4:不知道他车在哪里? 居民5:唉,很烦的,叫小孩叫,我不会叫。】

对此,申程出行方面解释,当初选择这些点位时,主要是考虑到老年人办完事离开时能方便叫车,并且丰富首批"100台"的落地场景。然而从实际情况看来,布点的确有待改善。至于"一键叫车"智慧屏尚未覆盖的区域,居民们则是"几乎没用过,只在新闻里听过"。

【居民6:新闻里放过的,但是我们这里没有的。 居民7:其实我们也很需要的,也很多老年人,郊区的小马路上扬招更难。】

申程出行市场部负责人徐文斌介绍,第二批数百台"智慧屏"的安装落地已提上日程,将主要从两个维度进行拓展:

【一个是我们更增中外环的场所,我们往往说运力覆盖不太到位的地方;另外我们想尝试在城中心,老旧小区非常密集的,老人居住量也非常大的小区去覆盖。】

落地更多的智慧屏终端,将"传统扬招"转化为"线上扬招",这是城市数字化转型过程中一种"慢步走"的创新之举。这段时间,申程出行后台收集到了大量的技术数据及用户建议,将用于后续优化。市道运局客运处副处长王珩洁以"无障碍车型"为例:

【对于老年人有一些涉及轮椅出行这块的话,也是在回收意见当中反映得比较多的,在功能上面做一些相应的改进,比如说全市有200辆的无障碍出租汽车,能够配套到相关的一些服务。】

面对日晒、雨淋,如何确保设置在户外的智慧屏正常工作,不卡屏、不死机,王珩洁表示:

【我们也是加强了一些设备的巡查,及时进行一些报修和一些技术的维修,去保证设备能够持续提供服务。】

2021 年度上海广播电视奖
参评作品推荐表

作品标题	不做折腾"植物人"的"木头人"	参评项目	广播新闻
		体 裁	新闻评论
		语 种	中 文
作 者 （主创人员）	汪宁、周仲洋	编 辑	周导、范嘉春
刊播单位	上海广播电视台 东方广播中心	刊播日期	10月21日7时20分
刊播版面 （名称和版次）	上海人民广播电台 990早新闻	作品字数 （时长）	5分钟
采编过程 （作品简介）	根据《民生一网通》节目中关注的杨浦区一位植物人病患被要求亲自前往指定医院评残办证一事，记者通过采访当事人及残联等机构，在《990早新闻》中播发了录音报道，呼吁相关部门出台更为人性化的方案。报道同时配发评论，用"木头人"影射不作为者对于政策执行的僵硬化，生动形象。评论进一步讨论了问题的解决之道："远程检查""上门评残""拓展评定渠道"等，提出破题的关键是要从"人找政策"向"政策找人"转变，从"木头人"向"热心人"转变。		
社 会 效 果	该新闻稿件被上海市委宣传部评为"月度十佳新闻好稿"，受到业内好评。通过在990早新闻播出，不仅有力地引导了舆论，也推动了问题的解决。在播出后的第二天，上海市残联、市卫生健康委经过商议后对外正式宣布：今后上海将对明确诊断为"植物人"且有办理残疾人证意愿的人员，提供"上门评残"服务。		

不做折腾"植物人"的"木头人"

市民王先生一家的遭遇昨天经《民生一网通》节目报道后,引起社会广泛关注。就像备受诟病的"证明你妈是你妈"一样,此次新闻事件的关键词是"请植物人亲自到医院证明你是植物人"。请听报道:

一年多前,王先生因脑部疾病不幸成为植物人。最近老伴张阿姨要为他申领一张残疾证,可得到部分补助,缓解一点儿经济压力。植物人属于肢残类,张女士在杨浦区长白新村街道社区事务受理服务中心递交申请材料后,拿到一张残疾评定预约单,但伤残等级鉴定则需要王先生本人前往指定的两家医院之一,而王先生本身所住的杨浦区新华医院并不在其中。"一定要本人到场",这个要求对植物人来说显然为难,却是区残联和中心医院工作人员口中不可商量的规定。

【区残联工作人员:评残一定要到医院去的呀,没有上门评残的。
记者:过往的病史拿过去也不行的,是吧?
区残联工作人员:对!医生要看到病人的,全市都这样。
张女士:我在电话里求他们,我说我老公真的不能走。(他们说)那没办法,一定要本人。】

最终在朋友、张女士弟弟和护工的帮忙下,一行人用了1小时才将王先生折腾到车上开往区中心医院。结果可谓是:"折腾1小时,鉴定1分钟。"

【张女士弟弟:我们吃力无所谓,病人折磨了,要跑来跑去、抱上抱下。过去一看他们都不检查的,就直接写病历了,这有意思哦?】

记者致电上海市卫生热线12320询问相关规定,接线员说,鉴定都要本人到场,具体情况要跟医院或残联沟通。

【12320热线客服人员:瘫痪在床,这个你只能跟医院沟通,看他们是不是能

提供上门,一般来说我估计还是不行,肯定要你自己去医院做这个。您可以直接问残联,他们那边能不能给你提供一些帮助。】

负责肢残类伤残鉴定的杨浦区中心医院工作人员也表示,有特殊需求需要跟残联沟通。

【杨浦区中心医院工作人员:办理这个东西的话必须得看到本人,跟他申请信息上的照片都是符合的,因为碰到太多这种假的了。上门的话可以问问残联现在有没有这种政策,之前一直没有过,因为不是所有的医生都有上门资质的。具体后面有没有改动,残联那边会不会有流程,我们接收到通知再做。】

记者试图从市残联了解相关政策规定和制度优化的可能性,工作人员则表示,目前业务处室正就此事件协调沟通,暂不接受采访。对此,不少市民觉得,规定是死的,虽然本人不能到场鉴定的情况属于个例,但理应有人性化的操作办法。

【市民A:像遇到这样的情况不应该太死板教条,比如说可以通过视频化的手段,现在这样非常生硬,给人留下的印象非常不好。

市民B:其实我觉得现在有资格去评残的医院比较少,完全可以扩大化,毕竟你要考虑到残疾人本身的身体状况。然后可能残疾人家庭经济状况未必都是很好的,评残过程中如果使用救护车的话,是不是能够减免一定的费用,或者完全可以上门,可以适当收取一些费用,我觉得大部分人应该来说还是比较支持的。】

目前城市管理及服务强调精细化,可面对急难个案却机械化地"一刀切",比如能否承认王先生所在的医院出具植物人的医学证明?或者鉴定医院能否特事特办,安排医生上门?毕竟植物人申办残疾证的情况少之又少,此时只须付出一点点同情心,就不需要王先生家属大费周章。

以上由记者汪宁报道。

下面播送清洋撰写的快评:《不要做折腾"植物人"的"木头人"》。

当植物人被当作"植物"一样搬上搬下时,人们看到了围在他身旁的障碍如"荆棘满地":就诊的医院无法做伤残鉴定,能做鉴定的医院又距离较远,还有那条最要命的铁规定,"请植物人亲自跑腿来证明是植物人"……所有这些无不像呆呆立在一旁的"木头人",没有搭把手的主动,只有摇摇头的冰冷。但是,对这些踢不动的"木头人"似乎又挑不出什么毛病,医院好像没错,不亲自来,鉴定造假怎么办?街道和社区好像也没错,职责和权限不就是开具一张预约单?当一个看似合规的程序,却哪里都找不到出路时,就一定是流程机制与现实情况发生了错位。

有益的尝试其实有很多,比如,能否通过远程视频来检查？能否参考病史和相关材料进行鉴定？能否拓展有权威鉴定资质的医院？在网上检索不难发现,"上门评残暖人心,便民服务零距离"这样的新闻,很多地方也确实在为行动不便的伤残鉴定申请人提供"上门评残"服务。破题的关键就是要从"人找政策"向"政策找人"转变,从"以管理者为中心"向"以用户为中心"转变。做"木头人"还是做"热心人",区别不就在那颗"为民服务"的初心吗？

2021年度上海广播电视奖
参评作品推荐表

作品标题	上海网约车大多不合规?!管理思路能否改一改?	参评项目	广播新闻
		体裁	长消息
		语种	中文
作者（主创人员）	陆兰婷、周依宁、孟诚洁	编辑	孟诚洁
刊播单位	上海广播电视台东方广播中心	刊播日期	2021年4月5日 7时25分30秒
刊播版面（名称和版次）	上海新闻广播《990早新闻》	作品字数（时长）	3分41秒
采编过程（作品简介）	记者敏锐关注到交通运输部微信公众号新增的"网约车合规查询"功能，只须输入车牌，就能获知车辆和驾驶员是否合规。在随机采访市民和记者亲自体验中，查询结果不少都显示"不合规"，占比超过大半。 记者又进行了暗访，以乘客身份采访网约车司机，了解到背后的主要原因在于司机并非上海户籍，满足不了"沪人沪车"的现行规定。与其坐视大批不合规车辆上路运营，能否调整一下管理思路，让更多驾驶员加入"正规军"呢？记者又请专家"开方"，围绕网约车的精细化管理建言献策。		
社会效果	网约车是许多市民如今日常出行的重要选择之一，但网约车规模之大与其"合规性之低"形成明显反差，相关新功能上线更是再一次地引发了社会关注与讨论。在记者的这篇报道中，有观察，有调查，亦有专家评论，建议让更多的驾驶员加入"正规军"，经过培训和考核，提升服务意识和安全意识，同时强化平台的安全责任，受到了主管部门的关注。		

上海网约车大多不合规?!
管理思路能否改一改?

交通运输部微信公众号日前新增了"网约车合规查询"功能,只须输入车牌,就能获知车辆和驾驶员是否合规。上海不少乘客查询后,发现显示"不合规"的车辆占比超过大半,原因在于司机并非上海户籍,满足不了"沪人沪车"的现行规定。与其坐视大批不合规车辆上路运营,能否调整一下管理思路,让更多驾驶员加入"正规军"呢?多位专家围绕网约车的精细化管理建言献策。请听报道:

网约车合不合规?输入车牌号就能查。交通运输部官微上的查询功能一推出,就多次被用户挤爆。记者把自己最近坐的滴滴快车,车牌号逐一输入,10辆车里有八辆显示为不合规。记者随机采访多位市民,请他们现场查询乘过的车号,半数以上都不合规。不少人说,好像一下没了安全感:

"打到合规车,就像开盲盒一样了。不合规的车,难道就不坐了?万一取消了,下一部还是不合规呢?(基本天天打车,常常会碰到外地口音的司机。)"

记者呼叫网约车,一查又是没资质。记者把查询结果给司机看,司机不以为然,表示在"沪人沪车"的要求下,无资质车辆上路运营是各方"心知肚明"的普遍现象:

"我就是不合规的呀,必须上海人、上海户口、上海车子,要把车子注册成运营车,自己还要考试考运营驾驶证。一般外地口音的,基本上99.9%是不办的。"

在网约车野蛮生长时期,出于安全和规范性考虑,设定比较高的门槛是完全必要的。然而目前,市场格局发生很大的变化。全国36个中心城市中,已有18个城市网约车数量超过了巡游出租车。上海的网约车总数,记者询问各方,都没有一个准确的数字。而巡游出租车现在只有3.1万辆,比最高峰少了2万辆,市场份额此消彼长不言自明。另一方面,巡游出租车已经开始向外地户籍驾驶员打开大门。市人大代表许丽萍建议,是时候从实际出发,适当放宽网约车司机的

准入条件了:

"从仅靠沪籍司机是难以满足供需平衡的,提醒我们去适时修订法律和相关制度。比如上海市人大已经将《上海市出租车管理条例》纳入本年度的立法修法预备项目。我认为对网约车的精细化管理,与司机是否沪籍已经没有必然的关系。"

门槛依然要有,但不妨换个角度。许丽萍认为,关键是明确驾驶员、平台和监管部门三方面的责任:

"我们要更多地从市民对网约车乘车的便捷度、安全度、供需平衡度、制度合理性与可实施性角度,来完善现有的管理办法。现在是数字化时代,我们可以做到同等严格的管理,把网约车驾驶员全覆盖地纳入管理范围中。"

上海交通大学交通研究中心主任、副教授陆林军建议,由监管部门牵头,建立网约车电子档案,并出台相应的行业指南,促使平台加强日常监管。

"人员背景审查、车辆资质审查、人员培训以及相应考核考试,目前往往由平台自行执行,我认为应该由行业主管部门进行监管,也应该发布相应指南或者操作方法,建立一个电子档案,记录他在行业中的行为,也为监管提供很好的支撑。"

以上由记者陆兰婷、周依宁报道。

三 等 奖

2021年度上海广播电视奖参评作品推荐表

作品标题	《践行"人民城市"的上海样本》系列访谈	参评项目	广播新闻
		体　裁	新闻访谈
		语　种	中　文
作　者（主创人员）	秦畅　张喆　崔翔　邬佳力　朱应	编　辑	张明霞、李军
刊播单位	上海广播电视台东方广播中心	刊播日期	9月27日—10月18日
刊播版面（名称和版次）	FM93.4上海新闻广播《市民与社会》	作品字数（时长）	50分钟
采编过程（作品简介）	\multicolumn{3}{l}{1. 同圈共议，对话呈现上海"人民城市"实践成效，通过美好城市空间来展现城市的软实力。上海正通过打造"15分钟社区生活圈"，实践"人民城市"！如何真正从"人"的需求出发，"圈"出"人民城市的美好图景"，让宜居、宜业、宜学、宜养、宜游的社区，人人参与、共治共享？《践行"人民城市"的上海样本》全媒体系列访谈，采用"现场对话＋视频纪录＋直播访谈"的多媒体方式，先后走进长宁新华社区、普陀曹杨社区、浦东海沈村等10个样本社区，探访"15分钟社区生活圈"行动带来的变化、讲好城市更新中的上海故事，呈现"国家治理能力现代化"的上海样本。 2. 节目表达生动自然，一气呵成：将"人民城市"的重要理念转化为大家看得见、听得懂、有呼有应的上海实践。节目邀请规划部门、街镇管理者、专业规划师、设计师、居民代表、属地企业等多元主体进行对话，不是简单针对"获得感""幸福感"这个结果，而是探讨重大政策和资源如何配置，从而实现公平、美好！		
社会效果	\multicolumn{3}{l}{从收听数据看，前4期的听众规模即达到156.7万人，收听率为1.47%，其中首期节目收听率为1.79%，较今年均值涨幅为21%，日均收听人数增加了6万人。同时，阿基米德、话匣子App、"学习强国"、上海新闻广播微信、微博、B站、市、区街镇等融媒体平台多渠道分发。}		

《践行"人民城市"的上海样本》系列访谈(代表作:曹杨社区)

各位好,我是秦畅,这里是《市民与社会》节目,曾经全国闻名的曹杨新村,是新中国的第一个工人新村,当时的白墙、红顶、石板路,大草坪堪称是典范。来听一段当年的新闻报道:

(1952年的新闻《曹杨新村》同期声:这是正在上海西郊曹杨路建造的工人新村。目前,国家正在准备从事大规模的经济建设,调配了相当数量的人力物力,来兴建大批的新房子,逐步解决工人的住房问题。搬进这里的工人弟兄,都是上海各个地方的先进生产者。能搬来这里住,是解放以后全体工人阶级努力生产的结果。这样美好的生活,进一步鼓舞着工人们更加努力地为祖国创造更多的财富。)

曹杨的幸福由来已久。在"邻里单元"的规划思想之下,这里有20世纪50年代难得一见的抽水马桶、煤气灶,有依水而建的环浜林阴道,还有与之配套的学校、医院、影剧院……一应俱全。然而,这块荣耀之地已随着时光老去。不成套乱搭建、拥挤杂乱,在2019年启动成套旧改。

如今,曹杨一村正式完成"原拆原改",原貌保留,内外脱胎换骨,换上独门独户的新面孔。这个国庆节,1 500多户居民即将回家了!

通过"城市更新",老社区能焕发新活力吗?70岁的曹杨社区,2.14平方公里,10.6万人口,老龄化程度43.94%,从当年的模范村,再到新时代的新标杆,曹杨社区正在迈过哪些坎儿?又如何回应人民的需求,实现人民的参与呢?带着这些问题,我走进曹杨村史馆,邀请各界市民代表一起来进行一场大讨论。

秦畅:各位好,今天在曹杨村史馆里,和大家一起聊聊曹杨的变迁,曹杨怎么才能变成一个更美好的社区?来,阿姨(请说)!

章月芳:大家好,我叫章月芳,我是2000年搬来的,所以我很爱我们曹杨,我一进来就感到这里很亲切的氛围,大家都很朴实。

王海松:我叫王海松,来自上海大学美术学院。其实我作为一个建筑师对曹杨很早就关注了,真的是非常独特的,首先它是第一个工人新村,它原来的规划、格局在20世纪50年代是非常领先的,像环浜从规划上来说这个社区的形成是非常好的,很可贵的是环浜这个格局保留到现在。所以到现在这个时候,我们各方面意识已经达到这个高度,对曹杨的自然条件、道路系统、环浜保护会提到更高的高度,现在15分钟生活圈放在这里,顺理成章。

邵凯宏:我叫邵凯宏,我是最早的曹杨人,1952年6月26号,我们记得很清楚。当时是敲锣打鼓,戴着大红花,拿着住房证,厂里面敲锣打鼓送过来的。当时一进来一看到地板很亮、白墙漂亮得不得了。因为以前是在棚户区,现在一来有自来水、抽水马桶。

秦畅:那个时候就有抽水马桶了?

邵凯宏:有。我父亲(讲他后来)工作激情高得不得了,连续几年评为劳模,他到北京见毛主席。他一直讲,我住在曹杨新村是我一辈子的光荣,是这样子一路走过来的。

邵凯宏:我母亲生了五个孩子,当时是五个小孩,一看我们这个房子住七个人怎么住?五个小孩睡地板上,那个地板很漂亮,我们没有什么感觉的。

以前我们小时候的生活真的是丰富多彩,一放假玩什么的都有,以前有三块空地,滚铁圈(游戏)什么都有的。那个时候谁家有电风扇?没有的!

天热怎么办?在门口水洒一洒,席子一铺,大家乘风凉,到半夜里天凉了再回家去。

邵凯宏:15分钟,曹杨当时就具备了,不要说(15分钟社区生活圈),5分钟就有了,那个时候邮局、银行、商店、文化馆、医院、公园什么都有。5分钟都不要,门口就是。篮球场甚至小剧场,还要露天电影,(我母亲叫)"回来吃饭咯",我就回去了。还有乒乓室、棋牌室,现在什么都没有了。

秦畅:等一下,搞规划的周局长、搞规划的王老师,这不就是你们现在干的事吗?这20世纪50年代已经实现了。

王伟强:曹杨已经高于15分钟了。

秦畅:那王老师你们这些规划师(20世纪)80年代干什么,你们80年代的规划怎么就没有?

王伟强:80年代整个社会发展水平还处在温饱阶段,还没想到公共服务的问题,我 2012—2015 年以曹杨为实证做课题,我们就向老百姓问卷,我当时大概做了 1 200 多份新村的问卷。

这个问卷当中我们后来总结,新村的居民对居住在这儿的满意度最高的就是公共服务,就是说我住在这儿方便。最差的是建筑质量,居住面积太小,质量比较差。然后(满意的)是邻里关系,这些都是排在前几位的。

所以后来一村当时改造的时候我们也跟他们讨论,核心的问题就是不成套,其中抽户是一个方案,抽掉以后就可以改造成整套了。问卷调查的时候大家都说好,但是到抽数抽到他们家,他们就说:"我要留下来!这儿方便。"

曹杨居民:当时我们是这样考虑的,当时的房子因为小,我想到外面买房子,回去跟我老婆一商量。"不要去,这里最方便了",然后我隔壁搬掉以后我就把隔壁买下来了,我不到外面去买了。

杨辰:曹杨给我印象很深的就是 70 年的人地关系特别紧密,刚才讲很多老居民当他谈到过去的时候,你会想空间对人的作用是很大很大的。

许春辉:在外搬的时候,有居民家里家具搬完了车子发动的时候,好多邻居就会出来送他,还会握手说:"我在这里等你,你什么时候回来。"这种感觉你就会觉得就是一家人,我们都会被这种场面所感动。

秦畅:这是很难见到的。

许春辉:所以我们当时就跟他们承诺,在他们回搬的时候,我们重现 70 年前的盛况,敲锣打鼓、鲜花,我也跟他们说:"我们在这里等你们回来。"这句话是我们讲得最多。

秦畅:这个日子定了没有,大概是哪天?

许春辉:二工区的话可能在 10 月,等他家里装修好,吹一吹味道,家具陆陆续续搬进来,我们在 10 月找一天。

秦畅:这个时候我们得来见证一下。

金晓明:其实曹杨一村当时建的时候理念也是很先进的,它是邻里单元的一个规划理念,就是要求周边的配套全部都很方便。

秦畅:我觉得周局长,你们现在做规划很简单啊,学习学习曹杨新村就完了。

周智清:我们的出发点是一样的,都是让老百姓能够生活得更加美好,但是现在很多的要求跟那个年代相比高出许多,现在讲的开门七件事情跟我们原来讲的七件事情就不一样了。

秦畅:现在 15 分钟生活圈的需求跟当年的需求可能会有不一样。

周智清：以前的油盐酱醋茶，现在油盐酱醋茶通过外卖、快递都能解决掉了，现在我们要为老年人提供更加舒适的，能够安度晚年的空间环境，我们的宜学、宜养这块怎么样跟上时代的发展，都还是会有些内涵的提升。

秦畅：现在新修了回去过吗？

邵凯宏：回去，我每个礼拜都回去，因为我母亲还在这儿嘛。哎呀，（改造得）真漂亮。

秦畅：搬好了我得去您家参观一下。

邵凯宏：让我眼前一亮，现在还在装修，地板还没有好，真是漂亮。

李佳彬：大家好，我叫李佳彬，我是创业初创和发展都坚持在曹杨的创一代，为什么创业在曹杨？因为我对曹杨有很深的感情，我是春辉书记的师弟，1997年入学，初中高中在这边念书，这边充满我好多以前的回忆。我创业选第一个地方的时候，我只考虑了曹杨，我没有考虑别的地方。

秦畅：一说创业我真的很难跟曹杨挂钩，感情会让你深到这个程度？

李佳彬：我就觉得在这个地方我比较踏实，我觉得曹杨这个地方朴素和踏实的作风，跟我本身的为人也好、包括工作也好很匹配。

李树德：大家好，我叫李树德。我是搞美术工作、搞设计的，在曹杨影剧院工作了三四十年，我是一直在不断给曹杨速写，我觉得街坊、邻里包括街道这些很有特色。美在哪里？

简单讲，一个是样式齐全，我觉得很入画，而且它最漂亮的，从我绘画的角度看，它有那么多的绿化，那么多的树。你在炎热的夏天进曹杨，立马温度低3摄氏度，这是经过考证的。

秦畅：王海松老师，曹杨的美学价值是什么？

王海松：首先是那个年代特点的住宅建筑的类型，比如说三层楼到两层楼的小洋房，应该说是低密度的。另外就是它的生态环境非常好。

秦畅：可以有"移步换景"。

李树德：对，它没有直路，说实话笔直的马路是很难画的，都是直线，它始终是曲线。

王海松：对，非常明显，因为它没有直路，说实话笔直的马路是很难画的，都是直线，它始终是曲线，所以我画了很多很多的街道。

秦畅：而且当年种绿化的时候我觉得就很讲究了，它的树种和树木的选择，可能就是大大小小、高高低低的。

男：过去有一个说法，就是上海的出租车司机最怕进曹杨。

李树德：因为他进了之后，一条路就没有东南西北的感觉了，为什么？都是弧线的。特别是那些梧桐，你看看这个梧桐树，最起码有 70 年了，可能还不止，它经过这么多风雨的洗礼多漂亮。

因为我一直在画在看，这个街道它有环浜，上海少有，一个街道有两个公园恐怕也绝无仅有，还有两个医院，从幼儿园、小学到中学、高中。

秦畅：还有大学——华师大。

周智清：那是在隔壁，再隔壁还有长风公园，所以它的生态非常好。还有邮局、银行、文化馆、少年城、影剧院，真的是一应俱全。

秦畅：当年我们能想到的所有的公共设施全部都有。

茅菁：大家好，我叫茅菁，是曹杨新村村史馆的馆长，我现在觉得我就是讲好曹杨故事的一个宣讲人。

秦畅：如果让你觉得在村史馆里有一件东西是必讲的，只讲一个地方你会讲哪里？

茅菁：我觉得我就想讲曹杨的劳模。

秦畅：就是劳模墙？

茅菁：对，因为我被那一群人所感动，他们那一批人是那个年代我们所有中国人最朴实无华的、最勤劳的、最勇于奉献的一群人。

秦畅：其实有一段时间我们不太讲他们的故事了？

茅菁：对，虽然时代在变迁，但是你会发现，金子永远是金子。

秦畅：赵总兜过吗？

赵麟：兜过，我在这里还住过两年。我叫赵麟，来自中国地质工程上海有限公司。

我们来了以后感觉曹杨还是非常好，这个新村原来我们看有点旧，这个楼里面真的是很艰苦。这次看了曹杨新村的改造，看了就感觉非常好。

秦畅：以后曹杨可以做旅游啊。

王伟强：曹杨以前就是旅游很有名的。

李树德：曹杨一直是对外开放的，经常有外宾来，上海人看外宾看得最多的地方不是在外滩，就是在曹杨。

王伟强：曹杨一直是社会主义工人阶级当家做主的典范。

秦畅：杨辰老师历史里都写过。

杨辰：大家好，我叫杨辰，是同济大学城市与规划系的老师，2009—2010 年的时候我在曹杨住了半年，写了一本关于曹杨的书，叫《从模范社区到纪念地——一个工人新村的变迁史》,其实就是曹杨新村。

建于1951年,是新中国第一个工人新村,它的建设对后面的上海,包括中国其他的工业城市的工人新村建设影响是非常大的。

这里面有很多故事,当时是街道和居委推荐去采访一些第一代的劳模,新村里面就是邵老师,后面我们还去了杨富珍、裔式娟的家里面,但是我还是很遗憾,来到曹杨太晚了,剩下的劳模已经不多了,所以我们觉得对曹杨的保护除了刚才几位老师讲的空间上的,就是第一代的劳模是特别特别珍贵的,所以我们希望做一些抢救性的口述史或者是访谈,把他们的故事更多地记录下来。

许春辉:我是许春辉,现在是曹杨新村街道党工委书记。我跟曹杨的感情可以分两个时间段,一个是在我读初中高中的时候,我是1989—1996年在曹杨二中上学。

第二个对我来讲非常有缘分的就是我在去年1月又到曹杨工作了,而且在这样的一个时间点上,就是曹杨马上要"70岁"了。

曹杨曾经被低估过,它刚刚开始的时候是最最光荣的,能够住进曹杨是最光荣的事情,一人住进曹杨全厂光荣。但是当中有一段时间,曹杨被好多人不再提起了。我们在跨入新时代的时候,我们希望曹杨的这样一种精神,劳模精神传递下去,不管你是新曹杨人还是老曹杨人。

秦畅:曹杨要再亮起来。

施欢:各位老师好,我是来自曹杨新村街道成套办的主任施欢,去年4月,因为工作需要到曹杨来工作。曹杨一村应该说这次的成套改造、城市更新,从2018年到现在,将近三年这样一个历程。

秦畅:马上这件事终于到收尾了,等居民搬进去。

施欢:原来是在图纸上,现在在十一国庆之前,很多老百姓都可以回搬新居了。

秦畅:王老师。

王伟强:我是搞规划的,我跟曹杨的渊源用阴错阳差来形容。大概是在2007、2008年,我开车从高架下来转到金沙江路,就堵得死死的,看不到头。

秦畅:迷路了?

王伟强：我想我的方向感也很好，我就右转弯进去，我总能绕着出去，进来就绕不出去了。

秦　畅：果然。

王伟强：但是那次意外，让我发现了曹杨。因为我进来以后进了梅岭北路，进来以后人一下子就平静下来了，我就想发现了一个新的世外桃源一样的，那种街道的尺度、线性很幽静，尺度很舒适、很安静，道路的线型也很漂亮，我觉得这个地方很牛。后来我就查这是哪里，才知道是曹杨新村。

曹杨新村我们从教科书上是学过的，但是那个时候一村已经列入优秀历史建筑上去了。

秦　畅：那个时候就有人在广播里问，王老师这还算优秀历史建筑，我这家里什么都不能干，到处漏水、到处跑沙。

居　民：记得那时我在装空调，是装在墙上，往上面一打，一下子穿出去了，一打过去我害怕了，这怎么搞。

金晓明：因为曹杨一村原来 1952 年造的时候是两层，但 1962 年的时候是加固了一层，加建的时候它用的外墙专墙用的是粉煤灰砖，粉煤灰砖的强度是很差的。

秦　畅：今天曹杨人还会觉得这个地方没价值吗？

许春辉：估计要抢了现在。现在不光是老曹杨，还有好多第一次到这儿来的，都问这个房子能卖吗，我们想买一套，不光是年纪大的，年纪轻的也想待在这个地方。

秦　畅：就不到 10 年时间。

许春辉：就像王老师讲的，当时大家还在争论到底是留还是改还是拆？但是今天，我们全部呈现在老百姓面前的时候，大家都觉得这个留是非常有价值的。

秦畅：所以我们要记住2004年把它列入优秀历史保护建筑的这批决策者，也要记住像王老师他们这批学生在2008年到2012年反复进行讨论，讨论要达到共识啊，因为那个时候保护的方法方式也很多样的。

周智清：我叫周智清，来自普陀区规划资源局。因为我是从事规划管理这个岗位，应该说我工作的20年，我们曹杨新村是新中国的住宅博物馆，从（20世纪）50年代第一代的曹杨一村后来到60年代，一直延续到2000年以后，我们还有新的曹杨四村高层。所以要看新中国成立70年住宅的变迁史，我们曹杨应该算是一个非常典型的案例。

施云霞：大家好，我叫施云霞，是曹杨一村居民区党组织书记和主任。

秦畅：好幸福，你天天在公园里工作。

施云霞：很荣幸在家门口办公，还有一点值得庆幸的是我的爷爷奶奶是第一批入住曹杨的劳模。我从小长在这边，我记得小的时候自己爸爸妈妈上班，放学回来之后，如果钥匙没有带，就会到隔壁的阿婆家做功课，他们家如果吃饭了就会叫我吃上一口。

秦畅：但那个时候不成套。反而大家都认识都在一起，密度又少人也少，大家能够相互很熟。

施云霞：而且每家每户没有秘密，这家人吵架了，不开心了，或者来亲戚了，马上小区里面就传开来了。

居民：而且邻里做菜做饭大家都是相互学习。

施云霞：因为在一个空间里。

许春辉：我们会在一些公共区域做一些原来老客厅的感觉，然后用一些新的设备提供给老百姓，让我们在里面的老居民也能感受到新的生活体验。

秦畅：比如说？

许春辉：比如说我们在二工区当中的广场就建了一个公共的城市客厅，这个城市客厅是有些智能化的，比如说下雨天，老人本来不能出来的，但是在我们这个客厅里是风雨无阻的，它是可以有遮阳帘、遮雨帘，冬天还有取暖，可以装音响，还可以做烧烤炉都可以，很方便。

秦畅：因为每家太小了，对今天的生活来说一室户真的太小了。

许春辉：现在我们希望原来的邻里关系能够继续延续下来。从原来楼道大家挤在一个厨房里，到外面公共客厅里面大家一起相聚，像夏天的时候纳凉晚会、露天电影这些场景我们都考虑了。还有在每栋楼当中，我们在一楼我们也会做一个小小的客堂间。

秦畅：哪些有空间？

许春辉：有空间，我们原来的楼梯是直上直下的，这次我们改成了三折的楼梯，就在这个楼梯的下面。

秦畅：楼梯下面正好有一个6平方米的小空间了。

许春辉：对，我们就会给每一栋楼9户人家做一个小小的客堂间，是他们独有的。

秦畅：整个小区里面还有一个大的公共客厅。

许春辉：对。

秦畅：这就是今天的人们对于住房的需求，在今天15分钟生活圈基础之上的又一个提升。

【节目片花】
秦畅：我们发现一个工人新村它的改造，于今天而言，住在里面的曹杨新村的居民们，他们也有了各种需求，他们肯定不是当年睡在地板上，五个孩子一起，就能够满意了。我们在不忘前辈留给我们非常好的城市机制，在今天怎么再造一个美好曹杨？

在座的各位你们有什么期待？有什么需求？

王海松：我觉得曹杨它肯定不是上海最最豪华、最最精致的，但是它应该是最有烟火气、又接地气，它又是人跟自然和谐相处的。其实你说上海有很多老城区、密度很高，如果那么高的密度、那么旧的年代，通常不会有现在这么宜人的环境，这么好的人际关系，它的人际关系，它对人跟环境的关系，人跟人之间的关系都是曹杨非常宝贵的。而且现在我们改造好以后，还是以烟火气为主，不是说拆块大绿地搞得干干净净的造个高楼，不是这样的，我们还是传承了它原来规划的理念。

比方说我们做这次曹杨艺术季的策展工作也是，其实我们根本没有在这里画蛇添足做很多作品进去，我们还是想环境融合，能够给老百姓日常活动带来一点儿惊喜、偶然。

晚上你走到环浜的话，突然会发现桥下面有会动的光影的东西，就把水的特性发挥出来，整个跟环浜发生关系，跟人的活动发生关系。社区有这个东西，它的温度、黏性就非常好了。

秦畅：可是现在曹杨应该也不都是老居民了吧。

许春辉：我们的人口密度是非常高的，2.14平方公里，我们的人口是10.6万，密度是非常高的，人员结构当中，老龄化的结构是43.93%，应该说高于全市的平均水平。

这一轮的更新当中我们遇到了很好的机遇，一个是上海在"十四五"规划当中，首次把曹杨列入了城市更新的示范社区，这是历史上我们又一次迎来了非常好的发展机遇。在这样一轮的城市更新当中，我们的出发点还是以人民为中心，我们所有的更新，不光是建筑的更新，包括街区风貌的提升，包括很多服务的品质和内涵的提升，都是紧紧围绕老百姓的需求来推进，老百姓生活当中需要什么，缺啥补啥。

老百姓想要做的事才是我们真正该去做的事，这也是贯彻总书记要求"人民城市人民建，人民城市为人民"的理念。

从整个配套环境来讲的话，一村肯定是最好的，在做更新的时候我们也是一张蓝图绘到底，重点就考虑了很多公共服务设施的布点，其实就是为了弥补，除了一村最核心、最好的腹地以外，其他的新村怎么满足人民对15分钟美好生活的需求。

秦畅：那个样本今天就不能光曹杨一村什么都有。

许春辉：以片区中心为一个小的中心节点，围绕着它，我们把4~5个居委会，围绕着它我们来打造一个15分钟美好生活的服务，把宜学、宜业、宜养、宜游等全部涵盖在其中。

我们很多需要加密布点的网点我们再做一些规划上的考虑，比如说卫生站、老年食堂、活动中心，还有亲子中心等，这些我们都需要布点。在布点当中从曹杨这样的老社区来讲，它缺的是资源。房子是老百姓住在里面的，我们能用的资源很有限，公共空间是很有限的，这样就很考验规划师的功力，包括考验现在在曹杨工作的这样一批工作团队的能力和水平的。

我们就是把我们自己所能够挖到的潜力，所能够拿出来给老百姓的资源都尽量拿出来给老百姓。比如说在靠近九村金沙江路那一块，实际上我们最缺的是社区食堂，所以我们把市属国企的一个资源拿下了，然后我们就做了一个小片区，里面就放了一个社区食堂，能够容纳300人的社区食堂，早中晚三餐就有地方解决了，这个食堂中秋节就开张。

许春辉：还有比如说医院，我们有区里最好的中心医院，另外，我们还有一个社区卫生中心，但是从我们靠近武宁路、中山北路那一块，还有靠近金沙江路那一块，卫生服务这块也是欠缺的，所以我们也是抓紧在设置卫生站。吊盐水就可以在卫生站解决了。

邵凯宏：我插一句，医院问题，我很有感触。曹杨的老年人很多，我母亲96岁，在床上躺了四年，因为年纪大了看病很困难，门诊也不好看，我建议是不是建立这个家庭医生制度，对老年人两个礼拜或者一个月上门检查一次，小毛病就处理了。你要搞个制度，老年人就要老有所医。

秦畅：以前我们从来没有碰到过有这么多的高龄老人，而且由于老年人的寿命增长了之后，他后面一段日子是失能失智，上海现在有大量的失智老人，他已经完全没有生活自理能力了，就这样的老人如果还想居家的话，未来我们怎么样宜养。

秦畅：周局长，这突然让我意识到，你们做了一个15分钟社区生活圈的规划，其实还真不是规划一家的事，如果你把宜养、宜居、宜业、宜游、宜学都放进去，它变成了一个提供全公共服务体系，你用这个规划是想促进各行各业所有的公共服务都能够到它那个标准吗?

周智清:空间建设只是第一步,关键是后续我们的一些功能要进行植入,特别是这位老先生讲到人口老龄化以后带来的养老问题,我们规划管理部门跟民政部门,其实也都做过多轮的一些研究。

因为像我们国家人口基数非常大,也不可能所有的老年人到最后都进入机构的养老,有很大的比例还是要在居家。我们的社区特别是老龄化的社区,怎么样适应这个变化,这个是我们后续需要跟进的。

曹杨成套率的改造、几个工具的更新,我们"无障碍"已经跟进了,加装电梯也已经同步完成了,这实际上都是为老龄化的社区做了适应性的改造。到了下一步,硬件铺装以后,软件和服务怎么样持续性地跟进。我们曹杨新村到现在70年不是终点,我们还要继续发展,这项工作也是我们久久为功的一件事情。

秦畅:王老师您怎么看,空间规划了之后,随着新的居民的需求提升,我们怎么样去规划引领?

王伟强:我觉得曹杨我们今天谈论它很多的优点和好处,似乎谈的是结果,但我们要从结果当中提炼它的合理内核、哲学思想,如何把这样的思想延续发展到后续去?

比如说曹杨新村一村改造挺好的,第一个我关注的,因为保护建筑政府出钱,那么一村到九村是不是都政府出钱呢?政府没那么多钱,如何改造更新其他的社区,这就是我们面对的问题。

另外一个就是我们看曹杨新村环浜很好,环浜的核心思想是因地制宜的思想,因为当年就是有这些水,规划师把它留下来,留下来之后做了梳理提炼,成为一个社区的环浜、公共绿地系统,四两拨千斤,不是硬干一个东西。实际上这样的思想曹杨新村以后的发展也应该纳入里面来,比如说因地制宜和与时共进。

过去公共服务曹杨新村的居民都反映很好,但是那个时候是在计划经济思维下,做的是千人指标的公共服务标准,比如说住这里多少万人,商场必须配多少,理发店要配多少,这个都有明确的标准。但是今天市场化以后,商场不是必需的了,理发店都变成发廊了,很多都在发生变化,整个消费服务发生了转变。今天谈的,面对老龄化社会,为老服务、托老所,这都是新的。

我们在2012年左右做了一个叫曹杨新村适老化改造,做什么?那个时候是一个新的东西,大家讨论怎么做。这些都是时代在变化,我们如何提炼用过去曹杨新村一些好思想,去发展我们未来面对的新的矛盾。

今天纳入城市更新，我们曹杨肯定是一个鲜活的有机体，是不断生长、不断发展，我们需要用城市更新的思想，去补短板，包括15分钟生活圈，包括环境品质提升，包括现在的环保还没打通。我们在做曹杨新村研究的时候，我们大家头脑风暴坐在一起，讨论一个什么问题？大家回忆回忆，曹杨新村的围墙是什么时候干的？

以前住在这儿，人们在这里长大，这里是没有围墙的，四通八达的，到处玩的，后来大家分析来分析去，其实是(20世纪)90年代房改以后，物业公司干的。

现在门禁社区、围墙这是构成和老龄化社会相抵触的，老人本来可以从这儿直接过去接孙子了，现在要绕个圈子。15分钟生活圈，人为地变成20分钟了，到菜场、幼儿园以及各种场所，实际上这些门禁社区是对老人很不友好的。

我们曹杨要根据城市发展，既要兼顾居民的需求，也是发展主流的正方向，要朝这个方向努力，包括艺术季，艺术也是为人民的。

秦畅：王老师这观点特别好，就是当我们今天特别欣喜看到我们这样的一个老社区正在焕发新活力的时候，把背后它的那些最有价值的理念提炼出来，但是要跟今天的实事来做对比，因为有些条件和资源已经不在了。

王伟强：变化了，社会进步了。

秦畅：那我们今天怎么符合他的新需求，可能是我们这辈人站在70年的历史之上，我们要朝更美好进发的。

王伟强：以前曹杨新村有个曹杨商场，这是很好的，但是可能随着商业市场化以后，曹杨商场变成一个负资产了，但是我在想是不是可以转到文化、艺术各方面的活动。

许春辉：正在转。

秦畅：许书记很有意思，你今天不断提到我要做这个事情，我就听大家有什么需求，不是应该你们之前就规划了？

许春辉：所以前面我们周局讲的，规划是从形态上、空间布局上做规划，但是这个地方比如说要做公共活动的空间，具体装什么内容，肯定是老百姓想要什么我们就装什么。

秦畅：这跟以前计划经济也不一样了，计划是根据人，我给你计划好了这些，今天是我先把空间做规划。

王伟强：我们说转变三个阶段了，一个是计划经济，第二个是按市场做，第三个是以人为本按需求做，这个是整个观念的转型了。

秦畅：也是规划的转型吗？

王伟强：是的，基层工作、社区工作都是这样的。

许春辉：在一村当中雨棚、晾衣架等这些，其实我们都是有好几套方案让老百姓选的，大家选得最多的我们最后就装上去，还是尊重大家的意见。

秦畅：那天我去看晾衣架的时候，不是许书记给我做介绍，我根本看不出来那是一个晾衣架，白天是灯柱，需要晾衣架的时候，从中有个折叠、伸出来、架出来，还是每家都有，为什么？之前他们做调研，就是因为墙那块有太阳的地方，大家会发生矛盾，然后我就给你每家门口做一个小小的晾衣架。我们的规划不能高高在上，规划不能专听王老师这样的专业规划师的。

许春辉：我们经常讲接地气，我们的规划也是要上接天线、下接地气的，"天线"就是专家团队，他从整个规划理念的角度，需要有怎样的合理的摆布。整个一村48栋房子、1 500户居民改造的签约过程当中，我们的小金，他一直在我们基地的，老百姓问他最多的问题就是：我的这个房子为什么要这样，我这个窗这个位子为什么要这样，能不能动？

杨辰：刚才专家提到的更多的是老年人的问题，前两年我们也带着学生做过一些调研，我们也特别关注另外一个群体，因为曹杨还要继续发展，所以特别关注年轻人在这儿创业的。

秦畅：年轻人怎么才能像你这样爱上曹杨，才能让这儿有活力呢？

李佳彬：这边年轻人的回归，因为我就有观察到，我发现包括青年公园、百禧公园这样一些更适合年轻人的设施，不是说曹杨有好多老年人我们就光做老年人的东西，其实也有考虑到年轻人的一些设施。我相信未来可能曾经老一代在这边住的,搬出去的老曹杨人的后代,很多会搬回来。可以聚会、可以休闲的这么一个地方,包括桂巷路一条步行街现在也在做改造,这个地方改造好以后,它的商业都是更适合年轻人居住,包括有一些日式的居酒屋,原先在曹杨不敢想曹杨有一家日料店,据我所知曹杨是没有日料店的。

许春辉:(现在)曹杨的网红店就是包子店、小馄饨店还有小笼包店。但是在我们这一轮改造当中,我们要兼顾到不同的人群,既要方便老年人的就医也好,也要照顾到更年轻群体的需求,所以我们在做的百禧公园、包括桂巷坊都是很潮流的地方。

居民阿姨:我们看到百禧公园,我们也要去新潮一把。

李佳彬:在我这边很多的客人,基本上99%都是年轻人。

许春辉:其实就是在百禧公园南端。

秦畅:我觉得百禧公园里面可以有各种人。

李佳彬:那边现在越来越丰富,我觉得可以继续往这个方向走就挺好的。

杨辰:我也比较关心年轻人,因为上次学生也来调研过。一个是从设施的角度,还有就是现在年轻人住房是个很大的问题,我觉得这次的成套改造还有一个很大的意义,房子真的是用来住的,有些小户型的房型,其实居民自己不住,可以租给年轻人在这边生活或者创业,我觉得小户型对他们来讲还是很有吸引力的。

秦畅:杨老师刚才所讲的,我真是没讨论下去,我想咬耳朵跟我旁边的大爷说,在今天的人看来,14平方米的这一室户,这可怎么住啊。但如果租给一个单身的年轻人,就是非常好的户型了,而且可能还很实用,而且他还有自己的卫生间、自己的厨房,价钱可能也会很合适。

杨辰:原来我住过这个房子,唯一对我来讲有点不习惯的就是跟大家在一个公共的厨房做饭,当然我也在那儿学了一些上海菜,是阿姨教我的。

这次成套改造一个是给本地居民一个独立的生活空间,再一个就是邻里矛盾少了很多,同时年轻人如果能在这边租一些房子,边上再有他们喜欢的设施,我觉得是很有吸引力的。

秦畅:改造了以后,也许这个社区的居民结构可以发生一些变化。

王伟强:年轻人进来了就是对冲老龄化,不然老龄化是无解的。

秦畅:赵总,如果您公司的年轻人能够在曹杨新村这种改造好的地方,14平方米、20平方米成为他们的公寓或者是他们作为一个巨大的租赁市场能够有这样的房子,是不是对公司招聘员工也会是一个好的环境?

赵麟:是的,我们肯定有这样的需求,我们反映过,我们现在需要招一些员工,他们都是外地的,好多都是搞工程的,这些员工到上海来了以后,最大的问题就是居住问题,他的居住成本非常高,这就造成了他们在上海留不住。

我们曾经招了很多学生,来了以后干几年,他这点工资维持他的生活是非常困难的,这样的话就有好多人流失。

许春辉:在其他的改造基地当中,我们也有适当的增加房源的方案。一方面是按照抽户的居民,那么抽完户再加了层以后,我们会有一定少量的房屋是多余出来的,多余出来以后就由房管局统筹,它会做经适房、廉租房、公租房、人才公寓等,这都在区里的统筹范围之内。他是不可以做商品房卖的,我们好多属地的企业有这方面需求的话,我们都可以做一些对接,我们已经在做这样的一些工作,包括在辖区当中我们也有一些闲置的原来其他的国企的一些资产,我们也在往人才公寓这个方向改。就在曹杨电影院边上,我们刚刚改了一个有400个房间的。就是原来丰和饭店,我们改成一个人才公寓,也不大,外面的形态也选都焕然一新了,跟整个街区的风貌也是比较匹配的,周边离金沙江路,离武宁路都比较近,我们一些大的企业都在这一带,很方便。

秦畅:所以宜业也很重要,一个社区怎么能够焕发新活力,必须像赵总这样的大企业愿意来,让创业者能够待得下来,这也应该是社区提供公共服务当中要考虑的。

秦畅:我在曹杨探访的时候,最大的发现是以前我对它的概念一直是居住社区,最后我突然看到花溪路,未来怎么跟环浜之间形成呼应?

王海松：花溪路的艺术作品会比较多一点儿。

秦畅：你们为什么选花溪路？

王海松：花溪路公共的绿地比较多，比较适合放一些雕塑，另外我们觉得它是大家都愿意去的地方。

李树德：它比较安静，因为它不通公交，这个很重要。它没有直道，都是弯的。我在这里住了那么多年，我就住在花溪路上。真的与众不同。一路过去，你经过红桥，那么短短的桥都有故事。就好像有一张很经典的历史照片，那就是(20世纪)60年代的人依着桥边。还有一个就是来过梅兰芳，梅兰芳到过文化馆，这是有照片的，但可惜这张照片没拿到。

我觉得曹杨故事要是有证据来挖掘的话，可能可以给它注入更多的文化内涵和历史内涵。

秦畅：要有自然景观，还要有一些人文故事。

李树德：对，一路走花溪路，必须有故事给大家讲。除了老曹杨，肚子里全是故事，但是刚才说的通过文旅这条线，对外开放搞旅游，如果是对曹杨不了解的人来曹杨，你给他讲什么，你不能光说这里风景很好，人家公园里也有这么好树，可能比你更大的湖都有，但是你要把曹杨的历史结合这么好的景观再给他讲，那感觉完全不一样。

王海松：说起红桥，十来天后，你们就会看到照片上的那对青年男女推个自行车。

秦畅：当年的照片，你们把它做成雕塑，就竖在那个桥上。

许春辉：城市空间艺术季开幕的当天，在我们这边的专场活动当中，我们就会发布曹杨人的全新的一条旅游线路。

秦畅：今天还不"剧透"。

许春辉：今天不"剧透"，留点悬念让大家当天来感受。包括前面王老师讲的环浜要怎么贯通，这些事情都在我们的议事日程之上了，我们争取在明年上半年之前整个环浜全部贯通，老八景再加上王老师团队做的新八景，再加上环浜上的九座桥，会形成曹杨的一条黄金旅游线路。

李树德：建议将来的村史馆绝对不是建这个三楼上，看了之后，再带着大家转一圈或者转一段，身临其境肯定会感觉更好。

秦畅：这是出发点。

秦畅：所以未来曹杨一定是一个宜游的曹杨。

许春辉：是的。

秦畅：规划会担心吗？

周智清：一个是刚刚大家在讲到曹杨特质的时候，就发现曹杨的交通、人的组织还是非常有它的特点的，这是打了一个先天的底子。最关键我们的出发点还是为老百姓，社区是我们首要的考虑。本质上还是围绕着曹杨社区10.6万老百姓。

许春辉：我们一直有这样的感受，在曹杨从您早上睁开眼睛，就看到第一缕阳光照到梧桐叶，透到地面上的时候，那时候曹杨的美就已经开始了，一直到晚上，华灯初上，你在环浜这边沿着晚上的夜景，我们漫步的时候、跑步的时候、夜跑的时候，你无时无刻都会感到曹杨的美，这种美是为了我们10万多的老百姓而建，不断提升的。在这当中很多老百姓自己的亲戚朋友来的时候，一起再来感受曹杨的美，然后把这种美传递出去。

秦畅：在曹杨新村那边感受人与自然、人与人之间的和谐，怎么把它放大到普陀，放大到上海，究竟从中我们要提炼和总结的那特别有价值的，推动我们未来做任何决策，最有价值的是什么？未来我们怎么放大我们今天这样一些美好城市建设的成果？

李佳彬：我听下来最吸引我的一点，也让我感到最新的一点就是，一直是以群众想要什么为出发点，这个出发点是进化了，从计划经济变成了市场经济，最后是以人为本。这个是我今天学到的,也是最新最重要的一点,很有用。

秦畅:小伙子真的是听到了我们的核心议题。

杨辰:我个人觉得曹杨它的基础特别好,不管是15分钟生活圈还是邻里单元,其实从一开始曹杨在做新村的时候就有一种示范性,它是一个模范村。其实它在当时就定了一个标准,是一个标杆,后来上海建了两万户,工人新村其实都是很大程度上参考了曹杨。

今天曹杨又进入了一个新的阶段,我想它应该是在第一批工人新村里面又是第一个跨入更新的阶段,所以我觉得它可能还会成为一个标杆。刚才你们谈到的"五宜",很多方面都是非常新的理念。

秦畅:70年前是模范,70年后要成为今天城市更新的标杆,要成为更美好社区的标杆。王老师。

王伟强:核心我们还是需要从它的思想理念上去认识它,而不是拷贝它的形式,整个规划形成这样一个自然的布局、自然的水系和邻里单位的思想都是息息相关的。就是所有的组团以小学为单元,一个小学就是一个组团,一个小学孩子的承受能力是多少呢?500米,超过500米孩子上学就走不动了,所以超过500米以后再建个小学,那么曹杨新村就形成四个小学了。

所以它当时邻里单位的思想和曹杨新村规划思想就是把公共服务放在第一位,这个公共服务在我们今天谈共同富裕也好。不论有钱人还是没钱人,在享受同一个公共服务平台的时候,是缩小贫富差距最有效的手段,而且是政府能控制住的。

另一个就是整个规划体系形成塑造的城市机制,也是我们在建筑学上、规划上比较推崇的,但是今天看这个机制是很好,但是建筑都破败了怎么办?如何形成既有建筑的更新,如何利用小户型发挥它在城市当中的保障作用,刚才谈人才公寓,人才公寓就是保障作用。就是你先上车,上了车以后房价涨你也跟着涨。

秦畅:慢慢通过自己的努力再实现更好的梦想。

王老师:再提高30平方米,再提高20平方米就改善了,这是一个很重要的价值。但是这些内容都是需要纳入城市更新体系当中去,把过去的思想留下来。

现在有了15分钟生活圈的概念,又有了新的人民城市理念,把这些系统加上去,所以曹杨新村是要向前看的,而不是躺在过去的功劳簿上。

应该就要把曹杨做一些探索性的,政策上的突破、改革、探索做一些尝试,让它真能起到样板的作用,引领上海,这点我觉得是曹杨留给我们的历史遗产。

秦畅:我一下懂得了几个概念,以前我们一直说人民城市,我们从70年前曹杨新村建设的那一刻开始起,它就是以人民的需求、公共服务充分的供给来体现人民城市的。可到70年后的今天,我们怎么才深入地了解人民,人民的需求是什么,又发生了怎样的变化?这就需要规划者和地方公共服务的干部们,拿着一颗心体验今天人民的需求。

杨老师您那本书是否再换个题目,我觉得应该把《从模范村到纪念地》换成《从模范村到新标杆》。

杨辰:下一本。

秦畅:《从模范村到新标杆》,全国有多少工人新村,他们在今天都面临着新一轮的城市更新,他们怎么办呢?各美其美,就是根据现有的资源禀赋条件,来做最适合今天居民需求的事情,我不以模仿别人、拷贝别人、复制别人作为今天老社区更新的标杆。如果我们每个社区都能够俯下身来,听听居住在这个社区里的居民需求,都能够感到未来还需要引入一些怎样的新鲜的声音,跟我们一起来创造这个社区的活力,我觉得曹杨新村以70年为新的起点,再往前走的时候我们会有更多的期待,那才是一个更美好的社区。

谢谢大家,谢谢各位参与我们今天的《市民与社会》现场的交流和访谈,谢谢各位。

2021年度上海广播电视奖
参评作品推荐表

作品标题	"筑梦空间站"天和核心舱发射特别直播	参评项目	广播新闻
		体 裁	新闻访谈
		语 种	中 文
作 者（主创人员）	傅昇崟、孟诚洁、叶欣辰、龙敏、乐祺、郑子凌	编 辑	张明霞、李军、袁林晖
刊播单位	上海广播电视台东方广播中心	刊播日期	2021年4月29日 12时01分22秒
刊播版面（名称和版次）	FM93.4上海新闻广播《FM十万个为什么》特别节目	作品字数（时长）	50分21秒
采编过程（作品简介）	我国载人航天迈出空间站建设阶段的第一步,特别节目《筑梦空间站》全程关注。由于发射任务存在一定的保密性、发射窗口也存在诸多不确定性,留给节目组的准备时间不到一周。在前期沟通会完成后,立刻制订了全媒体音视频同步直播的方案,力争第一时间传递发射动态的同时,对空间站建设及载人航天的难点与意义进行深度科普。延续上海新闻广播航天科普直播的特色,此次在前期也搜集了大量青少年的航天之问,使节目硬核又不失温度。记者奔赴文昌,全程现场连线,让人"声临其境"。丰富的声音元素、充满童趣的问题、及时更新的航天器动态,也让火箭发射后近一小时的等待期,成为向听众科普航天知识的"空中课堂"。发射任务成功后,直播室第一时间转播了指挥大厅的实况信号,现场掌声感染每一位听众,第一时间转播发射成功实况及习总书记贺信,更让节目迎来最高潮!及时插播的上海航天试验队队长甘克立采访,也让听众直观了解到上海航天人为此次发射所做出的努力。		
社会效果	节目直播播出时段收听率为1.15%,占有同时段22.1%的市场份额。特别直播前,在阿基米德平台发布征集帖,号召青少年提问,借助网络手段,让更多青少年以语音形式对话科学家,增加青少年对重大航天事业的参与度和知晓度;直播后,根据互联网传播的特点,第一时间与嘉宾录制配套短视频分发至各大平台,系列音视频总播放量近200万。		

筑梦空间站
——天和核心舱发射特别直播

【大片头】

从嫦娥奔月到万户飞天，几千年来，中国人憧憬太空的梦想深邃而悠远。

从"神舟五号"到"天宫二号"，20多年来，中国人迈向宇宙的步伐迅捷又稳健。

如今我们将再度启程，搭建"天宫"。

FM93.4，上海新闻广播、话匣子App、阿基米德FM，同步音视频呈现，天和核心舱发射特别直播。

第一时间更新发射动态，多角度解读技术原理。

让我们一起，筑梦空间站！

旭紫：北京时间是来到了12:02:10，这里是上海新闻广播为您带来的筑梦空间站天和核心舱发射特别直播，各位好，我是旭紫。那么在之前一个小时的特别直播当中，我们是已经共同见证了中国空间站天和核心舱的成功升空。

其实从我们的直播画面当中也可以看到，那么现在核心舱已经是进入了轨道，在之前很快就完成了器件分离。那么现在我们是静静地在等待它，在太空中悄悄地展开它的太阳能帆板。

我们现在其实对于核心舱它到底是什么？基本上已经有了一个概念，接下来我们会一边等待它任务圆满成功的消息，也会一边和直播间里的嘉宾，还有我们前方的记者来聊一聊未来的空间站，它到底是什么样的？

包括今天参与我们节目有很多的听众朋友是通过阿基米德《十万个为什么》社区的直播帖和我们留言互动，也有很多的青少年朋友之前是通过语音的方式给我们发来了问题，我们也会在接下来的直播当中一一解答。

当然了，我们今天的直播除了音频的部分，还有视频的直播，大家也可以在话匣子App同步观看我们的视频直播。

【垫乐间隔】

旭紫：通过前面两位嘉宾的解析，我们已经能够意识到随着天和核心舱的发射升空，这就意味着中国空间站的核心组件是即将就位，那么除了天和之外，空间站还有哪些其他的小伙伴？刚才其实两位嘉宾已经是提到了一些，我们也准备了一个比较有趣的资料片，我们来认识一下。

【资料片】

大家好，我是空间站的核心舱，我叫"天和"，就是今天发射的，我呀，是家里的主心骨，也是总管家，未来我的左手和右手会牵着两个兄弟，分别是"问天"和"梦天"。他们是两个实验舱，在更远的未来，如果需要的话，我还可以再连接一个我的双胞胎弟弟，让整个空间站继续发展，方便以后有新的小伙伴加入。

大家好，我是"问天"，我是"梦天"，明年我们应该就会出发了，我们的任务是做科研，供宇航员开展各项空间实验。

宇航员们怎么去到空间站呢？必须有我呀，我叫"神舟"，听名字就知道我是负责运输的。准确说来就是宇航员从地球运到空间站上下班的交通工具，我还有个好搭档，他叫"天舟"，我们一起负责运输，但他和我运的东西可不一样。

没错，"神舟"是载人的，而我"天舟"是送货的。快递小哥，就是我没错！顺便说一句，空间站里的各种生活废物也是由我来负责回收的。

还有我"巡天"，有人把我称为是中国版的哈勃望远镜，但其实我的能力可比这位前辈强多了。我是中国第一个大口径大视场空间天文望远镜，到时候我会和空间站共轨飞行需要的时候，我也会与家人们连接在一起，方便对我进行保养和维护。

好了，这就是我们的空间站大家庭，欢迎大家来参观！

旭紫：是不是很有画面感？想到了小时候我们很喜欢看的那种合体机器人类的动画片。好，我们继续来对话在我们直播间我们邀请到的科学观察员，上海市天文学会的副秘书长施韡老师，以及现在正在海南文昌的我们的前方记者孟诚洁。

刚才这个短片其实已经是把这一次，可能我们即将能见证到的中国空间站的各个组建进行了一个简单的亮相。这些部件它们可能都会有怎样的亮点，然后它们的建设大概是一个什么样的顺序？能不能给我们先做一个前瞻的介绍？

施韡：它的亮点其实每个舱段都有自己的亮点，核心舱我们刚才已经介绍了,它实际上确实功能很强大、很丰富,而且航天员主要就是要生活在这里。要依靠它来管理整个空间站。

那么两个实验舱实际上也是非常大的体量,然后实验舱,顾名思义它就是做实验的地方,它真的就像我们实验室有一个个机柜,机柜其实现在都是进行一个标准化的设计。那么我们的机柜是总数是达到了 23 个,那么 23 个……

旭紫:一个舱就有 23 个还是总共?

施韡:总共,对。包括有一些是我们讲是标准化的,它是根据研究的一些项目,或者我们讲是根据学科,它是有一些做这方面的规划,有些设计的。还有留了一些是属于非规范的,你可以自己有一个空间可以适当地做一些定制。这个是我们讲舱内的部分,它实际上还留了一些我们叫作暴露载荷的东西。

旭紫:哦?

施韡:什么叫暴露载荷? 就是外挂。

旭紫:就有一些其实我就是要去验证这些载荷它在太空环境当中暴露,或者说是被这些宇宙的这种粒子等穿透的这种情况?

施韡:对,比如说你要测磁场的,测宇宙带电粒子的,甚至说是有些宇宙射线要照射一下,那么它,我们也有不同的。有的是直接挂在外面,外壁。有的里面是有一个舱,然后两边给它打开。

旭紫:这样就让它充分去沐浴这个空间环境。

施韡:对。然后如果说是要进行回收,然后再把它这个关起来,我们从舱内再进行把载荷再回收,有多种不同的作用。

旭紫:还是亮点多多的。有一个叫"估与海洋"的网友提问,他说"天和"这个名字有什么寓意吗? 天空的"天",和平的"和"这个是在施韡老师的知识储备当中吗?

施韡:"天和"其实大家一看这个名字就知道这个寓意是什么,我们是向往着和平,向往着和谐,当然这个和其实就是什么? 取一个谐音,核心舱的谐音。

旭紫:我觉得还是很妙的,汉字博大精深。这边还有一个问题,其实想请教一下孟诚洁老师。就是说,空间站时代的神舟和天舟飞船和我们之前发射过的神舟和天舟飞船,它会有什么不同吗? 还是说是一个小版本的升级?

孟诚洁:其实对于神舟和天舟飞船来说,目前他们的状态已经是非常的固化了,而且未来随着空间站进行常态化的运营,我们每年就要发射两艘载人飞船,然后差不多也是两艘货运飞船。而且在九泉还会有一发"长征二号"F 火箭,跟一艘载人飞船,随时处于值班的状态。一旦空间站上出现了一些问题,需要一些太空救援或者维修的话,可以紧急地把航天员送上去解决问题。所以说你看到我们以前是几年一艘飞船,今后是一年几艘飞船,它的一个组批生产目前已经是开始了,当然只是说它的状态已经冻结,可以批量化生产了。

另一方面在一些技术方面会有一些小的升级,那么最核心的还是提高安全性跟可靠性。当然未来也会迎来一些大的升级,包括我们"长征5号B"第一次发射就是载人飞船的实验船,那么它的就是个头都比我们神舟飞船大多了,今后用途也很多,它有更大重量的一个非常深空的版本,会有重量轻一点儿,一次可以携带6～7名航天员进驻空间站的近轨的版本。今后都会不断地开发,它做得会更大。一个是往大的发展,另一方面可能小的地方也要发展。包括我们知道国际空间站,它的货运飞船就有好多种,有龙飞船,有日本的等好多种。

那么我们今后的货运飞船其实可能也会开发出不同的型号,因为我们的天舟它的运载效率非常高,整个的重量超过了13.5吨,它的带货能力超过了6吨,它是大货车。但是有时候我们需要一些小货车的话,那一些低成本的可能更经济。所以说我们今后也会派生出不同的一些产品,还包括我们要把东西从空气站带回来怎么办?现在更多是通过载人飞船把他给带回来,今后我们可能也会开发一些就是天地往返系统,我们的车的种类会越来越多。

旭紫:一方面就是说我们现在最主流的型号已经进入了可以理解为是量产阶段了,对我们每年会有很多的发射任务以后,而且会针对不同的任务的情况再开发一些定制款的飞船,而且既有"神舟"也有"天舟"。

这边网友"陈琴云生"说:太牛了,中国航天致敬,所有的科研人员!"幸运xg182"说:不得不说,看到这个、见证这种时刻真的是有一种被震惊到了的,感觉很自豪!"竟然留他"也说:有一种自豪感,心里面都跟着激动!其实直播间里的我们包括电话里的孟诚洁大家此刻的心情应该是一样的,都是处在一种非常兴奋的状态。

当然,我们说今天的直播,接下来我们也会共同等待一个小高潮,就是我们期待能够传来"宣布这一次发射是取得了一个圆满成功"这样的好消息,如果说是根据前面发射的时间推算的话,应该也是在差不多十几二十分钟之内的这样的一个时间呢。

施韡:距离现在就10多分钟,因为稍微跟之前有一些不一样的就是在于这一次因为我们要让他在太空中存活下来,实际上很重要就是太阳能帆板,一定要等它太阳能帆板展开,不仅展开,还是要确认它的供电是正常的。

那么这个太阳能帆板,也是我们这一次"天和"当中的一个亮点。它展开得会稍微慢一些,稍微复杂一些。不是我们以前看到的神舟飞船好像就往边上一展开,折叠起来,然后一展开就好了。它实际上现在是装在一个收纳盒里面,在小柱段上面它等于是小柱段的两侧,它是收纳起来的。

旭紫:就有点像手风琴的那种展开方式吗?

施荦：有点像，但是它之前还要做一个什么东西呢，先把收纳盒摆到两边，摆到两边之后，收纳盒它本身又是分成两节再开展，开展开完了之后再把里面的太阳能帆板，就像手风琴一样慢慢地展开。为什么和之前不一样，之前都是硬的是传统的硅片，那么这一次我们用的是什么？就是我们叫柔性太阳能帆板，对，柔性太阳能帆板。

旭紫：所以其实也是一大亮点。这体现中国智造的一个点。

施荦：对，采用的材料也不一样，叫深化画家，那么这个材料要比我们传统的硅片效率要高许多，就是我们之前讲最高理论上也就是30%或者33%左右，它的一个就是我们讲光电转换效率。但是用到新的材料之后，而且我们这次是最先进的，有可能可以达到50%。

旭紫：这里我也请教一下我们前方的记者孟诚洁，好像你对于这一块帆板也是前期做过一些功课的是吧？

孟诚洁：对的，我们解释一下什么叫刚性帆板，柔性帆板半刚性，刚性方法它就是一块硬的基板，然后把太阳电池片贴到上面，然后半刚性的你可以把理解为神网球拍，它是拿线的绷紧之后上面勾挂或者捏连电池片，而柔性的它完全是以软的薄如蝉翼，基本上柔性太阳翼上面的太阳帆板，它的每一片的厚度其实只有0.8毫米，就是像书一样完全是一个柔性的，所以说才能像刚才施老师说的。像一本书要到一个收纳盒里面去把它给收集。

旭紫：也有点折扇的意思。

孟诚洁：像手风琴的方式把它给进行一个展开，所以说这个机构非常复杂，也确实很牛。我们看到这个核心舱在地面状态之下，我们能够看到它这个机构是紧贴在小柱段两侧的，而且，我们以前看卫星或者说航天器在两侧帆板是看得非常清楚，但是在航天器上面我们第一次在外面是完全看不到它的太阳电池片的。

旭紫：对。

孟诚洁：他完全被是收在收纳箱里面去，他是没有刚度的，然后展开之后，中间还有一个张紧的钢丝绳把它给绷紧，绷紧之后它才能比较稳定地对日定向。所以绷紧的过程也非常牛！这个过程当中难度在哪儿？刚刚说它薄如蝉翼非常软，那么在火箭上升的过程当中，它的受力变化是非常大的，它不能受到任何的破坏。

所以说，这个时候就通过两个像书的上下叶一样把它给压紧，确保它的状态。那么展开的过程当中，它在10年以上的寿命暴露在宇宙空间环境当中，每天日夜交变要10多次，那么带来的温度变化可能就是达到200多摄氏度。在这个环境状态之下，它整个要保持它的一个性能保持不坏。这是非常难的。

旭紫：我能不能问这样一个问题，就是说为什么要用这样子的一套就是非常精巧的，而且好像是在之前是没有说是在其他的空间上运用过的这样的帆板技术，这个背后可能是出于什么样的考量呢？孟诚洁。

孟诚洁：这其实跟我们国家的空间站的建造方式是有密切的关系的，因为之前大型柔性太阳翼在全球都是一个很难的技术，为什么之前从和平号到国际空间站没有，它也能建设成功，是因为美国的航天飞机它确实还是一种效率非常高的一种工具，它的货舱也非常大，所以说国际固定在很多帆板的三个月航天飞机运上去的，但是我们是通过火箭来发射。我们来看一下它的整个的外面的整流的直径是5米2，然后小柱段的直径2米8，留给整个太阳帆板的距离，其实空间是不到1米，是非是非常狭小的。

所以说在10年之前做这个方案设计的时候，当时上海航天的研究团队一共拿出过9种方案，有刚性、半刚性跟柔性，柔性还分好多种，然后刚性和半刚性就直接被pass掉了，最后用的柔性。如何把它收纳展开的过程要做到万无一失，又是非常难的，最后是优中选优选了目前的方案。就像施老师说的，整个动作在三维空间里前后要分为五步，可以说是一部太空当中的广播体操。

旭紫：真是，航天，很多事情说是我们在不断地去权衡和取舍，然后当然说我们会利用现有的条件，然后充分地发挥我们的技术，把我们能做的做到最好啊。一步一个脚印。

施韡：这实际上也是我们中国空间这样一个后发优势，我们虽然起步晚，但是我们起点高，把这些新的技术都用上了。

旭紫：我可以很自信地这样说吗？就是说我们的这套帆板技术已经是处在全球领先了。

施韡：那是绝对！而且现在我们看到的核心舱的翻版，它其实还不是很大，它好像已经很大了，它的长度是单侧是达到了14米。

旭紫：如果说大家看到现在有一些完整的效果图，未来完全体的空间站好像还有两片应该是4片更大的。

施韡：对，那4片就是在实验舱上面的实验舱上面，它的单一的长度要达到30米，这样就给整个空间站提供非常大的电能的支持。那么这样一来就光靠我们几组、你看4片大的两片小的，我们的用电的，就是我们可以产生的电量，电力已经是超过国际空间站，虽然我们的体量比它小对吧？

旭紫：好。刚才其实我们已经花了一点儿时间，重点又说了一下"天和"号的亮点，其实也讲了"神舟""天舟"，包括其实也讲了两个实验舱"问天"和"梦天"。好像刚刚全家福的资料片当中还有一个最后打招呼的是叫"巡天"。

施韡："巡天"其实也是有个故事，原来它是在实验舱里面属于"梦天"实验舱的一部分,确实是用来观测的,我们讲是太空望远镜。但是后来就发现,他如果装在舱内的话,它是会受到整个舱体的震动,包括人员的活动都会受到影响,它不利于观测。

那么后来的方案就是把它挪出来了,把它变成一个独立的这样的一个舱体,而这个独立的舱体其实它的重量也不轻,它也可以也差不多是 20 吨的这样一个量级。那么,这就变成了一台真正意义上的空间望远镜了,就是只包括它的这个口径是 2 米,那么哈勃是 2.4 米,所以直接就是对标哈勃,是这样子。

旭紫:然后提到了一个概念,好像在前面的资料片当中"巡天"他自己也说了是共轨飞行和空间站,然后需要的时候其实会和空间站连接在一块。

施韡:对共轨的话大家在一条轨道上一前一后这样子进行飞行。如果有需要,那么我们把它收回来进行一个对接,这样就可以进行维修了。不要像勃望远镜,勃望远镜它是靠航天飞机。

旭紫:每次修很麻烦。

施韡:对,修了好多次,实际上是等于说是冒着很大的风险去做这件事,那么航天飞机一退役了之后,实际上哈勃空间望远镜已经是停止维护了。

旭紫:其实施韡老师是天文口的专家,您对于这种空间的大型光学望远镜应该还是非常期待的。

施韡:对,其实现在看到了一些它的一些指标,就感到非常兴奋!

旭紫:性能上怎么样。因为前面已经在对比哈勃了。

施韡:对。确实这个是可以把哈勃给比下去的,从目前的设计指标上面来讲确实是很高,它的观测的波段的话也是跟博士差不多,就是我们叫红外,光学和紫外它都能够覆盖,然后它又有"巡天"的功能。

旭紫:这样说起来的话,其实等"巡天"上去之后,我们在空间当中布设的望远镜波段已经挺全的了。

施韡:怎么说对我们基本上都有,但是就是说……

旭紫:对,比如 X 射线的。

施韡:对,其实我们伽马射线也照顾到了一些,但是并没有说是完全的全波段地去覆盖啊,其实还是稍微欠缺,那么这一个"巡天"其实很重要的一点就是紫外我们有了。

旭紫:紫外,然后他也可以拍一些我们以前在很多朋友拿来当桌面的什么深空美图什么,这些基本上都是可以实现的。

施韡:没错。

孟诚洁:施老师我有个问题,我听说"巡天"不仅能够看天,而且还能够探底,那么它如果探底的话,它的分辨率会达到一种什么样的程度呢?

施韡：这个问题现在我也不知道，因为之前是原方案里面确实有看天看地，但实际上后来的方案里面看地的功能给它弱化了，因为既然把口径做大了，就没有必要再去拿这个东西去看地，实际上是有点浪费。

旭紫：口径大的话，它进光量大，它其实更适合看那些光弱的极其遥远的地方。

施韡：实际上也是一个权衡。如果你又要看天又要看地，实际上相对来讲我们要折中对不对？现在就相当于把它看天的能力给它放大。

旭紫：这个还是很值得期待，而且是一个这个呃，共轨的状态真的就有点像是编队在太空中飞行。

施韡：有点像，对好像也是头一次。

旭紫：所以如果说是他停靠在空间站完全体的地方进行怎么说检修的时候，刚才孟诚洁说是三室两厅，它其实是会有临时变成四室两厅这样的一个状态，而且从这个节点舱的接口的角度来说的话，其实是具备同时停两艘神舟飞船的能力。

施韡：对，实际上我们的接口都是通用的啊，不管是载人飞船还是货运飞船，我们的接口都是一样的。所以从理论上讲你可以停三个载人飞船对吧？你也可以停两个货运飞船，差不多都可以。

旭紫：然后还有人提到核心舱，它现在有这样的一个节点舱是预留了这几个接口，是不是意味着以后空间站就只能那么大的这几个接口全部插满了，就没法再扩展了。

施韡：当然就是这几个接口如果插满了，这就不能、不行了，但是我们还能够再接一个核心舱，还有一个节点舱。

旭紫：是因为核心舱的后面是可以在比如说天舟，这其实本身也是一个潜在的接口？

施韡：对，是的。

旭紫：好，这里是正在播出当中的FM93.4，上海新闻广播筑梦空间站天和核心舱发射特别直播，在直播间里我们对话的是上海市天文学会的副秘书长苏伟老师，那么电话当中我们是连线此刻正在海南文昌的我们前方特派记者孟诚洁，接下来的时间我们一起来等待这一次具有里程碑意义的"中国空间站天和核心舱发射任务的一个圆满成功"的好消息。

这里再穿插一个网友的提问，网友"小小哒59"在我们的阿基米德社区当中说,：不懂就问，空间站的核心舱应该很大，为什么用短的长五发射？

如果大家听了前半部分的直播，应该是会对这个问题的答案心里有一个概念了，这里请孟诚洁老师做一个回答。

孟诚洁：长五虽然短，但它的流罩非常大，头很大，完全能够容得下来。

旭紫：可以理解为就是说我们是在保证动力的情况下，我们尽可能地把货舱做的空间已经足够大了，虽然看上去短短的。但其实能拉的货体积是很大的。

孟诚洁：看上去其实也没有短多少，因为它的整个状态太大了，其实就差几米。

旭紫：可能也是因为从视觉上，因为长五本身就是胖胖的了，对吧？

孟诚洁：对。

旭紫：大家可能会觉得好像它比较短，但实际上如果你实地看到的话，还是非常震撼的一组火箭。

（音乐间隔）

旭紫：好，这里我们再来回答一个小朋友的问题，我们来听听看。

【片花：好奇宝宝】

我是刘思琪，今年10岁了，我的问题是太空舱将会有多少个卫星将它送上天并且组装起来？

旭紫：小朋友的问题好像还是和"组装"有关，他说是卫星，我可以理解成：应该会有多少次发射任务，然后最后完成一个组，是不是？

施韡：是这样，如果说我们数一下这个舱段，那么一个核心舱，两个实验舱，这个需要构成我们讲T字形的，好像只要发三个对吧？实际上还要考虑什么？它要运货的还要上人的，因为运货刚才也讲了，他这个叫什么？叫兵马未动对吧？

旭紫：粮草先行。

施韡：它必须是先送货送燃料，然后再派人上去，人上去干吗？你把核心舱送上去之后，你得把它激活对吧？就像我们要开机，然后要看看它的这个各项性能是不是能够达到我们的设计。对吧？

旭紫：可以理解为起码得人上去"收个房"。

施韡：对，你得看看这些东西，是不是能够？

旭紫：先住一住！

施韡：我们现在好像看到画面当中是太阳能帆板打开了。

旭紫：应该这个是模拟画面，但不知道是不是如实反映了太空当中的一个真实情况。

施韡：这应该是因为它是遥传数据传回来的这样的一个姿态。

旭紫：所以可能距离我们听到这个好消息的时间已经是越来越近了。

施韡：如果是这样子一个状态的话，应该是就表示成功了。

旭紫：我们先继续回答小朋友的问题。你先别着急在我们的直播间（宣布）成功。一切的最终的消息，我们还是要以指挥大厅传来的信息为准。

刚才您说到了，就是说人先要上去。先是货上去，然后是人上去，人上去完了之后就开始进行搭建了？

施韡：没有，人上去实际上我们前期可以这样讲，今年我们主要是对核心舱进行一个试验。这个试验是指什么？它里面的一些性能，能不能达到设计，同时我们还要为今后的组装做准备。就比如说刚才提到的机械臂，我们都没用过对吧？要测试一下它的性能，然后我们还要有一些非常的交会对接，转位等这一系列的。

旭紫：所有的功能其实都要试一试。

施韡：对。

旭紫：所以其实在今年接下来的几次任务，这可能是包括有货运的任务，也有载人的任务，其实它主要还是去验证核心舱它的各项工作是否是达到了预期，是否是足够可靠的？

施韡：然后到了明年大概是这个时候，那么我们的实验舱就可以上去了啊，所以说整个完成我们讲这个空间站的建设，T字形的构架完成的话，总共是有11次发射。

旭紫：其中就包含了货物的往返人员的交接班，然后再加上几个件的一个一个地上天要差不多11次。

孟诚洁老师，是不是说在今年接下来的一段时间，如果一切顺利的话，我们是可以见证到相对来说比往些年要频繁得多的，载人航天的发射任务？

孟诚洁：是的，那么我刚刚讲到，现在在我的面前还是在厂房，其实"长征七号"都已经准备就绪了，天舟货运飞船也在按照、在执行发射前的准备工作，那么预计很快他们也将合体，然后垂直转运到我面前的发射塔架，9102的发射塔架，所以它是"长征七号"专用的塔架。现在我面前两个塔架都属于展开的状态，明显看到刚刚发射过"长五"的塔架会黑一点儿。刚刚是烈火的炙烤，它要经过一段时间才能恢复状态。其实如果看电视直播的话，大家也可以看到很多近距离火箭点火的那些画面，那些摄像头都是经过重重防护，但是也架不住高温炙烤，都是一次性的。

旭紫：这里可不可以做一个回顾和分析，就是说因为其实我们这个载人航天现在是开始迈第三步，相比于第一步和第二步的那一系列任务，就是第三步建造空间站，它最大的这个难点是在于什么呢。

施韡：最大的难点，其实还是在于一个是体量大。都是20吨级的，20吨和20吨的对接，这活我们确实没做过是吧？那么还有刚才讲的它是一个"系统"，系统与系统之间它是会要进行一个磨合啊,然后它的一个集成度比较高,另外的话它整个一个运转起来的话,担心他会有一些什么冲突,等等。

那么也包括我们今后的就是涉及的所谓空间站技术,因为我们之前验证了一些,比如说我们讲交互对接验证过了,出舱验证过了,然后包括手动、包括自动,还有包括我们快速交会对接这些事情,其实技术上我们都已经做过了。那么现在是要投入应用了。那么这个里面就是看相当于我们讲"大练兵"。应该要拉出来看一个结果了,但是这个结果是应用在一个什么大体量的这个舱段上面啊,这是一个核心。

旭岽:其实我们的计划还是怎么说做得非常好的,而且是一步一步脚踏实地在发展。上一个人、上多个人,然后出舱,然后包括在实验舱里边长期驻留等,其实都是在为今天做准备。

施韡:对,是的。

旭岽:这里是正在播出当中的中国空间站天和核心舱发射特别直播。

【大片头】
从嫦娥奔月到万户飞天,几千年来,中国人憧憬太空的梦想深邃而悠远。
从"神舟五号"到"天宫二号",20多年来,中国人迈向宇宙的步伐迅捷又稳健。
如今我们将再度启程,搭建"天宫"。
FM93.4,上海新闻广播、话匣子App、阿基米德FM,同步音视频呈现,天和核心舱发射特别直播。
第一时间更新发射动态,多角度解读技术原理。
让我们一起,筑梦空间站!

旭岽:欢迎回来,这里是上海新闻广播所为您带来的"筑梦空间站","天和"核心舱发射特别直播,我是旭岽,那么在直播间坐在我身边的是我们的老朋友——科学观察员,上海市天文学会的副秘书长施韡老师,那么在电话那头我们还正在连线的是身处海南文昌的我们的前方特派记者孟诚洁,今天我们在这里将一起来见证我国载人航天的具有里程碑意义的一步,那就是"天和"核心舱的发射升空。

节目在播出的同时,也期待大家参与到我们的互动,留言,分享您的此刻的想法,此刻的心情以及你对空间站的各种问题,欢迎大家到阿基米德《十万个为什么》社区的直播帖留言互动。

同时我们的节目也在话匣子App进行着视频的直播。今天参与到我们直播的除了广大的网友之外,我们其实在此前也是收集了一些青少年关于空间站的问题,其实航天发射本身它也有一个很重要的任务,就是激励下一代。我们其实也特别希望在这个机会能够回答一些青少年的问题,我们也来听听看。

【片花:好奇宝宝】
我是毛二思,今年8岁,我的问题是太空源在航天器里面是怎么洗澡的?
我是金玉今年10岁了,我的问题是航天员在太空中他们是怎么喝水的?是用一根管子把水连接到自己的嘴巴里,还是用地球上正常的瓶子来喝水的?

旭紫:哎哟。小朋友这两个问题其实都是和水有关。施韡老师。

施韡:(笑)两个问题都非常好,喝水实际上怎么说,你想怎么喝就怎么喝,为什么这么说?就是说他可以直接在嘴巴里面喝,也可以轻轻地把它挤出来一个球对吧?然后把嘴巴凑上去。也可以,你把水挤出来之后,你再拿一个吸管去吸,这个都可以。

旭紫:因为它们失重,它在太空当中其实是一个水球?

施韡:对。但是你一定要注意,不能把它溅到仪器设备上,这就不好了,对吧?

旭紫:我们现在这个直播画面上是显示飞行时已经过了4 100多秒了,好像现在的直播画面是已经切换到了指挥大厅,我们可以稍稍再做一下等待,应该很快就能够听到好消息了。继续请施韡老师说。前面说到了喝水,我可以理解为水挤出来,在空中可以形成一个水的像胶囊一样的泡泡,然后你可以含到嘴巴里吞下去咽下去。

施韡:其实有国际空间站,有宇航员是拿着水球啊他们来各种搞怪。可以拿来打乒乓球。

旭紫:好,那洗澡呢?

施韡:洗澡其实会复杂一些,会困难一些,水球因为刚才我讲了它都已经可以当乒乓球打了,它很难去沾在身上……

旭紫:其实我们洗澡很多时候是一个冲的。借助地球的重力,把我们的身上的灰尘带走。可能宇航员更多的只能擦身?

施韡:对,类似于擦身,但是它实际上是可以形成一定的水压,可以往身上,因为皮肤它还是会沾上一些水。实际上是可以有一些水。甚至说是我也看到过一个资料,如果你的水平足够高,可以怎么样把这个水就是裹在自己身上,裹在自己周围啊,好像有点……

旭紫:像是盆浴的?

施韡:把淋浴洗成了盆浴。

旭紫：真还是非常特别的。

施韡：总而言之，在空间站上面洗澡确实会有一些困难，包括我们讲把身体要擦干净，你拧毛巾我们之前有空中，我们讲空中教室对吧？王亚平都演示过，就是你拧毛巾你拧不干，它一直在毛巾里面确实会有这样一些困难。

旭紫：就是说，比如说洗完澡之后，水是怎么排掉的？

施韡：它需要吸一下，然后通过负压它要吸一下。

旭紫：感受上有一点点像是大家在飞机或者是高铁上的，我们说有个气压？

施韡：的确稍微有一些不同。

旭紫：但是的确和地面上大家所习惯的喝水和洗澡感觉上还是不太一样，这种太空生活的小细节真的是能够引起很多人的遐想的。

现在我们看到距离发射到现在飞行时已经是过去了 4 400 多秒，大家也是正在等待"天和"核心舱这次发射任务取得一个圆满成功，那么刚才最新的消息应该是我们天和核心舱的太阳翼已经是展开了。

（音乐间隔）

旭紫：好，我们再来听一个小朋友的问题。

【片花：好奇宝宝】

我是崔一中，今年 10 岁，我的问题是如果太空站泄漏了会怎样？

施韡：（笑）

旭紫：这个够吓人的，可以理解为就是说这个空间站在运行的过程中，如果出现了一些意外，有没有什么样的应急方案？

施韡：对，确实这是一个很严重的问题，必须有这方面的预案。实际上国际空间站它发生过这样的一些情况，就是说发现了有一个小洞，它有一些漏气，那么可以有几种方法，一种就是说属于这种应急的，应急的实际上就是像我们补房子、补什么补漏洞一样的，把洞给填充上。

旭紫：就这样的应急方案，我们的"天和"核心舱或者说以后的空间站是必然会考虑的。

施韡：对。如果说是遇到了比较严重一些情况的话，可能就赶紧要撤离。

旭紫：刚才孟诚洁也说了，我们是有一个随时待命的，神舟飞船是可以上去抢险的。

施韡：对，要紧急撤离，然后像以后就是核心舱，还有我们的实验舱，你别看它实验舱，实际上我们可以临时就是备份。它实际上也可以起到……

旭紫：万一核心舱出现了一些问题，其他的实验舱它其实也可以、临时起到一个……

施巍：也可以生活，也可以控制，对它实际上是可以做到。

旭紫：这样的"冗余"，或者说是备份，对于航天任务，尤其是在任航天而言的确是非常重要。

施巍：对，非常重要。那么当然还有很重要的就是，时时刻刻实际上我们都在监控，监控什么呢？监控一些这种流星体、包括太空垃圾这些。

旭紫：如果说大家是通过视频来观看我们这一次的特别直播的话，应该是会发现这个画面上有让人特别激动的一个呈现，就是前面我们看到的都是电脑模拟画面，现在我们在这个屏幕上已经能够看到了，两组是来自这个航天器它所搭载的摄像头所拍摄到的太空的画面。

施巍：现在我们看到左侧的就是太阳翼，然后伸出来尖尖的是它的一个天线，还有看到一个像我们讲卫星天线，我们地面上俗称叫卫星天线，它实际上是一个高增益的。

旭紫：还有一个画面中间一部分是可以看到太阳翼，另外也能够看到地球。

施巍：是的。

旭紫：哇，这颗蓝色的星球！好，接下来的话，我们可能是要把这个信号切到此次发射的指挥大厅。

【转播：央视直播信号】

各位领导，各位专家，同志们，根据北京飞行控制中心报告，"长征五号"B遥二运载火箭已将"天和"核心舱准确送入预定轨道，太阳翼帆板展开，工作正常，我宣布空间站天和核心舱发射任务获得圆满成功！

请中共中央政治局委员中央军委副主席张又侠宣读中共中央总书记，国家主席中央军委主席习近平贺电。

载人航天工程空间站阶段飞行任务总指挥部，并参加天和核心舱发射任务的各参研参试单位和全体同志。

在空间站天和核心舱发射任务成功之际，我代表党中央国务院和中央军委向你们致以热烈的祝贺和诚挚的问候。

建造空间站建成国家太空实验室，是实现我国载人航天工程三步走战略的重要目标，是建设科技强国，航天强国的重要引领性工程。天和核心舱发射成功，标志着我国空间站建设进入全面实施阶段，为后续任务展开奠定了坚实基础。

希望你们大力弘扬"两弹一星"精神和载人航天精神，自立自强，创新超越，夺取空间站建造任务全面胜利，为全面建设社会主义现代化国家做出新的更大的贡献。

习近平 2021 年 4 月 29 日

各位领导、各位专家同志们,习主席的贺电充分体现了对载人航天事业的高度重视和亲切关怀,是对全体参演参试人员的巨大鼓舞和鞭策激励。我们一定要牢记使命,团结一心,奋力拼搏,精心做好后续工作,坚决夺取空间站建造任务的全面胜利。

【小片头】
筑梦空间站"天和"核心舱发射特别直播。

旭紫:相信现在正在收听或者是收看我们节目的朋友们,此刻的心情和我们三个应该都是一样的,非常激动。包括刚才现场的画面传回,大家听到雷动的掌声应该都是有着一样激动的心情。的确,我们的载人航天在今天其实是翻开了一个新的篇章,是迈出了非常重要的具有里程碑意义的一步!

我们的特别直播还在继续,接下来的时间我们还会和大家继续来分享关于空间站背后的一些技术细节,同时其实也很想和大家来展望一下未来的中国空间站它到底是怎样的。

其实我们提到空间站可能就不得不回答这样的一个问题:我们为什么需要空间站?我觉得无论是对于人类来说,还是对于中国来说,其实这个问题都适用。这里其实想听听我们两位嘉宾的观点和思考。先来问问我们电话里头的孟诚洁,孟诚洁你觉得这个问题你会怎么回答?

孟诚洁:人类为什么需要空间站这个问题,我是觉得首先它就是进入的人类,包括中国人由此进入了太空时代,踏上另外一个台阶,有可能从今年以后就一直会有中国人在太空中居住生活去观测着我们的灿烂星空,也俯瞰着我们的地球。

我们相信即便要当我们的空间站,它的 15 年寿命结束之后,一定会有更大更新的航天器去取代它的工作,不仅绕着地球转,可能还会进一步地飞上升空,而空间站是这一切技术的起点。

我们刚刚也说到了,其实在今年中国航天也宣布了,我们将在月球表面建设科研站,包括我们探测火星之后,之后还要火星的采样返回,包括去探测木星,我们的整个的任务已经是瞄向星辰大海已经排了很多的任务,但是很多的人如何在太空当中长时间地去执行任务,很多都要通过空间站这个技术去进一步地验证,去进一步地完善来实现。

旭紫:空间站它绝对不是载人航天三步走的所谓的终点,而是后面更多更充满想象力,更让人期待的任务的一个起点。施韡老师你怎么看?

施韡:确实,空间站它实际上是刚刚开始,这个是我们未来更多的憧憬。那么从科学上面来讲,因为我们讲的是太空当中它是一个微重力的状态,那么微重力它有很多的一些情况,包括一些材料流体力学,这里面会发生非常巨大的一个变化,那么这种变化可能是我们并不了解,在地球上是没办法去"长时间地多次重复的",那么我们需要有一个空间站,需要有一个在微重力环境下的实验室来进行操作。这个是一个方面,所以说这对于我们的一些基础学科尤为重要。

第二个就是说对于我们的一些比如说我们天文学,包括我们的一些空间的情况,我们必须到这个空间去了解,所谓的空间就是我们地球周围,比如说太阳风磁场,包括宇宙射线,也包括一些比如说近地小天体等这些东西,我们是需要在空间当中去进行一个观测。

第三个就是说作为工程上面来讲,也就是我们讲"空间站技术"它实际上对于我们人类未来走向深空非常重要。有了空间站之后,我们才能够去想象,我们到月球上人类如何去登月,如何去登录火星。其实因为这个原理上它就是控制就是载人航天一系列的技术。所以,未来可以就是,说现在我们有了空间站之后,我们完全已经是有理由去畅想:我们以后的登月,它是怎样的一种操作方式。

旭紫:说得太好了!以后空间它其实是我们深空旅行的一个重要的中转站,或者说是一个节点。各位听众,我们的特派记者盛陈衔,刚刚也是采访到了此次任务上海航天试验队的队长甘克立,他同时也是空间站系统的副总指挥,我们也来听一听这一段采访。

【采访实况】

发射入轨以后,空间站的电源系统,我们能做到对日定向太阳系能够发电,发出电效供整个供电系统使用,翻版展开电源系统正常,这就是一个重要的标志,这次轮胎这是我们空间研制的核心,也是心脏,那么这次展开应该说过程还是非常复杂的,达到了我们预期的一个目的,为整个空间站的电源系统的可靠运行打下一个很好的基础。

我们的空间站的建设,因为我们有一些核心的关键技术,也是靠我们自己的多年的研制攻关,努力攻破的国际的先进水平,我们是在一些单项技术上有我们的一些特点,有突出的地方,就是使用我们空间站的需求,为咱们中国空间站建设,把我们自己最好的技术能够用得上去。

另外在团队上,团队精神一直是伴随着大家努力拼搏,整个队伍应该说还是斗志昂扬,平均年龄也就是三十五六岁,青年骨干的一些主体比较多一点,还有一些比较年轻的,刚参加工作几年的也逐渐能够锻炼出来了。通过空间站的建设研制攻关,他们也逐渐成长起来。

旭紫:也为我们的上海航天人点赞!

网友"咖啡醇香宜人"说:我注意到控制室里的人们好像很年轻,放眼看去都是黑色头发的年轻人,年轻有为,大有可为,也是为他们感到自豪!

"我没烦恼"说:天空间站终于来了,满满的自豪感!

"山水一番田"说:致敬中国航天,浩瀚宇宙我们来了。

其实关于这个空间站,有些朋友他也会和现在正在轨道上的国际空间站进行一个对比,他们其实也很好奇:就是说在未来这两大空间站,它们之间会有怎样的各自的特点和差异?这个的话可能也想先听听孟诚洁老师你是怎么看的。

孟诚洁:刚刚甘总的介绍其实也谈到了,我们的很多先进水平,其实跟国际空间站是等量齐观的,国际空间站刚刚它的规模很大超过400吨,但是它发电能力其实并没我们今后的空间站有那么大,它毕竟也处于寿命的末期,它有我们现在最先进的技术,但有些技术其实已经是几十年前的技术了,我们是厚积薄发的,起点是不一样的。

另外国际空间站它的搭建方式,它所谓之前叫第四代这个空间站,因为它很多的舱段它有一种桁架式的结构,结构它并不是需要本身是一个独立的航天器,它通过航天飞机就可以搭建。

那么其实我们的空间站它每一个都是可以作为一个航天器来上去的,但是我们在空间应用上在防控生保方面也都有自己的一些特色。包括我们也用了一些横架的结构,包括我们刚看到太阳帆板打开中间,其实细的就是桁架,包括我们在时间仓两端也有一些短的桁架的结构,所以并不是说我们组装式的空间站就跟国际空间站它的那种结构存在"代差",还是"谁更适合,那么谁最好的"!

旭紫:对,而且我们也有我们自己的优势,而且有很多技术都是处在这个世界领先的水平当中了。而且我们其实也会有一些实验的资源,或者说是大家可以把它理解为是一个平台,也是面向世界开放,欢迎其他的科学家也可以参与进来。

施鞾:对,我觉得刚才孟老师说得非常好,很专业,是因为我也注意到有些网上是在讲空间站几代这个问题,实际上我觉得我们跟国际空间肯定是同代的,有些部分是在领先的,包括我刚才讲的效率等。那么目前来讲,我们欢迎联合国成员国都可以来进行申请。实际上现在已经有来自17个国家,有9个科研项目已经进入了我们的清单当中。

旭紫：哎呀，大气、开放！最后也是读几条我们网友的留言。

"鲁艺兵"说：致敬中国航天，我们的目标是星辰大海。

"成长流水账"说：加油"天和"核心舱，加油！

"今天也很美"说：屏幕都已经感受到了震撼，希望以后可以亲临现场。

其实我们也祝愿今天听我们节目的朋友当中，如果有是青少年的可以埋下一颗航天的种子，说不定你们这一代听我们节目的人当中，就有可能在有朝一日能够进入我们的中国人自己的空间站工作和生活！

也再次感谢今天做客我们直播间的上海市天文学会的副秘书长施韡老师，以及陪伴大家两个小时直播的前方特派记者孟诚洁参与到我们的直播。

2021年度上海广播电视奖
参评作品推荐表

作品标题	反诈,检察在行动	参评项目	广播新闻
		体 裁	新闻访谈
		语 种	中 文
作 者 (主创人员)	钟姝、马尊伊、叶人杰、邬佳力、袁林辉、李军	编 辑	张明霞、袁林辉、李军
刊播单位	上海广播电视台 东方广播中心	刊播日期	2021年5月31—6月3日 代表作:2021年6月3日 16时03分34秒
刊播版面 (名称和版次)	FM93.4上海新闻广播《法眼看天下》	作品字数 (时长)	代表作:51分20秒
采编过程 (作品简介)	为贯彻习近平总书记对打击治理电信网络诈骗犯罪工作做出部署的重要指示,结合中央宣传部、公安部"全社会反诈总动员"全国反诈防诈系列宣传活动,上海新闻广播《法眼看天下》节目与上海市检察院合作,于2021年5月31日起推出4期《反诈,检察在行动》系列全媒体访谈节目,将高发、多发的电信网络诈骗犯罪分门别类进行了深入剖析,访谈与新媒体、早新闻报道联动,以案警示,提升反诈宣传效果。音频回听单期点击量过1万,"检察官在线"系列专辑整体点击收听已超206万。系列节目被评为"2021第二季度广电总局创新创优节目",并受到上海市委宣传部新闻阅评督查组新闻评点表扬。 1.节目深度揭秘诈骗"模式""稳准狠",提升群众防骗免疫力:面对五花八门、不断升级的电信网络骗局,节目重点锁定四个纬度——非接触式电信诈骗案件新特点、针对青少年的电信诈骗套路、识别防范理财类诈骗犯罪、识破网络直播平台中的打赏骗局。所引用案例"吸睛"又令人唏嘘,极具时效性和现实意义,比如,贪图一毛钱网游皮肤、损失超过千元的被害人竟只有15岁;因贪图蝇头小利在校大学生沦为阶下囚等。用检察官视角揭露诈骗模式:静安区人民检察院第三检察部主任赵琪昊揭开了理财诈骗"拉客户"的"引流"模式,松江区人民检察院第三检察部副主任		

（作品简介）采编过程	应亦然揭秘了主播网络直播诈骗犯罪的"三步走"模式。节目还慎重提醒——虚拟货币在我国并没有取得货币的法律地位。一系列梳理，让听众网友对诈骗的圈套及其危害性有了清晰直观认识，提升了防范电信诈骗的免疫力。 2. 检察官角度直白警示，让反诈宣传入耳入心入脑：节目中检察官灵活使用比喻，比如：网络女主播"悲情又奋斗"人设的画皮，是让"宅男敞开了心扉，也敞开了银行卡"，用最直白的语言让群众恍然大悟。
社会效果	节目展现检察为民办实事，合力提升民众法治信任：本系列全媒体访谈与《990早新闻》报道、新媒体联动传播，积极展现上海检察如何不断总结经验让这类犯罪的打击更加有效、有力。比如节目中透露上海检察机关专门成立智联检察研究中心，惩治互联网犯罪、促进人工智能规范发展。 4期访谈精华内容形成四期"干货帖"，在上海新闻广播微信公众号、阿基米德App、话匣子App上传播。用"检察官说"语录等兼具网感的语言和形式进行警示教育，在互联网引起了广泛反响。阿基米德中网友表示："听完宣传，像打了预防针一样""检察官行动之剑直刺犯罪分子心脏，我们市民百姓应当坚定立场，不被忽悠不被利用，要有健康心理状态，任何非分之想，一旦被犯罪分子利用，后果难料。"

反诈,检察在行动(第一期)

重拳出击惩治主播诈骗犯罪
检察力量守护直播空间清朗

播出日期:2021.06.03
【片头】
主持人:检察关注民生民利,广播传递公平正义。听众朋友,下午好,欢迎大家走进《法眼看天下》特别节目《检察官在线》,我是钟书。本栏目由上海市人民检察院和我们上海电台《法眼看天下》栏目组联合呈现。

【小片花】直播间的美女主播,背后竟是男性键盘手?以为和主播谈了场恋爱,结果竟然被骗?网络直播平台中的打赏骗局如何识破?检察机关如何有力打击网络直播诈骗犯罪,守护人民群众财产安全,助力直播行业健康发展?
今天下午4点直播的《法眼看天下》特别节目《检察官在线》之《反诈,检察在行动》系列话题第四期:上海市人民检察院第四检察部检察官翁音韵、上海市松江区人民检察院第三检察部副主任应亦然与您共同关注。
主持人:请出直播间内的两位嘉宾,坐在我左前方的是上海市检察院第四监察部的检察官翁音韵,翁检察官,您好。
翁音韵:主持人好,听众朋友下午好。
主持人:欢迎您!坐在我右前方的是上海市松江区人民检察院第三检察部的副主任应亦然。应检察官,您好。
应亦然:主持人好,听众朋友下午好。
主持人:欢迎您,也欢迎电波另一端的听众朋友。我们先来看一看在阿基米德的平台上,网友们想和两位检察官说什么。老听众"5931"留言说,"主播的诈骗更具有隐蔽性和诱惑性,必须重拳打击"。"chencheng"网友说:"检察官在行动,行动之剑直刺犯罪分子的心脏,正因为有了刚正不阿的检察官,才能够使老百姓安居乐业,享受美好生活,享受美好的时光,也才能够使犯罪分子一露头,就如丧家之犬,抱头鼠窜,市民百姓也应该坚定立场,不被忽悠,不被利用,要有健康的心理状态,任何非分之想一旦被犯罪分子利用,那后果难料。"

听众朋友非常期待检察机关能够重拳打击,而且还说直刺犯罪分子的心脏,咱们不一定这样做,也不能这样做,但心情我们能理解。这一次推出《反诈,检察在行动》系列节目,今天是第四期,也是最后一期,我相信听众朋友听到这里也非常想知道一些更加深入的问题。

比方说有的时候在网络上,你看到那个主播,觉得跟我说话的状态就是女的,怎么最后揭露骗局的时候就变成男的了。我们的听众朋友也觉得自己不是那么笨的,怎么突然间变得有点傻了,我们是不服气的。这样的问题,我们特别想请两位专业的检察官给我们再总地揭露一下,就是在电信网络诈骗当中的犯罪分子,他们共同的套路和模式,你们有没有做过梳理和总结。

翁音韵:实际上很多被害人,我们让他陈述这些事实的时候,他们觉得跟我聊天的就是女的,怎么会是男的。包括网络主播诈骗也好,他们其实都有贯通的套路,也就是话术。包括本市审查起诉的网络诈骗,包括全国的案子,他们都有递进式的三步骤进行诈骗活动。

比如第一步广撒网,寻找所谓的被害人;第二步就是取得信任,跟你建立相应的恋爱关系,信任关系;第三步就是愿者上钩,通过打赏或者其他形式把你的钱财诈骗掉。

主持人:我们还是不服气,他怎么广撒网的,他怎么在茫茫人海中把我盯上了,他用什么话术就取得了我们的信任。包括愿者上钩,请君入瓮,我们怎么就着道了,他到底用什么手段,能不能给更多的听众朋友提个醒,打个预防针。

翁音韵:首先第一个环节,广撒网。我们查处的很多案子里面,像网络主播,很多的被害人就是男性。他们好几种可以选择的方式,首先大家打开你们的手机,比如社交软件里面的附近的人,有摇一摇,通过这些功能可以把附近的陌生人加上好友,这是一种方式。还有一种方式,游戏直播平台,大家说话,比如觉得这个人说话不错就加他为好友。另外就是犯罪集团认为前面的方式太麻烦了,他们用上粉软件,这些软件可以自动地帮业务员加很多人的微信,通过这些方式,可以用最快的速度寻找全国各地的跟他匹配的被害人。

主持人:通过技术手段其实就是搭讪,所以第一个端口,如果我们遇到有人跟我们搭讪,别轻易应和。

翁音韵：对，首先要看他为什么要通过这个方式跟你认识。

主持人：传统的社会当中，没有这么多技术支撑的时候，认识一个人是不容易的。

翁音韵：对，过去是飞鸽传书、写信，现在摇一摇就可以把相互不认识的人联系起来。

主持人：怎么取得信任呢？其实像我有的时候也会碰到网上的各种邀请，这种邀请我一般就直接删了，如果是短信，它还会说你要报告是垃圾短信吗，我就点确认。前面的嘉宾来讲就是打情感牌或者苦情牌，但从网络主播诈骗犯罪的角度来看，他们这种取得信任一般是什么样的？

应亦然：刚才有一个网友讲得特别对，"主播诈骗的迷惑性更大"，这就是他们能够取得被害人的信任的原因，乖乖地把钱打赏了。刚才翁检察官讲了第一步，首先加了很多好友，这可能就是他们预期的被害人；紧接着他们会看被害人的朋友圈，先跟他们聊聊，了解他们平时的喜好，了解这些被害人的心理特征。

主持人：咱们把说明性的语言变成讲故事的话语，能不能结合你们办的具体案例揭示，包括广撒网也好，包括跟我们套词取得信任也好，包括最后让我们心甘情愿着道的手段也好，让我们通过你们办理的案件来了解识破他们的骗局好不好。

应亦然：那我们来讲讲实际当中的案子，嫌疑人到底是怎么讲的。比如之前我们办理的一起案件，他们怎么包装人设的呢？他们抓住一些男性客户，年纪又比较长，具有同情心，他们就说自己是刚刚出入社会的大学生，好不容易找到了一份主播的工作，公司要求对他们完成试用期的考核，所以请你帮帮我忙，多给我打点赏，让我好好做好这份工作。这就上钩了。还有一些案件是聊感情，一般是对单身男性，好不容易在网络上认识了一个女主播，长得还好看，这就心动了，就跟你聊一聊，现在想谈怎样的朋友，你家是哪儿的，我现在也是单身，特别想有一个人能够支持我，扶持我。中间有一些被害人也会疑惑，这个姑娘我从来没见过，会不会是骗人。很多犯罪团伙是一起打配合的，实际上播的女主播配合键盘手给被害人发送一些语音，甚至跟他们视频聊天，被害人一看真的是有这么一个人，慢慢就上道了。

主持人：这个案子最后办完的结果是什么？

应亦然：刚才的案件是松江院办的真实案件，这个被告人姓杨，他组织了一大批女性做直播，又组织了一大批键盘手，最后骗取了上百万的钱款。最后杨某被判处了12年6个月，并处罚金50万元，其他的同伙分别判处了4个月到3年6个月不等的刑期。

主持人：最后他们被骗了多少钱财？

应亦然：最后一共骗取了十几个被害人，将近一百万。

主持人：都是刷礼物？

应亦然：刷礼物，通过打赏，刷游艇，刷飞机，最高的礼物达到 9 000 多块钱。

主持人：游艇、飞机不是实物吧？就是模型吗，就像打电子游戏的武器一样是这个意思吗？

应亦然：对，他首先要充值，然后兑换相应虚拟的礼物。

主持人：其实他研究了人的共性的东西，比方说同情之心。人都有社会性，他孤独，渴望有人跟他交流，有人能够跟他对话，他觉得能够理我，这也很重要。

翁音韵：我们也遇到这样的案子，一位男性年纪比较大，45 岁了，一直单身，因为年纪大，所以一直没有找到另外一半。跟女主播接触以后，女主播说我不嫌弃年纪大，我对年龄没有什么要求，只要你爱我，我爱你就可以了，这个女主播其实才二十来岁，这个被害人就非常感动，因为从来没有一个女的说我不嫌弃你的年龄。

主持人：后来呢？

翁音韵：后来慢慢进入了第二阶段，第三阶段，被骗了几十万。他后来还是不相信，他觉得肯定是她觉得我们两个不合适。

主持人：跟他要啥了？直接要钱吗？

翁音韵：一开始有一定的套路。

主持人：你能详细地说一说细节吗？

翁音韵：比如二十来岁的女孩，其实就像应检察官说的，她一直认为是女的，但实际上就是"抠脚大汉"，就是男的。

主持人：他在网络上给看到的不是主播吗？

翁音韵：声音也好，视频也好，为什么是女的？我们在办理案件的过程中会发现比较细的细节。比如他们一开始会用变声器，在淘宝上可以找，可以发出娃娃音、御姐的声音，甚至你们描绘的声音都能变。

主持人：脸呢，易容术吗？

翁音韵：当时我们查获了几个团伙，所谓的窝点就是他们的工作室，一排过去 10 多个男的，一个女的。这个女的做什么事情呢，比如我们所说的键盘手或者说是业务员，其实就是平时真正的跟你聊天的男的，也就是所谓的女主播，当你们觉得我想听听你的声音了，这时候键盘手赶紧跟旁边的女主播说。

主持人：网络主播不是视频化的吗？

翁音韵：有视频，有时候会说亲爱的，你能给我看看你现在在干什么吗，这个时候键盘手马上会把这个指令给在同一个窝点的女主播，这个女主播会在某一个情景下拍一个视频给他。

主持人：聊天不是一直开的视频聊天？

翁音韵：是视频聊天，但在视频聊天室怎么进行互动。之前松江院也有做情景视频，你们会发现在网络直播间里面，很多时候女主播是低头看手机，他到底在看什么，实际上就是键盘手，就是微信当中的另一端，把你的相关要求传递给了女主播。我有一个案子里面是，他说我想你给我比一个心，比一个"么哒"，这个时候键盘手就把信息传给了女主播，女主播得到了信息以后马上会做出第一反应。

主持人：如果都是视频的话，不是一直能够看到这是美女主播吗？到后面女的怎么就骗钱了，不跟人家谈恋爱了，广告之后听您讲。

主持人：来看在阿基米德平台上网友们的关切。"顾毛毛2010"说："认真倾听，一起长知识。""开心如意"说："反诈专题，在线聆听。"山不高水不深说："只要擦亮眼睛端正心态就不怕。""荷花美"说："欢迎二位检察官来做客。""荷花美"说："网络直播平台究竟怎么能看出网络诈骗的行为呢？""being"说："主要是给他们更大的惩罚力度，罚得他倾家荡产，永世不得翻身，吓得他一有诈骗的心态就有灵魂出窍的感觉。"就是说法律打击肯定要严惩，但还是要以事实为依据，以法律为准绳，他不怕打你怎么办，所以咱们得有理有据有节。"红衣女森"说："所谓的美女主播是这样的坑儿，不要一步步走到坑里。正常的人要有正常的交际圈，这样就不容易上当了。""米兰"说："其实很多诈骗团伙就像检察官所说的那样有脚本，针对不同的人有不同的套路，有不同的台词，引诱被害人坠入深渊，不能自拔。"荷花美说："有时候花言巧语很容易被上钩。作为男人，可能更知道男人想听什么，所以选择了男性被害人。""山不高水不深"说："听法眼不怕被诈骗，要做头脑清醒的人，敏锐的人，就不容易被骗。"实际上各种诱惑真的太多了，花样百出，就看你是不是有抵抗力和免疫力，所以说要谢谢嘉宾的解读。美女主播怎么就变成男的了？不是跟主播谈美好的恋爱吗，怎么被骗了？也包括网络直播平台当中的打赏骗局怎么识破？确实是女的跟我交流，怎么背后可能是"抠脚大汉"？

翁音韵：实际上一个男性跟你沟通的时候，就是键盘手跟你沟通的时候。

主持人：我看到的是女的。

翁音韵：很多时候给你的是语音和小视频，他们很少通过直接的视频对话直接交流。

主持人：不是直播流的状态是吗？

翁音韵：绝对不是。

主持人：是一前一后的吗？

翁音韵：对，他第二阶段跟你取得信任关系之后，是通过语音或者是给你一个小片段告诉你他在干什么，很少通过我们两个语音聊天，大家都能看到对方，一聊聊几个小时或者更长时间。

主持人：不是像电台的直播或者电视台，目前我不知道电视台直播，就像电台直播，通过一个电台信号，在网络简而言之就是网络主播在跟网友进行交流的时候，不是真的在私下里开通视频交流的状态。

翁音韵：对，至少在第二阶段他们两个建立关系的过程中并不是视频聊天，但是到了第三阶段，也就是我们所说的愿者上钩的时候，他们的场所就到了主播的直播间里。

主持人：主播的直播间也不是跟你实时进行视频互动。

翁音韵：就是跟你实时视频互动。

主持人：这时候不就该出真美女了吗？

翁音韵：对，所以我们抓获团伙的时候，跟你聊天的是一个男性，但当中肯定会有女主播，因为时不时你需要她的语音，有时候需要她的视频，第三阶段必须有一个女主播出现在主播的平台上面。

主持人：这时候聊天的声音不会穿帮吗？

翁音韵：不会穿帮。

主持人：女生的声音和最后露脸的女的不会穿帮？

翁音韵：不会，所以我说这个诈骗有一个进阶版，一开始希望用变声器或者语音包，后来他们产生了反侦查能力也好，或者是说怕你把骗局拆穿也好，他们就采取团队形式，很多个键盘手，但当中肯定有一个女主播，所以被害人说他只跟我谈恋爱，并不是，这个女主播可能跟所谓的窝点里面的另外一端的被害人也在谈恋爱。

主持人：我相信肯定有穿帮的时候，之前给我发来的语音跟这个人不是一回事，但那个时候可能就冲昏头脑了。

翁音韵：对。

应亦然：而且这些嫌疑人避免在直播的时候穿帮，被发现。他们一般上播的直播间是密码房，也就是说只有我把密码发给你，你才能进到直播间。

主持人：就是咱俩不会同时出现。

应亦然：对，这避免了穿帮问题，你在直播间看到的其他人，他们真的是客户吗，其实并不是，很多人都是托，都是公司注册的键盘手账号上去刷的。

主持人：就是你得到的密码和他得到的密码不是同一个聊天室。

应亦然：对。

主持人：对应的不是一个网络主播吧？

应亦然：对应的是同一个网络主播，但时间段不一样，不可能在同一个时空里面看到她直播，这就不会穿帮了。

主持人：就是这会我化妆呢，不能跟你聊，你等着，其实我在骗别人。

应亦然：对。

主持人：其实有时候你想看他的画面，发来的是视频片段，实时的视频对话是防止穿帮的，有，但很有限，真的有穿帮的时候，被害人真的灵魂出窍了，没有理智了。

翁音韵：对，有的被害人会去找微信，这个微信号是真实存在的，但他们加你的微信，很多时候你们是找不到的，因为头像是虚假的，包括后面的 IP 地址都是假的。

主持人：骗你的时候是能找到他的，他想消失的时候就金蝉脱壳了。谈恋爱的呢，不在乎年龄，以什么理由骗钱呢？

翁音韵：接下来就是第三个阶段，女性就跟年长的这位男性说，我现在跟你出来约会，必须达到多少金额的业绩量，但是你看我现在的业绩量还差一大截，你看看刷个礼物，业绩量上去了，我老板就让我出来跟你约会了。

主持人：包装自己是销售人员？

翁音韵：对，他说我们主播要业绩考核。

主持人：是以网络主播的身份跟你谈恋爱的，最后怎么谈崩了？

翁音韵：第一天刷了几千块钱，第二天又刷了几千块钱，但女主播迟迟不出来。

主持人：最后骗到 10 多万，他决定收手了，可能也觉得骗不出来了，反正一直见不成面，就消失了，这个网友只是以为这个主播不和他谈了。

翁音韵：把被害人叫过来的时候，他说可能人家觉得我年纪大，人家不跟我谈了。

主持人：他几岁？

翁音韵：40 多岁吧。

主持人：说啥好呢？

翁音韵：其实真相就在你眼前。

主持人：你告诉他被骗了，他相信吗？

翁音韵：他不相信，就是很多时候他觉得我没有被骗。

主持人：骗了钱不能没有尊严，他知道我被骗了钱，也不能承认我被骗了，是不是？

翁音韵：这就是网络主播诈骗案发率也不是很高的原因，就是骗了我们告诉他，你被骗了，他才知道原来跟我谈恋爱的是一个骗子。

主持人：从人性的角度来说，挺顺理成章的。

翁音韵：对。

主持人：其实有的时候超市买菜，送来菜的时候，小哥说给我一个五星好评，说白了在淘宝上买东西，客服不断发消息说一定给我个好评，上去评论一下，否则我这个月业绩达不到就回家了，我不知道你们两位怎么做，听众朋友怎么做，其实有的时候我不会按照他那么说的。我跟我儿子说，如果他做得好我会给好评的，但是如果他做得并没有那么好，很普通的服务，我这样做的话，我觉得我是在误导其他网友，这是不负责任，可能有时候我比较较真，但我有了这样比较轴的想法之后，坏的一面可想而知了，不容易掉头，认知能力差就容易固执，反过来讲不容易被骗，所谓的同情心，我们有我们所谓的原则，有时候也容易帮我们坚守。

应亦然：对，没错，就像翁检察官讲的年纪比较大的被害人，像他被骗的过程，我听下来是经历了相对比较长期的放长线钓大鱼的过程。现在出现了一些新的变化。近期案发的案件里面，主播诈骗更多呈现出短平快的趋势。他就说我需要完成试用期的业绩，通过前面三天到四天跟你建立感情，到第三步阶段就搞主播之间PK，说我必须PK赢了才能通过试用期考核，你们帮助我PK，不断给我刷礼物。实际上这些PK都是假的，都是公司认识的熟人，事先说好了这局你赢，下一局他赢，而且直播PK的时候他们都有后台账号，不需要真的像客户一样把钱充进去，实际上积分已经在里面了，我想给你刷多少就刷多少，直接控制输赢。最后他就说，我的PK输掉了，所以我没办法被公司录用，我也没办法再做主播了，就以这个方式跟被害人不再联系了，人家确实觉得你输了，我也没支持好你，反正顺理成章不联系了。

主持人：被骗的都是男性居多吗？

应亦然：对，没错。

主持人：我儿子6岁半看到美女就不好意思。人都喜欢美女帅哥，没别的想法，就是很愉悦，我们都有爱美之心，包括同情之心。被骗的有一个共同的特征，都是内归因，觉得我不好，指责自己，同情别人。

应亦然：但这些恰恰是犯罪分子利用的特征，设计的话术。

主持人：你们在打击的时候，在进行检察工作的时候，梳理完了套路，能不能也给一些打击犯罪的一个提前量，在预防上也能够发挥作用？像网友期待的重拳出击，严惩，让他永世不得翻身，话听着挺厉害的，意思就是绳之以法的时候能够有真的震慑作用，所以过一会儿听一下你们两位把打击的工作，预防的工作再做介绍。在阿基米德平台上网友们也非常欢乐。

"Fre"说："花时间花钱看这些有的没的就受不了了。什么美女，都是网红脸。""9M0"说:"有一些打榜平台,就是追星的打榜平台,一次 PK 打榜费用就能够高达几百万,不几个小时的事情。这样的事情我们该如何反思?虽然我们没有调查过怎么样,但在追星这件事上,我们也反思一下,如何能够理性智慧地面对他。""于龙马"说:"听了四期的反诈宣讲,像打了预防针,碰到欺诈的时候就不会再糊涂了,会产生免疫力,绝不会上当受骗了,真好。""红衣女森"说:"说啥好呢,他挺快乐的。对,过程挺快乐的,但人不能只看结果,不管过程。只有过程的美好,最后是血本无归,最后可能身家性命,可能一蹶不振,所以过程和结果都得注重,都得美好。""红衣女森"说:"听了你们两位讲的觉得特别逗,说这就是套路,有时候不能做宅男,宅男的知识面有限,根本搞不过骗子的团队。"网友 Being 说:"骗子都是天生的,非常有天赋,灵感层出不穷,不用都堵得慌,所以只有加大打击,才能压住他们,究竟怎么办?"网友"taxi"说"判一年,究竟怎么判,怎么量刑",等等,广告之后接着谈。

主持人:"9M0"说谢谢翁检察官和应检察官的解答,非常感谢,学法普查很重要。虚拟世界能够弥补现实世界的缺憾,有的人就是愿意陷进去,哪怕知道只有1%的真实性,起码陪我聊了那么久。"荷花美"说,谢谢两位检察官的解答,非常感谢。网友"9A8"说,今年两会提出要加大犯法的成本和力度,降低维权的难度,所以要很好地落实下去。"枫叶爱宝宝"说,男性相对作一点,还是打击的时候要有大动作。男性听了一定要好好理解,其实是心疼你们,不是批评。其实大家还是会觉得当局者迷,旁观者清,咱们除了识破共通套路和模式之外,作为检察机关还是打字当头,打击网络主播犯罪,你们已经做了哪一些?

应亦然:对于网络主播诈骗,检察机关肯定是严厉打击。其实在处理网络主播诈骗的案件里面,迷惑点是很多的。作为检察机关来说,要通过事实证据准确使用法律。对于主播诈骗来说,关键点就是要区分他到底是正常的主播打赏,还是利用主播打赏来骗取钱款。像翁检察官介绍的三个步骤,我们发现在这一类的犯罪里面,都是特意寻找被害人,人设就是虚构的,我的故事背景都是虚构的,我去找你打赏的理由还是虚构的。他已经完全符合了虚构事实,隐瞒真相,骗取钱款的诈骗要件,对于这样的案件我们是以诈骗罪依法惩处。除了办理个案之外,我们也是要积极总结办案中的特征和经验,从而给他一定的提前量,使我们更好地惩治和预防这类犯罪。最近松江根据之前打击主播诈骗的经验,又打击了一伙 100 余人的主播诈骗犯罪,而且这伙人我们是直接查到了主播平台,和公安机关一起,联合行动把主播平台直接给端掉了。端掉平台之后,我们又根据平台上面显示的证据,打掉了下面十几个代理商,所以一下子把 100 多个人连根拔起了。

主持人：100多人是干吗的？

应亦然：有一个直播平台专门做主播诈骗的，后面有好多代理商，就是我使用你这个平台，每一个代理商都会组建自己的团队，有键盘手、主播、老板，在全国各地实施同一种类型，面上是主播，背后是"抠脚大汉"的形式诈骗。

主持人：骗啥？

应亦然：骗打赏。通过之前办案经验的梳理，把脉络梳理出来了，一次性地把这一个团伙从最下面的业务员到代理商到平台方，全打击了。

主持人：不是真的粉丝给主播打赏，是一个骗局的打赏，打赏所有的钱都是赃款。

应亦然：没错。

主持人：追赃完怎么办？像刚才100多人的案子。

应亦然：这个案件是刚刚案发的。

主持人：明白，听众很关心的是追赃完的情况，从上海检察机关的视角来看。

翁音韵：其实检察机关除了严厉打击电信网络诈骗，也在以最大限度挽回被害人的损失，这都是老百姓换来的。

主持人：数据怎样？

翁音韵：静安区有一个电信网络诈骗案子，公安还是没有查到有关的钱和不动产，但是在检察机关审查起诉的过程中，在他们的聊天过程中发现他有一笔理财，这笔理财高达500多万元。

主持人：这个真好。

翁音韵：这是检察官翻阅了所有案件，看了近万条的微信聊天记录，发现了这样一个微小的线索，检察官发现以后马上跟公安机关联系，要求扣押冻结这500多万元，这500多万元挽回了很多被害人的损失。

主持人：太好了，这就是检察机关为群众办实事的表现。"红衣女森"说："对检察官肃然起敬，应该加大打击力度，让他们无立足之地。""飞"网友说："建议每一个直播平台的首页都能够轮播这几期的内容，宣传力度加大。""快乐柠檬"说："看到貌似美女就打赏，生活太空虚了，每天听听广播哪有空打赏。"从反诈的角度，检察官作为的角度，识破他们骗局的角度，检察官也给我们讲了，尤其今天讲到了网络主播的诈骗。在这四期节目即将和大家说再见的时候，两位检察官代表所有的检察官，包括在一线的也好，不断梳理情况，找到套路，不断研究如何使用好法律，把证据判断的准确，把诈骗分子绳之以法，严厉打击犯罪，维护好人民群众的财产安全。最后，两位能不能跟大家说一说你们未来的打算，包括哪些经验值得继续做下去，哪些需要再思考、再出发的地方。

应亦然：我们认为网络主播本来就是比较新兴的业态，成长发展的过程中肯定会越来越完善。如果在直播的过程中设定一定的直播上限，比如每次不可以超过多少钱，那有可能避免一些人因为一时头脑发热，一时听别人忽悠，就把钱刷出去了。

翁音韵：其实我想说的是网络主播诈骗是各种诈骗当中的手段之一。从全市的电信网络诈骗来讲，手段在不停更新，而且也在蹭热点更新。作为检察机关，我们要见招拆招，网络主播有三个阶段的套路，但很多诈骗也有相应的套路。上海检察正在集中宣传月，也将诈骗类型化、套路化，让更多的人民群众发现套路，揭秘诈骗手段，为人民群众真正干实事。

主持人：5月10日到6月10日，是上海检察机关反诈宣传月，这里面监管部门也有作为的，都是听众所呼呼的，有一些具体的加大力度的做法，大家期待看到政府有关部门的做法其实是有的。

翁音韵：其实是有的，今年2月9日工信部和国家网信办等七个部门联合发布了关于加强网络直播规范管理工作的指导意见，5月，这七个部门还下发了网络直播营销管理办法。不光是检察机关，整个政府包括行业都在不断规范新兴业态，让它更好地在一个合法合规的环境中健康地成长。

主持人：你说的意思就是除了司法机关、政府有关部门，行政执法这一块也注意到了这一领域，不断出一些依据，去约束规制这个领域，这个领域是一个新的领域。现在常讲电信诈骗，其实电信网络诈骗有了互联网，确实迷惑性更强，包括前面说的包括看到你两眼，跟你对两句话，比以前打电话骗你更让你觉得可信，但发的都是视频片段，所以我们要多学习掌握这样的能力，归根结底还是：要保护自己的合法权益，第一主体责任人还是我们自己，我们再仰仗司法机关，包括行政执法部门形成合力，综合治理，也要各司其职，才能够让我们生活得更加安全和幸福。

最后祝大家平安，在这里非常感谢四期系列话题《反诈，检察在行动》的每一位嘉宾，还有幕后工作人员对我们的大力支持。在这里也向检察机关的工作人员，检察官们表示感谢，谢谢你们，辛苦了！感谢应亦然检察官和翁音韵检察官，感谢听众朋友的陪伴和参与，节目监制袁林，编辑朱应，我是钟书，我们下次节目再见。

2021年度上海广播电视奖
参评作品推荐表

作品标题	人要有梦想！你看巩立姣！	参评项目	广播新闻
		体裁	长消息
		语种	中文
作者（主创人员）	张亦莹	编辑	顾洁、何歆
刊播单位	东方广播中心	刊播日期	2021年8月1日 18点08分左右
刊播版面（名称和版次）	上海新闻广播《今晚》	作品字数（时长）	2分34秒
采编过程（作品简介）	巩立姣在过去的一个奥运会周期里，都是铅球项目奥运金牌的强有力竞争者，赛前专业记者预测时，都觉得田径项目上她这块金牌是最稳的。她拿到金牌，开心溢出屏幕，也是顺理成章。但与此同时，巩立姣个人前三次参加奥运会，二三四名都拿过，就缺一块金牌，东京奥运会的问鼎让她释放了16年的压力，落泪也就在情理之中。得益于此前每年一届的上海田径钻石大奖赛，上海记者每年都有接触巩立姣的机会，熟悉之后与她的聊天也就轻松不少，她的表达能力也进步了很多，加上丰沛的情绪、励志的谈吐，构成了这样一篇细节满满、可听性极强的混采区报道。			
社会效果	巩立姣的奋力一掷创造了中国奥运新历史，老运动员历经风雨终于圆梦的故事也感动了无数听众。在此之前虽然业内看好巩立姣夺金，但对于大众来说，铅球并不是个受关注或者被了解的项目。通过现场第一时间的声音，让更多人知道了铅球这个项目，知道了这个项目上还有很多充满梦想、默默耕耘的胖女孩，其实也是实现了巩立姣期待了很多年的推广效应。在稍后的全运会上，巩立姣就已经成为一线流量运动员，也让记者为她高兴。			

人要有梦想！你看巩立姣！

在今天上午结束的女子铅球决赛中，四朝元老、中国名将巩立姣投出了20米58的个人最佳成绩，夺得职业生涯首枚奥运金牌。这也是中国田径历史上的第一枚田赛金牌！巩立姣赛后金句频出，来听报道：

【巩立姣：我是可以的。这一刻我等了21年，这是我训练的第21年。所以说，人一定要有梦想！万一哪天实现了呢？我实现了！】

走下赛场，32岁的四朝元老巩立姣动情落泪。从北京铜牌、伦敦银牌到里约第四，过往三届奥运之旅充满了遗憾和自我怀疑，但她终于在东京修成了正果。六投五个有效成绩，每一个都足以夺金，碾压式的优势，也竖立起了中国田赛项目的里程碑。巩立姣说："人间值得！"

【巩立姣：太难了，真的太难了。因为随着年龄的增长，好多伤病和意想不到的状况。尤其是(20)16年我失利之后，我平复了好长时间才又站起来。失败和成功我都经历了，我什么都不怕了现在！而且我站在最高领奖台！我觉得人生完美了！所有的坚持都是值得的。真的是值得，人间值得！哈哈哈哈。】

整个东京周期，在各个级别的世界大赛中，巩立姣几乎保持不败。2017年伦敦，她以19.94米首次成为世锦赛冠军。2019年多哈，她又成功卫冕世锦赛冠军。没想到，看上去这样稳当的金牌，巩立姣还是想了很多——她赛前夜不能寐；赛中直到第五投超出20米才放下心来；赛后还要捏捏自己的胳膊，确认不是做梦。

【巩立姣：想了无数次了，今天能实现，真的跟做梦一样。之前我也说过，比不好就是噩梦，比好了就是美梦。我希望我这个美梦再长一点儿，先掐一掐自己吧。哈哈。昨天晚上一直脑子在想比赛，就想着冠军，我估计最多也就睡了四五个小时吧。就脑子里一直是那个完美的、我觉得能投远的技术，一直在我脑海里

就这么转转转转转。】

　　巩立姣就这样哭哭笑笑,百感交集。实现奥运梦想后,她暂时还不会退役,而且目标已经转向了带动更多人关注铅球项目。

　　【巩立姣:说实话我们这个项目其实是个冷门项目,我一直在用热情把这个冷门项目带火,今天我做到了!我想证明的是,现在是我们中国时代,是我们中国女子铅球(的时代),是巩立姣的时代。请大家也多关注一下我们这些胖胖的女孩子吧,她们都很善良的,哈哈。】

　　以上由特派记者张亦莹日本东京报道。

2021年度上海广播电视奖
参评作品推荐表

作品标题	小小湿地守望者	参评项目	广播新闻
		体　裁	长消息
		语　种	中文
作者（主创人员）	代　灵	编　辑	范嘉春、孟诚洁
刊播单位	上海广播电视台东方广播中心	刊播日期	10月19日07时18分
刊播版面（名称和版次）	上海新闻广播FM93.4《990早新闻》栏目	作品字数（时长）	3分53秒
采编过程（作品简介）	报道从一封小学生写给区长伯伯的信切入，讲述了松江新城建设中，区政府及各相关职能部门应孩子们要求，决定保留下一片水杉林湿地的故事。报道从孩子的视角出发，道出了他们写信的原因，并展现了政府为之努力、反复论证、大胆突破的过程，反映出上海在新城建设中，坚定践行"人民城市"理念。		
社会效果	这篇报道，如同上海新城建设中的一扇窗，生动展现了松江新城的人文、生态内涵，也是建设"令人向往的新城"的智慧和决心。正如许多听众在报道播出后所说：让云间湿地美如童话、充满朝气的，不仅是这里的生态环境，还有松江新城的主人翁和建设者。		

小小湿地守望者

松江新城紧邻上外云间小学的一片待开发土地上,有一片美丽的水上森林,挺拔的水杉树矗立在水中,成为很多动物的家园,学校师生给这里起了个好听的名字——"云间湿地"。听闻这块生机勃勃的湿地可能要被开发的消息后,小朋友们选出代表给区长伯伯写了一封信,要求把这一片湿地保留下来。上周,小朋友们收到了确切答复:云间湿地一定会得到守护。请听报道《小小湿地守望者》:

"尊敬的区长伯伯,您好。我叫李宗芃,我很喜欢上外云间小学,因为我们学校北面就有一大片湿地,我看到了真实的白鹭、野鸭,很多湿地的植物,这比图片真实多了。湿地在我们学校旁,空气都是新鲜的。课间的时候,我们在窗口看一看湿地,每天都有新发现。"

这封信,来自上海外国语大学附属外国语学校松江云间小学,学生代表李宗芃在信中向松江区区长李谦介绍了这块紧邻学校的湿地,并许下心愿:

"所以我代表全体小朋友,恳请区长伯伯保留这一片湿地,不要在这里建设其他的建筑,把这片湿地变成我们小学生探索自然的场地。"

给区长伯伯写信,出于小学生对云间湿地的喜爱。去年9月,新落成的上外云间小学迎来新生,小朋友们惊喜地发现了学校北面这片水上森林——不时能够听到悦耳的鸟鸣,透过茂密的水杉林,还能看到惬意的水鸟从绿萍覆盖的水面嬉戏而过……这片湿地,成为孩子们认识大自然的一扇窗口:

"(陆云舒同学)我就很喜欢看那些小鸭子。"

"(曾晞达同学)里面有水鸭、水草、白鹭,我以前觉得鸭子都是黄色的,没想到也有黑色的。"

围绕孩子们的兴趣,学校精心设计了多学科融合的"湿地课"作为特色课程。

老师卢沁说,孩子们越了解湿地,越是担心,云间湿地是否也会像地球上的许多湿地一样消失。

"他们在每节课前都会很兴奋地问老师说,'老师这节是湿地课吗?''耶!'就这样。之前的两学期一个学年,我们就融合很多课外活动,帮小朋友建立了一个对湿地的整体认识,包括了解湿地、走进湿地和帮助湿地这三个大的板块的内容。"

听闻这块生机勃勃的湿地可能要被开发的消息后,孩子们急了。商议之下,孩子们决定给区长伯伯写一封信。很快区长就来了,教育、规划等部门也来了,有的专业人员连续来调研了好多次。

探访云间湿地后,松江区教育局副局长干善军用"充满灵性"来赞叹。他说,此前的规划中,连同这块湿地在内的46亩土地将新建一所小学。孩子们稚嫩的信成了研讨材料,各部门反复论证,设计方案一再优化,一定要为孩子们留住这间得天独厚的户外课堂。

"原先我们设计运动场所,就在湿地的范围,这样的空间布局比较宽敞。现在保留这块湿地,空间哪里来?想办法,往天上要空间,往地下要空间。把这一大片保留下来,将来肯定是一个高标准建设的学校。"

上外云间小学校长沈君说,其实孩子写信时,校方也不清楚云间湿地的未来。孩子们的这封信很及时、很关键:

"他们现在听到说能够保留下来了,他们就觉得很开心,这是小孩子的一种真实的想法和表现。让人非常兴奋,未来可期。"

小小湿地守望者在初春时节寄出的信,终于在秋天水杉最美的季节得到了确切的答复:这块云间湿地,将继续成为动植物的家园和孩子们的课堂。

以上由记者代灵报道。

2021 年度上海广播电视奖参评作品推荐表

作品标题	一份《处罚决定书》凭什么火出圈？罚得明明白白也是营商环境	参评项目	广播新闻
		体　裁	新闻评论
		语　种	中　文
作　者（主创人员）	胡旻珏	编　辑	孟诚洁、陈霞
刊播单位	东方广播中心	刊播日期	2021 年 4 月 14 日 18 时 12 分 26 秒
刊播版面（名称和版次）	FM93.4 上海新闻广播《今晚》	作品字数（时长）	5 分 30 秒
采编过程（作品简介）	因为涉嫌滥用市场支配地位，上海食派士商贸发展有限公司被上海市市场监管局立案处罚。没想到的是，该案的《行政处罚决定书》一经公布，意外地在网络上、朋友圈持续刷屏，被称为"教科书般的法律文书"。 　　一份专业性极强，读起来甚至有点枯燥的《处罚书》凭什么刷爆网络？记者以此切入，通过采访参与办案的专家库成员、法学专家等，探究《处罚决定书》走红背后的原因——为说清案由案情、做出合理处罚，处罚书全文超过 15 000 字，配有多张图表，并运用多个经济学工具及数字模型，逻辑清楚、论证有力，充分体现了上海执法部门一以贯之的严谨与专业，以及持续优化的法治软环境，让所有市场主体都能感受到公平、公正和公开的市场环境。			
社会效果	该评论观点鲜明，以扎实的采访、深入的调查，通过解析一份"网红版"行政处罚决定书，体现上海执法部门在办案过程中的严谨、规范，熟练应用经济学工具的专业，对法治精神的捍卫和坚守。 　　评论播出后，多家媒体同步跟进。不同于以往为企业服务类的营商环境改进举措，在上海，罚得明明白白，对社会公众和被处罚人来说，同样也是一种营商环境。			

一份《处罚决定书》凭什么火出圈？
罚得明明白白也是营商环境

上海市市场监管局本周公布了关于"上海食派士商贸发展有限公司"涉嫌滥用市场支配地位行为的调查结果，认定其实施"二选一"垄断行为，对"食派士"罚款116.86万元。意料之外的是，在官微上公开的该案《行政处罚决定书》持续刷屏，全文超过15 000字，配有多张图表，详细解析了所运用的多个经济学工具及数字模型，被网友称为"教科书般的法律文书"。一份专业性极强，读起来颇为枯燥的处罚书凭什么刷爆网络呢？来听报道：

"食派士"被称为是英语版的"饿了么"或"美团"，很多外籍人士都在使用。这份《处罚决定书》，针对的就是其在互联网餐饮外送平台服务市场实施了"二选一"的垄断行为，简单来说，就是餐厅选择"食派士"后，就不能在其他同类平台上线。

对于刷屏的这份"处罚书"，上海市市场监管局反垄断执法专家库成员、邦信阳中建中汇律师事务所管理合伙人杜爱武，用了四个字来形容——行云流水：

【第一个界定相关市场，第二个认定是否具有市场支配地位，有了市场支配地位是否有滥用行为，有了滥用行为要竞争损害，有没有分析？最后有个正当理由抗辩，完全遵循了《反垄断法》及相关配套规章的这些认定路径，所以看起来就像行云流水一样。】

他说，反垄断案件的调查过程极为严谨，必须逻辑清楚、论证有力。这其中，又以如何界定企业实施了"滥用市场支配地位行为"最为关键，而这份处罚书的严谨性恰恰就体现在此，它不仅引用法律条文，还很少见地解析了所运用的经济学模型，包括采取替代分析、假定垄断者测试、临近损失分析法。

【为什么具有替代性？替代性体现在哪儿？如果不从这个渠道去购买，我会从哪些渠道去购买？我想达到这个目的,我这条路堵掉之后,它会有另外一条路走。所谓的支配地位就是我让你无路可走,那就是具有市场支配地位了。】

作为专门研究反垄断领域的法律人士,杜爱武坦言,长达15 000多字的这份《行政处罚决定书》,有多少人真的能看懂？其实不会很多,因为它真的太专业了。可圈内圈外、体制内体制外,为什么会被广泛传播、收获大量点赞？在他看来,很多案子可能通过说理就能够解决问题；但这个案子除了说理还有实证,文字、数据和图表的背后,是每一位办案人员为科学、严谨、求真所做的不懈努力。

【垄断其实不仅是一个法律概念,更多的是一个经济学的概念。光定性是不行的,他要解决定量的问题。经济学的分析工具就相应地增加了结论的科学性,直接把你的分析逻辑、分析的要件,全部展示给行政相对人,全部展示给公众。】

光把法理说清还远远不够,反垄断执法根本上是为了消费者,在垄断行为发生后,商品或服务的价格是不是升高,消费者的选择是不是更少,商品服务质量是不是下降,这些都需要举证。处罚书显示,执法机关为此还特别研究了"食派士"几个主要竞争对手的历史交易数据,发现都出现订单量骤然下降、用户流失、销售额下滑的情况,最终快准狠地认定了其排挤竞争对手、抬高价格的垄断行为。

在长期从事行政法研究的上海对外经贸大学法学院副教授王诚看来,严谨、翔实的内容背后,是执法部门应用经济学理论的学术底气。

【对于经济学领域的学者来讲,这些其实并不难。执法机关有勇气使用这样一个数学模型,而且把它公开出来,也有勇气来接受大家的质疑,这也可以说明我们的执法者他们是有充分的底气来做出这样一个认定的。】

《处罚决定书》公布后,"食派士"很快在官网发布声明,称对行政处罚决定诚恳接受,积极配合,并宣布已经主动完成了整改。

王诚说,这份让人心服口服的《处罚决定书》,折射出的是上海的法治水平和营商环境。

【我们的营商环境中,相当重要的一个部分就是我们的法治软环境。如果我们在每一个个案中,都能够在遵循现有法律规范的前提下,充分考量所有应当考量的因素,我想社会公众也好,甚至包括被处罚人也好,都会心服口服。】

打造公平、公正和公开的市场环境,是上海持续优化营商环境的初心所在。在应当处罚的时候不处罚,是执法部门的失职,甚至可能是懒政；但是在不应当处罚的时候去处罚,或是进行过于严厉的处罚,同样也有违公平合理,"时度效"的把握,体现专业,更考验功力。

作为与企业打交道最多的市场监管部门来说,从出台全国第一份跨领域的轻微违法违规经营行为免罚清单,到这份堪称"网红版"的《行政处罚决定书》,背后是上海一以贯之的严谨和规范,是对法治精神的捍卫和坚守。社会公众也好,被处罚人也好,罚得明明白白也是一种营商环境!

以上由记者胡旻珏报道。

2021年度上海广播电视奖
参评作品推荐表

作品标题	手机呼叫转移易"结"不易"解" 三大运营商联合推出解决方案	参评项目	广播新闻专题
		体 裁	连续报道
		语 种	中文
作 者（主创人员）	周玉林、李佳祺	编 辑	涂军、陆晓峰、鄢春生
刊播单位	上海市嘉定区融媒体中心	首发日期	2021年1月18日、1月21日、12月31日
刊播版面（名称和版次）	嘉定广播电视台综合广播《早安嘉定》	作品字数（时长）	3分08秒、2分12秒、2分47秒
采编过程（作品简介）	作为电信业一项传统通信业务，呼叫转移是指机主电话无法接听或不愿接听，可以将来电转移到其他电话号码上，这一业务的确给市民带来了方便，但随着信息时代的发展，一些不法分子利用其存在的漏洞，侵犯他人权益。 今年年初，嘉定市民杨先生向嘉定区融媒体中心新闻热线反映，自己被恶意呼叫转移骚扰，记者接到线索后，立即前往杨先生家中采访，同时还蹲点杨先生家中，真实记录他所遭遇的困境，并致电运营商客服，多方咨询、求助，尝试解除呼叫转移。整个采访过程，记者做了翔实的记录，全面展现了杨先生所遇到的困难。在第一篇报道播发后，立刻就被各大媒体和网络平台转发，通信运营商在两天内帮助杨先生解决了问题。但记者在深入调查后发现，三大运营商在呼叫转移设置方面都存在漏洞，于是，记者就这一问题继续展开报道，并引起社会各界以及通信运营商的重视。更意外的是，在2021年上海市两会上，市政协委员也就该案例在会上提出相关提案，并且得到了市检察机关、市通信管理局的重视，相关通信规则的优化也已落地，记者全程跟踪，体现了媒体的担当。		

社会效果	嘉定区融媒体中心各平台首发后,《新民晚报》、上海电视台等市级媒体都进行了跟进报道,新媒体端阅读量总计突破10万,在2021年上海市两会上,市政协委员也就该案例在会上提出相关提案,引起市检察机关、市通信管理局的高度重视,在多方共同推动下,移动、联通、电信三大运营商联合给出了解决方案,在全国先试先行,得到了百姓的认可,提升了媒体公信力,也体现了在大数据时代,上海依托云计算等技术,以数字赋能管理,推进资源共享,解决民生难题,以及深入贯彻落实"人民城市人民建,人民城市为人民"重要理念的新作为、新做法。

手机呼叫转移易"结"不易"解"
三大运营商联合推出解决方案

市民呼声：取消不了的手机呼叫转移

【口播】前两天，有市民杨先生向我们节目反映称，他从这个月开始，每天都会接到很多陌生电话，最多一天能有20多个。而这些来电的人，并不是冲着他来的，他们找的是另外一个手机号码的机主。原来，杨先生的手机号码被一个陌生人设置成了呼叫转移的号码，所有打给这个人的电话，都会被转移到杨先生的手机上，请听记者周玉林、李佳祺发回的报道。

【口播】上午，记者来到杨先生家了解情况。没过多久，杨先生的手机就显示有陌生电话打入，记者随即接起了电话。

【现场】致电市民："谁打电话？"记者："啊，我们没有打电话给你。"致电市民："（乱打给我）怎么想的？"

【口播】没过几分钟，陌生电话又打来了，记者便再次接起。

【现场】记者："您是打给（尾号）9985？"致电市民："是你9985（的号码）打我电话。"

【口播】采访不到半小时，杨先生陆续接到了4个被转移到他手机上的陌生电话。

【现场】市民杨先生说："一天十几个，多的时候可能有20多个，下午开始（打来的）比较多，还有凌晨1点多也有，睡得蛮好，被它吵醒了。"

【口播】于是，杨先生将问题反映到了他手机通信的运营商中国电信。对方告诉他，呼叫转移设置方是一位江苏泰州的中国移动用户。

【采访】市民杨先生说："中国电信的人跟我说，他们没有办法解决，我去（找）中国移动，中国移动说这是他（用户）个人行为设置的呼叫转移，没有办法取消，一定要本人在手机上取消才可以。"

【口播】按照移动客服的建议，杨先生多次尝试联系设置呼叫转移的这位江苏泰州的中国移动用户，可都以失败告终。

【现场】您好，您拨打的用户正在通话中，请稍后再拨。

【口播】当记者拨打该用户时，电话则被转接到了杨先生的手机上。设置方联系不上，中国电信、中国移动两大运营商又解决不了，难道这呼叫转移就取消不了了？更让杨先生感到困惑是，自始至终，他都没有收到过任何关于是否愿意接受呼叫转移功能的信息提示。

【口播】对此，律师认为，在未经当事人允许的情况下，将其号码设置为呼叫转移，致其生活受到骚扰，已侵犯了他人的合法权益，应承担相应的民事责任。同时，这也反映出了运营商在业务结构设置方面存在漏洞。

【采访】上海俊豪律师事务所律师应朝阳说："作为运营方来讲，它是双方保护都应该去做，应该将其规则进行更改。如果运营方坚决不同意进行更改的话，杨先生可以通过司法途径予以维权，或者起诉这位不明第三方或者要求运营方暂停呼叫转移。"

呼声后续：呼叫转移设置方已停机
市民生活恢复安宁

【口播】前两天，我们节目报道了市民杨先生的手机被他人莫名其妙设置为呼叫转移对象。半个月来，他每天都要接一二十个呼叫转移到自己手机上的陌生来电。杨先生屡次致电中国移动、中国电信，但问题一直无法解决。新闻播出之后，杨先生告诉我们，中国移动已经向他道歉，目前设置呼叫转移给杨先生的江苏手机号也已停机，请听记者周玉林、李佳祺发回的报道。

【口播】杨先生的通话记录显示，这两天，他没有接到任何呼叫转移到他手机上的电话。此外，那位将他手机设置为呼叫转移对象的外地机主也已经停机了，记者随即进行了测试。

【现场】记者："用我的手机来拨打这个江苏号码，看看还会不会转接到杨先生这边？"手机："您好，您拨打的电话已停机。"

【口播】这个月开始，杨先生每天都会接到很多陌生电话，最多一天能有20多个。后来杨先生向运营商反映，但问题一直没有得到解决。

【口播】除了停机操作，新闻播出后，运营商给还给杨先生打了电话致歉。

【采访】市民杨先生说："帮我解决了这个事情，现在我已经接不到骚扰电话,生活感觉很平静,很好的,在这里我要谢谢媒体。"

【口播】虽然杨先生的问题已经解决,但无门槛设置呼叫转移的情况仍然存在。记者用自己的手机,将同事的手机号码设置为呼叫转移的对象,再次进行测试。

【现场】记者:"那现在它已经直接呼叫转移到了我摄像的手机号上,而整个操作,我摄像的手机号是没有收到任何一条提示短信告知他手机号被(设置)呼叫转移。"

【口播】对此,律师认为,运营商应该引起重视,尽快完善相关规则。

【采访】上海俊豪律师事务所律师应朝阳说:"应当增加事先同意或者验证码等程序,这样的话才能维护每个老百姓的隐私权。"

呼声后续:呼声后续:恶意呼叫转移
三大运营商终于出手治了

【口播 袁博】今年1月,我们报道了市民杨先生的手机号码,被恶意设置呼叫转移的新闻。杨先生经常在深夜、凌晨等时段,接到被转移到他手机号上的陌生电话。半个多月里,他多次向运营商反映、求助,均无法取消该呼叫转移。报道播出后,中国移动运营商对恶意转移给杨先生的手机号码,进行了停机处理。但记者发现,由于设置呼叫转移,无须经过被转移号码机主的确认,杨先生的遭遇并非个案。在记者的持续跟踪报道下,这一问题得到了上海市检察机关、上海市通信管理局的高度重视。在多方的共同推动下,今天起,移动、联通、电信三大运营商联合给出了解决方案,请听记者周玉林发回的报道。

【口播】记者首先在自己的手机上,随意设置了呼叫转移至另一个号码。随后,所有拨打记者手机的电话,都被成功转移到了另一个号码上。针对这一情况,记者致电中国联通客户服务热线。与年初报道中得到的反馈不同,这次客服表示,这一问题能够马上解决。

【现场】中国联通客服:"这边帮您操作,您后续再看看还会不会接听到(转接来的)电话。"记者:"您现在已经帮我取消了,是吗?"电话客服:"嗯,对。"

【口播】10分钟后,记者手机上收到了一条短信,内容为:由于您设置的呼叫转移号码向我司投诉被打扰,影响了该用户的正常通信,现已取消您的呼叫转移设置。

【口播】记者了解到,由于这一问题覆盖所有手机用户,影响面广,上海市检察院公益诉讼部门获悉新闻报道后,对相关问题进行调查取证,并前往上海市通信管理局及三大运营商处沟通,召集相关方和专家参加专题研商,通过诉前程序督促问题整改。在市通信管理局的协商下,三大运营商表示,目前正探索建立本市"跨网跨区域专项协调机制",杜绝这一问题。

【采访】上海市通信管理局相关负责人戈金金说:"比如说你是电信的用户,但你查下来可能是移动的用户呼转到你的手机,都可以受理并进行处理、解决,三家(运营商)都是互通的。"

【口播】市通信管理部门表示,将依托云计算、大数据等技术,以数字赋能管理,推进资源共享,解决更多民生难题。

2021年度上海广播电视奖
参评作品推荐表

作品标题	警惕绿色债券"漂绿"现象	参评项目	广播新闻
		体　裁	长消息
		语　种	中文
作者（主创人员）	俞承璋	编　辑	孟诚洁
刊播单位	上海广播电视台东方广播中心	刊播日期	2021年12月12日 7时35分14秒
刊播版面（名称和版次）	FM93.4上海新闻广播《990早新闻》	作品字数（时长）	3分38秒
采编过程（作品简介）	随着中国正式提出碳达峰碳中和"3060"目标，绿色发展成为社会共识。绿色金融作为实现"双碳"目标的重要金融工具，2021年蓬勃发展。但是记者在与相关专家交流中发现，目前国内的绿色金融在发展中存在一些问题，其中最突出的就是绿色债券的"漂绿"现象，玩概念，戴帽子，对落实中央的"双碳"目标造成负面影响。记者从为什么会产生"漂绿"现象，怎么从政策层面防范政策套利，在企业层面怎么对碳排放进行有效核算，采访专家后予以厘清。			
社会效果	2021年10月19日，上海市政府发布《上海加快打造国际绿色金融枢纽　服务碳达峰碳中和目标的实施意见》，绿色金融成为上海建设国际金融中心的重要组成部分。这篇报道在上海大力发展绿色金融枢纽的背景下，及时发现绿色金融发展中存在的问题，并初步给出应对策略，有力地支持了上海打造国际绿色金融枢纽工作，很好地宣传了碳达峰碳中和这一重要发展战略。			

警惕绿色债券"漂绿"现象

伴随绿色发展的强劲势头,国内绿色债券发行量快速增长。据万得数据统计,截至本月7号,国内绿色债券存量余额达6 690亿元。从发行节奏来看,11月累计发行27只绿色债券,发行规模328亿元。12月前7天,发行8只绿色债券,发行22亿元。面对绿色债券发行大潮,专家提醒要警惕一些债券玩概念、戴帽子,也就是所谓的"漂绿"现象。请听报道:

绿色债券由于有政策支持,融资利率要显著低于一般债券,这就吸引一些企业在发行债券时尽量往绿色债券上靠。复旦大学绿色金融研究中心执行主任李志青表示,国内绿色债券发行中名不副实的"漂绿"现象并不鲜见。

【绿色金融定义不清,各省市都会基于自己的产业发展的一个需要和特征,来给绿色做一个界定,这样就使得这个市场就标准林立,很多投资就钻空子,因为绿色的资金成本低,所以先用绿色的名义把资金盘下来,然后在没有监管的情况下面,他就可以把这绿色的资金来做其他的投资。】

在李志青看来,制定全国统一的绿色债券标准是杜绝"漂绿"现象的前提,而建立绿色债券发行主体全面信息披露制度是防范"漂绿"问题的重要手段。

【现在我们也没有一个特别严格的强制性的完全信息披露的制度框架,所以就产生了他披露给你信息都是绿色的,他没披露信息都是不是绿色的,是吧?让这个投资也变得有很多的漏洞。】

在安永可持续发展主管田苗苗看来,目前绿色金融发展尚处于初级阶段,"漂绿"现象也不见得都是发行企业主观故意行为:

【到底我的项目是不是一个真正的绿色项目?其实目前很多申请绿债的企业和机构本身也不是非常清楚。】

她建议,把绿色债券发行的标准和条件量化,这样就能大大压缩政策套利空间：

【让企业在发行绿债之前，利用这些可量化的指标，结合它实际的测算，以及项目投产后实际的能源消耗来进行客观的对比，尽量杜绝"漂绿"现象的发生。】

这就要求发行绿债的企业对碳排放做全面核算。上海国家会计学院大数据与会计发展研究中心主任刘凤委教授介绍，传统的企业财务会计已经无法胜任，需要发挥管理会计作用，对碳减排等非货币计量的信息进行核算：

【当我们把这种治理的压力传导给企业以后，那么企业毫无疑问，尤其是一些高排放的企业，我们还是要通过管理会计这个工具，能够很好地把低碳的发展的战略能给它落地。】

财政部咨询专家、元年科技总裁韩向东透露，与碳减排相关的企业会计准则制定工作已经在探索中。

【碳的面向财务会计的准则上有一点点体现，但在整个管理会计的体系里面，财政部还没有出台碳足迹、碳资产、碳预算，后面我觉得这一块不管从政策角度还是企业的实践角度，把碳的这个维度的一系列的工作体现在管理会计上，还有很大工作的空间。】

以上由记者俞承璋报道。

2021年度上海广播电视奖
参评作品推荐表

作品标题	不要让大家觉得骗子比我们还努力	参评项目	广播新闻
		体裁	新闻评论
		语种	中文
作者（主创人员）	胡旻珏	编辑	何周导
刊播单位	上海广播东方广播中心	刊播日期	2021年8月27日 7时23分38秒
刊播版面（名称和版次）	FM93.4 上海新闻广播《990早新闻》	作品字数（时长）	6分11秒
采编过程（作品简介）	8月下旬，上海接连发生多起老年消费骗局，在一些所谓的足浴店、按摩店里，有老人最多被骗295万元，少的也超过20万元。类似骗局为何频频发生？监管不够主动吗？ 记者结合典型案例查处，采访市场监管部门、在足浴店等暗访，结果发现：一方面，这些按摩店、足浴店打亲情牌、用攻心术，诱骗老年顾客，在已被查处的店铺门口，不仅还有骗子在唱主角，甚至被骗的老人也在帮衬着说话；另一方面，监管也该反思，骗子让人愤怒，但监管不够主动，恰恰也给骗子可乘之机。		
社会效果	老人频频被骗，背后原因很多。该评论以"报道＋手记"的形式，点面结合，有现象有观点，提出监管要有更多主动作为，设身处地、将心比心，把受骗老人视为自己亲人，换位思考，不要让大家觉得，骗子比我们还努力。该评论播出后，引起市场监管部门高度重视，紧急部署各区对类似店铺展开全面普查，为老人守住消费安全底线。		

不要让大家觉得骗子比我们还努力

近段时间,本台集中报道了多起老年消费骗局,在一些所谓的足浴店、按摩店里,有老人最多被骗295万元,少的也超过20万元。市市场监管局昨天公布多起民生领域"铁拳行动"典型案例,其中就有被曝光的295万元涉嫌欺诈消费者案。类似骗局为何频频发生?监管是否不够主动?来听记者调查:

一年时间,在一家普普通通的足浴店里,消费295万元,任何人都觉得不可思议的事,就发生在黄浦区海潮路133号元臻堂足浴店里。消费者钱女士前前后后充值295万元,体验了号称可以救活将死之人的"药王补气血项目",能够激活肾细胞和荷尔蒙的排毒排湿项目等,价格从一次几千元到几十万元不等。市市场监管局稽查处副处长周琦首先表态:

"我们过去一般流程都是等案子处罚完毕以后,结案以后,再向社会公布案情。这次我们根据案件的危害情况,在案件办理当中向社会公布,及时地能够提醒,尤其是对一些老年消费者,一定要提高自我保护意识。"

负责调查的黄浦区市场监管局经过现场检查、连夜问询后,认定情况属实。半淞园路所副所长刘俊介绍:

"这家元臻堂公司登记的企业名称叫上海学永健康咨询有限公司,经营范围是足浴服务。在经营过程当中,谎称其推荐的五脏排毒、六腑排毒、药王等高价项目,可以通过排毒排湿补气的方式来治疗他们因年引起的综合性的疾病。"

公开信息显示,这家公司法定代表人金某某的名下,最多时有17家公司,几乎全都是健康咨询类,其中6家已经注销,1家被吊销执照。

"鉴于公司以非法占有为目的,采用这种虚构事实和隐瞒真相的方式,去骗取他人钱额,涉及了诈骗刑事犯罪,将这个案子移交给了公安机关进行处理。"

目前,这笔巨款已经退还给投诉人。但一家店不可能仅仅这一位顾客,采访后,记者再去元臻堂足浴店,玻璃门上贴了一张"消防整改,给您带来不便请谅解"的手写告示,现场有一人自称是员工,正在告诉几位特地赶来的老年顾客,他们马上就能开业。

【(还能来吗?你们不是被曝光的吗?)能来,现在警察让整改,我们过一段时间,大概在几天以后我们马上营业,然后通知您。(老阿姨:他们还是很负责任的,还派人在这儿。)过两天开的时候,我给您打电话,随时可以打随时通。我们怕您有误解,我们在这里解释解释,随时这都有人,这个您放心。】

记者此前常听办案人员说,这些按摩店、足浴店靠的就是打亲情牌用攻心术,来诱骗老年顾客。果不其然,现场遇到的这位阿姨自己在其他店被骗过,可到了这里明显又帮店家说话,还几次强调,那295万元都不是这家店收的。记者对照了市场监管部门提供的执法视频,就是这一家元臻堂足浴店。

【(老阿姨:不是他们店里的,你不要这么说,不是他们这个店的。我原来在其他地方做的,他说要装修了就把我领到这里来,我再去原来装修地方他们就关了。)店家:举例来说,您不干了,您把顾客介绍到这里服务,我们觉得能服务完了还能在我们这里。(记者:他又不给你钱,你为什么愿意接?)做了,你可以在我这办卡。(记者:300万没有给到你这里?)没有,我们现在也是受害者。】

把自己说成是受害者,骗子的招数和功力可见一斑。不过,记者注意到,这家已经被调查的店门口,既没有封条也没有警示,恰恰给骗子可乘之机。触目惊心的295万元背后,还有多多少少个花了2万、3万、5万的被骗老人?真的该好好管管了!

以上由记者胡旻珏报道。

下面请听本台首席记者胡旻珏发来的采访手记:《骗子很努力,我们怎么办?》

这是一次让人十分气愤的采访!一家已经被公安和市场监管联合调查的足浴店门口,骗子还在唱主角,甚至还有被骗阿姨帮衬着说话,认为人家是冤枉的,复业后还要来。

骗子让人愤怒,但我们是不是也该反思一下,监管够主动吗?记者问这家店门口既没有封条,也没有告示,就不能写上几句"该店已被调查"来提醒公众吗?办案人员拿出法条给记者解释说,在没有立案且有初步结果前,这样做并不符合《行政法》。法理上或许说得通,但情理上呢?

类似案子难查,我也听不少一线执法人员说过。日常检查中,店铺证照齐全,看不出猫腻;而被骗的老人,不到身无分文或是被子女逼着,很少有主动投诉;但仔细想想,也不至于束手无策吧。比如,这家已经被调查的店门口,骗子可以站着继续招揽,执法人员是不是也可以主动去以正视听呢?再比如,上海很多年前在餐饮店推行"笑脸平脸哭脸",代表最近一次检查中的食品安全状况如何,这样的公示制就不能借鉴吗?不要总让消费者自己上网去查,直接、醒目、直白地告诉每一个走进店里的人,这家店有没有经过预付卡备案,最近的投诉是不是集中,这样会不会多一些警示呢?

老人频频被骗,背后原因很多。不要全怪子女平日关心不够,骗子以此谋利,想尽招数,步步攻心,只能靠监管部门更多地主动作为,设身处地也将心比心,把这些受骗老人视为自己的亲生父母来换位思考。总之,不要让大家觉得,骗子比我们还努力。

2021年度上海广播电视奖
参评作品推荐表

作品标题	"90后"叶叔华院士全英文演讲鼓励女性打破"玻璃天花板"	参评项目	广播新闻
		体　裁	短消息
		语　种	中　文
作　者（主创人员）	李雪梅、赵宏辉、俞承璋	编　辑	孟诚洁
刊播单位	上海广播电视台东方广播中心	刊播日期	2021年11月3日 17时22分19秒
刊播版面（名称和版次）	FM93.4上海新闻广播《今晚》	作品字数（时长）	1分27秒
（作品简介）采编过程	这篇报道是第四届世界顶尖科学家论坛上的一篇特写,聚焦95岁的中科院院士、上海天文台名誉台长叶叔华在大会上发表的一篇全英文演讲。在演讲中,叶叔华院士用流利的英文、诙谐的语言,结合自己的亲身经历,鼓励女性以实际行动争取男女平等,打破"玻璃天花板"。报道以演讲内容为串联,并加入了叶院士参与大会的细节侧写。同时,还制作推出了相关短视频作品,在诸多媒体中属于首发,抢占第一落点,并发酵形成了话题。		
社会效果	叶叔华院士是在科学界享有声望的公众人物。而这篇报道则从一个特殊的角度展现了院士的另一面:全英文流利演讲、95岁依然保持年轻心态,让这位德高望重院士的形象变得可亲可敬。 同时,报道也通过在广播端和互联网端融合传播,形成传播声浪。据统计,视频号观看数超18万,微博端观看数约176万;相关作品被央视、《环球时报》等多家央媒转发,相关话题还登上了微博热搜。有网友留言称,"受到了叶院士的鼓舞""要努力在各行各业发光",可见报道在传统广播端和新媒体端都形成了积极正面的传播效果。		

"90后"叶叔华院士全英文演讲鼓励女性打破"玻璃天花板"

第四届世界顶尖科学家论坛首次设立"她论坛"。在昨天的论坛现场,95岁的中科院院士、上海天文台名誉台长叶叔华带来一场全英文演讲,鼓励女性打破"玻璃天花板",以行动争取男女平等。来听报道。

"大家知不知道我几岁了?猜得到吗?今年我已经95岁了,很糟糕的数字吧。"

95岁,对于叶叔华来说,非但不糟糕,反而令人羡慕。前一天晚上,她听了一个半小时的大学校长论坛;第二天一早,来到"碳大会",就能源问题做发言;随后又出现在"她论坛"现场,分享作为国内首位女天文台长的亲身经历:

"很多年前,我参加过一个国际天文学会会议。当时一位欧洲女性科学家说,科学界对女性存在偏见,她们头顶有一个所谓的'玻璃天花板'。自那之后,联合会中男女有了更平等的地位,我们有好几位主席都是女性。"

叶叔华鼓励每一位有志于从事科研的女性,语气温柔而有力:

"如果你要获得什么,就必须努力去争取。"

95岁的叶叔华仍然每天工作,与后辈同行一起探究星辰大海。她说,她的追求依然是"尽我所能帮助到大家"。

以上由记者李雪梅、赵宏辉、俞承璋报道。

电 视 新 闻

一 等 奖

2021 年度上海广播电视奖
参评作品推荐表

作品标题	诞生地	参评项目	电视新闻
		体裁	纪录片
		语种	中文
作者（主创人员）	集体	编辑	集体
刊播单位	上海广播电视台	首发日期	2021年6月28日—7月2日 21:30
刊播版面（名称和版次）	东方卫视、纪实人文频道、新闻综合频道	作品字数（时长）	50分钟×5集
采编过程（作品简介）	为庆祝建党百年，上海广播电视台纪录片中心自2019年起，历时两年多精心策划制作了五集文献纪录片——《诞生地》。该片是2021年台集团建党百年的重点项目，入选了国家"十四五"(2021—2025)纪录片重点选题规划，并被国家广电总局确立为2021年重大理论文献片。
《诞生地》共五集，每集50分钟，分别以《就叫共产党》《勃勃有生气的青年》《到工人中间去》《为着解放的新文化》《不能忘却的纪念》为题，通过新史料的发掘、梳理，以及对一系列新的学术成果的吸收，尝试把内容做出新意。摄制组花了一年多的时间对上海红色资源进行了新一轮摸底，为创作打开了思路。《诞生地》将空间的转换和衔接作为叙事主要线索之一，走进了中共一大纪念馆、新老渔阳里等包含"一馆五址"在内的30余处红色遗址、旧址及纪念设施，为其"画像"，整个纪录片有如打开了一幅全景式红色城市地理画卷，散布上海市区众多的红色遗址旧址交相辉映，照亮沧桑来路，串联起中共党史上具有开创性、影响深远的大事件。
《诞生地》不仅回溯历史大事件，对史料的呈现和解读也达到了新的高度。包括第一次以纪录片的方式梳理展现了自建党前后到大革命失败期间，上海工人运动的概貌，描绘出早期中国共产党人脱下长衫到工人中间去的史诗画卷；第一次在电视上讲述了牺牲在上海的中央政治局常委、		

（作品简介）采编过程	中共中央军事部部长杨殷、工人运动领袖孙良惠、刘华、陶静轩，以及"龙华二十四烈士"中年龄最小的欧阳立安等先烈的故事；通过采访当事人和历史资料，还原了(20世纪)80年代中共四大召开地如何得以确认这一鲜为人知的过程；全新开馆的中共一大纪念馆中收藏的首版《共产党宣言》中译本和中共中央第一份机关报《向导》等珍贵藏品，也在片中与观众见面。该片还呈现了李大钊、罗亦农、邓中夏、张人亚等革命先驱弥足珍贵的活动影像片段，以及近百年前反映上海城市风貌与重大事件的画面，这些影像内容生动、画质清晰，令人观后仍有意犹未尽之感。 新的思考和探索、实拍内容和史料之外，为了增强视听感染力，《诞生地》通过名家彩绘的沙画视频形象鲜活地展现历史人物、场景和事件过程，LED屏幕＋实景道具、全息影像＋现实陈设相结合的表现方式为观众带来强烈的跨时空对话感。此外，纪录片还纳入了油画、版画、素描、雕塑、戏剧等文艺元素。不止于讲述历史，《诞生地》还具有观照现实的深层意涵。今天陆家嘴的楼宇党建、苏州河的公共空间、新天地的时尚繁荣、高科企业的生机蓬勃等，无不使观众意识到历史与现实的内在关联，在百年建党的历史坐标上，深切体会回望历史、不忘初心、指引未来的时代意义。
社会效果	《诞生地》通过国家广电总局重大理论文献电视片创作领导小组办公室审查，于2021年6月28日—7月2日，在上海广播电视台旗下东方卫视、新闻综合频道、纪实人文频道以及百视通、百视TV等平台播出。播出收视率持续升高，多次荣获双网同时段专题片收视率第1的好成绩。 同时，该片开播当天即登上微博热搜榜第3位，并获得微博官方"建党百年献礼片单展播"推荐，获得微博App端开屏资源。截至首轮播出后的2021年7月7日，《诞生地》全网相关话题累积总阅读量破亿。《诞生地》相关节目卡断全网播放量超500万，抖音播放量超128万，单条播放量破70万。视频号总播放量超30万、单条破20万，全网发布卡断点赞超2.6万。总话题"纪录片诞生地"阅读量超2 000万，卡断话题"陈独秀开会最多十五分钟"话题阅读量超7 900万，同时登上微博热搜榜第3微博娱乐榜第1、微博同城榜第3，以及微博要闻榜。 节目先后获得了《人民日报》《光明日报》、"学习强国"客户端等央媒肯定。上海的《解放日报》《文汇报》《新闻晨报》《青年报》等媒体纷纷报道《诞生地》的播出和相关话题。"广电时评""纪录中国"等专业公众号平台也发表文章对《诞生地》给予积极评价。 此外，该片也获得业界的积极评价。评审专家表示："《诞生地》堪称优质题材资源与优秀创作团队结合的一个良好示范，彰显出上海作为中国共产党的诞生地、马克思主义重要传播地的深厚历史底蕴，具有重要的现实意义，也是电视纪录片阐释、宣传、弘扬伟大建党精神的重要作品。"党史专家认为，《诞生地》通过对史料的新挖掘、对中共革命历史的新认识、对历史人物的新评价，在中国共产党百年之际把内容做出了新意。而

社会效果	从纪录片的本身来讲,从逻辑结构来说,《诞生地》做到了"把理讲清""把事讲明""把人讲活"。同时,这个片子还是一群年轻人向历史的致敬,所以整个片子呈现出来不是陈旧的考据,而是具有当下的现实意义,做到了大轮廓、小细节的很好结合。 本片荣获第27届中国纪录片十佳十优"纪录片系列十佳作品"、国家广播电视总局办公厅关于推荐2021年第二季度优秀国产纪录片、入围2021中国(广州)国际纪录片节系列纪录片奖、入围第九届"光影纪年"——中国纪录片学院奖。

诞生地(节选)

第一集 就叫共产党

解说：

这座城市无论你是远远地眺望她，还是你走进去，抚摸她的一砖一瓦，你都会产生丰富的感受。有人称她为"大上海"，有人叫她"魔都"，但无论如何她在这个世界上都是独特的。

她面向大海，地处中国南北海岸线的中点；她受长江千万年的滋润，坐拥广袤而深厚的江南。

然而，从一场以"鸦片贸易"为借口的战争开始，列强为征服中国而发动了一系列的战争。由于西方列强的入侵，由于封建统治的腐败，中国逐渐成为半殖民地半封建社会，山河破碎，生灵涂炭，中华民族遭受了前所未有的苦难。

那时没有人想到，上海在一个民族的屈辱、苦难和百折不挠的奋斗中，竟留下了这样一条天际线——她有蓬勃的活力，她有坚韧的耐力，她胸怀如宽敞的天空，她的追求可以容下大海。

也许就因为这样，毛泽东评价：

【字幕：上海是近代中国历史的缩影……上海又是近代中国的光明的摇篮。上海是中国工人阶级的大本营和中国共产党的诞生地，在长时期内它是中国革命运动的指导中心。——毛泽东《祝上海解放》1949】

任何一个城市的天际线都是人类社会活动的产物，在这个特殊的日子里，让我们回望一代人在这个城市里留下的生命印迹。

石库门，在很多年里都是上海最普遍的民居。中国开天辟地的大事变就发生在石库门里。嘉兴南湖的红船也是江南水乡一艘普通的游船,党的第一次代表大会的最后一天会议,移居到这里召开。中国共产党正式诞生了,距今已整整100年。

以这座石库门为中心,方圆一公里的范围,集聚了新老渔阳里、中共二大会址、《中国青年》编辑部、又新印刷所等一批中国共产党早期革命遗址。而整座城市拥有612处红色遗址、旧址及纪念设施,无不闪耀着年轻政党的生机和活力,光明与希望。

百年征程波澜壮阔,百年初心历久弥坚。

【分集片名】第一集　就叫共产党
解说:
和淮海路上的车水马龙相比,这里显得淡然、静谧。100年前,这里叫作环龙路。拐进悠长的巷子,走进梧桐深处,一条在上海普通的石库门弄堂,但它曾经风云际会、青春激荡。走进这里,虽已有沧海桑田之变,但你仍能感受到这一砖一瓦静默地诉说。

这幢刚刚修缮过的石库门老房子,百年前曾迎来一个人,就是当年鼎鼎大名的陈独秀。他是影响深远的《新青年》的创办者。

他是在上海创办了《新青年》。后应北京大学校长蔡元培邀请出任北京大学文科学长。《新青年》也随之北上。于是,北大成了新文化运动的中心和五四运动策源地。多年后,毛泽东誉他为"五四运动时期的总司令"。

1919年6月,陈独秀起草了《北京市民宣言》。这位大教授亲自拿着传单到城南新世界游艺场散发,遭北洋政府逮捕。

【陈长璞　陈独秀孙女:生命是诚然很可贵,但是你为了救国,为了救民,为了爱国,为了为民,那你不冲在第一线,你光是写文章,发布号召谁听你的?】

解说:
陈独秀被营救出狱,但受到了严密监视。在李大钊的建议下,陈独秀取道天津南下上海。李大钊,北京大学图书馆主任、教授,在中国举起十月革命旗帜的第一人,中国最早的马克思主义传播者。1920年2月陈独秀在李大钊护送下离开北京。途中,两人共同约定,在上海和北京分别筹建党的组织。李大钊和陈独秀都已明确中国应该有一个为之奋斗的政党。此后,两人一南一北从事革命活动,史称"南陈北李,相约建党"。

【徐建刚　中共上海市委党校常务副校长:1840年鸦片战争以来,无数的仁人志士,为了探求中国的出路,经过不同的探索,但都失败了。旧的路走不通,必须找到新的路。那么他们对整个国家对民族是有历史的担当的,所以他们在探

求中国的出路过程当中,找到了马克思主义。】

解说:

陈独秀是从天津坐船抵十六铺,回到他熟悉的上海。这一天是1920年2月19日,农历大年三十。

20世纪20年代的上海是远东最著名的大都会。黄浦江沿岸码头是上海的水上门户。

【周武　上海社会科学院研究员　近代上海史创新团队首席专家:以前,我们讲上海,都是从经济的这个角度来讲,它是一个大码头。其实上海还不仅是经济的大码头,它还是新思想、新思潮的一个码头。1899年,最早介绍马克思的文章,是在上海的《万国公报》上面刊登着的。】

解说:

陈独秀刚到上海,住在亚东图书馆。《新青年》和后来共产党的机关刊物《向导》都是在亚东图书馆的帮助下出版并由它经销发行的。如今,亚东图书馆只留下了一个背影,但它的遗珍流传后世。

亚东图书馆不是久居之地。1920年4月,陈独秀到上海两个月后,搬进了法租界环龙路上的老渔阳里2号。这是安徽都督柏文蔚的居所,人称"柏公馆"。此公是陈独秀的老朋友,刚好离开上海,让给了他。

【苏智良　上海师范大学文学院教授:近代上海人最基本的居住样式就是石库门弄堂。它的空间也是分割得很清楚,比如底楼它有厨房、卫生间,然后呢有客堂,客堂就可以开会。】

【马长林　上海市档案馆研究馆员:据统计,当时上海大概有百分之六十多的民居,都是这种石库门的建筑,特别是在法租界、公共租界。】

【苏智良　上海师范大学文学院教授:它既是比较私密,但是它又可以容纳一定的,比如说二三十位人一起来讨论议事,而且比较隐秘。】

解说:

陈独秀搬来老渔阳里2号后,慕名而来的知识分子络绎不绝。《星期评论》的主笔李汉俊、沈玄庐,《民国日报》主编邵力子,几位笔杆子与陈独秀均是旧友,往来密切。客堂间的小黑板上,"会客谈话以十五分钟为限"醒目异常。

踏进这个客堂间的,还有不少新朋友。日本留学归来的李达、浙江的陈望道、施存统、俞秀松,湖南的陈公培……更有不少来自各地的青年有志者,聚在这里,探讨救国之道。

那一代的革命者、学问家、仁人志士都特别热爱青年,钟情于青年。梁启超有"少年中国",李大钊有"青春中国",而陈独秀更是以"新青年"为刊名,掀起了深广的新文化运动。

【陈长璞　陈独秀孙女：他对青年寄予真是莫大的厚爱。就是说，这个世界就是应该是青年的世界。】

解说：

《新青年》1915年在上海创刊时，陈独秀撰写发刊词，有如下文字：

青年如初春，如朝日，如百卉之萌动，如利刃之新发于硎，人生最可宝贵之时期也。青年之于社会，犹新鲜活泼细胞之在人身。

予所欲涕泣陈词者，惟属望于新鲜活泼之青年，有以自觉而奋斗耳！

——陈独秀《敬告青年》1915

【丁晓强　华东师范大学马克思主义学院教授：陈独秀，教育了一代青年人。所以毛泽东看了《新青年》之后，他对陈独秀评价是非常之高的，原来他说康梁，后来就说陈独秀。】

解说：

"安义夜巷"是上海夜色中的风景。百年前这里是上海赫赫有名的民厚南里，众多文人雅士居住于此。1920年5月，毛泽东来到上海，就住在这里。顺梯而上，毛泽东就睡在这张靠窗的板床上。时光流转，当年的民厚南里只留下了这栋两层的小楼；当年的弄堂变成了今天的安义路。

【邵维正　中国人民解放军后勤指挥学院教授　中共党史专家：从1918年的8月到1920年的7月，这两年当中，他（毛泽东）两次到北京，两次到上海，直接接触了李大钊、陈独秀，这对他的影响，对他的世界观的形成，有很大的关系。】

解说：

民厚南里与老渔阳里相距不远。青年毛泽东多次上门拜会陈独秀。

【邵维正　中国人民解放军后勤指挥学院教授　中共党史专家：特别是1920年的6月和7月初，他两次到老渔阳里2号拜访陈独秀，陈独秀关于中国社会改造问题，湖南改造问题，以及其他很多重大的问题，包括建党的活动，和毛泽东谈得很深。】

解说：

16年后，毛泽东在保安会见美国记者斯诺，回忆道：

"陈独秀谈他信仰的那些话，在我的一生中可能是关键的这个时期，对我产生了深刻的印象。

"到了1920年夏天，在理论上，而且在某种程度的行动上，我已经成了一个马克思主义者了，而且从此我也认为自己是一个马克思主义者了。"——《红星照耀中国》

毛泽东是从北京到的上海。他是来为湖南新民学会的青年赴法勤工俭学送行的。

从1919年3月17日到1920年12月底,先后有20批,1 600余名有志青年从上海登船。

毛泽东一共三次来上海为赴法勤工俭学的朋友送行。

散布在北外滩沿线的这些码头是留法青年们的启航地。他们在艰苦的环境中一边半工半读,磨炼意志,一边孜孜以求救国救民的道路。

在陈独秀搬进老渔阳里2号后没几天,1920年4月,来了一位客人。他叫维经斯基,是俄共(布)远东局海参崴分局外国处派遣来华的代表。此次前来,是为了了解"五四"运动后中国革命运动发展的情况。他是苏俄向中国派出的第一位"使者"。

【邵维正　中国人民解放军后勤指挥学院教授　中共党史专家:(维经斯基)首先到北大红楼找到了李大钊,随着这个谈话的深入,他就讲道,中国现在有条件建立一个共产党。李大钊听了这个以后,就感觉到很受启发。但是李大钊有个考虑。当时北京是北洋军阀统治,政治环境很不好。他觉得,上海政治环境可能好一点。李大钊亲自写了一封信,让维经斯基带着这封信到上海找陈独秀。】

解说:

维经斯基在上海住了大半年。从他的寓所霞飞路716号步行到老渔阳里2号,只需十来分钟。

维经斯基带来了许多俄国革命的文献资料。他在老渔阳里2号富有激情地向陈独秀和他周围的人介绍俄国革命和革命后政治、经济、教育等情况。

据在场的《共产党宣言》的译者陈望道回忆——

"越谈越觉得要根本改造社会制度,有研究马克思主义的必要,有组织中国共产党的必要。"——陈望道《"一大"前后》

【《共产党宣言》展示馆复旦大学"星火"服务队志愿者讲解实况:这本《共产党宣言》发表于1920年的8月,在1920年陈望道完成了这本《共产党宣言》(中译本)的时候,迫于当时政治的压力,本来准备要去连载它……】

解说:

在那样一个年代里,曾经有好几个年轻人不约而同地翻译过《共产党宣言》。但正如恩格斯所说,"翻译《宣言》是异常困难的"。在陈望道以前,中国人能读到的《共产党宣言》仅仅是目录和部分篇章。

【陈振新　陈望道之子:为什么没有全译本?要完成这本书的翻译它是有三个条件:第一个要懂德文、英文、日文当中一门外语;第二个要对马克思主义要比较熟悉;第三个就是要比较扎实的汉语言的功底。】

解说:

诞生地(节选)

浙江义乌西北部的这个坐落于大峰山脚下的小村子名叫分水塘村,这里是陈望道的家乡,当陈独秀在李大钊护送下离开北京的时候,1920年春节,陈望道则回到了家乡义乌。他没有和家人在一起,却是住进了老宅的柴房。

【陈振新 陈望道之子:在新中国成立以后,有一次接待外宾,有个记者问过他一个问题,他说你当时翻译《共产党宣言》,为什么你会同意翻译这个?当时(陈望道)他很快就回答,他说因为我信仰马克思主义。】

解说:

早春的乡间是寒冷的。陈望道在柴房里埋头译书。母亲送来热乎乎的粽子,他下意识地把墨汁当成了红糖,吃得满嘴是墨,还连声对母亲说:"够甜了,够甜了!"

这就有了"真理的味道非常甜"。——习近平2012年11月29日

就在陈望道把《共产党宣言》的中译本完稿后,五四运动后第一个国际劳动节来临了。

"世界上是些什么人最有用最贵重呢?必有一班糊涂人说皇帝最有用最贵重,或是说做官的读书的最有用最贵重。我以为他们说错了,我以为只有做工的人最有用最贵重。"——陈独秀《劳动者底觉悟》

《新青年》推出了《劳动节纪念号》。《劳动者底觉悟》是陈独秀在工人集会上的演讲稿。

这位"五四运动时期的总司令"已经认识到,仅有学界运动,变革的力量还太薄弱。上海让他看到了工人阶级的巨大力量。

【李君如 中共中央党校原副校长:五四运动的时候,当北大等一些青年学生被北洋军阀政府抓捕,消息传到上海,五四运动发展到六三运动。上海工人阶级振臂一呼,号召全国工人罢工、罢市,迫使北洋军阀政府把爱国学生放了。】

【严爱云 中共上海市委党史研究室主任:那么上海在开埠以后,到1920年共产党发起的时候,它已经有50万的产业工人,那么它相当于全国四分之一的工人的数字。也就是说,1912年的时候列宁曾经说过,中国会有越来越多的上海这样的城市,中国的无产阶级会壮大起来。那么共产党你是工人阶级先锋队,在这样工人阶级集聚的城市,这是一个很重要的阶级基础。】

解说:

《新青年 劳动节纪念号》有400多页,用了一半以上的篇幅,登载了上海、北京、天津、唐山等地工人劳动和生活的状况。这一期《新青年》发行数量多达一万份。

专刊发行的同一天,上海产业工人举行有史以来第一次大规模集会。集会的口号和宣言,都是在陈独秀的指导下拟定的。

【徐建刚　中共上海市委党校常务副校长：最早的一批先进分子深入工人的时候，他们有句话叫脱去长衫。他们是以工人的身份和工人同工作，同劳动。他们到了厚生铁厂，然后也做了纺织女工的调查，他们得出的一个结论：中国工人阶级所受的苦难，大大地超过这批知识分子的想象。所以他们也由此更明确地要为中国最劳苦的大众而奋斗。】

解说：

1920年6月，陈独秀、李汉俊、俞秀松、施存统、陈公培在老渔阳里2号开会，决定成立共产党组织。

【严爱云　中共上海市委党史研究室主任：1920年6月，在老渔阳里2号成立的组织，当时他们定名为社会共产党。】

解说：

陈李二人北京分别后，在酝酿筹建党的过程中，两人通信，陈独秀就政党的名称征求李大钊意见。李大钊明确回信，就叫"共产党"。

【邵维正　中国人民解放军后勤指挥学院教授中共党史专家：因为马克思、恩格斯的《共产党宣言》就叫共产党，不要叫社会党。陈独秀充分考虑而且接受了李大钊的意见。】

解说：

8月，上海共产党早期组织在老渔阳里2号正式成立，取名"中国共产党"，陈独秀为书记。这是中国的第一个共产党组织。

但是在很长的时间里，这段历史一直语焉不详。

【庄有为翻资料实况：这个是访问包惠僧的记录，是1978年12月1日，刘昌玉常美英庄有为三个人……】

解说：

直到改革开放后，党史工作者通过大量的走访调查和研究还原了历史。

这篇刊发在《上海师范大学学报》1979年第一期上的文章，第一次厘清了上海共产党早期组织的历史。

庄有为是文章的作者之一。

【庄有为　上海师范大学政法系教授：以前都是讲，共产主义小组，1978年以后，(20世纪)80年代时候，当时很多早期组织的成员，他们的文章，他们的回忆讲道，我们当时不是叫共产主义小组，我们就是直接叫共产党。】

解说：

这是上海淮海中路567弄，俗称新渔阳里，它距陈独秀住的老渔阳里也不过一两百米。1920年，在新老渔阳里可以往返的小弄堂里，一下子多了许多的年轻人匆匆穿行在这条小道上。因为新渔阳里6号相继成为上海社会主义青年团、外国语学社的诞生地。

1920年8月22日的公共租界工部局《警务日报》上,有一条情报秘闻:

陈独秀,前北京大学教授,现居环龙路。据报陈正于该处安徽籍人士中组织一社团,旨在改进安徽事务并废除现任督军。

你不得不感叹租界的巡捕和侦探无孔不入,陈独秀的一举一动都在其视线中,然而,他们却没能了解正在发生的真实情形。他们以为陈独秀联络的是同乡会,殊不知他身边聚集起的是来自五湖四海、有志革命的青年。

就在公共租界工部局《警务日报》发布有关陈独秀情报的同一天,新渔阳里6号,上海社会主义青年团宣告成立。

【胡献忠　共青团中央青运史档案馆馆长:共产主义这个词,在当时的北洋当局,包括封建卫道士来讲,它就是什么呢,它就是洪水猛兽。所以说共产党,它的成立必定是秘密的,而社会主义是一种思潮,在当时中国的社会上,它是一种比较常见的一种思潮。以社会主义青年团的名义来出现,它是可以公开或者半公开地在社会上活动。】

解说:

新渔阳里6号的门口还有一块招牌:外国语学社。两层的石库门房子,楼下是教室,勉强挤进几排课桌和长木凳,一块大黑板挂在墙上。楼上是办公室兼宿舍,有时床铺不够了就睡在地板上。

当年,外国语学社的学员每人每月的生活费就五元六角,还经常要省下吃饭的钱用来买书。然而,青年们还是从全国各地会聚到这里,少时二三十人,多时五六十人。

他们中有22岁的刘少奇、16岁的任弼时、18岁的罗亦农、17岁的萧劲光⋯⋯

这是刘少奇在青年团期间填写的团员调查表。这个出身小农家,嗜好是抽烟的年轻人在团员调查表中写道:

"资本主义已不能统治全世界了,社会主义的社会组织必将由人类的努力开始实现,我们处在这时代的人,应把无穷的希望,促进这段历史。"

外国语学社下属于社会主义青年团。外国语学社不仅是公开的,而且它还在报刊上广而告之。共产党的早期组织用这样的方法聚集五湖四海的优秀青年。

担任社会主义青年团书记的俞秀松是陈独秀特别委派的。俞是上海早期党组织中最年轻的成员。

【俞秀松继子俞敏在俞秀松故居实况:俞秀松给我爷爷写的信,都是寄到萧

山临浦德源竹行转溪埭俞韵琴的,当时邮路不通……】

解说:

俞秀松 1899 年出生于浙江诸暨的这座老宅这间小厢房里。

俞秀松走上革命道路,直接而重要的原因是受《新青年》影响。他开始追求真理,探索改造社会的理论和方法,却遭到迫害。

【俞敏　俞秀松继子:俞秀松,他是 1916 年考入浙江省立第一师范学校,后来参加了五四运动,他们在学校办了一个进步的刊物《浙江新潮》,引起了当时浙江军政府的非议,就是要查封他们。】

解说:

浙江军政府当局视新文化、新思想为洪水猛兽,以省公署的名义查禁了《浙江新潮》,开除了支持《浙江新潮》的师生。俞秀松因此失学。1919 年末,20 岁的俞秀松最后一次回到家乡。以后,他再也没能回去。

【俞敏　俞秀松继子:根据我二伯父的回忆,他当时送俞秀松到轮船码头去的。他就问俞秀松了,说:"你这回去,什么时候再回来?"俞秀松就和我二伯父说:"我这回去,什么时候回来,没有数的。我要等全国的老百姓都有饭吃,等讨饭佬也有饭吃,我才回来。"】

在和家乡道别后,俞秀松来到了北京。在北大,旁听了陈独秀、李大钊的授课。

【胡献忠　共青团中央青运史档案馆馆长:天下兴亡,匹夫有责。这种精神一直在中国,我们叫中国士人,或者叫中国知识分子,这样一个血液中一直流淌着。各地的青年都在积极探索救国救民的道路。义愤填膺也好,自己有时候苦闷也好,大家都在想出路。这时候马克思主义的这种传播,得到了一个非常好的回应,也是一个非常好的契机。】

解说:

1920 年 8 月,《共产党宣言》中译本出版。这本红色封面的小册子印着马克思的半身像,没有扉页、序言和目录,甚至书名也因为疏忽错印成了《共党产宣言》。但即便是这样,它一出版就告罄。如今,这本《共产党宣言》已是历史的珍遗。经过血火的洗练,历史已很难再现当时的细节了,直到后来发现了俞秀松的日记。在浙江一师,俞秀松是陈望道的学生,他们有师生之谊。

【俞敏　俞秀松继子:1996 年,我母亲在我小姑姑家里找到了一本俞秀松的日记,1920 年 6 月 27 号的日记,他写到,"夜,望道叫我去拿他所译的《共产党宣言》"。28 号的日记上写了,"9 时,送望道所译的《共产党宣言》给独秀。"】

解说:

陈独秀拿到俞秀松转交的译稿,和李汉俊等人对译稿做了审阅校对,决定以

"社会主义研究社"的名义出版。在维经斯基的资助下,陈独秀租了一间房,临时秘密办了一个"又新印刷所",印刷宣言的单行本。"又新"取"日日新,又日新"之意。经过校勘之后,第二版《共产党宣言》在9月面世,封面换成了蓝色,再次销售一空。

【李君如　中共中央党校原副校长:早期的共产主义知识分子,共产党人几乎都是读过《共产党宣言》,毛泽东他本人说过,有三本书对他影响很深,其中有《共产党宣言》。刘少奇也说过,他受《共产党宣言》影响。】

解说:

刘少奇是在外国语学社读到了《共产党宣言》。

外国语学社教授英语、俄语、日语,后又增加了法语和德语。当然更重要的是传授马克思主义理论,刚刚出版的中译本《共产党宣言》就是它的教材。

【字幕:"我们在当时接受马克思主义并不是随便接受的,而是经过了研究、考虑,和无政府主义者辩论之后,认为它确实是真理,确能救中国,才确定接受的。"——刘少奇1951年政协会议讲话提纲】

1920年10月,在北大图书馆李大钊的办公室里,北京的共产党早期组织——"共产党小组"成立。

上海的共产党早期组织实际上起着中国共产党发起组的作用。在上海及北京党组织的联络推动下,从1920年8月到1921年春,长沙、武汉、济南、广州,乃至巴黎、东京都建立了党的早期组织。党的早期组织辐射到全国与海外。

1920年8月到1921年7月间,上海共产党早期组织的成员发展到14人,全国的党员也发展到50多人。

1921年6月,共产国际远东局代表马林与尼克尔斯基来到上海。马林提出中国共产党召开代表大会的条件已经成熟,建议尽快召开第一次代表大会。

【徐建刚　中共上海市委党校常务副校长:上海的中国共产党早期组织,它是一个全国的领导联络中心,推动了各地中国共产党早期组织的发展。】

这片以上海石库门建筑为基础改造的街区,被称为"新天地"。在繁华的新天地里,兴业路只是一条普普通通的小马路。100年前,它的名字叫望志路,是上海法租界的新开发区域,租金一个月16块银元,而当时市中心的花园洋房,需要80元的租金。

这些高门大院、独门独户的石库门房子,是革命者最好的隐蔽空间。其中106号的住户是两兄弟,哥哥叫李书城,弟弟叫李汉俊。

1904年,14岁的李汉俊在哥哥的资助下离开老家湖北,东渡日本求学。

【李蓉　原中共中央党史研究室研究员:从日本留学回来的时候,(李汉俊)他就带了大量的马克思主义著作,回来以后,想方设法地把这些著作全部翻译过来,就是宣传马克思主义这一块,李汉俊的功劳是非常大的。】

【李丹阳　李书城曾外孙女　中国社科院近史所原研究员:在国外学了新知识的人,应该用自己的知识来启发、改造的那个工作。所以他有这个意识,就是知识分子不能光考虑自己的利益,想着自己怎么,什么发财,什么做官,应该是为民众来谋幸福。】

由李汉俊介绍、1921年春就加入共产党的茅盾有这样的回忆——

现在年轻一代,乃至中年的一代,大概不知道李汉俊是怎样的一个人。我在1921—1922年,同他有较多的工作关系,我很钦佩他的品德和学问。

他如果不从事革命,稳稳当当可以做个工程师。

然而这个本可以过上安稳富裕生活的年轻人却一心投身革命。上海期间,李汉俊积极参加劳工运动,热情宣传马克思主义。他夜以继日地写文章,大部分在他参与主编的《星期评论》上发表。从1919—1921年,仅在上海的报刊上,李汉俊就发表文章和译文90多篇,堪称马克思主义的"播火者"。

【李丹阳　李书城曾外孙女　中国社科院近史所原研究员:当时上海法租界罢工,他连续写了三篇文章就来支持罢工。而且他是真正地深入工人中去,到京汉铁路的工人中去,就亲自去接触工人。】

1921年春天,日本文学家芥川龙之介以大阪《每日新闻》特派记者的身份来到中国。

4月,就在望志路的家中,李汉俊接待了来访的芥川。

这场会面,被记载在芥川龙之介的《中国游记》中,得以穿越100年的时光。

在芥川龙之介笔下,李汉俊是个"身材不高之青年,发稍长,长脸,血色不足,目带才气。手小。态度颇诚恳,同时又让人感到神经敏锐。第一印象不坏,恰如触摸细且强韧的钟表发条"。

在面对芥川关于中国将走向何方的提问时,李汉俊说道:

"种子在手,唯惧万里之荒芜,或吾力之不逮也。是以不得无忧吾人之肉体堪此劳任否。"

【丁晓强　华东师范大学马克思主义学院教授:不是说我们的生活就是谋自己安逸的生活。他们讲的是叫谋什么?谋就是有一种,自己能够有价值的生活。所以我这里就用毛泽东他说的话,他在《湘江评论》中说的话,他说这么一句话,他说天下者,我们的天下;国家者,我们的国家。我们不说,谁说?我们不干,谁干?这就是一种志向,一种担当精神,所以正是有这么一批人,这么一种担当、

这么一种志向。】

1921年6月下旬起,9个口音各异的年轻人以"北京大学暑期旅行团"的名义,陆续住进了法租界白吉尔路的私立博文女校。他们是前来参加中国共产党第一次全国代表大会的外地代表。

然而女校人来人往,难以长时间作为会议场所。为了找到更合适的开会场所,负责会议选址和代表们食宿等后勤工作的王会悟找到了李汉俊。

【吴海勇 中共上海市委党史研究室一处处长:当时的直线距离来说,博文女校和李公馆是最近的,四五分钟的时间就能到,那么就体现出了李汉俊的一个担当精神。李汉俊就说,到我那儿去开会吧。】

1921年7月23日,就在这间会客厅里,中国共产党第一次全国代表大会正式召开。出席中共一大的各地代表,共13人。

他们是上海的李达、李汉俊,北京的张国焘、刘仁静,长沙的毛泽东、何叔衡,武汉的董必武、陈潭秋,济南的王尽美、邓恩铭,广州的陈公博,留日小组的周佛海,以及由陈独秀派遣的代表包惠僧。共产国际的代表马林和尼克尔斯基出席了会议。陈独秀和李大钊因事务繁忙未出席会议。马林代表共产国际祝贺中国共产党正式成立。

这是李汉俊的嫂子薛文淑在上(20)世纪80年代留下的录音。李汉俊的哥哥李书城是望志路106号的房主。

【20世纪80年代,李汉俊的嫂子薛文淑的录音

贝勒路树德里,汉俊同我们住在一起,汉俊常常开会,所以我常常看见他们在。有哪些人开会,(毛泽东)主席在哪里开会,我说我也不认识(毛泽东)主席。那一次开会,我也不晓得开什么会,可是我回来的时候,看到院子里还烧了纸,还在那里冒烟。】

从7月23日开始,代表们共举行了六次会议。30日这天,会议开了没多久,一个不速之客闯进会场。代表们见此人可疑,迅速转移。十几分钟后,法租界巡捕房的巡捕闻讯赶来。陈公博陪同李汉俊留下,应付搜查。他回忆道:"那个总巡很是狐疑,即下命令严密搜检,于是翻箱搜箧,骚扰了足足两个钟头。"

由于活动已受到监视,会议无法继续在上海举行,负责会务的王会悟临时安排代表们分批转移到她的家乡浙江嘉兴,在南湖的游船上完成了会议的议程。

【1991年王会悟采访资料:嘉兴是小地方但又是大地方。因为它火车什么的来来去去都通的,所以我想还是到嘉兴去好。里面有张开会的桌子,桌子上面一副麻将牌是我预备的。帮他们把这副麻将牌放着,假使有人来就哗啦哗啦让他们搓麻将,搓麻将保护他们开会的人。】

小小红船承载着民族的希望,中国共产党第一次代表大会,选举了陈独秀为中央局书记、张国焘负责组织、李达负责宣传。

一大通过了中国共产党第一个纲领和第一个决议,它们是中国共产党正式成立的标志。

【李君如　中共中央党校原副校长:它明确了这个党叫中国共产党,它属于马克思列宁主义体系里面的一个工人阶级的政党。它明确了党的纲领是要推翻资本家阶级的统治,建立无产阶级专政。它也提出了,要联合第三国际。它也明确了,作为中国共产党(党)员,它和其他政党的关系等。】

闭会时,代表们高呼:"共产党万岁!第三国际万岁!共产主义——人类的解放者万岁!"

当一大代表们回到上海时,已是万家灯火。短短几天的会议秘密、谨慎。中国共产党的"一大"没有任何文字报道,甚至没有留下一份中文的文件,但它已然不可磨灭地刻在了民族解放的丰碑上。

"其作始也简,其将毕也必巨"。一个新的革命火种在沉沉的黑夜里点燃了。一个开天辟地的大事变就这样发生了。一幅名为志向和信仰的民族复兴的历史画卷在中国大地上铺展。

【实况:2017年10月31日习近平总书记在瞻仰上海中共一大会址和浙江嘉兴南湖红船时的讲话:

上海党的一大会址、嘉兴南湖的红船,这是我们党梦想起航的地方。中国共产党从这里诞生,从这里出征,从这里走向全国执政。这是我们党的根脉。】

上海,历史的时空
——文献纪录片《诞生地》点评

华东师范大学—康奈尔比较人文研究中心主任　吕新雨

文献纪录片《诞生地》第一次真实、立体、全面地呈现/确立了上海作为中国共产党诞生之地的历史功绩,打破了长期以来对于上海只是作为旧中国十里洋场"魔都"的刻板印象,用影像构建了上海这座工人阶级的英雄城市在20世纪中国革命中的独特地位。就此而言,五集的篇幅内容和情感都非常饱满。长风破浪会有时,直挂云帆济沧海。中国共产党诞生百年之际,文献纪录片《诞生地》的诞生,既有其独到的因缘汇聚、天时地利,也与上海电视台保存的久经历练的、传帮带的纪录片队伍的战斗力直接相关,由此才能够创作出不可多得的精品力作。

首先,《诞生地》充分利用了最新发掘的史料资源,活用了党史研究的最新成果,突破了以往的一些史料和观点上的局限,以人物的故事带活了史料。特别是上海影像资料馆海外采集的、很多是首次发现的我党早期领导者如李大钊、蔡和森、罗亦农、邓中夏、张人亚等革命先驱的影像资料,不仅新意迭出,而且动人心弦,这是尤其不容易的。说明影片的成功是长期积累的产物,不仅是毕其功于一役,而是系统工程,需要决策和执行的双重到位。

在叙述风格上,有温度、有风骨、有分寸,不煽情、不滥情、不拖拉;革命先驱的人物性格既真实可感,又壮怀激烈,人物命运既扣人心弦,又令人肃然起敬。五集看完,意犹未尽,体现了文献纪录片"文献"的权威意义,树立了上海主流媒体国家工程的新标杆。

其次,《诞生地》以历史长镜头的方式充分展示了上海这座英雄城市的空间故事,上海这座城市本身成为五集文献纪录片的主角。作为中国共产党的诞生地,上海演绎了20世纪中国最重要的历史长剧,成就了上海在中国革命和建设历史中的独特地位。《诞生地》用事件勾连空间,用人物推动事件,用细节演绎整体,展示了上海作为革命大舞台的沧桑巨变。这既是上海故事,更是中国故事。

再次,用时间的叠印方式,让历史照耀现实。不拘一格,灵活运用多种影像语言,档案、文献、采访、沙画、油画、版画、素描、雕塑、戏剧、"LED屏幕+实景道具""全息影像+现实陈设"互相结合,历史和现实的真实与多元的现代表达,打造了跨时空的历史蒙太奇。

最后,虽然《诞生地》的播出效果很好,但是如何让这样的作品在今天影像生产的洪流中不被淹没,从而产生长久的效应?笔者所在的华东师范大学传播学院的马新观教学团队已经把此片列入我们的重要教学参考,而如何制度性地让这样的纪录片进课堂,成为专项讨论的话题。

让历史"活"起来

——大型文献纪录片《诞生地》创作感受

冯迪韡　谢申照工作室

《诞生地》的诞生其实是一个偶然事件:我们在查阅资料时看到关于一大代

表尼克尔斯基身份确认、照片发现的曲折故事，由此切入，做了一个简单的策划，那是在 2019 年的 6 月。两个月后，这个策划被国家广电总局选为重大理论文献重点项目。我们却犯难了，关于建党题材的纪录片每隔五年、十年都有，如何在全新的媒体语境下，做出时代特色，让历史"活"起来？

历史纪录片是一个垂类领域，我们深耕 10 多年，致力于探索破圈之路。我们首先想到的是重构城市红色历史空间。从 2015 年起，党的诞生地宣传工程对上海的历史遗迹、红色资源进行新一轮摸底，梳理了从五四运动到上海解放前留下的 612 处红色遗址、旧址、纪念设施。在创作中，我们把空间的转换和衔接作为叙事的主要线索，全片重点展开的红色地标有 30 多处，串联起中共党史上具有开创性、影响深远的大事件，回答了中国共产党为什么诞生在上海的重大问题，同时为我们在百年后的今天做这样一部片子的时代意义作答。

这些遍布上海街头的红色地标，熙熙攘攘，人来人往，有多少人知道这里发生的故事曾改写了历史。在静安嘉里中心两栋高楼之间，保留着一幢两层小楼。100 多年前，这里叫民厚南里，是哈同的产业。1920 年，年轻的毛泽东客居于此，从这里走到老渔阳里拜会陈独秀，多次长谈最终确立了自己的信仰。如今这里是安义路，是上海夏夜里最具魅力的生活空间。建筑无言，却真实而生动地向我们展示了百年沧桑流变。我们在屏幕上绘制出这幅"红色地图"，让城市熟悉的风景变成演绎历史的舞台，今昔对比，让人感慨万千。节目播出后，也有外地观众按图索骥，打卡红色地标，感受上海这座城市的红色血脉。

除了为观众营造历史时空的沉浸式体验，我们还在人物塑造上，深挖细节，展现人性的力量。纪录片的本质是关于人的影像，一部片子成功与否就是要看人是否活了，人是否鲜活是否有个性。《诞生地》每一集少则 4~5 位，多至 6~7 位主要人物，涵盖了政治人物、左翼作家、工运领袖、地下工作者等。我们翻阅了传记，查找了历史资料，寻访了亲属后人，做了大量功课，精细设计人物之间的勾连。以故事化、人格化讲述，通过一个个简约精巧而又笔触细腻的故事，既塑造出个性鲜明的人物，又折射出共产党人的群体风范和精神样态。

从《诞生地》策划开始，我们就不断追问专家学者，希望有新的历史发现。就在审片前夕，我们从中共四大纪念馆了解到，经多方考证后，"广吉里"被确定为四大召开时会址所处的里弄名称。《诞生地》完整还原了几代学者考证的过程，在建党百年之际，为上海的红色地图补上了一块重要拼图。

为了让影视语言更加活泼丰富，我们选用了沙画、LED 屏拍摄等方式增强细节描述，渲染气氛。同时，在片中我们呈现了舞剧、话剧、戏曲等多种艺术形式，带给观众不同的体验。

哲学家、历史学家克罗齐有一句震惊学界的名言"一切历史都是当代史"。

为了让历史"活"起来,我们在创作过程中,反复向党史专家、历史学者请教,在解读史料,表现人物上如何体现时代感,"以历史之例,解当下之问"。在庆祝中国共产党成立一百周年的大会上,习近平总书记第一次明确提出伟大建党精神。回望百年征程,上海既是中国共产党的诞生地,也是伟大建党精神的发源地。《诞生地》通过真实的故事,生动地呈现了中国共产党人的精神谱系,成为电视纪录片诠释、弘扬伟大建党精神的重要作品。

2021 年度上海广播电视奖
参评作品推荐表

作品标题	001号浦东新区法规落地	参评项目	电视新闻
		体裁	长消息
		语种	中文
作者（主创人员）	陈慧莹、顾克军、施政、王天峰	编辑	瞿轶羿
刊播单位	上海广播电视台	首发日期	2021年9月28日 19点02分05秒
刊播版面（名称和版次）	新闻综合《新闻透视》	作品字数（时长）	3分40秒
采编过程（作品简介）	6月，全国人大授权上海市人大常委会制定浦东新区法规，9月底，首个以"浦东新区"命名的法规正式落地，这是我国立法体系中全新的成员，可以说是开创了地方立法的先河。而001号聚焦的"一业一证"改革，正是浦东两年前率先在全国开展的一项创新探索。法规表决通过当天晚上，我们就在全市率先推出报道，内外结合，从便利店场景切入，抓住了"取下许可证"这个意义深远的关键性动作，以小见大、深入浅出地讲述了在法规保障之下，这项能激活市场主体活力的改革，将如何继续深入推进。		
社会效果	在6月全国人大通过授权后，我们就以视频说新闻的方式，全网独家呈现这一重磅内容；首部法规落地后，我们再次全网第一推出大小屏报道，并在网端整合，形成前后呼应的报道内容，在小屏上实现更广泛的传播。报道播出后，企业服务中心反映，不少企业前来咨询，希望加入"一业一证"改革行列；而浦东新区区委办审改处表示，报道可更高效地促使他们和相关业务部门推进许可证有效期的统一，让更多企业受益于改革。		

001号浦东新区法规落地

（实况：通过！）

上海市十五届人大常委会第三十五次会议，高票通过《上海市浦东新区深化"一业一证"改革规定》，这是001号浦东新区法规，也是我国立法体系中全新的成员。

（丁伟　市人大常委会法工委主任：实际上是开创了地方立法的先河，具有里程碑的作用，也创造了立法中上海新的奇迹，上海浦东新区的改革开放，确实需要强有力的法律支撑。）

浦东张杨北路的这家便利店中，工作人员将墙上张贴的食品经营许可证、酒类商品零售许可证等4张单项许可一一取下，只留下营业执照和行业综合许可证这"一照一证"。动作简单，寓意却深远。

当初"一业一证"改革，就是将一个行业准入需要办理的多张许可证，整合为一张行业综合许可证。以开便利店为例，企业不用分头向食品、卫生等四五个部门申领许可，而是一个窗口，一次搞定。

（孙琦　便利蜂综合服务部负责人：把我们企业需要做的、需要跑腿、然后需要提交重复材料的这个事情，帮助我们简化了，给我们减负了。）

但在拿到综合许可证后，企业通常还要申请将其背后包含的所有单项许可，全部打印出来。这是因为：不少法律规章，比如《食品经营许可管理办法》就明确，食品经营者应当在经营场所的显著位置悬挂或者摆放食品经营许可证正本。

而此次浦东"专属"法规，首次提出"综合许可单轨制改革"，明确：在相关管理服务活动中，不得要求市场主体提供单项行政许可证件，这就敲定了"综合许可证"的法律效力。一证迎检，而不再需要许可证"排排坐"。

（郭颖　浦东新区区委办审改处负责人：它打通了我们深化改革的路径，意义还是非常重大的，应该说是一场及时雨，单轨制改革也是为了进一步扩大企业的受益面。）

走过两年的"一业一证"改革,其实一直有个"痛点":"一证准营",虽然解决了开办时多头跑的问题,但在后续的管理中,不同部门依然"家家有本账"。比如,单项许可的有效期就不一样。

(讨论实况:比如说这张公共场所卫生许可证,你看它是2021年8月24号颁发的,它的有效期就是4年,跟这张食品经营许可证不一致了是吧!《食品经营许可管理办法》有效期在第19条有明确规定,有效期是5年。)

这就意味着,涉及多个许可的企业,可能在第三年、第四年、第五年都要去申请延长有效期,对此,这次法规明确:对纳入"一业一证"改革的行业,浦东新区应当建立行业综合许可证统一有效期制度。现在,浦东许可部门之间正在探讨,将有效期延长至一致,甚至直接取消有效期。

(郭颖 浦东新区区委办审改处负责人:通过这个改革去倒逼政府职能的转变,就是更多地向事中、事后监管这个方向去转变,每一个"一业一证"行业都有一个牵头的部门,他们会共同去制定行业监管的制度。)

用"家门口"充分的立法资源,保障改革推进更通畅、更高效,这正是全国人大授权上海市人大常委会,可变通适用上位法,制定浦东新区法规的初心所在。

(王诚 上海对外经贸大学法学院副教授:我们要解决的是法制的这个束缚和障碍,更好地实现中央的要求,就是改革,尤其是重大改革,需要于法有据,用立法来保障。)

这条"001号"新闻内容深刻有意义
——简评《001号浦东新区法规落地》

市委宣传部新闻阅评组成员 金希章

2021年9月28日,上海电视台新闻综合频道《新闻透视》播出"001号浦东新区法规落地"。这条3分40秒的长消息,聚焦当天上海市十五届人大常委会第三十五次会议,高票通过的《上海市浦东新区深化"一业一证"改革规定》,以新区张杨北路一家便利店中,工作人员将墙上四张食品经营许可证、酒类商品零售许可证一一取下,只留下营业执照和行业综合许可证的"一照一证"为实例,报道全国人大授权上海市人大常委会制定的浦东新区首条新法规正式落地生效。这条全国首播的新闻抓得好,内容寓意深刻,是对全国人大授权地方政府立法的积极回应,凝聚着浦东新区深化改革的具体作为。

2020年11月13日,在浦东开发开放30周年庆祝大会上,习近平总书记提出,党中央正在研究制定《关于支持浦东新区高水平改革开放、打造社会主义现代化建设引领区的意见》。时隔半年之后,十三届全国人大常委会第二十九次会议,审议通过国务院关于提请授权上海市人大及其常委会制定浦东新区法规的决定。这是全国人大常委会首次授权非经济特区的上海,可以变通适用国家法律、行政法规,也是我国立法制度的一次重大变革创新,意味着历经41年的上海地方立法进入了比照特区立法权的崭新时期。此次授权后,上海就拥有了两类不同性质的立法:一类是依据职权的省级人大立法,适用于全上海;一类是特区立法,行使制定浦东新区法规的立法权,专门为浦东区域特制的法规。浦东新区不是经济特区,但是,上海人大在浦东新区行使相当于经济特区的立法权,且适用于浦东新区特有的名称"浦东新区法规",这是前所未有的。"浦东新区法规"变成了新的特定法规概念。

上海电视台新闻报道组在获悉全国人大授权后,认真学习浦东新区实施地方立法的时代意义,密切保持与上海人大、浦东新区有关部门的沟通联系,并不断以"视频说法"形式,宣传浦东新区率先在全国开展的创新探索。在9月28日上海人大表决通过"浦东法规"的第一时间,以"001号浦东新区法规落地"这样醒目的标题,率先向全国人民报道了此条"期待许久"的重大新闻。

值得称道的还有,该条新闻没有专注法条解读,而是从老百姓熟悉的"便利店"为切入点,抓住"取下四张许可证,保留一张"这个意义深远的关键动作,以小见大、深入浅出讲述了在新法规保障之下,能够激活市场主体活力,深入推进新区体制改革的现实意义。这项"综合许可单轨制改革"新法规,也将"倒逼"新区各职能部门更多地向事中、事后监管方向转变,每一个"一业一证"的背后,都涉及千千万万市民群众的实际生活。

记者厚积薄发,报道适时推出,画面通俗易懂,解读有法有据。无论是现实传播意义,还是社会影响反馈,这条"001号"被评为2021年上海广播电视奖电视新闻一等奖无可非议。

记录001号浦东新区法规诞生
——《001号浦东新区法规落地》创作手记

上海广播电视台媒体中心记者 陈慧莹

浦东新区法规是国家、上海、浦东共同写就的一篇"大文章",落笔之前,筹谋颇多。

早在多年前,在一些重要场合,"立法权"就被多次提及;我记得2020年全国两会期间,全国人大代表、浦东新区区长杭迎伟就提交过一份《关于授权上海市浦东新区比照经济特区制定法规和规章在浦东新区实施的议案》,提出浦东要为全国改革开放探路,离不开立法引领和推动;而经济特区法规在遵循宪法规定和行政基本规则基础上,可对法律等进行变通,优势大、效率高。

我们知道国家立法权不轻易"他授",除了全国人大及其常委会外,只有省级人大才有立法权。当然在过去30多年里,深圳、厦门、汕头、珠海等地,都分别获得了全国人大授权的经济特区立法权。可见,授权立法,一般都为推动经济特区建设。

2021年6月,十三届全国人大常委会第二十九次会议表决通过,授权上海市人大及其常委会,根据浦东改革创新实践需要,制定浦东新区法规,在浦东新区实施,呼吁多年的"立法权"靴子落地。我们第一时间采访了时任上海市人大常委会法工委主任丁伟,他认为此次授权含金量极高,是"全国人大这么多年来,首次在非经济特区,授权可比照经济特区来制定地方性法规"。

对于浦东来说,立法授权,事实上是一个"渐进"的过程。2013年,上海自贸试验区启动后,为了解决既有法律和改革存在的冲突,全国人大常委会就曾做过一个决定:授权国务院在自贸区内,对负面清单外的外商投资,暂停实施"外资三法"。也就是说,过去,我们通常都是这种单向性的授权,比如"在一定期限内暂停实施某个法律或法条";而这次,可以说是一次概括性授权,放权更大、效率更高,等于直接授权上海市人大,就浦东新区的改革开放去制定专门的法规,这对浦东法制供给能力的提升,有着划时代的意义。

在授权立法落地一个月后,中央《关于支持浦东新区高水平改革开放打造社会主义现代化建设引领区的意见》,也正式下发,这意味着,拥有万亿经济规模的浦东、在多项改革试点中先行先试的浦东、作为上海"五个中心"建设核心承载区的浦东,又有了新定位、新任务,她将继续为上海乃至全国的高水平改革开放探索新路。在此背景下,这项"立法权",可以说来得正是时候:它可最有力地避免改革去"闯红灯",能最有效地去解决法制的束缚和障碍,以此更好实现改革,尤其是重大改革于法有据。

立法权落地后,我在台融媒体中心采访部"看呀STV"视频号上,做过一条"说新闻",当时说道:或许在不久的将来,就会出现"浦东新区某某某条例"。浦东的改革能不能充分利用好"家门口"的立法资源?第一部浦东新区法规会聚焦哪一个领域、哪一项创新?这未来的001又能带来哪些改变?这些问题始终萦绕于心。那时起,我就非常肯定,无论是作为对社会主义法治体系的一个完善和补充,还是作为对浦东引领区改革的一个全新保障,这001,都值得媒体去记录。

立什么法,不靠拍脑袋,它自然是源于需求、来自实践。于是,我们一方面和市人大保持沟通,一方面也主动去梳理浦东当下正在推进的几个"大动作"。而我当时判断,"一业一证"改革,"中标"可能性最大,基于几点:这项改革实践积累丰富;对市场主体意义较大;以及,推进中亟须突破瓶颈。

"一业一证"改革,就是将一个行业准入需要办理的多张许可证,整合为一张行业综合许可证。以开便利店为例,企业不用分头向食品、卫生等四五个部门申领许可,而是一个窗口,一次搞定。它使企业一张证就可以实现营业。最初纳入试点的10个行业中,很多企业都认为,这项改革把他们需要跑腿、需要提交重复材料的过程简化了,是真正的减负。

但在实践中,这项改革背后,其实也有些小尴尬:比如,拿到综合许可证后,企业通常还要申请将其背后包含的所有单项许可,全部打印出来。这是因为:不少法律规章,比如《食品经营许可管理办法》就明确,食品经营者应当在经营场所的显著位置悬挂或者摆放食品经营许可证正本。再如,"一证准营",虽然解决了开办时多头跑的问题,但在后续管理中,不同部门依然"家家有本账"。比如,单项许可的有效期就不一样,有的4年,有的5年。这就意味着,涉及多个许可的企业,可能在第三年、第四年、第五年都要去申请延长有效期……突破这些瓶颈,需要依靠浦东新区法规,对上位法进行变通后,方能在法制框架中推进。

不出所料,在之后推进的首批浦东新区法规中,"一业一证"的确在其中;而根据9月底召开的上海市十五届人大常委会第三十五次会议议程排定,如果投票通过的话,《上海市浦东新区深化"一业一证"改革规定》,的确就将成为001号浦东新区法规,也是我国立法体系中全新的成员。

为了展现这一历史性时刻,我们事先也考虑了很多细节:比如一定要用现场影像、声音去如实记录法规"通过"的那一瞬间;比如法规落地后,对广大经营主体而言,会不会第一时间有直观性的改变?还有,这一浦东新区专属法规实施后,接下来会如何进一步倒逼政府职能改变?所有这些,都是报道需要去完整呈现并讲述明白的。

《001号浦东新区法规落地》这篇报道采访结束后,有两个场景我非常喜欢:一是人大常委会上,主持人宣布"通过"的声音,虽是如此简短,一秒而过,但在画面中,它被记录下来了,这是一个见证上海立法新奇迹的声音,也是开启浦东引领区新篇章的声音;二是在浦东一家便利店里,工作人员将墙上张贴的食品经营许可证、酒类商品零售许可证等4张单项许可一一取下,只留下营业执照和行业综合许可证这"一照一证"。就如同我报道里所说"动作简单、寓意却深远"。

我想,任何重大改革、关键突破,都不会是毫无预兆,突然而至的,它会经历时间的酝酿,会有前因的推动。因此,对记者来说,积累沉淀非常重要,不要孤立地去看待一件事,而是要学会将事物放在一个较长的时间段里,去思考其意义。如此,才能在大事件落地时,不乱阵脚,客观记录,生动呈现。

2021年度上海广播电视奖
参评作品推荐表

作品标题	全球供应链变局下的中国机会	参评项目	电视新闻
		体　　裁	新闻专题——系列报道
		语　　种	中　文
作　者（主创人员）	王晳晳、钱晓鑫、邹婷	编　辑	王晳晳
刊播单位	上海第一财经传媒有限公司	首发日期	2021年12月20日21点26分至2021年12月24日21点23分
刊播版面（名称和版次）	第一财经频道《财经夜行线》栏目	作品字数（时长）	29分钟42秒
采编过程（作品简介）	1. 题材重大，国际视野，意义深远 　　2021年，受严重疫情的影响，世界经济面临重创和变局，北美港口严重拥堵、货运价格高企、商品价格飙涨、疫情持续、关键零部件短缺、全球供应链被打乱。世界大变局下，记者耗时3个月深入一线调研众多企业、数字工厂、港口铁路、货运现场、跨国巨头等，敏锐发现危机之下，相较于西方国家的颓势，中国供应链的韧性、安全性、稳定性等优势进一步加强，中国的制度优势正大幅提升中国供应链的国际竞争力。此外，通过数字赋能、"双循环""双碳目标"、物流通路、高水平改革开放等路径，中国供应链在变局中正迅速转型升级，爆发出新的生命力和活力，大幅增强中国的全球竞争力和话语权。 2. 精心策划，谋篇大气，尽显专业 　　五集系列报道《全球供应链变局下的中国机会》，记者分别从数字赋能、"双循环""双碳目标"、物流供应链、高水平改革开放等多角度、多侧面切入，展现出中国供应链在大变局下的强大竞争力和生命力。从世界工厂到数字赋能的中国"智"造、从"双循环"助力中小企业转型升级，到低碳重塑供应链和价值链，从跨境电商到中欧班列，从世界加工厂到外资集体

采编过程 （作品简介）	回流的全球创新中心五个侧面，环环相扣步步深入，给出了中国供应链在大变局下的全景图，彰显了中国强大的国际竞争力和日渐提升的全球话语权。 3. 独家调研，采编扎实，分析全面 　　记者深入一线采访调研，独家走访了大批中小外贸企业、跨国巨头、跨境货代公司、中欧班列、智慧工厂、自动化码头、新材料公司等，通过多维度扎实全面的采访调研，精选代表性案例、细节、故事和现场，综合数据、政策和权威点评，展现出中国供应链在全球变局中的韧性、稳定性、活力以及崭新的生命力，全面助力中国崛起。
社会效果	该组报道由小人物到大时代、由故事到数据、由微观到宏观，展现了大变局下中国供应链全球竞争力全面提升的全景图。该组报道不仅取得了优异的收视率，更具有极佳的社会影响力，众多主流媒体广泛转载，成为财经界关注的焦点和热点。该组报道充分体现了财经媒体能够通过一线采访、扎实调研、精密策划和细致编排，将专业度、传播度和口碑度深度结合，让专业主流媒体真正引领社会舆论和潮流，获取话语权和影响力。

全球供应链变局下的中国机会

第一集：从世界工厂到中国智造　数字赋能打造中国新一轮国际竞争力

【导语】2021年，世界面临百年未有之大变局，而全球供应链正是其中的关键变量。疫情持续、供应链被打乱、货运价格高企、劳动力成本上涨，大变局下中国供应链的机会在哪里，中国这个世界工厂的竞争力又发生了哪些变化。第一财经记者耗时三个月走访各类企业，一线调研中国供应链之变，从今天起我们将持续五天为您推出《全球供应链变局下的中国机会》系列报道，为您深度剖析数字革命、新能源革命、"双循环"格局等大环境下的中国供应链之变。今天第一集，我们走进数字浪潮下的中国工厂。

（船声响呜呜呜呜呜）这三台"钢铁巨擘"正从上海长兴岛整装待发，前往大洋彼岸，它们是中国制造的最新型的岸桥，设备最高可达到100米，相当于35层的高楼，这个"庞然大物"可以大幅提高码头的装卸效率。

【同期声】振华重工洋山自动化码头项目副总经理　王岩：
（我们的）港机设备已经出口到105个国家和地区，然后我们的自动化成套装备系统也在很多"一带一路"的沿线国家进行了相关的应用。

这家公司生产的岸桥占据全球约70%的市场份额，远销105个国家和地区。以岸桥为突破口，这家公司正全力转型打造有着"魔鬼码头"之称的自动化码头，冲击全球港口建设的最先进水平。

【同期声】振华重工洋山自动化码头项目副总经理　王岩：
洋山港四期自动化码头是目前世界上单体规模最大、自动化综合程度最高的自动化码头。振华（重工）是为它提供了所有的自动化设备，从船上的装卸、然后包括整个场地的运输再到堆场的堆放过程中，我们可以看到整个现场是空无一人的，而且全部实现了无人化的一个自动化操作。在效率方面提高了 30% 左右，然后在人工成本降低了大概 70%。

疫情下，全自动码头的优势充分凸显，这家公司的海外订单络绎不绝。

【记者出镜】第一财经记者　王皙皙：
这里是全球最大的港机装备生产基地之一，中国生产的港机装备占据全球约 70% 的市场份额。疫情之下，中国的高端制造业正经历脱胎换骨的转型升级。

自动化车间里，机械手臂高速运作。疫情下，全球多个港口由于人员不足导致货运不畅、货柜拥挤，此时全自动码头、自动化高端设备的需求量急剧上升，给这家企业带来了巨大的转型机会。

【同期声】振华重工洋山自动化码头项目副总经理　王岩：
在很多国外的码头，它们疫情的原因，很多工人就没法在码头进行作业，那么自动化码头就体现了它的一个优越性，（我们加紧）进行科技创新，让我们的产品变成一种智能制造，不断提高我们的产品的附加值。

（镜头切汽车工厂现场）实际上这并非个案，这里是全球最大的汽车内饰企业的生产车间，巨大的机械手臂根据程序设定，柔性生产各类汽车内饰，然后挂在无人车上，无人车驶向下一个流程，自动决定入库，进车间还是发货，这一整套流程可以实现完全无人化。

【同期声】上汽延锋内饰智能制造规划负责人　许廷杰：
从注塑的原材料开始，一直到我注塑下线，到自动配送过程当中，（工厂）全部去做无人化。让我们整体（工厂）面积大概压缩了 30%，然后我们人均的销售大概增加了 30%，使运营的综合效率提升了 30%，这包含了人和设备的综合设备效率。这三个 30% 是我们智能工厂带给我们的一些实实在在能够看到的好处。

数字化不仅赋能单一工厂，更让整个供应链搬到了云上。

【同期声】上汽延锋内饰智能制造规划负责人　许廷杰：
扫描它(二维码)之后,它就能够展示上游的原材料,包括上游的我们的这些上装是谁做的,包括我的门板是哪些工序打的,那么包括是哪个人做的,现在我们都可以追溯到,基本上上游跟下游我们都可以去覆盖(全流程追溯)。

扫一扫就能知道每个零部件的来源流程和负责人数字化,让整个供应链变得可视,安全且高效。数字大脑不仅提高了效率,更增加了供应链的韧性。

【同期声】王振　上海社科院副院长兼信息研究所所长：
非常明显的就是我们讲的机器替代人,机器人本身进步很快,成本也在下降,这就是几方面的因素,促成了我们中国制造企业这几年在技术进步生产方式上,我觉得有非常明显的一个突破,它是整个链的一个进步。

疫情下,中国高质量高技术、高附加值产品出口强劲,中国产业链正展现出新的魅力。2021年前10个月,中国机电产品出口10.3万亿,同比增长22.4%,占出口总值近六成。

【同期声】徐明棋　上海国际经济交流中心副理事长：
很多生产过程的数字化的水平进一步提升,那么参与国际竞争的底气也越来越强,这也就是为什么你看到疫情管控之后,国际贸易我们增长的速度非常快,全球的贸易是在收缩的,我们的贸易增长速度是超过疫情冲击之前的。

2021年1至10月,中国进出口总额31.7万亿元,同比增长22.2%,外贸进出口和出口增速均为10年来同期最高,继续保持世界货物贸易第一大国的地位。数字赋能下的中国供应链正展现出强大的韧性和活力,并推动中国经济高质量发展。

第二集：从"蓝图规划"到"现实画卷"
区域一体化铸造发展新动力

【导语】昨天的系列报道《全球供应链变局下的中国机会》的第一集,我们重点走访了一批数字浪潮下的中国工厂,一线观察它们如何用人工智能、物联网等高科技手段来武装自己,抓住机遇转型升级,让整个中国供应链触网上云,同时也提升了中国经济整体的韧性、活力和国际竞争力。在数字赋能的基石下,区域一体化正成为强烈的黏合剂,让跨国企业和外贸企业焕发生机。这一集,我们将近距离走进中小外贸企业和跨国巨头,看看它们如何在国际形势多变的环境中,借助区域经济一体化和双循环的政策东风,完成供应链的新一轮蜕变。

【同期声】卢伟光　安信地板董事长兼 CEO:
我们以前是以性价比高,低价、廉价去抢占市场份额,大批量出口,一个集装箱仅卖 2 万美元,但此时此刻你不进步,怎么样有生存的机会,机会在哪里?

2021 年对于很多中小企业来说,都是难熬的一年。疫情反复、货运价格高企、劳动力成本上涨、供应链被打乱,即便在木材行业从业 30 多年的卢伟光,也坦言遭遇了前所未有的挑战。

【同期声】卢伟光　安信地板董事长兼 CEO:
(以前)中国的产品走遍全世界是(靠)性价比高,在美国(终端价格)卖 80 美元,我们出口 20 美元,它们(国外中间商)加价 4 倍到 5 倍,我们那个时候 20 美元的地板产品出口,其实我们赚的钱是很少的,而且还有很多蕴藏很多的(风险),汇率风险、政治风险、其他的经济风险都很大,(现在)产品升级和附加值创新技术这方面,在此时此刻逼着你快速发展。

从拼价格到拼服务、拼研发、拼设计,转型需要时间,更需要资金。在海外市场屡屡受挫的背景下,卢伟光将目光投向了国内市场。

【同期声】卢伟光　安信地板董事长兼 CEO:
青浦的资产抵押的这笔贷款 1 000 万元,有批下来吗?
已经批下来了。
那速度很快。这个是也是我们跨省在长三角一体化的政策下的第一笔融资。

卢伟光公司的总部在上海,工厂分布在上海、苏州等地,长三角一体化示范区政策迅速落地后,解决了他的燃眉之急,上海工厂的资产可以抵押给苏州分公司做贷款,工厂的员工可以流动,物流、设备等使用效率大幅提高,这让他有了足够的信心投入转型升级。

【同期声】卢伟光　安信地板董事长兼 CEO:

(现在)一体化的一个工厂里面,我们工厂的布局也可以减少了重复,(以前)收费站很多,来回一下运费很贵,每天(两个厂材料来回)要几百块上去,成本是很高的,现在做打通了,而且路径也直接通了,原来的断头路(没有了),现在通路了我几分钟就到,我们在国际环境出口带来不利的前提下,(要)加大或者是挖掘国内市场的需求所在。

卢伟光所在的长三角地区是中国经济最发达、创新最活跃、城市化程度最高的经济区,这里不到4%的国土面积,却集中了中国1/4的经济总量和1/4以上的工业增加值,是中国经济发展的重要引擎。不仅像卢伟光这样的中小企业将目光瞄准了这里,跨国巨头也纷纷在这里扎根。

【同期声】联合利华中国公共事务总裁　曾锡文:
在浙江宁波我们有工厂,我们在合肥有工厂,我们在太仓有工厂,我们的供应商可能在江苏其他地区,长三角(地区)是富裕人群最多的、最集中的,所以你不可能放弃,因为现在的技术已经达到整个一体化了。什么叫一体化?你看我的工厂里边可能就没有人员了,而我这里边都是工厂,所有的管理都远程进行,所以这种一体化的模式今后不仅中国,而且以后全球都会copy我们。

长三角一体化正打通土地、物流、人才、资本等关键要素,不仅助力中小企业的转型发展,也让跨国巨头们更好地成长。疫情下,双循环中的国内大循环正在持续发力,大幅增强了中国供应链的韧性和稳定性。

【同期声】余典范　上海财经大学产业发展研究院副院长:
(现在)技术进步,它会使得一些供应链容易在本土生根,我们的供应链就出现了一些区域化、本土化、数字化的这样一些特征,国内的供应链的自主学习能力,包括供应链之间协作的能力开始上来了。对于我们中国这样一个大国来说,它培育一个相对比较有竞争力的产业链的系统、供应链的系统是比较重要的。

【同期声】曾刚　国家金融与发展实验室副主任:
长三角一体化实际上它不光是一个长三角地区的事情,它是整个中国未来的发展的一个动力的问题,一方面是我投资需求空间怎么样把这些贯通,需求层面的可持续的增长,整体地去规划这个区域未来的这种发展,它其实有很大的很多的空间,尤其是对我们刚才讲的从国家层面上,作为我们双循环的根据,一个重要的内需的支撑。

要素流动、产业集群、政策配套,再叠加大市场的效应,区域一体化正给中国供应链注入全新的活力,也为中国经济的高质量发展提供强大而坚实的支柱。

第三集:从迎接挑战到紧抓机遇
低碳重塑中国供应链

【导语】前两集的《全球供应链变局下的中国机会》,一财记者走访了一批数字化浪潮下的中国工厂,看到中国整个供应链触网上云,在疫情中展现了强大的韧性和活力。在数字赋能的背景下,记者还走访了中小外贸企业和跨国巨头,看它们如何在全球供应链受阻的逆境中,利用区域一体化和双循环的大机遇,实现高质量发展。这一集,我们的关键词是低碳,我们将带您走进全球利润最高钢铁厂,看耗能大户如何在变局中求转型,并探求在新一轮能源革命的背景下,中国供应链的新机会。

这里是全球利润最高的钢铁厂,这里的热轧产线全天 24 小时不间断工作,从板坯库到钢卷库总长达千米的产线已经基本实现了无人化,偌大的控制区域仅留一人监控。

【同期声】王自强　宝钢股份热轧厂常务副厂长:
我们这是一条"1+N"的智慧产线,去年(2020 年)我们整个这条线节能 5.3%,相当于节约了 6 500 万的资金成本,同时折算成二氧化碳减排量大约 30 多万吨。

钢铁生产一直是二氧化碳排放的最大来源之一。2021 年,这个钢铁企业提出要力争在 2035 年减碳 30%,2050 年实现碳中和。如今,智慧工厂让这一切变成了可能。

【同期声】王自强　宝钢股份热轧厂常务副厂长:
就像整个火车的调度系统,它的整个数字化智能化程度很高,我现在可以开 350 公里的高铁,而且车与车之间间隔时间很短,我们整个的把板坯热送装置,有点像火车时刻表的这样组织,我越组织得高效,监控时间越短,那么我得到的装入温度会越高,提高有效的热送热装率,是我们节能降低燃耗的一个最大的手段。

为了"双碳目标"的实现,这个钢铁企业还专门设立了工序部的管理模式,首创成立低碳联合工作室等,利用数字标准化、管理精细化来大幅降低碳排放。实际上,对于很多企业来说,低碳并不仅是锦上添花,更是决定着企业未来生存的命脉所在。

【同期声】王自强　宝钢股份热轧厂常务副厂长：
碳排放包括碳足迹,可能是将来我们产品进入一些行业的通行证,也是我们未来提升产品竞争力的新的突破点,不具备一定减碳的产品的能力的话,可能未来我们产品在供应链当中就会失去竞争力,甚至失去话语权,甚至可能被排斥在外都有可能。像欧盟它们已经开始准备推行叫碳边境,要收碳税了,(如果)一些边界条件对能耗强度、能耗总量都有限制的话,可能对我们整个产品不要说竞争力了,可能对我们整个企业的生存都会带来很大的约束。

"双碳目标"正倒逼着企业转型升级,也倒逼着整个供应链的高质量发展。

【同期声】王振　上海社科院副院长兼信息研究所所长：
耗能大户——钢铁、煤炭,它现在在智能化、数字化迈进很快,按照全球供应链,它接下来会越来越要求,你的供应链当中的各个环节,你的企业首先要(在碳排放上)达标,就你以后不达标你进不了供应链了,这是它能源的重大的一个变革。

疫情下,"绿色复苏""低碳经济"已经成为全球的共识,这一场"双碳目标"的重大变革不仅是一次挑战,更是一次全产业链和供应链重塑的巨大机会。

这里是浙江宜兴的一条马路,与以往不同的是,这条马路铺设着一种新型低碳沥青。

【同期声】陈赟鹏　宜兴市交通建设集团有限公司项目现场负责人：
这个是我们全国首创,OGFC-10沥青冷铺技术,它是冷铺(设)的,也没有气味,也没有高温。

沥青铺设现场,没有刺鼻气味,也没有难忍的高温。

【同期声】浙江润奥环保科技有限公司副总经理　陈晏堂：
沥青的搅拌过程当中,它全程都不需要加热,原来都需要加热到180摄氏度,那么这个沥青才能融化才能进行铺设,它整个不管是从生产的过程还是施工的过程当中,全部都体现了这种零排放环保和低碳的这个特点。

新材料、新技术、新能源正成为低碳产业中一个崭新的市场,并为中国供应链带来了一种全新的可能。2021年1—11月,中国新能源车出口超过29万辆,同比增长近190%,增速创下历史新高,中国还形成了全球最全、最前沿的光伏产业链,1—10月中国光伏产品出口额约231亿美元,同比增长44%。在全新的低碳供应链中,中国正形成自己独特的竞争力和创新力。

【同期声】余典范　上海财经大学产业发展研究院副院长:
在新兴的(低碳)产业领域里面,我们倒可以借助这个大市场的优势,我们主攻"双碳"低碳、绿色制造,一旦我的产品都是绿色的,都是低碳的了,那我们在全球就更有竞争力了,对于我们中国来说,就像中央所说的,这是我们转向高质量发展的非常重要的途径。在这过程当中,我们就有可能形成我们的相应的标准,参与国际的竞争,甚至引领国际上"双碳"的发展。

2021年新冠肺炎疫情仍在全球蔓延,经济复苏任务仍艰巨,在这种情况下,中国仍应对挑战,承诺力争在2030年前实现碳达峰、2060年前实现碳中和,这意味着中国将完成全球最大碳排放强度降幅,用全球历史上最短的时间实现从碳达峰到碳中和。这也意味着中国将用"低碳"来完成供应链的重塑,探索打造出一条崭新的"低碳经济"高质量发展路径。

第四集:从跨境电商到中欧班列　物流供应链正打通最后一环

【导语】前几期的《全球供应链变局下的中国机会》,一财记者走访了一大批智慧工厂、中小外贸企业、跨国巨头、自动化码头等,我们的报道从数字化转型、双循环政策的赋能以及低碳经济所带来的机遇等方面进行了深度探讨,寻求大背景下的中国机会。这一期我们关注物流供应链。物流作为供应链的最后一环,在疫情中显得尤为重要,这一集我们带您走进供应链的最前线——物流供应链。

【同期声】环世物流集团总裁　林杰:
我们今年(2021年)1—11月份,情况完成得真的还是不错的业务量,像美线(美国航线)增量也是不少,这个电商的量已经增长到53%了。

林杰的公司是上海最大的民营跨境货运代理公司，疫情后，全球港口拥堵，部分海运价格短短一年间飙升10倍，林杰的跨境订单源源不断。

【同期声】环世物流集团总裁　林杰：
运费现在（普遍）已经涨了一倍到两倍，现在我们的量又增加这么多，今年我们突破100亿产值是没有问题的，我们这40%（增长）里面，85%以上就是电商的货，因为运价太高了，低附加值的（产品）你可能就不行了，对（低附加值的）不行了，（电商）它们能够接受，（电商）按件按斤来计算运费的话，它是能够算下来的，（以前）咱们（运费）都是按吨按箱算的。

疫情下相对高货值的跨境电商开始重塑供应链。2020年全球货物贸易总额下降了5.3%，而中国跨境电商出口额逆势大幅增长40%。2021年上半年同比继续增长44%，在全球跨境电商中处于领先地位，占比高达28%。为了应对爆发式的跨境电商需求，林杰的公司开始新增海运、快线、数字化、赋能物流供应链，开设海外前置仓等，提高物流供应链的可控性和安全性。

【同期声】环世物流集团总裁　林杰：
（我们增加了）快航美线这一块，（和合作方）在美国也有自己的货仓，（这样就能）保证这些货能够出运了，之所以你现在有这样的一个增量，和有这样的一个发展，就是我们供应链系统全球化都还是能够打通的、还是有效的，对于我们物流企业自身来讲，（要实现）怎么样走出去，在全球部署你的供应链系统，把这个供应链形成闭环的这样的一些能力。

海运承担了全球贸易85%以上的运输量，海运物流的完善对于打造中国供应链的闭环显得尤为重要。前置仓、直达航线、精细化服务、数据化赋能成为疫情下货代公司的转型路径。除了海运物流在疫情中悄然生变外，中欧班列、中非班列等铁路物流也开始发力。

（中欧班列火车开动呜呜呜呜呜）

【同期声】亚欧大陆桥国际班列协调服务中心国际事务协调专员　杨杰：
2021年前10个月中欧班列的开行数量，已经达到了12 601列，超过了去年的12 000列，这就是全年的一个开行总量，那么今年前10个月的运送的运输集装箱，它是达到了121.6万个标箱，估计可能今年全年开行总量会达到15 000列。

自2011年开行以来,中欧班列开行数量节节攀升,规模数量和覆盖的区域呈现井喷式增长,加速优化中国供应链的最后一环。2021年,中非班列首次开通,上海港成立东北亚空箱调运中心,中欧班列陆续落地多个集结中心,投建海外前置仓等,中国开始全方位加强供应链的韧性和敏捷性。

【同期声】余典范　上海财经大学产业发展研究院副院长:
在我们现在供应链当中,物流反而成为一个制约我们供应链畅通的非常重要的环节了,如果物流不通,你的供应链就没法建立起来,所以大家也意识到这一点,它经过了这些地方,总体来说它的市场是比较大的,也比较快速,这样就能够把我们的生产,包括消费的这些市场都穿起来,所以对于特别是疫情期间,中欧班列我觉得也是成为稳定国际的物流链供应链的非常重要的一个方式。

货代公司求变,中欧班列发力,海外前置仓、调运中心、集结中心等迅速落地……疫情下,中国物流供应链正在多方合力,在向着高质量发展迈出坚实的步伐。

【同期声】上海国际航运研究中心国际航运研究所所长　张永锋:
从体量方面来看,我们已经是世界第一了,从集装箱港口的情况来看,现在全世界前十大的港口中国占了七个,从港口的作业效率、设施设备的配置,包括信息化水平,中国也是世界领先的,营商环境其实也是进步非常明显,特别是像国际贸易单一窗口,包括现在我们的通关效率,专精特优的这种产业在转型在发展,同时产品的利润或者附加值其实是越来越高的,也是有利于推动中国从这个贸易大国向贸易强国转变的这样一种途径。

2021年在物流受限、运价高企之下,1—10月中国货物进出口规模仍创下历史同期新高,转型中的物流供应链倒逼着中国贸易结构的持续优化,中国供应链的韧性、敏捷性和安全性将最终助力中国经济的高质量发展。

第五集:从全球加工厂到世界研发中心
　　　　中国跃升全球最大外资流入国

【导语】前几期的《全球供应链变局下的中国机会》,一财记者走访了一大批智慧工厂、中小外贸企业、自动化码头、跨境货代公司、中欧班列等,我们发现在全球供应链变局下,中国正用数字浪潮来赋能最前沿的工厂,用区域一体化、双循环的政策东风打通大市场和大资源,用低碳科技来改造工厂并寻求全球新机遇,而物流供应链则用跨境电商、中欧班列等软硬件结合的方式,来打通供应链的最后一环。在各种要素齐聚的大背景下,2021年上半年,中国继续坐稳全球最大的外国直接投资流入国,越来越多的外资巨头扎根中国,并用技术和研发带来新的裂变。

这是位于江苏太仓的世界级的灯塔工厂,也是全球第一家集自动化、智能化和柔性化于一体的冰激凌灯塔工厂。

【同期声】联合利华北亚区供应链总裁　钟兆民:
现在在这个工厂里面的话,它是(实现了)全部的自动化,我们的太仓工厂的话,它是我们全球最具效率的工厂,在双碳方面在节能减排方面的话,现在太仓(工厂)也是我们全球的一个指标工厂,在新厂(2022年)投产之后,我们其实在节能减碳方面,能够实现超过80%的下降。

疫情下,这个世界500强的跨国企业不仅将全球最先进的灯塔工厂安在了中国,2021年10月还宣布将斥资1.3亿欧元投建中国的第一家全品类生产基地,这背后正是看准了中国供应链在这些年里所实现的智慧化升级和强大韧性。

【同期声】联合利华北亚区供应链总裁　钟兆民:
无人驾驶搬运车以及包括我们的这些机器人抓手,你可以看到的每一个所谓的人工智能4.0的这些设备、工业4.0的这些设备,我们在中国其实都可以找到相关的配套厂商,供应商的数量很多,同时质优价廉,这三个(优势)合在一起,对整个产业是非常巨大的优势,中国制造来说,我们把中国当作是一个(全球)最领先的制造基地,很多最新的这些技术,不管在研发端、在配方端、在工厂的设备端的话,我们都把中国的供应链、中国的工厂当作是一个最先引进、最先导入、最先做试点、最先做市场开发的重点工作。

中国供应链的高质量发展让这个跨国巨头将其全球最领先的工厂扎根在了中国,这个灯塔工厂开始成为全球的风向标。

【同期声】联合利华中国公共事务总裁　曾锡文:
过去我们已经投了30多亿美元,现在我们实际上最近又进入新的大规模投资的期间,最重要的是,中国其实是全球互联网发展最快的,很多新技术都在中国实验,(这里有)足够的数据、足够的云计算,你才能够变成整个数据化打通的一个工程,(这里的工厂)全球在看,我们给全球做实验。

5G、物联网、人工智能、互联网等新基建在中国的迅速普及,让全球最先进的灯塔工厂落地中国奠定扎实基础,也大幅增强了疫情下中国供应链的韧性。在此基础上,越来越多的跨国外企将研发中心、设计中心等核心业务搬到了中国。

【同期声】上海西门子医疗器械有限公司高级副总裁兼总经理　孔军:
疫情对全球的供应链,其实带来很大的一个相当大的压力,中国的供应链还是表现出非常高水平的交付的稳定性和供应链韧性,另外我们也可以看到,从原来单纯的一个规模的优势,现在转变一个更多的创新应用的优势,所以这也是我们(要)在中国,进一步加大在数字化医疗以及人工智能方面的投入。

这并非个案。疫情下,在全球外国直接投资骤降35%的情况下,中国逆势增长。2020年,中国以1 630亿美元外商直接投资和1 100亿美元海外直接投资荣获全球双冠军,这是自1983年以来的最高水平,而且是连续第四年增长。

【同期声】普华永道中国可持续发展战略与运营主管合伙人　钟晓扬:
在(我们调研)受访的338家(外资)企业中,这次的调研得出的一个结论其实是非常鼓舞人心,大部分的企业其实还是认同中国对于它的整个供应链的布局的一个优势所在,(调研也反映出)之前有些企业把它的供应链从中国搬到海外,其实也面临诸多的问题。

《上海美国商会2021年中国商业报告》显示,近60%的公司在过去一年增加了在华投资,近78%的企业表示对在华业务前景持乐观或较为乐观的态度。

【同期声】徐明棋　上海国际经济交流中心副理事长:
疫情的冲击使得中国的供应链的韧性、稳定性、安全性的比较优势进一步凸显,导致很多跨国公司原来想这个从中国重新布局,撤出中国,现在都放弃了这样的打算,而且决定进一步增加在中国的投资,扩大在中国的生产基地,那么中国的产业链的安全的优势进一步凸显出来,外商有中国大市场,又有这个与国际惯例相衔接的制度体系,它为什么还要走,它在这里能够有很好的商机和盈利的前景,它就不会再转移了。

【同期声】王新奎　原全国工商联副主席　上海市政府参事：

这一次我觉得又是一个新的篇章掀开了,预示出就是一个新的在大变局的情况下,我们如何去适应这种变化,迎接这种挑战,比如包括现在的数字贸易和数据流动,还有包现在最新的气候遗存与贸易等这些新问题,你不但是要对接(全球供应链),而且更重要的是你要去参与探索,构建最高水平的国际经贸规则体系。

从外资企业的全球最大加工工厂到如今的最前沿最顶尖的灯塔工厂、创新中心,从高端设备的智慧工厂到区域经济一体化下的大市场,从低碳经济带来的新能源变革到物流供应链全链条打造,疫情中,中国供应链正抓住机遇发生裂变,正用强大的韧性、安全性和稳定性打造中国经济的高质量发展,并重塑着中国在全球范围内的国际竞争力和话语权。

大视野深剖析　大调查有内涵
——简评《全球供应链变局下的中国机会》系列报道

上海广播电视台副台长　李　蓉

在2021年度的上海广播电视新闻奖评选中,上海广播电视台第一财经报送的新闻专题《全球供应链变局下的中国机会》获得电视新闻一等奖。这组系列报道以其视野之广、剖析之深、时代价值之大而获得评委的一致好评。

2021年,由于新冠疫情影响不减,世界经济持续遭遇重创,货运价格高企、全球供应链被打乱、劳动力成本上涨、市场消费萎缩等一系列现象在全球蔓延。第一财经立足全球格局看中国,推出五集系列报道《全球供应链变局下的中国机会》,通过记者深入一线现场调研采访,从微观到宏观,展现中国供应链正在发生着的巨变。报道围绕全球变局中,中国供应链的机会在哪里?作为"世界工厂"的中国,核心竞争力发生了哪些变化?这是否影响到中国经济高质量发展以及中国的全球竞争力等一系列事关大局的问题,在市场和现实中寻找中国方案,题材重大,内容厚重,意义深刻。

一、视野宏大,观察入微

2021年,受疫情的严重影响,全球供应链被打乱,北美港口严重拥堵,大量货物积压港口,无法安全准时到达。报道以此为切入点,在3个月的时间里,对大批中小外贸企业、跨国巨头、跨境货代公司、中欧班列、智慧工厂、自动化码头等进行调研采访，敏锐发现危机之下，中国供应链的韧性、安全性、稳定性等优势相较西方国家正进一步加强。

整组报道视野十分开阔，站在全球经济看中国的变化，而观察又非常入微，一个个生动的案例有很强的说服力。例如，记者走访上海最大的跨境货物代理民营企业，发现其2021年业务大幅增加，这其中85%以上来自跨境电商，表明高附加值小批量的跨境电商出口正成为一股新的力量。又如，报道展现了多家国内的数字化工厂，不仅实现了自身全自动化和数字化改造，更将上下游数百家供应商和客户也搬到了云端，真正实现了全供应链触网上线。数字化改造在疫情下催生了中国企业在逆境中跃升转型的向上力量，彰显了中国产业链的强大韧性和稳定性。

二、站位高远，内涵深刻

该组系列报道从数字赋能、区域一体化、双循环、"双碳目标"、物流供应链和外资再次回流等国际市场的关注点切入，多侧面剖析了中国危中寻机，浴火重生的智慧。思想站位高，内涵丰富深刻。

报道从多个方面，给出了中国供应链变化的全景图，展现了在百年未有之大变局中，中国力量正爆发出新的创造力。例如报道《从"蓝图规划"到"现实画卷"区域一体化铸造发展新动力》反映了长三角一体化、国际国内双循环等战略政策的持续落地，给了中小企业转型发展的强大动力，激励众多中小外贸企业逆势奋进。

该组报道以专业视角和独家调查，萃取了数十个现场，用数据聚焦中国的代表性案例，用现场镜头、一线采访以及权威专家拆解，生动展现变局下中国供应链的韧性、稳定性和崭新的活力，内涵十分深刻，给人以丰富的启迪和借鉴。

向世界讲述中国危中寻机的智慧
——《全球供应链变局下的中国机会》创作体会

第一财经频道制片　王皙皙

2021年，世界面临百年未有之大变局，疫情肆虐、经济衰退。北美港口拥堵、货运价格高企、零部件短缺、芯片告急、全球供应链混乱……大变局下，一贯被称为"世界工厂"的中国供应链，面临着怎样的机会和挑战？供应链背后的中国经济,在全球的竞争力又发生了哪些变化?这一系列问题,引发政界、学界、商界的热议和深思。

没有调查,就没有发言权。作为记者,最重要的就是深入现场,深入一线,去走访、去倾听、去记录、去调研、去看最真实和最一线的现场,这也是专业主流媒体最强大的竞争力,也是媒体可信度和影响力的重要基石。

自媒体时代,声音多元,噪声嘈杂喧嚣,但我始终相信,只要还存在对公共事件的好奇打量,还存在对众说纷纭的求证渴望,还存在对真相和未来的不懈追求,还存在对专业的渴望和长期视角的求索,那么,记者就不会歇业。

报道事实、尊重事实,还原真相、探究真相——仍然是新闻最强大的生命力,也是媒体最强大的力量之源。所以,面临百年未有之大变局下的好选题,记者的本能驱动着我一定要去现场看看,去求索浪潮之下,什么变了,什么又没变。

从策划到联系到落实到最终成片,耗时3个月,我走访调研众多中小外贸企业、跨国巨头、中欧班列、智慧工厂、自动化码头、跨境货代、新材料公司等,查看研究报告、统计数据、官方分析和解读等,约访众多权威专家和业内资深人士,多角度多侧面策划五集系列报道,最终合计播出时长近半小时,力求给出一幅中国供应链在变局中的全景图。

五集系列报道,分别从数字赋能、"双循环""双碳目标"、物流供应链、高水平开放等多角度切入,展现出从世界工厂到数字赋能的中国"智"造、从"双循环""区域一体化"赋予中小外贸企业在困境中的新契机,到低碳、脱碳技术重塑产业链、价值链,给予中国传统制造业一个全新的竞争起点和利器,从跨境电商、中欧班列到物流供应链近岸化、数字化,从全球加工厂到世界研发中心、创新中心和科技中心,从将现金技术引进来到把中国经验、中国管理和中国技术复制到全球……在各种现场,我感受到了在备受挑战的大变局中,中国供应链正在逆势崛起,这得益于中国人的勤劳、聪明、职业精神和应变能力,得益于中国改革开放40年以来产业链和供应链的深厚积淀,得益于中国体制机制优势,更得益于这个时代给予的独特机会。

一些人说中国不行了,一些人说外资要逃跑了,一些人说产业链要转移了……但是,当你深入黑灯工厂的现场,当你深入自动化码头的现场,当你走进外资新晋设立的全球最大、技术最领先的工厂,当你目睹千米产线、上万闸门,却只需一个工人远程操控的现场,当你体验每一个零部件一扫码就能拆分追踪到某个供应商、某个工人、某条产线和它诞生的那一刻……你会发现,新的经济浪潮下,中国制造的模样早已改变,中国制造的力量正在重生。

而当你的耳朵听到机器24小时不间断的轰鸣声,当你的双眼目睹中国生产的钢铁巨擘,放置在庞大的船舶上,汽笛鸣响的那一刻,当你看着车间里的工人无论多困难都要坚守在车间的一刹那,当你跟着工厂管理人员度过艰苦的一天……那一天、那一刻、那一瞬间,我觉得我是感动的,是坚定的,也是自信的。

2021年上半年,中国首超美国,跃升为全球最大外资流入国;2021年,中国制造业逆势增长9.8%,制造业投资同比增长13.5%;2021年,中国出口增长29.9%,领跑全球。

数字背后,正是一个个鲜活的故事和现场。在这个大时代中,一群人靠着信念坚守在一线。这些工人、这些工厂、这一大片耸立、连绵起伏的厂房、这一大群命脉相连的产业链……它们本身就是一个个有机的生命体,它们一直在进化、在演变、在升级、也在汇聚成一个整体,成就一股强大的中国力量。

二 等 奖

2021年度上海广播电视奖
参评作品推荐表

作品标题	伟大的开端——中共一大纪念馆开馆直播特别报道	参评项目	电视新闻
		体 裁	现场直播
		语 种	中 文
作 者（主创人员）	集 体	编 辑	集 体
刊播单位	上海广播电视台	刊播日期	2021年6月3日 12:00
刊播版面（名称和版次）	中共一大纪念馆开馆直播特别报道（6月3日）	作品字数（时长）	50分51秒
（作品简介）采编过程	整场直播以中国共产党创建的历史逻辑为总脉络,通过"红色起源""开天辟地""潮涌东方"三个篇章层层展开,精彩展现中共一大纪念馆高质量、高标准的建设和展陈工作,多维度呈现上海在发扬红色传统、传承红色基因方面的创新实践,生动反映纪念馆作为展示建党光辉历程、传承伟大建党精神的城市地标的重大意义。 120分钟直播中,共精心设置24次直播连线和记者体验式报道,平均5分钟就有一次直播互动,通过"馆内""馆外"两条相互交织的空间线索,共同串联起中国共产党在上海创建的历史脉络,生动讲述展陈背后的建党故事。其中,"馆内"线索以展厅中的展陈顺序依次展开,通过演播室连线场内记者,对馆内"序厅""主义的抉择展区""共产党宣言展台""巨幅油画《星火》""上海612处红色资源沙盘演示""五卅运动珍贵文物""李白电台修理工具"等重点展区、展品的介绍,充分挖掘中国共产党的精神灵魂和历史根脉。"馆外"连线部分,则与展厅内的展陈相呼应,记者分别在馆外的黄浦码头旧址、陈望道旧居、新老渔阳里旧址、博文女校等地,将展厅内的老照片、图片等展品进行实地延伸,更深入挖掘上海为何能成为中国红色之路起点的根源,彰显上海的红色基因和底色。 直播报道还特别邀请到中共一大纪念馆建设方、馆方负责人以及党史研究专家等参与演播室访谈,细致阐述全新的中共一大纪念馆为了讲		

采编过程（作品简介）	好建党故事所做的创新设计，讲述馆藏背后的故事，展现上海对于发掘保护红色资源、继承发扬建党精神的生动事例和创新实践，充分体现上海再创新奇迹的决心与魄力。 　　直播中还引入虚拟前景技术，将中共一大纪念馆作为中国共产党诞生地的标志搬入演播室，进一步提升了直播的画面感染力和冲击力，深化"伟大的开端"这一主题表达。
社会效果	两小时直播特别报道反响热烈，截至6月3日15时，直播及30条相关短视频产品，已分发至海内外新浪、腾讯、今日头条、优酷、抖音、快手、Youtube等16个平台，全网总浏览量突破300万。看看新闻Knews主持的微博话题"中共一大纪念馆开馆"，登上新浪微博的热搜要闻榜，阅读量突破4 390万。 　　中共上海市委宣传部新媒体阅评组专门撰文表扬称，这场直播生动展现了中国共产党在上海的创建脉络，凸显中共一大纪念馆作为共产党人精神家园的重要标志意义。

伟大的开端

——中共一大纪念馆开馆直播特别报道（节选）

雷小雪：欢迎收看《伟大的开端——中共一大纪念馆开馆特别报道》，我是小雪。今天上午上海各界人士隆重集会，怀着无比崇敬的心情，共同见证中国共产党第一次全国代表大会纪念馆正式开馆。这是上海深入贯彻落实习近平总书记重要指示精神，以实际行动庆祝中国共产党成立100周年的重大工程。中共上海市委书记李强出席并宣布，中共一大纪念馆开馆，中央党史和文献研究院院长曲青山在开馆仪式上讲话。

雷小雪：百年征程波澜壮阔、百年初心历久弥坚。100年前中国共产党在上海诞生，在中华民族的危难时刻担负起领导中国人民实现民族复兴的历史使命。100年来，中国共产党带领全国人民接续奋斗、攻坚克难，在革命建设和改革的伟大征程中创造了一个又一个人间奇迹，走得再远都不能够忘记为什么出发。1921年，树德里的灯光照亮了中国共产党前进的道路，也给这座城市留下了初心始发地的荣光。百年之后的今天，在即将迎来建党100周年之际，中共一大纪念馆正式开馆，它的全新亮相也是一种全新的表达，让上海这座红色基因融入血脉的光荣之城，铭记自己如何从过往走来，也激励自己奋击当下，奋进远方。建成之后的中共一大纪念馆，由中共一大会址、宣誓大厅和新建展馆等部分组成，在新建展馆外专门设置了一处广场，名为"一大广场"。5月1日试运行以来，这里就成为众多游客感受红色魅力的打卡地标。今天一大纪念馆正式开馆，那里最新的情况怎么样？马上连线正在前方的东方卫视记者周文韵。文韵你好。

【中共一大纪念馆一大广场："打卡"红色地标　传承红色基因】

东方卫视记者周文韵：小雪你好，我来为大家介绍一下，我现在所在的就是中共一大会纪念馆的一大广场了。可以看到我身后，这里就是中共一大纪念馆。

今天早上在这里举行了隆重而庄严的开馆仪式。我现在身处的这片一大广场，占地面积约为1500平方米，身处其中你会觉得这个景色非常优美，而且视野很开阔，心情是豁然开朗的。因为它一侧连接的是展馆，另外一侧我们随着镜头看出去，这是非常美丽的新天地，太平湖和太平桥绿地了。如果从空中俯瞰，整个一大广场的道路是呈现T字形的，而在T字形的交会处就是这个广场当中的国旗旗杆了。在这个国旗旗杆，每天早上的6点，一大纪念馆的工作人员和安保人员、国旗班会护送国旗到这里，然后升起国旗，风雨无阻。而以这个国旗的基座为起点，又会延伸出T字形的另外一条东西走向的道路。我们来看一下，也就是这一条道路。这条主干道也就像一根中轴线一样，串联起了一大纪念馆的一个建筑群。那我们来看这条道路并不长，它通往的就是兴业路。也就是说从一大广场到位于兴业路的一大会址纪念馆，可能也就只是走1到2分钟的一个路程。其实从今年5月1日一大广场试开放以来，每天都有很多来自全国各地的游客和市民到这里来参观打卡。他们最主要的就是看我今天身后开馆新落成的中共一大纪念馆。通过镜头大家可以发现，这个中共一大纪念馆虽然是新建的，但是它整个的建筑样式也是石库门风格的样式。无论是屋顶的瓦片，还是门廊、门楣、门头，它都是充满了石库门元素。那它也与之前的一大会址纪念馆的建筑风格是一脉相承的。整片区域是延续了建党早期时候的建筑风貌，也是保护了这一片文化保护区的一个建筑的一个文化机制了。我们来看一下，如果是环绕一大纪念馆走一圈的话，我们是可以看到在建筑的外立面上有许多镶嵌的一块块名牌，这个名牌上有渔阳理、辅德里、甲秀里、成裕里等，它们都是承载了重要的上海文化历史发展的红色地标。如果再凑近看一下，我们的整个一大纪念馆的东西两侧的正门，还有一个铁艺的装饰。来，我们请这个摄像走近了，给大家看一下这个铁艺装饰。这个铁艺装饰里面的建筑大家应该都很熟悉，是代表着上海天际线的上海中心、环球金融中心、金茂大厦和东方明珠。而在铁艺的最上方是中国共产党党徽的标志，这也是象征着没有中国共产党就没有新中国，也没有现在上海的社会发展。那么在今年五一期间，整个假期的七天小长假里面是共吸引了来自全国各地的四万多名游客到一大广场来参观，最高峰的一天是达到了1.1万人。那么从今天下午开始，我们的一大纪念馆就将正式对市民开放。不过要提醒的是因为疫情的防控要求，所有来这里参观的市民游客一定要提前在线上进行一个预约。那么预约的方式有两种：一个是中共一大纪念馆的微信官方公众号，还有一个是中共一大纪念馆的一个小程序。进行了线上的预约之后，你就可以到现场来参观了。那么一定要提醒大家的是，我们的中共一大纪念馆是位于整个一大广场之内的，也就是说来到这里你必须进入一大广场。那么一大广场一共是有一个主入口，是位于湖滨路的1号，在入口处还会有安检。进入广场之后就可以来到一大纪念馆进行参观。步入展厅,一共是有3 700平方米的展厅的建筑面积,有超过1 000件的展品,其中的包括了超过600件的一个实物展。稍后我的同事陈慧琳和章海燕会在馆内为大家带来详细的介绍。小雪,我这里情况就是这样。

雷小雪:好的,谢谢周文韵的介绍。刚才周文韵她是在新馆的位置给我们带来了直播报道。作为本次开馆的中共一大纪念馆的重头部分,新建的展馆是2019年8月开工建设的,它与中共一大会址一起共同构成了展示建党光辉历程、传承伟大建党精神的城市新地标。那展馆它的基本的陈列展厅的面积达到了3 400平方米,聚焦中国共产党建党初期在上海的革命实践,探寻中国共产党成为中国革命、建设、改革领导力量的历史密码。

【中共一大纪念馆全新亮相:生动展现中国共产党诞生历程】

配音:上海兴业路76号,一幢沿街砖木结构石库门住宅,它是中共一大会址,是中国共产党的诞生地,与它隔街相望,一座新的石库门建筑拔地而起,在一侧太平湖公园绿地湖泊的衬托下,成了一处融于现代都市中心核心商业区内熠熠生辉的红色纪念地,一大纪念馆新建展馆在外观设计上巧妙融合了石库门的建筑元素,经过党史专家论证,选取了12处红色里弄,树德里、渔阳里、广吉里……这些镌刻着红色基因的名字,做成门头形式,被安置于外墙之上。

中共一大纪念馆党委书记 馆长 薛峰:增加整个建筑的可阅读感,大家就可以通过阅读这些墙上的艺术装置,来进一步了解上海这座英雄的城市,在中国共产党诞生之后,党中央在这里前后开展了12年的城市斗争的那段恢宏的历史。

配音:步入新建展馆,空间开阔、庄重大气,迎面照壁"日出东方——从石库门到天安门"的历史组画映入眼帘。画上集结了党的历史上闪亮的红色地标,反映了中国共产党由小到大、由弱到强的历史征程。而这里还只是展览的前厅,整个纪念馆的本体部分都在湖面以下。

中共一大纪念馆党委书记 馆长 薛峰:新建面积是9 690平方米,在地面上只新建了2 000多平方米的建筑面积,而将近7 000平方米都是在地下展开的。

配音:为了既能和周边环境相衬,又具备足够充裕的展陈空间,设计之初就有了这样以展入地的想法。如今新建展馆,展厅面积由原来的1 000平方米扩展到3 400平方米,展线也从240米增加到了1 000米。展览以初心使命贯穿全篇,将中国共产党的创建放置到近代以来中华民族伟大复兴的历史大背景中,讲好建党故事、阐述建党精神。展览从馆藏12万件套文物和近年来从国际、国内新征集的档案史料中精挑细选了612件文物展品,比老的陈列117件,扩容3倍多。新建展馆在展陈手段上也多样化、生动逼真,动态视频、油画、雕塑,甚至用了全息技术进行历史场景的实景还原,可谓步步有景,处处有故事。

中共一大纪念馆副馆长　周峥:就是让大家想沉浸式的一个能够体验到我们中共一大整个会议的过程。

配音:从1951年一大会址被发现,到1952年修缮完成,设立纪念馆。从1999年会址新一轮扩建,再到如今的一大纪念馆开馆,上海正不断努力赓续精神血脉,守护好中国共产党人的精神家园。

中共一大纪念馆党委书记　馆长　薛峰:举个例子来说,原来我们这个一大会址纪念馆,它是个一室一厅的房子,摆不出多少家具,而现在我们是个四室一厅的大房子了,所以我们可以把各种我们的书籍、我们的这些文物史料,充分地在这个空间展示出来。对他们进一步地感受那个历史是十分有效的,同时也彰显我们上海是初心之地,光荣之城。

雷小雪:伴随着一大纪念馆的开馆,以伟大的开端为主题的中国共产党创建历史陈列主题展览也将会与公众见面。我们的记者章海燕现在就在展览的序厅的部分,作为整个展览的序幕和灵魂,在这里又有着怎样精心的设计?具体情况马上来连线海燕。海燕你好。

东方卫视记者章海燕:你好。我现在的位置就是在中共一大纪念馆全新陈列的序厅。序厅也是整个展厅的一个灵魂,它的设计主题是历史选择伟大起点。走这个序厅就有一种庄重、现代、恢宏、大气的感觉,因为它的层高非常高,有7米。在序厅中央是以中共一大会址标志性的石库门建筑为主雕塑群。13位中共一大代表错落有致、步伐坚定地迈出石库门,象征着中国共产党从这里诞生、从这里出征、从这里走向全国执政。在序厅两侧还设置了浮雕墙,在这一侧我们看到是以中共一大会址、博文女校、辅德里等石库门元素来反映上海是中国共产党的诞生地。另一侧是以南湖红船和烟雨楼等视觉元素,讲述了中共一大南湖会议。那么在这个序厅当中有一个展陈要特别向大家介绍一下,那就是在这个主雕塑两侧熠熠生辉的纲领墙。它是采用阴刻的方法,用金箔勾勒而成,将整个中国共产党第一个纲领镌刻在整面墙上。我们都知道中共一大通过了党的第一个纲领,但是这份纲领至今只有英文版和俄文版,并没有看到过中文版。那么如何把中文翻译的文本排版出来的?策展团队也动了很多脑筋,他们回到历史情境当中,找到了当年的新青年和共产党月刊的历史文献的格式进行了排版,经过反复研究之后,才呈现这样一个样貌的。那么此外我还发现这个纲领墙从上到下、从左到右,其实是有好几块石材拼接而成的。那为了保证纲领当中的每一个字都是完整的,不会出现在石材的接缝当中。所以策展团队在排版的时候,不仅在电脑上先排,而且在布展现场也是对每一个字的行间距、字间距都进行了微调。就比如说中国共产党第一个纲领这十个字就排了整整一个晚上。可以说，正是用这样的精益求精、匠心精神，才能够让我们的纲领墙呈现如此完美的一个视觉效果。其实在中共一大纪念馆全新陈列当中，大家看到的每一个展陈、每一个内容设计都是凝聚了策展团队的匠心和巧思的。以上就是序厅的情况，主持人。

雷小雪：好的，谢谢海燕为我们介绍的序厅的情况。我们回到演播室，接下来要为大家介绍今天来到我们演播室的两位嘉宾，他们是中共一大纪念馆宣传教育部主任杨宇和一大纪念馆的设计方，华建集团的董事长顾伟华。欢迎两位来到我们演播室。首先要给大家介绍一下，杨主任今天早上是刚刚才参加了一大纪念馆的开馆仪式，而且也在现场做了非常重要讲解工作，刚刚参加完来到我们演播室。其实作为一个资深的一大纪念馆的工作人员，对于这次全新亮相的一大纪念馆，它前前后后相关的准备工作是特别了解。您看刚才我们看记者连线在我们一大广场还有展厅里面的序章的介绍这一部分，我就觉得其实有一个感受，真的是焕然一新，有很多细节其实给我们印象都非常深刻。但是想要给到杨主任的第一个问题，我们先从这个细节回到宏观层面。可能很多人都想知道为什么我们在建党百年这样一个重要的一个时刻，我们要全新打造、全新亮相的一大纪念馆，它和我们以前的这个纪念馆有什么不同？

【中共一大会址接待量"井喷"式增长　呼唤展陈方式全新呈现】

杨宇：众所周知，上海是中国共产党的诞生地，总书记也曾经说过，中国共产党从这里诞生、从这里出征、从这里走向全国执政，这里是我们党的根脉。我们馆其实是建于1952年的，那么会址是1961年，被国务院公布为首批全国重点文物保护单位。那么在十九大闭幕前，也就是说作为国家一级博物馆的一大会址纪念馆的年接待量是年均50万。但是我们都知道十九大闭幕仅一周之后，习近平总书记带领中共中央政局常委集体瞻仰了我们馆。其实当年重走总书记之路也是为了探寻中国共产党人的精神密码，成了当下的热点。那么我们馆的接待量，那一年就飙升至了83万，以后的每一年我们的参观接待量都是超过140万的。总书记曾经叮嘱我们要建设和守护好中国共产党人的精神家园，而我们当时的展厅面积其实1 000平方米都不到，可以说拥挤的展厅和观众的参观需求，再加上我们馆讲好建党故事，同时也要讲好中国故事，展现中国形象的这样的一个使命担当，可以讲是种种因素呼唤，一大在建党百年之际要全新亮相，其实也就是更好地为了阐释初心和使命。要说到新馆和以前的一大会址纪念馆，它的创新点在哪里呢？我觉得其实我们将初心和使命贯穿了全篇，我们是用了一条红色步道将周边的红色的遗址、遗迹串联了起来，我们想打造出一个街区式的博物馆。那么想表达的是上海这座光荣的城市,它的红色基因其实已经融入了城市血脉。我们希望每一位到一大新馆来参观的观众都可以燃起信仰之光和理想之火。

雷小雪:这我都有自己的一个切身体会。刚才您说贯穿,我到现场去看了,我就发现视野非常开阔,就一头是连着会址,一头其实已经连到了新天地的太平湖。就是到了那儿你会有一种亲切感,还有仪式感。想要问到我们顾董,顾董,咱们是具体我们这个新馆的设计方,还有承建方,就我知道在您所在的单位,其实上上下下对这个新馆的建设非常重视,像您每个月都得去一次。那么我知道我们开始在接到非常重要和光荣的任务的时候,我们有一个宗旨,那就是我们要新馆旧楼自然过渡。其实要说到自然过渡,是不容易的。

顾伟华:对。刚才主持人也讲到了,其实新馆跟旧址如何和谐处理设计,是我们设计开始的一个重要的难点,也是我们关注的一个重点。大家可以注意到一大会址是在成片的石库门的街区,是一个烈士文化保护区,新馆必须跟它的既有的风格相传承,老馆如果说我们既有的石库门街区用两句话来说,我们叫"胡同树下小洋房,里弄小巷石库门"。那么石库门就是这个建筑的一个主要的元素。所以经过反复的推敲,最后我们确定了一个原则,就是既要尊重我们现有的历史风貌的风格,同时也保留我们石库门文化的一个特色,同时还要跟周边的文化相一致。所以我们从这几个方面来抓紧落实。一个就是说,我们的整个新馆其实有好多建筑组成,那么我们把它建成一个按照功能,分成个独立的、小的一个建筑单元来分开的布置,这样可以跟整个街区的风貌、尺度相一致。另外一个,你看到我们现在地上的高度跟周边其实是一样的。那么其实我们把主要的展陈放在了地下,这次我们把主要的地下空间做了充分的利用,我们把部分地下空间都拓展到太平湖的下面,这个也是我们这次一个特色。同时我们把地下空间的高度达到了7米,给展陈的空间达到6米的高度,这也是史无前例的。

雷小雪:对,待会儿我们有记者就会带大家到刚才您说的这个地下展厅详细看一看。

【新建展馆与旧址如何呼应与传承】

顾伟华:对,这也是我们这次一个特色。另外一个,我们在这次文化元素的传承方面,把文化的石库门的元素进行了提炼。举例说,这个石库、这个拱券、这个库门怎么建,在我们新建筑上反复地体现,这是我们建筑师用了很多的心思来不断地创作。大家看到我们这次新馆的大门,我们采用了5个门的方案,其实很大气、庄重。那么既考虑了我们公共建筑跟既有的一大会址,它是一个原来的民居的这么一个区别,同时把原来的我们一些元素加以呈现,同时也顺应了我们大客流的今后的一个展陈的需要,应该说这个是我们的一个创造。另外这次的墙面还是选用了灰砖,这个灰砖其实也在新旧选择的时候做了很多的考虑。

雷小雪:我听说光一面墙的颜色都选了十几遍。

顾伟华:对,这个也是反复推敲,最后我们选择了现在的灰色,新砖的灰色。但是这个红色的砖线,我们还是用老的砖经过打磨以后、抛光以后进行砌贴,这样跟整个街区周边的风格完全一致。同时刚才主持人也讲到了,这次我们把兴业路向东进行了拓展,使原来的那个街区进行了延展,一直延展到太平湖,这样把一大的会址的空间一下子开阔了,跟我们整个新馆跟旧址之间自然就连成一片。

雷小雪:所以这儿有一个特别重要的概念叫作第五立面,也就是刚才我们看到空中俯瞰的这个画面,就是我们还特别注重从空中俯瞰它的视角美不美。

顾伟华:对,这次也是我们设计的一个特色。这次也是按照李强书记的要求,要强化第五立面的设计。所以我们把很多建筑的一些设备,一些管线进行了加工以后,进行了整体的一个延长。所以这次从空中俯瞰,整个第五立面就相当漂亮,跟整个街区融为一体。

雷小雪:好的,谢谢两位的介绍,真的是特别细致,每一处都体现了我们的一个匠心。那时光一去100年,承载着这段红色记忆的一大会址已经成为中国共产党9 000多万党员共同的精神家园。那么我们党百年征程的起点为什么会是在上海呢?这座城市留下了哪些不可磨灭的红色印记呢?又是怎样守护和传承这份红色基因呢?接下来的时间我们就会跟随记者的脚步,通过馆内的一件件的展陈和馆外的一处处的红色地标来共同寻找答案。那么首先我们要把时间拨回到1840年。鸦片战争以后,中国遭受西方列强的大肆侵略和掠夺,山河破碎、国家和民族危亡之际,无数的仁人志士前赴后继,探寻救国之路。然而从洋务运动到百日维新,再到辛亥革命,这条路走得异常艰辛,希望总是与挫折相伴。我们的记者陈慧莹现在就来到了展厅的第一部分,"前赴后继、救亡图存",马上来连线她。慧莹你好!

【新增近代时期珍贵文物和照片 触摸爱国志士救亡图存心路历程】

东方卫视记者陈慧莹:你好,小雪。这次一大展览馆因为我们空间上的一个扩展,所以使得平时很多难得一见的珍贵照片、珍贵的一些文物都得以展现。那么就像我现在所在的这个展览的第一部分叫"前赴后继、救亡图存",就采用了一种4.7米的大型通柜,展出了大量近代的精品文物。就比如我现在身后的这门,这个大家都可能比较熟悉的是在鸦片战争中使用过的,清军使用过的一门叫"靖夷"铜炮之外,我们再来看这儿。这里是一面宽约2.3米的,上海公共租界巡捕房的这个旗帜,还有这边是清朝政府跟西方列强共同签订的不平等条约。这次我们能收集到的全部24个条约的文本,都得以完整地一个呈现。这些文物它揭开的历史是从百年前的鸦片战争开始,那么中国曲折奋斗的一个近代史也随之缓缓打开了。比如我们现在这儿展出的一些船、炮、兵器,其实它都是想告诉我们,在洋务运动之后,我们一些知识分子想要学习西方,造船、造炮,师夷长技以制夷,使得能够试图来拯救国家。那么我们再来看这儿还有一件一级文物,它是我们清朝的爱国将领邓世昌生前使用过的藏书章,叫发金书章。这些文物其实都能让我们慢慢地去感受、去体味百年前我们的仁人志士,他们是怎样去挣扎、怎样去抗争,试图找到一条救国的道路。可能很多人也会去思考,讲述中国共产党创建的故事,我们为什么要从这儿开始讲呢?那么事实上我们要回答中国共产党为什么会在20世纪20年代来诞生呢?我们就必须来讲中国近代史的一个历史逻辑,我们一路探索、一路寻求,那么我们最终面对的是什么呢?在这里有面照片墙,它告诉我们,我们面对的依然是苦难、是不幸、是水深火热,我们面对的依然是共和国的幻象。我们的出路在哪里?我们要寻求的新的道路该如何去抉择?那么展览也会带着我们继续去参观。小雪。

雷小雪:好的,谢谢陈慧莹的介绍。20世纪初的中国虽然苦难深重,但是重重压迫也唤起了民众的觉醒。1919年的1月,在第一次世界大战结束两个月后,讨论战后秩序的巴黎和会召开,中国以战胜国的身份提出取消列强在华特权。然而西方列强非但不理会中国的正当请求,还把战败国德国在山东的权益全部划归日本。那消息传回国内激起了民众的强烈愤慨,也成为五四运动的直接导火索。一场以青年学生为主,广大市民、工商界人士等中下阶层共同参与的爱国运动就此爆发。上海的学生和工人、商人群体发起了大规模的"三罢"行动,声援北京。五四运动犹如一声响彻云霄的春雷,从那一刻开始,饱受半殖民地、半封建社会压抑的中国青年,奋勇投身到了拯救祖国、拯救民族的伟大斗争当中。五四运动之后,一批胸怀救国梦的青年远赴法国,拉开了留学勤工俭学运动的序幕。那么这场席卷了全国的伟大运动,也是书写了中国共产党创建史的重要一页。有很多留法的青年日后都成为中国革命的中坚力量,而上海正是他们的起航之地。那我们的记者章海燕在馆内找到了几张珍贵的照片,马上连线她。海燕,听说你找到的这几张照片跟我刚才介绍的这段历史有关,赶紧给我们展示一下。

【留法勤工俭学:远赴重洋的伟大足迹】

东方卫视记者章海燕:好的,在五四时期受到新文化运动的洗礼和反帝爱国斗争的影响,在中国有一批有志青年为了探寻救国救民的真理,他们到法国去留学。那么由于自费去法国留学费用非常高,他们大多采取了半工半读的方法,一边在法国做工,一边学习新思想、新知识。周恩来、邓小平、蔡和森等人,他们从那里起步,走上了革命的道路。在展厅现场我们就找到了三张有关那段历史的珍贵照片,我们来看一下。最上面一张是1920年5月赵世炎赴法勤工俭学抵达法国的一个合影。这张照片我们找到了周恩来,还有张申府,也是他们在法国的合影。这张则是陈公培赴法勤工俭学时乘坐的邮轮。陈公培后来也成为我们党的最早的一批党员之一。上海作为当时中国最大的港口城市,从1919年3月到1920年1月,先后有20批,超过1 600名学生从上海出发,乘船去法国留学。当时黄浦江上有好几个码头,都是这批旅法学生的主要出发地,其中包括黄浦码头、惠山码头、杨树浦码头等,其中有6批学生就是从黄浦码头出发的。如今历经百年岁月变迁,黄浦码头现在又是怎样的一番景象呢?请跟随我们的记者沈倩一起去那里看一下吧。

【从黄浦码头起航:赴法勤工俭学 寻找真理】

东方卫视记者沈倩:好的,我现在的位置就是上海秦皇岛路32号,也就是上海黄浦码头的旧址。100多年前,博尔多斯号、斯芬克斯号、昂特来蓬号等船舶,分批从这里起航驶往法国。一批批风华正茂的有志青年从这里踏上了留法勤工俭学、寻求革命真理的道路。步入展厅,让我们走上1919年的黄浦码头栈桥。十月革命后,由中国通往法国的陆路被阻断了,那么由上海走水路就成为当时留法学生海上交通中的重要部分。据史料记载,从1919年3月一直到1920年的12月底,这个期间是赴法勤工俭学的一个高峰期。其间一共有20批1 600名学生从上海的黄浦江畔出发,其中有6批共650个学生就是从黄浦码头登船的,他们中有聂荣臻、向警予、蔡和森等。而他们中间最著名的就要数这两位,周恩来和邓小平,那年他们分别只有22岁和16岁。从这张路线图上我们可以清楚地看到,当年他们乘坐的航船途经中国香港、海防、西贡、新加坡、科伦坡、亚丁、吉布提、赛德港,最后到马赛,然后再乘坐火车抵达巴黎,耗时40天左右。下面的这张列表,就是当年他们乘坐的船只以及出发的时间。他们到达法国以后,学习新知、淬炼思想,逐步成为坚定的马克思主义者。我们再来看这张图片,这是当年邓小平在法国施耐德工厂做工时的档案卡,这些革命先辈怀揣着救国救民的梦想远渡重洋。历经千番,归来仍是少年,他们不仅改变了自己的人生,也直接影响了中国的命运。走出展馆,在黄浦码头旧址的一侧墙上有一面大型的浮雕,我们今天看到这个浮雕被围栏给围了起来,它正在进行一个更新和修缮。那么更新以后将会是一个什么样的面貌呢?我们了解到修缮后的浮雕墙重新设计了主画面元素,生动还原了众多青年学子和有识之士从这里登船,留法勤工俭学的生动场景。浮雕墙的两边还做了照片墙,增加了背景知识介绍,通过一张张老照片,让我们更贴近历史、了解历史。

雷小雪:就在大批的有志青年奔赴海外的同时,国内的知识分子也在苦苦地追寻革命真理,探索救国道路。1920年的3月、5月间,他们陆续来到了上海,是什么吸引他们会聚在这里? 这一次他们集聚在一起,将会碰撞出怎样的思想火花? 我们记者章海燕现在来到了名为"主义的抉择"展区前,我们马上要请她给我们讲述那段历史。海燕你好。

【"主义的抉择":历史和人民怎样选择了马克思主义】

东方卫视记者章海燕:你好。大家可以看到我身后这个展板非常醒目,上面写着"主义的抉择"。它的布展方式也非常特别,精心选择了100种在"五四"前后传播马克思主义、社会主义学术的报纸、杂志,把它们制作成了一个透明、高大的、立体式的一个视觉装置。在这个装置之前,我们看到有一个多媒体视频,是讲述了"五四"前后涌入中国的各种新思潮。这边重点要介绍的就是这一本杂志,1919年的《新青年》第六卷第五号,李大钊把它编成了马克思研究专号,并且在上面刊登了自己的长篇文章《我的马克思主义观》,这也标志着李大钊正式地转变成为一名马克思主义者,也标志着马克思主义在中国进入一个广泛传播的一个阶段。其实在这样一个展区,我们可以看到很多平时难得一见的小众的红色文物,这次都一一被挖掘展示了出来。比如说上(20)世纪30年代亚东出版社出版的陈独秀的《独秀文存》,还有我们看到的李大钊的英文打字机,还有李大钊的手抄文集,以及《共产党》月刊创刊号等。这些珍贵的文献都向我们讲述了李大钊、陈独秀这两位在中国共产党创建史上的关键性人物,他们在思想上的高度的一致。现在我们来到这个展区就是聚焦了李大钊、陈独秀,南陈北李相约建党的历史时刻,并且我们看到这边是通过雕塑这样艺术化的方法,来再现了这样一个历史时刻的关键。我们看到在李大钊这个雕塑旁边是复刻了一个叫亢慕义斋,这个亢慕义斋就是李大钊在北京大学的办公室,他也在这里成立了马克思学术研究会。在陈独秀雕像这一侧,则复刻了一个石库门的门楼,这个就是老渔阳里2号。1920年陈独秀来到上海以后,他不仅在老渔阳里2号居住,也把《新青年》杂志的编辑部设在那里,并且在老渔阳里2号成立了中国第一个共产党的早期组织。那么如今老渔阳里2号依然静静地矗立在南昌路100弄。下面请跟随我的同事杨柳依一起去那里看一看,感受隐藏在石库门深处的那段百年历史。

【渔阳里的火种:中国红色之路的起点】

东方卫视记者杨柳依:南昌路100弄100年以前又叫作"老渔阳里",叩响这扇乌漆木门上的铜环,清脆的声音,仿佛穿越时光,带领我们重回百年前的风云岁月。1920年五四运动以后,为了躲避北洋政府的追捕,陈独秀来到上海居住在了这里,也把他创办的《新青年》杂志带回了上海。当时陈独秀和家人就居住在二楼,现在所在的一楼就是《新青年》杂志编辑部的所在地,当时这里堆满了《新青年》杂志,这里也是大家开会商议事情的地方。陈独秀既是思想界的明星,也是五四运动的总司令。加上《新青年》在当时的巨大影响,很多青年人看了《新青年》杂志上的文章后慕名而来。在一楼客厅里我们还发现了一块小黑板,可以看到上面写着会客谈话以15分钟为限,可见当时宾客如云、群贤毕至的热闹场景。当年的老渔阳里2号还是宣传马克思主义理论的重要阵地,在展陈的众多《新青年》杂志中可以看到,这个1920年9月的《新青年》杂志封面非常特殊,它的封面上面有两只大手,跨越东西半球紧紧相握,意味着中国和苏俄两个政党之间的紧密关系,表明了《新青年》杂志性质的变化。由陈望道翻译的首个《共产党宣言》中文全译本正是在这里,由陈独秀和李汉俊校阅,完成了编辑出版工作,最终走向全国,成为点亮无数人的信仰之光。在陈独秀工作生活过的地方悬挂着一幅油画,它记录了中国第一个共产党组织的成立——这一具有里程碑意义的历史场景。1920年6月,陈独秀与李汉俊、俞秀松、施存统、陈公培5人正是在这里开会,商议成立了中国的第一个共产党组织,也就是后人所称的"上海发起组",这也是中国的马克思主义者向建制化政党转变的一个重要标志。伴随着上海发起组的成立,中国共产党一步步走向组织的成形和壮大,第一份党刊《共产党》,第一份工人刊物《劳动界》相继在这里创刊。而从老渔阳里2号发出的一封封信函也积极推动了各地的建党工作。近年来,老渔阳里的修缮保护工作也在加紧进行。2018年这里进行了还原性的结构加固以及保护性的修缮,使得这一段红色记忆焕发新生。

雷小雪:刚刚杨柳依的介绍当中提到了一本在中国共产党创建的历史当中不可或缺的经典著作,那就是《共产党宣言》。1920年的8月,由陈望道翻译的首个《共产党宣言》中文全译本在上海出版,一经推出就引起了强烈的反响,其后更多的译者接力翻译传播信仰的火种播撒开来。那么在一大纪念馆,就专门围绕《共产党宣言》设置了一个展台,我们接下来要继续连线的就是正在展厅里面的陈慧莹。慧莹,听说接下来你要带我们看的是镇馆之宝。

【"镇馆之宝"《共产党宣言》72个版本一次性展出】
东方卫视记者陈慧莹:是的,小雪。我现在已经来到了我们《共产党宣言》陈设的一个专区,这里边是第一次我们馆藏镇馆之宝的《共产党宣言》的全部72个版本,在这儿全部组团式展出。这里边除了有陈望道翻译的6个版本之外,还有像博古、华岗、成仿吾等其他人翻译的一些版本。那么我们先来看这个展柜,这个展柜里边放着一红一蓝两本《共产党宣言》，这个也是最珍贵的。那么先看这本泛黄的，它就是我们1920年8月的第一版《共产党宣言》的中文全译本。它长18厘米，宽12厘米，封面是水红色的，印有马克思的半身像。那么可能很多人也都听说了一个小插曲，就是在当时由于疏忽，我们把封面的书名错印成了"共党产宣言"。后来在9月我们就重新再版，然后加印了1 000册，然后把封面改成了正确的《共产党宣言》，然后把颜色底色也改成了一个蓝色，就有了我右边的这一本《共产党宣言》的第二本的这个，第二版的中文全译本。这个印错封面的小插曲，其实也是意味着我们革命的道路从来都不会一帆风顺。

【翻译、出版、守护多媒体手段演绎宣言背后的故事】

东方卫视记者陈慧莹：那么现在我们再来看我身后的展柜后的三叠式的一个视频，它其实是采用了多媒体的一个手法讲述了和《共产党宣言》紧密相关的三个故事。那么第一个故事，《真理的味道》，大家可能比较熟悉，它讲述的是陈望道在浙江老家义乌翻译《共产党宣言》的时候蘸着墨汁吃粽子的这样一个故事。第二个故事是《信仰的力量》，它讲的是陈望道把一稿带到上海之后交给陈独秀，由李汉俊、陈独秀来一起校对，之后交给上海的又新印刷所来出版的故事。第三个故事是《初心的守护》，它讲述的是中国共产党的早期党员张人亚守护这本珍贵的刊物的这样一个经历。所以我们说从翻译到出版，再到传播，再到守护，可以说我们通过这三个故事的挖掘和这样一个讲述，使得我们《共产党宣言》这本刊物变得更为鲜活和立体。那么作为陈望道的这个故事，因为我们知道他是我们的中文全译本的第一位译者，所以他的故事和这本珍贵文献之间，我们可以说有一箩筐也不为过。那么下面我们就跟随我的同事戴晶磊，一起去那边看一下。

【探访陈望道旧居：真理之甘 信仰之源】

东方卫视记者戴晶磊：这里是杨浦区国福路51号复旦大学第九宿舍，我身后这栋被许多复旦学子亲切地称为"绿屋"的三层小楼，就是复旦大学的老校长，同样也是《共产党宣言》首个中文全译本的翻译者，陈望道的旧居。从1956年入住，到1977年离世，他在这里生活了整整21年。2018年，为了纪念马克思诞辰200周年，这栋小楼修葺一新，并以《共产党宣言》展示馆的全新身份对外亮相。三年来，一批又一批的党员和社会各界人士来到这里共溯信仰之源，品味真理之甘。走入一楼宣言大厅，不同年代、不同版本的《共产党宣言》陈列其中，可谓目不暇接。而这当中最重要的展品当属我左边这本由陈望道翻译的第一版《共产党宣言》中文全译本，它也被称作"红本"，目前在全国仅存十几本，可谓非常珍贵。《共产党宣言》出版后,陈望道继续开展工人运动,他创新了马克思主义的传播方式,将《共产党宣言》改编成通俗易懂、朗朗上口的太平歌放进了1922年的贺年贴,而后上街挨家挨户敲门散发。他也是新中国成立后复旦大学首任和在任时间最长的校长,在教育思想战线上继续党的事业。直到87岁离世前他还用颤抖的手写下遗嘱,叮嘱自己的孩子要争取早日加入共产党,要为党工作。无论走了多远都不能忘记来时的路。而今的《共产党宣言》展示馆已经成为复旦大学传播红色基因的重要前沿阵地。由超过60位复旦师生党员组成的薪火志愿服务队,至今已经接待了超过6万人次。2020年"七一"前夕,队员们还收到了习近平总书记的来信,在信中鼓励他们要继续宣讲好陈望道同志追寻真理的故事,心有所信,方能行远。而到了今年"七一",《共产党宣言》展示馆同样也是陈望道旧居所在的区域,也将有新动作。从航拍当中就可以看到,同处复旦大学第九宿舍的谈家桢和苏步青旧居,目前正在加紧修缮布展,有望在"七一"前正式建成并对外开放。我们也期待到时候您可以到这边来走走看看,让我们一同领略大师风采,品味真理的味道。

雷小雪:陈望道翻译的《共产党宣言》为中国共产党的创立和党的早期理论的建设奠定了思想基础。一个政党的发展壮大离不开年轻干部的培养。我们党的创建者们很早就考虑到了这个问题,不过在当时的背景之下,类似的工作显然没有办法公开化。这个背后又有着怎样曲折的故事呢?那么继续要连线的是位于中共一大纪念馆内的记者章海燕。海燕,其实回顾这段历史,我们要讲述的是共青团的起源了。

【"外国语学社"招牌之下:优秀青年干部成长的摇篮】

东方卫视记者章海燕:对的,我身后这个展板聚焦的就是新渔阳里。那么当年为了培养党的青年干部,1920年8月上海社会主义青年团在新渔阳里6号正式成立了,这位就是上海社会主义青年团的第一任书记俞秀松,他也是陈望道的学生。当年陈望道翻译好《共产党宣言》之后,也是通过俞秀松,把翻译稿带到了老渔阳里2号,交给了陈独秀、李汉俊校阅之后才出版发行。当时为了掩护党团活动,新渔阳里6号还挂了一块特殊的牌子,叫作"外国语学社"。那么它还刊登的一个招生广告,其实在里面学习的学生大多数都是各地党组织推荐的青年才俊。正是在这块牌子的掩护之下,他们开展了各种革命活动。外国语学社人数最多的时候有五六十名学员,包括刘少奇、任弼时、萧劲光、罗亦农等,都曾经在那里学习过。那么在外国语学社他们除了要学习马克思主义学说,当然也是要学习外语的,尤其是俄语。因为他们经过短期培训之后,还要到苏联继续深造。所以我们说新渔阳里的活动其实也是具有开创性意义的,它不仅奠定了中国共产党人才培养的模式,也培养了一批优秀的青年干部,成为革命的中坚力量。

雷小雪:好的,谢谢海燕的介绍。其实通过刚才的这些连线,我有一个非常深刻的感受,每一件小小的文物都承载着一段段波澜壮阔的历史。所以正是从这个意义上来说,像一大纪念馆这样的红色纪念馆已经成为党和国家的红色基因库,也蕴含着弥足珍贵的精神财富。接下来要给大家介绍一下来到我们演播室参与讨论的两位嘉宾,他们是中共一大纪念馆宣传教育部的主任杨宇,以及上海市委党校马克思主义学院执行院长王公龙。欢迎两位。杨主任先要请教您,您看刚才我们跟随我们的记者在这个展厅里面这一路走过来,我就有一个特别大的感受,就感觉变化挺大的。你看现在这个展陈,它时间跨度特别大,而且很多细节都讲得特别细。

【新建展馆空间盛大扩容 新增最新发现史料】

杨宇:其实我相信跟着这个记者的镜头,我们就可以发现,到了一大纪念馆最大的感受就是展厅变大了、展品变多了、展项更炫了,但是我们的阐述却更细了,是吧?其实我们是希望可以充分彰显,也是立体化地诠释,上海是中国共产党的诞生地、是一个初心始发地,我们通过了1 168个展项、612件文物是生动诠释了中国共产党在上海孕育和诞生的整个这样的一个过程。

【融入多种最新技术手段 全景式讲述党史】

杨宇:而且为了讲好这个故事,我们还充分结合了很多的多媒体装置,也就是最新的技术手段,对建党历史进行了一个全景式的、多维度的、全方位的充分叙述。所以刚才在记者的镜头前,我们可以看到,在文物配置方面,我们除了展示国内已经披露的一些重要的文献资料之外,也运用到了有一些是近年来从俄罗斯、从英国、从法国、日本等地征集来的,新的建党时期的档案史料。那么在突出重点文物设计方面,我们采用的方式叫"专题式和组团式配置"的方法。

雷小雪:专题组团。

杨宇:对,将文物融入历史的场景当中,我们想运用鲜活的声像资料,立体化地来讲述文物背后的建党故事。刚才其实我们已经看到了,《主义的抉择》是不是。

雷小雪:对。

杨宇:就感觉很大的一面墙,那么其实这个里面是我们馆将珍藏的上百本发行于上(20)世纪初的先进的思想刊物,就做成了一面非常通透的、立体的一个主义墙。其实这种展陈方式是想引发观众思考,中国和中国人民为什么在这么多的主义、理论、社会制度，还有形态当中最终选择了马克思主义，所以叫主义的抉择，从而孕育出中国共产党。还有刚才我们看到的那个《真理的味道》，也是我们馆珍藏的72个不同版本的《共产党宣言》的中译本的集体亮相，所以这全部都是一种全新的方式。还有包括您讲的就是我们现在展线拉长了，我们的第五部分叫《砥砺前行　光辉历程》。其实这一部分是引发观众思考，怎么样来对比今天的生活，回忆过去，来感受历史、思考当下和对比今昔。其实讲得直白一点儿就是我们将历史的时间轴拓展成了历史的坐标系，从形态、内容、结构、空间，四个方面来增强对建党历史的叙述能力。

雷小雪：所以你看它是把时间和空间进行一个交织之后，让观众来到这个环境当中。其实首先你就回到了历史的时间点上。

杨宇：对，它既有时间线的这种把控。

雷小雪：空间也拉近了。

杨宇：对，有一个空间性的这样的一个了解。

雷小雪：像刚才杨主任就说到，他说其实观众在观展的过程当中，脑子里就会一直在想、在思考，上海为什么能成为党的诞生地？王院长，这个问题要交给你。

王公龙：上海之所以能成为我们党的诞生地，它不是偶然的，它是很多条件综合形成的。比如说上海市是马克思主义传播的一个重镇，前面的影片中已经给大家介绍了，其实在我们党马克思传播过程中，上海发挥了非常独特的作用。比如《新青年》它就出现在上海，然后在《新青年》上发表了很多的介绍马克思主义的重要的文章，比如《布尔什维主义的胜利》《我的马克思主义观》等。前面还有比方说1920年2月陈望道翻译的《共产党宣言》，1920年8月就诞生在我们上海复兴中路，实际上这个传播起了很大的作用。此外，上海在陈独秀的周围，实际上凝聚着一批创党时期的先进分子，比如说李达、李汉俊、俞秀松、陈望道、邵力子等，那么这实际上在建党过程中发挥了重要的作用。除此之外，还有上海是工人阶级发展壮大的一个重要的地方。上海的工人阶级快速发展，而且在马克思主义传播过程中，它跟工人阶级结合，这样它就有了鲜明的特点。就特别是在五四运动之后，这一点是展现得非常明显，这为后来我们党的力量的发展，奠定了很好的组织基础、思想基础。除此之外，上海也有它开展革命、创党的一个独特的条件，就是它有比较好的隐蔽条件。因为我们讲上海实际上是一个万国之城了，因为它租界比较多。你比方我一大召开，它实际上在法租界。它之所以在法租界，因为与那个地方的相对便于开展革命的条件有关系。因为相对来说它治安管理比较松，再加上因为它是租界，外国侨民也比较多，那么这样，比方说共产国际代表来了以后，他也便于隐蔽。那么我觉得这也是之所以在上海的一个重要原因。除此之外,还有一个上海它独特的交通条件,它的陆路,它的水路都比较方便。这样一方面共产国际代表来到这里比较方便,还有一个就是来自全国各地的参会的代表能够快速地到达上海,我觉得这都是一大能够在上海召开的重要原因,所以它是综合多种因素形成。

雷小雪:所以说我们今天看到全新亮相的中共一大纪念馆,也是带领观众更好地去思考并且理解为什么上海能成为党的诞生地。因为历史是最好的教材,也是最好的一个营养剂。好,我们稍后继续回到直播当中。

2021年度上海广播电视奖
参评作品推荐表

作品标题	我在"一大"修房子	参评项目	电视新闻
		体 裁	新闻专题
		语 种	中 文
作 者 （主创人员）	戴晶磊、李连达、屠佳运、陶余鑫、师玉诚	编 辑	叶钧、朱世一
刊播单位	上海广播电视台东方卫视	刊播日期	5月10日06点37分
刊播版面 （名称和版次）	《1/7》栏目	作品字数 （时长）	17分08秒
采编过程 （作品简介）	2020年11月，为迎中国共产党建党百年，中共一大会址开启史上最大规模修缮，12个小分队近百名施工人员四散在各个空间，只为还原这座石库门老屋百年前的容貌。在多番沟通获得中共一大纪念馆同意后，摄制组几乎与修缮团队同步进场，全程蹲守拍摄，独家记录下了这座全国重点文保单位"焕新"全过程。 在整个拍摄过程中，摄制组拼尽"脚力"，每天都在脚手架上下"飞檐走壁"，在粉尘弥漫、噪声环绕的空间内，不仅将镜头对准一批神秘亮相的古老工艺，更聚焦修缮背后那些不为人知的匠心与汗水，比如为了清水墙的配色方案，专家团队争论数月，多次冒着彻骨寒风实地考察，只为向公众呈现最自然的呈现方式；再如广漆团队如何争分多秒，在冲刺阶段克服老地板反复起壳等困难，只为给中共一大会址数千平方米的木质构架涂上最亮丽的"专属红"。五个月"精益求精"的背后，不仅是用高质量献礼"建党百年"，更有传承和坚守，对施工团队和摄制组而言，不啻为一场精神洗礼。 为了增加镜头语言的表现力，全片运用了航拍、GoPro、Insta360等多种拍摄手段，将时政题材讲活讲透、讲得深入人心。		
社会效果	该专题在电视端播出后，收视效果喜人，尤其是拆分出的两集在上海本地黄金时段《新闻透视》栏目推出后，不但收获同时段上海本地排名第一，收视率更是比前一档栏目跳高了两个百分点，对于时政类题材来说，着实难得一见。		

我在"一大"修房子

导语：

欢迎收看《1/7》。

2020年11月17日，"中共一大会址纪念馆"实施闭门大修，从冬天到春天，历时整整四个月。没有大功率的照明设备、无法使用现代化吊装，清水墙、屋顶瓦、熊猫眼、石条框、木质雕花等，都要在人工打磨下复原百年前的"容貌"。在此次修缮的背后，有哪些不为人知的故事呢？我们一起来看记者报道。

2020年11月17日，为迎建党百年，中共一大会址实施闭门大修。从冬天到春天，依然有不计其数的参观者来到这里，望一眼这栋矗立了百年的二层石库门房子。

摄影爱好者们带着"长枪短炮"而来；马克思主义学院的大学生带着研究课题而来；还有自发上门监工的"老土地"。

（市民：这个太伟大了！上海独一份，没有第二份的。）
（市民：修好以后，庆祝（建党）100周年以后，我们国家会越来越好。）

万众瞩目之下，那个脚手架背后的天地究竟是怎样的？

没有大功率照明设备，也无法使用现代化吊装，12个小分队近百名修缮人员四散在各个空间，几个月的时间，清水墙、屋顶瓦、熊猫眼、石条框、木质雕花等，都要在人工打磨下，复原百年前的"容颜"。

（实况一点：这块墙上有一条裂缝，暴露出来了，弄好以后颜色再修一修。）

爬上爬下、拍照、给工程挑刺儿,是技术顾问赵为华每天的日常。一大会址10年前的大修,也是这个团队操刀设计施工,可这一次的任务,对他们来说依然非同寻常。

100年前,这里是望志路。在树德里这条寻常巷弄里召开的中共一大,改变了中国革命的面貌。党的"一大"宣告了中国共产党的正式成立,中国历史从此揭开了新的篇章。

百年岁月,建筑无声,未曾改变的乌漆木门、朱红窗棂,让红色历史的讲述多了一份"原汁原味",保持住这份"原汁原味"是对每一位参与修缮人员的考验。

(实况　施工人员:就在这个地方。)
(实况　牛凯:对,就在这边,这儿中间有个窗户。)

这是32岁的牛凯第一次担任全国文保单位修缮的项目经理。每天,他都必须在施工人员、设计师、馆方之间"穿针引线",只为将200多张图纸上不计其数的数据落实到最终的呈现。临时搭建的办公区域内,他将项目进度表贴在了最醒目的位置。

[牛凯　中共一大会址及博文女校修缮项目经理:按照原样去复制,这一块是比较重要,原先的修缮经验一个是(需要)我们新的一批人去学习,第二个也是传承他们(前辈的)匠心。]

(陈中伟　中共一大会址及博文女校修缮项目总设计师:这次修中共一大会址,相对来说还是比较彻底的一次。为了一个灯、一根电线、外墙的一块砖,都要进行一个考量。)

历史建筑的修缮、风貌的呈现,常常存在矛盾和争议。"一大代表宿舍"博文女校是此次修缮工程的一部分,这里的一角,竖着两栋建筑外立面的配色方案标牌。来自设计、施工、馆方、文保专家等各方人员已经争论了整整一个月。

施工队根据此前的讨论意见,在博文女校的东南墙上制作了四个小样,从"完全清水墙"到"百分之百做旧",依照斑驳感的不同,分别试验了四种不同程度的拼色渐变处理。

[实况　陈中伟:这幢房子我是倾向于第一种方案(完全清水墙),我们不要

去做太大的变化。]

[实况　文保专家：我觉得还是这一种（百分之百做旧），因为以前的一大会址总是觉得太新了。]

一大会址和博文女校都经过多次大修，按照最近两次的修缮方案，两栋百岁大楼灰红相间的外立面，都是在风化了的砖墙表面刷上一层老砖砖粉，再通过嵌入半拱形"元宝缝"，将砖格划分开来。在文保专家看来，如此清一色处理会缺乏沧桑感，而且没有天然砖的质感。此次百年大修，他们想弥补这一遗憾。而设计方的顾虑则在于，一旦"变装"，就会颠覆了多年来"一大"留给公众的印象。

[实况采访　郑时龄　中国科学院院士：大家觉得应该是表现它的色差，更自然一点儿，因为以前修的时候其实觉得是（单一的）方式，但是我们觉得应该多样化地来表达。]

（拼色处理实况：这个颜色太黄了。）

按照专家提出的"百分之百做旧"的方案，墙面上的每块砖格都必须进行"拼色处理"。所谓"拼色处理"，就是用笔刷蘸上稀释剂和色浆调的混合液，涂抹于每一块砖格上，然后快速用海绵吸收，营造深深浅浅的渐变感。

（做小样实况　陈中伟：海绵！擦擦擦！这个不好看，这个一拼就像一块面砖了。）

先后试验了几个小样，总设计师总陈中伟还是不满意。

（实况采访　陈中伟　中共一大会址及博文女校修缮项目总设计师：我要求的是尽善尽美不留遗憾。）

与时间赛跑、又不能放松苛求，"考古式修缮"渗透于改造工程的一砖一瓦。
用来修复屋顶的三万片同年代同款式的小青瓦，是材料员跑遍长三角，寻寻觅觅三个多月后，最终在川沙海边淘来的。
二楼裙板上的雕花构建，运用古老的生漆贴金工艺，保证颜色鲜亮耐久。

[实况采访　李雅东　中共一大会址修缮贴金项目负责人：（根据）周边环

境温度湿度变化,有时候(贴金)时间要么提前要么延迟,所以说这个还是需要技术把控。]

而为了最准确地复原出100年前木门、木窗、木地板的颜色,像这样的调色样板,前前后后制作了不下10块。

(实况　赵为华:一个、两个、三个、四个、五个。)
(实况　记者:有五个颜色,看不出来。)
(实况　赵为华:最后选定这一块)

(赵为华　中共一大会址及博文女校修缮项目技术顾问:我们修文物建筑的,颜色是非常敏感的问题,一定要把握住的。)

为中共一大会址近3 000平方米的木质建筑结构涂上专属红色的,是一种叫作"广漆"的古老工艺,它又称"国漆",已有上千年的历史。

这天,施工人员将完成一道至关重要的工序:为石库门内的木地板上漆。

[孙伟　中共一大会址修缮广漆项目负责人:它(广漆)跟别的漆不一样,干起来会比较慢,所以我们在底漆刷完以后把它清理干净,擦好以后还要用吸尘器吸完以后再擦,这样的话漆刷上去,附着力也比较好。]

广漆工艺能让一间间客堂、一面面裙板焕发百年前的活力。而要完成这个工序,施工人员必须把原先依附在木质结构上的旧有漆彻底脱漆留白,再用石膏、瓦灰、生漆调制成的腻子批嵌在木材上,反复打磨至表面光洁,面积大的木板还须加贴一层夏布以防开裂,尔后再批嵌、再打磨,这一过程循环往复至少三次,待到表面完全光洁平整,方能涂上底漆和面漆。从里到外,一个广漆流程下来,前前后后需要历经12道工序。

(孟雨露　中共一大会址及博文女校修缮项目主要设计师:整个时间把控上面,在工程上占的时间比例就特别大。受到气候的影响、温度的影响,就会有很多不确定的因素在里面,所以这个是比较重要的一个环节。)

最后一道面漆还未开刷,走道、楼梯、地板上,"底子"却出现了突发状况:之前几天批好的涂层底漆并未完全依附在木材表面,局部漆皮起壳脱落。

〔实况采访　程德清　中共一大会址修缮广漆项目施工人员：(地板)以前维修过多次,(旧有的漆)太厚了处理不掉,有的没有处理掉,一刷就起泡,以前一层一层就氧化了,就抓不住漆面了。〕

铲去翘起部分,再批嵌、再打磨、再清洁,整个上漆流程不得不推倒重来。

(孙伟　中共一大会址修缮广漆项目负责人：这个很难修,一次是处理不干净的,所以我们现在是第二次再处理,如果还出现这个问题,我们还要反复,直到处理干净为止,我们才能把广漆再刷回去,为了保证质量以后不会有问题。)

老师傅们都对陪伴了自己大半辈子的老手艺充满感情,广漆班班长程德清师傅,施工间隙总不忘向年轻人授业解惑。过去30多年,他先后参与过400个古建的修缮,这些自制的马毛刷、牛角刮片,都是刚入行时父亲留给他的,即便如今用不上了,他也会随身带着。

〔程德清　中共一大会址修缮广漆项目施工人员：(以前)我还到老挝、俄罗斯、缅甸,那里我都去的,都去做过(漆工)的,外国也很欣赏中国的传统。〕

〔看手机照片实况　程德清：他(国外的徒弟)开始跟我做小工,后来我就讲你做大工,反正我在这里时间长。〕

说起自己的"洋徒弟"以及参与过的重大修缮项目,师傅们无比自豪。而参与"百年一大"的新生,无疑又多了一个自豪的理由。

(吴献礼　中共一大会址修缮广漆项目施工人员：这个是中国共产党的一大会址,是一个非常神圣的工地,在我们一生当中是遇不到第二个的。我们做的时候感到很高兴很荣幸,有多大力量就出多大力量,有什么技术都全部使出来用。)

气温回暖,涂料成了过敏源,尤其在进行打磨工序时粉尘弥漫,如若防护不力,大部分人都难逃过敏反应。

(实况：他第二张纸巾擦了还是这么黑。)

周而复始地打磨、批灰、风干后,终于遏制了起壳问题,而广漆工艺的最后一道工序,涂刷面漆也终于提上了日程。

(一组涂刷面漆动作快剪。)

一间间客堂内,广漆师傅们三两配合,争分夺秒。

(孙伟　中共一大会址修缮广漆项目负责人:一个空间一次把它刷完,一个人在前面刷一个人在后面收,这样的话整个看上去看不到刷的痕迹,这样看上去比较整齐,而且没有断断续续的痕迹在上面。)

早已黯淡的一块块地板,正借由传统工艺重新披上外装。上过漆的空间还须封闭至少三天时间,等待面漆完全风干。

(一组完工镜头间隔。)

随着广漆工程正式收官,修缮项目也进入收尾阶段。黄陂南路两侧,包裹在博文女校、中共一大会址上的脚手架相继卸下,"百年风华"初显:清水墙灰红相间。

[市民:002045 我觉得卸脚手架像幕布拉开来一样,(象征)中国共产党百年新的启程。]

最终经过多方慎重考虑,外立面没有采用"百分之百做旧",仍然延续了以往的风貌。

(陈中伟　中共一大会址及博文女校修缮项目总设计师:中共一大会址,好多的电影、媒体包括游客都在这个门口要留影,修好以后如果完全变了一个色系,大家可能不一定会接受。)

在脚手架背后,那些没能最后呈现出来的努力和付出,其实都值得被铭记,因为他们都是构成一大会址最终能够完美亮相的一部分。

3月15日,经过深度清洗的大理石门牌被搬了出来,时隔四个月重新上墙。

(市况采访　赵为华　中共一大会址及博文女校修缮项目技术顾问：如果重新开放了，社会上各界人士来参观、学习、瞻仰，能够有一个情景复原的感觉，就像一下子把这个年代拉到1921年。)

兴业路76号，中共一大会址。这座百年建筑，见证了中国共产党从石库门走向天安门的奋斗历程，也是当下9 100多万名中国共产党党员的"精神家园"。经过精心修缮，历经百年风雨的红色建筑再度焕发新生。红色历史就在这里从未走远，红色基因已经深入城市肌理，在新时代中焕发出历久弥新的生命力。

四个月、一百多个日夜，变化的不只是一大会址，就在施工间隙，牛凯悄悄写好了入党申请书。

[牛凯　中共一大会址及博文女校修缮项目经理：我也是在山东农村出生，也是(祖国发展的)见证者、亲历者，原先定的目标我们正一步步在实现并且朝着越来越好的方向在前进，就是这样一个感受。]

而这位时常出没于会址外围写生的上海爷叔，则在过去四个月，张罗起了"'七一'生日蛋糕"。

(陆军　市民：作为老百姓，党的生日我们就画一百幅画，像一块小蛋糕一样略表心意，向党献礼。)

"七一"前夕，这座9 000多万党员共同的"精神家园"即将再次打开大门，如百年前那般神采奕奕，继续为我们讲述"开天辟地"的故事。

(上海师范大学马克思主义学院学生：忆往昔峥嵘岁月，看今朝国富民强！)
(王伟方　86岁　抗美援朝老战士：共产党永远是我们领导的核心！)
(新四军老战士与东航党支部：不忘初心！牢记使命！)
(市民：纪念党的百年生日，祝祖国繁荣昌盛！)

2021年度上海广播电视奖
（广播电视新闻、国际传播、播音主持）
参评作品推荐表

作品标题	东方新闻		参评项目	电视新闻
			体 裁	新闻节目编排
			语种	汉语普通话
作 者（主创人员）	吴茜、周炜、赵慧侠、陈颂杰、胡德建、李云、肖林云	编 辑	林可、张颖、严相莉、管乐、邵晨星、张之懿、王麟、金晓雯、秦雯、唐熙、潘桑榆、周宏妍、张铮	
刊播单位	上海广播电视台	刊播日期	2021年7月26日 18时0分	
刊播版面（名称和版次）	东方卫视《东方新闻》	作品字数（时长）	55分32秒	
（作品简介）采编过程	2021年7月26日，强台风"烟花"登陆上海，编辑部迅速反应、跟进策划，以近20分钟的节目版面，重点关注"烟花"对上海市民生活和交通运输的影响，并与在上海中心气象台、公安指挥中心、奉贤海湾的多路记者进行直播连线，为观众带来最新、多维的台风消息。 　　另外，南京新一轮新冠肺炎疫情发展同样备受关注，节目组将其作为又一新闻焦点，通过大屏梳理予以重点关注。而重庆两名幼童坠亡案、河南暴雨后续救援工作等当日最新热点也在版面中以短片、记者连线等丰富的电视形式进行报道。 　　同时，当天版面兼顾国际时政、重大新闻，对中美天津会晤以及东京奥运会进行了重点关注，尤其是奥运板块通过演播室虚拟大屏解说等多种方式，对当天比赛进行了点面结合的生动报道。			
社会效果	本期《东方新闻》在电视平台播出时，全国61城收视率一路向上，总体处于上升通道，尤其是在报道台风"烟花"登陆时，还出现了一段收视小高峰。最终，当天《东方新闻》的全国61城平均收视率录得0.36，在省级卫视同时段节目中排名第一。			

东方新闻(2021年7月26日)

【序号】1(东方新闻提要)
【主标题】
李强、龚正夜赴市防指检查部署台风二次登陆前后防御工作
【导语】
李强、龚正来到上海市防汛指挥部,就全力做好台风"烟花"二次登陆前后有关防御工作再检查再部署。
【主标题】
上海台风、暴雨预警双降级　抢险抢修加紧展开
【导语】
台风"烟花"在浙江嘉兴平湖沿海二次登陆,并减弱为强热带风暴。上海台风、暴雨预警双降级。抢险、抢修、隐患排查加紧展开。
【主标题】
浙江北部强降雨持续　部分地区内涝严重
【导语】
台风"烟花"移动缓慢,浙江北部强降雨持续,部分地区内涝严重。被困人员营救和堤坝抢险紧张进行。
【主标题】
内地昨天新增本土新冠确诊病例40例　其中南京38例
【导语】
内地昨天新增本土新冠确诊病例40例,其中南京38例。本轮疫情传播链已涉及辽、粤、皖、苏、川五省七市。
【主标题】
河南:卫河流域新镇镇河段的决口成功合龙

【导语】
河南强降雨已导致69人遇难,5人失踪。郑州京广路隧道排涝结束,卫河流域新镇镇河段的决口成功合龙。
【主标题】
东京奥运会:中国泳花收获一银一铜
【导语】
东京奥运会第三个比赛日,中国女子泳将收获一银一铜,跳水男子双人10米台憾失金牌。

【序号】2
【导语】
今天是2021年7月26日星期一,欢迎收看《东方新闻》,我是叶蓉,我是秦忆,我们在上海的演播室向各位问好。在快速浏览了今天的主要新闻之后,我们来看详细报道。

【序号】3
【主标题】
(1)台风"烟花"9:50前后在浙江嘉兴平湖再次登陆
(2)李强龚正夜赴上海市防指　检查部署台风二次登陆前后防御工作
(3)上海:警醒周全严密高效　彻夜守"沪"迎战"烟花"
【副标题】
上海:警醒周全严密高效　昨夜今晨全力值守做好防御
【导语】
今年第六号台风"烟花"继昨天中午在舟山登陆后,今天上午9点50分前后又在浙江嘉兴平湖沿海再次登陆。昨夜今晨,上海全市上下加强值守,严密防范、高效协同,全力做好台风"烟花"二次登陆前后有关防御工作,确保人民群众生命财产安全,确保超大城市运行安全有序。
【旁白】
市委书记李强,市委副书记、市长龚正昨晚来到市防汛指挥部,详细听取市防汛办以及气象、应急管理等部门关于台风"烟花"最新路径走势和对全市影响情况、台风防御措施落实以及人员转移安置相关工作汇报,察看金山、奉贤、浦东等沿海区域风情雨情水情实时画面以及黄浦江、苏州河等重点江河实时水位,就全力做好台风"烟花"二次登陆前后有关防御工作再检查再部署。市领导陈寅、诸葛宇杰、汤志平参加。

昨夜今晨,申城各方面枕戈待旦、彻夜值守,全力打好防汛防台攻坚战。2026支抢险队伍、10多万抢险人员发扬不怕疲劳、连续作战的作风,奋战一线。针对局部出现的电力中断、树木倒伏、雨水倒灌等突发情况,紧急响应、快速反应,第一时间赶到现场,及时抢修、排除险情。

截至目前,全市沿海区域已转移安置群众36.1万人,各安置点统筹做好疫情防控和转移人员生活保障工作。

此外,各区依托城市运行"一网统管"平台,切实提升应急处置能力。一旦发现突发情况,及时调度防汛抢险队伍现场处置。对于潮位变化、积水点情况,智慧防汛等模块实时监测、实时反馈,增强了应急指挥的可感知性。

增一分防范之心,早一点儿发现险情,快一步应急处置,全市上下思想上高度重视、行动上全力以赴,抓细抓实各项防汛救灾措施,全力守护城市安全。

【序号】4
【导语】
今天,影响上海市的强降水云团和风力都有所减弱,但由于"烟花"移动速度非常缓慢,未来十几个小时里仍可能出现较多降水。更多有关迎战台风"烟花"的详细内容,请秦忆带来。

【序号】5
【主标题】
国家发改委:非常情况下坚决即时启动最高等级响应
【副标题】
该停学的停学　该停工的停工　该停运的停运
【导语】
今天,国家发改委明确通知,一旦出现极端天气等非常情况,要坚决即时启动最高等级响应,该停学的停学,该停工的停工,该停业的停业,该停运的停运,尽最大可能保护人民群众生命财产安全。在此之前,上海市政府办公厅也在昨天晚上发布紧急通知,要求各企事业单位对职工上下班事宜做出合理妥善安排。

台风"烟花"今天在浙江省平湖市沿海二次登陆时,强度就已经减弱为强热带风暴级,中心附近最大风力10级。今天下午5点,其中心位于江苏省吴江县境内。

根据上海中心气象台的消息,下午4点,台风预警降级,与暴雨一样为蓝色预警,目前全市防汛防台响应行动为三级。下午3点黄浦江苏州河口潮位回落至4.55米以下,黄浦江高潮位蓝色预警信号解除。

不过,这次由于恰逢天文大潮,上海遭遇了风、暴、潮三碰头,之前上海沿江沿海以及黄浦江上游支流水位全部超警,黄浦江上游米市渡一度达到了 4.8 米的历史最高潮位。

【序号】6
【主标题】
上海:风暴潮齐袭　各部门紧急响应确保安全
【旁白】
今天凌晨 4 点左右,松江区车墩镇米市渡江段出现决堤险情。武警 200 人赶到现场发现,江边第一道防汛堤缺口长达 8 米,倒灌的江水造成了部分二级防洪堤坝垮塌。
【同期】谢萧航　武警上海总队机动第二支队机动六中队指导员:
通过分区划块方式,对缺口进行从下往上分区封堵。
【旁白】
经过近 3 小时的连续奋战,主要险情基本排除。
【同期】李宏建　武警上海总队机动第二支队副支队长:
这里的警戒水位是 4.6 米,早上最高水位是 4.8 米。目前潮位有所回落,我们要全力做好下午 5 点钟高潮位准备。
【旁白】
在浦东新区 22 公里东岸滨江,值班人员也是 24 小时巡查。看到水从砖缝不断涌出、有涨潮迹象就要及时上报,发现大风吹倒隔离围栏也要快速处置。
【同期】叶青　上海市浦东新区绿化管理事务中心副主任:
一旦险情过来,原来休息的人随时待命。
【旁白】
昨夜今晨在浦东高桥石化,一线巡查人员也在检查防汛墙时发现安全隐患。
【记者出镜】韩琼　东方卫视记者:
在今天凌晨天文大潮时,黄浦江高桥段的水位一度达到了 5.5 米,位置当时差不多是在这里,一些水通过一些细缝渗了进来。
【旁白】
发现险情后,厂方随即调动 140 名工作人员动用 50 吨黄沙堆起 3 600 只沙袋。目前,这段 1 800 多米长的防汛墙可能存在隐患的地方,都已用两层沙袋筑起临时围挡。
【同期】陆伟　上海高桥石化有限公司储运部生产副经理:
我们后期会结合专业部门,对我们防汛墙初始的设计制订详细的方案,消除安全隐患。

【旁白】

此外,全市88台大功率移动泵车和2 026支抢险队伍随时待命,承担中心城区排水重任的178座防汛泵站提前做好预案。目前,上海市区主要路段没有出现明显积水。

【序号】7

【主标题】

迎战台风"烟花"

【副标题】

(1) 上海:"烟花"影响　白天普降中到大雨

(2) 上海:"烟花"强度减弱　台风、暴雨预警更新为蓝色

(3) 上海:南部暴雨　金山卫8小时累积雨量95.5毫米

(4) "烟花"中心已移入江苏境内　最大风力9级

【导语】

有关台风"烟花"的最新动向及其后续影响,现在我们马上来连线正在上海市气象局的东方卫视记者李怡。李怡你好,请跟我们介绍一下你现在了解到的最新消息。

【直播连线】李怡　东方卫视记者:

好的秦忆。我现在是在上海市气象局,我手上有一份关于今天台风"烟花"二次登陆之后上海整个风雨的情况,我跟大家来说一下。今天8点到16点,全市普降中到大雨,其中南部暴雨,最大的累计雨量发生在金山卫,达到了将近100毫米。小时最强降雨发生在金山廊下,其中11点43分到12点43分这个时间段发生了21.5毫米的累计雨量。全市风力达到了7到9级。现在已经到了晚上6点,台风"烟花"的最新路径我们来请教一下首席服务官傅易老师。

【同期】傅易　上海市气象局首席服务官:

台风"烟花"在17时的时候,已经从浙江的嘉善进入江苏的吴江境内。未来台风将向西北方向移动,强度会逐渐地减弱,并将于今天下半夜到明天早晨越过我们上海的同纬度。

【直播连线】李怡　东方卫视记者:

我们也想替市民问一个问题,我们关注到下午的雨势比中午或者早上略有加强,为什么会出现这样的情况?

【同期】傅易　上海市气象局首席服务官:

是这样的。大家可以看到雷达图上绿色的区域都是下雨的,在绿色的里面

还有星星点点的黄色区域,这个区域是下雨云团发散比较旺盛的地方,也就是下雨比较大的地方。所以在总体雨势平稳的区域里面,某些地方雨势会大一点儿。

【直播连线】李怡　东方卫视记者:

也可以说"烟花"带来的影响是分布不均的。那么后期也就是晚上到明天,台风"烟花"会对上海造成一个什么样的影响?

【同期】傅易　上海市气象局首席服务官:

这次台风总体上"个头"非常大,同时移动的速度也比较慢,对我们上海的影响还将持续一段时间。现在我们预计陆地最大风力还有7到9级,但是到了今天下半夜以后风力会明显减弱。雨势方面,今天夜间到明天中午,本市还有大雨到暴雨,局部大暴雨,但是到了明天的后期以后,雨势也会明显减弱。

【直播连线】李怡　东方卫视记者:

好的,谢谢傅易老师。台风"烟花"的具体情况就说到这里。秦忆,我这边的情况就是这样。

【序号】8

【主标题】

(1)上海:早高峰快速路车流量下降两成

(2)上海:部分轨交线路调整　早高峰客流少八成

【导语】

今天是台风"烟花"登陆后的首个工作日。为确保早高峰交通顺畅,上海近4 000警力提前上岗。早高峰期间,上海的道路交通总体平稳有序,没有发生长时间、大面积拥堵情况。

【旁白】

早上7点,记者驱车沿着北横通道进入了上海最长的地道。近8公里的地道中,没有任何积水,出入口位置,还有专人值守。

【记者出镜】李恩蟾　东方卫视记者:

目前的风势雨势还是比较大的,在隧道口我们看到有防汛沙袋,还有防水挡板。每个隧道口,还有公安民警和路政人员24小时待命。

【旁白】

从上海全市的快速路网来看,内环和中环也是一路畅通,车流量和以往的周一早高峰相比下降了两成左右。地面道路中,由于连续降雨,个别下立交产生积水。交警部门表示,将加强路面一线巡查,第一时间处理突发情况。

轨道交通方面,受台风影响,今天早高峰期间,上海轨交有6条线路停运,9条线路缩线运营。截至上午8点半,轨交全路网客流同比上周一减少80%,运营秩序正常。

【序号】9
【导语】
台风"烟花"影响下,为确保旅客安全,上海交通采取了相应停运措施。

地铁停运范围最大时,涉及 3、5、16、17 号线、浦江线、磁浮线全线,以及其他线路的地面、高架区段车站。

今天,市内交通、铁路和航班开始逐步恢复运营。

【序号】10
【主标题】
迎战台风"烟花"
【副标题】
(1)上海:台风对市内交通影响逐步减弱
(2)上海:快速路流量迅速攀升　市内轨交全部恢复
(3)上海:机场客流上升　铁路加开列车明起全面恢复
【导语】
有关目前上海交通运营方面的恢复情况,现在我们马上来连线正在上海市公安局指挥中心的东方卫视记者李恩蟾。李恩蟾你好,请跟我们介绍下你现在所了解到的最新情况。

【直播连线】李恩蟾　东方卫视记者
好的主播,那么从我们目前了解到的情况而言,台风"烟花"对我们本市的整体交通影响已经逐步减弱了。那么具体来说是怎么样的呢?我们跟着镜头一个一个来看。首先我们看到的是我们上海市区里面连接南北方向的一个主干道——南北高架路,从镜头当中大家也可以看到,基本上车辆已经恢复到了晚高峰的正常水平,有一些排队的现象。这可能也是我们上海市民少有的"堵车不堵心"的时候了。因为之前的两天,为了响应居家办公也好,尽可能减少外出也好,在户外的车流量是有一个明显的下降的。其他的一些快速路,包括东西向的延安路高架、内环、中环等的车流量,目前已经明显有一个迅速攀升的过程。

除了我们的城市快速路,市内交通中还有一块比较重要的,就是我们的地铁。前面你也提到了,一共 13 条线路,或多或少有的停运,有的缩线。那么我们刚刚收到的消息,也就是在 10 分钟之前,上海所有的轨道交通已经全面恢复。

除了我们的市内交通以外,我们接下来看一下对外的交通。第一个是来到我们的上海虹桥火车站,是我们的一个枢纽站。从目前大屏上看到的情况,候车大厅里面还是空空荡荡的。这个不是一个静态的图片,其实是一个实时的公共视频。为了确保安全,前两天上海所有进出上海站、上海虹桥火车站和南站的列车是全部停运了。今天下午是紧急开行了一趟 D704 高铁,是发往北京的,这是唯一的一趟。铁路方面也是承诺从明天开始,整个长三角的铁路网络将全面恢复。

相比铁路因为道岔上面、包括沿线排查工作比较慢,航空方面目前恢复得还是比较快的。看到我们虹桥机场和浦东机场,整个的流量已经慢慢上来了。大家看到,原本全部停飞的航班已经开始陆续起飞,也有一些旅客已经在机场内等候了。

最后是我们对外交通方面的高速公路,从我们目前了解到的情况看,不光是我们上海区域内所有对江浙连接的高速公路已经全部打开开放,包括浙江杭州湾附近的一些高速也已经恢复到限速通行的情况了,没有进行全面的交通管制。

可以说整个台风对长三角的影响目前已经在逐步减弱了,所有的交通秩序也都在恢复正常的过程当中。主播,我这边的情况就是这样。

【序号】11
【主标题】
上海:迎战台风　各部门24小时值守连夜处置险情
【导语】
受台风影响,昨天,上海地铁1号线莘庄站站外人行天桥的部分顶板被吹落。由于该站已提前关闭,现场没有发生人员伤亡。事故一度导致铁路沪昆线中断运行。
【旁白】
从手机拍摄画面可以看到,人行天桥部分顶板被大风吹落,并砸断铁路沪昆线接触网,现场冒出火光。所幸事发时没有列车经过。铁路方面立即截停途经列车,排查和清理吹落的异物。下午4点24分,线路恢复。
【同期】顾安华　上海铁路新桥车间行车指导:
每天24小时就有258趟列车经过这里,我们这边相关的设备管理单位在这里24小时值守,实时地巡视。
【旁白】
而在金山区,一些低洼路段积水严重。
【记者出镜】梁蔚浩　东方卫视记者:
我现在所在的位置是金山铁路山南路下立交,现在立交桥下已经严重积水,最深处达到了1.8米。

【同期】胡天军　上海市金山区山阳镇副镇长：

我们应急分队调派了3个水泵在抽，但是现在河水水平面和（积水）液面一样平了。抽水效果不是很好，现在先采取封闭措施。

【旁白】

这24小时里，上海消防的接警量也出现猛增。昨晚8点，徐汇区消防救援支队就已经处理203起警情，超过平常的20倍。其中86%以上是与台风相关的抢险类警情。

【记者出镜】陈俊杰　东方卫视记者：

风力和雨势有进一步加大，消防部门也是接到了居民求助，是要处理防止空中坠物的事件，消防部门赶到了现场马上进行处置。

【同期】陈飞　上海市徐汇区消防支队梅陇消防救援站站长：

平均每个人（出警）有15次左右了，绝对是全力以赴、精神高度集中这种状态。

【旁白】

上海市物业服务热线也是全员全天候在岗，3 800名维修人员随时待命，快速出动。

【同期】张焱　上海市物业管理事务中心房屋维修科科长：

像类似台风天气有树木倒伏、树枝断裂这种情况，我们一般会在8分钟内派到物业公司去处置。

【旁白】

房屋漏水，也是维修人员处置较多的情况。

【同期】维修工人：

（漏水）可能影响到居民家中的电线引起火灾，影响比较大的。一般漏水总归一刻钟、半小时内及时处理。

【旁白】

此外，截至今天下午3点，国网上海电力共紧急出动抢修人员22 000多人次，抢修车辆7 000多车次，恢复故障线路176条，约97%的停电用户已经恢复供电，剩余故障仍在全力抢修中。

【同期】纪坤华　国网上海市电力公司设备部配电处处长：

台风登陆后，我们上海的主电网运行稳定，没有发生220千伏及以上的设备故障。我们通过带电作业、负荷转移和应急发电来最大限度地恢复用户的供电。

【序号】12

【主标题】迎战台风"烟花"

东方新闻(2021 年 7 月 26 日)

【副标题】
(1) 上海奉贤：水位创单站纪录　抢险人员与潮位赛跑
(2) 上海奉贤：内河水位居高不下　近 3 000 群众连夜转移
(3) 上海奉贤：黄浦江今夜再临高潮位考验

【导语】
那么有关最新的防汛信息,我们马上来连线的是正在奉贤的东方卫视的记者,吴骥,你好,你那边天气和潮位的情况现在怎么样?

【记者出镜】吴骥　东方卫视记者：

好的秦忆,我现在是在上海奉贤金汇港与黄浦江交汇处不远的一处防汛墙内,台风烟花二次登陆以后,对当地的这个风力影响虽然有明显的减少。但是这个雨从 24 号零点到现在几乎就没怎么停过,风雨潮三碰头对黄浦江的防汛带来了严峻的考验。

我所在的这个水域附近的水文站,在今天凌晨 3 点记录下了有史以来最高的一次水位纪录,达到了 5.1 米。而我手边的这个防汛墙实际上只有 5.2 米高,也就是说最高的时候黄浦江江面与防汛墙的高度差,也就只有我手指这么一点点儿的距离。

那么随着阵风的影响,黄浦江的江水会形成越浪,漫过防汛墙到达这个防汛墙内,我现在脚下的这处防汛通道,大家可以看到,地面上有很多的泥巴,包括一些杂物,这都是黄浦江的江水越浪所留下的痕迹,所以上海的市区两级防汛部门马上启动应急预案,调拨人手和物资来到现场增援。

我右边的这一道防汛沙袋所筑成的就是第二道防线。从昨天下午开始,由防汛人员以及来自奉贤 13 个街镇的 300 多名民兵,从下午一直到凌晨的 2 点与高潮位赛跑。争分夺秒用这个沙袋抢筑出了一道防汛的围堰,来防止黄浦江水发生有可能的倒灌和漫溢。

那么除此以外,奉贤区为了保障低洼地区的人民群众生命安全,昨天连夜紧急疏散了庄行、西渡的总计 2 800 多名群众。而整个上海在这次台风期间疏散转移安置的群众超过了 36 万人,也创下了历史纪录。

随着应急响应的级别有所降低,我们了解到,虽然部分地区的安置点已经解除了封闭式的管理,但是金山和奉贤两个区暂时还没有对集中安置进行解除的打算。因为当地的政府要对受安置民众的房屋做一个安全的评估,等到确认不会发生意外以后,才会让民众返回他们原来的住处。秦忆,我这边的情况就是这样。

【序号】13
【主标题】迎战台风"烟花"

【副标题】

(1) 浙江余姚：967毫米！破省台风实测单站雨量极值

(2) 浙江：转移165万人　启动自然灾害救助Ⅳ级应急响应

【导语】

受台风"烟花"影响,浙江宁波、绍兴、杭州部分地区迎来特大暴雨,其中余姚局部地区降雨量高达967毫米,已突破浙江省台风实测过程雨量极值。这导致浙江多地内涝严重,全省已紧急转移人员165万多人。目前,浙江维持地质灾害风险和山洪灾害红色双预警,浙江省减灾委已启动省级自然灾害救助四级应急响应。

【旁白】

台风"烟花"磨磨蹭蹭,走走停停,狂风骤雨持续盘桓浙江北部。由于四明山脉拦截了"烟花"大部分水汽,余姚地区累计雨量惊人,3天里下了相当于37个西湖的雨。昨晚,余姚陆埠水库泄洪道自然溢流,当地已按照防汛防台预案,有序转移群众。

此前严重内涝的宁波洞桥镇水位再次上涨,部分低洼地区积水已经超过2米。各村出现不同程度的断电断水,并导致通信中断,情况紧急。凌晨1点左右,宁波武警支队40余名官兵携带大量救援物资、冲锋艇、救生圈等装备向重灾区域挺进。

由于水深、路况不明,其中一名官兵必须涉水牵引橡皮艇,难度非常大。

【同期】袁文浪　武警宁波支队：

深的地方,因为我在划桨,探不到底。整个行进过程当中还有两个地方有河流,所以有些地方非常危险。

【旁白】

经过近半小时的救援,最终成功将滞留树桥村的4位老人救出。

【同期】被救市民：

到处都是水,水已经漫到这么高了。后来武警战士进来以后,太好了,太好了。像救星一样的,真的,谢谢。

【旁白】

在宁波慈溪,东横河水位上涨,距堤坝仅20厘米。今天上午,河道陈山段出现管涌,河水倒灌。当地50多名民兵、志愿者紧急投入抢险、加固堤坝。

【序号】14

【主标题】

(1) 浙江海宁：严阵以待　科学防范台风"烟花"

(2) 浙江湖州：水闸开闸　抢排平原涝水入太湖

【旁白】

受风、暴、潮三碰头影响，钱塘江潮水汹涌、掀起数米巨浪。海宁沿江一线所有的观潮口关闭，禁止人员观潮。

在盐仓海塘上，江堤管理人员每天坚持不少于四次的巡查。从昨晚到今早，工作人员一共发现了 27 处雨淋洞，并在第一时间进行了填埋，确保了海塘的安全。

【同期】杨军祥　浙江省海宁市水利局盐仓江堤管理所工作人员：

雨淋洞主要是小动物留下的，经过雨水的冲刷引起的泥土流失，而引起的雨淋洞。

【旁白】

湖州市水库河网水位普遍上涨，多个站点超警超保，其中东苕溪德清大闸站超保证 0.38 米。为减轻防洪压力，除老石坎水库外，其余大中型水库均已停止泄洪，全力拦洪；环太湖大堤五个多孔闸今天 9 点依次开启，抢排平原涝水入太湖。

【同期】顾军　浙江省湖州市直属水利工程运行管理所工程师：

内港的水需要我们排到太湖里面去，水位落差的话应该有 20 多厘米，我们现在就是全天 24 小时不间断值班。

【序号】15（交接）

【导语】

我这里的消息就是这些，叶蓉。

【序号】16

【导语】

这里是正在直播的东方新闻，请锁定东方新闻，稍后您将看到……

【序号】17

【主标题】

内地昨天新增本土新冠确诊病例 40 例　其中南京 38 例

【导语】

内地昨天新增本土新冠确诊病例 40 例，其中南京 38 例。本轮疫情传播链已涉及辽、粤、皖、苏、川 5 省 7 市。

【主标题】

河南：卫河流域新镇镇河段的决口成功合龙

【导语】

河南强降雨已导致69人遇难,5人失踪。郑州京广路隧道排涝结束,卫河流域新镇镇河段的决口成功合龙。

【主标题】

重庆:两幼童坠亡案一审开庭

【导语】

重庆两幼童坠亡案一审开庭,幼童亲生父亲及女友被控故意杀人罪。

【序号】18

【主标题】

(1)南京江北新区:公共文旅体场所今起暂停营业

(2)南京:8个长途客运站暂停运营 出租汽车(含网约车)不得离宁

【导语】

据国家卫健委通报,昨天,内地新增确诊病例76例,其中,境外输入病例36例,本土病例40例,本土确诊病例中,江苏39例,辽宁1例。

而江苏新增的这39例本土确诊病例中,南京市报告38例,其中8例为无症状感染者转归;宿迁市报告1例,也为无症状感染者转归。辽宁省新增的1例,由沈阳市报告,与此前的南京确诊病例有关联。

此外,昨日新增4例本土无症状感染者,分别由江苏、安徽、广东、四川报告,其中,江苏、安徽、广东的三例无症状感染者均与此前南京的确诊病例有关联。

至此,南京疫情传播链已涉及辽宁、广东、安徽、江苏、四川五省七市。目前,广东珠海、安徽芜湖均已启动全员核酸检测。

而截至目前,南京市新冠肺炎感染者增至88例,其中有两例为重型。高风险地区有4处,均在江宁区禄口街道,还有25个中风险地区。为防止疫情扩散,南京江北新区公共文旅体场所今起暂停营业。南京8个长途客运站暂停运营,出租汽车含网约车不得离开南京。

【序号】19

【主标题】

南京:新增本土新冠确诊病例38例 第二轮全员核酸检测正在进行

【导语】

今天上午,南京市召开疫情防控发布会,介绍了疫情防控相关情况。

【同期】杨大锁 南京市卫健委副主任:

所有这些病例均为机场相关人员和密切接触者,以及密切接触者的接触者。

截至目前,75 例确诊病例,均在南京市公共卫生医疗中心治疗。两例由轻型转重型,患者目前病情尚平稳。13 例无症状感染者,目前也在集中隔离。

【旁白】
截至昨天 24 时,南京市第二轮全员核酸检测共采样 743 万 4 623 人份,此次核酸筛查大多采用了混采方式,目前检测仍在进行。

【同期】杨大锁　南京市卫健委副主任:
混采是相对于单采而言的,是将 5 个人或者 10 个人的采集试纸放在一个采集管当中,如果出现阳性,那我们就会立即对这个混采管的 5 个或 10 个检测者暂时单独隔离,并重新采集。那么采用这个混采的检测方法能在最短时间找出最大范围内的阳性感染者。

【旁白】
东方卫视　综合报道

【序号】20
【主标题】
上海公布四川一无症状感染者在沪涉及相关人员和场所调查处置情况
【副标题】
(1) 累计排查密接和次密接者 566 人　均已落实集中隔离
(2) 相关场所已进行终末消毒
【导语】
四川省 1 例无症状感染者 7 月 24 日自上海乘机抵达泸州,接四川省协查函后,上海随即对其涉及的相关人员和场所进行调查处置。截至今天早上 7 点,上海累计排查到密接者 97 人,次密接者 469 人,均已落实集中隔离和核酸采样,目前所出的检查报告均为阴性。排查到的相关场所也已进行终末消毒。

【序号】21
【导语】
我这里的消息就是这些,叶蓉。

【序号】22
【主标题】
重庆两幼童坠亡案今天一审开庭
【导语】
去年 11 月,重庆一对年幼的小姐弟从 15 层高楼坠亡。经警方调查,这并不是一起单纯的坠楼事故,孩子亲生父亲及其女友因涉嫌故意杀人被批捕。今天,重庆市第五中院一审,公开开庭审理了这起备受关注的"幼童坠亡案"。

【记者出镜】彭晔　东方卫视记者:

现在是上午的10点多。此时此刻,庭审正在进行中。我现在是在重庆市南岸区法院的门口。我们可以看到,现在有不少群众围聚在这里。他们都非常关心该案的审理情况。

【同期】重庆市民:

我听说亲生父亲把自己的两个小孩扔下楼了。我心里很难受,我能体会当时那种场景。我觉得那个父亲太没有人性了。

【旁白】

根据公诉机关指控,孩子生父张某隐瞒已婚身份追求叶某并私下建立恋爱关系,因叶某无法接受张某有小孩的事实,自去年2月起,二人产生杀害两个小孩的想法,最终商定采用意外高坠的方式杀死两名孩童。事发当天,张某趁其他家人外出之际,将正在玩耍的两个孩子从次卧飘窗处扔下,致2岁女儿当场死亡,1岁的儿子送医后抢救无效死亡。公诉机关认为,被告人张某、叶某共同故意杀人,致二人死亡,依法应当以故意杀人罪追究其刑事责任。对于这起恶性事件,事发小区的居民依然心有余悸。

【同期】事发小区目击者:

当时从这栋楼上面就这么坠下来的,就摔在那里,两个孩子脑袋就朝那头。

【旁白】

今年7月,两名遇害幼童的母亲陈女士在网上发布视频,控诉罪行。

【同期】陈女士　坠亡小姐弟的母亲:

这个事件不是意外,是蓄谋已久,杀害了我的两个娃儿。

【旁白】

东方卫视记者彭晔、游明灵、邓全伦报道。

【序号】23

【主标题】

重庆姐弟坠亡案今日一审开庭

【副标题】

(1) 孩子生母当庭撤回附带民事诉讼　要求严惩两被告人

(2) 起诉书:两名被告人案发一周前已准备作案　因孩子母亲在场计划延迟

(3) 法庭宣布休庭　该案将择期宣判

【导语】

现在我们东方卫视的记者彭晔就在重庆市南岸区人民法院,彭晔你好,从今天的庭审中,你了解到一些什么样的与案件相关的细节?

【直播连线】彭晔　东方卫视记者:

好的。我现在是在重庆市南岸区人民法院的门口,重庆市两幼童坠亡案的一审于今天下午结束。经过公诉机关指控犯罪事实、举证、质证,一直到法庭辩论,控辩双方都充分地发表了意见。两名幼童的生父,被告人张波以及张波的女友,被告人叶诚尘都做了最后陈述。

在本案审理的过程中,特别值得注意的是,在法庭上,附带民事诉讼的原告人,也就是两名孩子的母亲陈某当庭表示撤回附带民事诉讼,要求严惩两名被告人。她在法庭上表达出的这种态度,实际上是要排除一切影响的因素,希望法律给予最公正的判决,为逝去的孩子讨回公道。

起诉书的内容表明,被告人张波和叶诚尘,其实在案发一周前已经准备作案。后来因孩子的母亲在场,计划被迫延迟。在这段时间内,作为孩子父亲的张波,非但没有收手,而最终将亲骨肉推下15层高楼,也是将自己推下了犯罪的深渊。这足以证明两名被告并非"激情杀人",具有极大的主观恶性。叶诚尘曾鼓动张波实施杀人行为,所以也构成了故意杀人的共同犯罪。

刚才法庭宣布休庭择期宣判,在事实清楚,证据完整的条件下,犯下恶行的两人必将为他们做出的恶劣行为付出应有的代价。

主持人:好的,谢谢彭晔发回的介绍。

【序号】24

【主标题】

浙江杭州:杀妻抛尸案罪犯一审被判死刑

【导语】

今天下午,浙江省杭州市中级人民法院以故意杀人罪,判处"杀妻抛尸案"被告人许国利死刑,剥夺政治权利终身,并判决他赔偿附带民事诉讼原告人经济损失人民币20万元。法院经审理查明,去年7月4日晚上,许国利在妻子睡前饮用的牛奶内投入安眠药,待妻子昏睡之际,采用胶带纸封口、枕头捂压口鼻的方式致其死亡。之后,许国利将妻子进行肢解,并分散抛弃。两个多星期后,公安机关在小区化粪池内,发现了部分人体组织,随后将许国利抓获归案。法院认为,许国利有预谋地故意杀人,又碎尸灭迹、编造虚假信息,掩盖罪行,主观恶性极深,犯罪手段特别残忍,社会危害极大,罪行极其严重,依法应予严惩,遂做出以上判决。

【序号】25
【主标题】
河南：强降雨已致69人遇难5人失踪
【副标题】
郑州京广快速路隧道排查发现6名遇难者
【导语】
继续关注河南强降雨。河南省今天下午举行防汛救灾新闻发布会。会上对外通报，截至今天中午12点，河南强降雨已导致69人遇难，5人失踪。此外，经过多部门和国内救援机构连续5天不懈努力，共从京广快速路隧道内拖移安置各类车辆247辆。令人痛心的是，现场排查发现6名遇难者。目前，相关善后工作正在进行。

【序号】26
【主标题】
河南：卫河新镇镇河段决口今晨成功合龙
【导语】
经过70多小时持续奋战，位于河南省鹤壁市境内卫河流域新镇镇河段的决口，已在今天凌晨2点半左右成功合龙。
【旁白】
随着最后一车石料倒入河中，决口成功合龙。受强降雨影响，上周四傍晚，卫河浚县新镇镇河段突发决口，导致附近多个村庄被淹，情况危急。险情发生后，当地立即组织救援力量赶赴现场，进行封堵作业。决口处，推土机、挖掘机、振动碾等重型工程救援装备争分夺秒作业，抢险人员坚守岗位、各司其职。经过多日鏖战，决口终于在今天凌晨被成功封堵。
【同期】郭建和　中国安能一局党委书记、执行董事：
水流和水情是复杂的，水位是不断在提高，流量也是在不断增加。我们是克服了大流量、大流速，这么一个不利的条件。
【旁白】
相关负责人介绍，未来还将在迎水面抛填反滤料和黏土料，形成可靠的防渗体，确保堤坝安全稳固。东方卫视记者胡苏青、毛睿河南鹤壁报道。

【序号】27
【主标题】
河南郑州：一小区断电六天　国网上海电力紧急抢修

东方新闻(2021年7月26日)

【导语】

受到暴雨影响,河南郑州一小区已断电六天。连日来,国网上海电力的抢修人员辗转郑州40个小区,排查电力设备,制订抢修方案。今天,他们迎来了最后一个抢修任务。

【旁白】

在郑州市沙口路的这个小区,由于地势低洼,位于地下室的配电站在积水中整整泡了6天。国网上海电力支援队几天前就赶到了这里,等到地下室的积水被大量抽排,他们才在今天第一次进入这个配电站。

【记者出镜】毛睿　东方卫视记者:

在之前最严重的时候,积水已经淹到了这个屋顶,电力抢修的工作人员是完全不能进来作业的。现在在我身后就是地下室的配电站,可以看到现在里面经历了第一轮的排水和设备的清洗,工作人员正在里面进行设施的排查。

【旁白】

由于设备受潮,不能马上送电。再加上场地条件限制,更换设备存在一定困难,工作人员只能在现场不断调试。

【同期】傅晓飞　国网上海市电力公司设备部副主任:

通过设备的检修、烘干,以及后期的试验,看能不能把这些设备,在短期内恢复它原有的状态。通过临时的供电方案,先解决正常的供电,争取在今晚或者明天,把电给送出去。

【旁白】

记者了解到,这是国网上海电力在郑州的最后一个抢修任务,完成后,40个任务将全部清零。东方卫视记者毛睿、胡苏青河南郑州报道。

【序号】28

【主标题】

副外长谢锋同美副国务卿舍曼举行会谈

【导语】

外交部副部长谢锋同美国常务副国务卿舍曼举行会谈。中方要求美方纠正其错误对华政策和言行,并表达对相关个案的严重关切。

【主标题】

第四届进博会企业展签约展览面积达预期目标

【导语】

第四届进博会即将迎来100天倒计时,企业展签约展览面积已达36万平方米预期目标,回头率超八成。

【主标题】
东京奥运会：中国泳花收获一银一铜
【导语】
东京奥运会第三个比赛日。中国女子泳将收获一银一铜，跳水男子双人10米台憾失金牌。
【主标题】
东京：累计148名奥运相关人员感染新冠
【导语】
又有16名奥运会相关人员新冠病毒检测结果呈阳性。其中包括3名运动员。累计感染人数达148人。

【序号】29
【导语】
现在是正在直播的东方新闻，欢迎回来。

【序号】30
【主标题】
中美天津会谈开启
【副标题】
(1) 谢锋：中美关系陷入僵局根本原因是美国一些人把中国当作"假想敌"
(2) 谢锋：美方所谓"基于规则的国际秩序"就是想损人利己
【导语】
中国外交部副部长谢锋今天在天津同美国常务副国务卿舍曼举行会谈。谢锋表示，中美关系目前陷入僵局，面临严重困难，美方应该改弦易辙，纠正错误，选择与中方相向而行，相互尊重，公平竞争，和平共处。
【旁白】
谢锋说，中美关系目前陷入僵局的根本原因就是美国一些人把中国当作"假想敌"，通过妖魔化中国，把美国国内深层次结构性矛盾，甩锅到中国身上。美方所谓维护"基于规则的国际秩序"，就是想把自己和少数西方国家的"家法帮规"包装成国际规则，用来规锁打压别国。
【同期】谢锋　中国外交部副部长：
中方重点就美方在新冠病毒溯源、台湾、涉疆、涉港、南海等问题上的错误言行，向美方再次表达了强烈的不满。要求美方立即停止干涉中国内政，停止损害中国利益，停止踩红线和玩火挑衅，停止打着价值观的幌子搞集团对抗。

【主标题】
谢锋：中方已向美方提出两份清单
【旁白】
在会后举行的吹风会上,谢锋表示,中方已向美方提出两份清单。一份是纠错清单,内容包括敦促美方无条件撤销对中共党员及其家属的签证限制,撤销对中方领导人、官员、政府部门的制裁,取消对中国留学生的签证限制,停止打压中国企业,撤销将中国媒体等级定为"外国代理人"或"外国使团",撤销对孟晚舟的引渡等。

另一份是中方关切的重点个案清单,包括中国部分留学生赴美签证遭拒,中国公民在美遭受不公正待遇,美不法分子滋扰、冲撞我驻美使领馆,美国国内仇亚、反华情绪滋长,中国公民遭暴力袭击等,中方要求美方尽快解决,切实尊重、保护中国公民和机构在美的合法权益。东方卫视编辑报道。

【序号】31
【主标题】
外交部：天津会谈对争取下一阶段中美关系健康发展是有益的
【副标题】
（1）赵立坚：中方开诚布公　明确要求美方纠正错误
（2）赵立坚：美方应树立正确合作观　不能一边寻求合作一边损害中国利益
【导语】
就中美天津会谈的有关情况,外交部发言人赵立坚今天在例行记者会上表示,总体看,这次会谈深入坦率,增进了对彼此立场的了解,对争取下一阶段中美关系健康发展是有益的。

【同期】赵立坚　外交部发言人：

在双方的会谈中,中方直面两国关系中存在的问题,开诚布公地阐明了中方对发展中美关系的态度和立场,明确反对美方干涉中国内政、损害中国利益,明确要求美方改弦易辙,纠正错误。同时双方也就各自共同关心的广泛议题深入交换了意见。美方就气候变化、伊朗和朝核等问题寻求中方的合作与支持。需要强调的是,合作需要以互信为基础,以互利为前提,以良好的双边关系氛围为必要条件。美方应当树立正确的合作观,不能一边寻求合作,一边损害中国利益,这是行不通的。

【序号】32
【主标题】
我国发布首张跨境服务贸易负面清单

【导语】

海南跨境服务贸易负面清单今天正式发布,这也是我国跨境服贸领域首张负面清单。清单列出了针对境外服务提供者的 11 个门类、70 项特别管理措施,同时明确,凡是在清单之外的领域,在海南自由贸易港内,对境内外服务提供者在跨境服务贸易方面一视同仁、平等准入。负面清单在专业服务、交通服务、金融等领域做出较高水平开放安排,不仅超过我国加入世贸组织的承诺,也高于我国已经生效的主要自贸协定相应领域开放水平。此外,清单还在旅游业、现代服务业、高新技术产业等方面做出一系列开放安排,比如放开外籍游艇进出海南自由贸易港申请引航限制等。

【序号】33

【主标题】

上海市政府常务会议:进一步提升城市运行安全水平

【副标题】

不断强化"与风险赛跑"意识　形成严密有效责任体系

【导语】

上海市委副书记、市长龚正今天主持召开市政府常务会议。强调按照市委部署,进一步提升城市运行安全水平,加快建设国际消费中心城市。

【旁白】

会议指出,要进一步做好城市安全运行保障各项工作,不断强化"与风险赛跑"的意识。各区、各部门要压实各方责任,形成严密有效责任体系。要加强风险排查,做好预警预案,高效快速处置,把工作做在前面,争取主动。要常态长效推进,既立足当前,又着眼长远,强化制度供给,加强全民防灾教育。要强化社会联动,持续推进安全大督查和大整改。当前,要毫不松懈做好疫情防控和防汛防台工作。

【主标题】

上海市政府常务会议:加快建设国际消费中心城市

【副标题】

抓住机遇走在全国前列　推动形成共建共享培育模式

【旁白】

会议原则同意《上海市建设国际消费中心城市实施方案》并指出,上海等 5 个城市率先开展国际消费中心城市培育建设,是本市全面提升城市软实力和国际影响力的重大机遇。要充分发挥消费对高质量发展和稳增长的支撑作用,努力在建设具有全球影响力、美誉度的国际消费中心城市中走在全国前列。要在锻长板中坚定发展信心,在补短板中找准工作抓手,特别是要在空间形态布局、服务能级提升、产业融合发展、自主品牌打造等方面下更大力气。要强化央地、区域和部门协同,推动形成共建共享的国际消费中心城市培育模式。会议还研究了其他事项。记者严玮骊报道。

【序号】34
【主标题】
上海:第四届进博会展商回头率超80%
【导语】
目前距离第四届中国国际进口博览会开幕还有大约100天时间。记者今天获悉,目前,第四届进博会企业展的签约展览面积,已经达到了36万平方米的预期目标,工作重心正逐步转向组展和招商。
【旁白】
目前,全球十大汽车企业,世界十大化妆品品牌及其集团全部报名参加第四届进博会,全球五大粮商届时也将首次聚首。此外,本届进博会的国家展还将邀请有意愿的国家开展线上展览,目前已有50多个国家确认参加国家展。
【同期】孙成海　中国国际进口博览局副局长:
签约参展的世界500强,和行业龙头企业数量超过上届。回头率超过80%,同时有30多家为首次参展。
【旁白】
此外,为推动社会文物综合改革试点,进一步促进中国文物回流,海关方面也将在今年进博会上推出新政。
【同期】叶建　上海海关副关长:
对于经国家文物部门认定为文物的展品,允许以暂时进境展览品或保税展示形式参展、展期内销售国家文物部门允许境内消费者购买的文物展品。对符合中国国际进口博览会展期内销售的进口展品,税收优惠政策规定的,可按政策规定予以免税进口。
【旁白】
为办好第四届进博会,今年,上海继续组建城市服务保障领导小组。设立公安、交通、卫生防疫等17个保障大组,25个保障小组。在疫情防控方面,上海将紧盯入城口、居住地、展馆门等6个关键环节,构筑国境、城市、区域和展区4道防控线。
【同期】邬惊雷　上海市卫生健康委主任:
一个是全程的闭环管理,第二是全链条的可追溯,第三是必须做到全量的核酸检测,第四是全部要查验才能准入,第五是全面的环境清洁和消杀。

【旁白】

东方卫视记者何晓上海报道。

【序号】35
【导语】

今天是东京奥运会第三个比赛日,总共将产生 22 枚金牌。目前,中国军团已在游泳、跳水、射击等多个项目中获得奖牌。详细内容,马上进入今天的《奥运第一线》。

【序号】36
【导语】

在今天下午刚刚结束的跳水男子双人 10 米台决赛中,中国组合曹缘、陈艾森收获了一枚银牌。他们在第四跳时出现失误,最终以 1.23 分之差,不敌英国的戴利、马蒂·李组合,屈居亚军。

【序号】37
【主标题】

憾负英国组合　曹缘、陈艾森跳水双人 10 米台摘银

【同期】

中国队跳了 101.52 分,总数输了不到 1.3 分,真的太遗憾了。

【旁白】

虽然最后一跳接近完美,但第四跳出现的失误,还是让曹缘和陈艾森,与金牌擦肩而过。

此前,中国队在这一项目已取得四连冠。被誉为"王炸组合"的这对中国组合中,曹缘是伦敦奥运会男子双人 10 米台冠军、里约奥运会男子 3 米板冠军,陈艾森则是里约奥运会跳水男子单人和双人 10 米台双料冠军。

前三轮比赛,两人发挥稳定,以总分 202.38 分,领先第二位的英国组合 15.30 分。

【同期】

哎哟,太可惜了。

【旁白】

就在大家以为这枚金牌已经稳了的情况下,意外发生了。第四跳中,曹缘和陈艾森双双出现失误,73.44 分仅位列单轮第六名,总成绩也落到第二位。

最后一轮,中国组合选择了难度系数高达3.6的5255B,虽然两人动作步调一致,但上一轮失误产生的差距,还是让他们遗憾摘银。

【序号】38
【导语】
在女子100米蝶泳决赛中,承载着中国游泳希望的张雨霏,以0.05秒的微弱差距,收获银牌;19岁的小将李冰洁,在女子400米自由泳决赛中,以破亚洲纪录的成绩摘得铜牌。

【序号】39
【主标题】
(1) 爱笑的姑娘"破茧成蝶"张雨霏女子100米蝶泳摘银
(2) 两破亚洲纪录　李冰洁拿下女子400米自由泳铜牌
【旁白】
在女子100米蝶泳决赛中,排在第4泳道的张雨霏出发反应很快,前半程以25秒71排名第一。
后半程,2019年光州世锦赛冠军麦克尼尔开始发力,奋起直追。
最后5米,两人几乎齐头并进,在触壁的那一刻,肉眼已经难以分辨谁胜谁负。
最终,计时器显示,麦克尼尔的成绩为55秒59,夺得冠军。张雨霏的成绩为55秒64,以0.05秒之差获得银牌。
接下来,张雨霏还将参加200米蝶泳比赛。她是该项目世锦赛铜牌得主,也游出过今年世界最好成绩,同样具有夺金实力。
【旁白】
在本届东京奥运会的比赛中,李冰洁已经两破亚洲纪录。作为中国女子中长距离自由泳新星,李冰洁在2017年布达佩斯世锦赛大放异彩,400米收获铜牌,800米名列亚军,并在全运会上改写两项亚洲纪录。
最终,这名"00后"的小将不负众望,以4分01秒08,拿下女子400米自由泳铜牌。

【序号】40
【导语】
射击方面,中国选手魏萌在女子双向飞碟项目中射落铜牌。决赛中,魏萌及时调整状态,最后10靶全部命中,跻身前三,为中国代表团再添一枚奖牌。

【序号】41
【主标题】
东京奥运会：又增16人　累计148名奥运相关人员感染新冠病毒。
【副标题】
(1) 首次出现选手赛后确诊　荷兰赛艇运动员已退赛隔离
(2) 国际奥委会：修改防疫手册　运动员领奖时可摘下口罩最多30秒
【导语】
东京奥组委今天确认，又有16名奥运会相关人员新冠病毒检测结果呈阳性，其中包括3名运动员。目前，奥运相关人员累计感染人数达148人。荷兰赛艇运动员弗洛林在23号的男子单人双桨比赛后，被检出新冠阳性，成为东京奥运会上首位参赛后被确认感染的选手，目前他已退出比赛并转移至隔离点。除弗洛林外，荷兰赛艇队还有一名教练及一名工作人员确诊。另外昨天，国际奥委会对东京奥运会防疫手册进行了修改，允许获得奖牌的运动员站在各自领奖台上时，摘下口罩最多30秒。据美联社报道，不少运动员对"口罩令"不满，国际奥委会因而依据公共卫生专家建议做出了修改。

【序号】42
【主标题】
东京奥运会：高温考验　多名运动员晕倒、退赛
【导语】
各项赛事如火如荼，而对于室外比赛而言，炎热的天气正考验着主办方和运动员们。
【旁白】
上周五，东京梦之岛公园射箭赛场烈日炎炎。俄罗斯女选手贡博耶娃在排名赛后不久中暑晕倒，工作人员赶忙为她敷冰袋缓解。
公路自行车项目的运动员们更加难熬。
男子组从东京到静冈，234公里、超6小时的路程全程骄阳似火，最终，41人未能坚持完赛。
【记者出镜】宋看看　东方卫视记者
2018年，新国立竞技场还在建设之中的时候，媒体测试看台上的温度超过40摄氏度；也是因为东京的高温，马拉松才被转移到北海道的札幌市。目前东京的平均最高温度是32摄氏度，湿度78%，中午最高温度32摄氏到34摄氏度，体感温度有40摄氏度，站在外面时间长了，脚背都会感觉很烫。

【旁白】

硬地网球场吸收热量,地面温度更是超过 50 摄氏度。

为了消暑,在比赛期间休息时,日本选手大坂直美以西瓜替代香蕉,补充能量又补水分;男单二号种子梅德韦杰夫索性一把抓过空调管就往脸上吹。

德约科维奇则提议,将比赛时间改在傍晚以后。对此,主办方一口回绝,但称会做好防暑降温保障。

【同期】小谷実可子　东京奥运会体育总监:

首先,防暑措施是我们的一大课题。我们需要准备好足够的水和冰,每项赛事的现场组织者都会准备尽可能多的冰块。赛事开始前、结束后都会做好检查。

【旁白】

酷暑之后,东京可能还将迎来强风暴雨。

日本气象厅昨天称,今年第 8 号台风"尼伯特"正从太平洋海域向日本东部逼近,预计将于明天登陆日本、直击东京。

受此影响,原定于今天举行的男女单人双桨和双人双桨等赛艇比赛,已提前到昨天举行,这也是东京奥运会首次因恶劣天气改变赛程。

东京奥组委还表示,将根据台风的走向、走势采取相应对策,不排除其他比赛也受到影响的可能。

【同期】小谷実可子　东京奥运会体育总监:

我们有一个天气信息中心,每分钟都会更新最新的天气信息。我们确保及时应对任何天气变化。

【旁白】

东方卫视记者宋看看日本东京报道。

【序号】43

【导语】

接下来关注一下奖牌榜。截至今天下午 5 点,中国队共获得 6 枚金牌,3 枚银牌,6 枚铜牌,位列奖牌榜第二位。目前,美国队以 7 枚金牌占据奖牌榜榜首,东道主日本队、英国队、韩国队分列三到五位。

【序号】44(明日看点)

【导语】

明天是第四个比赛日,将产生 22 枚金牌。我们来展望一下中国军团的夺金点和焦点赛事。

游泳比赛方面,徐嘉余将向男子 100 米仰泳金牌发起冲击,作为两届世锦赛的冠军得主,他能扛起中国游泳的大旗吗？在跳水女子双人10米台上,梦之队年轻一代张家齐、陈芋汐夺金基本没有悬念。

时隔13年之后,中国赛艇队有望再次夺取奥运金牌,男子和女子四人双桨的选手将携手冲击;射击方面,奥运新增10米气手枪和气步枪混合团体项目,中国队能否夺魁值得期待。

击剑赛场,去年世锦赛的冠军,中国女子重剑团体将冲击金牌;郑姝音将出战跆拳道女子67公斤以上级决赛;中国女子体操团体,有望保三争金。

三大球方面,首战失利的中国女排,将对阵世界排名第一的美国队;小组赛"生死战",中国女足将挑战强大的荷兰队;肩负着为三大球争光的重任,女篮能否取得开门红,也值得关注。

【序号】45
【导语】
我这里的消息就是这些,叶蓉。

【序号】46
【主标题】
挪威：罕见陨石坠落　瞬间点亮夜空
【导语】
昨天凌晨,挪威南部的夜空被瞬间点亮。一颗火球伴随隆隆响声从天而降,首都奥斯陆到北方城市特隆赫姆的上空都可看到。有目击者称,火球降落时,出现阵风和冲击波等现象。天文学家根据视频分析称,这是一颗质量在10千克左右的陨石,以每秒15公里至20公里的速度下坠,点亮夜空5秒到6秒,最终可能坠落在奥斯陆以西约60公里处的一片树林中。目前挪威境内尚未发现陨石残骸。

【序号】47
【导语】
今天我们给大家带来的新闻就是这些。
感谢您的陪伴,再见。

2021年度上海广播电视奖
参评作品推荐表

作品标题	流调蹲点记录	参评项目	电视新闻
		体 裁	新闻专题
		语 种	中 文
作 者（主创人员）	张英、王珏、刘宽漾、朱晓荣	编 辑	陈瑞霖、朱世一
刊播单位	上海广播电视台	刊播日期	9月6日6时34分
刊播版面（名称和版次）	东方卫视《七分之一》	作品字数（时长）	17分40秒

采编过程（作品简介）

http://www.kankanews.com/a/2021-09-06/0019873429.shtml?searchType=search

http://www.kankanews.com/a/2021-09-06/0019873427.shtml?searchType=search

《流调蹲点记录》新闻专题通过报道组历时半个月蹲点上海浦东疾控中心的纪实拍摄，详尽、扎实、细腻地还原了上海"以快制快"与病毒赛跑的流调全流程和全链条，展现出了上海疫情防控的速度和精度，受到广泛关注。

报道组通过对浦东疾控工作人员邵鹏的跟拍，记录了他和同事们借助大数据信息流调的场景，进一步展现了上海的科学精准防控。此外，记者跟随应急队员多路出击，从现场流调到环境采样，跟拍记录流调人员如何全力找到病例的密切接触者，在超市通过收银单进行"大海捞针"式排查、社区卫生服务中心的工作人员第一时间对密接人员进行样本采集，展现了上海疫情防控24小时调查处置、疾控响应4小时完成流调核心信息的流调速度。新闻专题还深情讲述了陈秀红和她团队的故事。她们仿佛"隐形卫士"，不分昼夜，一路和病毒赛跑。当谈起被人质问"疾控为什么老是在半夜还在调查"等各种不配合时，陈秀红忍不住委屈落泪，而这些细节，也都被记者敏锐捕捉，记录在片中。

社会效果	《流调蹲点记录》一经播出,就受到广泛关注。截至9月7日,该视频系列的全网浏览量已近百万。相关报道不仅得到了卫健委、疾控系统的点赞,也赢得了广大市民的共情与共鸣,他们纷纷点赞,留言评论写道"防疫的精细管理是要付出努力的,辛苦防疫人员安全全体市民""为上海精准防疫工作点赞"等积极评论。 同时,《流调蹲点记录》新闻报道获宣传部新媒体阅评表扬。

流调蹲点记录

【演播室】从9月3号开始,浦东新区界龙花苑小区、锦江之星东海镇店、千汇苑一村小区和祝和苑北区都已经陆续解封,调整为低风险地区。值得一提的是,8月下旬浦东机场这波新增的本土病例,主要是在例行检测当中发现的。市、区两级疾控全天候24小时调查处置,疾控响应4小时完成流调核心信息,"以快制快",和病毒抢跑。那么应急处置如何做到更加快速精准?对病例怎样才能早发现早治疗呢?我们来看记者的蹲点报道。

【解说】疫情发生以来,浦东机场承担了全国机场约50%的国际货邮吞吐量,以及全国近三分之一的出入境航班与客流,任务艰巨。

【新闻发布会实况】邬惊雷 上海市卫生健康委员会主任

病例1,是在浦东机场,为境外货机服务的外航机械工程师,男性,埃塞俄比亚籍,44岁。

【解说】时间倒回到8月20号凌晨。上海在例行检测中主动发现2例核酸检测结果异常。病例1,外籍人士A先生是在浦东机场为境外货机服务的外航机械工程师。病例2,B先生是一位浦东机场境外货机作业区的工作人员。

【实况】浦东疾控工作人员

——醒来前都在家休息的吗?

——8月14日吗?

——是的,我们在外面会面,我们一起吃饭了,我们在户外待了一会儿。

【解说】深夜的浦东疾控一下子忙碌起来。应急队员立即响应,争分夺秒开展流行病学调查,了解两例病例发病前14天的行踪轨迹。早一秒弄清病例的行踪,就能多保护一群人。

【实况】邵鹏浦东疾控工作人员

——你好,不好意思,又来麻烦你了,我想问你一声,8月6日上班,是早上7

点到晚上7点,还是6日晚上去上班的?

——我记不清了,上什么班。

——我们现在14天之内的(活动轨迹)都要回忆起来。

【解说】流调工作面临的第一道坎,就是因为时间久远,病例常常忘记了过往14天的活动轨迹。比如这位B先生怎么也记不清某几日上班的时间。

【实况】邵鹏浦东疾控工作人员

他现在就是(8月)6日这个节点,他到底是上7点到19点的班,还是19点到7点的班,他不知道,但他肯定是上班的,他就是想不起来。

【解说】根据初步的交流,流调人员在纸上排列出病例过往14天的活动轨迹,发现了时间上的矛盾。

【实况】邵鹏浦东疾控工作人员

(8月)16日那天上班了,中午去丈母娘家吃饭,时间就排不上了。

【采访】邵鹏浦东疾控工作人员

发现矛盾之后,我还要再打电话去问他,让他核实,我们只能一步步帮他再回忆。不是说一次性肯定就成功的。

【解说】经过与病例及其单位负责人的反复沟通,流调人员终于确认了B先生的上下班时间。接下来,排摸出病例在发病前14天接触的人员是判断密接的重要一步。

【实况】邵鹏浦东疾控工作人员

——你上班卸货,有专门的搭档吗?

——基本上固定的。

【采访】邵鹏浦东疾控工作人员

观看监控,要看一下是不是有交集。没有防护,可能面对面或者近距离的接触,这种情况下可以作为密接。

【解说】此外,病例上下班的交通工具是什么,也是流调人员关注的焦点。病例在休息的时候去过哪里、做过什么、见过谁、有没有戴口罩,也都需要重点询问。

【实况】

——出去口罩不戴。最近不戴口罩。

——就说他这阵子出去都没戴口罩,买菜没戴口罩。做到崩溃。去了很多地方了。

【解说】

流调人员就好像福尔摩斯一样,一一调查病例发病前14天的活动轨迹,既为了寻找感染源头,也为了调查病例可能会把病毒传播给哪些人。有时候,针对一个活动轨迹"丰富"的感染者,可能需要排摸数百人,都需要一一打电话核实。

【实况】

——我是上海疾控中心的流调人员。

——去超市排队的时候您戴口罩了吗?

——您有去过哪些地方?见过什么人?做过什么事情?

——您这边暂时没有作为密接进一步调查了。不紧张,不紧张。

【解说】疾控部门通过人工排摸,结合相关部门提供的大数据信息,以最快速度排摸密接和密接的密接,跟病毒赛跑,跟时间赛跑。

【采访】邵鹏　浦东疾控工作人员

通过大数据情况,与我们排摸下来的情况,我们也会有个对比的,如果当中出入太大的话,我们还是要向当事人询问情况,或者观看他去过地方的监控设施。

【解说】当然,涉及个人隐私部分一定做到保密。

【采访】周一心　浦东疾控中心主任

有严格的保密制度和查询者制度,那么他们(相关部门)经过请示以后,进行相关的一些病例的排摸,反馈给我们,双方都需要遵循这个保密原则的。

【解说】差不多2到4个小时,一份初步流调报告就会出炉。流调工作进行的同时,现场处置队伍则会根据实时更新的信息,同步进行密接,以及密接的密接的排查,场所管控,场所消毒,环境采样,样本检测等工作。根据流调信息,这家大卖场是A先生在发病前4天曾经到过的地方。

【实况】

那我们先到监测室。

【解说】总建筑面积24 700多平方米,内部超市面积达到7 600多平方米,加上A先生给出的信息极其少,在这么大的一个空间里找一个人犹如"大海捞针"。A先生出超市后,在19时26分左右曾在一家商铺有结账记录。流调处置组决定从这条消费记录入手,开始寻人。

【实况】陈红英　浦东疾控工作人员

——是这个人的照片,还是比较醒目的。

——对,我们这里老外还是比较少的。

——19时26分,他有个购物记录。

——几号?

——(8月)16日,这样我们就可以知道他的衣服,看得就更快一点儿。

【解说】通过监控,流调处置组终于找到了A先生一家人离开商铺的视频。A先生穿了黑色短袖、浅色短裤、拖鞋。知道了衣服和同行人,再根据这些线索追溯 A 先生一家在整个大卖场的行动轨迹及相关接触人员。

【实况】

——刚刚的时候是跟着一个穿白衣服的人一起推着一辆车。核实一下信息,他还是蛮醒目的。到时候哪些点,接触了哪些人,全部都要的。从他出现到这里,我们都要的。都要往前拉。

——我要看他购物买了什么东西,看他拿了什么东西,才能知道他去了什么位置。

【解说】什么时候、在大卖场里做了什么、接触了哪些人,流调人员都需要做非常仔细的排查记录,一边需要现场判定密接或者高风险筛查人员,一边还需要随时和后方指挥中心沟通最新情况。

【实况】

在他们后面的人待的时间比较长,要记录一下他们是谁。

【采访】费怡　浦东疾控工作人员

看他的防护情况和距离情况,我们会根据研判,一个是密接,一个是需要筛查的人群,都会依据今天看录像的情况来判断。

【解说】有时候,也会遇到非常棘手的难题。

【实况】

——这个人结账的小单能打出来,看他买了什么东西吗?

——这个就大海捞针了。

【采访】费怡　浦东疾控工作人员

是大海捞针,也要把他"捞"出来,这是我们的职业要求。"捞"他接触的人,我们每次让大家定心,就是我们在跟病毒赛跑,在你们担心之前,要把这些人的密接,把相关的环节的采样都要采好,抽丝剥茧,一个个"剥"出来。

【解说】在现场流调的同时,采样队伍也在抓紧现场采样,以查看环境中是否存在新冠病毒。

【实况】

——收银台台面是吗?

——对,收银台台面。现在是 5 号馆,生活品货架。

【采访】浦东疾控工作人员

这个病例主要去过收银区,所以我们重点采了收银区,包括收银区的台面,可能收银员的手会碰到的一些计算器、秤,然后他可能选取一些生活用品,还采了生活用品的物体表面、货架,主要是采这些东西,还有门把手。一共采了 15 件样品,主要是物体表面的环境样品。

【解说】从 20 号凌晨到 20 号深夜,大家一直在忙碌,除了疾控的队伍,社区卫生服务中心的工作人员也第一时间对密接人员进行样本采集。

【实况】

——你现在有什么不适的症状吗？

——没有没有，我一切正常。

——那我们现在要给你进行一个鼻咽拭子的采样。

——可以。

【记者出镜】在我身后可以看到工作人员刚刚进行了核酸检测，同时他们还将对家里的多处环境进行采样检测。

【解说】20号深夜，疾控中心大楼各防控组办公室、收样室、实验室依然灯火通明。现场处置队伍、各社区等送来的样本都被送到微生物实验室及时检测。

【采访】

最多的时候，我这个箱子来来回回大概要100多（箱），有应急的话，我们早晨6点、7点到单位也有，一个晚上不睡觉的时候也有。

【解说】从发现核酸检测结果异常到应急响应，无数"大白"从天黑工作到天亮，再工作到天黑，持续进行调查处置，一切都是为了和病毒赛跑。

【采访】周一心　浦东疾控中心主任

第一个24小时，比如说疾控、地区组、公安，包括基层这几个小组都是各司其职，能够第一时间完成。正因为有这样的一个很好的机制，能够做到现在上级要求的"事不过夜"。

【解说】当天发现，当天处置，24小时之内公布。"事不过夜"的背后，不仅有着大量的人力物力投入，更有日益完善的联防联控机制、科学赋能、智慧城市建设等诸多优化设计与奋力拼搏，才能将"早、快、广"落到实处。上海防疫工作，除了确保速度，还致力于严谨和精准。

【新闻发布会实况】吴凡　上海市疫情防控公共卫生专家组成员、复旦大学上海医学院副院长

上海能够坚持到今天，科学精准，我们的精准指的是什么？我们不是要无限制地扩大，我们的精准指的是多一个不要，少一个不行。

防疫中的"隐形卫士"

【演播室】在抗疫一线，有一群"隐形卫士"，他们时而是流调专家，时而是采样能手，时而是联合督导的工作人员。他们是防疫当中的"隐形卫士"。新冠肺炎疫情暴发的一年半以来，这群人不分昼夜，每周7天，每天24小时待命，快速

出动,精准防控,一直在和病毒赛跑。

【解说】走在乡村小路上的三位"大白",是陈秀红和她的伙伴们。这一夜,她们接到应急任务,要去浦东农村地区的3户人家,进行现场流调和样本采集。

【实况】往上,不要紧张啊。

【解说】这3户人家都存在高危筛查人员。陈秀红和她的伙伴们既要对同住人员进行核酸检测,同时也要对现场环境进行采样。门把手、钥匙、开关、电视机遥控器、洗碗海绵、卫生间水龙头、马桶坐垫,20多处环境样本采得仔仔细细。黑夜里,靠着手机照明,表格也记录得清清楚楚。

【采访】浦东疾控工作人员

他们碰到最多的地方,比如门把手、烧饭的水龙头,还有每天烧水或者微波炉,碰到最多的地方,可能性比较大。

【解说】这3户人家距离较远,交通不便,路也难找。从晚上10点到凌晨2点多,3户人家,防护服穿脱了3次。等到流调全部结束,脱下防护服的时候,陈秀红已经汗如雨下,身上的汗水滴到了鞋套上。

【采访】陈秀红　浦东疾控第六分中心主任

有点热,有点热,你看我的汗,手上全湿了。因为为了防护,可能它(防护服)透气比较差一点儿,但是防护性好,对,防护好。

【解说】结束采样,她们还要驱车近30公里,把样本送往浦东疾控中心进行检测。车上的片刻时光难得可以眯一会儿。疫情以来,这群"隐形卫士"常常没有日夜之分。

【采访】陈秀红　浦东疾控第六分中心主任

一个月都要通宵,通宵好几次,连着通宵的都有。现在好像是习惯了,半夜也会醒一次看看微信有什么事吗。

【解说】送完样本,已经是凌晨3点多。回家休息了三四个小时,第二天一早,陈秀红又照常上班了。这一天,她们需要联合市场监管局一起对辖区内的冷库进行防疫督导。

【实况】浦东疾控工作人员

你们现在(针对)环境物体表面的话,用含氯消毒,空气过氧化氢,马上去安排,马上做。

【采访】罗守颖　浦东疾控工作人员

汗流浃背。采了门口、叉车、月台以及病毒容易传播的地方。

【解说】冷库负责人闵建国告诉记者,从新冠肺炎疫情暴发以来,疾控人员都是在现场手把手指导企业如何做好冷库防疫,降低冷链食品的传播风险。"白加黑"的工作让陈秀红稍显疲惫,脸上是N95口罩勒出的印子。一开始,印子消得很快,慢慢地,口罩戴多了,夜晚睡少了,这印子就久久不能褪去。她从来没有提过一个"苦"字,但是,谈起自己所在的团队,她却哭了起来。

【采访】陈秀红　浦东疾控第六分中心主任

我们的团队,她们真的是没有白天黑夜的。我们支部里,去年有两个怀孕的、生小孩的,在疫情当中就是怀孕、生小孩、喂奶。不好意思。真的是很不容易的。怀孕的时候,她们肚子很大,也没请假,她们坐得不舒服的时候,跪在地上就干活的那种。

【解说】在这间小小的办公室里,几个小小的躺椅成为密接组队员夜晚休憩的地方。因为一旦发生本土病例,密接组就要 24 小时值守,守在电脑旁,完成不间断的派单、指令发布,还要关注采样、送样的情况。

【采访】沈奕峰　浦东疾控工作人员

因为一直是要 24 小时工作,实在是太困太累了。会在这个躺椅上稍微休息一会儿。

【解说】他们说,再苦再累也不怕,最怕的是别人的不理解。

【采访】罗守颖　浦东疾控工作人员

有些你要是流调,他不配合呀。

【采访】陈秀红　浦东疾控第六分中心主任

接电接接到半夜,然后他就说了,你们疾控为什么老是在要半夜还在调查,打人家电话,你们不嫌烦,人家不烦的吗?

【解说】这一份不解,或许也是很多人的疑问,却是疾控人实实在在的工作状态,从天黑工作到天亮,再从天亮工作到天黑。

【采访】陈秀红　浦东疾控第六分中心主任

我们干的真的是一件很渺小的事情,很应该去做的事情,只要能够守护大家的健康,我们觉得苦也是值得的,只要把疫情控制下来。

【采访】罗守颖　浦东疾控工作人员

为了大家都更加安全。为人民服务,为上海的安全,做出自己的贡献。

2021年度上海广播电视奖
参评作品推荐表

作品标题	改变世界｜曹德旺：做企业越难越要挺身而出	参评项目	电视新闻
		体　裁	新闻访谈
		语　种	中　文
作　者 （主创人员）	朱韶民、王征、 顾伊劼、李莹、刘珍	编　辑	朱韶民、王征
刊播单位	上海第一财经 传媒有限公司	首发日期	2021年12月31日 22:00
刊播版面 （名称和版次）	第一财经频道	作品字数 （时长）	30分钟
采编过程 （作品简介）	1. 立意高远，回应社会对企业家群体之问 　　近两年，一批颇有影响力的头部IT互联网、房地产等企业、企业家成为新闻舆论热点，引起社会广泛讨论和思考：该访谈围绕时代转型和国家之需，中国究竟需要什么样的企业家？聚焦福耀集团董事长曹德旺，深入福耀实地拍摄，以曹德旺"敬天爱人"的管理思想、处世之道为主线，穿起了全球化市场、经营管理、"天道酬仁"、社会责任等几个段落故事。在一个有条理、有温度、有事实、有思考的叙事结构中，回答了企业家身处百年未有之大变局下，该如何面对国家、社会和人民。 2. 内容厚重，兼具思辨性与启迪性 　　当下中国究竟需要什么样的企业家？曹德旺是回答这个问题的最佳人选之一。他身兼多种角色：全球第一的"汽车玻璃大王"、中美民间友好使者、捐赠160亿元的慈善家。从敬天爱人的管理理念，开拓全球的国际视野，到达则兼济天下的家国情怀，他对企业、人民和国家的社会责任感、产业实践的深度思考，让本期节目充满正能量。一句"中国人光明磊落"赢得美国导演的尊重；一句"入门随俗"赢得美方工会的配合；在众多企业涉足房地产、金融、互联网等领域时，他却坚守制造业，专注汽车玻璃制造，拒绝多元化；他对当下一些企业债务危机有鲜明看法，"你不还债等于破坏了整个社会的文明"；为国分忧，为解决科技制造业人才断档问题		

采编过程 （作品简介）	出资100亿元创办福耀科技大学。他的做法引人深思，使本期节目信息量大、观点独到，兼具可看性和思辨性。 　　3.视角新颖独到，故事小切口见大情怀 　　节目从管理问题入手，围绕这个国际影响度，以专业视角发问，新颖独到。从疫情对全球供应链的冲击、逆全球化浪潮下中国企业家的独到应对之策，到对实业情怀，工匠精神，诚信原则，互惠之道以及产业科技、绿色低碳、三次分配等政策的探讨，提问针对性强，层层深入，对话精彩。节目用曹德旺曾经面对的问题和思考含蓄地指出，做出对比。对于共同富裕、三次分配等社会关注问题，也谈了自己的前瞻的看法，信息量大，思考有深度。故事结构设计也非常用心，采用国际、国内市场双线并进的方式，以及过去和现在闪回穿插的设计，颇见功力。更为可贵的是，主创从曹德旺和福耀的故事背后还折射出全球化格局的转变、产业政策的调整、人才结构的需求、财富再分配的动因等时代特征、民族特色、小切口中见大情怀。
社会效果	本期节目注重财经视角和专业解读，充分体现了第一财经对社会焦点、热点话题的敏锐捕捉、潜心钻研、深度解读的功力。该节目电视收视表现优秀；一财网、一财App视频专题同步呈现，一经播出，凤凰网等多家新闻门户网站、微信公众号纷纷转载，仅抖音"商业能见度"一个号点击就达到8.6万，网友们留言上千，融合报道效果显著。同时，报道还获得有关方面专家的一致好评。

改变世界｜曹德旺：做企业越难越要挺身而出

【预告片】
投建美国工厂，意外获得奥斯卡奖幕后有什么故事？
【曹德旺】拍的都可以播，中国人光明磊落。
从面对工会示威萌生退意，到民间友好大使，他如何赢得对方赞誉？
【曹德旺】入门随俗，你必须按照它的规矩来。
出身贫寒，从辍学谋生到跨国集团董事长，他靠怎样的经营理念？
【曹德旺】敬天爱人，止于至善。这是我们创业的根本。
天道酬勤，基业长青的秘诀是什么？
【曹德旺】你所从事的投资，你想做的东西，必须是国家需要、社会需要、人民需要的东西。
心若菩提，捐款160亿元，身处百年未有之大变局，企业家如何面对国家、社会和人民？
【曹德旺】越是碰到困难，越要冷静地面对现实，大胆地挺身而出，来承担这个责任。

【VTR：实况：奥斯卡颁奖典礼　导演史蒂文·博格纳尔：谢谢曹德旺。
　　2020年2月，《美国工厂》荣获当年奥斯卡最佳原创纪录片奖。2014年，福耀集团以1500万美元的价格收购了美国俄亥俄州代顿市一座曾经属于通用的工厂，该片全景记录了福耀玻璃董事长曹德旺在美国创办工厂的曲折艰辛，拍摄历时4年，揭示了不同文化价值观念下的冲突矛盾。时隔多年，福耀玻璃已经在美国五个州建立了多家工厂和机构，并经历了扭亏为盈的阵痛，这期间中美关系不断发生着变化，又遭遇了新冠疫情的全球影响，曹德旺和他的福耀玻璃在全球

化的市场中又经历了什么故事?】

【曹德旺】实际上2010年它通用要求我们在美国建厂,我们说现在实力不够,通用也很支持,它先把大宗订单下给福耀,规定2016年12月31号以后要在美国供货,它就让你去赚一笔钱给它们,因此,我们建厂是2014年开始,是这样的。

为什么后来他们奥巴马(基金会)拍那一部电影呢?我进去的时候,人家不相信我买那么大的厂房是建玻璃厂的,中国人讲忽悠我们美国人。包括我工程包给他的那个公司,他都不相信我会做,他也是拖拖拉拉的。

【苏勇】他不相信你去做实业的。

【曹德旺】对,那结果州长很相信我。

【VTR,铁锈地带:泛指传统工业衰退的地区。由于工厂被废弃,机器布满铁锈而得此名。福耀美国工厂所在的俄亥俄州便处于这一地带,前身是通用汽车在当地的工厂。】

【曹德旺】州长就跟我说,他说有一个人想拍你的纪录片,他说这一个工厂原来做汽车的,它倒闭的时候,最后一部汽车下线的时候,工人哭得很伤心,因为失业了。那么他有一篇电影是《最后一部卡车》,下线的时候,是记录它下线的场景,你这次来,他想拍一部玻璃电影纪录片,这个是想拍喜剧,我说没有问题,然后他就把那些人找来跟我谈,他说我先跟你讲,我是纪录片,拍完是不能剪的,不能剪的。我拍成什么就播什么。我说只要你不恶搞,我敢做的事情你都可以拍,拍的都可以播,中国人光明磊落。然后来签了这个合同来拍。怎么拍呢?每次飞机一降落,他在机场等我,就开始拍到工厂,工厂来开会,不管我在哪里工作他都拍。

【苏勇】全程跟拍?

【曹德旺】我也忘记了他在旁边,他从美国拍到中国来,拍了四年吧。

【VTR:从竣工投产,至今已过去了6年,曹德旺这回接受第一财经专访,坦言福耀玻璃在美国建厂虽然不是一帆风顺,但如今都已经走上正轨,当地政府甚至把工厂旁边的一条路,命名为福耀大道。然而"蜜月期"没多久,新的问题便出现了。】

【曹德旺】就是因为欧美工会势力都很强,他们管理不起来。我曾经建议美国人,中国也有值得你学习的地方,不是那么落后。

【VTR:制造业在美国遇到的最大问题,恰恰在于人,习惯了过去通用工厂高福利、高自由度的工人,对中国式管理出现不适应。

【苏勇】我们中国企业现在走到世界上去,都碰到这样类似的问题,您觉得这个里面你有什么可以给它们借鉴的这个经验?

【曹德旺】这一段故事可以用来证明我前面的一句话——"敬天爱人"。你到了美国,你头上顶的天那个天是美国的法律,入门随俗,你必须按照它的规矩来。

【苏勇】所以你觉得必须我们入乡随俗?

【曹德旺】无条件的。

【苏勇】无条件地按照当地政府的要求来做。

【曹德旺】没有错。

【苏勇】那么具体在和美国,比如说你那个代顿工厂。

【曹德旺】这个是按照我们请当地的律师、顾问来帮助我们策划怎么对待它,中国人老把这个事情(当作争斗),我们跟它斗赢了,我从来没有斗赢,我一进美国,美国人很喜欢我,很尊重我。

【苏勇】为什么喜欢你?

【曹德旺】很耿直,实事求是的。

【VTR:2014年下半年,继俄亥俄州代顿市的工厂项目启动之后,福耀玻璃又从美国工业巨头PPG旗下收购了伊利诺伊州的一家工厂。】

【曹德旺】PPG跟我讲,它跟工会里面打官司打了五年,因为你这个厂不要多少工人,加起来百把人,200人就够了,然后你把他(工会)赶出去,我把工厂卖给你,现在法律规定,如果工人超过半数同意不成立工会,就不需要工会。

【苏勇】它主动来帮你想办法。

【曹德旺】对。进去交接那一天,我跟工人讲了,我在收购之前应该跟你工会打招呼,征求你工会意见,但是PPG告诉我,按照联邦的法律不需要履行这个手续,但是我想我们应该好好坐下来讨论一下我跟你怎么合作。

【苏勇】就跟那个工厂的这个工会怎么合作。

【曹德旺】PPG真的很惊讶,你曹德旺怎么会表态跟它合作呢?那交接完了,我叫总经理,你跟工会谈判,工会不理,他说没有那么好的事,天下没有一个好老板。后来我再三再次提出来，他同意坐下来谈判，他提了几个条件，那也应该说很温和了，其中有一个条款，他跟PPG打了五年官司的两块钱。两块钱这个故事是，2008年的时候，年初PPG给工人加工资，应该就是加两块。

【苏勇】时薪提高两块。

【曹德旺】时薪提高两块。结果到了下半年的时候，美国危机，美国人说这两块钱不要再发了，因为危机。工人说你已经发了，不要再收回去了，也因为这个事情打官司。我说这样的官司在福耀是不会打的，福耀不会做这个事情的。它两块答应你的时候就两块，我们加给你。

【苏勇】所以你主动加给他两块钱？

【曹德旺】对。那个工会不错，跟我配合的，现在也配合得很好，我那个工厂效益也不错。我跟他讲了，我的经济实力不够，不能去借钱给你发工资，要我们跟你联合起来，大家就把工厂办起来，赚了钱才能给你加工资。意思是我接受你的所有条件，但只有一条，我中国的企业能够做到的，你也能做到就OK。他说那必须的，我说为了证实这一点，你们可以选四个人作为工人代表到中国来，我说让你看我的企业。他到了中国（拍）完以后看，我的工厂跟宾馆一样的，它的工厂实在不堪入目，破破烂烂的。我们成品率做到85％左右，他的成品率做70％左右。

【苏勇】他的成品率远远低于你。所以你觉得从中可以我们给中国企业有些什么样的启示？

【曹德旺】合作的态度，必须尊重他。因此工会非常配合我们，我们后来把它工厂改造成跟我们一样的，现在成品率虽然比这里低，但是企业效益还可以。

【苏勇】所以就双方相向而行，而不是说站在一种对立的立场上。但是有的老板觉得我是老板，你是工人，你就要听我的，对不对？

【曹德旺】你躲在家里当老板吧。

【苏勇】所以"敬天爱人"不是一句空话。

【VTR：2020年，曹德旺被美国中国总商会授予"年度最具影响力商业人物奖"，并获得美国俄亥俄州州长颁发的政府表彰书。不仅是在美国，福耀玻璃还在德国、俄罗斯、日本、韩国等全球11个国家和中国16个省市建立现代化的研产销基地，全球雇员约2.7万人。为全球知名汽车企业提供OEM配套服务和汽车玻璃全套解决方案，客户包括宾利、奔驰、宝马、奥迪、通用、丰田、大众、福特、克莱斯勒等。1993年福耀玻璃在上海证券交易所主板上市，2015年在香港交易所上市，形成兼跨两大资本平台的"A＋H"模式。在众多企业涉足房地产、金融、互联网等领域时，福耀却依然坚持专注汽车玻璃制造，拒绝业务多元化。】

【苏勇】那么您觉得它能够一路走过来,其中最主要的因素大概是什么?

【曹德旺】我们长期秉承一个信念,"敬天爱人,止于至善",这是我们创业的根本。我当初是很小的一个企业,1991年福建省把我作为一个试验拿去发行股票,你可以看到很奇怪的事情,它一股发一块五。实际上一块五是净值,它是6 000多万净资产折成4 000万股,那一股发一块五,到了发行完以后,不能挂牌的时候,人家很多人就要求我们退回来,因此我也是那时候发财的,被逼无奈,我自己收了几百万股回来。

【苏勇】因为别人都不愿意买,所以你自己买了一些?

【曹德旺】不是买了,要退回还给我。1993年批准上市,只限于流通部分的上市。2 000多万股,那么我手上有几百万股。

【苏勇】对。

【曹德旺】然后上市的时候四十几块,那这一下才见到我真的是发财了。

【苏勇】所以可不可以说那个就是您第一桶金,比较大的。

【曹德旺】应该是这样讲,大笔的资金就是那一笔了,那时候挣了一亿多是很厉害。那我又拿着这个钱,又把别人不要的法人股,把它收回来。那这时候发生危机了,企业发生危机。

【苏勇】什么危机?

【曹德旺】经营危机,因为所有人听说曹德旺做玻璃做到上市,大家都去做,办了百十家的玻璃厂。那我们当初发行股票的钱拿回来,又买了一块地做工业城开发,换成其他人扔了就走,就算了,我没有,我认为(如果)不能成为国家栋梁,绝对不应该增加国家的负担。

【苏勇】(如果)不能成为栋梁,也不能成为负担。

【曹德旺】我没有本事成为栋梁,但是我坚决不做他们的,不能够成为他们的包袱。因此,到处去问、请教怎么做这家公司。我还把报表拿给香港一个交易总监,一个女的看,被她撵出门,她说你这是垃圾公司,屁那么大的公司的时候什么都做,多种经营。她跟我讲,上市公司应该,你现在回去重组。就是你最喜欢做的,认为最有前途的,也最有条件做的东西留下来,其他我建议你卖掉,保住你的人。那这个是她提的意见,比如讲股民想投资,买股票,他喜欢装修的买装修股票,他喜欢制造的买制造股票,他喜欢房地产,买房地产股票,你一个公司什么都做,他无所适从,那就是垃圾股了。

【苏勇】所以那么福耀我们现在真的其他都不做吗?

【曹德旺】没有。

【苏勇】就做汽车玻璃?

【曹德旺】汽车玻璃,汽车玻璃的总成的相关零件。

【苏勇】但是我们也知道,有一些竞争对手目前发展得也很不错。您是怎么样来看待企业所面临的挑战的?

【曹德旺】我们比谁都紧张,比尔·盖茨有一句话,"破产永远都在18个月以内",因为它12个月年报出来的时候,亏损就引起各方注意,不能够及时,扭转股东、金融机构、银行系统的客户都对你开始施压。天下没有救世主的,只有靠你自己。我从2006年开始预测它有一场2008年危机,预测得非常准。

【苏勇】你怎么会预测到呢?

【曹德旺】通过现象来判断它的问题,2009年不是恢复起来嘛,我的员工就蠢蠢欲动,我说等一等,不要急,我们现在企业有问题,我们负债率现在在70%。调整负债,上市公司要负责任,你不能够去做分红了,要每年分红给大家,因为有的人家是养老金买你的,那我怎样做。我们现在调到什么状态呢?我存款减去负债,这个有息负债的时候,我们多了几十亿出来,我们现在等于没有负债。

【苏勇】就是你立马把所有的负债全部还掉。

【曹德旺】不是立马,没有那么容易,我们花了接近10年的时间调整,在前年实现了这个目标,那我现在很安心地在这里。因为这一波的危机是供应链断链引发的疫情引起,供应链断链引起的大宗产品涨价,金融危机。这个外面发生大宗产品涨价,中国发生的是(企业)债务危机,那些人闭着眼睛乱借钱,他那个不要还,你再去看要不要还,任何一个拥有主权的国家,他不会接受你不要还,因为这是几千年积累的文明,欠债必须还,你不还是等于破坏了整个社会的文明,谁能够接受? 所以忧虑没有用,要实实在在地(用)知识跟智慧来解决。

【苏勇】所以那些大举借债的,然后盲目扩张的这些企业,现在都碰到问题了。

【曹德旺】对,那这个事情因为大家都没有经验,双方双向,因为政府改革开放初期也没有经验,因此,现在要注意了,这是一个转折点,是划时代的级别的。

【VTR:照片、老画面+字幕:
1977年,曹德旺进入玻璃行业,1983年承包高山异型玻璃厂;
1987年6月,成立小型合资公司,生产汽车用安全玻璃;
2002年8月,打赢中国入世后首例反倾销案;
2005年5月,与德国奥迪签约,福耀汽车玻璃开始参与国际竞争;
2019年2月,收购德国SAM公司,进入铝饰件等高技术产业领域;

作为福建福清的企业家代表,曹德旺以一股"爱拼才会赢"的闯劲,彻底结束了中国汽车玻璃市场100%依赖进口的历史。截至2021年,福耀的中国国内市场占有率超 68%、国际市场占有率超 28%，位居全球第一，可以说在中国每三辆汽车中，就有两辆使用福耀玻璃。从工业 4.0 到低碳排放，福耀在制造业始终敢为人先，曹德旺也因此被称为"汽车玻璃大王"。在这本自传《心若菩提》中，曹德旺将自己的经营理念融汇其中，感言自己能从一名贫困青年成长为跨国集团董事长既归功于天道酬勤，也是"天道酬仁"。】

【苏勇】那么我也仔细读过你的那个《心若菩提（增订本）》那本书，里面也讲到你怎么样来对待供应商，对待其他的合作者，有的时候还主动地出手相救。

【曹德旺】那时候这必须的。

【苏勇】因为我们在企业管理上，有一个理论，我们叫作利益相关者的理论，它的核心思想就是说企业老板你不要只考虑着自己赚钱。

【曹德旺】利益分配要均衡。你把别人，该别人的利益，你全部给他刮干净的时候，人家给你刮一次就认识你了，第二次你就不那么容易刮了。第三次你再来刮，人家会一脚踹开你，就跟我们谈，或者你在他卖不掉的时候，他可以来让你刮一下也没问题。但如果市场好的话，就把你踢出去。

【苏勇】所以你觉得还是，也是要留一部分利润，留一部分钱给人家赚。

【曹德旺】儒家提倡的仁、义、礼、智、信。第一句是"仁"，"仁"就是要尊重别人，均衡地分配，造福于民。那个印尼 ASAHI 的总经理过来求助我，1997 年危机，他玻璃做了，堆在仓库里面，它是再堆下去就得关停。当天我请他吃饭、喝酒，跟他表态，我小厂，我不会买很多，一个月只有几千吨玻璃（原材料），你如果不嫌少的话，每个月你自己装过来，那价格就按照中国今天市面的价格给你。他非常感动，这救了他。

后来，过几个月玻璃就紧张了，他好像不知道玻璃紧张一样，也不涨价，还在给我供应。

【苏勇】所以他还是按照原来的价格卖给你？

【曹德旺】对。

【苏勇】所以这个也是我们讲一个双赢的一个策略。

【曹德旺】实际上做企业就是做人，你先把人做好了，做事没问题，很多人会帮助你。

【苏勇】但是真正把它去这样实践不容易。

【曹德旺】没错，这个就是我们社会转型不足的地方。社会转型各方面不规范，你行为要规范。日本当初在(20 世纪)50 年代跟 60 年代的时候，跟我们改革开放前两年做的事情一模一样，卖假药，做假广告，坑蒙拐骗，什么都有。现在能够成为大财团的都是当初规矩的人，真正做到敬天爱人的人。

【苏勇】就是做人做得好,企业就能做得好。

【曹德旺】不是,遵纪守法,就是真正履行"敬天爱人"。我今年75岁,回首过去,在经营上,与人交流上,我没有做对不起社会任何一件事情,我为此感到非常骄傲、自豪。

【苏勇】真正做到了知行合一。

【曹德旺】对,真正做到敬天爱人,止于至善。

【苏勇】那么您觉得像这种中国的传统文化,在您自己的经营管理当中,有什么重要的作用?

【曹德旺】非常重要。你当教授的,你修的是书,你必须还要去修道,有道行才会有格局、有胸怀、有境界,才可以看到一些东西。

【苏勇】那么您觉得这个怎么样体现在福耀的管理模式当中?

【曹德旺】道是看不见、摸不着。始终你不知道它在哪里,它是潜移默化的。你碰到员工家庭突发事件,必须伸手解决。比如他发生车祸,车祸我们有保险的,保险公司要赔的。保险公司赔多少,我公司再赔多少给你。就是嫡系家属生病,你治不起,拿过来,我帮你治。

【苏勇】所以道生一,一生二,二生三,三生万物,是不是这样的一个理念?

【曹德旺】道永远看不见,看得见、摸得着的,听的讲得清楚的都不是道,道是一种文化,这是潜移默化的东西。

【苏勇】就是我们现在管理学当中讲的企业文化。

【曹德旺】没有错。

【画面,曹德旺思考;巡视车间。墙上标语:国家因为有你而强大,社会因为有你而进步,人民因为有你而富足。】

【苏勇】我们在福耀集团,我看到有这样的一个标语,就是里面讲到企业家的责任有三条:国家因为有你而强大,社会因为有你而进步,人民因为有你而富足。怎么会想出来这样三句话?

【曹德旺】这不是官话,也不是忽悠,你们想做企业家,想做成功,必须按照这三条去做。你所从事的投资,你想做的东西,必须是国家需要、社会需要、人民需要的东西。你做的东西满街都是,充斥市场的话呢,你想跟人家竞争,伤人百(一)万,自损三千,要做好牺牲的准备。

【苏勇】当时你是怎么样会想出这么三句话的?

【曹德旺】在琢磨怎么成功。(笑)

【苏勇】在琢磨企业怎么成功。

【曹德旺】像我做的东西为什么美国人不骂我呢？因为它缺，我会帮它补缺。因为它也评估了，到全世界去买玻璃，做玻璃的就是我做得最好。

【苏勇】因为去年疫情出现了以后，有一些企业就碰到了很多困难，但是我们也有一些企业家觉得当今我们企业不好，国家应该出来，来帮助企业，但我记得您就讲一段话，您说越是这种困难的时候，我们企业家就应该挺身而出，否则要你企业家做什么？大意大概是这样。

【曹德旺】我跟你讲，按照14亿人来说，企业家是最有钱的团队的排头兵，你需要国家来救你，你的身后还有十几亿人等着，谁来救他们？你要醒过来，你自己去奋斗。

【VTR：在这本自传《心若菩提》中，曹德旺披露自幼家境清贫，初中没毕业就辍学，自16岁起在街头卖过烟丝、贩过水果、修过自行车，尝遍了社会底层生活的艰辛。2011年，他捐赠自己3亿股股票成立河仁慈善基金会，过户当天价值35.49亿元。成为当时国内最大的非公募慈善基金会。从1983年至今其个人捐款累计已逾160亿元，为探索企业家如何实践社会责任、参与社会公益事业提供了经验。】

【苏勇】您说您差不多捐了有160亿元到现在，差不多，对吧？那包括最近又准备要捐100亿元做福耀科技大学。

【曹德旺】河仁基金会来投资办这个学校，我跟它讲，这是民办的，不应该是公立的。河仁基金会是非营利组织。

【苏勇】非营利组织，民政部注册的。

【曹德旺】中国唯一的一家试点基金，就应该做试点的事情。哈佛大学、康奈尔大学全部是基金会办的。我要办一所中国没有的大学，坚持错位办学的原则。

【苏勇】怎么说呢？

【曹德旺】今天中国所有行业都发生人才断档。缺人，缺工匠精神。对国家、对他学生本身都是一个伤害，他不敢去企业，如果说他是我那个学校出来的，我给你送到企业去的时候，因为企业的总经理知道他会做什么，如果说他有失误的时候，你找我学校，我会帮它解决，就是他所学的东西都会动手。

【苏勇】那么现在比如说国家提出三次分配，你怎么样看共同富裕？

【曹德旺】这是国家进步、社会进步的一种具体表现。什么叫分配？就是体制。我们中国人的合法收入就是工资，这是第一次分配。那第一次分配会导致分配不公,有的人多,有的人少,那开始第二次分配。第二次分配就是每年的各种文件出来,一号文件、二号文件、三号文件,这就是分配方案的调整,通过政策干预来调整这个分配方案。比如今年农具要加了,明年农民要给他免税了什么的,之后现在你这个问题还存在,那怎么办呢?那这个事情国家考虑第三次分配方案,那它做什么呢?完善调节税税种,比如房产税、遗产税、所得税,而且监管会加强。

那它拿去的钱怎么处理呢?那么就再分配到落后贫穷的地方,给农民免税,农具补贴,我们这样干的。我认为这是国家社会进步的象征。

结尾

【曹德旺】企业家是社会精英的精英,因为政府管理着这个国家,它是各个流派,教育、文化、工业、农业归它管,它的每一句话都应该考虑兼善天下的效果。我们(企业家)是引领着社会经济前进的团队,那越是碰到困难,越要冷静地面对现实,那大胆地挺身而出,来承担这个责任。中国是中国人的中国,靠谁都靠不住。

2021年度上海广播电视奖
参评作品推荐表

作品标题	一份公函的善意	参评项目	电视新闻
		体裁	长消息
		语种	中文
作者（主创人员）	陈慧莹、顾克军	编辑	瞿轶羿、张莉
刊播单位	上海广播电视台	首发日期	2021年6月16日 19点02分
刊播版面（名称和版次）	新闻综合《新闻透视》	作品字数（时长）	3分54秒
采编过程（作品简介）	在今年4月的一场税务部门座谈会上，记者作为观察员参加，过程中两家企业反映，因信用修复机制的推出，在发改委信用中国网站的发票违法记录，已被删除；但在市场监督管理部门的公示系统中，记录无法撤销，这就让企业经营依然处处受限，原因是：目前国家市场监督管理总局并未下发通知，还解决不了线上的信息互通。当时，记者就留了个心，用手机记录了一些现场的讨论。之后，记者得知税务部门有意推进事情解决，并多次赴市场监管部门商议解决方案，最终敲定以"一户一函"，线下传递公函的方式，来为轻微失信企业修复信用。意识到这份"公函"的意义，不断争取下，记者独家拍摄记录了"修复1号函"的斟酌出炉过程。		
社会效果	上了失信黑名单，如何修复信用？本着谁处罚、谁修复的原则，上海税务部门率先探索；正因这一步的探索，才发现了后续的问题。这份格式化的公函，体现的是在营商环境打造中，政府部门跨前一步的善意和决心，这在全国，也是首创。片子播出后，上海税务公号转载，不少企业也由此得知信用修复的机制；事实上，这个机制，不仅给了企业回归正常发展轨道的机会，也让更多人体会感受到诚信的重要性，这本身就有着积极的社会意义。		

一份公函的善意

4月,在税务部门举行的一次座谈会上,两家企业不约而同提到,因曾经涉及发票违法,被处罚之后,这一"污点"就留在了相关的信用平台上,企业连各种招投标的门都进不了,生产经营各种受限,是既后悔又苦恼。两个月过去,后续如何?

落款为上海市税务局第三稽查局的一份公函,接收方是上海市场监督管理局。去函的目的是什么?事情要从4月的一场座谈会说起。

这家科技信息公司的苦恼,源于发现,自己曾经的"污点",依然留在"国家企业信用信息管理系统"中。

两年前,企业曾在税务总局一起虚开增值税普通发票案件中,作为下游受票企业,被发现发票违法疑点。

(徐思扬　上海市税务局第三稽查局检查三科副科长:企业确认存在支付开票费购票的情况,处补缴增值税一倍的罚款。)

为惩戒失信,这条处罚信息被同步到"信用中国""国家企业信用信息管理系统"等平台进行公示。去年,在"信用中国"所属条线上,国家发改委发布通知,要求完善行政处罚信息信用修复机制。

今年,税务与发改委公共信用信息中心之间,理出了一套"修复"机制:在"一网通办"上开设通道,企业提交修复申请表、承诺书等四项材料,公共信用信息中心,向处罚单位确认是否可修复;处罚单位进行审批,5个工作日内答复,形成线上全流程闭环管理。

[李永红 上海市税务局第三稽查局法制科副科长:一般失信行为(符合相应条件),只要公示期满三个月后,都可以对他进行信用修复。]

企业提交申请后,在"信用中国"网站上,很快就查不到违法记录了。然而不久后,他们发现,业务开展依然处处受限。

(企业人员:我们去参加招投标的时候,对方单位还是提示我们,在市场监督管理局的公示系统中,还是存在这条行政处罚信息的,没有办法入围投标,一票否决了。)

于是,就有了开头的一幕,企业再次求助税务部门。

[李永红:市场监督部门认为,这个(违法)信息是税务部门提供的,纳税人找到税务部门,我们又没办法直接从平台上,把信息进行处理。]

问题不解决,前一步的修复,就失去意义。专为此事,税务和市场监督部门两次碰头商议,但目前,国家企业信用信息管理系统,暂不具备开通线上申请撤销通道;最后双方敲定,先通过来往公函处理,明确"一户一函"机制。

(常虹 上海市税务局第三稽查局副局长:是我们的处罚信息,是我们修复,就应该"一修到底",那我们跨前一步,目前还解决不了线上的信息互通,那么只能靠线下,把信息进行一个传送。)

公函的标题、内容,税务人员字斟句酌,用简洁明了的语言表明:该企业属于一般失信,处罚部门已准予信用修复,"信用中国"网站公示也已撤下。从"修复1号函"出炉,至今已为7家企业,发出7份公函,对外公示信息,都已撤下。

(企业人员:本来以为这个"污点"会一直追随我们,但是没想到,现在会给我们这样一个纠错的机会。)

（企业人员：在我们完全修复后,近一个月,我们已入围两个招投标项目,而且我们也顺利中标,深刻感受到,诚信确实很有价值,我们也会好好去守护它。）

创造条件,让企业有机会回归正常发展轨道;一份格式化的公函,写出了包容和善意。

2021年度上海广播电视奖参评作品推荐表

作品标题	《执行第一线》(第三季)	参评项目	电视新闻
		体 裁	新闻专题系列报道
		语 种	中文
作者(主创人员)	集体	编辑	集体
刊播单位	上海广播电视台	刊播日期	2021年11月15日19点15分—12月21日19点15分
刊播版面(名称和版次)	新闻综合频道《案件聚焦》	作品字数(时长)	每集22分
采编过程(作品简介)	2021年11月,《执行第一线》项目组经过近一年的拍摄和制作,推出了8集特别节目《执行第一线》。该项目与上海市高级人民法院深度合作,全面展示了上海法院在"基本解决执行难"阶段性目标实现后的执行工作的情况和成效,拉近了执行法官和普通民众之间的距离。在为期近一年的拍摄制作过程中,项目组成员克服了人员紧张、现场突发情况多、制作任务繁重等困难,跟踪完成了15家法院22个执行案例的拍摄、后期制作及新媒体推送等工作,用一个个真实鲜活的事例,既真实记录了一线执行法官日常工作,也揭示了执行工作中的种种痛点难点。		
社会效果	据不完全统计,《执行第一线》(第三季)在微博、抖音、快手、视频号等新媒体平台的点击量超过2.3亿。其中第八集的"老赖欠700万儿子上18万学费国际学校"登上微博热搜榜第一,抖音视频点击量也达543万。节目播出之后,获得了最高法院的高度肯定,在社会各界引起良好反响。为促进全社会形成理解执行、尊重执行、协助执行的广泛共识,提升社会公众的法制意识,促进相关当事人主动履行法律义务,提供了有力的舆论支持。		

执行第一线(第三季)

第一集：坚持不懈地执行

【解说】法官智斗影帝级老赖,历时三年推动案件执结。

【电话连线】浦东新区人民法院执行局法官助理　陈喆：
不够的部分你还是要积极履行的。

【解说】回头再看调查,防止垃圾女王卷土重来。

【实况】宝山区人民法院执行局法官助理　张朱星：
反正我们对你就一个要求,家里面不放垃圾。

【解说】排摸走访不放弃,失踪老赖现身还钱。

【实况】浦东新区人民法院执行局法官助理　陈喆：
你不能因为人家孤儿寡母的,你本身这个动机就是卑劣的。

【解说】执行永远在路上,执行第一线马上开始。

【解说】作为全国"基本解决执行难"工作仅有的5个无须整改的地区之一,上海法院始终不放松执行工作。很多老大难的案件被攻破。2020年,共执结案件16.2万件,执行到位金额371亿元,同比分别上升7.6%和41.9%。

执行的威力,不仅体现在法官与被执行人正面交锋时展现的法律赋予的强制力,更体现在把一个个当事人应得的利益落实到位。

【实况】浦东新区人民法院执行局法官助理　陈喆:
快一点,张海楼。来,张海楼开门。开门,快一点。有人吗?没人。被窝热吗?看一下。看一下,床底下。有人,出来、出来,快点。快、快、快。张海楼出来。快点,快点出来。

【解说】2019年《执行第一线》第一季播出时,老赖张海楼上蹿下跳的拙劣表演,被网友评为"影帝级老赖"。他要逃避的,是一笔拖欠申请执行人多年的60万元债务。执行法官几次上门,张海楼都以各种理由哭穷耍赖,还跟法官玩起了躲猫猫,东躲西藏不见踪影。他没想到,执行法官一直没有放弃,深夜守候在他家楼下,一进门就把他给翻了出来。

【实况】浦东新区人民法院执行局法官助理　陈喆:
有事说事,60万就买你一条人命。出去,我不出去,你出去。抓你,我整整守了你三个月。天网恢恢,疏而不漏。你想逃,说话。

【解说】张海楼一边手上拿着刀威胁,一边还在床上走来走去,一心就想把执行法官逼走。

【实况】被执行人　张海楼:
我犯法了吗?确实犯法了。请你把刀放下,刀放下还有机会。

【解说】最终,经过执行法官和法警和派出所民警一个多小时的劝说,张海楼终于放下了刀,随后就被司法拘留。2019年10月15号,也就是《执行第一线》第一季节目播出后的第二天,司法拘留刚结束的张海楼,迫于种种压力,主动来到执行局要求调解。

【实况】被执行人　张海楼:
在拘留所办案人员的教育和帮助下,我进一步认识到,自己的犯法行为的严重性。我深感对不起,我决心悔过自新,重新做一个合法的公民。

【解说】为了获得申请执行人谅解,张海楼不仅准备了悔过书,更是一下跪倒在申请执行人面前。

【实况】浦东新区人民法院执行局法官助理　陈喆：
下面由赵力锐法官,进行调解主持:
阿姐,请给我一条活路。好,起来,你也别这样子,有事说事,好吗。有事说事。宽限我时间,我每个月除去家庭生活,正常基本开销,然后剩余部分,我用来偿还你的债务。如果我哪一天赚到更多的钱,可以往上面递增,来偿还你。

【解说】看着张海楼可怜的样子,申请执行人心软了,同意了他每月1 500元的分期履行计划。一次司法拘留,就能让张海楼这样一个骨灰级老赖幡然悔悟吗？执行法官总觉得事有蹊跷。他们进一步调查张海楼的情况,一个重大的转机出现了：张海楼有另一个身份,且名下还有房产。

【采访】浦东新区人民法院执行局法官助理　陈喆：
发现被执行人和他的妻子倪秀英,共同所有一套房产,在我们本辖区。于是本案的执行,就有了执行线索,也有了可供执行的财产。

【解说】在掌握这一重大线索后,执行法官立即约谈了张海楼,要求他如实申报他自己以及他冒用身份张珂的个人财产情况,而张海楼仍在试图蒙混过关。

【实况】浦东新区人民法院执行局法官助理　陈喆：
我再问你一遍,有没有其他的财产。

【实况】被执行人　张海楼：
我都没有财产了。

【实况】浦东新区人民法院执行局法官助理　陈喆：
你都没有财产了。你都没有财产了,是吗？

【解说】面对执行法官的反复询问,张海楼一口咬定自己没有财产。当执行法官出示他名下的房产信息时,张海楼瞬间傻了眼。

【实况】浦东新区人民法院执行局法官助理　陈喆：
你现在违反《民事诉讼法》第217条。根据你现在的情况,我可以对你进行司法拘留 15 天。知不知道。还有这个案子你现在有了房产了,你准备怎么办,我问你?出售房子,归还本案的欠款,是不是?你如果不自己出售,我进入法定程序,申请执行人可以主张权利的。自己卖是吗?全力配合吗?对。看你后续的表现,如果还是不配合,那么就加倍处罚。

【解说】然而经过调查核实,张海楼的这套房子是他和妻子贷款购买的。因为拖延贷款,银行已将夫妻俩告上了法庭,所以张海楼无法自行买卖。

【采访】浦东新区人民法院执行局法官助理　陈喆:
抵押权人的权利确定以后,我们参与分配。我们通过抵押权人拍卖房屋,来受偿本案的借款。

【解说】张海楼夫妇和银行关于房屋抵押贷款的官司一打就是近两年。2021 年 7 月,涉案房屋终于以 270 万元的价格拍卖成功。扣除银行贷款和张海楼妻子的部分,属于张海楼的可以用于执行的份额近 50 万元。与此同时,因为拍卖导致案件执行等了两年,张海楼还要支付给申请执行人延迟履行金 7.2 万元,以及利息 6 万元。也就是说,他的百般抵赖和拖延,不但没能赖掉债务,还要为此付出相应的代价。

【电话连线】浦东新区人民法院执行局法官助理　陈喆:
然后,我算了一下,可能有不够的部分,不够的部分,你还是要积极履行的,这个义务不免除的。你要继续向法院报告财产情况,以及积极地履行,积极地归还剩余的款项,听清楚没有?

【电话连线】被执行人　张海楼:
听清楚了。

【电话连线】浦东新区人民法院执行局法官助理　陈喆:
听清楚了,如果你不归还的话,本案将会对你采取相关的惩罚措施的。

【解说】历经三年,这个百般推卸责任的影帝级老赖,终于还是输给了执行法官的坚持不懈。

【解说】近几年,小区里有老人囤积垃圾,造成邻里苦不堪言的新闻时有耳闻。今年 6 月,我们栏目就关注过一位堆了两套房垃圾的"垃圾女王"。经过法院强制执行,两屋的垃圾终于被清除了,她也答应不再囤垃圾。那么,她真的能做到吗?2021年9月26日上午,记者跟随宝山法院执行局法官,第三次来到淞南一村,找到了这位"垃圾女王"——被执行人董莉。

【实况】宝山区人民法院执行局法官助理　张朱星:
你这个垃圾又去捡来了?

【实况】被执行人　董莉:
不是捡来的,就这里的,门口的。哪里的?就门口的,他们都扔在外面,我就把要的拿回来,不要的就放在那里。那你这次捡回来,有没有堆家里?没有堆,房子都借掉了。

【解说】这是法院强制执行后,六个月"质保期"内的回访,法官要确保清走15卡车垃圾的两套商品房内不再堆放垃圾。

【实况】被执行人　董莉:
你可以这样吗?你们可以这样吗?可以强制到我们家来吗?对吧。我和你说噢。

【实况】宝山区人民法院执行局法官助理　张朱星:
就是要强制到你家来。

【实况】被执行人　董莉:
不可以的,如果说是这样的话,我肯定要告你们的。我要告你们的。

【解说】董莉为什么不愿让法官和记者进门,屋子里有什么呢?法官为什么几次三番要上门查看呢?事情还得从头说起。

【解说】被执行人董莉和她的前夫王华荣,在淞南一村有两套商品房。在过去的十几年里,这两套商品房的"用途"非常特殊。房里的垃圾已经堆到了天花板,里面的卧室,连爬都爬不进去,门口只有一条狭窄的缝隙,可以挤到厨房间。

【实况】你堆的东西太厉害了,阿姨。里面的味道挺厉害的。

【实况】被执行人　董莉：
那没有办法的,家里就是这种味道。你说是吧。什么叫家?家就是我自己臭。

【解说】董莉"全心全意"地在垃圾堆里寻宝,屋子里堆不下,就堆在楼道口。有的居民不堪忍受,降价把房子给卖了。依旧生活在这里的邻居,时常与董莉爆发冲突。整个淞南一村,还因为董莉乱堆放垃圾,被摘掉了文明小区的牌子。迫不得已,一楼和二楼的住户将董莉和她前夫告上法院。在法院的主持下,双方进行了调解,约定2021年1月31日之前,董莉将垃圾清理干净。可是,过了约定的日期,董莉的房子里依旧堆满了垃圾。

【实况】被执行人　董莉：
你看不起我弄垃圾,我还看不起你们了,钱有我多吗?

【实况】宝山区人民法院执行局法官助理　张朱星：
你现在关键是要把垃圾清掉,其他都别说了。

【实况】被执行人　董莉：
你法官说话我听的,我记在心里。

【解说】嘴上说得好好的,可就是不行动。这回,法院动了真格,会同环卫、城管等部门,5月25号,对董莉家里的垃圾进行清理。

【实况】宝山区人民法院执行局副局长　马建林：
这样,今天全部给你搬掉好吧,必须搬掉。老百姓都没法生活了,这么热的天。求求你了,不是求求我,求求你,你不要拉着我。

【解说】清理工作从上午9点,一直持续到下午6点左右。一共清理出15卡车垃圾。经过清理,两套房子终于露出原本的模样。至此,堆积了10多年的陈年垃圾终于一扫而空,董莉也写下了不再堆放垃圾杂物的保证书,小区居民的喜悦之情溢于言表。

【居民采访】我们都多年受害的心情,今天好像有点释放了。感谢政府,感谢法院,真的。谢谢你们。政府为民办实事,很难啃的一个骨头,啃掉了。我不是说大的,不说谢谢政府。真的,政府做了一件好事。

【解说】这次强制清理之后,董莉将两套住房出租,每月租金 8 000 元,远远超她捡垃圾的收入。本以为她会搬离小区,没想到她在 104 室外面的天井内搭了张床,依旧起早贪黑地捡垃圾,因为进出影响租户,她又想办法在外墙上开了门,结果被居委会封了三次。

【实况】被执行人　董莉:
我本来就是从这里走进去的。我本来就是从这里进去的。和别人是没有关系的。他现在就不许我进。我这样人家不方便了,房客就不方便了。

【解说】董莉捡来的垃圾屋前屋后,树下都有堆放,那么到底有没有放到房屋和天井里呢? 执行法官进入天井查看,并拍摄记录。

【实况】宝山区人民法院执行局法官助理　张朱星:
本来按照她之前的习惯,肯定家里天井也摆起来了,像外面这种什么塑料袋,都摆起来,现在看,基本上里面就是些木头什么的,有些家具木板什么的,之前剩下来的。

【实况】记者
就说明执行还是有效果。
哎哟,又看到垃圾了。

【解说】看来在董莉眼里,垃圾永远是第一位的。不过,经过了上一次的强制清理,董莉不敢在家里囤积垃圾。

【实况】宝山区人民法院执行局法官助理　张朱星:
董莉,反正我们对你就一个要求,家里面的,不要再摆到家里面。城管也这么和我说的。

【解说】对于董莉堆放在小区公共部位的垃圾,居委会、城管和小区志愿者都在不断督促她清理。法院对董莉案的坚决执行,让淞南一村另外两户囤积垃圾的居民深受震撼,他们不等邻居去法院起诉、执行,主动找到了居委会,将自己囤积的垃圾清理了。小区居民终于有了一个整洁舒适的生活环境,法院执行的社会效益得到了彰显。

【解说】执行法官的执着,让不少陈年旧案取得了突破性的进展。去年《执行第一线》第二季播出的申请执行人袁敏华案,就是其中之一。八年前,被执行人张萍借走了袁阿姨留给自己残疾儿子养老的30万元,迟迟不肯归还。

【实况】浦东新区人民法院执行局法官助理　陈喆：
儿子有点精神分裂症。

【实况】申请执行人　袁敏华：
住过五次医院了,都是半夜里跳河。

【解说】这就是2020年执行法官上门调查时的场景。画面里的人就是申请执行人袁敏华51岁的儿子朱文。朱文患有一级精神残疾,经常会机械地重复一些动作。儿子朱文的特殊情况,使得年近八旬的袁敏华身心俱疲。而对于被执行人张萍,袁敏华气愤难平。

【实况】申请执行人　袁敏华：
我的情况她都知道,一个儿子又是这个样子,她说我不还你钱,出去被车子撞死。

【解说】为了找出张萍,执行法官连续走访她多处的疑似住所,但是张萍狡兔三窟,行踪不定。最终通过辖区派出所,锁定了张萍的居住地。

【实况】浦东新区人民法院执行局法官助理　陈喆：
给力吗？相当给力,公安同志,感谢感谢。

【解说】拿到地址后,执行法官马不停蹄,赶赴张萍可能的落脚点。然而,张萍本人并不在屋内,接待法官的是她的同居男友季先生。

【实况】浦东新区人民法院执行局法官助理　陈喆：
如果你不回来的话后果自负噢,包括对你采取执行拘留,追究你拒执罪,媒体曝光,以及其他的惩戒措施,希望你考虑一下法律后果。

【解说】在法律的威慑下,张萍第二天终于来到法院解决问题。在现场,法官重申了拒不履行法院判决会引发的严重后果。逃了8年的张萍终于低头,认可了还款计划,答应先逐步把本金归还。张萍的男友季先生也表示,他愿意帮忙偿还部分债务。

【实况】浦东新区人民法院执行局法官助理　陈喆:
年底之前给5万元,这个一定要做到,要履行到。

【实况】被执行人张萍的男友:
我目前动迁组,基本上方案谈了差不多了。我根据我的情况,也帮她还一部分给你。

【解说】在镜头前签下还款协议后,张萍几个月里陆陆续续还了袁阿姨14万元。不过,自此之后她又失踪了,承诺的继续还款再次落空。鉴于张萍消极执行的态度,今年的6月4日,执行法官再次将她传唤到庭,对她训诫谈话。张萍做出了月底还款10万元,余款16万由案外人季先生担保的新的承诺。可是这个协议张萍根本就没有履行,而且自此彻底失联。

【采访】浦东新区人民法院执行局法官助理　陈喆:
在这个过程当中,我们也通过向公安机关发函,协查张萍的下落。那么,不断地敦促和劝导,张萍及时到案,来接受执行法官的处理。

【解说】张萍把狡兔三窟发挥到了极致,从不在一个固定住所多停留,刻意地藏匿行踪。为了不让执行法官找到她,她甚至和男友季先生也断了联系。

【实况】浦东新区人民法院执行局法官助理　陈喆:
你们平时看到过这个被执行人吗?

【实况】居民:
没有。

【实况】浦东新区人民法院执行局法官助理　陈喆:
很久没有看到了对吧?电视台曝光过,我们在找她,在找她,我们法院在找她,她钱没有还清楚。没有,看到过。师傅您好,这间(房子的)房东是谁?房东?对。现在好像卖掉了。卖掉了是吗?好的,有数了。师傅,我们是法院的,不好意思,有件事想麻烦您一下,可以放大吗?可以放大。好像是对老夫妻在这里,好像不是她,我去问下我兄弟好吧?好,麻烦您。不要紧,辛苦,谢谢。您有印象吗?我好像没有看到过。没看到过,从来没看到过?对,没有看到过。

【解说】执行法官始终紧盯不放,在各方施加的巨大压力下,10月29日,被执行人张萍,终于现身执行庭接受执行调查。在核对还款金额的时候,张萍又开始耍滑头。

【实况】申请执行人的代理人袁阿姨的哥哥:
张萍,你6月4日,你签字我也签字,陈法官给我们看过,三方签字,季师傅也签字,当中就是说,你还了我们14万元,还欠我们25万元,对吧?你现在,怎么又弄出,这么一张莫名其妙的纸!

【实况】浦东新区人民法院执行局法官助理　陈喆:
笔录在这里,申请执行人说得对的。

【解说】张萍拿出了一张今年3月25日,她私下和申请执行人袁阿姨达成的对账单,表示自己还了19.6万元,企图少还申请人5万元。执行法官立刻就戳穿了她的把戏。

【实况】浦东新区人民法院执行局法官助理　陈喆:
我问你,2020年6月4日,你到我法院来了,为什么没有提出这些东西?为什么没有把这个东西提供给法院?

【实况】被执行人　张萍:
我退休工资卡就给袁阿姨了,当时她都知道的。

【实况】浦东新区人民法院执行局法官助理　陈喆:
知道什么?她什么都不知道。你几点钟,到她家里去的?我问你,为什么不通过法院?你不能因为人家孤儿寡母的,人家身体不好,人家糊里糊涂的,你不通知我,还要自己过去。你本身这个动机就是卑劣的,恶劣的,我告诉你。

【实况】被执行人　张萍:
就是因为当事人。

【实况】浦东新区人民法院执行局法官助理　陈喆：
不管当事人,当事人不承认,不认可。

【解说】原来,3月25日清早5点多,张萍打着上门探望的旗号,趁申请人袁阿姨意识模糊的时候,进行所谓的对账,在对账单上,把自己曾经的还款金额从14万元提高到了19.6万元。

【实况】浦东新区人民法院执行局法官助理　陈喆：
而且袁阿姨在你当天去的时候,已经向执行法官告知了,你很早去打扰她,她对这个签字也不予认可。而且她已经去刑事报案了,我明确告诉你。所以我没有办法认可,好吧。

【解说】看到执行法官态度坚决,张萍终于低头,表示一切以6月4日的笔录内容为准,自己已还款金额确实为14万元,剩余26万元。为了求得申请人谅解,张萍将随身带来的5万元交给了申请人。同时,为了将张萍的男友季先生为本案的执行担保落到实处,执行法官来到了房屋征收事务所,送达协助执行通知书。张萍男友季先生即将拿到的动迁款,足以覆盖张萍剩余的欠款16万元。这也就意味着,动迁款发放的那天,就是本案执行全部履行的时候。也许,对于这起案件来说,可以画上句号了。不过,对于上海的执行法官来说,执行,永远在路上,执行,唯有坚持不懈。

2021年度上海广播电视奖
参评作品推荐表

作品标题	大医生——陈尔真	参评项目	电视新闻
		体 裁	新闻专题——纪录片
		语 种	中文
作 者（主创人员）	李鸣、刘君、李晓峰、章琦、檀正勇、葛瑞奇、薛辰临	编 辑	孙向彤、姚赟勤、刘君
刊播单位	上海教育电视台	首发日期	2021年11月14日
刊播版面（名称和版次）	上海教育电视台	作品字数（时长）	15分钟
采编过程（作品简介）	节目从陈尔真带领第三批上海援鄂医疗队前往武汉出发时刻为切入点，以点代面，以小见大。通过资料画面、实拍和人物口述的综合运用，巧妙编排，短短的15分钟，串联起他在武汉每天工作20个小时，为患者、战友点亮希望之光的事迹，也串联起从医33年，先后20余次参与国家重大救援任务（SARS爆发、汶川特大地震、昆山重大爆炸案、甲型H1N1流感、H7N9等突发疫情）中他义无反顾的身影。 作为瑞金医院急诊科及重症医学科的领军者，陈尔真已将这个学科发展成为上海乃至全国的标杆。近5年来发表SCI论文30余篇，主导建立了大型城市航空医疗救援体系、打造国内首套航空医疗院前急救系统和首个航空医疗救援管理规范、筹建国家级航空医疗救援基地医院、成立了中国第一支通过国际认证的救援队……一系列的成果填补诸多国内空白。 作为医学管理专家，他要救的不只是眼前的患者，更是千千万万的患者，他夜以继日地坚守在危重患者身旁，不断发现问题、总结经验、把研究和管理的成果实实在在运用于治病救人，用自己的实际行动践行着一名医者"敬佑生命、救死扶伤、甘于奉献、大爱无疆"的誓言。 节目不仅要展现陈尔真作为医生的卓越成绩，更着重回顾陈尔真从		

采编过程（作品简介）	医33年来的心路历程,再结合一句句掷地有声的从医"金句",成功刻画了陈尔真医者仁心、大医精诚的人物形象。 　　2021年9月开始策划,11月完成。在上海的集中拍摄为5天,为了记录医生主人公的日常,摄制组会在清晨四五点守候在主人公家门前,也会在医院跟拍到深夜所有工作结束。节目将主人公口述与跟拍等形式结合,合理巧妙地运用重要资料画面,并注意从画面、声音等细节凸显人物内心,彰显医者仁心,大医精诚的节目宗旨。
社会效果	节目配合宣传片、海报及新媒体推广等手段,播出效果良好。收视率0.13％,各大医院官微转发,上海教育台官微点击率超10万。"学习强国"二级平台点击率5 000＋。

大医生
——陈尔真

序号	配音	画面
1	（虹桥点名场景进入）	资料：虹桥点名场景
2	**旁白**：谁也不会忘记，在2020年冬春之交，一声声嘹亮的集结号响彻虹桥候机大厅。在万家团圆的节日里，一批又一批白衣战士，毅然向着未知的险境，逆行出发。	资料：虹桥点名场景
	片头《大医生》	
3	**陈**：我是一个从事危重病的这样一个医生，那么历次的突发事件，我必然在其中。所以在这个时候就发挥我们的专业特长，能够在这里做一些事情。 我是一个医院管理者，我能够把各种诊疗规范、各种医疗流程，包括人员管理、物资的调拨等工作经验带到这里。所以呢，如果我在上海肯定也是忙于疫情防控的工作，后来组织把我派到武汉，对我来说，我觉得只不过是换一个工作地方而已。	武汉 与同事交流画面 病房工作画面 团队讨论画面 机场出发画面
4	**旁白**：陈尔真带队的第三批上海援鄂医疗队接手的是武汉市第三医院光谷院区的两个重症病房和一个ICU病区。这幢普通的医院大楼，从建造之初就没有想到会有500多个病床几乎同时需要氧气供给，氧供的管道压力严重不足。陈尔真下定决心要从根本上扫除这个治疗的"拦路虎"。	武汉第三医院光谷院区 重症病房 ICU病区 光谷院区内部画面 氧气瓶

序号	配音	画面
5	陈：我说必须短时间内建一个氧气站。2月1日,我当时是通过新华社记者,向前方的一个指导组,反映这个问题,因为不单是武汉,我现在去的叫武汉三院,其他医院也有类似的问题,所以引起了中央领导的高度重视。前方协调组指挥马上就落实。 所以我们从2月1日就开始建,用整整三天三夜时间,我们就搭建了一个新的氧气供给站,就彻底地解决了供氧的问题,所以后续的病人的救治成功率就得到了大大的提升。	氧气供给站施工画面 新建氧气供给站画面
6	旁白：在解决后勤保障、医疗设备等一系列问题的同时,混编的队伍怎么带,面对来自上海40多家医院,互不相识的148人,怎样打造团队的凝聚力、战斗力,怎样打赢疫情阻击战,一连串的问题又摆在了领队的面前。	第三批援鄂医疗队画面 医护人员画面
7	陈：28日晚上到了那边第一个任务,管理团队建立起来,把规章制度写出来。一个晚上没睡觉,先把这些事情弄好,第二天我们就开始接管医院,人员就进去了。大家的心都是一致的,因为我们要打仗,而且要打胜仗,大家的目标很清楚,所以在这个过程当中,我们就说怎么把这支队伍建起来,我当时就想最关键要建立一整套的管理制度。	陈尔真武汉工作画面 第三批援鄂医疗队合影 不同小组的医护人员
8	旁白：陈尔真每天工作20个小时。在武汉至暗的夜中,为患者、为战友点亮希望的光。各种先进的治疗理念和手段加上医护人员夜以继日的努力,让危重症病患看到了希望。而此时,陈尔真开始思考另一个问题。	陈尔真武汉工作画面 第三批援鄂医疗队画面
9	陈：我们这支队伍尽管是混编,但是我们专业很齐全,我们其中就有4位是来自精神卫生中心专业的医务人员,心理的,我也突然想起来这个去了,我说你们这些怎么用！那我就是马上要有一个心理干预团队。 还有什么呢？我们自己的医疗队医务人员,因为医务人员也担心害怕自己被感染了,对吧？在这种应激状态下,他也有这种创伤的刺激的,所以你们的任务我说一定要建立一个心理的干预小组,所以我们应该来说是在医疗队当中最早建立有心理干预团队的,我们叫沪鄂心连心。	心理干预小组

序号	配　　音	画　　面
10	**旁白**：当时，有一位88岁的老人，当陈尔真得知，老人93岁高龄的丈夫也同在医院治疗，便想方设法为他们调换到同一个病房。	老夫妻与陈尔真画面
11	**陈**：原来他们两个人是不在同一个病房里的，后来我们就把他们调整到同一个病房，就是说这样其实在这个过程当中夫妻俩放在一起，他们这种心情就不一样，对吧？所以他们两个人最后康复得很好，最后他们出院的时候我送他们，我说没什么事，我就送给你们20个口罩。	老夫妻出院 赠送口罩
12	**旁白**：全国的观众守在电视机前看着患者数字一天天降低，老百姓悬着的心都安稳了下来。	各种患者出院资料 武汉医护人员消毒画面
13	**陈**：我就跟他们说，我们这次去必须做好严格防控，我们都一起去打好胜仗，一起回来，一个都不能落下，这是我们的目标。	医护人员穿戴护具 医疗队返沪资料
14	**视频**：我们胜利啦！	视频资料
15	**旁白**：陈尔真从医33年，先后20余次参与国家重大救援任务。SARS爆发、汶川特大地震、昆山重大爆炸案、甲型H1N1流感、H7N9等突发疫情，都有他义无反顾的身影。汶川特大地震时，他的病人中有一半是北川中学的学生。女孩秀秀，由于伤情严重，不得不进行截肢手术。	陈尔真参与各种重大事件的资料画面 汶川资料 华西医院资料
16	**陈**：那么当然这个小姑娘在后面的救治最关键她要不要截肢的问题。我想想这一个16岁的小孩，一个下肢截掉对她的人生是怎么样的？总的来说我想要希望她的脚能够保得了，截是截了，不要再截得太厉害了，让它的功能能够更加健全一点儿，对她将来的生活可能是有帮助的。基于这样的目的，尽我自己最大努力跟她沟通，我们精细地制订治疗方案，最后也是达到了我们的目的。	陈尔真和女孩段志秀资料
17	与女孩视频连线	陈尔真和女孩段志秀视频

序号	配音	画面
18	旁白：一次次涉险，一次次出征，陈尔真从未迟疑。他常说，选择了危重病急救医学专业，就是意味着"时刻准备着"。	陈尔真参与各种重大事件的资料画面
19	陈：当然有的科会忙一点儿，会累一点儿，有的科室可能轻松一点儿，其实大家在三级医院当中，在上海的医院，我觉得都不轻松，因为我们承担任务都太重了，对吧？如果你去追求完美的话，真正为老百姓着想的话，你就应该努力去做。更有意义的是我觉得，因为我至少来说，我一参加这个救治工作，病人看着快死了，一下子活起来了，这是我最大的快乐。	陈尔真在ICU画面 看病历 与医生讨论
20	旁白：陈尔真作为瑞金医院急诊科及重症医学科的领军者，已将这个学科发展成为上海乃至全国的标杆。他承担了多项国家级、省部级基础与临床科研项目，近5年来发表SCI论文30余篇。今天，陈尔真这样要求他的学生。	科研项目资料 SCI发表的论文资料 工作画面
21	陈：首先我觉得要做我的学生，当然我有个要求，他首先要吃苦，你这个专业特别累，那是要累啊累你就吃累的，但是你就要经得起吃苦，因为确实不但累而且苦。另外要经受得起寂寞，因为你在这个过程当中可能是没日没夜的。因为一个病人的救治是连续的，你不可能干8小时交给人家不干了，不行！同时更关键的一点要有敏锐的观察能力。更重要一点，要有责任心和爱心。对我们来说我们讲很多人在关键时刻他把性命托付给你，通过你的努力一个性命挽回来了，一个家庭就完满了。你如果没有责任心，人家命也没了，一个家庭就破碎了。所以你如果没有责任心没有爱心。能胜任这份工作吗？我觉得是不大合适的。	医疗队画面 学生上课画面 医院空镜头
22	采访学生	
23	旁白：近年来，陈尔真本着"能救更多人"的朴素的信念，主导建立了大型城市航空医疗救援体系、打造国内首套航空医疗院前急救系统和首个航空医疗救援管理规范、筹建国家级航空医疗救援基	大型城市航空医疗救援体系 国内首套航空医疗院前急救系统

序号	配音	画面
23	地医院、成立了中国第一支通过国际认证的救援队……一系列的成果填补诸多国内空白。然而，他的脚步从未停止。	首个航空医疗救援管理规范 国家级航空医疗救援基地医院 中国第一支通过国际认证的救援队
24	**陈**：希望通过3到5年时间把上海建成世界上公共卫生最安全的城市之一，实际上推出了公共卫生的各种政策，我从事危重病及救援，在公共卫生当中，起一个专家的作用或者是管理者。我希望将来对上海来说，从医院管理来说，从医院的建筑（层面）上面来说，从专业队员的培养来说，将来一定要利用现在刚刚开始的智慧化的管理。另外最关键的是要培养一支队伍，这支队伍真正能够召之即来，来之能战，战之能胜。有了这支队伍你才能够真正保证上海的安全。尽管政府顶层设计给你做好了，但是我作为一个基层的执行者，怎么能够让方案尽快落地行之有效，这就是我自己将来要去思考要去努力做这件事情。	参加学术会议 学校演讲 工作讨论 办公室画面 医护工作画面
25	**旁白**：陈尔真是名副其实的医学管理专家，他要救的不只是眼前的患者，更是千千万万的患者，他夜以继日地坚守在危重患者身旁，不断发现问题、总结经验、把研究和管理的成果实实在在运用于治病救人，用自己的实际行动践行着一名医者"敬佑生命、救死扶伤、甘于奉献、大爱无疆"的誓言。	陈尔真工作画面

2021 年度上海广播电视奖参评作品推荐表

作品标题	花博园区成为中国首个碳中和园区	参评项目	电视新闻
		体　裁	超长消息
		语　种	中　文
作　者（主创人员）	刘黎明、方天扬、朱昱伟	编　辑	方天扬、施希
刊播单位	上海市崇明区融媒体中心	首发日期	2021年8月9日
刊播版面（名称和版次）	崇明新闻	作品字数（时长）	6分20秒
采编过程（作品简介）	国家主席习近平在第七十五届联合国大会上发表重要讲话时强调，中国将提高国家自主贡献力度，二氧化碳排放力争于2030年前达到峰值，努力争取2060年前实现碳中和。本条新闻以"2021年中国第十届花卉博览会园区成为中国首个碳中和园区"作为切入点，结合崇明建立"碳中和"示范区的规划，从园区建设者、科研专家以及崇明区相关部门的工作举措等多角度来阐述实现"碳达峰""碳中和"的可行路径，体现上海对全球可持续发展的责任和担当。		
社会效果	报道通过电视端、微信移动端推出之后，被澎湃、上观等多家市级媒体转载报道，央视、新华社等国家级媒体也对此进行了跟进报道。		

花博园区成为中国首个碳中和园区

【导语】近日,上海崇明"第十届中国花卉博览会"园区获得由上海市环境能源交易所颁发的"碳中和示范园区"证书,由此成为中国首个碳中和园区。在全国倡导"双碳"的背景下,花博文化园率先走出的一小步正推动着崇明以及整个上海在生态之路上迈进一大步。

【同期声】实习记者陆周杰:我现在位于花博文化园,我们可以看到这里有非常非常多的树。作为全国首个碳中和示范园区,这里最大的一个特色就是自建中和林。在自建中和林当中,有7万多棵树,这些树将通过20年的时间来抵消花博园区在建设过程中所产生的15.3万多吨的碳排放量。

从2018年花博园筹划建设开始,"生态""低碳"便成为园区设计团队的工作重点。崇明林地资源丰富,能产生巨大的碳汇量,这是得天独厚的优势。花博园主会场地址本身依傍东平国家森林公园,设计团队便借势通过"花博会苗木三维信息化管理系统"技术赋能,将7万多株乔木"应种尽种"。这片特色自建中和林挑起了园区的"减碳"重担,今后将永久保留。花博园也因此成为全中国为数不多拥有自建中和林的活动园区。

2019年5月29日,国家生态环境部发布公告,规范大型活动碳中和实施,鼓励大型活动组织者通过各种方式抵消活动的温室气体排放量。根据该指南,花博会主办方从吉林前郭王府站风电场49.5兆瓦风电项目中,一次性购买国家自愿减排量指标,用于全面抵消大型活动产生的温室气体。

【同期声】华建集团华东总院绿色中心主任张伯仑:我们购买了1.3万吨CCER的碳配额,一次性消纳了我们展区42天的碳排放量,这部分碳排放量包括我们所有的观众、志愿者、场馆的运行当中产生的碳排放量,自建中和林自己中和,还有外购碳排放配额进行中和,这样"双中和"在国内应该是第一个。

此外,花博园还利用可再生能源降低温室气体排放。复兴大道上的观花长椅,由500多万个牛奶盒回收材料制成;复兴"折纸屋顶"融入了太阳能光伏发电组件、采光天窗一体化设计,每年可减少碳排放量100吨。

依托这些措施,花博会已全面抵消因新建主展区、花博会展期运行产生的建材碳、建造碳、运行碳共计16.5万吨,是中国第一个真正实现涵盖筹备、建设、举行、收尾四个阶段的全生命期碳中和的大型活动园区,为推进崇明区碳中和示范区建设提供花博样本。

今年3月,上海市生态环境局与崇明区政府签署共建世界级生态岛碳中和示范区合作框架协议。在崇明推动世界级生态岛建设多年的基础上,"碳达峰""碳中和"目标的实现也有了一定程度的经验积累。

【同期声】崇明区生态环境局局长王勇:一方面,我们在20年来淘汰了一些高能耗、低效能、高污染的化工企业,同时也淘汰了一些散乱污的小型企业;另一方面,是在交通能源领域,比如我们引进了光伏发电、风能发电,据不完全统计,我们(区)"绿电"达到了49.16%。当然,我们可能还有一些湿地、河面、湖面,这些国际上暂时还没有把它们列入碳汇的指标核算体系,现在国家正在逐步推行我们自己碳达峰、碳中和的一些核算标准。

依托崇明的大面积盐沼湿地,我国的科研人员也在积极研究开发蓝碳资源,挖掘湿地的碳汇潜力。据华东师范大学崇明生态研究院的科研人员介绍,在增加湿地植物吸收二氧化碳排放的同时,也需要控制自身排放的甲烷等温室气体。

【同期声】华东师范大学教授陈雪初:崇明生态研究院建成的时候定位就是关注碳的问题,关注海岸带蓝碳的问题,包括红树、盐沼和海草床。在崇明,主要是盐沼、芦苇、海上的蒹草以及其他的一些植物,这些盐沼植物对碳的中和能力其实是很强的,也是我们上海、不只是崇明的一个生态宝库,帮助固定很多的二氧化碳。

"十四五"开局以来,全国各地都在为实现2030年前碳达峰、2060年前碳中和的目标积极行动。如今上海崇明通过花博样本、企业更新、科研跟进在国家生态大局上落下自己的一枚棋子,用实际行动给其他地区示范了可供复制的经验。

【编后语】在实现"碳达峰""碳中和"目标的过程中,低碳经济正将绿色生态播撒至中国的各个角落。成片的碳中和林正在中国西北、东北三省广袤的土地上茁壮生长,而碳交易市场的形成也给当地经济发展注入了新的活力。"碳汇"科研不仅保护了现有的湿地、林地,还在试图逐步修复已经退化的自然区域。荒山变青山,生态还复来,绿色经济循环的不只是洁净的空气,还有生生不息的人类命运共同体。

2021年度上海广播电视奖
参评作品推荐表

作品标题	华山医院：马昕、张文宏接受国产新冠病毒灭活疫苗紧急接种	参评项目	电视新闻
		体　裁	短消息
		语　种	中　文
作　者（主创人员）	周文韵、吴佳亮	编　辑	顾怡玫、蔡理
刊播单位	上海广播电视台	刊播日期	2021年1月2日 17点33分07秒
刊播版面（名称和版次）	《新闻坊》	作品字数（时长）	1分24秒
采编过程（作品简介）	按照国家卫健委发布的新冠疫苗"两步走"接种方案，2020年年底，上海对口岸一线、医疗卫生等感染新冠病毒风险较高的重点岗位人群开展新冠灭活疫苗紧急接种。记者紧盯动态，在第一时间获悉华山医院马昕和张文宏计划接种后，立即出发前往华山医院蹲点守候事件进展。最终，于当天16点拍摄到了两位医生下班后进行接种的独家画面。这也是本市首批医务人员接种新冠疫苗的历史时刻。			
社会效果	该报道在新闻综合频道首播后，青岛电视台、广西卫视、中国国际电视台等全国多地的电视新闻媒体以及腾讯、网易等视频门户网站纷纷转载刊发，网络累计点击量超过100万次。报道还得到上海市新冠肺炎医疗救治专家组成员的点赞转发，在上海医疗卫生行业内获高度评价。			

华山医院：马昕、张文宏接受国产新冠病毒灭活疫苗紧急接种

手机扫描登记接种信息，填入代表华山医院接种点的机构二维码，在知情同意书上签字，并确认信息。

（实况）【现在有发皮疹吗？没有。是易过敏体质吗？还好。那有没有免疫缺陷疾病和慢性重症疾病？都没有。都没有。】

（实况）【你叫什么名字？姓马，叫马昕。】

从冷柜拿出疫苗后，护士录入疫苗包装盒上的二维码。马昕院长激动地拿出手机拍照留念。

（实况）【马昕　华山医院援鄂医疗队领队、副院长：纪念啊，对自己来说。】

目前，接种使用的是国产全病毒灭活疫苗，接种剂次为两剂次，中间隔两周到四周。

（采访）【马昕　华山医院援鄂医疗队领队、副院长：像蚊子叮一下。】

（实况）【张文宏　上海市新冠肺炎医疗救治专家组组长、华山医院感染科主任：
早知道今天要拍吗，我三角肌早点多练练。哎哟，你打得这么好，一点儿感觉也没有的，可以啊，非常好，一点儿也不痛，真的一点儿也不痛。】

接种完毕后，二人到留观区观察30分钟。据介绍，华山医院自愿接种的医护人员将于2021农历春节前完成新冠疫苗接种工作。

（采访）【马昕　华山医院援鄂医疗队领队、副院长：
因为新冠疫情还没有结束，所以疫苗对我们国民健康也是非常重要的。希望新冠疫情尽早结束，让我们百姓让我们社会重归正常，不仅咱们国家，包括整个世界。】

2021年度上海广播电视奖
参评作品推荐表

作品标题	"慢车情长"（系列报道）	参评项目	电视新闻
		体裁	新闻专题——系列报道
		语种	中文
作者（主创人员）	集体	编辑	集体
刊播单位	上海广播电视台	刊播日期	2021年5月1日至2021年5月5日
刊播版面（名称和版次）	东方卫视《东方新闻》	作品字数（时长）	平均时长：5分29秒
采编过程（作品简介）	2021年5月1日至5月5日，东方卫视《东方新闻》节目推出特别策划《慢车情长》系列报道。该系列报道共五集，分别以《大山里的生命线》《秦岭深处慢慢的幸福》《京沪线上的新老之交》《京原线上的独特风景线》和《行进中的彝族风物画》为题，聚焦全国各地各具特色的公益慢车。多路记者深入一线，践行"四力"，通过生动的画面和深刻的思考，展现这些公益慢车对居民出行、产业发展、惠农助学、旅游开发所产生的带动作用。系列报道以平凡人物的故事作为切入点，结合乡村振兴、民生保障等宏大主题，通过慢车串联，以点带面，反映铁路沿线百姓生活的巨大改变。			
社会效果	《慢车情长》系列报道取得了超出预期的传播效果，对《东方新闻》整体收视率起到了极大的助推作用，播出期间节目在同时段省级卫视中排名前三，5月4日还获得了排名第一的成绩。有观众在社交媒体上发帖推荐《慢车情长》系列报道称："连着（在《东方新闻》）看了好几天，每天都很抓人"，还有观众发表评论，分享自己乘坐绿皮火车的经历，形成了良好的互动效果。此外，《慢车情长》系列报道还取得了良好的融合传播效果，系列视频点击量累计达300万次。			

"慢车情长"（系列报道）

秦岭深处慢慢的幸福

【导语】

穿越陕西、甘肃、四川三省的6063/6064次列车，全线运营里程350公里，其中约八成路段都是在崇山峻岭中穿行，停靠的37个车站，大部分都是三四级小站。这班列车被沿线居民称为"秦岭小慢慢"，25年来，平均每公里6分钱的票价一直未涨。此外，针对旅客需求，列车还专门开辟了"惠农车厢"和"通学车厢"。今天的《慢车情长》系列报道，就让我们一同登上这班开行在秦岭深处的民生绿皮车。

伴随着窗外车轮轧过铁轨的哐当声，车厢内，竹笋、豌豆、樱桃，各色农产品交易火爆。

【实况】
再要两把。

【农民】
竹笋都卖完了。一下让人家拿去了。赚得不多，四五十块钱。

此时，家住陕西省略阳县阳平关镇子龙村的陈勇正在自家地里忙着摘菜。得益于秦岭南麓优良的气候条件，这里的农民几乎都以种菜为生。刚从地里拔起的菜苗用保鲜膜裹住捆扎好，整齐地码进背篓。等回到家里，天色已暗。为了确保水分充足,老陈又忙着给菜苗沁水。15 公斤菜苗,足足有 6 000 多株。这些活儿,老陈必须在今天做完,这样才能赶上第二天一早的"秦岭小慢慢",去 80 公里外的略阳县乐素河镇赶集。

【陈勇　陕西省略阳县阳平关镇子龙村村民】
早上 9 点十几分出去,下午 5 点多钟就回来了。这是最近的一个站,要是远一点儿的,就得明天上去,后天的晚上 5 点多才能回来,中间在外面住宿。要是错过这趟车,要不就没车了。公路太远了,成本太高了。坐回来,卖的菜钱全部花光了。

第二天一早,老陈和乡亲们背着农产品,走了四里地,来到阳平关车站。

【实况】
阳平关到略阳的 6064 次列车,到略阳是 10:40,车票是三块钱。

9:09,列车准时进站。在站台上迎接老陈和村民们的还是那张熟悉的面孔。

【实况】
慢点儿、慢点儿,不要挤。

今年 55 岁的列车长向宝林在这趟车上已经服务了 30 多年。从 20 世纪 90 年代起,随着铁路沿线的县高速公路和"村村通"公路陆续建成通车,搭乘这趟列车出行的旅客明显减少,但它对于赶集的农民来说,重要性丝毫未减。为了增加乡亲们的收入,从 2018 年起,列车开设了"惠农车厢",允许人们在火车上销售农产品。

【向宝林　西安铁路局集团有限公司 6063/4 次列车长】
让他们在车上卖(农产品)的时候,他们都感到惊奇,都不敢,问我:向车长,行不行?我说能行,只要旅客来买,咱们不要在车厢高声喧哗,影响别的旅客乘车就行。

【乘客】
买了一些樱桃,很新鲜很好。当时看到竹笋卖得很好,但是卖得太快了。我要去买,结果卖完了。

这一天,陈勇在车上没能遇上买家。不过他一点儿也不着急,他心里明白,自家的菜苗很受铁路沿线的菜农青睐。果不其然,等他刚到目的地下车,便在乐素河车站碰上了第一单生意。

【实况】
她问我要西红柿苗和茄苗。我这个卖得便宜的,两块钱一把。

除了种菜的农民,这趟列车还是 500 多名学生的通学车。

在略阳县嘉陵小学读六年级的刘森,家住在 60 公里之外的白水江镇大沙坝村。从一年级开始,刘森就开始了住校生活,每周只能回家一次。大沙坝村位于大山深处,村子里只有五户人家。每周日一早,刘森和姑姑就要从家里出发,走上半个多小时山路,才能来到白水江车站,坐火车回学校。

【刘晓香　刘森姑姑】
确实没有这个小慢车也不行。票价便宜,半价,只要一块五毛钱,但是班车贵,班车是 20 元。

【强守富　陕西略阳县教育体育局教育体育股股长】
像比如小一点儿的孩子,他们在上下学乘(火)车的时候,由他们的班主任和科任教师上学的时候是接,放学的时候去送。

为了服务像刘森这样集中返校、集中回家的学生,"秦岭小慢慢"从 2017 年起设立"通学车厢",专门为学生预留出 60 个座位,并在车厢里定做了加宽桌板,还增设了信息辅导员,为孩子辅导作业,教他们写字画画。

【实况】
刘森,看!这张画咋样?送给你。

信息辅导员卫进中和刘森已经是多年的老朋友了,除了一路照顾之外,擅长画水墨画的他还是刘森的校外绘画老师。

【实况】
笔尖蘸点水,没事没事,往下走,往下走。

【刘晓香　刘森姑姑】

火车上有人照顾他,学校老师对他关心,我确实真的放心了。

如今,交通路网越织越密,出行方式也越发多样,但全国仍然还有81对像"秦岭小慢慢"这样的火车继续开行,总共530个经停车站,绝大部分是三四级小站,而且这些车次的票价几乎几十年未涨。算下来,每一趟车都是稳赔不赚。然而,正是这些慢火车有力地支撑起了百姓的民生需求,同时也将偏远地区和发达城市群联结起来。

【向宝林　西安铁路局集团有限公司6063/4次列车长】

我和很多老乡聊,问他们还有什么希望。他们就说了一句话,希望这趟火车不要停,永远地开下去。

【记者出镜　王峥　东方卫视记者·陕西】

6063次列车又一次出发了,在这个以秒计算产出,以亿丈量成绩的今天,秦岭小慢车和高铁一起,让我们不仅看到了中国铁路不断更新的速度,更让我们感受到始终追求的中国温度。

京沪线上的新老之交

【导语】

由上海开往北京的1462次普快列车横跨四个省和三个直辖市,是上海铁路客运段目前运营的唯一普快列车。作为往返于京沪间最老的列车之一,它停靠站台最多、票价最便宜、运行时间最长,服务保障人员的压力也相对最大。今天的《慢车情长》系列报道,我们先从一个"老带新"的故事讲起。

量体温、酒精检测、打开执法记录仪……这些都是56岁的乘警长糜华根出警前的必选动作。

【实况】

口罩、防护服、眼镜,都要签下字。

今天,和糜华根一同出警的还有两个新人,刚从警校毕业、上岗还没满月的吴上和杨倪程。师徒三人将在1462次普快列车上,完成近45个小时的执勤任务。检查安全设施、清理安全通道……这些对于糜华根来说,早已是驾轻就熟,但对于两个新人而言,一切都是陌生的。

【实况】
我们肉眼看得到的,都得检查一下。

上海到北京之间的铁路距离大约是1 462公里。有人揣测,这可能就是1462次列车名称的由来。每天中午12点15分,列车从上海站首发,第二天上午10点35分抵达北京,全程22个小时,途经23个大小车站。这也是目前京沪线上停靠车站最多的班列。当了16年列车长的沈晶俊见证了这班列车在硬件上的巨大变化。不过,车速倒是一直没怎么变,而且很多时候还会出现一票难求的情况。

【沈晶俊 铁路上海局上海客运段1462次列车长】
以前没有疫情的时候,我们上座率都在150%。卧铺车厢不能超员,硬座车厢能卖无座票,能超员。

车票便宜是这班列车最大的卖点之一。从上海到北京,全程硬座票价不到160元,连高铁票价的三分之一都不到。除了票价便宜,这班列车对于部分沿线居民而言,更是不可或缺的交通工具。

【记者出镜 冷炜 东方卫视记者·安徽滁州明光站】
现在列车是到了位于安徽滁州的明光站,明光站是一座拥有100多年历史的老站,但是这里目前还没有通高铁,所以京沪线包括1462次这样的慢火车,对于当地人而言就是一个非常重要的存在,每天这一班列车过来后,大家可以看到,整个车站人都是熙熙攘攘的。

来来往往的人一多,对于乘警的历练也就多了起来。

【实况】
你在常州的父母联系不上你,让我们协助一下。

这名14岁的女孩儿,因为和父母闹矛盾,独自登上了1462次列车。当班乘警季凯猷接报后,迅速找到了女孩,不仅耐心劝慰,还一直陪着她,等到家人赶来。

【季凯猷　上海铁路公安处乘警支队1462车次乘警】
就我个人而言,(这样的事情)一年一两次总会碰到的。各类人员流动、治安的复杂性,都能让乘警经历到锻炼。

偶尔,乘客与乘客之间也会起一点儿摩擦。这是今年4月20日在列车上发生的一幕,好在当值乘警即时平息了这起事件,并未造成太大影响。

【实况】
受害人在嗑瓜子。打人者其实离他有七八个座位那么远,听到他嗑瓜子声音很烦躁,就冲过来把受害人打了。

【实况】
钱包、手机、贵重物品看好了。

为了防患于未然,糜华根都会在饭点前到车厢巡视。

【实况】
差不多就行了,喝高了对自己身体不好,还影响人家休息。

每两小时巡一次车厢,19节车厢走一趟,一万步不在话下。为了让新人尽快熟悉工作环境,糜华根边走边教,事无巨细。

【实况】
巡车的重点也就这么多事。脚跑得勤点,以后就看你们的了。

对于老糜的悉心带教,新人们也感到受益匪浅。

【杨倪程　上海铁路公安处乘警支队1462次乘警】
在1462(次列车上)会遇到很多不同的群体,也会遇到很多突发的情况,对于我们来说也是一个很好的机会,去了解和学习对于不同警情的处置和方法。

【吴上　上海铁路公安处乘警支队1462车次乘警】
学到了很多以前课本上没有学到的东西。

年复一年,日复一日,糜华根和他的同事们往返于京沪间,维护车厢秩序,确保旅客平安。沿途有不少好风景,来回了近600次的糜华根却一次都没有细细看过。

【糜华根　上海铁路公安处乘警支队1462次乘警长】
这十几年我们坐这车,都是中途停一下,最多七八分钟,也没时间下去旅游看看。等我退休了肯定要坐这个车,把我经过的所有景点都去转一圈。

行进中的彝族风物画

【导语】
在四川省,有一班已经开行了半个多世纪的公益绿皮慢火车,它往返于攀枝花市和凉山彝族自治州的普雄县,途经多个彝族聚居区,全程票价不到30元,多年未变。不少彝族同胞正是通过这班列车走出大山,追求美好生活,追寻心中梦想。今天的《慢车情长》系列报道,就让我们登上成昆铁路上的这班"小慢车",一同领略这幅行进中的彝族风物画。

早上7点,列车长刘伟已经等在了普雄火车站的站台上,迎接准备搭乘5633次列车的旅客。10分钟后,这班"小慢车"即将启程,以40公里的时速,前往376公里之外的攀枝花,全程27个大小站点全部停靠。

【刘伟　成昆线5633/5634次列车列车长】
它(5633次列车)主要是经过大凉山相对来说比较贫瘠的地方。我们这个车的特点,就是一般一整趟列车基本上都是彝族老乡,还有就是大山里面的学生。

刘伟是普雄当地人,小时候经常跟着父母坐这趟车前往西昌。20岁从技校毕业后,他主动选择来到"小慢车"上工作。会说彝语又了解彝族风俗的他,很快就适应了"小慢车"上的工作环境。如今,他在这趟列车上已经服务了整整28年。

【实况】

像这个就是一把一元钱,这是野生的蕨菜,野生的。

【刘伟　成昆线 5633/5634 次列车列车长】

这个季节主要是两三种:一种是蕨菜,还有一种是椿芽,还有就是折耳根(鱼腥草)。这些都是大山回馈给我们的。

挂载了 14 节车厢,5633 次和 5634 次列车每天上午分别从普雄和攀枝花出发,对向开行。居住在尼波、瓦祖等偏远地区的彝族居民,早上乘坐"小慢车"前往冕宁、西昌等地,销售山珍、禽畜和各种土特产。中午卖完货之后,在城里采购种子、饲料、化肥和生活用品,下午再乘坐另一班"小慢车"回家。在接受采访时,阿吉木阿姨一直笑得合不拢嘴。原来,她从家里面拿了鸡准备到喜德县去卖,没想到在车上就卖完了。

【阿吉木　乘客】

没想到这么快就卖掉了,心里很高兴。卖了多少钱啊? 825 元。25 元一斤,卖了 33 斤。带了几只鸡过来? 7 只。

在车厢的另一端,记者又见到了另一种当地特产。

【记者出镜　彭晔　东方卫视记者·5633 次列车】

他说这个可以凉拌,我摘一点点,然后我来尝一下。嗯,有一点儿苦　但是说苦是不是就有点清热的感觉,这是一种很特别的味道。这个名字叫刺萝卜。

列车每停靠一站,都有老乡背着大筐小包上车。因此,一些商贩干脆常年守在这趟列车上,收购山珍和禽畜。除了鸡、鸭、鹅之外,猪、牛、羊也是"小慢车"的常客。这是全国唯一允许牲畜登车的慢火车,设有专门的牲畜行李车厢。

【俄木日古　成昆铁路 5633/5634 次列车员】

很多牲畜上来之后可能排便。在这个地方,我们是专门改造了打了孔,起方便对牲畜粪便进行清扫和冲洗的作用。

2017 年,俄木日古作为铁路成都局集团公司新招录的 6 名彝族列车员,被分配到这趟列车的"双语服务岗",为彝族同胞服务。

【俄木日古　成昆铁路 5633/5634 次列车列车员】

(车上)也有彝语的标志。我们沿线很多的老百姓会我们自己的语言,也会我们的文字,但是不懂汉语。你给我念一下,这个彝语怎么念?这几个字:大件行李处。

【俄木日古　成昆铁路 5633/5634 次列车列车员】

(这几年)我看见老乡们的房子越来越好。以前我们上学的时候,沿线的房子基本上都是农村的土房啊瓦房啊。现在铁路沿线的房子基本上都是小楼房、小别墅。

回想起学生时代,俄木日古正是乘坐这趟车,前往攀枝花上学,之后又顺利地考入了铁路系统。如今,每逢周五到周日,许多和他一样的山里娃,同样坐着"小慢车",往返于家和学校之间。而他们心中怀揣的梦想,是比列车终点站更加遥远的远方。

【阿的尔的　乘车学生】

最远的地方你想去哪里?最远的(想去的)地方应该是上海,因为那是一个大城市。你想象中的上海是什么样的?我想象中的上海应该是高楼大厦,而且很好玩,应该有动物园或公园。

每天下午,冕宁车站的站台上都是一片繁忙的景象。为了帮助旅客尽快上车,车站允许他们将货物提前摆进站台。在列车长刘伟的眼里,搭乘"小慢车"的旅客里,使用智能手机的人越来越多,大家的衣着也在不断发生变化。

【刘伟　成昆线 5633/5634 次列车列车长】

(我)就想做一件事,就是把这个慢车跑好,把慢车开行好,服务于大山里的彝族老乡。

"小慢车"的速度一直没变,但彝族同胞的生活却始终在向前进。

三 等 奖

2021年度上海广播电视奖
参评作品推荐表

作品标题	上海城市数字化转型现状调查	参评项目	电视新闻
		体　　裁	新闻专题-系列报道
		语　　种	中　文
作　者（主创人员）	邹婷、丁玎、孙冀、朱斌、路俊、张毅	编　辑	丁玎、孙冀、朱斌
刊播单位	上海第一财经传媒有限公司	首发日期	第一集　12月28日12点06分
刊播版面（名称和版次）	第一财经频道《财经中间站》	作品字数（时长）	平均时长4分30秒
采编过程（作品简介）	2022年1月18日,《上海市扩大有效投资稳定经济发展的若干政策措施》发布,其中提出,全面推动城市数字化转型,第一财经于2021年最后一周,重磅推出电视系列报道,聚焦上海城市数字化转型,颇具前瞻性和洞察力。 全面推进城市数字化转型,是践行"人民城市人民建,人民城市为人民"重要理念,巩固提升城市核心竞争力和软实力的关键之举。11月底,上海市政府印发了《全面推进城市数字化转型"十四五"规划》的通知,上海数字化转型的顶层设计又迈上了一个新的台阶。 那么,上海的这条转型之路走得怎么样呢?如何让普通观众更直观地感受到"城市数字化转型"带来的变化?记者希望通过普通工作人员,也就是上海一线城市建设者的角度,来进行观察和报道。 多行业,怎样找到最接地气、最直观的那一个?我们想到了三张网:一网统管、一网通办和5G网络。前两者,是上海市政府主动顺应数字时代新趋势,树立城市生命体有机体理念,协同推进数字经济发展、数字社会建设和数字政府转型,倾力打造的科学化、精细化、智慧化的超大城市"数治"新范式,而后一张更多的落地场景在2B,尤其是工业智能制造领域。就这样,顺着这个思路,记者找到了三位基层工作人员,他们分别来自:宝山区行政服务中心、静安区城市运行综合管理中心和上海电信。		

采编过程（作品简介）	记者的拍摄持续多日，涉及场景丰富，既有创新性的对公业务跨省办理，也有实时动态关注孤老的生活起居，还有大型工业企业的智能化改造，覆盖了政务、市民生活、工业智慧生产这三个大的、比较受关注的领域。最终的系列报道做成了三条新闻，三条之间并行叙事、每一条又是以小见大，生动展示了上海城市数字化转型的现状。
社会效果	新闻播出后，得到了观众和各大政府机关的认可和点赞，并纷纷转载。 　　上海市静安、宝山等区政府都表示，希望今后能与第一财经进一步合作，就数字城市建设的各种探索，进行深入报道。

上海城市数字化转型现状调查

第一集：一网统管高效运行　上海探索超大城市精准治理新路

【导语】

全面推进城市数字化转型，是践行"人民城市人民建，人民城市为人民"重要理念，巩固提升城市核心竞争力和软实力的关键之举。日前，上海市政府印发了《全面推进城市数字化转型"十四五"规划》的通知，上海数字化转型的顶层设计又迈上了一个新的台阶。那么，这条转型之路走得怎么样呢？今天起，我们将尝试着通过几位普通市民一天的工作，来观察上海的"5G网络、一网通办和一网统管"这三张网络，看看数字化转型给这座城市，带来了怎样的变化。

今天我们要关注的是"一网统管"。"应用为要，管用为王"，是上海对一网统管定下的宗旨，这意味着城市治理进入精细化阶段之后，管理不仅要效率也需要温度。下面，我们就跟随静安区城市运行综合管理中心的工作人员，去感受一下一网统管是如何实现城市的精细化管理的。

【配音】中午时分，社区志愿者吴阿姨急匆匆地赶往孙奶奶家里，她要去看看孙奶奶是否一切安好。

【现场实况】

吴阿姨：孙阿姨，我进来了噢。孙阿姨，你有什么事情吧？
孙奶奶：腰有点痛，有点重。
吴阿姨：哦，腰有点重，对吧，多睡睡，没什么事情。我就放心了。

【配音】那么,志愿者是如何发现孙奶奶家可能存在异常呢?让我们把时间回拨到几分钟前。在静安区城市运行综合管理中心,工作人员宋显谱接到了监测系统自动发出的报警信息。

【现场实况】
静安区城市运行综合管理中心工作人员宋显谱:张老师,愚园路的,孙阿姨家的水表没动过。你去看一下。
对讲机传出声音:收到了,马上去看!

【配音】原来,静安区为了实现更精准、更精细化的服务,在每一位80岁以上独居老人的家里,安装了用水监测系统。

【采访】静安区静安寺街道城市运行管理中心主任　张燕芬:
静安寺街道为我们独居80岁以上老人的水表上装了一个感知器。这个紫色的就是我们(为)独居老人进行的一个用水情况的建模,蓝色的就是他们当天的用水情况,这两者之间进行一个比对,如果比对下来出入很大的,就会触发我们的报警系统。

【配音】正是这个小小的感知器,感知到了孙奶奶早上没有用水,于是触发警报。在得知孙奶奶一切安好之后,张燕芬关闭了警报,完成了一个闭环处理。
记者了解到,仅静安区就在辖区范围内,安装了9.8万多个智能感知器元件,这些元件犹如一张神经系统,可以感知城市角落的每一丝变化,提前发出预警,既实现了精细化管理,又能防患于未然。

【采访】静安区城市运行综合管理中心工作人员　宋显谱:
这些感知器元件涵盖了公共服务、公共管理、公共安全等领域,比如我们这个公共安全,我们也是涵盖了水电煤等6类的应用场景。我们最终的目的就是要提升我们4个方面的工作能力,比如感知发现的能力、问题处置的能力、赋能基层能力和服务市民的能力,从而实现我们更高水平的城市精细化管理。

【配音】通过线上线下协同,一网统管实现了"高效处置一件事",让市民对管理没有感知,却能感受到城市的舒适度和安心度。而"无感"和"有感"之间,之所以能切换自如,依靠的正是智慧城市"数字"底座。

【采访】上海市人民政府副秘书长、上海市城市运行管理中心主任 徐惠丽：

技术的运营以及管理事项的设计上，开始聚焦更多专业类的管理，从细枝末节上，提升我们城市管理的水平，形成一种新的理念和新的模式，让城市在末梢上的安全系数进一步得到提升。

【配音】记者从上海市城市运行管理中心了解到，目前，一网统管出台的城市运行的生命体征指标，已经达到55类1 000多项，物联终端有218类，1 100多万个，每天采集实时的动态数据超过3 400万条，汇聚了16个区和委办局、55个管理主体、198个系统，这张安全、高效的运行管理系统已经被国家列入十四五发展规划，"用现代治理引领未来"成为上海的共识。

第二集：随时办 跨省办 上海"一网通办"不断增效

【导语】"一网通办"一直以来是上海重点推进改革的一项制度性安排。2020年，小孩出生、医疗付费、企业职工退休等"15件事"上线运行。迄今为止，办件量已经达到200万件。今年，上海"一网通办"不仅增加了12件事项，可以网上办理，更是通过创新实现了"跨省通办"。今天，我们"上海城市数字化转型"的第二集，就将跟随宝山区行政服务中心的工作人员，感受一下网上办事的高效。

【配音】一早，上海市宝山区行政服务中心的工作人员倪雷就守候在电脑前，今天他要处理一份特殊的申请。

【采访】上海市宝山区行政服务中心工作人员 倪雷：

今天会有一个申请，是注册在我们宝山的一家公司，但是他们的办公室实体地是在盐城，他们要办一个卫生许可证审批业务。昨天电话来咨询过，我们说，你们不用跑来了，在当地网上办理就可以了。

【配音】与此同时，远在400公里之外的江苏盐城，倪雷提到的这家企业正通过"一网通办"，上传相关材料，向上海市宝山区行政服务中心申请公共场所卫生许可证。

【采访】上海市某农贸公司工作人员　袁天成：

我现在在"一网通办"上申请公共场所卫生许可证,现在在上传一些材料。之前,我们都是要去上海市宝山区行政服务中心现场办理的,现在直接在网上上传材料,非常方便,直接就可以办理。

【采访】上海市宝山区行政服务中心工作人员　倪雷：

你看,盐城那边的信息现在已经过来了,我们这边审批完之后,直接打印出来寄给他就可以了。

【采访】上海市宝山区卫健委监督所审核许可科科长　孙利勇：

我们这次突破和创新点在哪里呢,我们宝山区和盐城市的行政审批局,有个跨省通办合作协议,委托当地执法部门开展一个现场审核。他们也是按照上海的一些标准,来开展一个现场督查,然后把核查结果第一时间反馈给我们。

【配音】记者了解到,到目前为止,上海市宝山区行政服务中心和全国42家政务服务机构有合作关系,26个事项可以当场办结或者跨省办结。不仅如此,越来越多的智能化手段也被运营到了"一网通办"中。

【采访】上海市宝山区行政服务中心副主任　彭渤：

现在"一网通办"随着技术的发展、溯源工程的试点,还有区块链、电子材料库的试点应用,我们觉得它这个智能化的水平已经越来越高,也确实做到了越来越好用。

【配音】这位正在申请办理业务的企业工作人员,见到记者连声感叹办事手续的简化。不仅免去了纸质材料的提供、全程电子化,甚至还实现了表格的自动预填。

【采访】环上大科技园综合管理部总监　魏广帅：

现在我在办理工会的集体合同的签订,之前在网上办理,很多线上的也是出来很多空白的表格,需要自己一步一步地去填写,可能你需要翻资料,还有以前各方储存的信息呀,这个也需要二三十分钟,小半个小时的时间。像现在,这些以前需要我手动填写的很多文字的材料,系统已经自动全部给我生成了,大大加快了办事的效率。

【配音】记者了解到，上海"一网通办"总门户正式上线三年来，累计实施改革 357 项，排名全国第一，接入事项 3 376 项，累计办件量达 1.7 亿件。正是通过业务流程的再造，上海打造了一个数字化政务服务体系，让政府部门变身为"不打烊的数字政府"。

第三集：万物互联　5G 加速制造业智能转型

【导语】接着我们再来关注"上海城市数字化转型"的系列报道。来自市政府的统计数据显示，上海的数字基础设施建设全国领先，目前已经建成全国"双千兆第一城"，实现了中心城区和郊区城镇化地区 5G 网络的全覆盖。具体到工业领域，利用 5G 网络，抢占装备数字化的先发优势、推进智能工厂的建设，正在全市范围内全面推进。今天，我们就要跟随上海电信的工作人员，去看一看 5G 是如何赋能制造业、打造智能化工厂的。

【配音】从办公室到工厂，两点一线的生活成为张君霄近三个月来的工作常态。今年 9 月以来，张君霄接手了上汽制动系统有限公司的 5G 工厂改造项目，从前期勘探到网络设计，他已经反反复复修改了很多遍方案，为了得到更满意的结果，他决定再度前往工厂进行调研。

来来往往的 AGV 无人搬运车，是这座工厂向数字化转型迈出的第一步，但基于 WiFi 网络带来的局限，这些无人搬运车没法随时、随地地与系统互联，并不是一座真正意义上的"万物互联"的智能工厂。而现在，在张君霄看来，利用 5G 技术就可以轻松解决这道难题。

【现场实况】
上汽制动生产部经理吴方琪：现在是在 WiFi 情况下，在两个基站中间，它一直会有断网和平台失联的问题，所以说，这给我们在运营当中（带来）很大困扰。

中国电信上海分公司工业行业总监张君霄：其实 5G 是基于调度的接入机制，这种场景是最适合接入 5G 的。很多企业都是以这个场景作为入门，建设智能工厂。

上汽制动生产部经理吴方琪：所以说，5G 做好以后会有什么好处？对于 AGV 来说？

中国电信上海分公司工业行业总监张君霄：整个厂内，AGV 到处跑，以后基本不会碰到各种掉线的情况,这是 5G 的网络接入机制决定的。

【配音】记者在现场见到大小不一、规格各异的各式货物,以过山车般的速度在 20 多米高的立体仓库内飞速穿梭。张君霄告诉我们,一旦改造完成,这个 7×24 小时运转的自动立体仓库就可以和厂区内所有的 AGV 无人车有效连接,真正变身为一家互联互通的智能工厂。

【同期声】中国电信上海分公司工业行业总监　张君霄:
5G 有一个叫广连接的特性,每平方公里可以连接 100 万个终端。也就是说,在你特定物流的 AGV 密集区域,哪怕你 AVG 排满了工作,也不会因为你设备的终端密度太高而造成掉线。

【配音】而在上汽制动系统看来,这样的改造,就是一笔看得见前景、感受得到效果的有效投入。

【同期声】上汽制动总经理　蔡增伟:
(我们公司)每时每刻都涉及大量的数据采集和高速的数据交换,现有的通信技术已不能满足这样的要求。而 5G 作为一个新型的通信技术,与我们现有的工业光网相结合,完全可以支持我们公司信息高效安全的采集和交互工作。

【配音】历时多月的上汽制动系统的 5G 改造,对于张君霄来说,算得上是一个大项目。而反复摸底之后,他希望、也有信心打造出一个上海的标杆性智能工厂。

【同期声】中国电信上海分公司工业行业总监　张君霄:
实际上一个 5G 项目最大的难点,就在于它的终端和 5G 网络的适配性,关键点在于我们要调研它的 AGV、扫码枪、机器人以及数控机床,是不是可以通过 5G 模组或者 5G DTU 这样的设备,把它改造成可以接入 5G 网络的终端。如果有条件的话,我们看看 5G 是不是可以给他们带来一些新的应用场景,准备再打造一个上海市标杆性智能工厂。

【配音】记者从上海市经信委了解到,未来三年,上海计划建设 100 家智能工厂,10 家标杆性智能工厂。截至目前,已经建成市级智能工厂 60 家。

【同期声】上海市经济信息化委员会副主任　刘平:

对于制造企业而言,数字化转型已不再是一门选修课,而是关乎企业生存和长远发展的必修课,而智能工厂是数字化转型的主战场,主阵地和核心载体,面向"十四五",全市将按照树典型、强引导、立标杆的思路,按照金字塔型分层分级推进,即标杆性智能工厂引领,智能工厂示范,智能制造优秀场景推广三个层级,形成智能工厂梯度培育体系。

【配音】而来自三大运营商的数据显示:截至12月初,上海5G分流比已经超过了30%。5G分流比,是评估5G综合运营能力的重要指标,也是衡量5G综合发展水平的"尺子"。5G分流比跨过30%临界点,具有重要意义,它意味着三分之一左右的移动宽带业务已经由5G网络来承载,可以说,在上海,5G开始真正挑起大梁,进入"以建促用、以用促建"的双循环发展新格局。

【编后语】我们连续三天,关注了上海的三张网。其中:"一网通办"是从企业和市民需求出发,高效办成一件事;"一网统管"则是从政府和管理者角度,高效处置一件事;而5G网络则实现了技术保障和赋能。可以说,上海对智慧城市的探索也由此进入了"深水区"。其实,这三张网,是城市软实力的体现。可以说,硬实力让一个国家、让一座城市变得强大,而只有软实力,会让一个国家、一座城市变得更伟大。

2021 年度上海广播电视奖
参评作品推荐表

作品标题	上海楼市新政后　开发商暗箱违规现象调查	参评项目	电视新闻
		体　裁	新闻专题系列报道
		语　种	中　文
作　者（主创人员）	吴浩亮、查家旻、魏颖、车秉健、吴佳亮	编　辑	夏　进
刊播单位	上海广播电视台	刊播日期	起：2021年4月21日 18点02分 止：2021年4月30日 18点05分
刊播版面（名称和版次）	新闻综合频道《新闻坊》《新闻夜线》	作品字数（时长）	平均时长：6分26秒
采编过程（作品简介）	今年上海为了控制房价，出台了"沪十条"等针对性措施。不过，上有政策、下有对策，开发商为了利益最大化，尽快回笼资金等需求，根据"计分制"等设计了一系列暗箱操作行为，力求将非目标客户排除在外。针对开发商的这种行为，记者根据市民报料、行业观察等信息，以暗访的形式进行了一系列的调查报道。 　　首篇报道，记者得到市民报料："上海院子"楼盘当天认筹，可开发商隐匿了认筹地点。于是，记者在信息不对称的情况下，前往楼盘进行挖掘式报道。记者在现场发现售楼处紧闭后，通过周边知情人士侧面证实当天认筹无误，在进行了一段曲折的寻找过程后，最终以采访杨浦区房管局的方式，摸出了认筹地点，才发现杨浦的楼盘认筹点在浦东商务楼的夹层内。现场，记者以出镜的方式，将这个入口极其隐蔽的夹层，淋漓尽致地展现在观众面前。之后，记者进入认筹点，并且采访到了开发商和杨浦房管局人员，最终使得开发商隐匿认筹点的预谋破产。 　　值得一提的是，记者并未就此打住，而是根据开发商采访中"已经做了整改，在售楼处贴出了公示"说法，杀了个回马枪再次前往了售楼处，结果不但发现开发商撒谎，还进一步采访到了不少闻讯而来却找不到认筹		

采编过程（作品简介）	点的客户，进一步坐实了开发商故意隐匿认筹点的事实。 　　第二篇报道，则根据市民报料开发商刁难贷款客户，变相要求全款付清房款的情况进行了暗访调查。记者以四个待开盘楼盘为例，扮演购房人体验实际购房过程。其间，探听出"龙盛福新里"销售员要求客户拿出数千万元现金购房，否则会以合同中缩短放贷尾款时间等方式，强逼客户违约，最终没收房屋的同时，要求客户支付开发商巨额违约金。另外，记者调查逻辑也很缜密，通过暗访银行工作人员，变相证明了银行贷款周期长，开发商故意加以利用刁难客户的事实。另外三家楼盘情况大抵相同。 　　第二篇报道播出后，引起了上海市政府的重视，房管部门当夜叫停了四家楼盘的认筹。于是，记者第二天继续追踪报道，前往第二天本将认筹的"龙盛福新里"售楼处，不但采访到了现场客户（证明开发商挑客户的事实），还采访到了销售代理公司和开发商人员。最终，房管部门表示开发商行为目前虽然没有规定加以制约，但他们会根据记者报道情况，加紧修补相关漏洞。
社会效果	该系列报道推出后，直接推动了上海市房管部门补充推出楼市新政，如首篇报道后，沪上房管部门4天后即对政策做了补充，要求上市销售项目，认购时间由原来的5天延长至7天；至少在认购前三天，"网上房地产"将公示该项目认购地点、认购时间等。 　　而之后的另一篇报道推出后，坐实开发商挑客户的事实，将原先暗箱操作公开化，上海市房管部门在报道当晚就暂停涉事楼盘认筹销售，要求其整改的同时，又出台相关政策，要求各区房管局严厉阻止开发商挑选客户的行为。 　　应该说，通过记者的系列报道，一方面直接推动了两次沪上新房政策的改变和补充；另一方面也阻止了开发商暗箱操作行为，规范市场，让更多的购房人得到公平公正的购房环境。

上海楼市新政后 开发商暗箱违规现象调查

城市晚高峰：消失的新盘认筹点

[导语]

（黄）：城市晚高峰。开年至今，上海的楼市火了！为防止楼市出现过热倾向，1月21日晚上，上海楼市迎来最强调控，八部门联合发文，严格限购、限贷，给过热的楼市降温。

（晔）：2月6日，备受瞩目的上海楼市摇号细则正式公布，规定新房认筹比超过1∶1.3，将开启计分制。紧接着在3月3号晚间，新政升级，享受计分摇号政策的新房，限售5年！

（黄）：面对新政，部分开发商为了尽快回笼资金，避免触发计分制导致限售，有些楼盘销售通过各种方式对意向客户进行筛选。

（晔）：最近，我们新闻坊微信平台和12345市民服务热线都有网友报料，网传杨浦区新江湾板块的新房"上海院子"今天开始认筹了。不过，购房意向人都说，根本没有接到认筹通知，开发商销售电话也集体打不通，种种迹象标明，认筹是悄悄进行的。

（黄）：接到消息后，记者第一时间赶到了现场，真相究竟如何？来看刚刚发回的报道。

早上10点20分左右，《新闻坊》记者以购房者的名义来到杨浦区上海院子楼盘，只见售楼处大门紧闭，还上了锁，查看一圈都没有任何今日认筹的张贴公告。隔着玻璃见到售楼处内有一工作人员，她拒绝开门，记者隔着门询问了情况。

"上海院子"售楼处工作人员：(今天听说是认筹?)关闭了。(都关了?)对，都关闭了，我们今天不接待。(今天不是认筹吗?)不知道，直接和销售联系。(我今天要认筹可以吗?)认筹要预约的。(是今天认筹?)不认筹没通知呀。(你可以介绍个销售给我吗?)你要直接和销售联系，我也不认识。

记者在售楼处吃了闭门羹，在楼盘门口则碰到两位不明身份人士，他们都说该楼盘今天内部认筹。

不明身份人士：(它什么时候认筹，是今天吗?)我也不清楚，这个有可能吧。(有可能今天?)嗯。(几点?)不知道。(是在这里吗?)应该不是吧。

不明身份人士：今天他不对外卖的，今天把关系户先弄掉，你也听到消息?(我听到消息，具体哪里我不知道。)不在这里，你不能对外说噢。售楼处人都关机了(销售都关机啦?)嗯。(具体哪里你不知道?)知道了也不能说啊，去你也买不上，你去干吗呢，你只能去看别人买；对外你摇不到号，房子不够抢，认筹的人比房子多呀。(具体在哪里?)在个酒店(具体哪里他没说)。

[串联词]
(黄)：据网上公开资料显示，该楼盘是新江湾地区名副其实的红盘，抢手的原因是该楼盘周边，聚集着优质的教育资源。

(晔)：令人惊讶的是，早在一周前，就有房产公众号发文明确表示，该楼盘无须计分，可能需要全款购买，而且钱付清即可交房。

(黄)：新房还未认筹，就已经放话说不会触发计分，那为何会有如此底气，这个楼盘藏着什么秘密呢？

(晔)：几经辗转，我们记者也终于找到了楼盘认筹地点，竟然是隐秘在一幢办公大厦的秘密角落。

记者将问题向杨浦区住房保障和房屋管理局反映，经证实，今天"上海院子"的确开盘认筹了。经过房管局工作人员指引，记者才知道，认筹点被设在金新路58号银桥大厦5楼。

吴浩亮　记者出镜：我身后就是银桥大厦电梯间，我们可以看到后面有很多部电梯,不过我在电梯里并没有找到所谓认筹点5楼的按键,经过一番指引,我才在左边消防电梯间,要先下到下面楼梯,到地下一楼以后,才能够再乘电梯上到上面5楼,门口也都有保安把守,这样地方要找到,如果我是未预约客户的话,真的是非常难,不过我在楼盘的售后处和楼盘门口并没有看到任何告示,在售楼处也没有人给我任何指引。

来到认筹处,记者发现,此地分资料审核区、资金审核区、填单区、财务区、归档区等几部分,记者到来时,现场没有看到认筹购房者。面对记者质疑,信达地产销售负责人表示,所有预约通道客户,早晚都会得到通知。

诸德俊　信达地产销售负责人:(他们说销售都失联了。)这因为我们近期整体工作量,因为近期房产新政,我们内部要做大量的复盘培训,以及筹备工作,所以有些销售人员电话被打到手机停机,没有电,我们都会通过加班加点,把业主电话如实一一回复。

至于未预约的客户,这位负责人表示,他们会有相应公示。

诸德俊　信达地产销售负责人:没有预约的客户到现场,我们第一时间会带业主到我们未预约通道做登记,相应客户今天再晚都会沟通完毕。我们所有公示文件,认筹公告都会经过东方公证处公正保全,在认筹现场,临时售楼处内部,后面经过调整,也放到售楼处外部,做整体公示。我们项目现在公众号因为一些原因,不再使用了。

就在采访完该负责人一小时后,记者再次来到小区售楼处,依旧没有看到任何公示,售楼处大门也依旧紧闭。此时,记者碰到了几位意向购房者,他们都表示,听到认筹消息才来看看的,但没见到任何认筹公告。

意愿购房者:今年过了年就通知我来看,几次了马上认筹了,现在也没认筹成,联系他们销售,销售也没人接电话。(知道哪里认筹吗?)不知道。(知道今天认筹吗?)我通过房产交易中心知道今天认筹了,但没人通知过我。

意愿购房者:(公示认筹地点吗?)不知道。

对此,杨浦区住房保障和房屋管理局方面表示,该楼盘系新政后,杨浦区第一个开盘的项目,他们驻派了四位工作人员现场指导。今天做得不到位的,他们也立即要求其整改。

王琼芳　杨浦区房管局权籍和市场管理科科长: 可能(公示)效果不是很好,所以我们也让他们吸取经验和教训,在更明显的地方进行公示、公告,也是要通过销售人员及时联系,及时信息公布。(公示有什么要求?)原先他们在自己项目临时售楼处公示,但是接到投诉后发现公示不是很明显,仍旧要求两处公示,一处售楼处包括大门口广而告之,第二个在认购现场,包括增加了一些引导标志,便于购房者便捷找到认购地点。

[编后]

(黄):据统计,目前上海33个新盘已完成认购28个盘子,已有4个盘子明确触发了计分制,而网传预约有9个项目的认筹比将超过1∶1.3,目前尚无确认信息。一旦触发计分制,这些项目将面临5年限售。

(晔):如果没有新政的出现,购房者可能想象不到,这个开发商为了劝退买家,能够想出多少的花招。为了筛掉那些首付比例低,计分分数低的买家,开发商是极力营造房源紧张,计分分数高的氛围,劝阻非目标买家参与认筹。碰到买家认筹态度坚决的,有的置业顾问索性失联了。

(黄):徐汇滨江某热门楼盘,之前就有网友报料,认筹规则仅对某些定向客户开放。而开发商为了躲避客户,把售楼处也给拆了。有网友跑去小区门口,得到的回复是电话预约。而拨打电话不是没人接,就是打不通。

(晔):据网友晒出的认筹现场照片,楼盘认筹地点,设置在小区住宅楼的一个房间内,十分简陋。为的就是防止通过各种小道消息,空降而来的不速之客,而最后摇号的结果也在意料之中,该楼盘的认筹比为1比1.06。你细细品一品,比例拿捏得十分精准,并未触发计分制。不少网红楼盘的认筹比,人为控制在红线之内,颇有上有政策,下有对策的意思。但是黑暗处的乱象,总有被拉到阳光下暴晒的一天。

(黄):就在两周前,由于在认筹期间违规采取了预约制,嘉定一新楼盘被举报,开发商因此被嘉定区房管局紧急约谈,要求整改。

(晔):随即开发商发布自我整改公告,对认购人开放补登记,据参与补登记的买家透露,短短四小时之内,上百人涌进了售楼处,尽管目前认筹结果还未公布,但是根据初步的统计,触发计分制摇号,或许是大概率事件。

(黄):这样的案例不会是孤例,这个案例也就意味着上海楼盘的监管警报已经拉响。

龙盛福新里：钱必须60天内付清！变相要求全款购房

[导语]

近日，不少购房人发现，静安区新楼盘"龙盛福新里"发布的认购公告，明确认筹金额650万元，但开发商规定，贷款客户需要在60天内付清全款，逾期除了有巨额违约金，房屋也会被收走。然而，银行放贷很难在两个月之内完成，换言之，想要买房只能预备全款。此事究竟如何？来看记者调查。

记者以购房者的名义来到了"龙盛福新里"楼盘。据销售人员介绍，"龙盛福新里"紧邻苏州河，均价13.2万元，即将认购的143套房源中，最小房型183平方米。

"龙盛福新里"销售员：2 000万元起。（可以贷款吗？）不可以，也不是不可以，我们要60天款清。（如果我60天没款清有什么后果吗？）违约金。这是按总价比例来看的，或者是按照你认筹金比例来看的，违约金之外房子还要收掉。（写在合同里？）写在合同里。

销售人员坦言，如果贷款购房，要在60天内付清全款，银行一般是无法完成房贷流程的。

"龙盛福新里"销售员：几乎下不来。（你们有合作银行吗？关系好一点儿的。）目前我们来讲是农行。（农行一般多少天能放贷呢？）目前银行周期都比较长的，都要三四个月半年。（基本上只能首付买，不能贷款。）只能现金买。

[串联词]

至少2 000万元的房款，一旦逾期，不但房子买不成，还要承担300多万元的违约金，如此苛刻的条件，不少人知难而退。那么，像"龙盛福新里"这样的情况，只是个案吗？

在浦东"绿地海富·东上海"，记者遇到了有意购房的张女士。张女士说，虽然销售人员表示可以贷款买房，但同时又讲，希望全款支付，如果贷款的话，违约责任较重。

张女士　投诉人（变声）：他说你们有贷款的话，我有件事情要告知一下。我说什么事情啊。他说我们有45加30。他说你45天要把尾款结清，如果结不清，给你30天的违约期限，30天要付3万到4万元违约金。我想付就付不差这点也就算了。我说可以的，他说最后一个要和你说清楚的，如果75天你贷款办不下来的话，他说不是可能，绿地一定会把你的房子收走，一定会起诉你，同时要赔10％的冻结金。

对于开发商在购房合同中约定的付款期限，不少楼盘合作银行都明确表示，无法保证按时放款。

张女士　北京银行贷款专员：一般你们先签合同，我这边签贷款给你走审批，审批完了过户办预抵押，预抵押过户证出来了就放款，45天就不能够保证。现在二手房贷款大概在至少三个月起（放款）。

工商银行贷款专员：时间上真的不能做任何保证。（开发商让我签合同"45＋30天"能保证吗？）这个保证不了。

随后，记者又走访了"保利云上澄光"和"南山虹桥领峰"两处楼盘，销售人员均暗示，购房人要备足现金。

记者吴浩亮报道。

[串联词]
对于开发商的这种做法，法律界人士表示，虽然没有明显违法，但显然和"沪十条"保障无房自住刚需、兼顾合理改善需求的初衷相违背。

金玮　上海翰鸿律师事务所合伙人律师：开发商对于购房者的办理贷款期限与违约条款的不合理设置与约定，明显是变相的逼退，将这部分购房者排除在外，剩下的只会是具有全款支付能力的购房者。这样一来，无房自住的刚需与合理的改善需求将无法得到真正的保障，这部分购房者的公平交易权是受到侵害的。就此也呼吁与建议相关行政部门对于房产开发商的这种明显选择客户的做法予以规制。

晚高峰追踪：涉事楼盘被暂停认购
将制定合理尾款期限

[导语]

（丁）：昨天，我们报道了"龙盛福新里""绿地海富·东上海"等四个楼盘，在购房人认购过程中，要求贷款客户，必须在一两个月内付清全款，逾期除了有巨额违约金外，房屋也会被收走。

（舒）：两个月的时间，对于一般银行来说是无法完成房贷流程的，言下之意，就是要"逼退"贷款购房人，变相要求全款买房，这样的行为涉嫌侵害部分贷款购房人的公平交易权。值得一提的是，房管部门对此非常重视。昨晚报道刚刚结束，上海市房地产交易中心官网"网上房地产"就发布公告，表示将对涉事的四个楼盘涉嫌违反认购规则等行为展开调查，并暂时叫停了原本将于今天开始的"龙盛福新里"的楼盘认购。

今天一早，记者来到"龙盛福新里"，售楼处内空空荡荡。这时，一位有意向购房的先生来到售楼处，原来他听说认购被暂时叫停，特意来打听情况。记者了解到，这位购房人也是因为按揭贷款来不及，为了满足开发商60天内尾款结清的苛刻要求，正准备做抵押贷款，大概一个月就能放款。

购房人：外面按揭贷款将近三个月，三个月他们等不了呀，不仅他楼盘这样，其他楼盘也是这样，跑了好几个楼盘，都是要你拿现款全款的，我拿不出来全款呀。

在此前的暗访中，一名业务员曾表示，一套售价2 000多万元的房子，一旦逾期，不但房子买不成，还要承担300多万元的违约金，借此"吓退"贷款买房人。对此，今天该楼盘销售团队的负责人承认，业务员表述确有不当。

王颖　同策咨询项目总监：违约条件具体是多少，应该是签约时候以合同为主，不应该业务员自说自话，以合同没有任何参考的高额违约金，来影响客户的购房心理，觉得确实是从操作口径上，业务员存在个人说辞的问题。

至于开发商有没有挑客户行为，这个楼盘的开发商龙盛置地负责人表示，他们欢迎各类客户,合同也会给相关主管部门审核。认购被叫停期间,他们将积极做好相关整改工作。

周巧燕　龙盛置地资管总经理:客户只要说,他把资料积极配合银行这边,然后按照现有贷款时间,我们会给予一个合理到账日期,或者放款日期,这个我们开发商愿意承担责任的。

记者从静安区住房保障和房屋管理局了解到,实际上早在4月26日,他们就收到了"龙盛福新里"可能存在"挑客行为"的相关投诉,当时就约谈了开发商,要求重新约定付款期限,4月27日还开具了整改告知书,要求开发商将相关条文写到预售合同公示文本里供备案。因此,昨晚《新闻坊》报道后,他们立刻紧急叫停了"龙盛福新里"的销售工作。

张欣欣　静安区住房保障和房屋管理局市场科科长:在当下楼市调控新政比较密集,百姓购房需求比较迫切的情况下,应该合理约定一个可行的贷款周期,既要合法合规,又要合情合理地做好销售方案,确保整个销售过程公开公平公正,保障我们购房人的合法权益,等到项目整改完成之后,重新制订销售方案,报我们局审批之后,才可以另行启动销售工作。

此外,昨天报道中涉及的另两家嘉定的楼盘,记者今天也从嘉定区房管部门得到证实,目前两个楼盘的预售资料还未上报,之后他们会严格审核。

胡培德　嘉定区住房保障和房屋管理局市场科科长:特别在整个销售过程中,网签合同过程中,条款严格按照相关法规规定执行,保护购房者合法权益,包括购房资格,严格审查贷款必须符合规定。我们认为在法规没有明确规定(期限)下,必须给业主一个合理的期限,这是我们目前亟待解决的问题。

2021年度上海广播电视奖
参评作品推荐表

作品标题	一级响应	参评项目	电视新闻
		体裁	新闻专题-纪录片
		语种	中文
作者（主创人员）	上海广播电视台纪录片中心集体 湖北广播电视台纪录片部集体	编辑	周全、秦博
刊播单位	东方卫视、纪实人文频道、湖北卫视	首发日期	2021年4月8日—2021年4月10日
刊播版面（名称和版次）	东方卫视-精品纪录片 纪实人文频道-精品纪录片 湖北卫视	作品字数（时长）	5集×50分钟
采编过程（作品简介）	2020年疫情爆发后，摄制组在风险最大的时候赶赴武汉，同湖北台一起直击一线，真实记录。回程以后，摄制组构建了以个人命运讲述抗疫历史的系列纪录片《一级响应》。系列纪录片为5集，每集50分钟，共250分钟，是国内首部全景式、深层次展现新冠疫情全过程的系列纪录片。		
社会效果	国家广电重点项目《一级响应》取得良好播出收视效果。2021年4月8日，东方卫视和湖北卫视同步播出，其中第五集CSM63城收视0.73，周六22点档同时段收视第一；其他各集也能分别位居同时段收视二至四名，22点档同类型节目收视第一。五集纪录片CSM全国网累计覆盖人群近3 500万。热搜话题创纪录片史首播热搜新纪录。微博端收获3个微博热搜、两个要闻热搜、4个同城热搜，"纪录片一级响应"微博话题词阅读量达1.6亿，微博相关话题阅读量总和超2.6亿。据微博一周纪录片报告数据显示，《一级响应》以1 937.6万的播放量位居视频播放榜榜首。话题篇和播放量均为第一。		

一级响应(第五集)

五 月

【画面】城市航拍

【字幕】中国　武汉

【特效】2020年4月9日

【画面】车流、步行街人来人往

【字幕】江汉路步行街

【解说】

　　江汉路,中国最长的步行街。2020年4月9日起,这里开始封闭改造,为即将回归的汹涌人潮蓄力。

【画面】小卖部货物

【解说】

　　王琳一家的门面房还要再等几个月,才能开张。

【实况】

　　王琳妻子:这个也过期,那个也过期。好些东西都丢了,甩了。过期的东西也不能卖。

【解说】

　　货架上,每一个东西都有一个日期。花生,6个月。饼干,8个月。饮料,9个月。这些东西过期了,就会被清空。货架上,会重新摆上一模一样的花生,一模一样的饼干,一模一样的饮料。

【实况】拉小提琴

【解说】

如果说,城市也是一个大货架的话,三个多月,很多东西就已经过期了。但在人们的心里,这些过期的东西很难被清空。它们会被人们永远记住,甚至在梦里,还会再次和它(们)相逢。

【画面】一段梦境

【特效】2020 年 4 月 26 日

【新闻实况】

经过所有医护人员的不懈努力,截至 4 月 26 日,武汉在院新冠肺炎患者清零。

【解说】

有一点可以确定的是,人们早晚都会迈过记忆的深坑,向前走去。

【片名】五月

【实况】吴昕　新冠肺炎康复者

吴昕:三个月,三个月,太恐怖了。

【实况】

吴昕:当时老婆就在那里,躺着没办法治,我在这里,打电话,全世界能够打的电话全部打到了,跪在地上打电话。刚把她送进去,我就犯了,2 月 2 日早上我就发高烧,这在隔离室抢救的。

记者:最后一张照片?

吴昕:太快了这个病。

【实况】

吴昕:首先给老婆烧几炷香,银行卡的密码,我什么都没有,我房子租给人家的,都是老婆电话上(沟通)的,我什么都不知道。

收拾不了,一下收拾不了了,(等)心静下来。

这个是我在凤凰古城照的,凤凰古城,她在哪里,她都有个凝聚力,走出去长得又漂亮,她一开口,谁都去,跟她出去不操心,多少钱、多少钱,老婆全部算完了。

几柜子全是她的衣服,她有些喜欢的衣服拿去烧掉吧。

这是老婆的帽子、袜子、手套、袜子,假发不要了,她的假发,臭美。

【资料】

吴昕妻子:一个人吃羊肉火锅,爽吗?一个人喝着酒,一个人吃羊肉火锅,真的是蛮爽,好吃吧?

【实况】

吴昕:老婆就坐这里啊,坐这儿拍的啊,物是人非。我这些话一直不想发的,我听这些话我都要哭了。

【实况】

  记者:你老婆给你发了一段话啊?

【实况】

  吴昕:你过来,晓蕾。

【实况】

  吴昕妻子:永别了,老公永别了。

【实况】

  吴昕:我说不会的,她收不到。

【实况】吴昕坐在沙发上喝酒。

【解说】

  截至2020年5月31日,在中国和新冠病毒进行的这场遭遇战中,共有4 634条生命离世。对于这些家庭来说,生活当然会继续,太阳也会照常升起,冬天一定会过去。只不过,因为亲人的离去,他们眼中的阳光会暗淡一些,冬天也会显得更漫长。

【实况】阿念和妈妈在车上

【资料】

  你要记得一句话,去火神山(医院)并不是奉献自己,你是(要)把你外婆带回来的,你要相信你可以。

【实况】阿念和妈妈在车上

【画面】公园空镜

【解说】

  时隔两个月,阿念一家,对外婆的离去依旧无法释怀。

【实况】(阿念想安慰妈妈,轻轻拍一下)

  沈馨莹:你后来又做了两次(梦)吗?

  阿念:反正我一共梦到过四次。

  沈馨莹:那我怎么从来没有做到她的梦。我真的蛮想做关于她的梦。她从来都没有托梦给我,总是托梦给你,她托梦给对门。所以这几天我也是没有办法,就在那里想着,完了,我在这里用什么方式来让我妈妈活得更长一点儿呢?我就翻抖音,随后我就开始做了很多抖音的照片,或者视频,我就开始学抖音,我希望妈妈能够看到。

  阿念:她一直看,反复看。就是靠这些撑了10天。所以,你已经做得够好的了,你不要有太多遗憾,我觉得你已经做得很好了,你只是觉得自己做得不够。

  沈馨莹:但是你帮我完成了我的心愿。

【画面】母女两人携手向前方走去

【解说】

阿念的妈妈沈馨莹在街道工作,接触过疑似病例。她想来想去,觉得病毒是自己带回家的。因此,她对妈妈的去世很自责。

【实况】

阿念:那天晚上没睡好,然后我下午就是眯了一下,后面有一个医生就把我拉了出去,拉到一个白白的房间里,就很白的房间。然后他问我,他说,我带你见你外婆,你后不后悔来这里(医院)?然后把门一打开,我外婆就在里面坐着看着我。我说不后悔啊,我说这个话就过了几秒钟,医生、外婆和这个场景,全部就消失了,就突然一下就没了。然后就这样醒了。

【实况】

记者:这是你写的啊?

沈馨莹:是的,因为我总没梦见我妈,他们就说让我写封信,挂在门上。

阿念:是个网友教我的。

沈馨莹:她说你就放在门上,所以我就写了一封信放在这里,因为我妈总是没托梦给我,总是给她,而且也托了梦给我对门,就没跟我说什么。所以我就给她写封信放在这里,希望她能看到。

【画面】外婆照片

【音乐】梦境

【背景音】

敬爱的妈妈夏艳文您好,希望您和爸爸能重新开始相亲相爱,常回家看看,我真的很恨自己不知在哪儿染病,传给了全家,特别是传给了您,让您走得这么痛,这么难受,真的很对不起。因为您曾说过愿意捐献遗体,所以也真心地希望您能为新型冠状病毒研究做贡献。我愚钝,但还是真心希望您能托梦给我,让我实现您未达的心愿。我永远想念您,怀念您,请您能到我梦里来,续我们母女的情深。愿天堂里没有病痛,您一路走好。

【画面】歌者(明快一些)

【音乐】

仿佛又回到童年,好像还在昨天,回到家已是深夜,梦里找到起点。

【解说】

疫情突如其来,没有经验可以借鉴。但是中国政府没有放弃任何一名患者。应收尽收、应治尽治、全民免费。

【实况】

病患:人民医院,永远在我心中。

【解说】

最终,中国新冠肺炎患者治愈率达到94%以上。

【实况】

病患:加油,谢谢院长,谢谢医护人员的努力,把我们从死神(手)中救出来。

【解说】

数字背后,是巨大的代价和牺牲。但是更多的人,活下来了。

【实况】一二,加油。

【资料】

熊秀珍:不要哭,要坚强,要冲。

工作人员:哎,对。

【实况】

记者:要坚强,要冲。

女:对,感谢国家政府好,对吧。

【解说】

友谊社区熊秀珍一家,活下来了。

【照片】"夕阳照"老人

【实况】

上海援鄂医生:回去了以后,还要进一步康复,吃好了睡好了,然后争取长胖点。

王欣:刚才他们一些同志叫我拉了《送别》这首歌。

【解说】

"夕阳照"老人,87岁的王欣,活下来了。

【实况】

医生:来,手握握,很好。

医生:王院长加油。

王萍:不提了。

(写字)去世的梅仲明主任就住我隔壁床,我眼睁睁地看他离去,内心无比悲伤。

【解说】

武汉市中心医院的王萍医生,活下来了。

【采访】易凡　武汉市中心医院医生

易凡:李文亮实际上在我住院的时候,他已经走了。

我看不到,我起不来,但我听到。

【解说】

武汉市中心医院的易凡医生,活下来了。

【采访】易凡　武汉市中心医院医生

易凡:医务人员感染,又上了ECMO(体外膜肺氧合),又能够救活的,要给大家信心。我不是为我一个人而活着。

【画面】钱珞珈的家

【采访】钱珞珈　新冠肺炎患者

钱珞珈:你看我这,我的腿,现在颜色是这样的,你看,就像那种火灾现场烧完以后的尸体。

【解说】

在雷神山医院,以为自己已经死了的钱珞珈,活下来了。

【画面】钱珞珈住院期间影像

【实况】

钱珞珈:所以说,你说像这种情况,能活过来,就阿弥陀佛了。托我们医疗团队的福。

【实况】

钱珞珈:毛主任穿防护服,接氧气管都在外面的,看着特别酷,我就对他那个形象,我记得特别清楚,就像生化战士一样的。

【实况】

医生:你说一句话,你说想家,想回去,说一句给我听,想回去。

钱珞珈:想回去。

医生:好,成功。

【画面】钱珞珈回家

【实况】

钱珞珈:这就是我们家的日常生活。

钱母:他出院的时候,连我都不认识,4月14日,从雷神山(医院)到协和医院。

钱:我认得你,当时我的思维很混乱,我说你赶快回去。

【特效】2020年5月2日

【新闻实况】

5月2日零时起,湖北省突发公共卫生应急响应级别,由一级调整为二级,复工复产复市稳步推进。

【地点】江汉区　友谊社区

【画面】众人一起拆围栏

【实况】金义兰　友谊社区党委书记

　　金义兰：慢点,等一下等一下。男同志,拧(螺丝)的拧螺丝,拖(水马)的拖水马,女同志都绕绕绳子,流水作业。

【解说】

　　最艰难的日子要熬过去了。让金义兰心烦意乱的围栏,这一次,要被彻底拆除了。

【字幕】金义兰　友谊社区党委书记

【画面】金义兰在一旁指挥和帮忙

【画面】围栏终于被推倒

　　金书记：我觉得你们这一回,下到这里来了,真的算是见到蛮多怪人怪事,没有见到过的,估计这辈子没有见到过的,真的。不过好人还是多数。但是别人一句感动,一句谢谢,真的觉得蛮有成就感的。

　　工作人员：说辛苦了,她说一句话,我们心里就舒服多了。

　　金书记：对,蛮感动,要不是这些鬼东西撑着,(早)800年都不想做了。2月,3月,4月,三个月了,就不知道这几个月是怎么过来了。

　　工作人员：我的天哪。

　　金书记：真不知道怎么过来的。也不知道前面是山,还是火,还是什么,只是往前冲。真的是共产党的一句召唤,不晓得是赴汤还是蹈火就来了。我就觉得我还活着,我好强大我觉得。再苦再累都不怕,怕的就是那时候居民求我的时候,求起来,跪在我面前,我无能为力啊,我怎么救你啊。就是那时候哭了两场,再怎么别人骂我,我都不哭,再怎么苦我也不哭。说是共产党员是钢铁炼成的,但是他也是有血有肉,有思想的啊。

【解说】

　　在中国,有400万名像金义兰一样的社区工作者,奋战在65万个城乡社区的一线。应对疫情,防控是第一位的。但基层治理,又不能简单地一刀切。

【实况】刘师傅。

【解说】

　　比如,封城期间,失智人员生活无法自理,怎么办? 社区民警沈胜文就天天这样给他们送饭。

【实况】

　　沈胜文：快进去吃,吃饱,吃饱就睡觉。刘师傅,谢谢你。

【实况】

　　刘师傅：我总看到沈警官,总在下面喊她呀,她那个人做事又不爽快,我都看不过去,总在下面喊她半天,她才慢慢悠悠地出来,我干脆我们两个配合一下,我就绳子一根一根接起来,然后,后来想到做个吊钩,都免得系来系去的,绑住不方便。

【解说】

还有一些事情,可以做,但不方便说。

【采访】沈胜文　百步亭派出所社区民警

沈胜文:光这个年前我这里的户口在这里的,包括居住在这里的,就是解除隔离戒毒的,这个时候他什么都没有,紧接着就是封城。你管不管他吃,管不管他喝,但是从居民老百姓(角度)一看,你这个做偏了。他是坏人,但是从我们执法者(的角度),同样他(是)一个生命,你要延续他的生命,肯定要保证他的基本生活。你再更多怎么去解释,在这个疫情期间,解释不了。你只能偷偷地做,慢慢地做。

【特效】2020年5月5日

【实况】

男:今天把班上完。

金书记:今天上完,好,明天我叫他们来接手。好,感谢。

【解说】

社区解封后,下沉干部和志愿者们一一和金义兰道别。

【实况】

金书记:你就是坏熊(外号)吧?

男:对,都联系不上。

【解说】

三个多月,并肩作战的战友们,离别时才对上了号。

【画面】志愿者服务最后一天,相互留签名、合影

【实况】

男:还写名字呢你们?

金书记:肯定要写名字。

男:这套衣服我们打算带回去,裱起来。

金书记:蛮困难的情况下,大家能够毅然地逆行到我们社区来参加志愿者的队伍,用通俗的话说,跟我一样都是不怕死的队伍。在这里感谢大家,感谢志愿者。我也在此宣布,我们这个志愿者群不散,一直不散,大家有什么困难,可以在群里说一声。

第二个,如果我们社区再有什么难处,我就一声令下,大家就召之即来,来之即战,战之即胜,好不好?

众:好。三二一,笑。

每一个人全部都行动起来，要死我们死在一起。

有没有人啊？

尽量不要出门。

请大家注意防护。

可以到社区大院去领鱼。

这一条。

【特效】2020年5月6日

【画面】湖北台演播室

【实况】张定宇坐在台下，拍照。

  画外音：那今天呢，也是我们湖北省高中毕业登记复学返校复课的第一天。

  女：把眼镜戴上。

  张定宇：从来都没觉得有这么帅。

【解说】

  武汉的日常回来了。张定宇受邀，来电视台录制返校复课的特别节目。

【实况】过场，上台。

【实况】

  主持人：张院长，您觉得咱们的青少年通过这一次疫情，他能够收获什么？

【实况】

  张定宇：就是我们还是要真诚地沟通交流，这种沟通交流实际上也是在平时当中要培养的，也是自己做人当中的一种习惯，很多人说我（有）一样，他说你实际上就是一个透明人，我也觉得没什么不好，透明就透明，透明完了以后，实际上我没有受到太多的这种伤害。

【解说】

  只有经历过疫情全过程的人，才能深刻理解张定宇随口说出的这句话，真诚沟通。这确实是人类战胜疫情的法宝。

【实况】张定宇接受外媒采访

  张定宇：我姓张，弓长张，张定宇，我是这家机构的院长。

【解说】

  疫情防控形势向好后，张定宇多了一项工作，向世界分享救治新冠肺炎患者的经验得失。

【实况】

  张定宇：早期的时候一直到2月，我们很害怕，也很沮丧。后来整体诊疗方案得到一些改变，希望我们能够早期插管。

  记者：从一开始，到现在，大概有多少个死亡案例呢？

张定宇：300多个病人。

记者：根据现在的经验，你会怎么样调整，最开始最早期的治疗方案，或者是收治的防疫措施呢？

张定宇：从现在说以前的话，我觉得是很不人道的。为什么这么说呢，就像我，因为我当初刚接这个事，碰到这个事情的时候，我并没想到我后面会做成这个样子。

【解说】

真正的医生都明白，医学很复杂，充满着不确定，有时难免会被人误解和质疑。坦率分享经验和得失，是需要勇气的。但如果不这样做，最终受到伤害的，还是患者。这个道理放在这次疫情的应对中，同样成立。

【新闻实况】

（德国）我们需要在（德国）各机场设置强制的检测。

（日本）日本8月5日全国新增新冠肺炎患者（1 356人）。

（韩国）截至5月20日，（全球）约有500万人（感染）。

（WHO）目前世界卫生组织共收到近700万新冠肺炎病例报告。

【解说】

新冠病毒不仅迅速席卷了全球，它还利用政治、意识形态、民族情绪，去破坏人类之间的团结。

这是一场全人类与病毒的战争。面对前所未知、突如其来的疫情，中国的经验对全人类，至关重要。

【新闻实况】世界卫生组织总干事　谭德塞·阿达诺姆：

这个时候需要的是事实，而不是恐惧；

这个时候需要的是科学，而不是谣言；

这个时候需要的是团结，而不是污名。

【实况】

我们想尽可能多地向你们学习（救治经验）。

我们对于在困境中唯一能提供帮助的人期望很高，那就是中国。

更多来自中国的救援物资将于下周抵达，其中包括30 095个口罩。

这些是我们收到的护目镜以及口罩、呼吸机、防护服、眼镜和试剂盒。

中国在这个特殊时期支援我们，我们知道中国国内也正面临巨大的挑战。

我们仍然能感受到这种团结一心和友爱之情。

中国的医疗队已抵达意大利。

我们请求中国提供一切帮助，我们甚至请求他们派医护人员来。

唯一能告诉我们如何应对疫情的就是中国的团队。

方舱医院收治并隔离轻症患者,有专门的医护人员照料观察患者的情况。

　　居家隔离只是一种选择。

　　鼻拭子检测比咽拭子检测结果要敏感。

　　作为日本人,我特别感谢(中国)。

　　感谢你的帮助。

　　谢谢中国。

　　塞尔维亚会记着。

　　我们一起会好起来的。

　　感谢你们。

　　你们都是我们的朋友。

【字幕】

　　截至2020年8月底,中国已经向31个有紧急需求的国家派遣了33支医疗专家组,向150多个国家和国际组织提供医疗物资援助。

【音乐】

　　冬天蜡梅花,夏天石榴花。

【解说】

　　影片里唱歌的人,叫冯翔。几年前,他还是武汉当地的一名精神科医生,后来做了民谣歌手。他和张定宇是大学同班同学,在同学群里,张定宇从来没说过自己病了。有一天,冯翔看电视,才知道老同学得了渐冻症。

【实况】冯翔　民谣歌手

　　冯翔:我就看到他新闻的时候,我心情蛮奇怪,我蛮内疚,真的,我是因为,现在就是不当医生了,又看到这样的事情,然后看着他这个样子,然后我当时在屋里坐着,什么事情都不能做,我就心里蛮内疚。

　　冯翔:我还写了个《老张》,还没写完,真的,真的,但是没写完。

　　众人:来一个。

【实况】

　　冯翔:老张,你还好吗?

　　现在可以睡觉了吗?

【解说】

　　他在家里,写了一首歌,叫《老张》。但是见到了老张,却唱不好。

【实况】

　　冯翔:只想让你晓得我们都在,挂念你,总想伸个手,帮个忙。

【实况】

　　冯翔:我不记得了,我自己不记得了,反正大概是这个样子。

张定宇：谢谢，谢谢。

冯翔：其实我蛮不喜欢就是为什么大事写首歌。蛮不愿意。但是我就想为他写首歌。但是(有)太多要说了，我反而不知道要说什么。

张定宇：非常感谢，你别把我的眼泪搞出来了。现在是小张变老张了。

冯翔：变老张了，是的了。

张定宇：小冯变老冯了。

【音乐】

老张，你还好吗？

已经几多天没休息了啊……

【实况】

张定宇：因为我们医务人员感染导致死亡的这种事件，不可以有。

【歌曲】

我们全班都在挂念你

都在希望你能休息一会儿

希望嫂子快点好起来

希望你能早点回家

【实况】

张定宇：病人在里面有什么不满意的。

你管那做什么。

【音乐】

你为我们撑着天

我们都要和你一起撑起来

撑起来

撑起来

撑起来

撑起来

【实况】

张定宇：你们所有人都是超人啊。

【音乐】

老张

你还好吗

一切都会好起来

【特效】2020 年 5 月 14 日

【实况】武汉全民核酸大检测

为顺利做好全民核酸检测工作,请您携带好身份证、手机。

医护人员:来,嘴巴张开。舌头放松往下压,对,很好。

【新闻实况】

从5月14号零时至6月1号24时,武汉市对近990万人展开了集中核酸检测排查,此次检测结果显示,目前武汉市已是一座健康和安全的城市。

【特效】2020年6月

【实况】剥毛豆

社区女干事:今天真的是一个轻松的下午,这是几个月以来我们最轻松,心情最愉快的一天。

【解说】

社区书记金义兰终于又变回了武汉嫂子,剥着毛豆,唠着家常。

【实况】

金义兰:庆幸我们所有人都没有染病,才听到我们对门的老乡,他的女婿在硚口区六角亭街民意社区当志愿者。他说他们那里的主任就死了。因为这还是14个烈士(中的)最后一个,叫廖建军。

社区女干事:他多大年纪?

金义兰:49岁,是男的,他是当时医院(床位)蛮紧张,是一个老头子得了病,得病之后,他是冲在前面,他把老头子抱在轮椅上,用轮椅推到医院去,这样染的病,(这也是)为什么他是14个烈士之一。

摘掉口罩还是蛮美的,是不是啊?摘一下。

【采访】

阿念:我外婆之前身体好的时候,她就一直说你是文字工作者,你什么时候给我写本书?就没有想到的是,就是因为这种契机,为她写了一本书,你就会想,要是她能够健康出来多好,我可以给你看。

【解说】

疫情前,阿念是一个主写网络剧的编剧。疫情后,她闷在家里,给外婆写了一本书。

【实况】

阿念:看我妈妈,就看她剪了新头发,跟我剪的(是)一样的,然后就为了把我显老一点。

【解说】

阿念的妈妈逐渐从伤痛中走了出来。但她还是希望能在梦里和母亲说说话。

【实况】
　　阿念：经常梦见，你也不记得。
　　沈馨莹：对，我是的，不敏感。我睡眠很少，但是我睡了就睡了。
　　阿念：哈哈睡了就睡了。
　　沈馨莹：是，其他就不记得了。
【解说】
　　阿念有时候会在家里跳舞。这是方舱医院的医生叮嘱她的，这样可以锻炼肺活量。
　　画外音：如果外婆现在回到家，她会和我一起跳舞的，你能拍到的，就是我每次回来或怎么，她可以在家和我一起疯。
【解说】
　　跳舞时，她总能想起方舱（医院）里的广场舞，还有那首《冬天里的一把火》。
【歌曲】
　　我也知道你
　　是真心喜欢我
　　我虽然欢喜
　　却没对你说
　　我也知道你
　　是真心喜欢我
　　你就像那一把火
　　熊熊火焰温暖了我
【实况】黄鹤楼前的广场舞
　　你的那一句誓约
　　来得轻描又淡写
　　却要换我这一生
　　再也解不开的结
　　春去镜前花
　　秋来水中月
　　原来我就是那一只
　　酒醉的蝴蝶
　　花开花时节
　　月落月圆缺
　　原来我就是那一只
　　酒醉的蝴蝶

【字幕】武汉　珞珈山

【实况】

钱珞珈：这个地方是我的风水宝地，跟这里结了缘，出生地，出生地肯定是。

【解说】

钱珞珈康复后，像老鹰回巢一样，回到了出生地，珞珈山。

【实况】

钱珞珈：我爸那个时候认识我妈，也在武大认识的。

我要把我身体恢复到，比（感染）新冠以前还要健康的那种状态。人要完全变一个人，需要一个艰难而痛苦的过程。这次肯定是对我的历练。

【解说】

时间，自有千钧的力量，让一切都成为过往。但是人，可以用各种方式，让过往不被遗忘。

【实况】

汪勇：之后还有封面，等他打印好就好了。

【解说】

汪勇收集了金银潭（医院）医护人员和志愿者的日记，准备出本书，名字就叫《金银潭日记》。

【实况】

汪勇：密密麻麻的全部是回忆，他在这里写的白衣天使，他写的是不惧死亡，与死神战斗，与病魔斗争。应该来说是不惧死亡。

【解说】

如今翻看，生死已成笑谈。

【解说】

样书，汪勇第一个就送给了张定宇。

【实况】

张定宇：小伙子真不错。

汪勇：谢谢院长。

张定宇：真不错，真的。我知道你总在接送我们这些护士，这些事情都一直是你在做，我不知道你把这些东西全部都收（集）起来了。不错，不错，不错。

【字幕】北京　新书发布实况

【解说】

念念不忘，必有回响。阿念写给外婆的书，也出版了。

【实况】

阿念：写这本书其实很痛苦说实话。真的就相当于重新经历一次，特别痛苦。这些事情是你发生过,但是就是像噩梦一样。就是,我在看的时候就觉得,这真的是在我身上发生的吗?其实我,我就觉得写这个东西是一种使命,就是如果不记下来的话,有些东西就会慢慢被忘记了。

【实况】

  成冬:签背上都可以,还有笔,我就拿了一支,等一下。

【解说】

  成冬请所有疫情期间,坐过他车的医护人员在防护服上签上了名字。

【实况】

  成冬:不好意思啊,打扰了。

  女:没有,谢谢你们。

  成冬:不用。

【解说】

  他要等儿子长大后,给他讲爸爸的故事。

【实况】

  成冬:这长了两颗牙。

【实况】

  王辰:我觉得人的主要的情感就两个,一个叫作"爱",一个叫作"怕"。这是人的情感的二原色。而且在传染病的过程中呢,他也是一个是怕它,一个是爱护人类和拯救人类。

【解说】

  病毒,就像一个看不见摸不到的球,搅动着人性中最终极的两种情感,爱与怕。

  因为怕,滋生出猜忌、推诿和恶毒。

  因为爱,迸发出牺牲、责任和良善。

  这两种情感,就像 DNA 的两个链条,影响着人类的行动,决定着我们共同的命运。

【画面】滚滚江水

【解说】

  疫情期间,武汉有太多不为人知的故事。这些故事在波澜壮阔的历史长河里,并不显眼,就像长江里的一个个小浪花。但是,历史的洪流,和他们都有关。

【解说】

  比如王琳。没有人知道,他有一个脑瘫的儿子,还要照顾 90 岁的老娘。全家收入的来源,就靠这个小卖店。

  疫情期间,小卖店彻底没了生意。

【采访】王琳妻子　小卖店业主

　　王琳妻子：吃的喝的都有，还可以吧，反正。

【解说】

　　疫情后，步行街又要改造。但是他没有抱怨。在封城期间，把头伸出护栏，拉自己的小提琴，给周围的人打打气。

【实况】小提琴声

【解说】

　　再比如，王兵。一个退休后，民营小诊所的医生。

　　疫情早期，她提前准备消毒用品，提醒小区居民做好防护，门诊旁的武电仪小区，因此没有人感染新冠。

　　疫情暴发后，很多大医院收不下病人。她的小诊所坚持开门接诊。最终，72岁的王兵不幸感染，以身殉职。

【解说】

　　小区里的居民都哭了。他们说，我们的靠山走了。诊所门口，堆着花圈，有人写道，王奶奶，走好。

【解说】

　　还有陈光明，一个卖消毒水的小老板。这次疫情，消毒用品奇缺。按理说，他的生意要火。后来，他的生意确实火了，但是非但没有赚到钱，还赔了本儿。一部分货，他以进价卖掉了，还有一部分，他免费送。因为频繁分装消毒水，吸入大量次氯酸钠，他的老婆中毒进了医院。

【采访】清洁环卫用品店业主　陈光明

　　陈光明：我觉得上天在考验我们，也给我这次机会。也就是我们以前平常的话，你就是有这个情怀，你想做这个贡献，还没有这个机会。

【解说】

　　小老板陈光明和我们开玩笑，说自己现在是"赔了夫人又折兵"，但是，这种被人需要的感觉，真好。

【解说】

　　故事很多，讲不完。还有司机陶永新，一个农民，疫情早期，他做社区车辆保障的志愿者。

【解说】

　　有一天，一个阿婆在电话那头求他，说自己走不动路了，要去转运点。社区的工作人员和他强调："疑似、确诊的病人可以不接单。"陶永新眼睛一闭，接单了。

【实况】

　　陶永新：好的好的，马上马上，下车了下车了。

【解说】

他没有看上去那么勇敢。他怕被传染。送人的时候,他全程不说话,甚至不敢看反光镜,怕和病人的眼神对上,感染上新冠肺炎。

【实况】

陶永新:说什么空气中有气溶胶,眼睛都可以传染,所以有些病人上车,我就,我一般不瞄,眼睛不瞄。

【解说】

之后,他成了武汉为数不多的专门接送发热病人的司机。他笑称,自己加入了一个敢死队。

【解说】

无数的中国人和王琳一样隐忍,疫情期间约束自我甚至牺牲自我;无数的中国人和王兵一样勇敢,在自己的岗位上尽职尽责;无数的中国人,和陈光明、陶永新一样善良,看到别人受苦受难,没有办法无动于衷。

【解说】

人民至上,生命至上。公众的集体意愿高度一致,中国政府才有能力通过传统的公共卫生干预方法应对一种新型的未知病毒。

【实况】武汉伢

【音乐】武汉伢

每一个武汉伢都想在长江边上有个家

晚上听到大江流

每天清晨看朝霞

汉阳有个南岸嘴

武昌有个月亮湾

汉口有个龙王庙

游不过来就坐船

汉阳门下水

滨江公园上岸

走到街上腿直筛

搞碗藕汤热干面

卖面的老师傅

来一碗热干面

多放点油

少放点盐

多放点香葱

不要大蒜头

新鲜的豆丝炒腊肉

每一个武汉伢都想在长江边上有个家

晚上听到大江流

每天清晨看朝霞

【特效】2020年9月8日

【字幕】中国　北京

【实况】

下面为"共和国勋章"获得者授勋。

2021年度上海广播电视奖
参评作品推荐表

作品标题	流动的中国	参评项目	电视新闻
		体 裁	新闻专题——纪录片
		语 种	中文
作 者（主创人员）	范士广、金翔、丁璨、任一、李闻、柯丁丁、黄日华、周全	编 辑	周全、范士广
刊播单位	东方卫视	首发日期	2021年9月7日22时39分、9月28日22点17分
刊播版面（名称和版次）		作品字数（时长）	4集，每集45分钟
采编过程（作品简介）	《流动的中国》是国家广播电视总局"记录新时代"精品项目，并入选总局"十四五"纪录片重点选题规划。 　　改革开放后，中国人民实现了以往任何一个历史时期都未曾有过的自由流动，从内陆到沿海、从乡村到城市，哪里有机会就去哪里，去学习，去奋斗。从放牛娃到科学家、从打工妹到CEO，每个人都是一部奋斗史。正是这种充分的流动和自由，激发了每一个人的创造性。2021年，在全面建成小康社会的历史当口，我们以此为奋斗的国人画像。 　　何谓"流动的中国"，这是导演组两年来不断思考和讨论的问题。是春运和外出务工那样的空间流动；是人才的流动或是金钱的流动；又是梦想的流动或是职业的流动。我们按照这样的设想去寻找选题，去跟踪拍摄，最终找到了许多打动我们的故事。这些人物和故事既平行前进，又彼此交叉，层次互异的年龄、不同的口音表明他们所处的境遇不同，但他们在许多时刻里，是精神上的同盟者。 　　《流动的中国》共4集，分别以"家乡""坐标""答卷""追梦"为主题展现人口的迁移、人与城市的关系、人和时代的联系以及个人的梦想，讲述普通国人的流动故事，展现这个时代下中国人的精神面貌。		

采编过程（作品简介）	该片于 2021 年 9 月 7 日起在东方卫视、看看新闻、纪实人文频道、百视 TV、腾讯视频等平台播出，收获不俗成绩。在此基础上，导演组加紧赶制了英文版，并于 2021 年 12 月 23 日起在 CGTN（中国环球电视网）播出。
社会效果	《流动的中国》开播后，第一集开播便以 0.357％的收视率排名省级卫视黄金档节目收视第一。据广电总局"中国视听大数据"系统统计，该片每集平均收视率为 0.257％，居地方卫视晚间时段纪录片收视率第一。百视 TV、看看新闻 Knews 和腾讯视频移动客户端及网站同步上线，该片全网播放量突破 1.5 亿，看看新闻播放总量突破 3 000 万，腾讯视频评分 9.2 分。截至目前，微博"纪录片流动的中国"主话题阅读量超 2 400 万，抖音"纪录片流动的中国"话题播放量超 5 600 万次，单条最高播放量破 850 万次。 节目一经播出，主流媒体纷纷点赞，社会效益明显。"学习强国"、《光明日报》《文汇报》《解放日报》《工人日报》《中国青年报》《新华日报》《信息时报》、央广网、《新闻晨报》《新民晚报》《劳动报》《南方日报》、澎湃新闻、《广州日报》《羊城晚报》等媒体给予了充分肯定。观众有感而发，纷纷留言："一部良心纪录片，真实、沉浸，代入感很强，拍出了真实的中国。""人民的力量是巨大的，努力一定不被辜负。""人才流动、资金流转、区域融合，推动着伟大复兴，落实在每个人的行动上。""城乡双向流动，时代的前进是为了更好的生活。""题目自己出，卷子自己做，阅卷人民来。"等等。 该片于 2022 年 1 月，在中国电视艺术家协会举办的新时代小康纪实影像征集典藏活动中，荣获系列片类优秀作品。

流动的中国

第一集：家　　乡

【引　子】

【字幕】：新疆阿勒泰

【解说】：

　　布列斯别克很清楚，这美丽的风景是风雪来临前最后的宁静。

　　再过几天，山上的温度转瞬会降到零下。

　　布列斯别克家的300头羊，50头牛，要赶在大雪封山之前，迁徙到山下的冬牧场。

【实况】：

　　布列斯别克·托合拜：最近，天气转凉了。再不转场可能就来不及了。

　　妻子：我把你路上需要的被子都准备好了。

【采访】：

　　布列斯别克·托合拜：这两天我们就要搬了，我们一年四季都在转场，我们一年四季过的就是逐水草而居的生活。

【解说】：

　　100公里的山路，崎岖坎坷，赶着牛羊，布列斯别克要走三天。

　　这是这个星球上古老的迁徙方式，从春到冬，哈萨克牧民追逐着四季，一年要迁徙四次。只为了更好的环境。

　　何处才是家乡，家乡在水草丰茂的地方。

【字幕】出片名：家乡

【正　片】

【字幕】：

云南昭通镇雄县　桃子垭口村海拔1 860米

全村共84户442口人深受地质灾害影响亟须搬迁

【实况】：

新闻："十三五"期间,全国累计投入各类资金约6 000亿元,建成集中安置区约3.5万个,建成安置住房266万余套,从根本上阻断了贫困的代际传递。

新闻:易地扶贫搬迁,不仅是千万贫困群众在地理位置上的迁移,而且是他生产生活方式的重建,是城乡格局的重构和社会关系的重塑,更是中国共产党和中国政府集中力量帮助搬迁群众摆脱贫困,走向富裕的真实写照。

【解说】：

一到桃子垭口村,贫困立马就变得具体起来。

这里人均年收入不足1 000元。

年均3次山体滑坡。

学生上学往返需要徒步3个小时。

到县城,地图上显示只要40公里,但坐车需要走4个小时。

在这里,贫困像极了难以更改的命运,扼杀了一代代人的可能性。

今天是历史性的一天。52户村民,将离开乡村的故土,迁徙到县城,这对他们各自的人生和家族来讲,意义重大。

【实况】：

青年男村民:以前都是在这里,然后去看见那个高楼大厦,以前都非常向往的,终于轮到我享受了。

中年男村民:政府花了好多钱,估计有几大车。(新房)水通电通,全部样样通,哪里都通,靠政府,靠政府的好政策。

年轻女村民:为了让我们的小孩子有一个好的学习环境。

年老女村民(唱歌):共产党好,共产党好,共产党是我们的好领导。说得到,做得到,全心全意为了人民立功劳。

中年男村民:高兴!

一群村民:搬家啦!

【实况】：

村长:在今天这个日子里面,我们桃子垭口啊,几十户群众,就要从这里搬迁到镇雄县城,因为这里气候比较恶劣,环境也比较恼火,我们付出了很多,收获却很少,那现在有了好的政策,让我们搬迁到县城里面去,我们的娃娃就能够享受城市孩子享受的这个资源。第二个,想跟大家说的是:你们搬迁了以后,家乡的土地还是你们的。用心关心好你们的子女,要让你们的娃娃能够读书,通过读书能够改变家庭命运。

【解说】:

在离开故土之前,桃子垭口村的男女老少,100多口人在村口合影留念。

【实况】:

全体村民:我们搬家啦!

【解说】:

在桃子垭口村上百年的历史中,这是第一张全家福。

【解说】:

从山上搬到县城,40公里的山路蜿蜒盘转,村民们在一点点走向他们新的家园。从2016年开始,为脱贫攻坚,中国政府累计易地搬迁贫困群众900多万人,这注定是发生在当代中国史诗性的迁徙故事。

【解说】镇雄县新房航拍

这便是在镇雄县城迎接村民们的新房。新房两梯四户,村民每人可以分得20平方米的纯室内面积,一个四口之家便是80平方米。

【实况】:

袁鹏飞:跟着我们的志愿者走,今后在楼里,大家都是亲戚了。

【解说】:

对社区干部袁鹏飞来讲,入住新房的第一步,就是教村民们电梯的使用方法。

【实况】:

袁鹏飞:请志愿者教我们的搬迁户如何使用电梯。

袁鹏飞:他们都是在那个地方原生态的生活,不懂这个操作规程。

袁鹏飞:老人都不会,除了青中年男女会。

袁鹏飞:你要叫他们如何乘坐,如何使用,然后上下楼才懂,知道安全。

袁鹏飞:你要上下的时候你就按这个,然后到达,这儿会显示你要到几楼。

袁鹏飞:这是一,这是二,这是三,这是四,这是五,这是六,这是七,你看现在我们到了十楼,你看就到达你家了。

村民老奶奶:就到了吗?

袁鹏飞:对,就到了。

志愿者:箭头朝上,就是上楼,这个箭头是朝下,上面的人要下来,门打开你就可以进了。

【解说】:

新的生活已经开启。虽然房子还显简陋,但这里的一切对每个人来说,都是个人生活的重大突破。

她终于摆脱了柴火的烟熏火燎,用上了天然气。

从此,这个孩子在冬天随时都可以洗上热水澡了。

老伙计们第一次可以在有空调的房间打牌了。

【实况】:

村民:我们昨天都到那里打牌啦,享共产党的福啊!

【解说】:

她终于可以大胆地涂上口红,融入小城的时髦风尚。

【实况】:

村民:所以说我们就感谢这个政府嘛,没有政府的话,我们走不出山区,就过不上这么好的生活。

【实况】:

袁鹏飞:从来没来过城里面?

村民:嗯。

袁鹏飞:所以感觉城里面和农村哪里好些呢?

村民:秩序(这里)好。

袁鹏飞:秩序(这里)好。

村民:这里好玩。

袁鹏飞:这里好玩。

【解说】:

自然的村庄变成了由高楼组成的社区,村民变成了市民,他们要开始适应新的规则。

【实况】:

袁鹏飞:各位搬迁户,欢迎你们今天入住镇雄县。

袁鹏飞:请大家看好自己的小孩,如果他们感觉到城市的这个生活灯火辉煌的,所以说你们一定要看好,防止他们从窗户上掉下来。

【解说】:

镇雄县的这处易地扶贫搬迁社区,拥有来自不同乡镇的搬迁户,人口超过了一万人。在这样一个超级社区,我们跟随着袁鹏飞的工作,记录了村民们进入城市的第一周。这一周过得并不顺利。

【实况】:

村民:他划了就跑掉了。

【解说】:

入住新房的第一天,一个孩子因为调皮,把别人的车划了。

【实况】：

村民：刚才我心里面真的难过。

袁鹏飞：以后记得不要乱划了。

【实况】：

袁鹏飞：不要乱丢,不要像在我们农村一样。

【解说】：

第二天,这户居民的厕纸,把下水道堵了。

【实况】：

袁鹏飞：买个纸篓装你这个上厕所的手纸。

【实况】：

袁鹏飞：你爸爸妈妈不在了你感觉很害怕。

【解说】：

第三天,因为房子长得都一样,这个孩子找不到家了。

【实况】：

袁鹏飞：你爸爸出去干吗了？

孩子：我爸和我妈去接我三姥爷,我一起来他们就不见了。

袁鹏飞：要记得你家住哪一栋,然后如果找不到楼回家了,去我们服务大厅问一下,就在这对面,服务大厅问一下。

孩子：知道了。

【实况】：

保洁员：像这栋楼,有垃圾从上面丢下来。昨天丢,丢了看着烦,我又扫。

【解说】：

更为普遍的问题是,乱扔垃圾。

【实况】：

袁鹏飞：在农村的时候就是随时乱放嘛,不跟这里面一样,要规范,要丢到那个垃圾箱里面去,所以在农村养成了这个习惯,就是一种陋习,要把这种陋习给他改变过来,所以这都是一个很长久的工程,不是很短暂的,这个思维要慢慢地扭过来。

【实况】：

村民（唱歌）：我从山中来,带着兰花草,种在小园中,希望花开早。

【解说】：

搬迁很容易,但真正的挑战是引导村民融入城市,开始新的生活。这牵扯到社保、就业、医疗、就学等问题,是一个缓慢、复杂的社会工程。

【实况】：

　　袁鹏飞：所以我们现在面临的最大问题就是要解决搬来这边的老百姓,稳得住以后,然后如何能给他们解决致富的问题。

【实况】：

　　招聘会工作人员：各位找工作的居民群众,各位都要好好地找工作,都能把自己推销出去。

　　村民：一天上几个小时,八个小时?

　　招聘会工作人员：八九个小时。

　　招聘会工作人员：然后我们的工资待遇的话就是,如果是保底的话是1 800至4 000元左右。

　　袁鹏飞：保底工资是2 200,一天是供应两顿饭,早餐也可以供应。

　　女村民：餐馆服务员可以招女同志?

　　招聘会工作人员：男女,男女都要,男女都要。

　　女村民：你放心嘛,你来了以后。只要就业了,比我们在乡下去种两年地是划算多了,你现在你种一亩地,一年下来有多少收入你算过没呀?

【解说】：

　　一切正在慢慢发生着变化。在招聘会上,村民们第一次集中面对如此多的机会。

【实况】：

　　村民：现在是2 500元一个月。

　　招聘会工作人员：嗯,2 500元然后加提成。

【解说】：

　　他们第一次学着推销自己。在新的家乡,他们在重新认识自己。

【实况】：

　　袁鹏飞：脱贫攻坚以来,我就真真实实地感觉到,其实你说易地搬迁只是相对一点地解决,让他们解决了一部分的问题,真正要治理他们的问题还是从人的思维。

　　袁鹏飞：现在我带大家到我们镇雄县城里去,让大家熟悉镇雄的县城,熟悉城市的交通规则,我们如何过马路,过红绿灯。

【实况】：

　　袁鹏飞：红灯停,绿灯行,你们一定要记好了,你们现在的路,回去以后要向你们的爷爷奶奶,爸爸妈妈说,要告诉他们。

　　袁鹏飞：我们是不是要遵守交通规则?

　　孩子们：是!

【实况】：

　　袁鹏飞：来感受一下我们镇雄最好的学校。

　　袁鹏飞：这个学校好不好?

　　孩子们：好!

　　袁鹏飞：想来这读不?

　　孩子们：想!

　　袁鹏飞：那回去是要好好地读书还是怎么样?

　　孩子们：好好地读书。

【实况】：

　　袁鹏飞：面对我，大家面带笑容。

　　袁鹏飞：三、二、一。

【解说】：

　　从一个家乡到另一个家乡。我们可能都会经历这样的变迁。但家乡在我们心中，永远都是那个安居乐业的地方。

【字幕】：

　　截至2020年，我国累计建成易地扶贫搬迁安置住房266万余套。

　　实现搬迁入住建档立卡贫困人口960万人，搬迁入住率达99%。

【采访】：

　　段汉玥：我在湖北只生活了18年，在上海已经生活了21年了，可能家乡的感觉，已经说不出哪里才是自己的家乡了。

【采访】：

　　熊俊：家乡就是你离开以后才会梦到的一个地方。

【采访】：

　　李欣：所有来的人，对这个土地来讲，都是新的，不管你原来怎么样，不管你的背景怎么样。

【采访】：

　　菲利普：Whatever I went, whatever I been, I always take everything like adventure like that was my hometown in that moment, because that's only way you can stay there for a long time, enjoy fully the time that you spend in some place.

【字幕】：广西　南宁

【解说】：

寒潮即将来到南方,上千亩的火龙果必须尽快补光、增温,以保证它们能挺过冬季。

【实况】：

  林海莹：老林,要哪一种灯泡啊?

【解说】：

  林海莹今天要和乡亲们安装5万只灯泡,点亮果园。

【实况】：

  林海莹：6,7,8,9,10,11,12,13……

  林海莹：这个灯光是模仿太阳光的。

  林海莹：给火龙果补光,这个光同时又带来那个温度嘛。

【解说】：

  黄光,负责胡萝卜素的形成;红光,促进花开。长年辛苦劳作的农民,不会想到,这会成为他们生活中不多的浪漫。

【实况】：

  林海莹：那天晚上我们装好了,等那个灯光,刹那间亮起来的时候,我们的伙伴,每个人都欢呼起来了,好漂亮噢,真的很漂亮,从来没有见过那么漂亮的灯海,好像在梦境中一样。

  林海莹：帅哥,帅哥!

  林海莹：为什么有时候看见有亮黄色又亮红色呢?那我重新换咯!阿姨,拿一个红的给我。

【解说】：

  今晚,整片土地将被点亮。到了晚上,这个偏僻山地间的火龙果园竟成了当地的网红景点。

【采访】：

  林海莹：夜幕降临的时候,都来到我们公司的厂门口了,要拍照啊,或者放那些无人机上去啊!农村简直是发生了那种很漂亮的变化,觉得自己很骄傲,能够在这里工作。

【解说】：

  但是林海莹曾一度发誓要离开家乡,因为贫穷。

【采访】：

  林海莹：你们年轻人没经过这种,我们样样都经过了,真的。说起那些往事,真的,有时候觉得那时候挺难的。

【解说】:

年轻时的林海莹向往城市,她羡慕写字楼里白领的生活。

【实况】:

林海莹:我们在电视上不是看到那种职业女性嘛,都是穿一身西装然后拿一个包包,这样多威风啊,活得多光彩啊。

【解说】:

12年前,她离开家乡,坐上绿皮火车,到了广州,到了深圳,然后,到了电子产品的流水线。

【实况】:

林海莹:现实中,跟梦想中。

林海莹:加班多,就是说晚上给你加班到12点,第二天(早上)7点又上班了。每天你都坐在那里,那个电路板到的时候,看了一下又放下去,那种很乏味的感觉,一天干那么个十七八个小时,真的很乏味啊。

林海莹:我只能买一套服装照一个相来作为纪念,满足自己的以前的那种愿望。还是回来自己的家乡好一点儿,在那种背井离乡的地方,那种感觉真的不好受啊。在农村倒还活得自在一点儿,城市的套路太深了,我觉得还是回农村好一点儿,这是我的感觉。不知道你们有没有这种感觉?

【解说】:

这不单是林海莹的个人回忆,而是中国一代进城打工人的共同经历。当下,中国城乡的差距,正在被一波波经济发展的浪潮抹平。这时候,人们更愿意回到家乡。毕竟,亲人在那里,家在那里。

【实况】:

林海莹:就盼望,家乡有一份工作,可以让我做的话,再苦再累自己都愿意,有工作的地方,有家了,自己觉得那种感受好像天天都是好日子一样。

【解说】:

促使林海莹回乡的,是中国农村正在发生的深刻变革之一——土地流转。这项政策赋予了农民土地的经营权、使用权和转让权,它让农民脚下的土地可以作为生产要素自由流动、创造价值。

【实况】:

工作人员:当时我们接收这个田的时候,是一片荒芜。涉及三个行政村,19个大队,总共有3 000多块田块。

工作人员:那为什么要规范地来种呢,那你还不是要提高效率?

【解说】:

因为土地流转的政策,火龙果园的经营者才能在农民手中租赁土地。将被分割成条条块块的田地连成一片,形成规模。

【实况】:

  工作人员:这里放了这个土地流转的合同。这个是2012年3月14日,这个合同签的租金是旱地的价格,2013年的时候是1300元每亩,但现在已经到了1800多元了,1900元了。

  工作人员:他一年做到头,其实他那个收入还不如在家干别的活,就是把土地流转出去的租金高。而且,要不算他自己劳动的成本才能获利,如果算他自己的成本工资是亏本的。你看这个就是原来农户的那个地,就是这样的,就是这样一个状况。现在我们把它,方方正正地,按照105块我们整理出来了,这个农业规模化、集约化的生产才是最终引领这个农业发展的方向。面朝黄土背朝天,做一亩三分地是没有发展前途的。

【解说】:

  今天,是林海莹发工资的日子。

【实况】:

  工作人员:这边,这边。

【解说】:

  林海莹现在是股东。她把家里的4亩土地,全部作价投入公司的火龙果园。每年拿土地的租金分红。她也是工人,她在自己的土地上劳作,按月领取工资。

【实况】:

  林海莹:这个月啊,领了4000多元。

  林海莹:这个月加班多一点儿,领得多一点儿。

  林海莹:给自己家里面添一些家具,给小孩买新衣服。

  工作人员:她把地租给我们,然后要来我们这里干活嘛,也有增加一份收入啊,就相当于又有租金的收入,然后还有一个工资的收入,而且大家做得开心。羡慕他们有地。

【解说】:

  在火龙果园,我们随机做了一个调查。一个技能成熟的农民,平均一个月工资有4000块钱,加上土地的租金,一年的收入能达到6万元,基本和外出打工的收入持平。

【实况】:

  农民阿姨1:真话,不是假话。

  农民阿姨2:以前住瓦房,现在住楼房啊,还不变化大。

  农民阿姨1:你在这里(每天工资)一百三一百二,到了那个地方可以,两百三百都有啊!

农民阿姨3：如果在这里打工，我们去那么远干吗。
农民阿姨4：家门口就有工作了。
农民阿姨3：就是咯。
林海莹：反正你每天都能和自己家人团聚的话，你就不觉得苦，太阳晒也愿意。你没有经历过那种在外面打工的感受的话，你就没有体会到在自己家门口，有工作是多么幸福的一件事情。虽然说，发不了财，但是我们的生活会一天比一天好。

【字幕】：《灯海点亮了土地》——林海莹
【实况】：

林海莹：灯海点亮了土地，光芒万丈，就像十几年前进城打工的小女孩的心情，心里堆满了发光的东西，谁也抢不走，在流水线上，在电路板上，在老公买的连衣裙上，在漫漫的日常里，在我种植的火龙果里，灯海点亮了土地，光芒万丈。

【采访】：

张先生：有亲人在那个地方，可能就是家乡。有你熟悉的一些气味，这个气味可以是饮食上的，比如说现在想想河南，我就想起来，那个时候每周去吃一次烩面，对不对？你在成都可能在成都会吃串串。

【采访】：

Denzel：想念番茄蛋汤，想念酸醋白糖，想念奶奶铺在灶台上的纸张。

【采访】：

麦子：我现在不是很愿意回家。从前的时候，我对家乡的感觉，觉得有那些对我特别好的长辈在那里。最近几年长辈都去世了，所以我就不愿意回家了。

【采访】：

倪修龙：2011年，我是从利比亚大撤离回来的。给我印象最深的就是在埃及出关的时候。因为当时动乱很乱的时候，当时很多护照都丢掉了。没有护照你出不去（关）的。然后协商了，怎么证明你是中国人，会唱国歌的都是中国人，这句话说出来以后，所有的中国人都自动地列成队，唱着国歌过关的。当时每一个中国人都非常自豪。也引得边上好多国家没过关的人很羡慕的，都竖起大拇指说，中国了不起。

【采访】：

周春：就在没出国之前，我觉得我一定要离开上海，我不要在我家待着，然后等到你真的出了国，你才会觉得说特别想念家乡，那时候我才觉得，我的国家是我的根，然后我的家乡是我的根，我想在我家乡待着，我想为我家乡做一些事情。

【解说】：

这应该是理想中家园的模样,天空湛蓝,空气清冽。

【实况】：

周春：夏天的时候这全是沼泽,感觉走人一点儿没有问题。

【解说】：

走在这样的天地之间,我们会自然地回归本心。

【采访】：

周春：就一直在想说我是谁,我想要过什么样的生活。怎么样对我而言是最好的。

【实况】：

周春：那边有一窝黑颈鹤,每年都会在那边产息。

【解说】：

走在这样的天地之间,我们本能地有保护它的冲动,周春选择的方式是,推广垃圾分类。

【采访】：

周春：突然之间有一天觉得,垃圾分类其实才是我想要的撬动环保的一个点。因为没有任何人说,我没有不产生垃圾,这事情跟我无关,它跟所有人都有关系。

【解说】：

2019年7月1日,《上海市生活垃圾管理条例》正式实施。

【实况】：

周春：听到这个消息的时候,我整个眼睛都亮了。

【解说】：

上海在全国省级行政区中率先对垃圾分类进行立法。

【解说】：

周春是一名毕业于美国哈佛大学的硕士研究生。目前在上海从事垃圾分类的相关工作。

【实况】

周春：在我们做成功的第一个小区,控江西三村。那时候我们要花百分之九十的精力去跟大家解释为什么要(垃圾)分类。

【解说】：

2018年,周春在上海成立了公益组织,取名为"圾不可失",为政府提供专业的垃圾分类咨询和相应的实施方案。

【采访】：

周春：为什么垃圾分类从上海开始,因为从居委往下的这一套(行政架构),

上海应该是全国最厉害的。它每一栋楼都有个楼组长。还有党员,还有积极分子。真的是你一声令下,马上给你通知到每一户。

【实况】:

　　周春:师傅我们不熟(道路),一会修川桥帮我们停一下,谢谢。

【解说】:

　　浙江海宁长安镇是周春在上海以外的第一次探索。

【实况】:

　　周春:我们志愿者的作用就是一个榜样,为什么我们特别喜欢居民志愿者,因为他(居民)会觉得你是我邻居。

【解说】:

　　她要为长安镇的7个小区制订垃圾分类的方案,作为长安镇的试点。

【实况】:

　　周春:今天我帮你分,明天你自己分行不行?

【字幕】:倒计时48小时

【解说】:

　　打头阵的是运河苑小区,这里距离垃圾分类正式启动还有最后48小时。

【实况】志愿者培训

　　周春:你再来一下。

　　易拉罐,可回收(垃圾)。

　　厕纸,厕所里的都是其他(垃圾)。

【解说】:

　　周春正在做最后的一次培训宣传。

【实况】:

　　周春:所有可以卖钱的,你记住就是可回收(垃圾)。

【解说】:

　　48小时后,运河苑小区之前的垃圾桶将全部撤掉。

【实况】:

　　周春:(早上)7点到9点,晚上5点半到7点半才能用,待会会给你一张蓝色卡。

【解说】:

　　居民们必须定时把垃圾送到这个智能厢房,刷门禁卡,才能把垃圾丢进垃圾桶。

【实况】:

　　周春:试试看你这里都能打开的,黑色的。

这里是可回收的(垃圾)。

【解说】：

这个建在小区门口的新房子是运河苑小区强制进行垃圾分类的标志,也将成为未来 48 小时运河苑小区的一个漩涡中心。

【实况】：

居民：可乐瓶要扔在这里吗？

【采访】：

周春：所以我碰到长安镇这个项目其实是很兴奋的。

【实况】：

周春：明天就要开始垃圾分类了。

【采访】：

周春：它(长安镇)是一个特别小的镇,可以让我有条件从前端一直做到后端,整个这条链条的打通,我们是可以去摸索的。

【字幕】：倒计时 24 小时

【实况】：

周春：你们三个跟着他,你们俩跟着我,走吧。

周春：14 栋。

【解说】：

现在周春要把 110 把开启垃圾智能厢房的钥匙,送给每户居民。

【实况】：

周春：刷一下,才能开门。

【实况】：

社区人员：上午 7 点到 9 点,下午 5 点半到晚 7 点半。

周春：阿姨你肯定行的。

【解说】：

这一把把钥匙叩开了一扇扇家门,也开启了这个小区新的绿色征程。

【实况】：

居民：(垃圾)桶没了是吗？

周春：没了。

社区人员：就是要定时定点开始扔了。

【实况】：

周春：你们学校里有没有教垃圾分类,你会不会分？

周春：就是把容易烂的放一个袋子,卖钱的放一个袋子,有毒的放一个袋子,其他的放另外一个袋子。

【解说】：

钥匙一把把顺利地发放。这顺利的背后,是周春和团队在这个小区长达两个月的反复动员宣传。

【采访】：

周春：所有人都说为什么要垃圾分类,为什么要分？你跟他反复解释,反复解释,他们就觉得不要分,为什么要分？

【实况】：

周春：阿姨你们垃圾厢房的钥匙都拿到了吗？

【解说】：

垃圾分类,是让家园变得更干净,这是共识。没有居民是天然的反对者。

【实况】：

周春：你们是几栋几号？

【解说】：

但在共识的海平面下,总有礁石。

【实况】：

周春：楼下的垃圾桶已经全部拆光了,只好丢到两个点。

居民：我就在老地方扔垃圾。

周春：老地方没桶了。

居民：没桶我就扔在外面。

周春：师傅,你为什么不同意？

居民：当初叫你们搬地方,我们小区的大门口,谁去造一个垃圾房的。

周处：你觉得建在哪个地方好呢？

【解说】：

这位大爷,并不反对垃圾分类。他激动的原因,是认为新的垃圾厢房不应该建在小区门口。

【实况】：

居民：肯定不方便,我们都说,小区门口不放的,走进来一看,正好是一个垃圾厢房,你稍微往那里移一点儿。

周春：但是我们要看大部分人的意见,大家觉得这里比较方便。

居民：不可能的,只要你去问大部分人的意见,不可能的。

周春：但是现在造也造好了。

居民：你们造好了,我不扔总可以吧。

周春：会改进的,不好意思。

【解说】：
　　垃圾分类，并非只是发几串钥匙、建一座现代化的智能厢房这样简单。
【实况】：
　　社区人员：最好是每天洗。
　　周春：那谁来洗？
【解说】：
　　它需要物业、居委会、业委会、居民的强力配合，才能顺利推进。而作为一家没有强制力的公益组织，在当地推进垃圾分类工作，周春的难处可想而知。
【实况】：
　　周春：打电话不接，但是会回微信。
　　周春：物业在那里吗，我找找物业看。
【解说】：
　　仅以垃圾厢房举例，供电如何解决？谁来监控？谁来管理？
【实况】：
　　看一下各项准备工作怎么样了。
【解说】：
　　这在周春的方案中，都有设定。可落实下去，却很困难。
【实况】：
　　刘：（垃圾）厢房离保安室还是挺近的。
　　周春：你确定（物业）和保安说过吗？
　　周春：不能后面（再解决），你第一天开始，这些活都得有人干。否则整个（计划）就废了。
【实况】：
　　周春：物业一个人都不肯出来，那这个小区怎么办？
　　麦：除非你今天就站在那里，什么事都不干，那是不可能的。
　　周春：保安怎么了，不让接电。
【实况】：
　　周春：怎么办，又不能让他们反感，又要把这个事情往下推进。
【采访】：
　　周春：等于像是把你扔到一个熔炉里面，不停地捶打你。
【实况】：
　　周春：物业也不配合，社区也不配合，然后还没业委会，一点儿抓手都没有。这个小区就是一方都没有，要靠我们。

【实况】：

周春：怎么让这些相关方每个人都清楚自己的职责。你做垃圾分类(工作)，你做的不是垃圾(工作)，你在做人的工作。

【解说】：

还有12个小时，运河苑小区就将撤桶，正式启动垃圾分类。周春要一个个排除困难。

【实况】：

周春：你参加吗？

居民：不参加。

周春：叔叔还是不开心，是吗？

居民：你不合理，是挡住了我们的视线。现在我们小区里老年人很多，老年人走路都是往这条路走的，小区里开车像飞起来一样的。

周春：你觉得是有点危险是吗？我们是不是在那里装一个反光镜？

【解说】：

这位大爷依然在表达对垃圾厢房位置的不满，但坦诚的沟通正在一点点儿融化坚冰。

【实况】：

居民：你们造(厢房)，我们是举手支持的。

居民：那应该大家商量一下的。

【实况】：

周春：你有没有兴趣来我们这里做志愿者。

居民：我们群里面的人蛮多的。

周春：那你多拉几个，你看你是早上可以来个半小时到一小时，还是晚上来？

居民：等等，我锅煳了。

【解说】：

一步步往前推进的过程，我们需要的不仅是求同存异，将心比心，更需要一个从共识中生长出来的绿色机制。

【实况】：

社区人员：关键是长安从来没有过这种先例。

【采访】：

周春：其实最终考验的是它一个长效的管理。你运动两天，但是如果你后面没有长效管理，马上会回去。

【解说】：

2019年11月27日，长安镇运河苑小区重要的一天到了。小区内原先的垃圾桶一个个被撤走。这个智能垃圾厢房正式启用。

【实况】：

  居民：这个卡刷一下就会开,关(门)自己会关的。

  居民：这里是扔厨房里的垃圾,垃圾袋不能扔进去的,要拆袋扔垃圾。

  居民：知道了。

  居民：有些人是不知道的,不识字的。

  居民：知道了,这样干净好多,是的,夏天臭气也没有了。

【解说】：

  运河苑居民的生活进入了垃圾分类时代。

【解说】：

  早上7点10分,这位阿姨带来了第一袋分好类别的垃圾。而紧接着,她就当起了志愿者。

【采访】：

  居民：这个是扔电池的。

  居民：这个是要倒进去的。

  居民：阿姨厉害了。

  居民：阿姨是小组长,我们都是她的队员。

  居民：垃圾分类,从我做起。垃圾分类,人人有责。

  居民：这个是空的药罐,是药罐吗,这个是厨房垃圾吗,分得很清楚的。

  居民：慢慢形成习惯成自然就好了。第一天是不适应的,过两天就习惯成自然了。

【解说】：

  绿色、可持续不再是书本上的概念,而是和每个人都产生了强关联。垃圾分类,谁都可以。

【采访】：

  周春：你虽然跟他说的只是垃圾分类,其实他们自己会把这个和环保直接联系起来,叔叔阿姨会在那边讨论的,我是不是快递也要少叫一点儿,我们家是不是菜要少做一点儿,他们自己会在那边讨论说怎么样过更环保的生活方式。

【解说】：

  就这样,运河苑小区110户居民开启了一个新的生活方式。

  这也是中国进行垃圾分类,走绿色可持续发展道路的一个缩影。

【采访】：

  周春：然后其实真正的挑战这时候才来,长效的话,它其实非常难,它远比运动要难得多,你怎么给它维持下去?

【实况】：

周春演讲：我和我的小伙伴们在这一年零五个月的时间里,每天都奋战在垃圾分类的第一线,因为我始终记得我最初的那个梦想,我希望为我的儿子创造一个不一样的童年,我希望为他创造一个回得去的故乡。

【解说】：

2021年4月,我们和周春再次来到长安镇运河苑小区。两年过去,我们最直观的感受是小区变干净了。

目前,运河苑小区垃圾分类参与率达到了94.5%,分类准确率超过了80%。

【实况】：

居民：比如说家里那些果蔬、剩饭剩菜都是放在易腐垃圾里。要干净。

【解说】：

虽然还会有种种的难题,但可贵的是,通过垃圾分类,环保的意识正在深入人心。

【实况】：

居民：比原先强了,比原先好,原来垃圾到处扔。

居民：一般现在都是集中扔垃圾,分类扔垃圾,挺好的。

垃圾收运：要洗干净的,这样就放进去不行的,很脏的。

【实况】：

周春：我经常讲的一个故事,我站在波士顿那个有几百年历史的铁桥上,看着下面碧蓝碧蓝的海面,上面都是白色的水母一朵一朵在飘。然后我就想起这个地方40年之前又黑又臭,整条河都是这样的。现在这么美。

我的家乡,我希望它也是这样的。我的国家应该比它更好。

【采访】：

李云霞：你回到家乡之后,那种感觉是不一样的,那里的空气,包括那里天上的云,你都会觉得好像那种家乡的味道,你会觉得很温暖。

【采访】：

Jordan：我到哪一个地方,不管是多小或者多大的地方,我第一回去的地方肯定会是唐人街,因为哪个城市都有唐人街,一到那里我就感觉这里是认识的地方。

【采访】：

黄雯：家乡还是意义不一样的,它永远是一个后盾,永远都是个牵挂。家乡的任何一条热搜,任何一个新闻,都是无比关注的。

【采访】：

金剑：我记得有一次，那天八月十五我们吃好晚饭，我就到码头上溜达一圈，当时看到月亮好圆、好亮，月光就洒在了波光粼粼的海面上。心里暗潮涌动了，就会想到父母现在是在做什么东西？我们停一下。

2021年度上海广播电视奖
参评作品推荐表

作品标题	环球交叉点——西方偏见，中国如何应对？	参评项目	电视新闻
		体　裁	新闻访谈
		语　种	中　文
作　者（主创人员）	张悦、袁鸣、邹琪、左禾欢、张一苇、应鋐、杨丽芳	编　辑	乐文舟、葛奇函、王勇
刊播单位	上海广播电视台	刊播日期	2021年3月21日
刊播版面（名称和版次）	东方卫视	作品字数（时长）	40分钟
采编过程（作品简介）	疫情以来，西方媒体针对中国的奇谈怪论比比皆是。偏见、误解，甚至污蔑、抹黑，光怪陆离。为何会出现这样的现象？中国又该如何应对？节目组在设计访谈思路时，致力解决这两个疑问。嘉宾方面，节目组第一时间联系接受BBC采访的"咆哮哥"高志凯，以及中美问题学者、公共外交领域专家和专注国际舆情研究的学者。四位嘉宾从各自专业领域提出见解，分析讨论，引发思考，组合出一期有力量、有质量的访谈节目。		
社会效果	40分钟的节目在东方卫视首播，获得同时段各地卫视新闻类节目收视第一的好成绩。在网端，节目组同时发布相关短视频。《怒怼BBC涉疆提问的中国专家：不反击不能做中国人》在今日头条获得36.2万次观看。高志凯（中国与全球化智库副主任）回应为何向BBC记者"咆哮"，还原真相，引发高赞一片。其他如《"95后"美国人对中国充满好奇　新"斯诺"定会出现》等相关短视频也获得近13万次点击，有效帮助节目形成第二轮传播。		

环球交叉点
——西方偏见,中国如何应对

【提要】
西方媒体涉华报道,是否戴上有色眼镜?

(郭可:BBC的经费大幅缩减,它跟首相的关系很差,所以它目前的这种为了生存而战的模式,在一定程度上损害了它专业主义的一种做法。)

(沈逸:他用这个框架拿出来问的时候,看上去是一种开放性的态度,但除非你说出了让他满意的答案之外,否则他就会往那个方向去引。)

加强国际话语权,如何讲好中国故事?
(高志凯:我觉得讲好中国故事的前提是做好中国的事儿,然后才能够更好地讲好中国的故事。)

(周鑫宇:因为美国下一代人,一定会对中国产生新的兴趣,因此我们会说,美国将会第二次睁眼看中国。)

环球交叉点,马上开始!

【访谈】
袁鸣:环球视野,交叉观点,各位好,欢迎收看东方卫视的《环球交叉点》,我是主持人袁鸣。近些年西方媒体针对中国的奇谈怪论比比皆是,而在疫情以来,这样的偏见越来越深。3月12日,中国驻法国大使卢沙野,应邀同巴黎政治学院东亚事务协会举行座谈会时他就提到,当前国际社会,尤其是西方对中国的关注是越来越多,但西方媒体的对华报道却充斥着偏见、误解,甚至是污蔑、抹黑和妖魔化。"逢中必反"似乎正在成为西方舆论新的政治正确。他反问道,如果中国真的如媒体所描述的那样,是一个专制独裁、反民主、无人权的国家,那么她怎么能够保持40多年的高速增长,从一个贫穷落后的国家,发展成世界第二大经济体?是民主、人权这些概念出了问题,还是西方媒体介绍中国的思维出了问题?这样的发问掷地有声,让我们一起走进今天的节目,来听一听嘉宾们的观点。

【快问快答】

1. 您对于西方媒体的对华报道,有着怎样的总体认识?

周鑫宇:迎合了民粹,失去了公信。

高志凯:傲慢与偏见,甚至到了穷凶极恶的地步。

郭可:西方媒体的报道一直受到意识形态的影响。

沈逸:最近西方媒体的对华报道,有点像虚假新闻大行其道的感觉。

2. 之所以有这样的问题,您认为和目前的中国发展以及国际格局有没有关联?

周鑫宇:中国的问题决定着世界的未来,媒体要负担历史责任。

高志凯:西方国家,尤其是美国,对中国的和平崛起感到日夜不安,因此媒体也在发挥"不可告人"的作用。

郭可:现在的格局是西方媒体受到了优化的社会主义制度的优越性,以及异化的资本主义制度的劣根性的冲突。

沈逸:中国的崛起打破了平衡,而媒体试图用对中国的扭曲报道来恢复这种平衡。

3. 未来中西媒体的话语权之争会否愈演愈烈?

周鑫宇:后真相时代真的不是话语,而是事实。

高志凯:不可避免,但是我们一定要讲好中国的故事,做好中国的事。

郭可:我个人觉得不一定会愈演愈烈,这决定于中国以后怎么定位。

沈逸:是的,但是另一方面也提供了持续进行改善和提升的空间。

【访谈】

袁鸣:我想跟大家分享一下几个片段细节,一个是1月26日BBC发布了一期视频,在其中它将一段其实是我们中国的反恐演习的视频片段"警察拘捕暴徒",这个画面它却作为中国防疫部门所谓"暴力执法、侵犯人权"的新闻事实,然后也不加求证地就加以播出了。第二个画面,就是在2月22日的时候,英国《卫报》发表了一篇题为"波音747货机的发动机部件在荷兰掉落"这样一个新闻,可是它用的图却是一张中国国际货运航空公司标志的同类机型的图片,其实你要细数的话,类似的错误是非常多的,我想知道你们怎么看这样的问题?

沈逸:我们一般逻辑上假设,像BBC这样的媒体,它的内部审核程序和工作人员的基本素质,这类问题应该降低在一个比较小的概率,如果只是在针对特定国家、特定类型题材朝着一个方向去犯类似的错误的话,可能就是另外一些摆不上台面的东西在起作用。

袁鸣:所以我的理解就是说,您觉得这是有意为之的,即便是出现了不应该有的事实错误,或者选择性地让这些错误能够呈现出来。

沈逸:它认为这张照片跟它认定的真相比较符合,它就用了。

袁鸣:所以鑫宇会不会同意沈老师的意见?他认为是放纵,有意为之。

周鑫宇:我觉得可能在BBC这样的大媒体中,出错率其实也挺高,我现在想说的是,犯哪种错误会被惩罚,然后永远不会再犯,或者会被控制住,而哪些错误会被容忍,它特别宽容关于中国的错误,因此记者、编辑可以不断地犯关于中国的错误。

高志凯:我最近跟西方媒体接触非常多,我一年差不多要接受500多次新闻媒体的采访,大量的是跟西方的媒体,我觉得西方媒体现在一个是仇华反华的情绪越来越严重,而且对中国不仅是有选择性地报道,而且是专门拣那些黑暗面,然后予以渲染、予以歪曲,所以从这个角度上来说,它有一种非常严重的意识形态的偏见。

郭可:可以从宏观和微观两个角度来思考,因为我们以前在监测西方媒体报道的过程中,我个人认为,70%到80%的数字当中,基本上还是趋于客观和公正的,但是我刚才讲两个层面,一个宏观的,尤其疫情以后,这个格局在发生质的变化,西方媒体在这个报道过程中,它必须符合那种生存环境,这是宏观的一个角度,从微观的角度,2020 年 7 月以后,BBC 的经费是大幅地缩减,它跟首相的关系很差,所以它目前的这种为了生存而战的模式,在一定程度上损害了它专业主义的一种做法。

袁鸣:这是郭老师的一个角度,您既然说到了这一点,关于被外媒采访,我今天就直接切入我们下一个环节,因为今天在我们的现场也坐着高志凯老师,我们知道在 3 月 3 日接受 BBC 采访的时候,谈到新疆问题的时候,您是在现场,在 BBC 国际广播电台的新闻连线当中做了一回"咆哮哥"。

(BBC 节目实况　高志凯:如果 BBC 相信这样指控,那么 BBC 没有在报道真相。你们真的需要好好做一做功课。你们说中国是个种族主义国家,就是向全人类编造谎言。BBC 应该做得更好,调查清楚事实,而不是听信他人之言。
BBC 主持人:你是说 100 万人关押在拘留营不是真的?
高志凯:何人凭空编造的 100 万人数据?他都做了些什么功课?做了什么研究?你去过新疆吗?这种不耻行为是在向全人类编造谎言。)

袁鸣:您知道自己,被网民称为"咆哮哥"吗?您听到这个消息的时候,您自己的心情是什么样的?

高志凯:首先我并不认为我在咆哮,我声音比较大是真的。

袁鸣:声音有多大?因为我觉得您现在这样是彬彬有礼的。

高志凯:那天我是在北京的家里,用 ZOOM 接受采访,所以这个设备也有问题,另外一个就是光线也有问题,但是最大的问题是,这次 BBC 主持人的采访,从头到尾我认为都是偏见,而且她是用一种误导的方式,用一种指控的方式,而不是尽了一个记者应该做的认真负责的新闻报道或者新闻调查,这一点是不能接受的,尤其是指控中国在新疆犯下了所谓的种族灭绝罪或者反人类罪,这种问题不是一个记者随随便便能够提出来的,她在做这样的报道之前,应该做认真的调查和研究,而不是把有些人的指控当作事实呈现在全人类面前,所以我觉得在 3 月 3 日那次接受直播采访的过程中,我已经到了忍无可忍的地步,到了义愤填膺的地步,到了不反击、不回驳已经不能做一个中国人的地步了。

袁鸣:您在现场直接就告诉她,你们应该好好地做一做功课,而且我们不需要对中国抱有偏见的记者来报道，他们没有做好本职工作。

高志凯：有很多的不可容忍的地方，举例来说，主持人一开始就说，在新疆关押了100多万维吾尔族的人，这一点，她提问的方式方法就有点像是提了一个既成事实，而且是一个真理，但实际上到底谁统计过，新疆有没有关人，关了多少人，出于什么目的关人，还是所谓的像他们指控的那样，反人类罪、种族灭绝罪，等等，这一点我觉得是一个新闻机构没有做到它应有的新闻报道的工作，而是把自己作为指责一个主权国家、污蔑一个主权国家人民的一个错误平台。

沈逸：现在有三个问题，主要的缺陷。第一个，就是预设框架本身可能就是有问题的，现在拿新疆这个问题来说，他这个框架是建立在西方想象基础上，加上由他们这种符合想象的证据构建起来的框架，然后他拿这个来框，这是第一。第二，他用这个框架拿出来问的时候，看上去是一种开放性的态度，但除非你说出了让他满意的答案，否则他就会往那个方向去引，有一次德国的一个记者采访我，你就明显感觉到，除非你说出他想听的那句话，否则他就不停地在同一个地方跟你绕圈子，你跟他讲再多也是没用的，他会把问题带回来，一遍两遍三遍，而且你能猜到他想要你说什么，他到后来会在问题里面越来越明显地去暗示你那个方向。

袁鸣：你被绕进去了吗？

沈逸：然后我跟他吵起来了。第三个就是刚才鑫宇说的，我有一次跟《华盛顿邮报》的记者，关于网络安全的事，打了将近一个半小时的电话，他在电话里面采访我，结果第二天我的话被登出来的时候他用了一句，而且是我一句话的后半句。

袁鸣：你觉得他断章取义了。

沈逸：他裁掉了我这句话。

袁鸣：曲解了你的想法。

沈逸：对，我知道他要往哪个方向去贴我，所以我就没有往那个方向去说，结果他就找了我讲的一个小时的话里面，最能够往那个方向贴的半句话，作为他采访的结果贴出来了,这已经不是在报道新闻了,这是在扭曲真相。

袁鸣:这是从你嘴里套话。郭老师怎么看?您跟西方媒体打交道也非常多。

郭可:我们跟西方媒体打交道和交流的过程中,我觉得目前来讲,实际上已经变成了一种中西话语的博弈,我个人觉得,这是因为我们的思维模式完全不一样,哪怕你在美国待了很长时间,或者在西方待了很长时间,所以从这个层面来讲,我的体会是,就是用数据、用图表、用录像来表达是最有力的,因为他没法再动你的框架了,数据、图表它不是观点,它就是事实。

袁鸣:您觉得举出这样的证据会更有力。

郭可:比如说有一组美国记者到我们学校来采访,整整两个小时,我们在谈新闻教育,结果它报道出来的是整个的所谓中国政府关于怎么拘禁记者的一个报道,它的话题可以完全跟你不一样,但是它是借了你的场景,我们也对外交部新闻发言人,他的发言在国外媒体引用的情况,我们总结出一个规律,就是反向引用,甚至用的是你的原话,但是它在解释你的原话支持你的观点的时候,是完全相反的观点。

袁鸣:对,我们就举刚才新疆的这个例子,因为我们看到过去 40 多年,新疆维吾尔族的人口是增加了一倍多,从 500 多万增加到 1 200 多万,所以对于新疆少数民族的传统文化、宗教信仰,包括它的经济和社会的发展,其实我们看到是在进步,但是这些事实,西方媒体它可能选择性地看不见,或者带着主观偏见,戴着有色眼镜来看,为什么它们会用这样的方式来面对?

高志凯:其实我接受过大量的 BBC 采访,所谓的消灭维吾尔族文化这个事,几乎它是每次都要谈的,但是这个问题我们绝对不能够上它的当,我始终是这么回答的,我说维吾尔民族,包括它的伊斯兰文化是消灭不了的,你指望消灭伊斯兰文化、真正的伊斯兰文化是梦想,你做不到的,因为伊斯兰文化本质上是和平的文化,是我们大家都尊重的,是人类的共同遗产,你怎么能够消灭它呢?所以我觉得不能上它们的这个当。

郭可:要解构它的框架。

高志凯：是，在西方它有一个说法，它经常有人提问题，举个例子，它说你是不是还在打老婆，这种问题你不能说"是"，也不能说"不是"，因为如果你说"是"或者"否"，你都上了它的问题的当了，所以这种情况，我觉得最近我所接触到的西方媒体里边，有大量这种误导性的问题，它设一个套，让你往里跳，所以我觉得我们先是要有意识，知道它这个套在哪里。另外一个，要绕过它，要把我们的真实情况给讲清楚。比如说种族灭绝，我跟你讲，世界上谁犯过种族灭绝，纳粹德国灭绝犹太人，那是种族灭绝，另外北美灭绝印第安人，这是种族灭绝，这两条是绝对事实，后来王毅外长在两会期间也提到了这一点，我觉得大快人心，都用了这两个案例，我们攻和守要兼备，要跟他讲清楚这个道理。

沈逸：我有不同的角度，首先我觉得有一点很值得重视，就是当他们在新疆不停地去兜售种族灭绝这个概念的时候，它其实有一个问题，西方或者说BBC它认为新疆原来应该是什么样子的，这个东西和我们是不是一致，这里面有一个画面你们应该看到过，你会发现它的颜色是互补的，在这个假设前提下，事实上构成了一个很完美的信息上的循环，就是我们给出的在新疆做的所有推动当地现代化的政策全部被归结为种族灭绝，你在消灭当地独特的文化，你在强制改变当地人的生活，不符合我的标准的，你就是在种族灭绝，这个帽子就扣过来了。

袁鸣：我问问鑫宇，你怎么看？像你这么潮的年轻的教授应该注意到"阴间滤镜"这个说法，您有听到过吗？

周鑫宇：当然。

袁鸣：疫情期间在报道中国疫情的时候，BBC是选择用了一种非常阴暗压抑的色调来展示武汉，这种滤镜在你的观察当中，在西方的媒体它用的是不是很常见？

周鑫宇：BBC最有名的是拍纪录片了，关于武汉的报道也是纪录片，但是如果我们去看拍非洲的纪录片的时候，那个是非常明媚的，孩子的笑容是非常阳光的，如果用上这样阴暗的滤镜放到非洲身上的话，BBC一定会出大麻烦的，因为会有人说它种族歧视，它政治不正确，但是如果放到中国身上的话，反而政治正确了，如果用非洲那样明亮的色彩来拍中国武汉以后的疫情的话，它又有大麻烦了。因而我们说公正吗？不公正，大家都知道色调实际上它直接地向人传递观点和心情，这种外在的视觉的东西对人的心理影响很大，我们都知道这是套路，但是当我们去追问BBC你为什么不公平的时候，我们得看看它背后，它如果用阳光滤镜去拍它会怎么样，另外，我们再说它主观上希望看到或者希望展示武汉是什么样呢？

袁鸣：其实我要补充一个细节，可能观众朋友不太知道，我们现在请导播给我们放一段小视频，就是告诉我们这个颜色、色调，影像的色调其实是会给我们带来完全不同的感官的体验的，大家可以感受一下。

（科普色调小视频：直到他意识到，她再也不会回来了，他再也不能为她戴上戒指了，等等，他从未见过这个盒子，真奇怪贝利，你应该打开看看，关掉、关掉，合上它，为什么要打开呢，怎么回事，什么声音，好像来了什么可怕的外星怪物，来吧，为了血战到底。）

袁鸣：还有一个技术细节也跟大家补充一下，不同的摄影素材，到后期我们做整体剪辑和包装播出之前，是会进行统一调色的，这也是各大媒体都会采取的做法，但是我们的问题就是BBC为什么用了这样一种色调，所以还是回到我们郭老师这边，什么时候开始选择这种色调？还是说历来如此？

郭可：我个人觉得，关于西方媒体的涉华报道，事实上我们现在情绪很激动，觉得我们做得这么好，然后你还在说我不好，所以我们从中国人的角度来讲，我觉得情绪激动也是可以理解，但事实上你只要去看它过去一贯的报道，我个人觉得西方媒体整个的报道框架，以及新闻材料的选择和新闻材料的处理，它几乎没有什么太大的变化，这次因为我们抗击疫情这么成功，你还在用这种阴的手法在损我们，等于说我们接受不了，但是你只要去看它过去的，我觉得从历史的维度来讲，西方的媒体也好，包括西方的主权国家，它看中国一直是这样在看的，居高临下的一种姿态，它从来不会平等地跟你对话，这是一个。第二个，现在疫情以后，我觉得确实对它的心理上有一定的摧残，因为我们中国疫情抗击的胜利，在一定程度上它凸显了我们优化以后的社会制度的优越性，但同时又把他们奉为优势的这种资本主义制度，整个的现实在这一年多当中，基本上老百姓都看得很清楚，世界各地的民众也看得很清楚，所以它现在唯一能够剩下来的，就是谈一些比较空泛的所谓民主、自由这些概念，恰恰说明西方媒体它已经心虚了，所以在这个层面上，我觉得坚持中国特色的话语体系尤为重要，恰恰是我们自信的一种表现，所以不要情绪太激动，我的意思就是对于西方媒体的这种反华言论也好，或者是一种不可接受的话语的套话，我们还是以平和的心态来对待。

沈逸：其实刚才郭老师有一点讲得很有意思，就是说我们要调整心态，某种程度上我们现在情绪比较激动的一个重要原因就是，西方媒体的行动，和我们从理论上学习到媒体应该有的标准之间，它自己说的，和它自己做的呈现了反差。也就是说，以前我们太把它当回事了。第二，我同意刚才郭老师的观点，当然我们需要输出，但是我个人觉得，我们不要以为中国现在的问题是，我们没有把话讲清楚，我们说话的艺术、信息表达、信息发布这些技术的层面，当然有提升的空间，但是倒过去讲，今天对于这么专业的外国媒体而言，它要获得中国真实情况的素材没那么难。在这种情况下，对方表现出来的这种态度就是，它就是不愿意对你进行一些正当的报道。

袁鸣：沈逸还是比较坚持他的观点，不在于你说了什么，而在于别人听到了什么。

沈逸：他愿意听什么、他想听什么。

袁鸣：高老师，您怎么看这个问题？

高志凯：我觉得最近一段时间，能够明显地看到，西方有些媒体对于中国的报道，它一个是有傲慢与偏见，另外一个，有点歇斯底里，我觉得这跟美国在处理对华政策上，试图用极端的压力来压服中国的做法有点异曲同工。所以我觉得我们在收看这样节目的时候，心里一定要有这根弦，应该知道，它的真实目的到底是什么？

阴间滤镜、罔顾事实、美化"暴徒"，西方媒体报道中国，为何屡屡戴着有色眼镜？

（高志凯：所以我觉得在3月3日那次接受直播采访的过程中，我已经到了忍无可忍的地步，到了义愤填膺的地步，到了不反击、不回驳已经不能做一个中国人的地步了。）

（郭可：我们也对外交部新闻发言人，他的发言在国外媒体引用的情况，我们总结出一个规律，就是反向引用。）

（周鑫宇：这种外在的视觉的东西对人的心理影响很大，我们都知道这是套路。）

（沈逸：在这个假设前提下，事实上构成了一个很完美的信息上的循环，就是我们给出的在新疆做的所有推动当地现代化的政策，全部被归结为种族灭绝，你在消灭当地独特的文化。）

面对西方偏见，我们如何应对？加强国际话语权，我们又该如何讲好中国故事？环球交叉点，稍后继续。

【访谈】
袁鸣：其实不久之前，英国驻华使馆官方微信公众号，发表了一篇文章，标题叫作"外国媒体憎恨中国吗"。他说当然我们是不憎恨中国的，而且媒体是第四产业，跟大家解释了媒体的作用。但是很多中国的网民会有这样一种感觉，说你不要扮演"教师爷"的角色，来教我怎么做人。

沈逸：媒体和政府的关系，在西方是怎样的？是它从今天一夜之间开始变化？它从来都是这个样子，只是我说得更直白一些，为什么在之前大家没有这个感觉？或者这个感觉不强烈，因为原先西方的媒体，和作为发达国家的这个西方国家，它是一个结构性的存在。它的这种居高临下的、傲慢与偏见的心态，是建立在发达国家领先发展中国家的优势之上的，就是你发达，你怎么说都对。我发达，我怎么看都对。这个在 2020 年新冠疫情过程中，至少在治理的部分，被一个大家都没有办法否认的事实给戳穿了，西方民众为什么拒绝认可治理能力，在新冠疫情应对能力上的国别差异，就是因为媒体在帮政府讲话，在打掩护。在这样的情况下，我想说，我觉得对于西方媒体，它的工业技术能力，在具体的媒体行业上的这种专业技术能力，毫无疑问是要学习的对象，但是至于对它和政府的关系，可能需要放在一个更加广义的场景上去进行观察，而不要仅仅以为是，因为一些技术细节上的原因所造成的信息不流畅，所带来的误解，这中间其实没有什么误解。

郭可：不仅是疫情，我觉得实际上贸易战，2019 年 3 月 28 日开始的贸易战，实际上也是一个很重要的，显示出西方媒体的一个例子，因为我们一直在监测这些媒体的报道，我个人认为，从它的报道的形态上来讲，它还是有它公平性的特征在里面的。

袁鸣：它体现在哪里？

郭可：比如说，它在说一个问题的时候它会说美国的一些观点，它也会引用中方的一些观点，试图以这种平衡的方式，来体现它所谓的客观和公正。但是它又隐含着另外一种，比如说，也许报道美方的观点的时候，用了70%的幅度，报道中方观点的时候，只用了30%甚至20%的篇幅来进行报道。你不能说它不公正，但是它的倾向性也是融入了它整个所谓的"公正性"当中去了。在这个疫情的过程中，中国逆势而上，实际上又戳穿了西方的"皇帝的新装"这一层纸。所以在这个过程当中，我觉得媒体也好，西方的民众也好，包括西方的政客也好，他的心理优势，受到了很大的挑战。

袁鸣：刚才快问快答的时候，有一位嘉宾用了一个词叫作"失衡"，失去了过去的优越感。

沈逸："失衡"是我说的，失衡的概念是什么？就是你界定均衡是什么？国际关系里面有一个词叫势力均衡，但这个词经常引发打仗，为什么？因为每个国家都认为只有自己占据压倒性优势的时候才是均衡的。我凌驾于你之上，我才是均衡的，这个是西方国家看待国际体系的一个基本态势，现在在治理能力上面，在媒体的心理上面也是这样，就是它认为我站在历史正确的这边，你中国是错的，但是现实是反的，现实反了以后，它的策略是什么？用媒体的角度，把现实重新报道到符合它的认知状态当中去，这个时候由媒体来发挥它的作用。

袁鸣：它扭曲了事实，按照自己的想象来写剧本。为什么没有得到一个客观的、公正的，基于事实的一个呈现呢？你觉得是什么原因。

周鑫宇：两种情况，第一种情况，它如果写了一点事实，拿到编辑那儿去，编辑会从各种角度来决定这些事实要还是不要，因为后面还有编辑，编辑上面还有总编。那么这背后当然就有，刚才讲到的，可能从政治上是不行的，有这种情况。还有一种我认为在中国的问题上，更大的情况是公众不接受。你在中国拍什么新闻能让西方的普通民众能够"哎呀"，突然激动起来呢？所以我们说，对于发展中国家的这种轻视，不在西方的精英，更不在前方的记者，他们在这儿看得很清楚，这儿没有疫情，美国就全是疫情，他们都知道。我倒觉得最大的还是公众问题，公众的转变是一代一代的人积累下来的，这需要一段时间。

袁鸣：郭老师怎么看？在您的研究过程中有没有碰到？

郭可：我们也接触很多，尤其是在上海的一些驻华记者。我觉得这两个问题都是存在的，就是这些驻华记者，他也是很无奈的。因为他实际上非常了解上海的情况。但同样一个方面，因为他的话术必须跟他所在国家的，或者所在媒体的那个话术要对起来。所以在这个写作的过程中，他一定也会呈现出一些片面的，或者说是故意片面都有可能，甚至有一个驻华的记者，他就跟我说，他说我现在两个小孩在上海读书，还有一个老婆要养，他已经完全被他的话语体系跟收入体系所左右，而且他有的时候，也私下里跟我们讲，对中国正面的东西，基本上全部给"枪毙"掉。还有一种，编辑在改题目的时候，跟他发表的意思完全不一样，这种情况也是有的。

袁鸣：对，本来应该架起中西认知桥梁的，但是非常遗憾，他们没有做到这一点。高老师。

高志凯：我觉得西方驻华记者的现实情况是很明显的，同时我觉得我们也必须更好地了解他们，我们对他们也要知己知彼，为他们真实地报道中国的具体情况，创造更好的条件。不一定要影响他，但是要把料提供给他。

郭可：对，我觉得上海还是做得挺好的，我比较下来，上海的职能部门在和记者相处，就是说刚才高老师您说的，就是怎么样为这些记者提供一个比较宽松，又相对自由，同时又不是好像我要故意地引导你，要强制你去关注什么话题，我觉得可能上海倒是有不少好的经验。

袁鸣：我们刚才在快问快答的时候也提到过，其实现代技术，包括社交网络的应用，某种程度上也可以被"武器化"。可能很多人还没有理解到"信息战"已经出现在我们的面前，这个战场不在荒郊野外，而是在每个人的脑海中、屏幕上，在我们的心智里。所以接下来这个问题，就要有请四位来跟我们分享一下，如果采访你，你们会怎么来回答他的问题。我先问一问沈逸老师，中国疫苗缺乏透明度，中国在大搞"疫苗外交"，您同意这种观点吗？

沈逸："缺乏透明度"和"大搞疫苗外交"，这两个都是本质上的伪命题。中国对于疫苗的基本态度是将它作为一种全球的、基本的公共物品，参与到了世界卫生组织主导下的全球疫苗交换机制当中去，以成本价优先考虑向发展中国家提供大量的疫苗，在第一时间去保障当地人民的生命健康和安全，这是基础性的事实。所以这个问题从某种意义上，它从前提上就不存在。

袁鸣：外媒为什么老拿中国人权说事儿？郭老师，您怎么回答这个问题。

郭可：我觉得现在西方媒体，动不动说它所谓的"民主、自由、人权"的普世价值，主要还是跟它优越感的失去有关系。以前确实我们经济水平发展也比较落后，整体人民生活水平也比较低，它是可以有这种仰视的方式在做，然后最近我觉得关于人权的事，恰恰是他们整体的、资本主义制度的一种劣根性，或者我刚才说的"皇帝的新装"被扒下来以后，他的自信心在逐步丧失的一种体现。

袁鸣：高老师，新疆地区到底存不存在种族清洗？培训学校到底是不是集中营？

高志凯：我的回答是这样的，第一个，新疆的三股势力的根本原因之一，是美国发起的阿富汗战争，已经打了20年，现在还没有结束。因此，在阿富汗形成的极端主义和恐怖主义，渗透到新疆是确实存在的，因此我觉得美国人或者英国人在阿富汗打仗打了20年，反过头来说，新疆你现在发生的是种族灭绝罪或者是反人类罪，我觉得他们是颠倒黑白。另外一个我觉得，刚才我们讲到了新疆，包括维吾尔族的人口，从1950年开始，从1978年开始，从最近几年算起的话，每年都在增加，哪有种族灭绝之说。反观美国，印第安人口从5 000万到1个亿，一直到19世纪末只有几十万人，这是赤裸裸的、血腥的种族灭绝，这一点我觉得全人类都应该记在心里，看在心里。

袁鸣：我觉得您不"咆哮"说得也很好，鼓鼓掌。

高志凯：温文尔雅是我的专利。

袁鸣：非常棒。鑫宇，中国《海警法》出台之后，日本国内提升了对中国的戒备感，请问您怎么看中国此举？

周鑫宇：中国在海洋问题上，立法过程是一直在推进的，是很重要的治理现代化的一个过程，就是变得越来越规范。其实中国和日本在相关的海洋领域，已经相处了很多年了，因此我不是很担忧。因为一个法律的出台，就会发生天翻地覆的变化，甚至会引发冲突和战争，我不是很担忧。

袁鸣：非常感谢。今天的四位嘉宾，谢谢你们做出了非常棒的表率。我想知道,比如说在今年的"两会"记者招待会上,中国外长王毅,他就说,其实报道中国,我们既不需要你们用"美颜相机",也不需要你们用"灰黑滤镜"。

(王毅实况:无论时代如何变迁,媒体都应坚守职业道德。我希望外国媒体记者将焦距对准中国时,既不要用"美颜相机",也不要用"灰黑滤镜"。只要真实、客观、公正,你们的报道就会丰富精彩,就能经得起历史的检验。)

袁鸣:我们怎么来解读王毅的发言?沈逸老师怎么看?

沈逸:之前的文章无非就是外国媒体说了你们中国政府不好,你听不得批评意见,只想听好话。但中国政府态度很简单,我们希望什么?我们希望如实报道,如实报道什么意思?好就是好,不好就是不好,回到事实本身,提供真相,这是第一。第二,说实话就是让新闻回归到新闻,什么叫让新闻回归到新闻?就是你媒体不要把自己掺和成为一个国家政治和外交的工具去搞事儿。这实际上违背了新闻专业主义的原则。

袁鸣:鑫宇,我想问您一下,其实在记者招待会上也有中国记者提问说,今天的外国记者当中还会不会出现斯诺?

周鑫宇:我觉得短期不会,但是放眼长远的话,我觉得中美之间,或者中西方之间的舆论关系,不应该完全悲观。斯诺那个时代,美国人正在开眼看世界,我们居然不知道中国,因此有斯诺报道中国共产党,这更是美国人没有机会知道的,所以那个时代造就了斯诺,因为美国人睁眼看世界、睁眼看中国的时候,他们需要斯诺。今天我认为不太会了,就是因为我们都说了,成见在那里。但是我觉得,再往长远看,今天的美国我们说"Z世代",1995年以后出生的年轻人,他们对中国有什么偏见吗?我个人感觉,会比他们的上一代人、上上一代人和上上上一代人要好得多。也就是说,今天30岁以下的年轻人,对于中国正在产生好奇,尤其是2020年的新冠疫情以后。一个父辈不喜欢的国家,父辈非常对美国感到自豪,但美国的年轻人感觉美国的治理出了很大的问题。父辈非常不喜欢中国,但是美国的年轻人会想,我们想看看这个世界别的国家是什么样的,因此我倒觉得,可能再过一点儿时间就会有新的。

袁鸣:时势造英雄,说不定有新的"斯诺"出现。

周鑫宇：因为美国下一代人，一定会对中国产生新的兴趣，因此我们会说，美国将会第二次睁眼看中国。

袁鸣：其实从中国的角度，一个中国人的角度来说，就是当我们在进行国际传播的时候，我的理解是这个国际传播，其实不是自我表扬，因为毕竟中国是一个发展中国家，而且工业化的进程推进得也非常快，肯定会有这样那样的问题。但是，我们的优势在于，我们的国家、我们的政府，我们不回避问题，我们能够正视问题，而且有解决问题的勇气和解决问题的能力。其实刚才的这一段问答，我觉得四位嘉宾都做了非常好的表率。别人给我们提出问题的时候，说到底，也是我们传播的一个好时机。所以最后一个问题请教郭老师和高老师，讲好中国故事，你们觉得最重要的，是需要树立什么样的意识？

高志凯：我觉得讲好中国故事的前提是做好中国的事儿，然后才能够更好地讲好中国的故事。

袁鸣：行胜于言，非常感谢。郭老师怎么看？

郭可：讲好中国故事的过程当中，我觉得我们首先要讲好真实的中国故事，"真实"是什么意思，真实就是我们有好的故事，我们也有可能不那么好的故事。那么我们在从长计议的过程当中，一定会逐步把我们国家的形象，把我们的中国故事讲得更加好。

袁鸣：我想古希腊的悲剧作家埃斯库罗斯，他曾经说过，在战争中最先阵亡的是真相。但是我在想，如果我们把跟西方的媒体对华的抹黑的事实，在做斗争的过程当中，真正能帮我们赢得最终胜利的，其实也还是只有真相。好，感谢四位嘉宾，也感谢电视机前朋友们的收看，让我们下期节目再会。

2021 年度上海广播电视奖
参评作品推荐表

作品标题	吴老，我来送送您	参评项目	电视新闻
		体　裁	长消息
		语　种	中文
作　者（主创人员）	李怡、屠佳运	编　辑	戴菁
刊播单位	上海广播电视台新闻综合频道	刊播日期	5月26日18点40分00秒
刊播版面（名称和版次）	《新闻报道》栏目	作品字数（时长）	3分18秒
采编过程（作品简介）	作为中国肝胆外科之父，吴孟超院士的去世让人悲痛。记者通过记录吴孟超院士的告别仪式，树立起一位医者仁心的医生形象。记者在现场记录下了前来送别的人群，他们有耄耋老人、风华正茂的青年，还有懵懂的孩童，他们中有吴老的战友、学生以及治愈的患者，通过他们的语言、表情和真实的状态，还原出最真实的吴孟超院士。 　　特别值得一提的是，记者在接到采访任务前期做了个有心人，钻研了吴老生平事迹同时观摩其生前的采访视频。来到采访现场"幸运"捕捉到了最有故事的采访对象——王甜甜，通过记录下这个被吴老称为千万分之一的幸运儿不远万里来送别的故事，加上吴老生前"我名誉算啥，我不过是个吴孟超"的采访，勾连出他和患者之间的情感，也把医者仁心这四个字有血有肉地展现出来。			
社会效果	吴孟超院士告别仪式，不仅在传统平台播发，同时也在看看新闻客户端、微博等新媒体平台播发，阅读及转发热度不减。与此同时，告别仪式还进行了多平台直播。 　　该新闻在《新闻报道》首播后，受到了社会广泛关注，悼念吴老的情感随处可见，宣扬了社会正能量。 http://www.kankanews.com/a/2021-05-26/0019767789.shtml			

吴老,我来送送您

[导语]

冒雨前往送别吴孟超院士的人群中,有白发苍苍的耄耋老人,有风华正茂的青年,也有懵懂的孩童。他们是吴老的战友、学生、患者……当然也有素昧平生亦敬仰的市民群众。他们从四面八方赶来,为的就是见他最后一面,说上一句:一路走好!

手持黄花,从早上6点就等在门口的这个女孩叫甜甜,是吴老救治过的患者,被称为"千万分之一的幸运儿"。

【王甜甜 吴孟超救治的患者:吴老说过一句话,说我是千万分之一的幸运儿。没有吴老也就没有我的第二次生命,特别特别感恩吴老。】

【陈宗珍 王甜甜的母亲:当时吴老很坚定地说,只要有一线希望,我们就尽100%的努力。】

【实况:谢谢(跪着感谢)。】

甜甜和母亲专程从湖北赶来,只为再对恩人说一声感谢。18年前,她的肝脏主动脉上长了个比篮球还大的肿瘤,四处求医无果,直到遇上当年82岁的吴孟超。术后甜甜获得重生,如今儿女双全。

【吴孟超:这么大瘤子,人家都不敢做,你做啊,万一出了事,你的名誉就没有了。我说,我名誉算什么,我不过是个吴孟超嘛,那算啥,救治病人是我的

天职。】

被吴老救治过的患者,现场来了很多。80岁的杨友泉,带来了一张照片。

【杨友泉　吴孟超救治的患者：(当时他说)这个肝坏了一半,再为你服务44年,你多大年纪?我一算112岁,他说我们把44年再减一半,保守一点,你还要换不换肝,22年,当时我68岁。】

【实况：吴爷爷他帮助了好多好多人,照顾了好多人,大家都很感谢他,都来看望他。】

送别大厅里国际歌连绵不断,曾经的病患、他的同事、学生纷纷到场,鞠躬、献花,泪别吴老。

【刘鹏飞　吴孟超带教的第一个博士后：到这个时候,忍不住了。高山仰止,我只能说这句话。】

【吴孟超的博士生、中山大学附属第三医院肝胆外科医生：像一个丰碑一样在前面引领我们。他作为一个医生,我想他78年,是用他所有的爱、所有的真情来关心关爱每一个病人。】

【实况：齐步走。】

众人默默目送棺柩离开,鞠躬、挥手。吴老,一路走好!

2021年度上海广播电视奖
参评作品推荐表

作品标题	从棚户区到公租房 环卫工人安家上海	参评项目	电视新闻
		体　裁	长消息
		语　种	中　文
作　者 （主创人员）	王歆瑜、杨镏箐	编　辑	李军
刊播单位	上海广播电视台新闻综合频道《新闻坊》	首发日期	2021年9月10日
刊播版面 （名称和版次）	上海广播电视台新闻综合频道《新闻坊》	作品字数 （时长）	4分18秒
（作品简介）采编过程	9月10日，杨浦环发公司的首批环卫师傅集中办理公租房入住手续。记者得知新闻线索后，第一时间赶到了现场，在这个过程中，老黄夫妇进入了记者的视线。和其他师傅不同，这对环卫工夫妇除了发自内心的笑容以外，还有着隐隐的急迫感，询问下得知，夫妻俩目前的居住条件相当艰苦，搬离现居地走进公租房，是两人期待已久的事情。简单了解后，记者跟着夫妻二人穿过一片施工地和窄弄堂，记录下他们的旧居和新宅。老黄夫妻通过镜头也表达了自己在这座城市感受到的温暖和收获。两个人虽不能代表一个群体，但是外乡人的城市日记，总会因为幸福感的不断积累而日渐精彩。		
社会效果	该篇电视作品经上海广播电视台新闻综合频道《新闻坊》栏目播出后，还先后在"学习强国"App，"上海杨浦"微信公众号、"杨浦新闻"等学习平台和新闻媒体刊登播出，让更多人看到属于城市美容师的"家有喜事"。小人物故事背后反映的正是这座城市的宽广胸怀，也是上海国际大都市宜居宜业的生动写照。		

从棚户区到公租房
环卫工人安家上海

【导语】在申城,每条整洁道路的背后必然有一位城市美容师在不辞昼夜辛劳。他们来自异乡,在寸土寸金的上海很难有一处像样的容身之所。租住在棚户区、地下室、物业房,成为这一群体的常态。如何保障基层工人们也能在上海有个体面的住所,杨浦给出了一个答案。

【实况】公租房工作人员:这个是空调遥控器,这是说明书,有什么不懂自己看一下。打电话都可以的,放好不要掉了。环卫工人:好的,谢谢啊。

【正文】报名、抽号、选房,34位环卫工9月10日上午签约租住公租房。曾经,他们当中有的住在几十公里外的宝山,有的住在只有几平方米的阁楼。

【采访】张得合 杨浦环发公司环卫工:终于马上搬到新家了,我现在交房租,以前住在杭州路,就是那种私房小房嘛。

【采访】苏传广 杨浦环发公司环卫工:房子都搞好啦,非常激动,我马上就去看看房子,就入住了。

【采访】梁海云 杨浦环发公司工会主席:我们公司的努力和区公租房中心的努力也都有一个圆满的结果。

【实况】王歆瑜 出镜记者:环卫师傅大多申请的是一人一床位,一般是两个人可以入住一室户的公租房。但是也有不一样的情况,我身后这两位师傅他们来自杨浦环发公司海浦保洁分公司,夫妻俩合力一共申请一间一室户公租房。

【实况】轰隆隆……

【正文】穿过起重机和围栏阻隔出来的狭小弄堂,这就是黄道广、秦迎春夫妻俩之前的出租屋。10平方米左右的房间,既是厨房,也是卫浴、卧室。一张上下铺,上面放杂物,下面睡夫妻俩。屋里连一张饭桌都摆不下。

【实况】秦迎春　环卫工人:我们的东西我一般很少扔的,能用都用了,我们不掏钱买的,因为儿子女儿这会儿正是花钱的时候,正上学,正是需要钱的时候。

【正文】夫妻俩育有一双儿女,都在老家读书。因为老房实在太小,孩子接来住不下。所以想和孩子团聚,只能等寒暑假夫妻回老家。这次搬家打包出了20多件行李,但两人舍不得请搬家公司,决定"蚂蚁搬家"。黄道广用电瓶车来回跑了几趟,却劲头十足,因为想着新房到手后,孩子能接来住了。

【采访】黄道广　环卫工人:他(儿子)说多大房子,爸。我说35平方米,阳台算上有三十七八个,我说你明年带着奶奶和妹妹都可以来住。不像2019年来了一样,都没地方住,房间太小还那么闷,我说这几十个平方米,四楼,窗户也大、空气也好,我说挺好的。他说挺好的,明年有空了我来。

【实况】指纹锁,开门声,进屋

【正文】长白三村88号,这套一居的公租房是黄道广夫妇的新家。窗明几净,抽油烟机、煤气灶、卫浴一应俱全,面积是原先的两倍大。再也不用担心因房东涨价或是房屋拆迁必须重新找房。秦迎春露出笑容。

【采访】秦迎春　环卫工人:我们入住这个地方,以后就不用担心我们找房了,不再经常搬家了,这地方可以住6年,价格就是(两人月租)1 500块钱左右,可以的满意的。我们进来再添个电视机吧,回来再买个洗衣机就可以啦。

【正文】吾心安处是吾家。对于今天入住公租房的环卫工人来说,这是安居上海的开始。

2021年度上海广播电视奖
参评作品推荐表

作品标题	走出荣耀：前浪	参评项目	电视新闻
		体裁	新闻专题-纪录片
		语种	中文
作者（主创人员）	潘德祥、黄思宇、邹佳骐、董路翔、姜涛、王茜	编辑	周全
刊播单位	东方卫视	首发日期	8月3日22点50分
刊播版面（名称和版次）	东方卫视精品纪录片	作品字数（时长）	45分
采编过程（作品简介）	向往荣耀，奋力前行，是推动社会进步的动力，也是写入人类基因的基础代码。然而，在竞技体育中，冠军只有一个。被荣耀褒奖的永远只是极少数人。但是，所有的泪水都值得被铭记，所有的汗水都应该被歌颂。所以，从2016年开始，《走出荣耀》摄制组花了整整5年的时间，采用广受好评的《人间世》系列纪录片的模式，走近一个个为了梦想而努力，为了希望而付出的人们。在竞技场上和体育人一同经历悲喜，在光阴里用摄影机见证体育带给他们别样的成长。 《走出荣耀》奥运篇讲述了陈芋汐、诺卡拉17级国家帆船队、黄雪辰、徐根宝、李秋平、沈富麟等多位与东京奥运相关的体育人的故事，用他们或喜或悲的故事唤起更多人的共情，换回更多的理解与感动。透过体育更见人间之事。 《前浪》是国内首部关注帆船运动的纪录长片。节目讲述了诺卡拉17级帆船中国国家队冲击东京奥运会参赛资格的故事。项目组克服海上拍摄的巨大困难，采用特殊改装的摄影设备，从这支国家队组建之时开始长时间跟踪拍摄，记录了这些年轻的运动员，用自己的一次次失败去试错，去为后来人铺就前进之路的过程。本片用生动的故事和细节展现出他们的成长与蜕变，并以前所未有的近距离和全角度，展现出高速帆船运动中的速度、力量和大自然的无穷魅力；将帆船运动的视频呈现质量拉到了全新的高度，也为未来的创作创造了更多可能。		

社会效果	东京奥运会期间,《走出荣耀》奥运篇登陆上海东方卫视,立刻引发观看热潮,全网同时在线观看人数超过5 000万,全网累计播放量突破5亿,成为奥运期间当之无愧的顶流网络视频。视频中上海年轻运动员"敢于挑战""拒绝躺平"的精神赢得无数点赞。《人民日报》、央视网等中央媒体主动就此设置正能量议题,《解放日报》刊发整版报道。整个奥运期间,《走出荣耀》话题获得了巨大的媒体融合传播声量,也收获了良好的社会效应及很高的传播美誉度。这是体育类纪录片从未取得过的优异成绩。 　　《前浪》在片中主人公——诺卡拉17级帆船国家队奥运会比赛当晚播出,配合东方卫视和新闻综合频道及五星体育在各档新闻中播出的片段及看看新闻网的各档直播节目,形成了传播的一次次高潮,让广大观众在赛场之外进一步感受到了中国体育健儿砥砺朝夕的顽强风骨。 　　节目首次走出奥运冠军的荣耀光环之外,关注聚光灯外的运动项目和体育人。正是因为这些荣耀的金字塔塔身的运动员甘为前浪的精神和人在微时的不懈努力和付出,才让中国运动健儿一次次的高光时刻成为可能。通过这些"普通"运动员的故事,纪录片成功地向社会传递了"努力奋斗""拒绝躺平"的正能量。

走出荣耀：前浪

【实况】
　　中国选手张小冬,在女子390型帆板比赛当中,力战多名强手,勇夺银牌。

【解说】
　　刻苦训练、奋力拼搏、战胜对手、取得冠军,这是体育最该有的样子。

【实况】
　　25岁的上海选手徐莉佳,今天在这里又创造了一个新的历史,她为中国获得了第一枚奥运项目的帆船金牌。

【解说】
　　但是在每一个胜利者站上巅峰之前,都有一代代默默无闻的前辈,用自己一次次的失败,去尝试、去寻找、去试错,去打开那扇对的门,去找到那条通往成功的荣耀之路。
　　2018年组建的诺卡拉17级帆船中国国家队队员们或许就是这样的一个先行者,作为快速帆船运动的后发国家,他们这代运动员可能永远与奥运的领奖台无缘,但是,他们同样不应该被大家忘记。

【实况】
　　让它飞起来行吗?

【解说】
　　2018年,我们的摄制组带着特殊改装的摄影设备来到这支国家队。

【实况】(赛事解说)

中国队的462号船,目前排得相当靠前。

【解说】

和这支没有鲜花和奖牌的国家队一同走他们的奥运之路。

【实况】(赛事解说)

他们过标之后,选择了场地右侧的这条线路,转入顺风航段,他们的速度起来了。好像有意外,他们好像和另一条船发生了碰撞。

【实况】

能断吗?小心,不要弹到。

好机智。

今天我们就整器材了,集装箱打开,然后三条船装起来。往前面一点点,把那屁股垫子套在那个脚套里面,它前面是有垫片的,这后面是有垫片的。

有没有觉得很麻烦,每次这样。

习惯了。

【解说】

一根桅杆,两个船体,三面帆,极简的双体结构,尽可能地减轻了船体的重量,而新加入的水翼设计,更是进一步提高船速,让船体可以在水面上飞行。

【顺风时,最快航速可以达到风速的2.5倍】所以诺卡拉17级也被称为帆船中的F1。

【实况】

今天就主要下去让他们适应一下,怎么去控制这个船,怎么去跑这个船。因为之前都在湖里面练,现在到海里面去,有风浪的话,整个情况会不大一样,感觉也会不一样。

【解说】

【诺卡拉17级帆船是一个新兴的奥运项目,国家集训队开创性地由中帆协与上海美帆游艇俱乐部采用社企的方式共建】

2018年11月,经过了在内湖的基础练习后,这支国家队第一次整建制地来到海上训练,他们的目标就是通过努力迅速提高我国在这个项目与国际先进水平的差距,而大海的风浪是对他们真正的考验。

【实况】
前帆收一点儿,桅杆的底座打开一点点,舵手跟缭手靠近一点,靠近,靠近点,舵手往前一点,踩桅杆,踩桅杆。

【采访】
在海口,它有涌浪,浪又比较短,刚开始的时候很难适应。站不稳,很慌,所有动作都太慢了,而且都是爬过去的。风浪太大了,就会比较担心,没法操控它,然后担心受伤,它是奥运会 10 个帆船项目里面,最快的,危险系数也是比其他高的。

【实况】
两个横梁都在响,这个还好,这个响得厉害,你拧一下看看,看看有没有松动。

【采访】
2018 年可能我们还刚刚处于在对这个水翼的摸索阶段那一年,基础水平,对这船的理解,都比较差一点儿,那个时候。

【实况】
我跟你讲,你现在抬起来,抬起来之后留一点点缝,先把螺丝上去一点点,看准,下去跑完以后,可能是有点松动,今天再下去跑,它可能松得更厉害,所以要检查一下。如果它松掉以后,在水上继续跑很危险,有可能跑着跑着越来越松,船就整个散架了,太恐怖了。如果场地涌浪大,涌浪很大就晃,没有风就会晕船,晕得很厉害。

【解说】
第一次直面风浪,船和人的不适应都在所难免。
但对以争夺 2020 年东京奥运会入场券为目标的他们来说,时间很紧,差距很大,不能有片刻的停歇。

【实况】
昨天,昨天的时候风变化比较大,阵风比较多的情况,对舵手来说,很重要的一点是要拿住下拉索。

【解说】

诺卡拉 17 级帆船由舵手和缭手共同操作。

其中,缭手在航行中通过对帆的松紧及船体重心的调整来控制船的航行姿态。

舵手则通过对风向、洋流等进行判断来规划比赛的航行路线,并操控船以尽可能短的时间完成比赛。

目前中国队的缭手都由女队员担任,但是她们对于风浪的恐惧影响了整体的配合。

【实况】

教练,如果是在那个标位的话,它往下插的时候,缭手是要进去,还是在外面再压一会儿?

先往后。有时候会插浪,还有就是顺风转完向之后,(插浪)就会比较多,是没有挂出来。

我可以告诉你们,你们三个快失业了,顺风转完向以后,我人挂出去,你们都还没出去。

小麦已经把我的话说完了,跑什么船啊,你们那个叫健身,不叫跑船,老年健身。

我猜你说的就是这个意思,力量不够,站不稳,那天,做完腿爬完楼梯,腿好软。

谁啊?

我妈。你一回来就往那儿趴,你能有多累,我什么也不跟她讲,她都感觉到我累。

就是他,就说我们体能不够,动作太慢,动作太慢,就说我们跟老年人跳广场舞一样,老年健身一样。没跑好也会不开心,这很正常,其实说到底,说来说去还是自己的原因,床上一倒,刷刷抖音,没事看看书,吹牛。

你看书,看天书。

你在干吗?

弄绳子,就是吊索。

那你经常忙这些事,会不会耽误你吃鸡(玩游戏)?

不会。

【解说】

在海南进行了近半年的封闭式训练后,这支全新的诺卡拉 17 级帆船国家队将迎来他们的第一次考试,在上海淀山湖举行的 2019 亚洲锦标赛。

中国诺卡拉 17 级帆船国家队始建于 2015 年,但是,建队当年在里约奥运会资格的争夺中就以失败告终。目前整体水平依然处于世界中下游。

【实况】

松掉,起航,起航要注意起好一点儿,好不好!大胆一点儿,一定起好,对,五、四、三、二、一。

【解说】

诺卡拉 17 级帆船的比赛在开放水域中进行。

赛前,裁判会依次设置一标,顺风标和起航线,一标在起航线的正顶风位。每轮比赛,所有选手要在这片区域完成两次绕标折返跑。

【实况】

新加坡的起航挺好的,这些人怎么搞的,怎么会让它抢到那个位置。

起点,一标,把那个标放到 300 度,还有 50 米,第一条到达还有 50 米,第一条是新加坡的,刚刚学哲在他们前面了,他不压进来。

【采访】

和新加坡比,还是有一定差距的,因为在欧洲的比赛,几次都输给它。

【实况】

现在我们 1 号船,大概落后新加坡队有两百米左右,新加坡的船,迎风的速度一直保持得很稳定,新加坡现在排名第二。

好,我们的 1 号艇上来了,"狮子",刚才是压制它的。

【解说】

淀山湖的风浪比海上要小很多,经过几轮较量,实力本不占优的中国队依靠着对场地熟悉的主场优势,开始反超。

【实况】

按它干什么,自己不收帆走了,停在那里。

【解说】

但就在这时,正在逐渐建立领先优势的中国队种子选手杨学哲和胡笑笑的船突然慢了下来。

【实况】

搞什么东西,风向230到240度,风力5.1到5.4(节),我已经忍了。

你忍我?解决问题,不要都那么冲,是吧,很正常的转向,一下子按掉了。

我是为了稳住我自己,转向再过去又把它按掉。

不要怪来怪去,出点状况是正常的,比赛没有一帆风顺的,好了,准备,准备开始。

不要抓我的船,开始,不能抓我的船,走。

【解说】

因为横杆螺丝的意外掉落,杨学哲和胡笑笑的船速受了极大的影响,从第一名掉落到了第三名。

经过5天13轮的较量,第一次搭档参赛的师俊杰周倩倩组合意外地战胜了其余5组选手,拿下了本次亚锦赛的第一名。

【实况】

昨天晚上,被拉到教练那边,一人训了一个小时。

然后呢,要互相道歉吗?

没,没有,现在恶性循环就是,我嫌弃她做不好,她嫌弃我说她,然后我一说她,她就更不想做,就是一直在循环。

【解说】

离开淀山湖,队员们又远赴欧洲拉练,参加了意大利世界杯、英国欧锦赛等一系列的比赛。

和世界一流选手同场竞技让队员们大开眼界,但北大西洋的恶劣海况也让大家吃尽了苦头。

【采访】

摔得挺惨的,每次上来,我的缭手一身伤,本来就没跑过那么大的浪,就说被吓到了。去国外比赛的时候,看那些女缭手都壮壮的,而且我们站在她们旁边,就感觉,很弱小。

【解说】

见识了国际一流运动员的能力,认识到自己的差距,队员们回到位于浙江象山的基地,开始了艰苦的夏训。

【实况】

还有50秒,坚持住,在这一分钟里面,不要起起落落的,脚,不要架在另外一只脚上面,抬起来,脚要离地。3秒,到。

太难了,好累。

还吃得消吗?

吃得消。

真的吗?

假的。

跟欧洲的选手比起来的话,可能有百分之三十到四十(的差距),从体能上,我希望他们的体能,能够再加强一点儿,能够在大风里面有更好的表现。现在我们的抗风浪能力会比较差,但是训练就是这样子,你越弱的环节就是越要加强训练。

【解说】

象山海域,多面环山,海况复杂,风浪也比较大,是中国帆船选手们在夏季训练大风浪下控船能力的重要基地。

而浪距短、水流乱的特点,也要求运动员需要时刻保持敏锐的判断和迅速的反应。

【实况】

你不要压舵我求求你,不要压了行吗?

你的球帆在飘,我拉不动,我没有办法,你看到了吗?

你不要跟我讲,我一点点办法都没有,你不要跟我说这个,你这个东西,我也是一点儿办法都没有,那你没有办法你就不要做缭手。

【采访】

其实在大风大浪的时候,就是船体的控制,特别是高度和力量点的两个结合,操作其实还蛮难的。

【实况】

飘帆,让它飞起来行吗?能怎么样。

【解说】

　　高速帆船操控的核心,就是通过两名运动员的不断调整,来保持船体平衡,让船在风浪中高速稳定航行。如果保持不好平衡,就容易出现插浪,甚至翻船的可能。所以,双人帆船,除了技术,配合和默契也至关重要,但是磨合远比想象中的困难。

【实况】

　　干吗?
　　你们两个的问题,你们两个人自己去,看看怎么沟通怎么解决。
　　好吧。
　　你说什么问题,左舷问题还是右舷问题。
　　没有问题,刚才是,就是我操作的问题。
　　不管迎风压舷还是顺风压舷,如果你是这个角度,吊索你看这个角度,这个角度在压舷。
　　如果你迎风是这个角度在压舷,势必你船头是这样子,明白吗? 你压舷不是把船压过来,有点压过来,更多地把船头压起来那个力量。

【解说】

　　训练挫败感的积累难以避免造成情绪的失控,如何自我反思、相互体谅,也是搭档之间亟须解决的问题。

【实况】

　　估计我情绪还是有一点。

【采访】

　　我还是理解他的,他其实也就想让船跑得更好。

【解说】

　　在烈日下,在风浪中,每天的训练都让运动员筋疲力尽,但是付出终会有回报,经过了象山的风浪,不仅运动员们的技术有了长足的进步,而且马上有一个巨大的机遇在向这支年轻的国家队招手。

【实况】

　　好,起飞!

【解说】

2019年12月,新西兰第一大城市奥克兰诺卡拉17级帆船世界锦标赛将在这里举行,23个国家将争夺5张诺卡拉帆船东京奥运会入场券。

【采访】

我们也分析了一下主要的对手,最少有百分之五十的概率,我们可以直接在那场比赛中拿到资格。

【实况】

主帆前下角拉紧一点儿,拉紧一点儿主帆前下角。

【解说】

为了抓住这次难得的机会,队伍提前20多天来到奥克兰备战。

【实况】

倩倩,在涌浪上面的那个操作,明白吗?在涌浪上面,舵柄,船要控制稍微再稳,再平一点儿,还有阵风。

【解说】

温自进把赛前训练的重点放在了大风浪下高速航行的稳定性上。

【实况】

要持续让它跑平,你不要阶段性地很平,然后阵风来的时候,阵风来的时候,翘起来时间太长了。

往顶风的方向跑,帆船的直线对比,你可以练一辈子的,奥运会冠军也天天在练这个,为什么速度一快,就是两边一旦飞起来,就会容易插到浪里去,没有控制好。还有一个就是缭手的移动不够及时。

还是不够及时啊!

嗯,你非要让它插到水里去,太软了,人家从船头移到船尾,你还没有我移动大,你自己坐起来看一看,这个阵风有多么不稳,看得到吗?

我看得到,我知道不稳。

看到了吗,每一小片,这边一股,每一小片,几乎两秒就有一个阵风变化,感觉到了吗?这里的风是从上面往下压下来的,这是新西兰的特点。

【解说】

虽然时不时地依然有争执,但是杨学哲和胡笑笑这对搭档配合的默契度已经有了显著提升。

【实况】

转向。

咋啦?

打到我眼睛上了。

什么东西?

让我看一下。

扭过来,我好痛,扭过来让我看一下。

哪边? 正好撞在上面吗?

嗯。

让我看,眼睛撞到了,上来吧,你自己慢慢跑回去,你拿矿泉水洗一下眼睛,头仰起来,就这样冲一冲,水拿去灌一灌,尽量睁开,矿泉水没关系。

跨过去,我开快一点儿,我现在没那么痛。

没关系,他一个人跑没问题的,学哲一个人在跑,你们看着他点儿,慢慢往回跑,我先送她上去,应该是这个东西,甩到了有可能,不然其他地方甩不了那么远。

这个东西也甩不了那么远。

【解说】

更快的速度往往与更高的风险相伴。

诺卡拉 17 级被称为帆船中的 F1,每一个诺卡拉 17 级的运动员都难免要面对意外和伤病的风险。

【实况】

谁啊?

怎么啦。

就在那个港池里。

他怎么啦?

被螺旋桨打断了。

还有一个人,手被缭绳缠住了,好像干吗一下,整个手指全没了。我真的就顺风插了一个浪,就脚这样了一下,没有放在心上,接着又跑了半个小时,去医院一检查,那个医生跟我讲,他说你这是骨折了,要住院要打钢钉,然后当时就给我吓蒙了。

我跟学哲比真的不算点什么,这点小伤,温教练那里有。

估计你播出去之后,没有人敢跑这个船了。

【采访】

我不要看,船往前走,人掉下去往后,掉下去就是在水里,一瞬间就刚好打到那个舵,还以为那一块皮飞了,其实只是给它剖开了,我一直没去看这些照片,感觉会有一些心理影响。

【实况】

那么早。

每个人都会有自己的手艺,有时候煎个蛋做个三明治,喝个牛奶麦片。

倩倩,我们在楼下等你。

【解说】

12月3日,是世锦赛第一个比赛日。

胡笑笑的眼睛经过医生的检查,已经没有大碍。

【实况】

我们两点准时起航,我们要跑到场地,要看标之类的,我们可能就提前早下去,就是它会升一个旗,它旗不升你也不能下水,今天那么大风也不一定下。

哈喽,我们全躲在集装箱里,外面风,我给你看下外面的风,你快看。

【解说】

第一天的比赛,最终因为突如其来的暴风雨宣布取消。

【实况】

正常去跑就行了,然后就其他东西都要做到最细,把正确的航线看下来,把你有利的位置占据好,把每一个细节都处理好,你自然而然地就跑到前面去了。

【解说】

第二天,终于迎来了世锦赛的正赛。

新西兰世锦赛除奖牌轮之外,共有16轮比赛。如果分组赛过后,中国队排名在一半选手之前,就进入了金组,那么按照主教练温自进的计算,在剔除了9

个已经获得奥运入场券的国家之后,中国队将有极大的概率提前完成任务,在世锦赛上直接获得东京奥运会的门票。

【采访】
　　那一天就是非常好的一个状态,特别是迎风操作,顺风跑起来的感受,很少有这种配合,她状态很好,总感觉,意思是有戏了。

【解说】
　　第一轮比赛,杨学哲和胡笑笑状态非常好。
　　第二轮起航,两人依然处于第一集团。

【采访】
　　就想着怎么去,把自己的全力用出来,好好发挥好自己,证明一下自己,迎风过来的时候,看到左边有一大股阵风过来,然后就想,这是一个很好的机会,马上转向,吃到了这股阵风有可能追到前十,都有可能,如果是平均的成绩都在前十,我觉得是有机会进金组的。

【实况】(赛事解说)
　　现在第一梯队的选手,开始做第一次的绕标,杨学哲、胡笑笑,中国队的462号船,目前排得相当靠前。他们过标之后,选择了场地右侧的这条线路,我们看到转入顺风航段之后,他们的速度起来了,不错,好像有意外,他们好像和另一条船发生了碰撞。通过转播的镜头我们看到,和他们发生碰撞的是,中国队的队友,465号师俊杰,这是我们非常不愿意看到的。

【实况】
　　烂了个大洞。
　　进水了吗?
　　进了。
　　我要跟他换船。
　　人家喊你们,你们听到了吗?
　　你左舷,我看不到他。
　　他迎风上来左舷喊你们,你们左舷顺风过去没看到他吗?
　　不可能能听到他看到他。
　　那你也没看到前面。

前面,他没在我们前面。
我知道,他迎风上来,你左舷顺风下去。

【采访】
我当时其实喊了一句,我要跟他换船,其实就是,还想继续去比这个,就是继续把这几轮给完成下来,对,这样子基本上看到船以后,就知道之后不能比赛了,因为,进水很厉害。

【实况】
走,上去,人往后,然后可能要,中间要吸吸水。
什么坏啦?不要动它,我们来绑住它,什么东西坏了?
炮筒。
滑出来了是吗?
它整个有点歪了。
好,我抓住了,你有刀吗?
我有。
你们没看到他们吗?
看到他了。
喊了吗?
我喊了。
听不见。
听不见你们采取措施了没有啊?
我们(角度)偏不够多,喊了之后,我们往下拉,原本他往下走一点可以过去,然后后面你就不能,他往上骑完之后,我就下拉。
没事,没关系,他可以扣到。
拿着舵往下走,拿舵。可以顺风下去,快点。

【解说】
经过检查,师俊杰的船头球帆杆固定支索断裂,简单维修后还可以勉强继续参加比赛。但是杨学哲的船因为船体破裂,出现严重的进水情况,只能退出当天的比赛,返回岸上维修。

【实况】
慢慢漏,如果他在这个地方,我可以看到他,他在这个位置,然后我往前走,他始终在我的盲区,就要看他从哪里看到我,如果他是没有看到我,突然一下看到我了,那就肯定是我的责任。

到现在也是我的责任,没有办法,根本就看不到他,那时候我也看到了,然后就喊,喊他,就是两个人,稍微就是现在有点混乱,我理一下。

我感觉责任还是在我,因为我就是迎风比较好避让,但是就是,等我要避让的时候,已经来不及了。

侧支索是吗,老款的是这种的,我的问题。

人有没有事,你船有没有坏?

支索断了一根。

发生都发生了,先去弄你的船,我们就想办法看能不能补完,能补的话就补,不能补到时候再看。

Mitch 说可能换,再找一个船体,已经发生了就不要去想了。

【采访】

自己人跟自己人相撞总归是拖队友后腿,但是按照规则来讲,我那一条肯定是犯规的,因为我是左舷,没有观察好右舷有没有船过来。

【实况】

这也是命,去找找看谁有船体,要不要先跟那老头儿聊一下,他可能会来的,现在解决问题,现在接下来就解决问题。

【解说】

因为撞船导致两轮成绩的缺失,杨学哲和胡笑笑失去了提前取得奥运资格的希望。但他们没有就此放弃,在随后的比赛中,他们驾驶着经过维修的船只依然取得了较好的成绩,并第一次在海外举办的国际大赛上战胜了亚洲区奥运资格的主要竞争对手新加坡队。

【实况】

没有能够在名次里体现出来,但是,他看见这个比赛,觉得你们还是发挥得很好的,别再去想那些糟糕的事,从中学习,从中进步。

【解说】

挫折,是成长中必不可少的元素。

作为中国第一批诺卡拉 17 级帆船运动员,不断地遭遇意外与挫折,并在挫折中变得坚强,在意外中吸取经验,正是他们重要的使命。

【解说】
　　2020 年,受新冠疫情的影响,东京奥运会宣布延期,一系列国内外赛事取消。
　　但队员们的训练并没有松懈,抓住资格赛延期的机会,队伍再次来到海口帆船训练基地,总结经验,对起航时机的把握、迎风航段的转向点选择、绕标的角度路线、顺风高速航行的稳定性以及长期是队伍短板的体能等每一个环节做着针对性、高强度的训练,为在之后举行的亚锦赛上争夺最后一张奥运入场券而努力。

【实况】
　　加油,四、三、二、一,用力,加油!

【采访】
　　就觉得自己要学习更多的东西,我希望,在我手上的运动员,每天看到他们是进步的,每一场比赛也是有进步的;我希望就是在后面的比赛,都能拿到更好的成绩。对,这就是目标,尽我们的力做好事情,就让自己以后不留遗憾。我一定会尽我最大的努力,去做这个事业,哪怕最后就是结果不是很好,但是我不后悔,去做好前面的引路人,把诺卡拉这个项目带到中国,这是第一代人的努力,我也希望在若干年,甚至几十年之后,我们在这个小项级别上也能够实现冠军奖牌的突破。

【字幕】
　　2021 年 3 月
　　中国队在诺卡拉 17 级帆船亚锦赛中夺得冠军
　　取得东京奥运会参赛资格

2021年度上海广播电视奖
参评作品推荐表

作品标题	水庆霞的左右为难 蝉联冠军的双倍喜悦	参评项目	电视新闻
		体　裁	长消息
		语　种	中文
作　者 （主创人员）	马晋翊、王廷珏、 董奕	编　辑	文劼、万齐家
刊播单位	五星体育传媒 有限公司	刊播日期	2021年9月26日
刊播版面 （名称和版次）	《体育新闻》	作品字数 （时长）	3分41秒
采编过程 （作品简介）	当联合队和上海队会师全运会女足决赛，这注定会是一场被载入史册的较量。记者和摄像从赛前就将镜头对准场边的水庆霞，开始记录这个对于她和上海足球乃至整个中国足球都颇为不凡的夜晚。从赛前她"偷瞄"上海队热身，到和上海队替补席互动，再到首发前锋的针对性变化左右比赛局势，以及赛后怒摔毛巾的细节，再加上领奖台前和国家体育总局副局长、中国足协党委书记杜兆才的简短交流，这些过程和细节穿起了整条报道，不到4分钟的时长，从文稿到采访一气呵成，并无拖泥带水，而这样的报道，还是在几乎全程瓢泼大雨的情况下完成的，恶劣的天气给记者和摄像的工作制造了很大的困难。			
社会效果	作为整档新闻节目的头条，该片的播出，为当天体育新闻的收视率打下了良好的基础，在新媒体端的播放量和转发量同样不俗。更加值得一提的是，片中，记者注意到了水庆霞与国家体育总局副局长、中国足协党委书记杜兆才在颁奖后有短暂交流，不仅在第一时间对当事人进行了提问，还在随后的混采区进行了补充追问，水庆霞也第一次对外表达了自己愿意接替女足国家队主帅的意愿，这一表态可谓是为她最终顺利转正奠定了良好的基础。			

水庆霞的左右为难
蝉联冠军的双倍喜悦

【导语】

昨晚的全运会女足决赛,上演了一场另类的"上海德比",金牌背后有着太多耐人寻味的故事,水庆霞的左右互搏,与她的左右为难,一目了然。

这是赛前半小时,我们的镜头在场边记录下的画面。水庆霞一边督促着联合队训练,一边也不忘侧过脸瞧两眼上海队的热身。这边才和联合队一起喊过加油,随即,她就来到了上海队替补席,和教练们一一握手。

[实况:
上海队替补队员:水导,我们握握(手)?
水庆霞:我们就算了。]

身在曹营心在汉?当然不。对待这场另类的"上海德比",水庆霞丝毫没有手下留情的架势。相比半决赛,联合队的首发11人只有一处变化,那就是针对性地用上海前锋肖裕仪替换下乌日古木拉。

(水庆霞　女足联合队主教练:作为教练员来讲,我觉得没有想这么多,确实没想这么多,希望两个队能够打出一个很好的足球比赛来。)

事实上,正是凭借肖裕仪的唯一进球,联合队笑到最后。值得一提的是,4年前,身披上海队战袍的肖裕仪就曾在决赛中梅开二度。

（肖裕仪　女足联合队队员：还是蛮开心蛮激动的，毕竟打进这个球。
比赛结束之后跟上海队的队友有没有说什么，大家有没有"埋怨"你？
有，她们有说我。但是比赛嘛，很正常。）

终场哨响的那一刻，镜头捕捉到了水庆霞怒摔毛巾的画面。因为牙齿发炎，她的右脸明显有些肿，再加上淋雨的缘故，即便是吃了消炎药，依旧疼痛难忍。而这场"左右互搏"，终究变成了"左右为难"。

[水庆霞　女足联合队主教练：我不是说生气上海队没打好，是因为我们联合队应该有可以创造更多的（机会），或者说你在控球方面应该做得更好一点儿，我也希望他们将来能够走得更好，我也希望上海队通过这个比赛，更找到自信，至于将来（是否留任）的话没有消息。
我看到刚刚杜局（杜兆才）一直在跟你聊，是不是说留任的事？
没有，杜局就表扬我了，表扬我了，没说其他的。]

能否顺利转正，还需要足协拍板，但这份入职考交出的答卷，无疑是优秀的。4场全胜，如愿夺冠，颁奖礼上，联合队主教练水庆霞和国脚们身穿各自省市代表队的领奖服亮相，让人眼花缭乱。很难想象，笑靥如花的姑娘们，一个多月前曾经历了东京奥运会的惨败。同样的一拨人，却在"水妈妈"麾下，一扫阴霾。

（水庆霞　女足联合队主教练：除了指责之外，我觉得还是要更鼓励给予她们掌声，就像自己的小孩一样的，你说完她之后，你还是希望她能够成长能够提高，我希望以后的女足队员也是一样，不管是谁带，也是要能够在这个舞台上，因为我们在国际舞台上是代表中国，所以希望也是要给她们多的时间，让她们跑得更快一点，我希望能够代表国家队，能够当教练，然后在世界舞台上面能够展现，我觉得每个人在不同的行当当中，可能都希望做得更好一些，我努力一下。）

从八运会到四年前的十三运会，水庆霞先后以队员和教练的身份帮助上海女足3次站在了全运会冠军的领奖台上。这个夜晚，上海女足主帅水庆霞执教的联合队击败了上海队，对于蝉联冠军的她来说，五味杂陈之下的欣慰和快乐，或许是双倍的。

2021年度上海广播电视奖
参评作品推荐表

作品标题	31岁的钟天使跑赢了26岁的自己	参评项目	电视新闻
		体裁	长消息
		语种	中文
作者（主创人员）	夏菁、裘文祥、曹智元	编辑	文劼、万齐家
刊播单位	五星体育	刊播日期	2021年8月3日
刊播版面（名称和版次）	《体育新闻》	作品字数（时长）	4分17秒
采编过程（作品简介）	记者在里约奥运会上，曾在现场报道过钟天使搭档宫金杰为中国夺得首枚自行车奥运金牌的新闻，也见证过雅加达亚运会上，中国自行车队为寻找钟天使新搭档所做的各种努力。所以在比赛当天，当记者了解到钟天使的队友、对手都十分年轻，而她又跑出超越五年前巅峰状态的成绩后，萌生了以无惧年龄赢自己为切入点的报道方向。最终，记者以钟天使母亲的哭为开头，引出了她这五年的坚持和不易。		
社会效果	伦敦、里约、东京三届奥运会，中国自行车队在女子团体竞速赛这个项目上经历了痛失金牌、首夺冠军创造历史、实现卫冕的三级跳，也在这个过程中完成了传承。钟天使从小将到老将，从接棒到交棒，正是其中最重要的一环，因为她的能力决定了在第二棒这个位置上这么多年来她都是最佳人选。但随着年龄增长，钟天使承担的负荷与压力都越来越大，在伤病和年龄的困顿中，她跟上了年轻队友的节奏，又一次突破了自己。本片，正是通过钟天使在圈速上跑赢五年前的自己这个角度，展现了中国自行车运动员的追求和奋斗。		

31 岁的钟天使跑赢了 26 岁的自己

【导语】

在昨天进行的场地自行车女子团体竞速赛中,31 岁的钟天使搭档 23 岁的鲍珊菊,先破世界纪录,再夺金牌,代表中国自行车队实现了该项目的卫冕,也实现了该项目连续三届登上奥运领奖台。在这枚金牌背后,有怎样的故事呢?昨天我们在钟天使的家里找到了答案。

钟天使的家在上海浦东新区惠南镇。昨天亲朋好友、邻里和当地自行爱好者在她家齐聚一堂,共同见证了钟天使和鲍珊菊夺冠的全过程。冲线一刻,钟天使的妈妈杨文娟从狂喜陷入痛哭,情难自已。

(实况:冷静冷静)

(杨文娟:我真的是控制不住自己,这个孩子真的不容易,太辛苦了,和鲍珊菊一起破纪录真的想不到。)

(陶璐娜:我感觉我的眼泪都要掉下来,因为她在骨折的情况下,作为一名老运动员能为我们年轻运动员做榜样,骨折了仅仅两周时间,她就开始恢复训练,而且在三个月后又获得了世界冠军。)

过去五年对钟天使来说是与伤病同行的五年,腰伤膝伤接踵而至。2019 年 2 月她又在训练中摔断了四根肋骨。为了不影响马上到来的奥运积分赛,经过医疗专家会诊并征求钟天使本人意愿后,她没有手术而是采取了保守治疗。

(胡涛:整个上海团队在第一时间派出了我们训科医团队,有 5 个人专门为天使的康复做有力的支撑。)

团队给力,但个人要受的苦少不了。骨折后不到三周,钟天使就绑着护胸,从下肢开始恢复训练。直到 2020 年在世锦赛上拿到团体竞速赛铜牌,锁定奥运资格,一颗心才落了地。

但新的问题也随之到来。团体竞速赛,由两位选手配合完成,第一棒要求爆发力,第二棒考验高速耐久力。里约奥运之后宫金杰退役,谁来跑第一棒,成为整个奥运备战周期里的关键。

【胡涛:一直找不到,包括我们整个中国国家队,包括我们整个自行车界,一直在苦苦追寻这第一棒的人选。(那她第二棒的位置?)始终没有变。从 2016 年里约奥运会之后到现在,她(钟天使)始终牢牢占据第二棒的绝对优势,关键是她运动方面的天赋和对这枚金牌的渴望。】

告别宫金杰后,钟天使搭档过不少人,全运会上的郭爽、世锦赛上的宋超睿、亚运会夺冠的林俊红,还有去年世锦赛共同拿到奥运资格的陈飞飞。但从绝对成绩上来说,她们始终没有跑出过比肩里约奥运的成绩。直到去年年底,小将鲍珊菊在全国锦标赛上两破全国纪录连拿 3 金后,才进入了奥运候选。这对组合前后只打了四场国内比赛,包括三场队内选拔赛,就出发来到东京,训练中最好成绩也没有突破过 32 秒。但昨天,她们完全跑疯了,第二枪打破由钟天使、宫金杰保持的世界纪录,第三枪再次突破 32 秒大关夺得金牌。

[胡涛:今天你们也看到了,第一棒(鲍珊菊)跑得非常好,18 秒 295,世界排名第一的水平,天使在第二轮跑出了 31 秒 804,就是因为她在起动的时候跟住了,也跑出了天使的(第二圈)历史最好成绩 13 秒 55,她里约当时破世界纪录是 13 秒 61。]

里约奥运会上,钟天使戴着花木兰头盔一鸣惊人,东京奥运会戴着凤凰头盔,31 岁的钟天使跑赢了 26 岁的自己。

(许魏敏:凤凰经过考验意味着涅槃重生,按照她这个年龄,上届奥运会拿到金牌之后完全可以功成身退,但是她作为老将,完全没有放弃,心中始终有一个必胜的信念,期待着像凤凰一样涅槃重生,终于她也做到了。)

从伦敦到里约再到东京,女子团体竞速赛的接力棒从郭爽、宫金杰手中交到了钟天使和如今的鲍珊菊手中,她们三登奥运领奖台两夺金牌,实现中国自行车的突破,也继续着通向未来的传承。

2021年度上海广播电视奖
参评作品推荐表

作品标题	林家村：从"百草园"到"薄荷香文苑"农家书屋助力乡村振兴	参评项目	电视新闻
		体　裁	长消息
		语　种	中　文
作　者（主创人员）	顾舜丽、丁全青	编　辑	胡军军
刊播单位	青浦电视台	首发日期	2021年5月19日
刊播版面（名称和版次）	青浦电视新闻、绿色青浦微信等	作品字数（时长）	3分4秒
采编过程（作品简介）	推动乡村振兴是党中央的新号令，上海作为发达地区，乡村振兴的重心和内涵应是具有上海特色的。记者以敏锐的目光捕捉到了青浦区林家村这个上海农村中并不十分起眼的小村庄发生的美丽"蝶变"！并做了长时间的跟踪采访。 这里，曾经的农村老宅如今变成了"农家书屋"，从此，"处处有书苑，户户飘书香"乡村文化意蕴十足，让人惊艳。作品通过人物采访，生动叙述了这里发生的变化，通过画面真实形象地展示了这家当红书屋非常吸引眼球的独特魅力；真实反映了新农村建设中文化引领的巨大作用和取得的扎实成效，呈现了乡村振兴给农村、农民带来的惊人变化。			
社会效果	作品站位高，视角独特，展现了在文化建设引领下独具特色的乡村变化。作品在看看新闻网、绿色青浦微信发布后，文字、视频被人民网、搜狐、百度等各大网络主流媒体广泛转载、传播。该村的"网红书屋"成了市民的休闲打卡地，已经成了当地乃至全国有广泛影响的一座精神地标和文化粮仓。作品报道了该村从打造文化村落提供文化滋养，到新电商引领打造现代经济平台，有力助推了乡村振兴建设，促进了共同富裕，扎实生动地展现了上海新农村独特的风貌，是好江南美丽乡村的新典范，具有示范意义和舆论先导作用。			

林家村：从"百草园"到"薄荷香文苑"农家书屋助力乡村振兴

【导语】"村村有书苑，户户飘书香"，从普普通通的农村老宅到现在的"农家书屋"，从"百草园"到"薄荷香文苑"，朱家角镇林家村这个曾经不起眼的小村庄，秉持着以文化为核心的乡村发展理念，正发生着破茧成蝶的美丽嬗变。

【配音】薄荷香文苑是坐落于朱家角镇林家村的农家书屋，由一幢二层村宅改建而成，一楼以书、画为主，二楼是静读、品茗区。文苑建成后，村里的文化活动越来越多，文化气息也越来越浓厚了。

【同期声】林家村村民　顾阿姨：

(本来)在家里玩手机、玩电脑，现在有了书屋，就可以到这里来看看书，觉得环境也蛮好的。

【同期声】林家村党支部书记　徐永坚：

农家书屋建成使得我们当地的老百姓解决了看书难、读书难的一些问题，也使得我们当地的年轻人周末都回来，晚上到这里来，愿意回来参加一些活动。

【配音】文苑涵盖书籍借阅、活动举办等功能，更为各界(特别是)文艺界人士搭建了才艺展示和相互交流的平台，形成了具有独特文艺气息的"乡村文化圈"。据介绍，"薄荷香文苑"是青浦区唯一以农家书屋形式连续三年作为上海书展分会场的书屋，并开展了多次读书会活动。书苑除了丰富了林家村的文化生活，也拓展成为一个带动乡村振兴的经济平台。

【同期声】林家村新村民　周女士：

一个偶然的机会，亲戚朋友带我过来郊游，完了以后感觉到这个地方跟我们想象当中小时候的农村好像不一样，农村还有这么有文化气息的地方，我觉得还是蛮好的，过来住一下放松心情，陶冶情操。

【同期声】林家村党支部书记　徐永坚：

周边一些慕名而来的文化活动,比如说艺术沙龙、画展、书会,包括学习探讨等,不但解决了我们当地老百姓的业余生活,还增加了一些我们村的经济收入。

【配音】为乡村带来改变的薄荷香文苑女主人陈君芳,是土生土长的林家村人,她凭着一腔热情,于2017年成立串方农业专业合作社,承包种植绿色优质水稻300多亩,以她的文化优势、信息化营销打开了农产品销路。

【同期声】薄荷香文苑负责人　陈君芳:

我们村是种粮大村,大家看到有千亩的水稻田,我们成立了合作社以后也结合了当地的特色,以稻米为主,也种了一点果蔬类的。通过一些采摘、文化的交流,结合乡村振兴的推动,我们也希望能够让更多的人走进乡村。

2021年度上海广播电视奖
参评作品推荐表

作品标题	"这一年,我的朋友圈"之"谭若霜:风貌区里的烟火人生"	参评项目	电视新闻
		体　裁	新闻专题
		语　种	中　文
作　者（主创人员）	张文菁、王卫民	编　辑	王燕
刊播单位	上海广播电视台	首发日期	2021年2月13日
刊播版面（名称和版次）	新闻坊"春节特别节目"这一年,我的朋友圈	作品字数（时长）	10分18秒
采编过程（作品简介）	魔都上海是了解中国发展的一面镜子,这里有国际化,也有烟火气。在海派文化积淀深厚的衡复风貌区,海归建筑师和外来务工者在社区管理的共振中相遇。作品以徐汇区高安路更新改造为切入口,从一个建筑师的四个案例入手,把民生小店、垃圾库房、街巷里弄的城市微更新和居民体验,外来经营者、建筑设计师的个人经历、情感交集相融合,展现现代化大都市背后,与其一同成长的个体的"烟火人生"。管理者"服务民生,也要保留城市记忆"的理念,让个性、经历、身份不同的人们走近彼此,映射出同样为生活打拼的奋斗与冷暖。		
社会效果	作品在新闻坊、看看新闻首页、看看新闻视频号等各平台推送后,受到社会各界关注与好评。包子铺声名远播,设计师也受到了更多的关注,新闻坊该专题系列节目负责人及评审专家也对该作品给予了高度评价和鼓励,小小包子铺,是一家人的生计,也体现了"人民城市"理念的落地。		

"这一年,我的朋友圈"之"谭若霜:风貌区里的烟火人生"

(实况,环境实况声)清晨6点,高安路伊丽包子铺。开张。灯火中紧张地忙碌。老板娘陈姐招呼顾客。

(字幕:清晨6点高安路)设计师谭若霜跑步现身。

【谭若霜自述:(贴画面)】我叫谭若霜,是一名建筑师,每天都有早起的习惯,今天晨跑顺便绕过来看看。我在2020年认识了安徽人陈师傅夫妻俩,帮他们改造了店面,站在他家包子铺外,这弥漫在空气中的烟火气,把整个城市都唤醒了。

(实况:买包子,与老板打招呼,互相问好。)

【谭若霜自述:(贴画面)】这家伊丽包子铺,虽然只有16平方米,可是在这开了17年没有挪过窝,最多的时候一天卖出5 000个包子。周边居民很多都是老顾客了。

[采访市民:我经常在这儿买,(以前)比较乱一点儿,门面也不是很整齐,我看他们经过改造以后,服务也不错,环境也不错,价位也比较实惠,我们住在附近也很方便的。]

[采访伊丽包子铺店主陈昌义:我这个店装修了(之后),打卡的人还是很多的,每天(有人)过来不断地拍照啊,感到很新鲜,就想包子店怎么做得跟咖啡馆一样的,与众不同,老客户不用讲了,基本上你来吃什么(品种)我们都知道的,几年前我们就想装修,一直没时间,因为那时候生意比较忙嘛,我们也舍不得停

业嘛。]

（采访伊丽包子铺老板娘陈姐：我们待得还蛮习惯的，因为在这里做了这么多年，大家还蛮认可的，口碑还不错，也很尽心地去做，尽量把它做到最好。）

【谭若霜自述：（贴画面）】包子还是那个包子，味道还是那个味道，可是16平方米的生活空间被彻底改变。门打开是铺面，关上之后就是安静的居住的感觉，老建筑门窗上的铁艺造型也给我们设计招牌带来了灵感。

（采访上海瞻昂建筑设计有限公司主持建筑师谭若霜：他很担心原来上面的那个大招牌去掉之后，它会不会还能够吸引客户，我们就非常巧妙地把招牌改造成摊开和闭上之后都有比较有辨识度的这样一个招牌，在既考虑了跟风貌融合的同时，也让它的商业价值得到进一步的提高。）

【谭若霜自述：（贴画面）】包子铺有了自己的气质，陈师傅受益，周边居民满意，而我也把自己的设计融入了这座城市的烟火气中。

［采访伊丽包子铺店主陈昌义：我1992年到上海来的，一直在上海打拼哪，没做出什么业绩出来，一直在这里就是讲能维持生活，也还是比较开心吧，(吃我包子的)小姑娘小伙子现在都成家了，有时候小两口到我们这儿来，他说我是从高小(高安路一小)一直吃到现在成家了，都在你们这儿吃包子，从小到大吃着你们包子长大的，他有时候来怀旧，他带着他女朋友跟我讲这意思，我听得很自豪很开心嘛。(去年疫情)像我这个店能维持下来我觉得很幸运了，(设计师)操了不少心，有时候为了一个小细节我都和他商量怎么去做，有时候我们有点小问题，喊他过来一一解决，非常感谢。新的一年家里人身体健康，这是最重要的，我家的老妈87岁了，(我祝她)长命百岁吧，她在家里身体好，我们在外面做生意也安心嘛，好多人都知道，因为在电视报纸上好多人都看到了，有个好朋友他在电视上看到这个(报道包子铺的)新闻，第一时间把这个消息发给我，我自己都还不知道呢，我感到很开心，(生意)越来红火吧，牛气冲天。]

（实况：双方互动）

【谭若霜自述：（贴画面）】我在意大利学的是历史建筑修复，读完博士学位后我回国了。2020年对很多人来说是命运转折的一年，也是我回国后接触历史环境介入的第一年。做完包子铺之后,我接手了高安路的另一个项目,你猜是改造啥?

(旧照片展示)

【谭若霜自述:(贴画面)】高安路6弄里的高安路一小和现在的五十四中学的原址,在上(20)世纪三四十年代曾经是盆景大王黄岳渊的花园"黄园",来黄园隔着院墙赏菊,可是当年上海人的一大乐事。而我的任务是,改造这条弄堂口的垃圾库房。

(一组新景展示,特写)

[采访市民:看上去不像垃圾桶,(当时改造时)我以为要没有了,原来不是这样的,感觉也好,又方便,透绿的而且,透墙的,非常好。]

【谭若霜自述:(贴画面)】我们一改以往总是把它放在隐蔽的角落空间的做法,90度转向,把原来背对高安路的垃圾房,设置在面向高安路的一个小花园中,一方面延续当年"隔墙观景"的场地记忆,另一方面也让出门倒垃圾的居民本身成为被观看的"活动景观"。而框景的门洞,花架的样式也都来源于这条百年马路上老建筑的装饰元素。

(采访上海瞻昂建筑设计有限公司主持建筑师谭若霜:设计了一个使用者的流线和清洁工人的流线,从这个方向倒垃圾,它垃圾清运的出口是从另一端出来的。)

(采访市民:之前的时候其实心里是觉得有点脏乱的,然后改造完以后你甚至可以走过来根本没有意识到它是这样功能的一个区域,而且相当美观,更好的话,我觉得他这个设计和这边其他的一些建筑是融为一体的。)

【谭若霜自述:(贴画面)】我们在徐汇区天平街道做了10个项目,像街边小铺、垃圾房,还有弄堂围墙,好像没那么高大上,看上去并不起眼的空间,但这些所谓的"城市背面",实际上与居民的生活密切相关。比如,我的这位朋友,便利店老板骆师傅,去年改造的时候正值疫情,生意清淡,他常常忧心忡忡的。

〔采访金斯森便利店店主骆旺兴:(去年)疫情刚开始的时候(生意)不怎么样,现在还好,装修了以后,现在可以稳定下来了,基本上可以稳定下来了,生意好一点儿起来了,我们今年过春节在上海,我们不回家,我们店不关的,一直开的,我们(一天)开 18 个小时,从早上 6:30 到晚上 11:30 关门,原来(门面)没有装修得这么漂亮,原来我是一个双门的,在中间的,现在改成单门了,门面感觉很漂亮。〕

【谭若霜自述:(贴画面)】骆师傅夫妻俩是浙江东阳人,这家杂货铺在高安路上也已经开了有 11 年。店面不大但也不算小,听骆师傅说,满满的货架上有一两千个品种。儿子大学毕业后,也过来帮忙,如今父子俩一个做线下,一个做线上,孙女也在上海上幼儿园,一家人已经在风貌区里扎下了根。

(采访金斯森便利店店主骆旺兴:上海是个大都市呀,政策开放,对我们外来人口很好,我是对他们设计很满意的,街道对我们关心,对我们这个房子装修得很好,我也感觉到很高兴,生意好一点儿就可以了,再兴旺一点儿就可以了。)

【谭若霜自述:(贴画面)】骆师傅的便利店所在的商铺,是一栋建造于 1937 年的老公寓底层,当年是面包房、理发店、鞋店和诊所,到 20 世纪 50 年代被改造为住宅,90 年代又恢复成商业空间,我们在档案馆里寻找印记,从原始的建筑图纸到历史影像资料,再到对老住户的口述整理,经历了这个过程,建筑发展的脉络逐渐被理清。

(采访市民:它有一些比如说像门窗,它有一些很复古的设计,就是会有那种西式和中式的结合,还有就是它的大的落地窗、玻璃窗,然后坐在那边会感觉如果是冬天的话,太阳照进来,还是很舒服的。)

(采访上海瞻昂建筑设计有限公司主持建筑师谭若霜:有相当一部分其实是来源于 1937 年我们在档案馆找到的原始图纸,像这根斜横手,其实当时这里就已经是商业空间了,他为了让这个商业空间有生动性,就加了这条斜线。)

【谭若霜自述:(贴画面)】做历史建筑项目常常会有很有趣的发现,比如当我们把糊了很多层的涂料一层层剥开之后,就看到原来这个地方在 20 世纪 30 年代的时候是一个面包房,它的洗石子(材料)的招牌就在涂料后面显示出来了,我们才定下来这个立面就用洗石子,这些点状的色彩,就像印象派中的点彩,远看色调很和谐,近看又不至于平淡,会感觉有很多的细节在里面。

(采访上海瞻昂建筑设计有限公司主持建筑师谭若霜:把室外的街景和梧桐树影投射到室内,把室内琳琅满目的商品又投送到街道,当里面的橱窗的灯火亮起来的时候,也会给人一种归属感和温暖的感觉。)

【谭若霜配音(贴画面)】"修旧如旧"是很早提出的历史建筑介入原则,这个"旧"的维度不是一个"点",而是一条时间的"线"。各个时代的"旧"结合起来,才是真正丰沛的历史信息。归根结底我们做的不只是为了拍一张好看的照片,而是为了现在和以后生活在这里的人们,有烟火气的"生活"才有生命力,这个理念其实已经不只是建筑师们的认知,高安路系列项目改造的背后,其实体现的是一个地区的治理智慧。2020年,我的朋友圈里,也有幸结识了这样一位新朋友。

(采访天平街道办事处副主任蔡辉:最早的状态都是感觉到跟我们整个的街区品质是不符合的,但是这样的一个民生需求也确确实实是需要存在的,那么我们既要保留这样一个功能,同时又要满足风貌的需求,其实更多的需要的是耐心和情怀,这种耐心和情怀在这个工作过程当中,尤其是在社区层面,从很小的点入手,但是我们在很小的点过程当中,能够看到一些精细的思考和考量,设计师对我们整个风貌区还是有很多的研究,也是把国外学到的一些关于优秀历史建筑,包括优秀历史风貌,怎么在我们的风貌区里面更好地结合作品能够体现出来。)

【谭若霜配音(贴画面)】正是因为有这些志同道合的朋友,我们才可以让这座城市保留更多的记忆,让风貌的"断点"成为"连接点"。其实你仔细去看,会发现老建筑上面都有时间的鲜活印记。2020年我们完成的最后一个项目是一条四通八达的弄堂,我们把不同风格的水泥拉毛工艺复刻在了弄堂的院墙上,在光影和斑驳树影的变幻中,仿佛可以触摸到时间的痕迹。

(字幕:康平路152弄)

(采访天平街道办事处副主任蔡辉:在2021年的工作过程当中,我们认为,精细化的治理还是要下足我们的"绣花"功夫,比如说我们地区里面的一些美丽楼道的实施,我们美丽庭院的更新,还有我们美丽街区的延伸,最后到我们美丽片区怎么去最好的实现。通过我们的一些精细治理,能够绣出我们整个风貌区的特色和历史文脉,同时也能够绣出我们美好品质的生活需求,最终,我们还是希望在我们治理的过程中,能够提炼出我们社会参与和共治自治的一个价值的体现。)

【谭若霜配音(贴画面)】新的一年已经来临,风貌区里的"断章"继续着走向"华彩"的改变。从设计者的身份中跳出来,在情感和诉求上扮演使用者,最大限度地和生活在这里的人们共情,感受他们的焦虑与渴望,期盼和欣喜,是我这一年最大的收获。风貌区不是空灵而冷漠的"天上宫阙",她需要可爱又鲜活的"人间烟火"。

当夜幕降临,温柔的灯火在街巷里弄,在千家万户的窗口点亮,过去一年的困顿迷茫终将远去,温暖和希望是风貌区建筑之外的另一种质感。这里是他们的家园,这里藏着他们最柔软的记忆和情感,这里也有我们大家的美好期盼。而梧桐背后最动人的风景,正是这些扎扎实实,真真切切的"烟火"人生。加油2021,生活在"风貌"中的人们!

2021 年度上海广播电视奖
参评作品推荐表

作品标题	《致命纪念册》（上、下）	参评项目	电视新闻
		体 裁	新闻专题
		语 种	中文
作 者（主创人员）	金炜娜、李志林、张辞源、翁杰、王晓彬、冯家琳、俞欣怡、吴依娜	编 辑	方婷、李姬芸、李鹏
刊播单位	上海广播电视台	刊播日期	2021年11月24日、2021年11月26日
刊播版面（名称和版次）	新闻综合频道《东方110》	作品字数（时长）	每集25分04秒（含广告）
采编过程（作品简介）	《致命纪念册》上下集，创新性地用上下集悬疑片的形式报道了20年前的凶案。记者采访了大量当年案子有关的人：民警、受害人家属、学校老师、目击证人……挖掘出了不少细节，把当年破案时的侦查过程精彩还原，同时梳理出警方的侦破思路，设置层层悬念，扣人心弦。节目播出后，对案情的讨论、对真凶的推测，以及父子互相猜忌怀疑、与凶手共住20年未发觉等令人唏嘘的细节，成为街头巷尾和互联网上的热议话题。		
社会效果	为了推进大小屏联动传播，法治节目部在电视栏目上下集播出的时间空当制订了详细的宣传计划，促使热点影响力最大化，并转而反哺看看新闻客户端。一是搜罗网上的热议讨论，在形成话题的同时推出预告下集内容的海报和短视频，并制作了长图手把手教授下载看看新闻客户端来看直播和回放，有目的地引导受众人群；二是在案件聚焦和看看新闻新媒体矩阵以重播、推出揭秘预告片、直播后上下集连播等形式保持热度，并继续用主题为"揭晓"的海报将尚未观看直播的观众引向新媒体端，营		

社会效果	造持续关注热度。两集节目在看看新闻访问量达 382 万,其中 26 万来自客户端,2 万用户扫描公众号推文中的客户端下载二维码,看看新闻和案件聚焦主持的微博话题阅读量达 930 万,大大提升了看看新闻和新闻综合频道的热度。

致命纪念册

上

【解说】
　　一本毕业纪念册,两个人因此丧命。

【采访】凌巍:
　　颈部受到外力勒,造成了窒息死亡。

【解说】
　　20年凶案未破,亲人互相猜忌怀疑。

【采访】刘思佳:
　　我爸怀疑,说是不是你?

【采访】赵自力:
　　(案子)始终破不了的话,那(凶手)极有可能是她丈夫。

【解说】
　　排查数百位嫌疑人,作案凶手到底是谁?

【采访】周浩:
　　反侦查意识还是有的,有一段时间的预谋。

【解说】详情请收看《东方110》

【主持人】
　　对很多人来说,毕业纪念册是一份美好的回忆。但对这本纪念册上的所有学生而言,却是一场噩梦的开始。因为20年前,有两个人因为这本纪念册丧命,而凶手却一直逍遥法外。今年38岁的刘思佳(化名)是这个班级的班长,他永远也忘不了2001年4月6日这一天。

【解说】
　　2001年4月6日下午3点40分,在同学家打游戏的刘思佳突然接到了父亲的电话。

【采访】刘思佳:
　　他说快点回来,妈妈出事情了。

【解说】
　　刘思佳以为只是心脏不好的妈妈又发病了,一开始并不是太在意。等他赶到小区时,才知道大事不好。

【采访】刘思佳:
　　赶回去看到门口都是警察,边上小区里面的人讲什么出人命,就知道大概是出什么大事情了。

【解说】
　　原来,刘思佳的爸爸回家时发现,他妻子倒卧在家中床上,已经死亡。杨浦公安分局刑侦支队刑科所所长凌巍,是当年第一个进入现场勘查的技术员。

【采访】凌巍(杨浦公安分局刑侦支队刑科所所长):
　　致死原因是颈部受到外力勒,造成了窒息死亡。就是由这两根领带形成的,脖子上是有明显的索沟的。

【解说】刘思佳的妈妈沈蓓因为身体原因病退在家。当天下午,刘思佳是1点出的门,他爸爸是3点半回的家。也就是说,他妈妈就是在这短短两个多小时的时间里被人杀害的。是谁会在光天化日之下杀人呢?

【采访】季俊耀（杨浦公安分局刑侦支队重案队队长）：
（被害人死）在床上，那第一反应就是性侵了。但是被害人的衣着又完整，没有看到任何被性侵的痕迹。

【解说】
如果不是图色，会不会是图财？刘思佳的爸爸当年经营着一家建筑公司，收入颇为可观。

【采访】赵自力（杨浦公安分局刑侦支队审理队民警）：
就是比较殷实的这家庭，所以大家都会倾向性地，就是去想到是图财害命。

【解说】
进一步勘查现场后，警方发现主卧梳妆台的抽屉虽然被翻动过，但里面的珠宝首饰却一件也没有缺少。在窗台角落里有一个保险箱，也没有被撬窃的痕迹。

【采访】凌巍：
家里面翻动也不大，也没有丢失比较贵重的财物。

【解说】如此看来，凶手也不是冲着钱来的，难道是跟死者有仇？

【采访】凌巍：
其中（短的）一根领带，凶手在勒这个被害人脖子的时候被他扯断掉了，他又拿了另外一根领带进行勒，感觉上就是凶手冲着把她杀害的这个目的去的。

【解说】
一个孔武有力的男性，大白天进入人家家里，不为财不图色，为什么要心狠手辣杀害女主人？警方带着疑问，继续仔细勘查现场，果然又有了新的发现：整个现场看上去并不凌乱，没有搏斗的迹象，而且作案后凶手还对现场进行过清理，没有留下指纹等生物物证。

【采访】凌巍：
这个嫌疑人他是有一定的反侦查意识，其实在当年来说是不多的。

【解说】

最让大家不能理解的是,死者是自己开门,让这个心狠手辣的凶手进来的。因为刘思佳家中安装了防盗铁门,在铁门和木门上都装有三保险锁,若要硬闯,绝非易事,而且也没有被破坏的痕迹。

【采访】季俊耀:

推销之类的,她不一定会让这个人进来。因为起码来说,她还有点这个警戒心的。凶手肯定是编造了某种理由,认识你或者是跟你什么什么关系的人,能进到你的室内。

【隔断】

中年女子命丧家中,凶手既不为钱,也不图色,为何要下此狠手?死者为什么会让凶手进门?《东方110》正在讲述。

【解说】

20 年前的小区还没有监控探头。在可能案发的下午 1 点到 3 点半之间,到底是谁来过死者家中?警方一家家地开始走访,很快就得到了一条重要的线索。

【采访】季俊耀:

邻居呢,是听到外面的门铃响,依稀听到是楼上我们的被害人在应答。

【解说】

住在一楼正在午休的邻居注意到,男人讲的是上海话,当时的时间是在下午 1 点半左右。

【采访】季俊耀:

这个时间段,在我们那个被害人可能被害的时间段里面,所以说他这个人,是比较关键的一个人物。

【解说】而这,似乎是一次事先计划好的熟人间的约定。因为男人仅仅在电控门的对讲机里回答了一句"是我",女主人就默契地打开了门。

【采访】赵自力:

她当时就是说,没有询问对方身份的这样一个过程。这样的话呢,可以判断,就是说只有熟人来,是不需要询问他的身份的。

【解说】
但是,客厅茶几上放着的一个骨瓷茶杯,又印证了这名上门的客人肯定不是熟人。

【采访】刘思佳:
这个杯子一般性情况下是家里来客人了,我们是专门招待客人用的,自己人是不会用的。

【解说】
茶杯里泡的是当年的新龙井,而非陈年毛峰,说明这个客人对主人或者是这个家庭有一定的影响力,不能怠慢。凶手显然用过这个骨瓷茶杯,因为警方发现杯子被湿抹布仔细擦拭过。
一个能让女主人放心开门,又让她比较尊敬或重视的人会是谁呢?警方首先想到的是与刘思佳爸爸相关的人。因为当年刘思佳爸爸生意做得比较成功,在业内颇具威望。有没有可能是生意上的纠纷,让对方起了报复心?

【采访】赵自力:
一种比如说是生意上比较重要的客户,还有一种呢,就是社会上关系比较好的人。

【解说】
然而,当年刘思佳爸爸果断排除了这种可能性。因为他做生意多年,从不会轻易给别人留家里的地址和座机电话,更不会随便让人上门。与此同时,警方着重围绕死者的社会关系开展了细致排查。

【采访】赵自力:
大家当时都很有信心的,就觉得这个案子不难,只要把这个熟人找出来就行了。

【解说】
沈蓓病退前是一家国企的财务,病休在家后除了打理家务,她还经常和几个小姐妹去逛个街,跳跳舞。

【采访】赵自力：

被害人出门一般都是会刻意打扮一下的。她一出来就是给人家这种感觉，就是哎，好像是比较殷实的家庭。

【解说】

与沈蓓一起逛街吃饭的好友比较固定，警方很快就排除了他们的嫌疑，而是把重点放在了她常去的歌舞厅。

【采访】赵自力：

那种看似不是很密切的，那这样的人，就是出现凶手概率最大的群体。

【解说】

据一起跳舞的人说，沈蓓性格开朗，为人热情，在圈子里很受欢迎，虽然年近50，却也不乏仰慕者。会不会是有人因爱生恨杀了她？警方找到了所有跟沈蓓跳过舞的舞伴，一一排查。然而，警方调查后却发现，这数十位舞友案发时要么不在上海，要么在上班，都没有作案时间，最终被一一排除。案子似乎走进了死胡同。

【主持人】

一起发生在大白天的命案，凶手既不图财也不图色，看起来不像是仇杀，也不像是情杀。凶案发生后的两个多月时间里，警方排查了死者沈蓓夫妻俩的137个关系人，但都一无所获，案件似乎陷入僵局。侦查工作又回到了起点，那么会不会还有什么重要细节没有注意到呢？就在这个时候，死者沈蓓的丈夫回忆起案发前一个奇怪的电话。

【解说】

在案发前一天，也就是清明节那天，刘思佳的家里接到过一通电话。

【采访】季俊耀：

打电话的人说刘思佳在吗？刘思佳接了电话以后，打电话的人再问，刘思佳的爸爸，也就是被害人的丈夫，然后刘思佳说他爸不在，那么刘思佳就问，你需要他的手机号码吗？那人说我不需要，我有的，我会直接打电话联系他的。

【解说】

对方打的是家里的座机电话，讲的是上海话，而且叫出了父子俩的名字。可虽然说是找刘思佳爸爸的,他却没有接到过类似的电话。那么,这个打电话上门的男人会是凶手吗?

【采访】季俊耀:
　　真的工作上或者是事情上,有找刘思佳父亲的需要的话,必定会联系他了,但是他一天没有接到过任何一个电话。我们当时猜想,这通家里的固定电话,是不是在试探家里有几个人。

【解说】
　　警方调查后发现,电话是从距离案发现场一公里以外的一个公用投币电话亭打来的。打电话的人能准确说出刘思佳父子俩的名字,又知道家里的地址和电话,会不会是跟刘思佳有关呢?警方将侦查的目光投向了刘思佳的同学及就读的学校。

【采访】刘思佳:
　　那个时候,他们杨浦分局的刑警,他们就跟我讲,收集一切能收集的线索,他说你学校里面也要收集。

【解说】
　　案发时,刘思佳是虹口区一所职业学校计算机专业的学生,因为快毕业了,大家都交换写过纪念册,他家的地址电话,班里的同学都知道。

【采访】刘思佳:
　　我写你的,那么我这本你也肯定要写的。那时候同学纪念册,总归想同学之间留点联系什么的,总归是美好的,快毕业了。

【解说】
　　除了同学之外,掌握学生家庭信息的还有老师。刘思佳班级的班主任王老师坦言,自己是全校第一个被警方怀疑的对象。

【采访】王老师:
　　(刘思佳妈妈)接待的人是比较熟悉的,而且比较尊贵的,从这个角度来讲,我是恰恰最有怀疑性的,在职校里凡是跟我本人有所接触的,基本都是关注对象。

【解说】
　　但是王老师十分确信,学生登记表没有遗失,也不可能被人随意看到。

【采访】王老师:
　　每个老师有个办公桌,办公桌有钥匙的,锁掉的。

【解说】
　　刘思佳在学校没有与人结仇,老师似乎也没有故意泄露学生家庭信息的必要,这个熟悉刘思佳家里情况的人会是谁呢? 警方把这一家三口的社会关系全都调查了一遍,依然找不到凶手的影子。
　　时间一天天地过去,因为案子悬而未决,刘思佳家中的气氛越来越沉重。悲痛之余,父子俩都在不停地猜测凶手会是谁,甚至开始怀疑对方。

【采访】刘思佳:
　　我爸怀疑过我,他说,我们两个之间是心对心地说,是不是你?

【解说】
　　为什么会怀疑自己儿子呢? 刘思佳说,案发当天他出门到同学家打游戏时,破天荒地带走了妈妈的手机。

【采访】刘思佳:
　　有手机总归是可以炫耀一下。

【解说】
　　在他爸爸看来,这个举动有点不寻常。而且因为当时正处在青春期的刘思佳,时不时会跟他妈妈发生冲突。

【采访】刘思佳:
　　毕竟人是十七八岁,叛逆期嘛,会玩游戏,会用钱,按照他们的说法,这就是动机。

【解说】
　　与此同时,刘思佳也怀疑过自己的父亲。因为妈妈被杀,凶手还没找到,第二年他爸爸就再婚另娶了一位年轻的妻子。而且这个家里虽然是刘思佳爸爸负责赚钱,但财政大权实际上掌握在他妈妈手里的。

【采访】赵自力：
被害人其实她一直处于一个很强势的地位，刘思佳爸爸完全有这个动机。

【解说】
在警方看来有，刘思佳爸爸不仅有作案动机，还有作案条件。按照习惯，刘思佳爸爸一般不会下午3点多这么早回家，当时他自称是要回家取一笔现金才给妻子打电话，结果发现一直没人接，随即赶回家中。

【采访】赵自力：
现场的清理，包括茶具怎么摆放，她丈夫最有条件可以造出来了。

【解说】
而在刘思佳看来，他爸爸对妈妈的被害始终有说不出的愧疚感。

【采访】刘思佳：
他就是每年跟我一起上坟的时候，时间差不多了他总归是让我先走，他总归自己会在我妈坟地面前站着，站一段时间。

【解说】
不过，警方调查了案发当天刘思佳爸爸的行动轨迹，发现案发前他在和客户谈生意，而且小区保安也证实了他是在报案前刚到家的。如此看来，刘思佳爸爸的嫌疑可以被排除。但尽管如此，凶手没有找到，压在父子俩心里的这块大石头始终没有移开。

【采访】刘思佳：
我有这样一段时间，谁都不相信。

【采访】赵自立：
我当时还跟他们说过这样的话，我说这个案子如果到最终，始终破不了的话，那极有可能就是她丈夫干的。

【解说】
父子俩就在这种压抑的氛围中继续生活。

【采访】刘思佳：
说句难听的，就是我们两个人相依为命了。

【隔断】
凶手作案动机成谜，警方侦查陷入困境；时隔一年再次发案，死者是一名19岁的花季少女。两起命案有何关联，《东方110》正在讲述。

【主持人】
妈妈被害一年多后，开始跟父亲学做生意的刘思佳听到了一个令他震惊的消息。他们班的班花高静，在家中被人残忍杀害。短短一年多时间里，身边两个人相继被害，刘思佳没有想到，他再次成为警方的调查对象。

【解说】
2002年7月1日下午2点48分，刘思佳的同学高静，被她母亲发现惨死家中。

【采访】周浩（虹口公安分局刑侦支队刑科所技术员）：
加害的位置在床上。

【解说】
高静的死因是遭人扼颈，致机械性窒息死亡。

【采访】周浩：
现场里面没看到比较明显的抵抗、反抗，或者搏斗的迹象，这是给我们的第一个感觉。而且还有感觉，就是觉得凶手和被害人之间的力量差，是绝对控制的，首先凶手是男性。

【解说】
现场勘查显示，凶手并没有翻动过橱柜。而且经过高静家属清点，家中也没有财物损失。如此看来，凶手上门图的是色。

【采访】王季仲（虹口公安分局刑侦支队重案队侦查员）：
因为被害人在月经期，法医也看了，应该是没有发生过（性侵）。

【解说】

不仅如此,案发现场明显被仔细清理过,没有留下任何指纹等痕迹,警方由此推断凶手很有经验,而且很有可能有前科。

【采访】周浩:

凶手在刑事犯罪侦查方面,他可能平时比较留心,比较关注。作案之前呢,有一段时间的预谋。

【解说】

19岁的高静从职校毕业后没有参加工作,而是报读了成人自学考试的培训班,平日里基本是家里学校两点一线。

【采访】王季仲:

她爸爸很文艺,那个年代梳了个辫子,所以高静呢,同学反映,气质比较好。

【解说】

高静家住在4楼,门没有被人破坏,也就是说,高静是主动开门放凶手进去的。那么,是什么样的人能够让平日里性格内向的高静放松起码的警惕呢?

【采访】周浩:

有一个接待的过程,还是比较正式的接待过程,(接待在)父母的主卧里面,因为他们那里还有茶几沙发的。

【解说】

高静母亲想起,当天中午11点多,也就是案发前3个小时,她接到过一个陌生男人的电话,是找高静的。

【采访】张磊(虹口公安分局刑侦支队重案队队长):

当时打过去以后是问高静在不在?然后高静的母亲回答说,高静现在不在,但是过会儿会回来吃饭的。高静母亲还加了一句话,就说我马上要出去了,你有什么事等她回来,你直接跟她联系。

【解说】

电话那头的男人讲一口上海话,在电话中跟高静母亲确认高静培训班下课、到家的时间。因为高静的外公生病住院,急着要去医院送饭的高静母亲没有怀疑这些不寻常的问话,匆匆回答后就挂了电话出门了。

【采访】张磊:
就是这通电话可能给了凶手一个感觉,就是说她家里面过会儿就高静一个人在家,所以说,就是给他作案给了一个空间吧。

【解说】
高静母亲事后回忆,电话里的男声听上去上了一点儿年纪。那么,19岁的高静为什么会让一个中年男性进门?

【采访】张磊:
是一个被害人比较敬重的人,可能是类似于像学校老师,或者说是学生家长,有一定地位的学生家长,让被害人觉得他是一个上宾。

【解说】
警方立即到高静曾经就读的职校调查。知道高静被杀的消息,班主任王老师既吃惊又害怕。

【采访】王老师:
我当然要自己控制住,不要被人家感觉,做贼心虚,你一说了,我很紧张的,看起来我就变成凶手了,所以在这两个原因下,我就控制自己,从外表看起来,没有一点儿反应的。

【采访】刘思佳:
同学之间猜测,是不是就是说,有可能是我们在学校的联系方式漏出去了,所以说就是有可能想到,跟学校这方面也有点关系。

【解说】
警方随即把高静和刘思佳妈妈被杀这两个案子串并,因为这两起案子很可能是一人所为。

【采访】王季仲:
两起案件都和职校有关,一个是直接被害人,一个被害人的儿子是职校的,而且是同班同学,没有这么巧,就是不相信是巧合,特别是在这种重特大案件里。

【主持人】
　　一本毕业纪念册,两起残忍的命案,让曾经就读这个班级的每个同学心中都蒙上了阴影。究竟是谁,在利用这本纪念册作案?追凶20年,案件侦破如何迎来转机?欲知详情,请收看本周五11月26日晚上播出的《东方110》——《致命纪念册(下)》。

下

【解说】
　　一本毕业纪念册,两个人因此丧命。

【采访】
　　凌巍:颈部受到外力的勒,造成了窒息死亡。

【解说】
　　循迹追踪,凶手面目逐渐清晰。

【采访】王季仲:
　　大概是40岁的一个中午男子,戴眼镜,穿鸡心领的羊毛衫。

【解说】
　　全面排摸,重点落在职业学校员工(身上)。

【采访】季俊耀:
　　男老师排查他本人,女老师排查她的丈夫。

【解说】
　　20年坚持不懈,命案侦破如何出现转机?详情请收看《东方110》。

【主持人】

今天我们继续来关注两起发生在20年前的命案。这两起命案,都与虹口区某职业技术学校有关。两名死者一名是班花高静,另一名是班长刘思佳的妈妈。案发前,两家都接到过一名中年男子打来的电话,而且都是被害人自己开门接待了这名凶手。那么,凶手为什么会对两家的地址、电话、家庭成员了如指掌?又是如何取得她们的信任进门的?这本毕业纪念册是关键线索。

【解说】

高静被害后,警方调查了她家的来电记录,确定电话是从距离高静家6公里以外、位于杨浦区的一家杂货店打来的,经营杂货店的徐阿姨对打电话的人印象深刻。

【采访】徐阿姨(杂货店老板娘):

这人我怎么会记住的呢,就是他钱没付。

【采访】张磊(虹口公安分局刑侦支队重案队队长):

当时叫住他,哎,你钱没有付,因为这句话凶手马上就有反应,回来以后,他丢了5毛钱的硬币给杂货店老板。

【采访】徐阿姨:

一个眼神我记得很牢的,很凶的样子。

【解说】

根据徐阿姨回忆,打电话的这个男人大概40岁,身高在1米70左右,皮肤黝黑。

【采访】王季仲(虹口公安分局刑侦支队重案队侦查员):

她说那天是下雨,所以打电话的人比较少,所以老板娘的刻画,可信度还是比较高的。

【解说】

按照徐阿姨的描述以及她反复回忆出的男人的五官特征,警方描绘出了凶手的一张画像。

【采访】刘思佳：

那时候是素描，画出来过几张人物照，那么我们知道，有可能有个嫌疑人，但是是谁，他们（警察）也问过，我们不太清楚。

【解说】

结合案情经过反复讨论、分析，警方逐渐倾向于一种可能性：凶手可能是刘思佳和高静曾经就读职校的老师或管理人员，或者是学生家长。因此，警方重点围绕职校，特别是他们曾经就读的计算机专业展开。

【采访】季俊耀（杨浦公安分局刑侦支队重案队队长）：

一个是同学被杀，一个是同学的母亲被杀，这我觉得学校肯定有问题，学校里面肯定有一个，可能潜在的犯罪嫌疑人在。

【解说】

为了尽快确定画像中凶手的身份，高静被害后不久，警方就召集了这个班级的学生，在虹口分局召开了一次特殊的班会，特别询问是否有人丢失过毕业纪念册。在传阅凶手的素描画像时，其中一名学生梁笑反映，她的母亲可能碰到过凶手。

【采访】王季仲：

包括嫌疑人进家之前还打过电话，还有都是冒充职校的老师。

【采访】王老师（班主任）：

（凶手称）是来了解已经毕业学生的情况，那么班主任王老师生病，说我本人生病，他说我是代替王老师来家访的。

【解说】

在上门进行所谓的家访前，这个男人也打了一通梁笑家的座机电话，确认是梁笑母亲一人在家。因为报得出梁笑以及班主任王老师的名字，梁笑母亲丝毫没有怀疑。大约两个小时后，中年男子上门了。

【采访】王季仲：

40岁左右的一个中年男子，戴眼镜，然后穿的是鸡心领的羊毛衫，外面有一件西装，就是那种蟹壳青色的。

【解说】
　　梁笑家是601室和602室打通的,他们家人和来过他家的客人都是从601室大门进出,但是这个男人按的却是602室的门铃。

【采访】张磊:梁笑留同学录(纪念册)的时候,她习惯是把他们家的地址写在602室。

【解说】
　　根据梁笑母亲的回忆,当时中年男子脸上始终保持着微笑,看上去很文雅。

【采访】季俊耀:
　　凶手话不多,人说话声音很轻,文绉绉的样子。

【解说】
　　不过这个自称职校老师的男人并不关心梁笑的就业状况;相反,对家里是否还有其他人更上心。

【采访】王季仲:
　　房间是打通的,中间有一扇门。因为嫌疑人有这个动作,他要去开这扇门,梁笑妈妈把他给叫回来了。

【解说】
　　男人寒暄了几句之后,就主动告辞了。在这个奇怪的男人走后,梁笑母亲左思右想觉得不太对劲,就给女儿职校的班主任王老师打去了电话,知道真相后吓出了一身冷汗。

【采访】王老师:
　　就问我情况,你王老师是不是生病了,那么我爱人跟她说,王老师没生病,在单位里上班,才知道这个人是骗子。

【解说】
　　因为这个男人没有做出特别出格的事,梁笑母亲当时没有报案。但显然,她这次是与死神擦肩而过。

【采访】王季仲：

他不清楚这扇门背后有什么，可能也是他放弃作案的一个原因，有不可预测性。

【解说】

在对班级学生逐一询问后，警方得知没有人丢失过毕业纪念册。那么凶手是如何掌握毕业纪念册上的学生信息的呢？还有一种可能，就是这些同学的家里人，因为他们也有机会看到这本毕业纪念册。

【采访】季俊耀：

我们就按照他当时提供的名单，因为学生不会漏，一共五十几个学生，把学生的父母都列出来，(上门)去核实一下。

【解说】

在接下来的一个月的时间里，警方走访调查了52名学生的78位男性亲属。然而通过画像比对、作案时间排查，这些亲属都被一一排除了嫌疑。案件的侦破再次陷入僵局。

【采访】王老师：

反正很长时间，(调查)断断续续要一两年的时间，(跟警察)接触得挺多的。

【采访】王季仲：

大方向是对的，肯定是和职校有关，这个关系密切到什么程度，这就不知道了。

【解说】

不过，警方的侦查工作显然震慑到了凶手。他再也没有作案，从此销声匿迹，隐藏在茫茫人海中。

【采访】王季仲：

嫌疑人不作案有多种可能性，身体原因，还有因为我们这么大规模地开展调查了，他收敛了，是吧，他也怕如果再作案，大家都提高警惕了，那么等待他的不是同学了，是冰冷的手铐。

【隔断】

两位目击证人勾勒出凶手画像,几乎穷尽的走访调查,却没有找到与之对应的嫌疑人。两起命案,两个破碎的家庭,20年的不懈努力如何迎来破案转机,《东方110》正在讲述。

【主持人】

谁也没有想到,这两起与同一本毕业纪念册有关联的命案,一查就查了20年。这20年里,办案民警换了一拨又一拨,人员排查了一遍又一遍,参与办案的民警都觉得凶手似乎近在咫尺,却又始终躲在暗处。而在这20年里,最受煎熬的还是两位死者的家属。

【解说】

母亲被害后,刘思佳还没从悲痛中走出来,他的父亲很快就娶了年轻的妻子,这一度让他和警方都怀疑父亲就是杀人凶手。虽然警方调查后确认刘思佳父亲没有作案时间,但是亲人间的猜忌就像一块巨大的乌云,笼罩着这个不幸的家庭。

【采访】刘思佳:

这事情发生过了,总归和没发生以前是两种心情,心里面总归牵挂了一件事情,就是每年上坟的时候,总归是牵挂着。

【解说】

职校毕业后,刘思佳就到父亲公司上班。经过多年的学习,他逐渐成为父亲的接班人。就在生活越来越好的时候,2015年,刘思佳的父亲因为疾病突然过世。

【采访】刘思佳:

一下子就是蒙掉了,就不能讲话了,但是最后离世的时候,我看他在流眼泪,估计心里面肯定也有遗憾的。

【解说】

而这些年来,被外人认为是"高富帅"的刘思佳却迟迟没有结婚。直到去年年底他才下定决心成家,却没有把母亲去世的真相告诉妻子。另一位被害人,刘思佳的同学高静家里的状况,更是令人唏嘘。

【采访】王季仲：
她母亲得知这个事情之后，生了一场重病，就是躺在床上，大概躺了好几年，她一直以为女儿没死，所以后来的事情都是她爸爸在处理。

【解说】
因为接过凶手电话，告知了女儿到家的时间，高静母亲总觉得是自己害了女儿，而她父亲也因此一直责怪母亲的不谨慎。

【采访】王季仲：
她爸爸一直因为这通电话，就是责怪她母亲，她爸爸最后2014年还是2015年去世的时候，是郁郁而终的，因为女儿的案子一直没破，她妈妈说是死不瞑目。

【解说】
高静被害一年后，她的父母因为承受不了天天睹物思人的悲痛，就把房子卖掉了。

【采访】王老师：
我觉得是蛮心痛的，所以呢这个事情呢一直没解决，我也是挺放在心里面的。

【主持人】
2020年底，这两起沉寂了20年的案件，终于有了重大突破。警方运用最新的技术，通过对当年在现场采集并保留下来的证物，进行再鉴定，最终在捆绑刘思佳母亲沈蓓双手的布带上，提取到了凶手的生物物证。

【解说】这根布带长约1米，宽3厘米左右，是死者放在衣柜里用来捆绑东西的。

【采访】凌巍（杨浦公安分局刑侦支队刑科所所长）：
当时因为这根布带是缠绕在她两只手的手腕处，这肯定是重要作案工具。

【采访】吴瑕（杨浦公安分局刑侦支队刑科所法医）：
我们一直说接触必留痕，然后我们对这根布条进行了生物物证的检验，然后在布条的两端检出了一个未知名的男性的分型。

【解说】提取到这份关键的生物物证后,警方再次梳理,将排查比对人员扩充到了 421 人。

【采访】王老师:

我是第一个(被采集的),当初呢就是说杨浦分局叫我来了以后,民警说王老师,不好意思,要验一次血。

【采访】季俊耀:

第一层先放在老师这边,就是教过这个班的老师,男老师排查他本人,女老师排查她的丈夫或者排查她的兄弟;第二个是勤杂工,教职工也放在里面;第三个是学生的家长,男性。

【解说】

今年 3 月初,当警方排查到一个名叫曹乐乐(化名)的女生家长时,她的父亲表现出了非常大的抵触情绪。

【采访】曹乐乐父亲:我想想,我已经跟她离婚几十年了,你现在再来找我做什么。你去找她那个男人。

【解说】

原来,曹乐乐的父母在 1996 年离婚,之后她的父亲只身去了新加坡谋生。因此在案发的 2001 年和 2002 年,他都不在上海。但是因为他与曹乐乐的亲缘关系,警方也将他纳入了比对名单。

【采访】季俊耀:

跟她曹乐乐一起生活的男性是另外一个人,而这个人没有在我们的排查名单里面。

【解说】

曹乐乐父亲反映的这个男人是他女儿的养父,67 岁的杨建国。因为杨建国没有和曹乐乐母亲办理婚姻登记手续,因此一直没有进入警方视线。然而在当年警方的上门排查中,曹乐乐母女俩不约而同地掩盖了杨建国的存在。

【采访】曹乐乐:

我妈不可能主动说的,因为毕竟同居也不是很好的事情,对吧。

【采访】冯敏(曹乐乐妈妈)(化名):
怕难为情,两个人没结婚住在一起。

【解说】
杨建国由此成为比对名单中的第 422 人。

【隔断】
20 年命案未破,坚持不懈终迎曙光,422 人的比对名单,能否找出背负两起命案的凶手?《东方 110》继续讲述《致命纪念册》的故事。

【主持人】
警方发现,这个杨建国有多次盗窃和诈骗的前科劣迹,曾经三次入狱,出狱后一直靠吃低保度日。杨建国平时大部分时间与曹乐乐母女同住,自己又在奉贤区租了一间房。今年 3 月 15 日凌晨,杨浦公安分局的特警和刑警赶赴杨建国的居住地。

【出字】
时间轴:2021 年 3 月 15 日 00:30。地理轴:奉贤区海棋路上某小区。
哟,自杀了。
自杀了。
没想办法进去,地上都是血。

【解说】谁也没有想到,深受胃癌折磨自知时日不多的杨建国,恰好在警方找到他之前,自行结束了生命。

【现场资料】
人在,死了。

【采访】凌巍:
割腕的方式,割的伤痕是比较深的,非常深,我们后来自己也在说,他对自己都非常下得去手,普通的人不一定能做到。

【解说】

这是杨建国生前的最后一段影像。监控显示,在 3 月 13 日下午,杨建国和往常一样独自骑着电动车返回暂住地后,就再也没有出来。可以看出,他与当年的画像确实有几分相似。经过法医的严格比对,杨建国与命案现场采集到生物物证信息完全吻合。

【采访】吴瑕:

基本上就可以肯定,这个人应该就是嫌疑人。

【解说】

原来,杨建国和曹乐乐母亲冯敏是中学校友,初中时两人就已认识。1982 年,曹乐乐刚出生一个月,她的父亲就因犯罪进了监狱,母亲冯敏一个人带着她,日子过得十分艰难。上(20)世纪 90 年代初,刚刑满释放的杨建国通过老同学找上了冯敏。

【采访】冯敏:

一个人生活经济负担很重的,他做做生意,贴贴我钱,家里缺什么,我叫他去买什么,他都照办。

【解说】

出于经济和情感的双重需求,冯敏接受了杨建国,很快让他住进了自己家。杨建国兴趣广泛,喜欢玩乐,收入不高却早早买了影碟机,经常会买一些色情光碟回家。

【采访】冯敏:

不是明的夫妻关系,我没权管他的,让他去。

【解说】

冯敏说,她曾经发现家里有其他女性,因此和杨建国闹过分手。

【采访】冯敏:

上班,后来我请假回来了,走到家里门口门锁着,他跟一个女的在里面,我想怎么门锁着,后来敲,他自己开的。

【采访】曹乐乐：

他和我妈闹分手的时候,这时候我觉得他们分开也蛮好,我蛮开心的,但是因为我妈在我面前写遗书,就是很伤心的,我想算了。

【解说】

吵吵闹闹分分合合,冯敏和杨建国始终也没分开。直到案发前的2001年初,冯敏做了一场大手术。

【采访】张磊：

觉得家里面的人满足不了他的欲望,冯敏生病以后,这方面的欲望就减低了。

【解说】

如此看来,杨建国连去养女的几个同学家,显然是别有用心。但是,刘思佳是个男生,为什么杨建国首先选了他家呢？

【采访】季俊耀：

听名字上面感觉都比较偏女性化,对吧,不排除他上门的时候,就是要找这三个人,但是正好上门的时候,发现本人不在,但是他家属在,家属而且是个女性,他的母亲在。

【解说】

曹乐乐说,当年他们家是个一室户,三个人同住一个卧室。杨建国完全有机会看到他们班这本毕业纪念册。

【采访】曹乐乐：

我这种笔记本都在里面的。

【解说】

那么,冯敏母女俩对杨建国的罪行有没有可能事先知晓,事后隐瞒呢？警方调查后基本排除了她们的嫌疑。

【采访】张磊：

曹乐乐和梁笑当时关系还不错,曹乐乐也经常去梁笑家玩,如果曹乐乐要告诉他的话,就会跟他说,梁笑家是 601 室和 602 室打通的,你去按 601 室的门铃就可以了。

【解说】
　　知道一起生活了 20 多年的人,竟然是背负两起命案的凶手,冯敏说自己只有后怕。

【采访】冯敏:
　　如果想到是他,我后面会跟他住那么多年啊,我不要吓死啊,我女儿也是说,知道这样,我们两个性命大概也没了,也要被他杀掉的。

【采访】曹乐乐:
　　要是没这本毕业纪念册,或者是没认识这个人,然后没这些事情发生,但是没这么多如果的。

【解说】
　　杨建国的自杀,让这两起命案提前画上了句号。但他带给这两个家庭的巨大伤痛,却只能用时间来慢慢抚平。2021 年清明节,刘思佳特地到父母的墓地前,将找到凶手的消息告知父母。

【采访】刘思佳:
　　他们结案书给我了,在我妈、我爸墓地前,全部烧给他们,也算告慰了吧。

【解说】
　　而原本保留着每一届学生通信录的王老师,自此之后再也不敢保存任何名册,生怕再出意外。

【采访】王老师:
　　事情一出以后,我每一届的毕业生(名册),毕业我就销毁掉,这个毕竟是学生的隐私。万一流出去,别人家都好作案了。

媒体融合

一 等 奖

2021 年度上海广播电视奖
参评作品推荐表

作品标题	还跟风报培训班？沪教委负责人道破"双减"重点	参评项目	短视频 现场新闻
作品网址	http://www.kankanews.com/a/2021-08-25/0039863077.shtml		
主创人员	朱玫、朱齐越、林羡德、李吟涛、虞之青		
编　　辑	李吟涛、虞之青		
主管单位	上海广播电视台	发布日期	8月25日 18点35分
发布平台	看呀STV	作品时长	55秒
作品简介	"双减"政策落地后，上海教育行业积极响应，谈到教育"内卷"现状和父母焦虑情绪，上海市教委负责人在一次会上用"剧场效应"举例，并在采访中道出"部分学生培训提高分数，全部学生培训只会提高分数线"等金句，直击痛点，发人深省，在全网获得大量阅读和转发，在看呀STV视频号浏览量超过2 600万。		
推荐理由	该短视频第一时间在视频号刊发，短时间内获得"10万+"的阅读和转发量，浏览量超过2 600万，成为视频号本年度最热门的短视频之一。新闻响应速度快，内容传播力强，金句频出，道出"双减"的价值和意义，符合融媒体传播特点，特此推荐。		

还跟风报培训班?沪教委负责人道破"双减"重点

上海市教委基础教育处处长 杨振峰:有一句话说得非常好,当部分学生去培训的时候,会提高他们的分数,但是当所有学生都去培训的时候,可能只会提高分数线。从这个意义上来讲,剧场效应造就的结果只能是学生牺牲全面发展的时间,去反复操练、操练反复,反复培训、培训反复,它不仅伤害了学生,影响了学生的全面成长,影响了学生的身心健康,同时会给家庭带来经济负担。而且从创新人才的培养角度来看,我们未来面对的是不确定的世界,我们今天只有广种方可薄收,通过我们减少培训,让学生全面发展,用自己确定的能力,来面对未来的不确定性,这才是我们今天"双减"期待的目标。

52秒,这条短视频破圈传播力从何而来
——简评短视频现场新闻《还跟风报培训班?沪教委负责人道破"双减"重点》

市委宣传部新媒体阅评组副组长　袁夏良

短视频作为网络传播的风口,近几年风起云涌。这一传播新潮同样引发各家主流媒体的高度重视,纷纷在短视频领域发力,以提升传播力、影响力。

上海广播电视台2021年8月25日推送一条时长52秒短视频《还跟风报培训班?沪教委负责人道破"双减"重点》,在网络短视频流行的情况下,这条短视频在短时内即获得"10万+"的阅读量和大量的转发,在"看呀STV"视频号上浏览量超过2600万,获得了破圈传播效果。该短视频获得2021年上海广播电视奖媒体融合传播一等奖实至名归。

对短视频的时长虽然没有绝对的统一标准,但52秒的新闻类短视频绝对属于偏短一类。为什么这样一条短视频能赢得如此大的传播量?看短视频,出镜者为上海市教委基础教育处处长杨振峰。针对"双减"政策落地后许多家长出现的焦虑情绪,他指出:"部分学生培训可以提高分数,全部学生培训只会提高分数线。"短短一语,清楚地道出了"双减"的要义,顿时成为网传"金句",快速传播。

学生家长是个庞大群体,他们高度关注"双减"对自己孩子学业和成长的影响。记者带着家长的关注采访时,作为权威的杨振峰处长一定讲了很多话,但短视频敏感地抓取了他的"金句"而舍去了其他,从而使得52秒的短视频清晰地凸显了这一有价值的见解,启迪家长正确认识"双减"的意义,放松焦虑和紧绷的情绪。试想,如果不加判断简单操作,把对杨振峰处长采访的内容一股脑儿予以呈现,不仅会大大延长短视频的时长,而且也必然会使最有价值的"金句"淹没其中,传播效果大打折扣。由此可见,在短视频的风潮中,主流媒体除了要提高运用短视频的意识,善于运用新媒体平台,要想借此获取理想的传播力和影响力,更重要的还是在于短视频内容自身的价值。

从技术层面看,这条短视频也有其成功的要素。对绝大多数用户而言,因互联网的传播方式而养成了碎片化阅读习惯,他们已经不愿花大量时间深阅读。碎片化阅读虽有其弊,但已成趋势,网络传播不能逆向而行。短视频风行,一是能够带来视觉体验,二是展示时间短,短的几十秒,长的不过三五分钟。《还跟风

报培训班？沪教委负责人道破"双减"重点》这条短视频,只有短短52秒,在移动端成为最重要阅读工具的今天,关注"双减"的家长无论在地铁上还是在学校门口等候放学的孩子,打开手机就能入眼入脑,一下记住"部分学生培训可以提高分数,全部学生培训只会提高分数线"的"金句"。以尽可能短的时长传递最有价值的内容,短而有料,这样的传播,其效果自然是最佳的。

如今,各家主流媒体每天都在力推短视频,采编人员拍摄制作短视频的意识也在不断增强,但如何有效提升短视频的传播力,还须不断用心探索。《还跟风报培训班？沪教委负责人道破"双减"重点》的破圈传播,提供了一个可资借鉴的案例。

聚焦"双减"政策的2 600万流量短视频是如何炼成的？
——《还跟风报培训班？沪教委负责人道破"双减"重点》创作体会

上海广播电视台融媒体中心记者　朱齐越　林美德

2021年7月,中共中央办公厅、国务院办公厅印发《关于进一步减轻义务教育阶段学生作业负担和校外培训负担的意见》。8月,上海"双减"实施意见正式发布,教育类话题再度成为关注焦点。作为贯彻落实中央"双减"政策的九个全国试点地区之一,上海全面落实中央"双减"工作部署,通过该实施意见,对强化学校教育主阵地作用、深化校外培训机构治理等做出具体部署。

实施意见的发布,一方面是风声四起后的"靴子落地",另一方面将"焦虑"情绪推向高点。正是万众瞩目之下,市教委就民生关切对于政策的深刻解读,造就了当日"爆款"。团队在第一时间截取采访实况,短短不到一分钟的短视频,一时间在"看呀STV"视频号浏览量超过2 600万,成为该视频号本年度最热门的短视频之一。

多集系列报道先行推出,第一时间直击"旋涡中心"

事实上,在《还跟风报培训班？沪教委负责人道破"双减"重点》新媒体作品刊发之前,一组围绕"双减"展开的记者调查和系列报道就已推出。

2021年暑假,被称为上海"双减"政策落地前的最后一个暑假,也曾被戏称为校外学科类培训"最后的狂欢"。我们在采访中发现,一些机构早已闻声而动,悄然将开学后的教学时间调整至非周末,有的则将线下面授课程调整至线上。

这些变化让不少家长从起初的摸不着头脑,到快速进入政策"阵痛期"。面对家长的普遍焦虑,我们听到了发自肺腑的不安,看到了面对竞争的本能挣扎。但不可否认的是,不少家庭是由于"剧场效应"而"被动选择",他们因为"别人站起来",自己也"被迫站起来"。"双减"政策的强势落地,正是对"理性观影"的大声疾呼。不过新问题接踵而来,家长们开始担心,会不会只有我坐下了?

站在"教培一条街"的十字路口,我们的这组系列先行报道将镜头对准"旋涡中心"的学生家长和培训机构,通过暗访调查、街头采访、走访调研等形式,就"鸡娃焦虑"如何解、教培机构如何转型等问题展开讨论,不回避矛盾,不掩饰痛点,在电视和网络融合传播中收获大量共鸣,也为实施意见发布当日的新媒体传播打下铺垫。

跟踪30余所中小学、幼儿园,记录上海"后双减时代"

正如浏览量超过2 600万的这条获奖短视频中所言,"当部分学生去培训的时候,会提高他们的分数,但是当所有学生都去培训的时候,可能只会提高分数线"。这句直击人心的"金句"点出了"双减"的初衷。

"双减"是让孩子们避免因"分数线"的水涨船高,而牺牲全面发展的时间,去被迫"反复操练、反复培训"。但对于孩子们个性化、多样化的学习需求,没有培训班,由谁来承担?这条聚焦"双减"政策的短视频发布于新学期前不到一周,底下有大量家长留言,质疑与憧憬并存。而为了及时回应社会关切,我们也陆续在"后双减时代"采制作出了一系列聚焦"双减"的新闻报道,记录基础教育各阶段、多维度的探究和摸索,通过深入一线,回应家长关切。

2021年9月迎来了"双减"落地后的第一个学期,我们跟踪了30余所中小学、幼儿园以及各区少年宫、青少年活动中心等校外实践基地,记录基础教育各阶段、多维度的探究和摸索,通过深入一线,回应家长关切。值得欣喜的是,我们看到了不少可复制、可推广的"上海方案",与此同时,随着上海教育数字化转型的落地,"黑科技"也在为"双减"加码。例如,在课堂教学方面,有学校探索的走班制分层教学,能够同时满足不同孩子"吃不饱"和"跟不上"的多重需求;一些新建校则是通过人工智能为学生推送个性化作业,补足新教师经验不足的短板。为提升课后服务的丰富度,校内外资源整合已成常态,冰球、击剑等一些小众运动走进了不少"家门口"的学校,一些空间有限的市区学校,也通过将操场划分模块,让10多项体育运动同时开展并互不干扰。伴随"双减"政策同步推行的"全员导师制",更是在疫情期间发挥重要作用,为孩子们的居家学习提供了学业和心理上的双重支持。

通过一系列的跟踪报道,我们紧扣短视频中市教委提出的"希望通过全面培养学生综合素质,让孩子们用自己确定的能力,来面对未来的不确定性",有针对性地聚焦"双减"的配套政策,大小屏联动、多部门携手,以"组合拳"式的报道,全面直观地展示社会各界如何应对"后双减时代"的各项挑战。

校外培训基本实现"大大压减"目标,持续关注全市"双减"成效

政策出台之初,有家长提出疑问:在"教育内卷"的"剧场效应"之下,他们曾"被迫站起来",如今能否真正"安心坐下"?对此,我们也在一年间持续追踪。随着一系列配套政策的出台,政策体系日益完善,在教育部门总体牵头协调下,科技、文旅、体育等各行业主管部门共同参与,市场监管部门牵头综合执法,使得深化校外培训机构治理成果有目共睹。

党的十八大以来,上海深入学习贯彻习近平总书记关于教育的重要论述,聚焦办好人民满意、一流水平的教育,勇当全国教改探路者。"双减"政策出台实施一年,《还跟风报培训班?沪教委负责人道破"双减"重点》只是相关新闻报道的一个缩影。深入新闻现场,听取真实想法,探索新型表达方式,及时回应社会关切,在融媒体时代说好贴近观众的上海教育故事,我们一直在路上。

2021年度上海广播电视奖
参评作品推荐表

作品标题	这条需要胆识的隐蔽战线,你敢挑战吗?	参评项目	创意互动
作品网址	H5链接:https://file45b5c690c4cc.aiwall.com/v3/idea/zsMhGUEu		
主创人员	周忆垚、唐雅芬、谢勤、蔡丰、孙玉、白杨		
编辑	周忆垚		
主管单位	第一财经	发布日期	2021年7月1日
发布平台	第一财经APP、全网、微信、微博	作品时长	
作品简介	在建党百年之际,第一财经记者去往全国九省市踏寻旧址,寻访故人。探寻这条隐蔽的红色金融战线,展现了那些鲜为人知的故事。H5选取内容精华,通过声光色的重现和精密的逻辑设计,让用户通过地图互动打卡勇闯红色金融战线,答题赢奖重温光荣之路。		
推荐理由	**独特金融角度,探寻红色记忆。**28年风雨历程,中国共产党从无到有创立了自己的金融体系。在险恶的战争环境中,先驱们运用金融武器与敌人展开斗争。梳理一财记者一线探访的珍贵内容,在建党百年之际,推出主题H5作品,引导用户探寻红色记忆,通过互动打卡勇闯红色金融战线的游戏方式,带领用户重温光荣之路,了解这段历史,H5最终导向红色金融的深度阅读(专题、书刊别册)。 **表现形式丰富,代入感强。**围绕红色金融主题,H5声光色制作精良,有强烈的红色年代代入感,做旧的质感和枪炮声渲染了这条隐蔽战线的不易。游戏逻辑严谨,内容按主题的时间线层层展开,结合了视频、答题、奖品等方式,吸引用户、视频带入时代、答题讲述故事,内容与功能有机结合使H5整体表现多元化获得感强。		

重大主题和创新表达的有机融合
——简评《这条需要胆识的隐蔽战线，你敢挑战吗？》

上海广播电视台副台长 李 蓉

在 2021 年度的上海广播电视新闻奖评选中，上海广播电视台第一财经报送的 H5 作品《这条需要胆识的隐蔽战线，你敢挑战吗？》获得媒体融合一等奖。该作品将重大主题宣传和互联网时代的创新表达有机地融为一体，获得了非常好的传播效果，也得到了评委的高度评价。

2021 年是中国共产党百年华诞。各大时政媒体纷纷出招，各显其能。看似和建党百年调性不一致的财经媒体如何做好这一重大主题宣传报道？第一财经的这个 H5 作品给出了精彩的答案。其实，在中国共产党的早期历史中，除了军事和政治这两条战线外，更有一条隐蔽的战线——红色金融。一大批共产党员冒着极大风险为党筹措款项，为党的事业发展壮大默默输送着血液。这一题材多年来鲜有媒体深入挖掘，而其又与财经媒体的定位十分吻合。第一财经在建党百年之际用了近半年时间深挖梳理这一题材，采访拍摄众多知情人，足迹遍布全国，获得了许多珍贵史料，形成了全方位的报道。获奖的这则 H5 作品用非常创新的新媒体互动手段深入浅出地向用户展现了一条红色隐蔽战线的发展历程。

作品开场用薪火烧出"这是一段隐蔽而伟大的战线，它支撑了红色政权由弱到强"，自带悬念，引人入胜。正篇用地图全景展现了红色金融战线几十年间的地域变迁，一根红色路线随着时间穿梭在地图中，引导用户探寻红色记忆。用户轻点按钮，跟随红线走停，在不同地点完成答题打卡，最终用胜利的号角引出 1948 年 12 月 1 日这个中国人民银行成立的历史性时刻。

作品以打卡红色地图为基础，将 8 篇重磅文章提炼为 8 段 200 字短文和题目，同时结合《1921》观影券和《薪火》别册等奖品，吸引用户了解这条伟大路线，并最终导向红色金融的深度阅读（网站专题、微纪录片、书刊别册），获得非常不错的传播效果。

作品创新地将严肃、深度的红色金融内容用互动打卡勇闯红色金融战线的游戏方式呈现。游戏逻辑严谨，让用户在轻松、刺激的闯关中不知不觉了解了红色金融;内容按主题的时间线层层展开,以"中国人民银行成立"这一标志性事件为结点,让用户在闯关结束后再次加深对红色金融战线重大意义的体会;H5声光色制作精良,做旧的质感和枪炮声渲染了这条隐蔽战线的不易,地图、火、炮声、号角等全方位视听,烘托了主题和背景,将用户带入那个宏大的年代,有强烈的红色年代代入感和体验感。该作品结合视频、答题、奖品等方式,在很好表达主题的同时,还能吸引用户参与答题讲述故事,内容与功能有机结合使用户的互动感和获得感更强,对主题也有更深刻的理解,是媒体融合创新方面一次很好的尝试。

用新颖鲜活的形式讲述党的红色金融史
——《这条需要胆识的隐蔽战线,你敢挑战吗?》创作心得

第一财经编辑 周忆垚

在中国共产党建党百年之际,第一财经推出大型主题报道"薪火·红色金融"。报道以党的"红色金融"为主题落脚点,以"红色金融路线"为脉络,从1921—1949年,分四个时期体现红色金融的萌芽、建立、发展与成熟。每个阶段中,根据历史的情况,选取1~3个具有代表性的案例,以展现当时的经济社会状况,以及金融在此过程中承担的功能、作用、具体表现形式等。

百年岁月流转,不少红色金融的印迹如潜藏的珍宝,难觅其踪。第一财经记者去往全国九省市,踏寻旧址,寻访故人,史实逐渐显山露水,那些鲜为人知的故事被揭开。最终形成8篇深度报道文章配长视频;16个人物口述短视频;以及第一财经日报七一特刊《薪火·红色金融》。

如何将这段深度专业的历史内容传递给更多用户,尤其是年轻用户,提升报道影响力,成为摆在我们面前的课题。

一、设置3分钟打卡游戏

结合年轻人在新媒体平台快速阅读的习惯,最终我们给此次任务的定位,放弃全文展示,提炼最关键的历史内容,用3分钟互动形式呈现"红色金融"的全貌,并为有兴趣的用户提供深入阅读的入口。

在形式上,我们尝试将严肃、深度的红色金融内容用互动打卡勇闯红色金融

战线的游戏方式呈现,旨在深入浅出地向用户展现这条红色隐蔽战线的发展历程。

我们以打卡红色地图为基础,将8篇重磅文章提炼为8段200字短文和题目,同时结合《1921》观影券和《薪火》别册等红色奖品,让用户在活动闯关中,不知不觉地了解了红色金融,了解这条伟大路线,并以"1948年12月1日中国人民银行成立"这一标志性事件为结点,让用户在闯关结束后再次加深对红色金融战线重大意义的体会。同时,H5互动活动最终导向红色金融的深度阅读(网站专题、书刊别册),助力内容的传播。

二、内容短平快,占领用户心智

项目策划过程中,我们没有限定形式,图文、视频、互动、答题、奖品等都可拿来所用,但目标明确,力求功能与内容有机结合,从开场声光色到内文逻辑层层吸引并引导用户完成全程,达到传播最大化的目的。

内容输出上,一是从背景介绍到题目内容选择编辑力求严谨,准确呈现最精华部分;二是确保精练,减少大段文字,通过字数限制和排版确保不引起用户的阅读疲劳;三是将要传播的内容融入题目以及答案,并通过选择答案和答案提示等方式将重点内容再突出,让用户有目标地阅读,感觉不枯燥,在不知不觉中了解了红色金融。

逻辑排布上,内容按主题的时间线层层展开,并用在地图上游走、适时弹窗的形式呈现,同时答题成功后即时展现"打卡成功",让用户有即时的获得感,对下一关有期待,地图也让用户对"红色金融"的地理发展全貌有了完整的认识。

操作上,一是采用最简单的一键到底,题目自动弹出,减少用户操作上的困惑,提升互动的最终完成率;二是在结果页"恭喜用户答对几道题"的同时,告知用户还差几题就可以赢得红色奖品,吸引用户再次完成互动,达到内容最大化传播。

三、着力提升互动完成率

该H5视觉设计和互动设计都以提升互动的完成率为目标。

配合红色主题,H5的声光色有强烈的红色年代代入感,做旧的质感和枪炮声渲染了这条隐蔽战线的不易。用火、地图、炮声、号角等全方位视听,烘托主题和背景,将用户带入那个宏大的年代。开场在噼啪的燃烧声中,薪火烧出"这是一段隐蔽而伟大的战线,它支撑了红色政权由弱到强"字样,点题又自带悬念,引人入胜。正篇枪炮声贯穿整个互动过程,画面用地图全景和各地的红色金融标志建筑展现红色金融战线几十年间的地域变迁,一根红色路线(线条)随着时间穿梭在地图中引导用户探寻红色记忆,用户轻点按钮,在炮声中沉浸式跟随红线走停,在不同地点并完成答题打卡,最终用胜利的号声引出1948年12月1日这个伟大的时刻。

四、精巧做好外在包装

在转发和推广中,最先进入用户视线的是标题和头图。在标题的拟定中,我们采用了热播谍战剧概念,用"隐蔽"和"胆识"点出"红色金融"战线既隐蔽又需要较高专业能力的两大特点,并用"你敢挑战吗?"吸引用户挑战参与,最终定稿《这条需要胆识的隐蔽战线,你敢挑战吗?》。头图则选用了谍战片《迷雾》中长衣礼帽的背影,与主题吻合又自带悬念。

最终,作品的推出获得了预期的传播效果,尤其是互动的100%完成率超出了我们预期,预先设置的《薪火》书刊别册等奖品半天就被领完了,达成了内容传播的目标。

《这条需要胆识的隐蔽战线,你敢挑战吗?》策划过程中,我们尝试将严肃主题游戏化,让用户在游戏过程中接收内容,做了媒体融合上一次很好的探索,助力了内容的传播。在今后重大主题运营上有借鉴意义。

2021年度上海广播电视奖
参评作品推荐表

作品标题	挥别"李清照"？一位外卖小哥眼里的张江	参评项目	短视频专题报道
作品网址	http://www.kankanews.com/a/2021-03-29/0039706893.shtml		
主创人员	徐晓、黄逢佳		
编辑	李吟涛		
主管单位	上海广播电视台	发布日期	3月29日08时22分
发布平台	看看新闻	作品时长	3分37秒
作品简介	晚上7点的张江，阿里巴巴研发中心的外卖架开始变得逐渐拥挤，百度、盛趣游戏的外卖架也"一席难求"。记者跟随着外号"张江小百度"的外卖小哥朱颜军，一同开足马力，奔驰在张江的各条林荫道上。在送上一份份外卖的同时，通过"张江小百度"的视角，讲述这些年张江的蓬勃发展与科创活力。\n\n全片没有解说词，完全靠场景和画面的调度，配合画龙点睛的采访来体现主题，张江的科创活力不言而喻。\n\n报道推出后，网端阅读量将近50万次，成为一条爆款短视频。主创人员还受邀进行网络视频直播，分享此条报道的创作心得。直播当天，观众将近万人。		
推荐理由	报道以一个崭新的视角讲述张江的科创活力。有人情味，打破了张江之前的高冷形象。画面设计与剪辑动感时尚，网感较强。"张江小百度"的表达风趣幽默且信息量大。整条报道的可看性极强。报道一经推出后，受到广泛关注和好评，为张江国家自主创新示范区成立十周年宣传报道添砖加瓦。		

挥别"李清照"？一位外卖小哥眼里的张江

傍晚6点的张江，阿里巴巴研发中心的外卖架开始变得逐渐拥挤，百度、盛趣游戏的外卖架也"一席难求"。

此时，外卖小哥们正开足马力，奔驰在张江的各条林荫道上。

朱颜军，河南三门峡人，在张江送外卖已有四个年头。因为对这一带如数家珍，便有了"张江小百度"之称。

朱颜军告诉看看新闻Knews记者，早些年晚上，浦东张江这一片可以用李清照的词来形容，那就是"冷冷清清，凄凄惨惨戚戚"。而现在呢？灯火通明，人气满满。因为在这片"热土"出入久了，朱颜军能轻易识别一个人的工作性质，甚至能说出各种工程师的名称。他说他很羡慕张江这些有想法、并能把想法落地的创业者们。

朱颜军说，张江是他的最爱，因为这里晚上的外卖超多的。也因为，在这里他见证了创新的蓬勃生机。

别样的"宏大叙事"
——简评短视频专题报道《挥别"李清照"？一位外卖小哥眼里的张江》

市委宣传部新媒体阅评组副组长　袁夏良

2021年3月29日,看看新闻推出短视频专题报道《挥别"李清照"？一位外卖小哥眼里的张江》。这则短视频被评为2021年度上海广播电视奖媒体融合传播一等奖。细细阅看这一作品,有许多值得点赞欣赏之处。

在主流媒体上,关于张江发展变化的报道不计其数,从未间断。因其主题重大,因此报道格局多为宏大叙事,注重宏观"分量"。与此不同,《挥别"李清照"？一位外卖小哥眼里的张江》选择了一个独特的切口和传播方式,在一个并不新鲜的报道视域里做出了新鲜的感觉。

夜幕降临,灯光点点,记者跟随一位名叫朱颜军人称"张江小百度"的外卖小哥,穿梭于张江的商务楼宇之间,行进中听他如数家珍般地介绍一幢幢商务楼宇,听他"炫耀"自己怎么熟悉张江这些年来的发展变化。短视频的标题取自外卖小哥颇有文化的一句话,小哥说,早些年晚上,张江这一片可以用李清照的诗(应为词)来形容,那就是"冷冷清清,凄凄惨惨戚戚",而现在灯火通明,人气满满。

3分37秒的短视频,"张江小百度"现场解说的一个个镜头把用户带临张江。"你看,我们现在经过的地方是BAT三巨头之一百度,搜索引擎第一位""你看前面是科荣大厦,它这边有两栋楼,都是字节跳动一个公司的,抖音爆款啦,今日头条啦,都是这个公司旗下的""炬芯研发大楼在右边,左边是盛趣游戏,晚上外卖挺多的,他们也忙,做程序员的压力都大""现在去青春公寓,那边单子超多,看看楼下的外卖桌就知道了……都是张江这边做IT的,单子流水似的"……

除了沿途历数灯火通明的大楼和一家家创新发展的知名公司,"张江小百度"对张江的人文和创业氛围感受是短视频特别有意义的段落。来到一幢楼旁,"张江小百度"感慨地说:"这里不仅有阿里巴巴、百度这些大公司,其实还有很多新兴创业型的小公司,上次我在这里,一个人在打电话说融资,说已经融到B轮了,估值2个亿了,现在见投资人有选择空间了,所以这一片有想法且能把想法实施的人还是很多的,羡慕。"

就这样，在张江一个普通的夜晚，我们跟着"张江小百度"一路听他语调快速却是"门门清"的"导览解说"，通过小小屏幕沉浸于张江，领略张江的风貌，感受张江的勃勃生气。短视频拍摄用心，大小镜头和特写镜头配合妥帖，画面切换衔接流畅，也为作品增添了吸引力。

《挥别"李清照"？一位外卖小哥眼里的张江》这个短视频作品，很好地利用并发挥了网络传播的优势，体现了记者新的传播理念、对新传播手段的积极尝试。作品没有拉开架势地铺陈，没有贴嵌数据的助力，没有抒发情感的放言，然而却能吸引用户眼球，轻松展现表达今日张江活力。由此，这样的短视频亦可看作另一种样式的"宏大叙事"。

为了遇见好故事，做有准备的新媒体人
——短视频专题报道《挥别"李清照"？一位外卖小哥眼里的张江》创作体会

上海广播电视台融媒体中心　徐　晓

《挥别"李清照"？一位外卖小哥眼里的张江》一片通过外卖小哥朱颜军的视角，夜探张江，以外卖的热度展现张江的科创活力。充满形式感的影像设计，结合外卖小哥风趣幽默的表达，夹叙夹议，带入感较强，易使观者产生情感共鸣。此片在新媒体端推出后，受到网友追捧，阅读量达到近100万次。在报道内容和形式上，也与电视大屏的主题报道形成互补。

这条爆款短视频其实源于一次主题报道任务。2021年中，融媒体中心采访部接到了张江自主创新示范区成立十周年的报道任务。在与张江科创办对接后，团队确定了大屏主题报道结合新媒体系列短视频的报道计划，而我主要负责新媒体的策划与制作。但摆在面前的是制作周期短、切入点模糊这两大难题，任务非常艰巨。之所以说切入点模糊，主要是因为之前关于张江的短视频其实是不少的，"张江男"、咖啡文化、有轨电车等，能想到的几乎都拍过了。如何再升级？如何换个视角看张江？这都是亟须解决的问题。团队做了大量的案头工作，与条线记者头脑风暴，查阅各种论坛、帖子，逐渐把视线聚焦到"夜张江"和"外卖小哥"身上。我们发现近年来，很多人都会聊到张江晚上的外卖。有些人才公寓的货架甚至半夜都摆满了外卖。于是，我们便果断确定了"夜外卖"这个小切口。我们确信，不是每个人都了解科创，但几乎每个人都点过外卖，外卖的

受众黏性比科创更强。同时,我们把主场景放在晚上,考虑到大多数人对张江的印象还停留在日景,这样观者便会带着较强的探知欲观看本片。

有了主场景和小切口之后,接下来的任务就是找"主角"了。在这条短视频推出后,大家问得最多的就是我们如何找到这么一位被外卖耽误的"脱口秀演员"的?甚至还有人问,是不是记者扮成了外卖小哥?我首先要说明,记者是没办法扮成外卖小哥的,因为他们的工资比我们高,我们扮不像的。在拍摄过程中,"张江小百度"也多次希望和我聊聊他的收入,但都被我拒绝了。主要是怕影响自己拍摄时的心情,耽误制作。现在可以透露,他在张江送外卖的收入比我高不少,这也算科创改变生活的外溢效应。

其实,我们能迅速找到"主角",还是依靠采访部强大的条线记者资源。在策划方案确定后,条线记者马上联系了几个外卖机构驻张江的站点,并迅速与我对接,进行前期踩点工作。仅用一天时间,我们便找到了"主角"。我当时提出的要求就是这个人要对张江比较了解,表达自然。运气还不错,外卖机构唯一推荐的"主角",不仅见证了张江的发展,还风趣幽默。现在,我们已经成为朋友,还经常聊天说段子。想起一句话,不能和采访对象成为朋友的记者,不是好编导!

在整个新媒体制作过程中,除了策划和创意,踩点是我认为最为关键的环节。拍摄这条短片,我只用了一晚,而踩点同样用了一晚。踩点时聊得甚至比拍摄当天说的还多。我记得踩点当晚,朱颜军开着他的小电驴带着我在张江兜风。呼呼的,真的都是风,非常冷,后半段我还一直在流鼻血。但我们聊得很投机,从集电港到人工智能岛,从二号线延伸段到十三号线站点,从吃聊到穿,从张江聊到他在老家的创业故事。就这样,在寒风中聊了六个小时,聊到彼此产生了信任感,聊到我觉得第二天的拍摄八九不离十。

半夜回家路上,我踏实不少,但仍有顾虑。故事框架虽然有了,"主角"的表达也很不错,但让观者跟着"张江小百度"看什么?怎么个看法?这些还是需要时间打磨的。有些内容,如果你不引导,他还是说不出来。到家后,我连夜做了拍摄脚本,把场景串联,内容引导,做了重点标注,尽量细化执行标准。比如,开篇的日景航拍转同视角、同景别夜景航拍,主角随即登场。比如,第一个现场就去知名度最高的阿里巴巴。再比如,引导他引用李清照的诗句。诸如这样的设计是让短视频推陈出新的核心创意,吸引观者眼球,并使其产生转发的意愿。

在执行过程中,我遇到的第一个难题就是怎么拍。我自己拍还是找摄像师拍?用采访车跟拍还是其他办法?因为制作周期短,再加上"张江小百度"第二天要回老家,如果请摄像师拍,增加了画面确认环节,摄像师拍一遍,我看一遍,时间就加倍了。所以我选择自己拍,虽然累,但效率高。当天我带了一架无人机,一台微单,两个镜头,舍弃了脚架和稳定器,因为实在没有多余的手拿这些设备了。很多人评价说,画面看上去很稳定。那是因为自己有着多年一线拍摄的经验,手臂力量练出来了,设备也熟能生巧了。干媒体这行,是没有捷径的,一个成熟的媒体人,至少需要六七年打磨。如果有机会,建议大家一定要试着做一次独立制作。从前期策划、文案、踩点、拍摄、采访,到剪辑、音乐、包装都力求一个人完成。这对个人成长帮助是极大的。即使日后只从事单一工种的工作,也会大大提高与团队的沟通效率,成为一个懂行的复合型媒体人。开拍后,光是搬运这些设备就很麻烦。最后我把设备都放在了外卖小哥的外卖箱里,导致后来好长一段时间里,器材都还有烤肉的味道。我没有选择采访车跟拍,主要是担心镜头离"主角"太远,看不清他面部的细微表情,观者的带入感也会变差。所以我想办法又找了一辆电瓶车,请另一位骑手载着我进行拍摄。这样我便有了四个视角:坐在主角车后的视角,一旁电瓶车上的视角,航拍视角和地面客观机位视角。拍摄从傍晚5点一直持续到半夜12点。因为踩点充分,脚本细化,拍摄按计划顺利完成。剪辑阶段也非常顺利,音乐根据脚本已铺设好,包装风格已提前确认,剪辑时只需要做减法就可以了。只用了一天时间,我们就完成了剪辑和包装。整条短视频从踩点到出片更是只用了不到90小时。

《挥别"李清照"?一位外卖小哥眼里的张江》面上讲的是夜张江的外卖,但实际还是在讲张江科创的硬实力,大、小科创公司齐聚,夜晚灯火通明,开足马力。外卖多说明区域活力强,研发动力足。我们当时策划了一个夜张江系列。第二集也是小切口,张江女生讲张江变化,与"张江小百度"形成统一、高辨识度的影像风格。你可以在张江养细胞,也可以享受深夜写代码的时光,可以看个夜展,约个夜跑,也可以赏个夜樱,体现张江的软实力和差异化满足。

如果用三句话总结这个系列的特点,那就是:视角新颖,语言幽默,画面动感。其实在写这篇体会的同时,我也在反思。如果再做一次,哪里还能改进?这也是我经常思考的问题。这个问题其实是为了下一条片子做准备。之前有人问我,过往作品中哪位采访对象最棒?我的回答是:下一个。所以,为了遇见更好的人,更好的故事,多积累、多创新、多吃苦,做有准备的新媒体人。

2021年度上海广播电视奖
参评作品推荐表

作品标题	【喊麦】"两会"朝你招招手，节奏你都跟我走！	参评项目	短视频现场新闻
作品网址	http://www.news1296.com/smg/cms/app/5.5.0/share.html?loader=%7B%7D&viewport=%7B%22tag%22：%22h-viewer%22,%22data%22：%7B%7D%7D&view=%7B%22tag%22：%22c-share-content-view%22,%22history%22：true,%22in%22：%7B%22key%22：%221611661701576%22%7D%7D		
主创人员	沈颖婕、王俊特、张亦莹、金祎、吴沄睿、杨叶超、向晓薇		
编　　辑	沈颖婕、王俊特、张亦莹、杨叶超		
主管单位	东方广播中心	发布日期	1月26日19点55分
发布平台	话匣子APP	作品时长	1分21秒
作品简介	短视频《【喊麦】"两会"朝你招招手，节奏你都跟我走！》大胆创新，将广播声音优势转化为传播胜势。短视频的一大亮点是由DJ带观众看两会，通过"DJ领唱＋代表委员对唱"，奏响两会大合唱。81秒中，共有18组对唱，每组两句或四句的七言短句充分押韵，将"新发展格局""五个新城"等主旋律名词融入魔性"喊麦"，以节奏感强劲的卡点音乐，将两会热点、代表委员观点融入其中，朗朗上口。 这一形式创新的短视频在话匣子各平台发布后，微信视频号点击量迅速突破6万，各平台点击量累计接近30万次。这一创新形式获得网信办、宣传部领导表扬。		
推荐理由	代表委员"下场"互动，"破圈"传播引发广泛关注。81秒中，市长龚正等14位代表委员"出镜"，打破了以往两会报道严肃的表达		

推荐理由	方式,营造出一个亲切的对唱互动场,让硬核主题有了柔性传播,拉近了网友与代表委员的时空距离。这一"土嗨"的短视频一经发布,便获得跨圈转发,从基层一线民警到中国足协副主席孙雯,在"好玩儿""有新意"的感受之外,"记住了那些术语""原来两会是这样的"等评价,让更多行业、不同城市的人通过"喊麦"认识并了解了上海两会。在有限资源内"玩"出无限创意,短视频成功为上海两会"吸粉"。

在传播互动融合中创新报道的"语态"和"样态"
——简评短视频现场新闻《【喊麦】"两会"朝你招招手,节奏你都跟我走!》

上海大学新闻传播学院院长 严三九

打造青春感,将广播优势转换为传播优势是主题报道创新的应有之义。短视频现场新闻《【喊麦】"两会"朝你招招手,节奏你都跟我走!》,在深嵌主流价值表达的同时完成语态和样态的多维转变,在传播的互动融合中构建年轻人的共通性话语。

转变"语态",在思想高度、互动宽度和实践温度的融合中展现主流价值。主题报道要做到与年轻人同频共振,首先要转变报道的"语态",在夯实社会主流价值的基础上充分展现报道的思想高度、互动宽度和实践温度。【喊麦】做到了三个层次的话语递迁——由单向度、严肃的两会主题解读转化为社会性、时代性内容的开掘,由观念传输转化为感性的、人性化的演绎,由共性的宏阔景观占据主导转化为注重赋予质感的、个性化的景观缔造。语态转向让硬核主题实现了柔性传播,"新发展格局""五大新城"等主旋律名词的魔性"喊麦",自带"热点"和"观点"的18组对唱,让主流价值和普通人发生深刻关联,解决了以往主题报道的认同空悬问题,突破了年轻观众的固有文化立场和心理防备,将更多的年轻人缝合进主流价值中,拉近了网友与代表委员、年轻人与时代发展的时空距离。

创新"样态",突破题材和模式的"舒适区"。长期形成的主题报道题材和模式的"舒适区",使得部分作品既缺乏艺术的新鲜感也缺乏生活的丰富性,从而失去吸引力。【喊麦】一改主旋律报道的常见面孔,主打年轻态、有网感的特色表达,以风格化的腔调和节奏强劲的卡点音乐吸引了大批年轻观众。81秒视频中,"十四五"规划、营商环境、个人信息保护、义务教育、公共卫生等公众"应知而未知"的信息传递、"多元且个性"的话题选择、"混搭但合理"的人物互动,在体现更具包容性的价值理念和更为多元化的美学风格的同时,紧扣年轻人的痛点、痒点、兴奋点,在网感与情感的交织中传递出主题报道的柔性之美。

总之,时代的解释权终究要交给年轻人,年轻人也需要更多时代的关照来滋养自己的精神世界。广播媒体在年轻态、多样化的主题报道中,越发体现出时代发展命题中一种弥足珍贵的责任担当和创新意识,并将其逐渐内化为主流媒体的品牌形象和价值观,将在未来的传媒市场竞争中释放更多能量。

重大政治事件"破圈"新尝试：
当上海两会遇上"洗脑"喊麦
——短视频现场新闻《【喊麦】"两会"朝你招招手,节奏你都跟我走!》创作体会

上海广播电视台东方广播中心记者　沈颖婕

2021上海两会期间,上海广播电视台东方广播中心旗下的新媒体产品"话匣子"推出了一条短视频《【喊麦】"两会"朝你招招手,节奏你都跟我走!》,以节奏感强劲的卡点音乐,在81秒内将两会热点、代表委员观点融入其中,朗朗上口,短时间内跨圈传播。

扫一扫,观看视频

一、怎样让"两会"报道不那么严肃刻板？

以往,两会等重大政治事件的关注范围往往局限在业内人士,或因一些"奇葩提案""奇葩言论"引发热议。如何扩大上海两会的影响范围,将其中的正面声音传播给更多市民,是我们思考的议题。

我们注意到了B站的一种"玩法"："鬼畜"剪辑＋人物实况。运用节奏感极强的背景音乐,并以各种实况串联,使得原本普通的实况声音,有了强烈的节奏感,抓人耳朵。

在领导的大力支持下,我们**将这种网络玩法进行了报道"迁移"**：用动感节

奏重组两会实况。比如,谈未来发展:

"十四五"要再接续,(上海市长　龚正代表)构建新发展格局。

比如,谈"五个新城"建设:

城市建设新标杆,(时任奉贤区委书记　庄木弟代表)撸起袖子加油干。

比如,谈疫情防控形势:

最近疫情频散发,(上海交大医学院党委书记　范先群委员)斗罢艰险又出发。

配上常被东北主播用作"喊麦"垫乐的《再握手中霸王枪》,节奏感十足,每位观者都能跟随"洗脑"旋律哼唱几句,新奇感、参与感就此触发。

二、守正创新的内核:轻松新颖的形式,离不开硬核内容

这一作品的成功,不只在于突破报道惯例的形式创新,根本还在于**有扎实、硬核的内容**。81 秒的短视频中,通过"DJ 领唱＋代表委员对唱",展现了八大组、18 小组对唱内容,涉及两会变化、未来发展、五个新城、经济建设、法治建设、教育教学、公共卫生、近期提示等内容。

在前方海量素材的选择上,注意**巧妙整合两会热点,多棱面展现城市精神**。比如,充分展现了疫情发生后第一届上海两会的新变化——代表委员们戴上了口罩,主办方提供了线上咨询;2021 年是"十四五"开局之年,五个新城等城市发展规划被融入歌词;疫情出现反复,"大白"夜以继日做筛查,张文宏代表通过视频"云"履职;此外,针对快递小哥外卖员、学生等群体的议案提案也被融入歌词。81 秒的"信息量"之大,也是作品被肯定的一大方面。

三、内部与外部的双重"破圈"跨界

脱离了以往的"高大上",这条短视频因"喊麦"这种接地气的民间形式而显得格外亲切。视频中营造出了一个亲切的对唱互动场,让硬核主题有了柔性传播,拉近了网友与代表委员的时空距离。这一"土嗨"的短视频一经发布,便获得跨圈转发,短时间内各平台点击量突破 30 万。从基层一线民警到中国足协副主席孙雯,在"好玩儿""有新意"的感受之外,"记住了那些术语点""原来两会是这样的"等评价,让更多行业、不同城市的人通过"喊麦"知道了上海两会。在有限资源内"玩"出无限创意,短视频成功为上海两会"吸粉"。

这条不似出自传统媒体的短视频,背后也离不开广播人内部的"破圈"跨界。采访部提供素材,融媒体部提供文案和视频剪辑,KFM981 一位擅长 Rap 的 DJ 来演唱,总编室金牌制作人来选曲和合成音频。可以说,少了任何一个部门的思维火花,最终的作品都会"差点意思"。

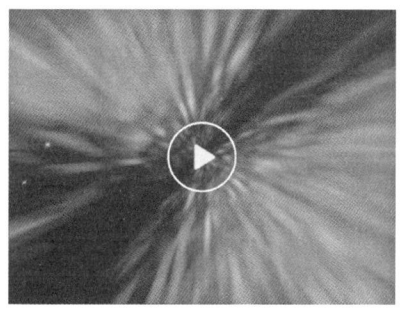

（孙雯朋友圈）

同时，对于每个参与者来说，也是打开思路、互相学习的一次机会。"创新往往来自交叉点。"其实，广播充分做好内部各频率各部门的"破圈"，就能诞生许多意想不到的作品。

四、创新还是离经叛道？这个"度"值得思考

视频一经发布，出现了两种声音：

"两会"也能这样玩儿？

以及：

"两会"也能这样玩儿？

一种是惊奇，一种是质疑。

惊奇的声音除了来自一些同行、网友，也出现在"出镜"的代表委员中。并且，宣传部也给予了宽松的创作空间——尽管市长龚正也被"鬼畜"了一下，但"构建新发展格局"深入人心，宣传部评价"这是外宣的大机会"。

与此同时，质疑声也有。有同行认为，改编两会的做法"不太严肃"，毕竟这是重大的政治事件。形式的创新确实可能伴随争议，党政题材的试水还须张弛有度，我们都在持续认真吸取各方建议。

其实，在《【喊麦】"两会"》短视频之后，我们又在2021年全国两会尝试了让

捧哏于谦也隔空"捧一捧"代表委员的提案议案;在十三届全国人大三次会议记者会的报道上,将王毅对国际关系的表述精练为一个个反义词,并制作成表情包长图;在 2022 年上海两会中,爆改翻红的老歌《门没锁》歌词,由主播自弹自唱……其中有的获得全网推送,有的反响平平。但我们想,年轻就要敢想敢试,也许下一个"破圈"爆款,就在某个交叉点。而让更多人关注时事政治,也是新闻人的不懈追求。

二 等 奖

2021年度上海广播电视奖
参评作品推荐表

作品标题	假包装、假小票、假物流······揭秘海外假代购全流程	参评项目	短视频专题报道
作品网址	http://www.kankanews.com/a/2021-05-29/0039770789.shtml		
主创人员	卢梅、楚华、李维潇		
编　　辑	朱厚真、朱世一		
主管单位	上海电视台	发布日期	5月29日16时58分
发布平台	看看新闻	作品时长	7分钟
作品简介	记者通过暗访和出镜的方式，全网独家揭秘了海外假代购们"潜伏"在国内欺骗消费者的全部流程。将包括假代购是如何低价购买假货、如何制作专柜级假包装和小票、如何与正规物流公司合作，向顾客提供假物流信息的具体过程向观众揭露了出来。		
推荐理由	记者的调查没有停留于表面，而是掌握了从货品造假、包装造假、小票造假到物流造假的全过程。证据链完整，调查环环相扣、证据充分，是一篇高质量的调查报道。节目播出后，点击量在上传当天就突破百万，太仓和广州多个制假窝点受到了相关部门的处置。		

假包装、假小票、假物流……
揭秘海外假代购全流程

朋友圈里的专业海外代购,他们定位中国香港、首尔、巴黎,从一线大牌到网红品牌,从美妆服饰到珠宝手表,可代购的商品应有尽有。这些商品不仅价格远远低于国内专柜,还有对应的购物小票和境外物流信息。但是,这些"海外代购"真的靠谱吗?

以假乱真的高仿货:和专柜一模一样

这是一件古驰 T 恤,领标、吊牌、包装盒、手提袋到小票通通都有。小票上的票据显示它价值 6 800 元,但其实看看新闻 Knews 记者只花了 180 元。很明显,衣服是假的。但如果卖家将卖价提高到 6 000 元,或许大部分人都会以为自己买到了正品。

配件如此齐全的假名牌都是哪里来的呢?耗时两个月,看看新闻 Knews 记者终于摸清假代购"进货渠道"。

根据线索,看看新闻 Knews 记者来到江苏省太仓市,暗访了一家出售高仿大牌服装的店铺。店里挂满了古驰,香奈儿,思琳,芬迪等各大品牌的衣服,T 恤、针织外套、连衣裙、牛仔裤,品类齐全。然而这只是老板手上的一部分货品,要想订到更多爆款和当季货,老板介绍说可以去她的微信朋友圈选品。

老板坦言,店铺出售的并非正品,统统是高仿货。交谈中,她还告诉看看新闻 Knews 记者,"造假"工厂制作的服装质量参差不齐,而自己拿货的工厂"比较有良心",都是高价购买专柜正品,然后打版制作的。因此,衣服的面料、款式与专柜一模一样。

一件高档"配置"的T恤，售价也不会超过600元。她的客户中就有一部分是做"海外代购"的，这些"假代购"打着专柜正品的名义，将一件进价600元的高仿T恤转手就能卖4000元，净赚3400元。对此，老板直言："开店以后，再也不在代购那里买东西了。"

看看新闻Knews记者注意到，这些假品牌衣服都缺失吊牌。老板解释这是为了应对工商检查。

而另一位自称高仿服装仓库的负责人，在电话中这样形容她们的工作："这一行每个人都很神秘，所有的东西在电脑上操作，所有的东西在微信上说。"她解释到，这是因为出售高仿产品，她们都心知肚明其中的风险，不但可能面临被工商、警察没收货品的处罚，还有可能触犯法律。因此为了"逃过"便衣警察的检查，商家们出货往往需要谨慎谨慎再谨慎。

通过与多家高仿服装店老板的交流，看看新闻Knews记者终于搞明白了：要拿到全套假货，就先要在A店买高仿的商品，然后去B店买商标，再去C店买包装和小票。凑在一起，"完美"。而要找全ABC三家店，太仓的老板告诉看看新闻Knews记者，要去广州走一趟。

广州高仿"鬼城"：白天不开门，晚上才营业

"这个市场营业有它的规律，大家都知道，所以大家都是晚上半夜去看货、采货。"

根据线索，看看新闻Knews记者找到了这个广州当地人称为"鬼城"的地方，是专门卖高仿的夜市。白天不开门，晚上才营业。

当晚，看看新闻Knews记者以"海外假代购"的身份，走访了"鬼城"中的多家高仿店。品牌和品类较太仓似乎有过之而无不及。面对看看新闻Knews记者的一些问题，高仿店的老板们表现得很谨慎："你问了一些不该问的问题，我怕你是便衣警察。我们做这个，本来就是要有一种防备心理。"

"你手机收起来，这里不要用手机，不然等会儿有保安过来要没收的。"

在这条街上，货品根据细微的差异，被分为三六九等，比如同样是仿制"路易威登"的一款包，普通高仿版的售价为680元，而"海外代购"级别的货品则需要1400元，而这就是"传说"中最厉害的，厂家购买大牌原版打版制作的"1比1代购货"。

商家甚至可以提供带有"防伪芯片"的领标。买家用手机扫描一下，便可以

看到官网上的相关信息。而这个可以证实货品"正品身份"的领标，成本只要十几块钱。

一位高仿店的老板告诉看看新闻 Knews 记者，他们的客户中有三成都是"海外代购"。

假包装、假小票、假通关单……
假货周边还能定制！

"包都仿造得出来，这个包装、发票还做不出来吗？你看我们的包装盒，头都是有吸铁的。"

当看看新闻 Knews 记者质疑高仿包的商家是否能够提供"专业"的包装和小票时，他表示"小菜一碟"，所有的假货周边在这里都已经很成熟。目前他手上就有与自己产品配套的各种价位的包装，从 15 元到 55 元不等。

"专柜的品质，专柜的盒子，专柜的纸袋和发票。我都可以给你配，就是钱的问题。"

而想要买到品类更丰富的"假货周边"，老板向看看新闻 Knews 记者推荐了一家位于"鬼城"一角，搭设简易帐篷作为店铺的商家。在这里，几乎所有大牌的"假包装"都能买得到。

看看新闻 Knews 记者表达了想给自己买的"假货"配个"专柜级"包装的时候，商家立刻拿出一系列"周边"。

"你这个是衣服，和包的包装不一样。然后配这个雪梨纸，还有这个一套，吊牌什么的都在里面，我帮你把原本的吊牌剪掉替换上。"随后，老板将货品装好，并且"专业"地绑好了丝带。

和包装相比，小票的伪造似乎更为容易。

"这个就是韩国首尔的小票，这个是中国香港的。小票、过关单都有。"店铺内出售 POS 单、购物单、海关单在内的各种小票，而且还可以根据本身货品的价值，向老板进行"定制"。"单子上，你要多少钱就给你打多少钱。"

而这样一套下来，也只要 6 元。

圆通、韵达内部人员助攻海外"假代购"！

一趟"鬼城"走下来，货物和配件便都有了。而最后一步，假代购要做的就是骗取顾客的终极信任：制作国际物流信息。

在以"异地上线"为关键词的贴吧里，看看新闻Knews记者找到了几家提供物流异地上线服务的商家。对方表示，可以通过圆通以及韵达快递，让快递顺利从"海外发出"。

下单当天，看看新闻Knews记者就收到快递单号。显示货物在中国香港和韩国首尔被揽收，但其实，看看新闻Knews记者的货哪儿也没去，还在自己的手上。

随后，按照客服的指示，看看新闻Knews记者把两件衣服寄到了特定的地址——深圳某居民楼。就这样，看看新闻Knews记者分别花费16元和20元，给假货购买了中国香港、韩国首尔两个"异地"身份。

然后，过了一周左右，看看新闻Knews记者就顺利地收到了这两个被"镀了金"的包裹。

查询包裹上的快递单号，信息显示包裹分别从韩国首尔和中国香港寄出，并且物流信息真实、完整。随后，在韵达和圆通的官网上查询物流单号信息，看看新闻Knews记者也得到了相同的答案。

就这样，经过了这一系列操作，看看新闻Knews记者成功复刻了海外"假代购"的全套流程。

而这些步骤，其实只要坐在家里，动动手指，就能够完成，而攒了几个月工资，"吃土"进行海外代购的消费者们，其实早已掉进了陷阱中。

据不完全统计，代购中有超六成的假货。而且由于代购大部分是在微信卖货，是自然人，没有工商登记，哪怕发现自己买到了假货往往也难以维权。再者因为是朋友，即便发现了代购有假货行为，也因难以质问，无法进行刨根问底。

海外假代购的套路，你看听明白了吗？

顺便提醒，虽然海外正品代购本身并不违法，但如果偷税漏税也是违法的噢。

2021年度上海广播电视奖
参评作品推荐表

作品标题	独家首发：守护这座城市最美的"烟火"！	参评项目	短视频现场新闻
作品网址	另附作品二维码		
主创人员	周天通、倪晓峰		
编　　辑	黄慎		
主管单位	上海市浦东新区融媒体中心	发布日期	2021年10月31日21时46分
发布平台	浦东观察APP	作品时长	45秒
作品简介	10月31日傍晚，为配合新冠肺炎疫情流行病学调查，上海迪士尼乐园和迪士尼小镇停止游客进入。在园的一万多名游客在离园时，需要在出口处接受核酸检测。面对不期而遇的疫情，浦东新区调集公安、卫生、交通等条线的大量工作人员赶赴现场紧急处置。记者第一时间和园内人员联系，并按照处置的流程和时间节点，根据前方发过来的视频和图片，快速编辑制作成《守护这座城市最美的"烟火"！》短视频现场新闻并最早于21:46在浦东观察APP、浦东发布抖音号、视频号等多个新媒体平台独家全网首发，播放量100万＋，引发网友强烈共鸣，大家纷纷为高水平的城市治理能力点赞。另外，该短视频被市级及中央等各媒体转发，收到了良好的传播效果。张文宏评论说："感谢今天不灭的烟火，让我们看到人类在灾难面前的从容淡定与对未来的信心。"		
推荐理由	"疫情动态清零"下严密防疫和美好生活能否兼得？该短视频的内容给出了答案，不见混乱，也没有慌乱，一切各司其职、秩序井然。本条新闻为浦东融媒体中心独家首发，反映了常态化防疫下的上海城市治理能力，展现了上海应对突发疫情状况时的应急机制和管理智慧，彰显了上海这座城市的速度和温度。		

独家首发:守护这座城市最美的"烟火"!

2021 年度上海广播电视奖
参评作品推荐表

作品标题	百年大党正青春——庆祝中国共产党成立 100 周年上海广播 100 位主持人 100 小时融媒体特别直播	参评项目	融合创新
作品网址	https://m.ajmide.com/m/plugins/template? zid=10705		
主创人员	集体		
编　　辑	翁伟民、张明霞、杭一啸		
主管单位	上海广播电视台 东方广播中心	发布日期	6月28日 8:00— 7月2日 12:00
发布平台	阿基米德 APP	作品时长	100 小时
作品简介	为庆祝中国共产党成立 100 周年，上海人民广播电台和阿基米德传媒联合呈现特别策划《百年大党正青春——上海广播 100 位主持人 100 小时融媒体特别直播》，联动阿基米德搭建一条专属红色电台直播流，首次将 11 套频率的节目内容聚合，100 小时直播内容不间断，节目涵盖新闻、音乐、戏曲、理论节目等多维样态。阿基米德、话匣子 APP、FM107.2 多平台全程直播、多频率分时段联播，100 位主持人用声音合力展现百年光辉历程，打造上海广播的"初心直播流、红声映华章"。"七一"当天全平台推出 18 小时全天大直播，以多频率接力、全媒体方式，全景呈现庆祝大会盛况，将庆祝建党百年的热烈氛围推向最高潮。 　　上海、嘉兴等全国 10 家广播电台建党百年特别策划《伟大的征程》、长三角之声《百年追梦　声动长三角》特别策划等专题节目回望百年征程，开启时代奋斗新篇章；精心制作编排音乐、文艺节目，有力烘托宣传主题，建党百年系列声音剧《龙华》第二季"上新"首播，"剧"力庆祝党的百年华诞；《百年回响　向上青年》等文艺节目打造听觉盛宴，通过红色经典汲取精神力量。 　　百小时特别直播里还音视频图文"四位一体"转播"庆祝中国共产党成立 100 周年大会"、"七一勋章"颁授仪式和文艺晚会等建党百年重点活动。		

作品简介	行程万里,不忘初心。百小时特别直播以"奋斗""'剧'力"和"音'悦'""启航"四大维度,轮动接力打造上海广播的"初心直播流、红声映华章",垂直呈现建党百年主题宣传,从可看、可听、可互动的多重用户体验出发,以多样形式放大报道声量,为建党百年营造热烈庆祝氛围。
推荐理由	节目播出后取得了良好的社会效果:各新媒体平台发布稿件、音频等近800条,总传播量近1 600万。其中,在微博开设的"100位主持人100小时电波接力-上海广播为党庆生"话题阅读量超过570万。"广播端+移动APP"的听众规模为1 535万,其中25~34岁人群占比超35.6%,较2020年同期增长了4.1%;广播端联播时段收听率合计2.77%,较2020年同期上升19.4%。

百年大党正青春

——庆祝中国共产党成立100周年上海广播100位主持人100小时融媒体特别直播

（节选）

第1小时 6月28日 08:00—09:00

百小时开场＋辰山草地广播音乐节《长征组歌》专场

【百小时统一大片头】

【时钟的音效？嗒嗒嗒，也类似脚步声渐隐】

　　秦畅：百年征程波澜壮阔，百年初心历久弥坚。

　　1921年诞生的中国共产党，立志要以青春之政党造就青春之国家、青春之民族。100年栉风沐雨，一百年波澜壮阔，站在百年交汇点上，拥有9100多万党员的世界最大政党依然青春激昂，"恰是风华正茂"。在庆祝中国共产党成立100周年的伟大时刻，上海人民广播电台旗下11套频率联袂推出庆祝中国共产党成立100周年特别策划——《百年大党正青春——上海广播100位主持人100小时融媒体特别直播》，我是上海人民广播电台主持人秦畅。

　　博文：我是上海人民广播电台主持人博文。现在由我们在阿基米德APP上为您开启这100小时的直播流。从6月28日8点起，我们将推出特别节目，多频率接力、融媒体呈现，一条100小时直播流不间断。打开阿基米德APP，在首页上点击"建党百年上海广播红色电台"，就可以持续收听我们的节目。

秦畅：这是一次上海广播史无前例全频共振的超长接力。11个频率携手，精心制作的节目内容，涵盖新闻、音乐、戏曲、戏剧、理论节目等多维样态，运用音视频直播、人物访谈、现场连线、录音报道、特别专题等多元形式，100小时全媒体全程精心编排，为您打开百年征程砥砺前行的声音史卷，解析百年大党永葆青春的时代答卷。

博文：6月28日8点起，气势恢宏的新时代长征组歌将拉开百小时的声音帷幕；"那些照亮未来的灯塔"全媒体行动特别呈现，寻访团做客直播间，展现共产党人的精神谱系；《百年大党正青春》全媒体党课精华放送，市委党校教师倾情解读百年风华的青春密码；由上海交通广播制作的"百年兴业路薪火永相传"专题，带您回顾交通建设成果、体验红色文旅；由五星体育广播推荐的"体坛先锋系列"，带您对话申城体育健儿中的党员先锋。

秦畅：由长三角之声推出"声动长三角"，展现长三角百年追梦图景；第一财经广播推出的"直挂云帆济沧海"，讲述证券行业先进党员故事，寻访红色博物馆馆藏；动感101推出的"百年回响向上青年"栏目中，当代青年寻访红色地标、致敬先烈楷模；由103.7倾情推出的"loveradio红色金曲"，党员主持人带您聆听讴歌时代的金曲；"唱支山歌给党听"、迎接中国共产党建党百年音乐会特别专题，这是经典947的特别策划，一起唱响"永远跟党走"的赞歌。

博文：上海戏曲广播，将带来红色剧目的经典唱段赏析；由东方之声精品工作室制作的《龙华声音剧之血红花白》《种子方舟》等精品广播剧，以及《英雄儿女》等经典红色电影将进行展播，带您重温百年影像，镌刻红色印记；特别要推荐的是，由东方之声精品工作室制作的龙华声音剧第二季，也将在本次百小时直播中首播。第一部《李汉俊》今天下午4点播出，接下来几天，还将安排播出《瞿秋白》。此外我们还专访了主创团队，为您讲述声音剧背后的故事，让我们一起聆听英烈故事，追寻城市荣光。

秦畅：6月30日，上海新闻广播联合嘉兴综合广播推出特别节目《伟大的征途》，重走启程之路；7月1日，我们将推出特别版面，共同关注"庆祝中国共产党成立100周年大会"。特别节目还将串联全天，通过全媒体直播的方式，聆听上海作为改革开放排头兵、创新发展先行者，践行人民城市理念、提升城市软实力的坚定脚步；7月2日上午，我们100小时大直播将走进花博会，回顾花博会一个多月的精彩瞬间，聆听"花开盛世"；而在100小时的最后的一小时，上海人民广播电台多位90后的向上青年，将相聚在电波中，抒发青春宣言，吹响"我们正青春"的时代号角。

博文：这是一份百年正青春的时代传承。我们广播人全情参与。他们是不同年龄的党员，拥有不同的时代阅历，共同用声音合力，演绎出不变的信仰传承；

他们来自不同频率，拥有不同的专业背景，用媒体人的责任感，联结起穿越百年的红色回响、链接起面向未来的初心绽放。

秦畅：这是一份面向新百年的激情号令。从十九大到二十大，是"两个一百年"奋斗目标的历史交汇期。我们既要全面建成小康社会、实现第一个百年奋斗目标，又要乘势而上开启全面建设社会主义现代化国家新征程，向第二个百年奋斗目标进军。面对百年未有之大变局，中国共产党沉着应对，显示出高超政治领导力；面向新的百年奋斗目标，全党上下众志成城、满怀豪情。这更激发了我们生活在这个时代的中国人的万丈豪情。

博文：条条电波不同频率、共振携手，通往一条叫作幸福的康庄大道。

秦畅：百年大党初心如磐、使命在肩，昂首踏上这新百年的崭新征程。下面，就让我们在2021辰山草地广播音乐节《长征组歌》激昂的旋律中，开启百年、百小时、百位广播主持人的声音接力！

【结束语】

博文：您正在通过阿基米德收听的是，上海人民广播电台庆祝中国共产党成立100周年特别策划——《百年大党正青春——上海广播100位主持人100小时融媒体特别直播》的第1个小时节目，2021辰山草地广播音乐节《长征组歌》特别剪辑版。第二个小时中，阿基米德将并机FM93.4，上海新闻广播，带来全媒体新闻行动《那些照亮未来的灯塔》特别呈现。

第 2 小时 6 月 28 日 09：00—10：00
"那些照亮未来的灯塔"特别呈现 2A(直播)

- "那些照亮未来的灯塔"特别节目(遵义篇)

时间：2021年6月28日 9:00—9:30

地点：990直播间

【报时＋频率大开＋广告】

【新闻加速度】上海此刻片头＋记者连线。

【特别节目大片头】以信仰之光照亮内心，携手踏平明天的波澜。庆祝中国共产党成立100周年上海广播"那些照亮未来的灯塔"特别呈现。

一、开场（总体介绍灯塔行动）

【灯塔总宣传片】35秒

（宣传片文字：一百年来，一代代共产党人不懈追求真理与道义，为中国构筑起一座座精神上的灯塔，照亮了那时的航路，也照亮了未来的天空。

上海人民广播电台推出2021年全媒体特别行动"那些照亮未来的灯塔"，以信仰之光照亮内心，携手踏平明天的波澜。）

"伟大事业孕育伟大精神，伟大精神引领伟大事业。"

【主持人】您好，各位听众各位网友，您正在收听的是FM93.4上海新闻广播、阿基米德APP并机直播的"那些照亮未来的灯塔"特别呈现；同时，这也是上海人民广播电台11套频率联袂推出的，庆祝中国共产党成立100周年特别策划——《百年大党正青春——上海广播100位主持人100小时融媒体特别直播》的第2个小时节目。我是来自上海新闻广播的海波。

从1921年到2021年，中国共产党走过100年。站在"两个一百年"奋斗目标历史交汇的关键节点，展阅中国共产党的精神谱系，让我们对所来的道路历历在目，对现在的方位心中有数，对未来的前程充满信心。

【灯塔之歌】渐起

【主持人】上海人民广播电台在庆祝建党100周年之际启动《"那些照亮未来的灯塔"全媒体新闻行动》，重点聚焦在中国革命建设过程中凝聚起的宝贵"精神"，并观照我们当下的奋斗和未来的目标。

灯塔行动自今年3月正式启动以来，先后完成延安、武汉、重庆、井冈山、汶川、会宁、遵义、西柏坡、喀什、西海固10站的采访。

上海新闻广播FM93.4携手阿基米德、话匣子FM共同推出"那些照亮未来的灯塔"特别呈现，和那些灯塔寻访人——前方小分队成员一起，聊一聊他们探访的人物，说说一路的感触，让灯塔高举的火把把我们心中照亮。

【灯塔之歌】渐隐

【遵义精神音板】

"雄关漫道真如铁"，历史烟尘中的一个个红色印记，讲述着"伟大转折"的惊心动魄；"而今迈步从头越"，时代答卷中的一次次艰难求索，凝结着"转折之志"的憧憬期待。这一站，我们走进"转折之城"，走进革命圣地遵义。

不少去过遵义的人，一下飞机，就会直奔遵义市老城子尹路96号，一幢砖木结构、中西合璧的两层楼房临街而立。1935年1月，就是在这里，我党召开了遵义会议,事实上确立了毛泽东同志在党中央和红军的领导地位,在极端危急的关头挽救了党、挽救了红军、挽救了中国革命。遵义会议在中国共产党的历史上为什么那么重要?今天,我们先通过一件"革命文物"来一探究竟。

【革命文物——遵义会议会址里唯一"活着的文物"】
(音版拟文字:
我,一棵槐树,是遵义会议会址里唯一"活着的文物"! 树龄过百,身长超过10米,我的外形酷似一个大大的"V"字,游客们亲切地称我为"胜利树"。
1935年,中央红军长征进驻遵义城。那场后来闻名中外的遵义会议就是在我的身边进行的。朱德的夫人康克清曾提到,召开遵义会议时,她居住在二楼的一个房间里,每每打开窗户,就能看到外面有一棵碗口粗的小槐树,看到它,就像看到了生机。这棵小槐树就是我。
80余载过去,无论经历多少风雨,哪怕风高浪急,共产党人的信仰坚如磐石,信念的力量驱动着他们乘风破浪。而"我",也在经历狂风大作、树枝折断倒地后,掉下一颗种子落到树下泥土,悄悄生根发芽长出新的树枝成了一个"V"字。
站在"我"的身旁,用手指比一个"V"字,与会址合影留念,已经成了不少游客"打卡"拍照的流行姿势。象征着胜利的"我",也成了这座历史红城的特殊地标。)

【主持人】时间过去了80多年,遵义这个城市所散发的红色精神犹如会址里的这棵老槐树,随着时间的洗礼越发苍翠挺拔。
在这次的灯塔行动中,我们的特派记者马遵伊和赖嘉威就在遵义会议的会址里看到了这棵经霜犹茂的槐树。今天,他们也来到了直播间,和我们聊一聊探访遵义的体会。欢迎……

【访谈1——遵义采访心得】前方记者:马遵伊和Vlog制作者赖嘉威
【电话连线采访对象遵义会议纪念馆讲解员】
【访谈2——遵义人眼中的遵义】90后遵义电台记者税兵、遵义长征学学会副会长雷光仁
【2019年,上海社会科学院曾发布《中国内地及港澳台100座城市宜居指数排名》,遵义,被评入100座城市宜居指数排行榜前10名,位列第7位。在遵义人的眼中,遵义到底有哪些让人引以为豪的"遵义名片"呢?
转折之城、茅台之都、辣椒之都、世界双遗产之城(世界自然遗产——赤水丹霞地貌、世界文化遗产——中世纪军事城堡海龙屯)、中国吉他制造之乡、遵义新舟、茅台双机场】

二、结尾,带出下一站甘肃

【遵义歌曲】压混
【主持人】遵义,是云贵高原上一个闪亮的名字,中国革命的道路在这里转折,悠悠天地间创造了伟大的奇迹。

四渡赤水酝酿出茅台的甜蜜,乌江渡的情谊沁人心脾。追梦的岁月里划过天际,红色的圣地,巍然屹立。

如果有机会,您不妨去遵义走上一遭。

信仰之光照亮内心,携手踏平明天的波澜——"那些照亮未来的灯塔"特别呈现(遵义篇)到这里就结束了,稍后,我们将走进——甘肃,继续寻访伟大的长征精神。

【遵义革命音乐垫乐到结束】
- "那些照亮未来的灯塔"特别节目(榜罗篇)

时间:2021年6月28日9:30—10:00
地点:990直播间

【报时+频率大开+广告】
【新闻加速度】上海此刻+记者连线。

【特别节目大片头】
以信仰之光照亮内心,携手踏平明天的波澜。庆祝中国共产党成立100周年上海广播"那些照亮未来的灯塔"特别呈现。

一、开场

【灯塔总宣传片】35秒。

【灯塔之歌】

【主持人】欢迎回到"那些照亮未来的灯塔"特别呈现。

【灯塔总宣传片】35秒。

【主持人】我是主持人海波,现在将和大家一起前往因长征路上的"榜罗镇会议"

而出名的甘肃定西市通渭县榜罗镇看一看。

【灯塔之歌】渐隐
走进甘肃榜罗
【长征精神音板】

【垫乐长征】渐起
【主持人】1935年9月27日,中共中央在榜罗镇召开了决定中国前途命运的政治局常委会议,会议确定了党中央和红军长征落脚陕北以陕甘苏区领导全国革命的重大决策,中国革命翻开了历史新篇章。
　　"红军不怕远征难,万水千山只等闲。五岭逶迤腾细浪,乌蒙磅礴走泥丸。金沙水拍云崖暖,大渡桥横铁索寒。更喜岷山千里雪,三军过后尽开颜。"
　　我刚才给大家念的这首诗,大家一定耳熟能详啊。《七律·长征》是在榜罗镇会议为红军长征找到"家"之后,毛泽东同志首次在通渭县文庙街小学,以口头朗诵的方式公之于世。
　　对于长征这段历史,总有人发问,红军到底有多难,有多了不起,长征精神的内涵和本质体现在哪里,为何能砥砺后辈前行？其实,通过榜罗镇会议纪念馆里的一双草鞋,就可以找到答案。

【垫乐渐隐】

【音板：草鞋】
(在榜罗镇会议纪念馆的展柜里,有一双已经变形的草鞋,这是陕甘支队过境榜罗镇时遗留下的,它是红军不怕牺牲,历经艰难走出雪山草地的实物见证。讲解员介绍说："长征路上,红军战士爬雪山过草地,啃树皮挖野菜煮皮带,一路艰难跋涉浴血奋战,身上穿着破不挡风的衣衫,脚上踏着亲手编织的草鞋。"如今已经90多岁的村民李丙申回忆当年见到红军时的场景："他们衣服都不统一,特别破烂。红军不在老百姓家里面睡觉,是到外面的街上去睡觉。红军对人民好,是最好的军队。因为他们,咱们现在的生活幸福了,吃饭都有肉菜了。")

【主持人】心中有信仰,脚下有力量。一双双草鞋,见证着红军战士走过田间小径、泥丸山路、巍峨雪山。下面,就让我们请进这次灯塔行动甘肃行的特派记者吴泽宇和杨燊,来听听看他们在榜罗,还听到了哪些感人的故事。

【访谈1——直播间对谈】（8分钟左右）

1. 在榜罗镇采访的过程中有什么让你印象深刻的记忆？
答：（堵车、偶遇导演取材……）

2. 这些都是特别有意思的小插曲，在和村民李丙申沟通的时候，我们听到他说的都是当地话，你们采访过程中有没有下到帮扶的村子里看看，是什么样子？怎么和当地人交流？
答：（当年红军走过的崎岖山路，如今都成了崭新的硬化村道，不再是"晴天一身土，雨天一身泥"；帮扶建设的农产品的加工车间，购置了加工和包装的设备，还接到了华东地区打来的采购电话，农产品能发往全国各地了……）

3. 此行采访带给你们带来什么样的感受？
答：（一心为人民的精神……）

【主持人】说得特别好，长征路上的红军虽远去，可"不怕苦不怕难，一心为人民"的精神却留在了这个小镇。刚才两位也提到，当前通渭县正持续巩固脱贫成果推进乡村振兴，下面我们就来电话连线，榜罗镇先锋村第一书记兼驻村帮扶工作队队长——徐荣辉，来听听看这位从城市来到乡村的扶贫干部，他又有哪些故事和感受可以和我们分享。

【访谈2——电话采访】（8分钟左右）
1. 您到先锋村的时候，大家种得比较多的是什么？跟村民说种植藜麦他们接受吗？如何说服？
（供参考答：针对村上的产业发展不足，群众收入相对单一的这种情况，我们邀请的农业专家根据当地的气候海拔和土壤条件，引导群众种植适宜在高寒地区生长的藜麦，作为特色的增收产业。一开始群众对于藜麦陌生又排斥，我们就挨家挨户地做工作，并承诺在年底以高于市场价的价格进行收购。有时候，忙到刷牙洗脸都顾不上，以前的话我也是很讲究，天天什么洗脸刷牙，后来到这个村上之后，可能两三天我就不洗脸，第二天的话就到村上去，然后跟村上的农户去交流，我们有什么帮扶项目，或者是谁家的水不行了，房子不行了去干这些工作，这个工作我觉得比你天天收拾得精精干干的更有收获感、成就感。以心换心让村民觉得这个从城里来的干部不是遛一圈来镀金的，而是真切地想帮大家脱贫致富。）

2. 种上藜麦之后，村民生活水平有改变吗？
（供参考答：在村书记和几位农民党员的率先带动之下，80 多户农户都动了起来，先锋村的藜麦种植保持在 300 亩左右，最多的农户当年就赚了 3 万多元。村民郭建军也尝到了甜头，如今家里经济条件好了，他把两个孩子都送去兰州念书，自己还主动学起了藜麦脱壳机的操作使用，带领村民机械务农……）

3. 刚才聊的都是关于村民和先锋村的事儿。再来说说您啊，从城市到乡村，驻村的这段帮扶经历，对您而言收获了什么？
（供参考答：就是真的要真心地跟人家交流，漂在水上的这种我觉得不行，真的要沉到下面去跟人家工作，我们为能够在这样的一片红色的热土上奋战感到骄傲和自豪。就和我们的帮扶工作一样，也是要一茬一茬接着干，要不断地以这种长征的精神，不怕苦不怕难的精神，去推进我们的乡村振兴工作……）

二、结尾，带出下一站汶川

【垫乐长征】起

【主持人】当年红军走过的崎岖山路，如今都成了崭新的硬化村道，不再是"晴天一身土，雨天一身泥"；帮扶建设的农产品的加工车间，购置了加工和包装的设备，农产品能发往全国各地。正如徐荣辉所说，沉下心为人民服务，不断地以不怕苦不怕难的长征精神，去推进乡村振兴工作。让每一个在这片红色的热土上奋战的人们都感到骄傲和自豪。

信仰之光照亮内心，携手踏平明天的波澜——"那些照亮未来的灯塔"特别呈现（榜罗篇）到这里就结束了。您正在收听的是"那些照亮未来的灯塔"特别呈现。同时，这也是上海人民广播电台庆祝中国共产党成立 100 周年特别策划——《百年大党正青春——上海广播 100 位主持人 100 小时融媒体特别直播》的第 2 个小时节目，欢迎继续锁定 FM93.4，上海新闻广播或阿基米德 APP 参与并互动。下一个小时我们继续"那些照亮未来的灯塔"特别呈现，一同走进一座重生的县城——汶川，寻访伟大的抗震救灾精神。

2021 年度上海广播电视奖
参评作品推荐表

作品标题	陈芋汐和她的 207C	参评项目	融合创新
作品网址	纪录片《走出荣耀》独家呈现｜奥运第八金！陈芋汐和她的 207C(qq.com)		
主创人员	潘德祥、王茜、邹佳骐、姜涛、董路翔、黄思宇、朱晓荣		
编　　辑	周全		
主管单位	上海广播电视台纪录片中心	发布日期	7 月 27 日 15 点 07 分
发布平台	抖音@纪实人文频道	作品时长	4 分 43 秒
作品简介	该片独家呈现了奥运跳水冠军陈芋汐职业生涯早期试训的画面。片中，在教练的激励和指导下，陈芋汐努力克服恐惧，反复尝试高难度动作，终于取得突破，让观众一窥奥运冠军是怎样炼成的。 　　2017 年，纪录片《走出荣耀》摄制组到上海跳水队取材。彼时的陈芋汐并不被教练看好。但秉持走出荣耀，走近真实体育人，而不是单纯追逐冠军的理念，和对新一代运动员成长经历的关注，导演还是对刻苦训练中的陈芋汐做了数月的跟踪拍摄，才有了这段珍贵的影像。奥运临近，项目团队全面梳理拍摄对象备战状态，并与相关教练联系，预期陈芋汐是可能取得成绩的运动员之一，遂提前数周完成了短视频制作。 　　陈芋汐比赛前一周，团队按照 SMG 先网后台、全媒融合战略要求，主动联合 SMG 各播出单位和平台，做好短视频预分发。 　　陈芋汐当天下午夺冠后，短视频随即在纪实人文频道公众号首发；SMG 各频道账号按计划跟进。上海年轻运动员"零零后不躺平"的形象迅速火爆网络。广大网友纷纷点赞评论，"冠军都是一步步成长起来的，没有谁天生就是冠军""为年轻的新一代点赞，你们将是中国的骄傲！"当天视频播放量突破一亿，不完全统计全网同时收看人数达 5 000 万。 　　当晚，项目组协调陈芋汐父母和分集导演一同登上新闻综合频道《夜线约见》。第二天，包含赛后采访、教练采访的 20 分钟完整版		

作品简介	供 B+ 平台全网首播;第四天,以该片为开篇的《走出荣耀》奥运篇系列纪录片登陆东方卫视。最终,该片带动系列纪录片收获全网 5 亿播放量,抖音话题量 2.7 亿,快手 1 345 万,微博话题量 2 235 万。 陈芋汐短视频领衔的集团全媒矩阵多轮传播收获了巨大的传媒声量,包括《人民日报》和央视在内的多家主流媒体纷纷转发,并主动设置正能量议题,为上海体育人在奥运舆论场争得一席之地,收获极高的美誉度。
推荐理由	该片是对融合传播的一次成功的创造性的尝试。 摒弃单纯追逐冠军和荣耀的做法,关注普通年轻运动员的成长,长期记录,获得了竞技体育人人在微时的珍贵影像; 以全新的角度解读冠军精神、奥运精神,形成了"敢挑战""不躺平"价值观的正能量传播; 超前研判、超前部署,以微纪录片为突破,联合 SMG 全媒体矩阵,开展多轮次、立体式传播,取得刷屏式传播效果; 取得了从单点突破到全媒爆款的全过程、可复制的创新性经验,示范效应显著。同时,通过先网后台的有效运作,实现以短带长,该片助推《走出荣耀》系列取得了很好的收视率和影响力,《走出荣耀》IP 成功破圈。为 SMG 赢得流量和口碑的同时,对体育精神的宣传,和对体育人的奋斗的宣传,都取得了非常好的效果,助力了上海城市软实力的提升。

陈芋汐和她的 207C

【字幕】
地点：上海游泳馆
时间：2017 年 6 月

【解说】
2017 年夏天，我们在上海跳水队看到了正在试训的陈芋汐。因为长期在泳池里泡着，小姑娘的头发已经褪色发黄。

【解说】
保护带，是正式跳水前的预演。陈芋汐正在模拟的动作是 10 米跳台 207C，向后翻腾三周半抱膝。
这组动作是上海跳水队的招牌动作，也是世界大赛中的热门动作。

【实况】
余晓玲　上海跳水队教练：来。

【解说】
儿童节，还没满 12 岁的陈芋汐第一次上台尝试 207C。

【解说】
被教练拉到身边训，算是上海跳水队对优等生的特殊待遇。

【实况】

余晓玲　上海跳水队教练：空中数数了没有，数数了，三在哪儿知道吧？吓吧，就自己吓自己，越害怕越是这样，我告诉你。

【解说】

对高空掉落的恐惧，对高难度的畏缩，都是人的本能。
而只有克服这些恐惧，才可能成为优秀的运动员。

【解说】

因为害怕，动作变形，再次失败，没有惊喜。

【实况】

余晓玲　上海跳水队教练：摔过了舒服了，你就清楚了是吧？自己吓自己啊，这不是自己吓自己吗，有那么难吗？

陈芊汐　上海跳水队运动员：我说看到希望了。

余晓玲　上海跳水队教练：看到希望就对了呀。还有几次，三次，那不就行了吗，那不就很清楚吗动作。

【解说】

这个年龄的运动员，往往很难自己战胜恐惧。这时，教练员就不得不推一把、逼一下。这种严厉，是种鞭策，也是帮助。但最终，要靠运动员不断成为更强大的自己。

【转下一次训练】

【解说】

时隔两个月，我们再次在上海游泳馆见到这对师徒。

【实况】

余晓玲　上海跳水队教练：轻松一点儿，数数，看目标，找定位。

【实况】

余晓玲　上海跳水队教练：这下清楚了吧，那一清楚就没事了，对吧？然后再慢慢去加点速就行了，知道吗？

【解说】

这次陈芋汐和她的教练终于笑了。

【解说】

克服恐惧、突破自我,这就是每一个冠军的必经之路。

【字幕】

　　地点:上海体育职业学院

　　时间:2017年12月

【解说】

　　四个月后,上海跳水队从东亚大厦搬到了10公里外的梅陇基地。

　　在训练馆外,陈芋汐也和同龄的女孩一样,喜欢看综艺节目和偶像剧。此时,没有人能想到,四年后,她会代表中国站上奥运的舞台。

2021年度上海广播电视奖
参评作品推荐表

作品标题	流调蹲点记录系列短视频 ① 阳性密接，如何"大海捞针"？ ② 如何拼凑出一位新冠病例的轨迹 ③ 抗疫一线的他们，你真的了解吗？	参评项目	短视频专题报道
作品网址	http://www.kankanews.com/a/2021-09-03/0039871435.shtml http://www.kankanews.com/a/2021-09-05/0039872928.shtml http://www.kankanews.com/a/2021-09-06/0039873921.shtml		
主创人员	张英、王珏、刘宽漾、朱晓荣		
编　　辑	陈瑞霖、朱世一		
主管单位	上海广播电视台	发布日期	9月3日14时13分 9月5日1时35分 9月6日19时24分
发布平台	看看新闻Knews	作品时长	5分26秒 3分45秒 3分38秒
作品简介	新闻专题通过报道组历时半个月蹲点上海浦东疾控中心的纪实拍摄，详尽、扎实、细腻地还原了上海"以快制快"与病毒赛跑的流调全流程和全链条，展现出上海疫情防控的速度和精度。《流调蹲点记录①阳性密接，如何"大海捞针"？》一集，报道组彻夜跟拍、完整展现浦东发现新增本土病例后，市、区两级疾控如何深夜启动响应、争分夺秒查轨迹、高效处置的速度。《流调蹲点记录②如何拼凑出一位新冠病例的轨迹》一集着重展现流调过程中的细节，以实况和漫画的组合，增强现场感，展现上海疫情防控的精度。《流调蹲点记录③抗疫一线的他们，你真的了解吗？》一集讲述了陈秀红和她团队的故事，细腻记录"隐形卫士"的幕后坚守。 　　"流调蹲点记录"系列短视频受到广泛关注。截至9月7日，该系列短视频的全网浏览量已近百万。系列报道不仅得到了卫健委、疾控		

作品简介	系统的点赞,也赢得了广大市民的共情与共鸣,他们纷纷点赞,留言评论写道"防疫的精细管理是要付出努力的,辛苦防疫人员、安全全体市民""为上海精准防疫工作点赞"等积极评论。同时,"流调蹲点记录"系列短视频获宣传部新媒体阅评表扬。
推荐理由	"流调蹲点记录"系列短视频的最大特色,就是以全程纪实的拍摄方式,全视野呈现流调一线的场景。报道组在上海浦东疾控中心蹲点,跟踪采访拍摄记录疾控人员流调工作的各个环节,将上海疫情流调的完整过程进行全链条展示,用生动鲜活的视频镜头和画面语言,解答了"上海疾控流调如何高速、精准运行"的问题,同时让社会大众感受到防疫工作者的艰辛与不易,具有极大的社会影响力。"流调蹲点记录"系列短视频得到了卫健委、疾控系统的点赞,获得了宣传部新媒体阅评表扬。在2021年下半年上海广播电视台融媒体中心优秀节目评选中,获得短视频专题报道一等奖。在2021年度上海广播电视台"传媒人奖"评选中,获得媒体融合二等奖。

流调蹲点记录系列短视频(节选)

第一集：阳性密接，如何"大海捞针"？

浦东新区界龙花苑小区、锦江之星(东海镇店)今天(9月3日)凌晨已经解封，调整为低风险地区。如果连续14天内无新增本土确诊病例，千汇苑一村小区和祝和苑北区也将陆续解封。值得一提的是，浦东这波新增的本土病例主要是在例行检测中发现的，市、区两级疾控全天候24小时调查处置，疾控响应4小时完成流调核心信息，以快制快，和病毒抢跑，力争跑过病毒。应急处置如何做到更快速精准？对病例怎样才能早发现、早治疗？看看新闻Knews记者的蹲点记录详细还原了相关流调过程。

深夜启动响应　争分夺秒查轨迹

"现在机场有疫情，你得马上到现场去组织，我们派兵过来。"

"病例1，是在浦东机场为境外货机服务的外航机械工程师，男性，埃塞俄比亚籍，44岁……"

时间倒回到8月20日凌晨，上海在例行检测中主动发现两例核酸检测结果异常。其中病例1，就是外籍人士A先生，是在浦东机场为境外货机服务的外航机械工程师。

深夜的浦东疾控，一下子忙碌起来。应急队员立即启动响应，争分夺秒开展针对A先生的流行病学调查，了解病例发病前14天的行踪轨迹。

工作人员在电话中向确诊病例家人了解情况，对方答，"8月14日吗？是的，我们一起吃午饭，在户外待了一会儿。"

很快，病例2，一位浦东机场境外货机作业区的工作人员同样核酸检测结果

(工作人员与A先生家人电话流调中) "我们一起吃午饭待在外面"

异常。疾控中心内的氛围一下子紧张起来。

"你现在准备两个人,机场那边又有事。"

"现在二十几个点已经出去了,现在人全在外面。"

"现在马上开始流调,现场的话,分中心先派人去。"

浦东新区卫健委公共卫生与健康促进处处长赵兵告诉记者:"一旦核酸检测结果异常,我们的流程就是发现了之后,同时开始做流调、做检测、做各方面的工作。"

顷刻间,多路人马,陆续出动。

"洗手凝胶、消毒片、消毒棉球、防护衣、手套……"流调人员范周全非常熟练地在几分钟内收拾完防疫物资。

等车的时候,队员们更是动作迅速地把采样管一个一个拆开,这样可以加快现场流调的速度。

浦东疾控工作人员徐红梅介绍道:"这是病毒采样管,我们是到现场去采环节的。我们现在准备200个,我们先把采样管编号编好,这样到那边就直接可以采样了。"

大海捞针,也要把他捞出来!

接报后1小时内,现场处置队伍就抵达现场,迅即进行现场流调、环境采样和环境消毒。

根据流调信息,这家大卖场是A先生发病前来过的地方。总建筑面积24 700多平方米,超市面积7 600多平方米,确诊病例给出信息又极其有限,在这么大的空间里找人,难度可想而知。A先生离开超市后,在19:26左右,曾在一

家商铺有结账记录。流调处置组决定从这条消费记录入手。

通过监控,流调处置组终于找到了 A 先生一家人离开店铺的视频,A 先生穿了黑色短袖、浅色短裤、拖鞋,知道了衣服和同行人,再来掌握进出超市的时间、轨迹,以及相关接触人员,线索更明确。

在流调人员的火眼金睛下,他们很快发现 A 先生在结账时,背后有一位超市工作人员靠得比较近、待的时间也比较久。"要看他的防护情况和距离情况,我们会研判,究竟是属于密接,还是属于需要筛查的人群。"浦东疾控工作人员费怡表示。

有时候,也会遇到难题。比如 A 先生到底去了超市哪些地方?流调人员想从收银小单来看 A 先生买了什么东西、去了哪些货架。一听到需要查找收银小单,超市工作人员表示为难:"找收银小单或者付款方式,这个就大海捞针了。"

"是大海捞针,也要把他捞出来!这是我们的职业要求。"费怡告诉记者,"我们每次让大家定心,就是我们在跟病毒赛跑。在大家担心之前,要把这些人的密接、把相关环节的采样,都要采好,抽丝剥茧一个个剥出来。"

在现场流调的同时,采样队伍也在抓紧现场采样,以查看环境中是否存在新冠病毒。

拿出棉签、刮计算器、瓶装水、收银台台面、各类货架……在 A 先生去过的一间便利店,工作人员一共采了近 20 件样品,主要涉及物体表面。"这个病例主要去过收银区,所以我们重点采了收银区,包括收银区的台面,收银员手会碰到的一些计算器、秤,还采了生活用品的物体表面、货架,还有门把手。"

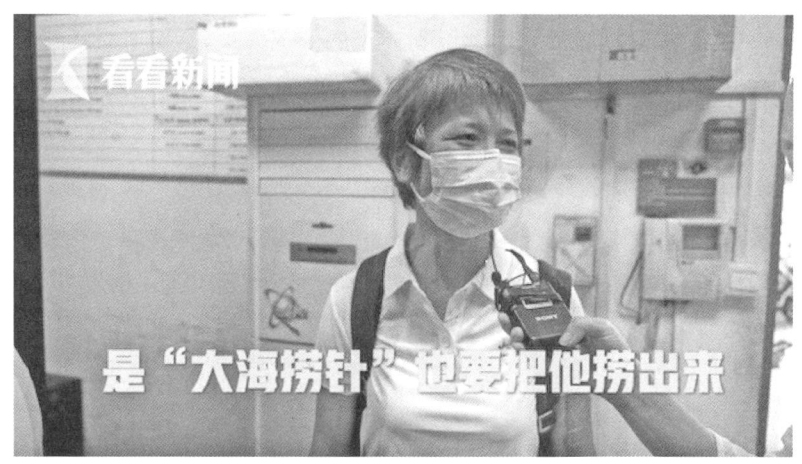

以快制快,与病毒赛跑

从黑夜到天明,从流调到采样,所有的调查处置,第一要义,就是以快制快,力争在病毒扩散前,找到病例的密接以及密接的密接。流调发现病例 2 从 8 月 16 日开始居住在盐朝公路上的锦江之星,因此他的密切接触者们,包括 250 多位机场工作人员以及近 30 位酒店员工,都在半天之内全部被转运到隔离点进行集中管理。

一个"快"字,还体现在无数看不见的工作上。在锦江之星,记者遇到了过往几天内到访过酒店的人员,他们也在一大早接到通知电话,前来报到。一位拖着行李箱赶来报到的姑娘告诉记者,她 17 日到过这个地方,今天一早就被通知了,被叫过来一起做核酸,有可能要隔离。

现场工作人员刘汉昭表示:"接下来,趁他们房间全部空了,我们所有人要对房间进行采样。采完样之后,我们社区、街道的爱卫人员,会对所有环境、区域进行一次性彻底消毒。消完毒以后,这个地方整个环境要被封闭掉,不再会有人进去。"

从20日凌晨到20日深夜,大家一直在忙碌。除了疾控的队伍,社区卫生服务中心的工作人员也第一时间对密接人员进行样本采集。

20日深夜,疾控中心大楼各防控组办公室、收样室、实验室依然灯火通明。现场处置队伍、各社区等送来的样本,都被送到微生物实验室及时检测。负责收样工作的周红霞表示:"最多的时候,我这个箱子来来回回,要100多箱。有应急的话,我们早晨6点、7点到单位也有,一个晚上不睡觉的时候也有。"

从发现核酸检测结果异常到应急响应,无数"大白"从天黑工作到天亮,再工作到天黑,不吃不喝持续进行调查处置。浦东新区疾控中心主任周一心表示:"第一个24小时,疾控、地区组、公安、基层等,各个小组都是各就各位,各司其职,正因为有这样的一个机制,才能够做到事不过夜。"

疫情发生以来,浦东机场承担了全国机场约50%的国际货邮吞吐量,以及全国近三分之一的出入境航班与客流,任务艰巨。而浦东新区承担了全市近1/3的疫情防控任务。

在常态化疫情防控下,浦东已经形成3个24小时机制:第一个24小时,争分夺秒、迅速管控,完成病例流调,以及病例的密接的研判和确定;第二个24小时,需要做到缜密流调、精准管控,包括完成病例现场处置、轨迹排摸、消杀处置、样品采样与检测、风险评估和地区划分等;第三个24小时,则是追踪溯源闭环管控。

周一心表示:"传染病的应急处置,它的关键词一个是管控、一个是溯源。我们首先是管控,防止病毒传播,这个就需要争分夺秒,特别是第一个24小时的争分夺秒,是与病毒赛跑的。第二个就是说依据我们的专业能力,开展病毒溯源,找到源头,切断它的传播链。不仅做到事不过夜,也在3个24小时内,基本上能够把整个疫情控制住。"

当天发现、当天处置,24小时之内公布。"事不过夜"的背后,不仅有着大量的人力物力投入,更有日益完善的联防联控机制、科学赋能、智慧城市建设等诸多优化设计与奋力拼搏,才能将"早、快、广"落到实处。

2021年度上海广播电视奖
参评作品推荐表

作品标题	架起"空中走廊" 阿富汗松子开启神奇之旅：一探进博	参评项目	短视频现场新闻
作品网址	https://m.yicai.com/news/101224959.html		
主创人员	邹婷、朱斌、钱小岩、孙冀、崔晓晟		
编辑	刘鹏		
主管单位	第一财经	发布日期	2021年11月10日12时0分
发布平台	第一财经APP、网站	作品时长	2分12秒
作品简介	1. 主题深刻，见微知著。用阿富汗松子引出"一带一路"中阿贸易发展新格局。 在第四届进博会上，阿富汗"巴西松子"在线上专场直播带货，瞬间被一扫而空，让前来参展的阿富汗籍商人阿里·法伊兹惊讶于中国市场的速度。松子是阿富汗对华出口的主要经济作物，同时也是阿富汗农民和阿富汗地方政府财政的重要来源。中阿"松子空中走廊"再次启动，对阿富汗经济发展至关重要。从松子空中走廊这一个细小切入口，进博会的溢出效应正在持续影响着中国的对外贸易。 2. 专业及时，深入一线。用亲历者视角还原最真实的中阿贸易故事。 在了解松子的故事后，记者第一时间赶往进博会现场，找到采访对象，虽然现场没有松子，但通过跟采访对象的深度访谈，挖掘到关于松子以及阿富汗来华贸易的更多细节故事，通过镜头语言来呈现画面以外的信息，再加上阿富汗商人对于松子被抢购一空的感		

作品简介	叹,虚实结合,见微知著,通过报道让大家直观感受中国对外贸易的高质量发展。
推荐理由	报道发出后,获得全网关注。抖音播放量超过 420 万,点赞超过 11.6 万;快手播放量 65 万,点赞超过 1 万,取得了一财抖音号调整以后的最好数据。该报道紧扣中阿贸易中小小松子的神奇之旅,以松子穿越硝烟和战火,经过"松子空中走廊"来到中国被瞬间秒空的传奇故事,见证中阿贸易发展的火热,得到了政府领导和社会公众的高度评价。 该报道在视听语言上也颇具匠心,通过简单动画来描绘松子的神奇之旅,通过驼铃声、异域风情的背景音乐、恢宏大气的空镜头,层层递进,由松子的神奇之旅升华到中阿贸易发展的新台阶,品质和立意都较高。

2021年度上海广播电视奖
参评作品推荐表

作品标题	一"网"情深 上海城市数字化转型现状调查：我们的城市	参评项目	短视频专题报道
作品网址	https://www.yicai.com/news/101276067.html		
主创人员	邹婷、丁玎、孙冀、朱斌、张毅、路俊		
编辑	丁玎、朱斌、路俊		
主管单位	上海第一财经传媒有限公司	发布日期	2021年12月31日 13:29分
发布平台	第一财经APP	作品时长	4分46秒
作品简介	全面推进城市数字化转型，是践行"人民城市人民建，人民城市为人民"重要理念，巩固提升城市核心竞争力和软实力的关键之举。2021年10月底，上海市人民政府办公厅印发了《上海市全面推进城市数字化转型"十四五"规划》的通知，上海数字化转型的顶层设计又迈上了一个新的台阶。那么，上海的这条转型之路走得怎么样呢？如何让普通观众更直观地感受到"城市数字化转型"带来的变化？记者希望通过普通工作人员，也就是上海一线城市建设者的角度，来进行观察和报道。作品从多个行业，找到最接地气、最直观的那一个，即三张网：一网统管、一网通办和5G网络。前两者，是上海市政府主动顺应数字时代新趋势，树立城市生命体有机体理念，协同推进数字经济发展、数字社会建设和数字政府转型，倾力打造的科学化、精细化、智慧化的超大城市"数治"新范式，而后一张更多的落地场景在2B，尤其是工业智能制造领域。由此，记者找到了三位基层工作人员，他们分别来自：宝山区行政服务中心、静安区城市运行综合管理中心和上海电信。		

作品简介	记者的拍摄持续多日,涉及场景丰富,既有创新性的对公业务跨省办理,也有实时动态关注孤老的生活起居,还有大型工业企业的智能化改造。在后期剪辑时,记者又巧妙地把这些场景串联在一天中,一气呵成。视频清晰、生动地向受众传递了这样一个信息:作为全国数字化转型的试点城市,上海的探索已经进入"无人区",每一种新的尝试都是在努力探索一条符合超大城市特点和规律的治理新路子,最终目的就是为了全面提升城市能级和核心竞争力,不断提升人民群众的获得感、幸福感、安全感。 　　视频上线后,点击量不错。并且,得到了各大政府机关的点赞,并纷纷转载。
推荐理由	2022年1月18日,《2022年上海市扩大有效投资稳定经济发展的若干政策措施》发布,其中提出,全面推动城市数字化转型,第一财经于2021年最后一天,重磅推出该短视频专题报道,聚焦上海城市数字化转型,颇具前瞻性和洞察力。 　　2010年,上海率先在全国开启智慧城市建设的探索,作为智慧城市的先行者,而"数字化"正是智慧化的基座。 　　视频在不足5分钟的篇幅里,通过各种场景展现和人物采访,清晰地展示了智慧精细(Smart)、以人为本(Human-centered)、安全可靠(Guaranteed)、迭代优化(Optimized)、实战管用(Verifiable)的基本原则,也就是SH-GOV,上海城市治理的意思,是上海数字化转型"厚积薄发"的生动展示。

三 等 奖

2021年度上海广播电视奖
参评作品推荐表

作品标题	陆老师有话说：七年了，高层小区的消防龙头里竟然没有一滴水？	参评项目	短视频专题报道
作品网址	http://t.cn/A6IeVTLZ		
主创人员	陆兰婷、盛陈衔、周依宁		
编辑	孟诚洁、顾隽洁		
主管单位	上海广播电视台东方广播中心	发布日期	9月9日17点35分
发布平台	新浪微博@话匣子	作品时长	2分17秒
作品简介	青浦区赵巷镇和瑞西苑小区是一个大型动迁房小区。2014年竣工以来，小区14个门洞，18层楼高的大楼里，消防设施损坏严重。镇政府每年都在这个小区里进行消防演习，居然都对此视而不见。整个小区管理混乱，安全隐患非常严重，记者通过实地拍摄，在短片中摆事实，讲观点，督促各方采取切实措施，最终使得一个脏乱差小区面貌一新。该短片在各平台的阅读数超过4万。		
推荐理由	消防安全事关你我，接到居民投诉后，记者陆兰婷迅速行动，不仅在投诉案例现场完成了出镜直播，还在返回电台后将所见所闻录制成为评论类短视频，一改以往新闻播报的模式，转为了更符合新媒体受众的讲述模式。在融合的同时进行创新，更好地完成了这一舆论监督报道。		

2021年度上海广播电视奖参评作品推荐表

作品标题	时代楷模吴蓉瑾专访：肖僖康的故事	参评项目	媒体融合作品
		体裁	短视频现场新闻
		语种	中文
作者（主创人员）	姚赟勤、金山、顾晓春、金卓悦	编辑	邹骏超
刊播单位	上海教育电视台	首发日期	2021年9月18日
刊播版面（名称和版次）	上海教育电视台微信视频号	作品字数（时长）	2分07秒
采编过程（作品简介）	9月16日，中央宣传部向全社会宣传发布人民教师吴蓉瑾的先进事迹，授予她"时代楷模"称号。吴蓉瑾是上海市黄浦区卢湾一中心小学校长、教师。上海教育电视台第一时间独家采访了吴蓉瑾校长，并通过系列短视频分享她的育人故事。		
社会效果	作为一名小学校长，吴蓉瑾扎根基础教育27年，饱含着对学校的深情、对学生的真情和对教育事业的热情，在教书育人的一线辛勤耕耘。通过独家采访，吴蓉瑾校长分享了她教育生涯中与学生肖僖康的一段故事，展现了上海教育工作者对学生的无私关怀，展现了教师这个阳光下最光辉职业的闪光点。		

时代楷模吴蓉瑾专访:肖僖康的故事

【实况】

卢湾一中心小学校长　吴蓉瑾:我记得前不久我遇到过一个家长,她跟我说吴校长,我的儿子是你这个学校毕业的,现在他在某一个高中读书。

我说你儿子叫什么名字。

她说我儿子姓肖,叫肖僖康。

我说我知道,就是肖像的肖,单人旁一个喜欢的喜,健康的康对不对。

她就很惊讶,你怎么记得我儿子的名字。

我说他的名字本来就挺特别的,而且这个孩子现在读高中应该很长时间了,然后我就开始翻手机,我就给她看了一段视频。

我说这是你儿子小学的时候,还戴着红领巾在台上表演,表演一段、讲了一段故事(他父母都不一定有这段视频),而且讲的就是一个红色小讲解员的故事。

然后他妈妈就说,这个视频我都没有呀,吴校长你是哪里来的?

我说你给我讲这个名字,我可以到记忆库里去翻的。

然后她就觉得很激动,我说孩子有手机了吧。

她说有的,我说你把我的微信推给他,有什么事情让他还找我就可以了。

她第二天就让儿子加了我的微信。

我觉得大量的记忆存储在我的脑海里,尽管我很忙很累,我把人家的24小时活成我的48小时,时间压缩在里面,但是我觉得很幸福。尤其是看到家长,他们看到你记得他们孩子的那种激动。

那些孩子回来以后,也不说回来吧,拿起电话来"吴老师",我就知道他是谁,我对声音的记忆力很强,我觉得这就是一种幸福、一种享受,做老师的不就享受这些吗?

2021 年度上海广播电视奖
参评作品推荐表

作品标题	百年芳华　感恩有你	参评项目	短视频专题报道
作品网址	https://mp.weixin.qq.com/s/mYHgE-yemn2svvtntqihGw		
主创人员	郭苗苗、邹宇忠		
编　　辑	池舒悦		
主管单位	青浦区融媒体中心	发布日期	6月5日10时24分
发布平台	绿色青浦	作品时长	2分54秒
作品简介	2021年3月，青浦老人殷秀英迎来她的百岁生日。历经百年风雨，旧貌换新颜。新旧社会的对比，在百岁老人殷秀英的心里感触颇深。苦难的童年、奋斗的青春、圆梦的老年、慈善的暮年，是100年来老人跟随党和国家发展变化的生活轨迹。一枚首届上海市三八红旗手奖章，一沓饱含深情的感谢信，一排排手抄本党史和习近平重要讲话精神，默默诉说着这位百岁老人毕生的追求——跟党走。视频发布后，百岁老人的长寿秘诀、乐观积极的生活态度，引起了广大网友的高度关注、热烈评论。有网友评论，"在新中国阿婆过上了如此幸福的生活"，"巾帼百岁老模范，忠于人民忠于党"，"活到老，学到老，后辈一定努力向您学习"。		
推荐理由	百岁老人与百年大党，历经时代变迁、雨雪风霜，依然积极乐观、与时俱进，充满正能量。人物形象立体丰满，具有广泛传播的正能量，一经发布，被新华社上海频道、上观新闻、《新民晚报》等多家媒体转载，累计阅读量突破85万。同时荣获"奋斗与荣光""我的红色印象"庆祝中国共产党建党100周年短视频大赛一等奖。		

百年芳华　感恩有你

从苦难的旧中国到富强的新中国,百岁老人的回忆像一本尘封已久的史书,又似一部徐徐展开的画卷。这是属于个人的故事,也是一个时代的笔记。

没有共产党就没有新中国

1922年的春天,江南小镇上的一户穷苦人家,迎来了大女儿秀英的降生。然而,在封建落后的旧社会,女孩的到来并没有给这个家庭带来过多喜悦。不久,随着母亲的离世,年幼的秀英被迫辍学,生活也更为艰难……

寒来暑往、雨雪风霜,饱受艰辛的秀英逐渐长大,也迎来了新中国的解放。那时的她常说,没有共产党就没有新中国。

难忘首枚三八红旗手奖章

1952年,秀英跟随丈夫来到青浦邮电局,并在次年的普选中当选为解放街街长。随着妇女劳动力的解放,秀英组织起家庭妇女进行社会化劳动,她办起了托儿所和食堂,还开办了纺纱、刻花、缝手套的手工组,进行经济生产。

那时的秀英对建设新中国、新社会充满了干劲儿,白天往返青浦和市区,夜晚组织巡街。不管是学习,还是生产生活,她样样都要带头。在秀英的努力下,解放街连续八年被评为先进。她也得到了一枚沉甸甸的奖章——1960年上海市三八红旗手。

76 岁圆梦老年大学

1998年上海老年大学青浦分校成立,得知这个消息,古稀之年的秀英既兴奋又担忧。兴奋的是看到了重回校园的希望,担忧的是仅有小学一年级文化的她会被学校接收吗?经过多方打听,秀英得到了这样的回复——"老年大学里教的是书法、诗词、绘画等课程,欢迎你来学习!"

半个多世纪的追寻,秀英终于回到了梦寐以求的校园,先后完成了18项课程的学习。在老师们的指点下,她写出一篇篇歌颂新生活的诗词,并用楷书郑重地写下自己的名字——殷秀英。

从思想到行动 实际行动跟党走

2008年,殷阿婆在信箱里看到了《青浦报》介绍改革开放30周年的新闻。从这一天开始,她又多了一个爱好,抄写《青浦报》的头版头条和中国共产党理论知识,这一写就是10余万字。

2009年,也是在报纸上,殷阿婆看得到了一则白血病患儿的求助信息。幼年时父亲重病的经历,使她深深了解"大病"对一个家庭意味着什么。尽管并不富裕,但殷阿婆还是捐助了4位白血病患儿。

此后,她多次资助患病儿童、贫困学生、残疾家庭,也向甘肃舟曲泥石流、青海玉树地震等灾区捐款。10余年来,累计捐赠善款数万元、捐书捐物百余件。

百岁老人的幸福生活

2021年的春天,殷阿婆迎来了自己的百岁生日。当人们问起她的长寿秘诀,殷阿婆说:"每天散散步、打打拳、写写字,身体要锻炼好,思想也要与时俱进。一个人要活到老、学到老,才能快乐到老!"

【采访】青浦百岁老人 殷秀英
"没有共产党就没有新中国,这个在我脑子里非常深刻。"
【画面】殷阿婆日常生活:练习书法

【画外音】青浦百岁老人　殷秀英

"解放以后,1952年我跟我们家老王到青浦邮电局,1953年我就当选了解放街街长。那个时候办起了食堂、托儿所,还办起了生产组、纺织工厂、刻花工厂等,所以我们解放街连续八年是先进街。"

【画面】历史资料

【画外音】青浦百岁老人　殷秀英

"1998年我参加了老年大学青浦分校,虽然我只有一年级的文化水平,但到了老年大学以后,我学习了书法、声乐、画画,觉得特别高兴。

"有了文化我就可以读书看报,在报纸上看到不能读书的小朋友,还有生病的小朋友,我就节约了钱,捐助4个小孩读书,还捐助了4个白血病孩子。(向)居委会的图书室也捐了很多书。"

【画面】历史资料

【画外音】青浦百岁老人　殷秀英

"青浦(是)水清天蓝宜居城,绿廊古韵画中人,万商云集青溪侧,百业腾达弄潮人。这个条幅是我88岁写的。我们全要与时俱进,我心里在想,我要怎样去与时俱进,先要把头脑、思想,要跟得上现在好的社会形势,要跟上形势必须听习主席的话,要做好事不能做坏事。

"现在我专门抄习主席报道,每天早晨抄、中午也抄,抄个五六百字,我要感谢他,我要听他的话,我要跟他走,我要走社会主义道路。

"我今年100岁了,每天散散步、打打拳、写写字,身体要锻炼好,思想也要与时俱进,一个人要活到老、学到老、快乐到老。"

【画面】殷阿婆日常生活

2021 年度上海广播电视奖
参评作品推荐表

作品标题	带着清华大学的录取通知书,他来上海陪父亲送快递	参评项目	短视频现场新闻
作品网址	https://mp.weixin.qq.com/s/uwBMDU237xtd2FBhA7G4RA		
主创人员	梁锋、隋垚、母萌		
编辑	秦天		
主管单位	上海市松江区融媒体中心	发布日期	2021年8月3日17时34分
发布平台	"上海松江"微信公众号	作品时长	1分22秒
作品简介	42岁的闪送员余波,老家在安徽安庆,来上海工作已经四年了。他的儿子余海今年以高分被清华大学机械、航空与动力大类某专业录取。今年暑假,余海第一次单独出远门,把录取通知书亲手送到了父亲手里。这些天,他和父亲一起奔波在大街小巷,久违的重聚也让他更感父亲的不易,立志努力学习,回报父母,回馈社会。 记者得到消息后,找到了儿子给父亲报喜的现场记录视频,并采访拍摄儿子和父亲一起工作的故事。编辑后期将现场记录画面和父子故事混编,加音乐音效和花字配合渲染情绪,展示效果极佳。		
推荐理由	该报道选题正面,现场感强,清华大学的光环与闪送员的普通百姓身份形成对比效应,吸引观众眼球。记者反应迅速,发片及时,编辑对记者发回的素材二次精细加工,以文图视配合的形式全平台融合分发。在上海松江播出后,浏览量突破千万,登上微博热搜引发热议,腾讯、新浪、网易、澎湃等多家平台转发。入围上海政务新媒体8月传播影响力"正能量传播影响力十佳"。新华社客户端采用浏览量超112万。		

2021年度上海广播电视奖
参评作品推荐表

作品标题	外卖小哥台风天停车疏通窨井道	参评项目	短视频现场新闻
作品网址	https://m.weibo.cn/status/4662866714822840?wm＝3333_2001&from＝10B7393010&sourcetype＝weixin		
主创人员	张熠楠		
编　辑	姚怡莹		
主管单位	闵行区融媒体中心	发布日期	2021年7月25日
发布平台	"今日闵行"微博	作品时长	短视频现场新闻
作品简介	记者张熠楠驱车采访"烟花"途中，无意中发现一名外卖小哥用树枝疏通下水道。他觉得小哥身上"有料"，随即掉头靠边，下车打开手机摄像功能，走近小哥录制视频。原来小哥是在送外卖返程途中，看到这里由于树叶堵塞下水道而积水严重，于是捡了根树枝疏通下水道。这边疏通好后前往下一个积水点继续疏通。问小哥为何这样做，回答是"举手之劳而已"。这条"外卖小哥通下水口"短视频首发于"今日闵行"各平台，抖音点赞数3.3万，微博阅读数71.6万。随后迅速被新华社、央视新闻、澎湃新闻、上视新闻等上级平台转发，其中"上海一外卖小哥蹲路边清理多个排水口"的微博话题更是冲上热搜榜，话题阅读数达到5810万。		
推荐理由	在迎战台风"烟花""灿都"的日子里，为了让市民群众在第一时间身临其境感受现场报道，记者拼抢的是速度，凝结的是广度，感受的是温度。通过外卖小哥冒着风雨坚持清理下水道这样一件身边事，引起了大家的共同热议，也让大家重新认识了外卖小哥这份职业的定义，把正能量继续传播下去。		

2021年度上海广播电视奖
参评作品推荐表

作品标题	"白宫義见"特别报道：中美俄元首视频会晤 ① 白宫现场！直击中美元首视频会晤 ② 视频会晤后　拜登威胁普京 ③ 美国紧盯中俄元首会	参评项目	短视频专题报道
作品网址	http://www.kankanews.com/list/ztlist/zt/1889		
主创人员	张经义、李源清		
编　辑	陈维琴、王勇		
主管单位	上海广播电视台融媒体中心	发布日期	12月21日14:36
发布平台	看看新闻网、B站	作品时长	3分47秒、3分32秒、4分15秒
作品简介	2021年下半年，中美、中俄、俄美元首分别实现视频会晤。这三个世界最主要大国的元首互动，举世瞩目。除了国内媒体外，作为目前唯一的白宫中文媒体记者，SMG驻美记者张经义深入观察，从中美、俄美这两场会晤的现场发回第一手报道和解读。其中，最受关注的中美元首会晤中，记者在白宫第一现场，带回独家的中国视角解读。无论是白宫的中美两国国旗摆放、拜登的领带颜色，还是白宫幕僚们在小本本上认真做记录，记者在现场的观察细致入微、细节的捕捉精准到位，点评分析更是一针见血，展现了极高的专业素养。 　　这组作品在看看新闻网集纳专题发布后，引起网民热烈关注。在B站的独家首发，获得超过15万的点击量；作品在海外YouTube平台的传播，覆盖超46万，点赞近2 000次，网友热烈互动，纷纷留		

作品简介	言：Frank 称"非常细致专业的报道"，Andrew 表示："一针见血，一个非常客观的新闻广播。美国的新闻媒体需要学习如何报告真新闻。不要为了传播仇恨并两极分化两个国家人民。"Cornelius 说，"Thanks for sharing and surfacing the truth.（感谢分享并呈现真相）"，等等。
推荐理由	大国外交全球瞩目，大国的元首外交更是深刻影响着双边关系乃至国际局势。整组报道站位高、立意深、视野广，没有停留在简单的事件回顾上，而是站在全球高度，从美国、俄罗斯、中国三国首脑会晤和世界格局展开剖析。记者能在如此重要场合，以中国视角发回现场报道，打破西方媒体的话语垄断，难能可贵。这组专题专业水准也很高，无论是记者在现场对细节的观察，还是结合背景对会晤的梳理和分析，或是评论时选择的角度，都彰显驻外记者长年深厚的采访报道能力和经验积累。制作方面，每一条都堪称精品，内容扎实、制作精良、细节突出、主题鲜明，是"市面上"少见的深度短视频作品，体现了东方卫视国际新闻的全球视野以及国际新闻报道团队的高水准素养。

"白宫義见"特别报道：
中美俄元首视频会晤

一、白宫现场！直击中美元首视频会晤

现在是当地时间的晚上 7 点 40 分，记者们准备集合要进入白宫的罗斯福室。

罗斯福室是白宫西翼里距离总统办公室最近的会议室，大约 80 平方米，摆了一张大桌子，官员围坐，再带入十几个记者和摄影、摄像，基本上就差不多了。

为了举办这次的视频会晤，白宫特别在里面摆上了两台液晶电视屏幕，说的北京时间早上 8 点 45 分，美东时间晚上 7 点 45 分开始，基本分秒不差。由于文字记者必须让摄像优先站位，以拍好镜头，所以我的画面比较有"现场感"噢。

虽然是视频会晤，但还是以正规的双边会谈方式进行，两国领导人分别进行了开场讲话，我相信你已经从官方频道看到内容了，就不赘述了。

比较引起美国媒体关注的点是，习近平主席称呼拜登总统为"老朋友"，我在现场观察到拜登是微笑点了点头，说了声感谢。

这次中美都是元首加五名官员，美方是美国国务卿布林肯、国安事务助理沙利文和美国财政部长耶伦等。我在现场看到的是，布林肯是埋头做笔记，沙利文是偶尔写下关键字，至于耶伦则是面前摆了杯咖啡静静聆听。美方的翻译，还是阿拉斯加高层会谈里的"紫发"翻译，只不过这回她是一头灰发。开场讲话约莫 12 分钟后，记者离场。

在这场中美元首的视频会晤当中，我在现场也注意到一些小细节噢，像是拜登总统是特别打上了红色的领带。我们知道，红色可是中国人最喜欢的颜色，拜登总统在讲话当中，也特别提及习近平主席在他当选之后打了一通电话，这通电话让他倍感亲切，拜登特别是说了三次感谢。

现在是夜里的快10点,我们可以看到海军陆战队的卫兵还站在白宫西翼的门口,那代表美国总统还在办公。确实,目前中美元首的这个视频会晤,还在进行中。

实际上,在中美元首视频会晤之前,美方是反复强调,拜登签署了基础设施法案,可以说是让美国"从实力的地位出发"。确实,通过这个基础设施法案是许多美国总统的"梦想",但是拜登实现了这个梦想,不过美国广播公司,他们的报道标题,却是"拜登的梦想时刻却遭遇了民调的噩梦",因为拜登过去一连串错误的决策导致他的民调支持率是跌到只剩下四成,从这里我们可以看出,拜登目前正面临着巨大的美国国内的压力。非常感谢你收看这期的特别版,还请关注《白宫義见》,才能看到来自白宫的第一线消息,感谢,平安。

二、视频会晤后　拜登威胁普京

这里我聚焦美国的反应,毕竟我人在白宫,而非克里姆林宫。

感觉这回拜登未能利用他自称拿手的"个人魅力"元首外交说服普京,所以在会晤后,白宫是各种警告,首先是一开始提到"深感担忧"的声明,里面还说,原话是:"美国和欧洲盟国就俄罗斯包围乌克兰的武装力量升级,感到不满,并明确表示,如果军事升级,美国和盟国将采取强有力的经济和其他措施做出回应。"

然后,拜登一断了和普京的视频,赶忙召集美国的欧洲盟友,法国、德国、英国、意大利的领导人通话,通话完,白宫发出一纸声明,一开头就说,"拜登讨论了俄罗斯在乌克兰采取军事行动的严重后果,以及缓和局势并恢复外交的必要性"。

拜登动作频频,白宫也是,派出国家安全事务助理沙利文,在这里开记者会。沙利文一改此前是否派出美军的模棱两可的态度,直言美军本来就大量派驻在波罗的海三小国,这里包括立陶宛,而且他还说,美军三天两头和波兰、罗马尼亚进行军演,沙利文说,美军本来就大量存在于俄罗斯附近的诸多国家中,而且美国派大军协助北约也不是问题,而问题是:美国还可以提供哪些额外的能力,来确保这些国家对自己的主权和领土完整,感到强大和自信?如果俄罗斯更直接地在乌克兰采取行动,美国提供给这些国家额外的能力将在我们的台面上。

沙利文一番直白的言论,被不少美国媒体解读为,"拜登在恐吓普京",问题又来了,拜登的威胁有用吗?

美军实力,毋庸置疑,仍然是世界最强大的,美国大量陈兵俄罗斯附近诸国也是既有事实。但是和拜登交手的,是强硬的普京,美国话都说到这份上了,俄罗斯方面在会晤后的说法，没有让步迹象。

毕竟乌克兰对美国是在天涯海角，但永永远远就在俄罗斯边上，而且从拜登紧急召集欧洲盟友商量，也显示拜登了解美国难以单打独斗，毕竟美国对付全球前十穷的国家——阿富汗，20年的结局，世人都看在眼里，而且俄罗斯距离欧洲更近，美国认为欧洲应该要上心。

在此前一天，匿名的白宫高级官员在对我们记者吹风时，就表明了，原话是："美国不寻求最后的结局是美国直接动用武力。"

不少分析都指出，这无疑是拜登任内的第二次外交危机，第一次是失败的阿富汗撤军行动，这使得拜登不能再面临另外一次的失败，这回，拜登能安然度过吗？

《白宫義见》还将在白宫第一线为你密切关注，还请关注，感谢，平安。

三、美国紧盯中俄元首会

欢迎收看《白宫義见》，我是张经义，前些天我去了龙卷风灾区报道，但还是密切关注国际大事，也发现到美国媒体是异常地关注中国和俄罗斯元首的视频会晤。

因为，此前我在白宫现场的罗斯福室是第一手地报道了中美元首视频会晤，也在白宫前线记录了美俄元首视频会晤，应观众要求，我从灾区一回到华盛顿，就立即加更一期，要从美国，对中俄元首视频会晤进行观察。

中俄美三国领导人彼此举行视频会晤的模式，表面看是类似的，但内涵可大大不同。

在中美与中俄视频会晤中，中国国家主席习近平都以"老朋友"，称呼这两国领导人，美国总统拜登对此明明是笑开了嘴，听完后赶忙回了声谢谢。实际上，他在视频会晤中还一度对习近平连续说了四次感谢，尽管拜登平常在各大场合讲话时，常念念不忘地说，他在世上所有领导人当中花了最长时间与习近平相处，但谈到两人情谊，拜登却不像俄罗斯总统普京大大方方的。

普京在视频会晤中，以"亲爱的朋友"和"尊敬的朋友"来称呼习近平，普京是真心在乎对华关系，因为有个小细节，在普京与拜登会晤时，普京背后只摆了俄罗斯国旗，但和习近平会晤时，背后却是摆上了俄罗斯和中国的国旗。

说到这儿，和美国会晤时，中俄两国都公开地播出了元首视频会晤时的开头的画面，但是，俄美元首会晤时，拜登明明是笑开了花，但白宫却是拒绝公布视频的，只发了一张照片，拜登表情严肃地盯着普京。

说到这儿，有没有发觉拜登，视频时的友好态度是一回事，但向美国国内传递信息时，又是另一回事，不只想避免传递出他对中俄友好会面的信息，而且事后还要做出极不友善的表态。

像是中美视频会晤一结束没多久，在没收到邀请函之下，拜登就急着向世界说美国的政治人物们不会去北京冬奥会，而见到普京笑逐颜开的拜登，会晤一结束，也急着威胁普京，不只急着和欧洲盟友通电话，还召集乌克兰以及一票东欧国家通电话，显示他的强硬态度。

说到这儿，其实拜登在当上美国总统的那一刻起，就注定会这么做。为什么呢？因为不像桑德斯等总统参选人是坚定靠着"理念"竞选的，拜登是没有特定理念的。他在竞选时的标语就是"恢复美国的灵魂"。至于那是什么，选民完全能自行脑补。

拜登之所以是美国极少数能在"全美性"，不是地方，而是全美政治舞台活跃足足有半世纪的政治人物，靠的就是他能掌控多数人的想法，不断调整自己的理念，以符合多数人，或者是说多数"选票"的走向，这，毋庸置疑是拜登打垮一大票人优越的政治能力，所以他非常清楚中国和俄罗斯在美国百姓心目中的定位。

特别是在疫情过后，民调显示美国多数百姓认为中国是美国最大威胁，而俄罗斯则是第二大威胁，他必然要表现出不友善态度，不论他心里是怎么想的。不过，迎合民意也有巨大缺点，是什么呢？

2021 年度上海广播电视奖
参评作品推荐表

作品标题	一夜成军的白衣天使	参评项目	短视频专题报道
作品网址	https://hpweb.shmedia.tech/h5/hp/share/index.html?id=5ec033c9b91442d18f5d76b76481ee6fmed27902688&type=article		
主创人员	李晓强、姜东锋、王龑君、张静芝、王登轩		
编　辑	王龑君、历文磊		
主管单位	中共黄浦区委宣传部	发布日期	2021年5月6日 10点30分17秒
发布平台	上海黄浦App	作品时长	5分40秒
作品简介	近几年,最忙碌、最值得铭记的那批人,定是白衣天使。一直以来这批以"天使"冠名的群体,无疑是守护人民安康最坚强的那道防线。这份守护甚至可以追溯到抗美援朝时期。这些白衣天使们的付出,值得我们每个人所牢记。回顾历史,不难发现,每当疫情暴发时,反应最快、义无反顾奉献自我的那一批人员就是"白甲卫士"。无论是当下面对突如其来的新冠疫情,还是抗美援朝时期的肺吸虫病。面对未知病毒时,他们不忘初心地坚守岗位,这份坚定的守护与义无反顾的勇气,值得让我们为之动容并时刻铭记。		
推荐理由	这次新冠疫情,我们的共产党员和白衣天使所展现出来的中国速度、中国力量和中国精神,让人难以忘怀。2021年恰逢建党百年,通过党史学习教育,让更多人深知正是这些党员和白衣天使每时每刻地守护着我们的安康。选送作品由中心独立策划、编剧、拍摄、剪辑,在中心多个新媒体平台上发布,产生了良好的社会反响。我们希望能以主持人讲述的方式,让更多的人牢记历史,唤起国人		

推荐理由	对白衣天使的崇敬之情。百年来正因为有他们的坚强守护,才有我们现在的幸福生活。该片分别荣获 2021 年由上海市广播电视协会发起的"奋斗与荣光"——庆祝中国共产党成立 100 周年主题短视频大赛二等奖;由上海市广播电视协会地区工作委员会和上海广播电视台融媒体中心联合发起的"我的红色印象"——庆祝建党 100 周年短视频大赛一等奖。

一夜成军的白衣天使

【出镜】心有所信,方能行远。大家好,我是主持人张静芝,今天我将在这所拥有114年历史的瑞金医院,为大家讲述这批工作在抗美援朝战争背后的白衣天使。

【解说】1950年,毛泽东发布命令,组建中国人民志愿军,抗美援朝,保家卫国。当时国内百废待兴,面对美国武装到了牙齿的部队,中国人民志愿军毅然出发,在1950年10月19日跨过了鸭绿江。

【出镜】而在上海交通大学医学院附属瑞金医院的院史馆内,我们寻找到了当时抗美援朝的珍贵资料。

【解说】这是一张瑞金医院(原广慈医院)报名参加第二批抗美援朝支援医疗队的名单。

这张名单宛如一面荣誉墙,向后人述说着当时的故事,1951年7月27日,由眼科聂传贤任大队长,外科史济湘、林言箴,内科龚兰生、陈家伦等20余名医务人员,参加上海市第二批抗美援朝医疗队远赴前线,当时而立之年的中国工程院院士王振义寻找到了当年只在文献中看到过的肺吸虫卵,一时间拯救了众多危在旦夕的志愿军战士,解放军东北司令部更是授予他二等功的荣誉,原瑞金医院副院长高恪,在抗美援朝的后方医院从1951—1953年期间,为伤员的诊治和照护尽心出力,荣获了抗美援朝保家卫国功劳证。

【出镜】这些医护人员用他们的爱国热情、无畏勇气和专业知识,在祖国最需要的时候挺身而出。

【解说】从昔日的抗美援朝到唐山大地震、汶川特大地震,从抗洪第一线到医疗扶贫第一线,从抗击非典、H1N1 流感禽流感,到此次抗击新冠肺炎。瑞金人用跨越了大半个世纪的一次次出征书写着真正的医者之书,在 2020 年初抗击新冠肺炎的战役中,医院一夜成军,派出包括两位副院长在内的 152 名医务人员,奔赴武汉危重症患者救治第一线,历时两个多月日夜奋战,共救治 484 名新冠肺炎患者,完成病理解剖 19 例,实现了打胜仗零感染的目标。

【采访瑞金医院副院长陈尔真】(字幕:去的时候,我们最困难、最难办的事情都是我们党员冲在前面,在一线的时候我们所有的队员都不会想到我们穿着防护服很难受,我不干了,从来没有过。只是会说没关系,我多坚持一点儿时间。只要病人能够得到及时救治,早日康复,这对他们来说是最大的愿望,也是最大的幸福。)

【采访瑞金医院护士梁晓虹】(字幕:即便防护服下身体有再多不适,我们能看到患者一个一个安全地出院,我们觉得我们做的这一切都是值得的。)

【采访瑞金医院护士陈家晖】[字幕:记得那是去年(2020 年)小年夜的晚上,我们家里都在吃团圆饭,这时候吹响了去武汉支援的号角,看着我的未婚妻,本来我们计划 2 月份要去领证结婚的,但是父母、丈母娘还有我的未婚妻都支持我去武汉支援。]

【解说】这些奔赴前线的医务人员,他们放下了家人的不舍,他们扛起了国家的重任。

【采访瑞金医院副院长胡伟国】[字幕:第一个进舱的是我们的辛海光医生,他说我参加过非洲的埃博拉病毒(抗疫),我先进舱,因为我有经验。罗宁迪医生说,我最年轻,我先进舱。钟旭医生说,我也先进舱,我也年轻。崔洁护士说,我参加过抗击 SARS,我有经验,我先进舱。所以第一批医务人员进舱的时候我一一拥抱了他们,含着热泪送他们进舱,后来我把他们的名字一个一个都记下来,我后来发现,他们有一个共同的闪亮的名字:就叫共产党员。]

【解说】
习总书记说过,要经受严格的思想淬炼、政治历练、实践锻炼,在复杂严峻的斗争中,经风雨、见世面、壮筋骨,才能真正锻造成为烈火真金。人民至上,生命至上,举国同心,舍生忘死,尊重科学,命运与共。这是伟大的抗疫精神,当然这也正是瑞金医院114年不断前进的历史写照。

【出镜】多数人因看见而相信,少数人因相信而看见,百年来正是因为共产党人敢于相信,我们才能看到了今天伟大祖国的繁荣昌盛,今天的党史故事就说到这里,我们下期再见。

2021年度上海广播电视奖
参评作品推荐表

作品标题	芦粟阿哥	参评项目	短视频专题报道
作品网址	https://mp.weixin.qq.com/s/8-_hZKUMLcnI18qj_JYRSg			
主创人员	顾欢欢、施钮辰、张志豪、陈林健			
编辑	顾欢欢			
主管单位	崇明区融媒体中心	发布日期	2021年10月8日12时41分
发布平台	看看新闻	作品时长	5分49秒
作品简介	作品《芦粟阿哥》讲述的是一位崇明70后大叔返乡创业的励志故事。为了使该作品既富有传统专题视频的纪实性又符合新媒体短视频的传播规律，在前期拍摄上采取了沉浸式、纪录式拍摄的方法，在后期剪辑上，编导对630G的素材进行了精挑细选，筛选出最具表现力和感染力的镜头。国庆期间，该作品一经推出不仅在本地区的微信号上形成有力传播，也被上海电视台新闻坊节目选中播出，当天该视频也登上了"Knews"的首页。该视频也入选"咪咕头条资讯"微博话题，获得了776万次的粉丝阅读。			
推荐理由	作品《芦粟阿哥》，是一个成功的融媒体案例作品，不仅让芦粟阿哥龚剑飞火出了圈，也让广大观众对崇明的新农民、新业态有了新认识。			

芦粟阿哥

出字幕：清晨6点

【龚剑飞和工人交流同期声】直接匿在里面就可以了，你们都数好的是吧？

【龚剑飞采访】：（走路、收割、贴清晨芦穄收割画面）

像我们平时卖甜芦粟的时候，差不多5点半就起来啦，因为每天要砍很多甜芦粟。像到了秋天的话，5点半天都是黑的，今天因为我们做直播的话，要砍很多芦穄，下午要帮他们发出去，过几天有雨，所以我们更加要提早。

【龚剑飞自述】

我叫龚剑飞，别看一脸风霜，其实也就是70后，看着有点老，有可能是干农活干出来的，晒得比较黑，显老。这一块地都是我承包的，今年收成还不错。

【龚剑飞自述】

以前自己做厨师，在上海开饭店的，后来崇明大桥通了以后，很多朋友说崇明现在好了，回崇明做农业肯定是好的，所以被他们说心动了，我就回来了。家里反对的声音肯定也是有的，因为对我这辈来说，种田是很没出息的事情，但时代在变，现在做农业也很正常，我觉得以后做农业会越来越光荣。

【龚剑飞和工人交流同期声】龚剑飞给工人安排工作：北面那边几根，好的我知道了。

【芦穄田工人采访】他管理芦穄管理得也特别好，芦穄都种得笔笔直。上一茬种得好，这一茬也种得好。第一轮芦穄割掉以后，他把根留下来再让它长，这样他的收入好，我们民工挣到的钱也多，对别人呢也有贡献，大家可以吃到芦穄了。

【龚剑飞自述】

回到这里，村里的老百姓都很熟悉。我们村里的土地也比较分散，为了解决这个问题，我们也想了很多办法，怎么把村里的土地流转下来，所以我们就成立的合作社，把村里闲散的土地统一流转下来，然后再把土地一块块分给大家。目前我们合作社有10个合作伙伴,每人拿了一块土地。我们各自都很自由,但又是一种稳定的合伙状态。

【龚剑飞现场同期声】我早饭就吃个蛋,收芦穄根本来不及。

【龚剑飞同期声】做农业确实很累的,但累一点儿不怕的,就怕台风。你看我一个夏天晒下来,手臂上两段都晒得分层了。我们做农业的,每年夏天最最害怕的倒也不是晒,最怕的是刮台风。

【龚剑飞自述】

创业初期对于我来说,最大的挫折就是自然灾害,特别是第一年受到台风的影响。我记得,有一年一个月来了三次台风,刚开始创业经历这种情况,说心里话真的想流泪的。

我之前在上海是赚了一点儿钱回来的,最亏的时候,身上只剩下1万块钱了,所有的资金亏损到只剩下这1万块了,那一年如果再爬不起来的话就彻底完了。所以,当时我孩子去读大学时,只给他学费,生活费全部靠他自己去挣的,让他每年暑假去打工,去赚他的生活费。

【龚剑飞儿子采访】我觉得每一个做家长的都差不多,都不会跟自己的孩子说自己遇到的困难。

直 播 带 货

【龚剑飞自述】

在困难的情况下,也有人给我鼓励。鼓励最大的就是我的客户,当客户第二年再找到你的时候,你说东西没有了,这比芦穄倒掉更让人伤心。也是从那个时候开始,甜芦穄的销售慢慢起来了,大家也开始慢慢接受这样农产品,销量也越来越好。

【龚剑飞同期声】现在网上销售都是我自己在做,其实我最早之前电脑都不会用,开机都开不来的,后来自己开始慢慢学,从做淘宝,自己做图片开始,然后自己上架做直播。

【龚剑飞同期声】今天的芦穄是我们刚刚从地里斩回来的,现在拍下来的,今天下午就可以给大家发货,大家看一下这个芦穄,每一节都很鲜洁,大家喜欢的可以马上下单。

【龚剑飞自述】

我也不是个帅哥,我老婆也不是美女,都只是个很普通的农民,我只是想用短视频的方式,让更多的人知道我们的崇明甜芦粟。

【龚剑飞同期声】每一次带货,我都会尝几根芦穄,看看成熟度怎么样,口感到位不到位,不尝不放心的,这样才能保证我们出去的每一批货的质量都是有保证的。

【龚剑飞自述】

我们做农业的其实每个人都有每个人的个性,不用去模仿别人,其实只要做好自己,我觉得就可以了。能把我们崇明甜芦粟,作为崇明的特色品牌,能让全上海、全国人民都知道,对我来说才是特别有意义的事。

【龚剑飞同期声】知道我的甜芦粟第二茬出来了,很多老顾客都已经憋了很长时间了,都集中在今天来拿货。

【芦穄买家采访】他家的芦粟,每一节都标准长度,很松很甜,一直是这个价格,我们也都能接受,所以我就一直开很长时间的车过来买5盒、10盒这样。

【龚剑飞自述】

一个村要有一个拳头产品打出去,然后带动其他的产品。随着甜芦粟卖得好,慢慢地把黄桃销售也带起来了。前段时间,村里的朋友让我帮他卖葡萄。

【龚剑飞同期声】我的粉丝买了我甜芦粟以后还想吃其他水果,那我就把我们崇明的阳光玫瑰推荐给他们。

【龚剑飞和杨吉交流的同期声】就比如说你今天发了小视频,小视频下面不是可以挂购物车的吗,那现在直播结束了,粉丝还可以下单吗?你小黄车加了没有,你加呀。

【龚剑飞自述】

现在经常有一些做农业的朋友到我这里来,大家在一起交流。大家觉得现在做农业不能单打独斗,要多合作多交流,接下来我们还有一场直播比赛。

【新型农民杨吉采访】我们都是区里的新型农业主体,我们通过培训认识了,我在刷短视频的时候看到他有很多短视频比较火的,我也看他的直播,直播的时候,卖货的量很集中,所以我想来跟他学习一下。

直 播 比 赛

出字幕:2021年崇明新型职业农民直播技能交流赛

【龚剑飞同期声】我们现在去拿葡萄,今天我们直播比赛,我帮朋友带下葡萄。前段时间在卖翠冠梨、黄桃,一直都在帮他们卖。现在的粉丝,他们相信的是你这个人,不管是你自己种的,还是你给他们推荐的,他们都会相信的。

【龚剑飞同期声】这是什么,这是甜芦粟,崇明叫芦穄,其他地方叫甜秆、高粱。

【龚剑飞采访】我们这群人算是崇明的新型农民,我们经常有培训、有比赛,会聚在一起,平常也经常交流。如果崇明做电商的人越来越多,那我们崇明的农业真的会越来越年轻,越来越火。明天我肯定要起得很早,今天做了直播,明天都要发出去的。

【龚剑飞自述】

时代在发展,就像一列高速列车,你要是赶不上,那么就会一直落在后面,我们做农业的也一样的。

【龚剑飞同期声】发货最多的时候,快递公司要派三四个人一起来发货的,车子的话,大车子要装个一车.

【龚剑飞自述】崇明的地理位置是巨大的优势,以前说是上海的后花园,现在说是长三角的后花园。说心里话,"崇明"本来就是一个品牌,在上海很多人很自然地认为崇明的农产品就是好的,作为我们农场主,接下来怎么去维护这个品牌,是很重要的一件事。有了品牌,就会在消费者的心里,深深扎根,就像很多人说起芦穄就会想起芦穄阿哥。

做农业嘛就是这样,有苦也有甜,但在家乡崇明做农业我觉得也是挺幸福的。

2021年度上海广播电视奖
参评作品推荐表

作品标题	特大喜讯！奉贤小囡姜冉馨取得本届奥运会上海首枚金牌，实现奉贤奥运金牌零的突破	参评项目	融合创新
作品网址	https://mp.weixin.qq.com/s/6F7_aepbirlS-hECcBcERA		
主创人员	何芹		
编　辑	何语馨		
主管单位	奉贤区融媒体中心	发布日期	7月27日 11时24分
发布平台	"上海奉贤"微信公众号	作品时长	973字
作品简介	奉贤籍00后运动员姜冉馨首次出征奥运会，为上海斩获本届奥运会首枚金牌，实现奉贤奥运金牌零的突破。这是姜冉馨夺冠后连续报道的第一条，第一时间发布夺冠的消息，既有赛场电视直播截屏，又有家里父母亲朋守在电视机前兴奋激动的瞬间，还有奉贤竞技体育发展的背景资料，出手快，内容充实。后续还有姜冉馨为奉贤人民专门录制的独家问候视频、各级领导慰问、中秋节姜冉馨回家等一系列连续报道。这篇第一时间发布的报道，照片和文字中家人亲朋和家乡父老的热情几乎溢出屏幕。这篇报道在"上海奉贤"微信平台首发时的点击量达"14万+"，网民纷纷转发点赞、热烈留言，采写的报道也被上观新闻、新闻坊、澎湃新闻等市级媒体以及今日头条录用。		
推荐理由	题材是今年大热的东京奥运会，姜冉馨的夺冠实现奉贤奥运金牌零的突破，在奉贤竞技体育史上具有划时代意义。报道的亮点，首先是独家，呈现的是家乡媒体才能得到的独家内容，记录了家人从紧张到欢呼的过程。第二是快，夺冠消息是颁奖仪式结束后15分钟以内完成发布的，记者蹲守在姜冉馨父母家，现场编写并及时传回稿件，编辑事先做好功课，边看直播边截图，提前编排好版面，确保了最快时间推送。第三是完整，除了夺冠信息、家人欢呼，还有奉贤在竞技体育发展，特别是射击运动方面的发展和成就，非常完整。		

特大喜讯！奉贤小囡姜冉馨取得本届奥运会上海首枚金牌，实现奉贤奥运金牌零的突破

在刚刚结束的10米气手枪混合团体赛决赛中，姜冉馨和庞伟以16：14的成绩战胜了俄罗斯选手，为中国队夺得本届奥运会第7枚金牌！也是本届奥运会上上海首枚金牌，更是取得了奉贤奥运史上金牌零的突破，祝贺他们！

姜冉馨、庞伟在此前的10米气手枪个人赛中，分别为中国队各获得一枚铜牌。而在上午的资格赛中，两人以387环排名第一的总成绩进入金牌争夺战，最终他们成功站上奥运奖台，奏响了中国国歌。

在姜冉馨的家中，姜冉馨的家人们紧握小红旗，在电视机前共同见证了这一夺牌瞬间。"紧张，紧张。"姜冉馨的爷爷奶奶不时小声说道。紧张，更多的是期待，"哇，他们今天穿的是红色。"姜冉馨的父母显得更镇静一些，牢牢盯住电视机前的每一帧画面，每一声枪响，每一句解说，不时默默为女儿加油打气。"好！"看到中国组合在开局落后的情况下一点点追平反超，现场都激动了。"我的心啊，紧张。""是我的馨，加油。"姜冉馨的爸妈不时互相鼓劲。

"冠军，冠军。"全场起立欢呼，看到女儿能为中国奥运军团斩获这枚金牌，姜冉馨的父亲姜锋、母亲顾春燕也一下子激动起来。姜锋表示，祝贺女儿为祖国人民争光了，一个大大的拥抱正在等待她。同时姜爸爸也不忘嘱咐女儿，今天打好比赛，一切从零开始，还要继续努力。

"庞伟一直叫她大侄女。"姜冉馨的妈妈顾春燕在采访中笑道。此前在获得个人铜牌之后，考虑到怕影响姜冉馨的团体比赛，姜冉馨的妈妈即使有千言万语想对女儿说，但也只能暂且搁下，让女儿能全力备战，现在决赛结果出来后，夫妻俩也轻松许多。

据了解，这也是00后小将姜冉馨在三天之内第二次刷新奉贤夏季奥运会的

奖牌纪录，这也是奉贤历史上夏季奥运会的第一块金牌。奉贤小将收获两枚夏季奥运奖牌，也是奉贤区竞技体育20年来发展的缩影。射击作为奉贤的传统优势项目，历经20多年的岁月沉淀，运动水平不断提升，2017年被国家体育总局命名为"国家高水平体育后备人才基地"，为奉贤竞技体育创造了无数历史，结出了累累硕果。

多年来，奉贤区体育训练中心选拔、输送的运动员共获全国及以上冠军24人次，先后涌现出袁伟、张亚菲、侯武彬等一批优秀教练员，向市二线、市一线及各院校输送运动员91名，培养出了7名世界冠军，其中就有世界射击锦标赛冠军李君、姜冉馨，世界射击锦标赛青年组冠军张丹丹、宋郑怡、张婷、陆依恺、李成。

2021年度上海广播电视奖
参评作品推荐表

专栏名称	阿姨爷叔请提问	创办日期	2020年10月25日
参评项目	新媒体新闻专栏		
发布单位	上海广播电视台	2021年度发布总次数	251次
发布平台	看看新闻Knews客户端		
主创人员	朱佳伟、徐俊杰		
编　辑	朱佳伟、王燕		
专栏简介	《阿姨爷叔请提问》是沪上品牌民生新闻栏目《新闻坊》打造的短视频产品，以中老年群体为受众，关注时下生活热点，及时传达民生资讯，"手把手"教学数字化时代智能应用生活场景的实用技巧。		
推荐理由	《阿姨爷叔请提问》是目前沪上为数不多、专门针对中老年受众群的垂类新媒体产品之一。 　　它帮助老年人跨越数字鸿沟，紧贴当下民生热点，在生活方式、民生政策、文化资讯等方面为受众打开新视野，将政府的民生关切和"人民城市人民建、人民城市为人民"理念，以简约、明快、有趣的方式转化为可知可感的新媒体产品，具有长远的社会效益。 　　节目样态上，小剧场、动画演绎、角色反串等辅助形式创意十足，表达生动，受到了网友的一致好评。极强的服务性和对中老年群体"设身处地"的关爱，彰显了主流媒体的社会责任感。		

阿姨爷叔请提问

"就地过年"的意义，还请您多多理解！

  还有一个月就是新春佳节了。春节，不仅是中华民族最隆重的传统节日，也是很多人日思夜盼和亲人团聚的日子。

  但大家也知道，新冠疫情外防输入、内防反弹的任务依然十分繁重。有关专家指出，冬季新冠病毒存活期长，传播力强，尤其是大规模的人员流动，存在更大的风险。因此，这两天全国多地提出倡议，希望大家"就地过年"。

  小坊知道，不少阿姨爷叔的子女、孙辈在外地或者国外工作、生活。利用春节回家看看，走亲访友，了了乡愁，都是人之常情。尤其是对长年累月在外务工的人，心情更为迫切。

  但是，为了我们每个人的健康考虑，还请大家多多理解"就地过年"的意义。新冠病毒主要是通过飞沫以及直接接触传播，"就地过年"就可大大减少人员流动，特别是中高风险区域的人员不出市境，更能有效切断传染源。我们在家的人，多多支持在外工作的人在工作地过年，在外地工作的人，自觉响应"就地过年"的倡议。我们相信，无论是在哪里，很多工作单位都会在春节期间妥善安排好员工的生活，或许也能让他们在异乡尝到"家乡的味道"，同样感受到浓浓的年味。我们同样也相信，众志成城之下，新冠疫情一定能被有效地控制，各企事业单位、社区也能统筹考虑，比如安排弹性休假，让员工之后能够错峰回乡等。

  短暂的分离是为了更好的团聚，等到2021年春暖花开之时，我们平平安安，再相聚。

原来随申码还能坐公交挂号看病

可以用"随申办"坐公交已经有一阵子了,小坊还记得当时也给大家演示过。"随申办"上打开相应的"公交码""地铁码"刷码乘车。而这次升级后,正像爷叔所说的,不用再区分这个码、那个码,只要一个平时常用的"随申码",就能乘公交车。

如果您还没开通,现在就可以实名登录"随申办市民云"APP,点击"我的"→"设置"→"通用"→"随申码场景配置",然后将"交通"场景应用,设置为"打开状态"。如果还没签约支付功能,请点击"签约管理"开通乘车支付渠道。当前支持"支付宝免密支付""微信免密支付""云闪付免密支付"三种支付渠道,您可以自主选择。

除了乘公交,听说"随申码"还可以用来挂号看病。在医院试了一下,果然,"随申码"可以在窗口挂号,小坊也看到了自己选择的科室。不用专门调出原来的医保电子凭证,节省了一些时间。不过,可能是刚刚开通的缘故,在医院的自助机上刷"随申码"的时候,试了几次都还不能识别,看来,也需要同步升级啦!

国际传播

一 等 奖

2021年度上海广播电视奖
参评作品推荐表

作品标题	《行进中的中国》 (China on the Move)	参评项目	国际传播
		体裁	电视新闻专题
		语种	英语、中文
作者 (主创人员)	朱雯佳、宣福荣、王静雯、俞洁、王芳、金丹	编辑	陈亦楠、敖雪
刊播单位	东方卫视、纪实人文频道、上海外语频道、第一财经、CGTN英语新闻、CGTN纪录频道、美国中文网Sinovision、美国ODC（上海广播电视台纪录片中心、英国雄狮电视制作公司）	刊播日期	2021年2与25日 晚23:00
刊播版面 (名称和版次)	特别节目	作品字数 (时长)	30分钟×2集
采编过程 (作品简介)	《行进中的中国》是中宣部指导的重大外宣项目,由上海广播电视台纪录片中心与英国雄狮电视制作公司联合摄制,被纳入国家广电总局"十四五"纪录片重点选题,上海围绕全面小康和建党百年主题首批重点文艺创作项目,上海市文化发展基金重大文艺创作项目。 两集纪录片通过两位外籍主持人安龙和珍妮的国际视角,分别聚焦中国的脱贫攻坚工程和疫情防控常态化下中国经济的快速复苏。从中国西南部的农场到东部的沿海城市,再到西北部的大沙漠,通过主持人的观察和采访,以一个个鲜活的人物故事和案例,讲述中国在打赢脱贫攻坚战的过程中,政府、人民和社会各界如何应对各种难题和考验,向世界提供具有参考价值的中国方案、中国模式、中国智慧。		

社会效果	2021年2月25日,全国脱贫攻坚总结表彰大会在京举行,习近平总书记发表重要讲话。当晚,中英联合制作的系列纪录片《行进中的中国》在东方卫视、纪实人文频道、上海外语频道等播出,随后登陆美国Sinovision、北美新媒体ODC等海内外平台。2022年全国两会开幕期间,该片在中国国际电视台(CGTN)播出。配套短视频在Facebook、Twitter、YouTube和ShanghaiEye等海内外新媒体上播出,覆盖美国、澳大利亚、英国、加拿大、法国、意大利、印度、新加坡、泰国、印尼、埃及等国家。此外,节目还登陆"学习强国"、看看新闻、百视TV、哔哩哔哩、爱奇艺等网络新媒体。 　　人民网、《光明日报》、新华社、中新社、《中国日报》、广电时评、广电独家、《文汇报》《上海日报》,对《行进中的中国》进行了报道,微博大V争相转发,公众号、全网转发量超4 000万,获得网友一致好评。 　　截至目前,《行进中的中国》荣获中宣部、国家广播电视总局组织评审的2021年第一二季度优秀对外传播纪录片,入选2021年第一季度优秀国产纪录片推优作品,获得上海市国际传播领域最高奖项银鸽奖国际新闻作品类最佳奖。 　　中宣部第106期新闻阅评、上海市委宣传部第24期新闻阅评分别对该节目进行了专版表扬。

行进中的中国

第一集：脱贫攻坚

中国有14亿人口,是地球上人口最多的国家。这样一个人口大国如何在充满挑战的时代中把握机会,不仅生存下来,并且还能蓬勃发展呢?

在这一系列的节目里,我们将探讨中国人是如何应对现代社会中最艰难的考验:从中国西南部的农场和种植园到东部的特大城市,再到西北部的大沙漠。

今天的中国正面临着前所未有的各种难题:从全球疫情蔓延到极度贫困。随着中国经济的蓬勃发展和全球影响力的扩大,中国如何应对这些问题正受到世界的瞩目。欢迎收看《行进中的中国》!

第 一 部 分

【解说词】

一项中国政府报告数据显示,2015年中国农村地区有近5 600万绝对贫困人口。中国制定了一个目标:到2020年底,让现行标准的农村贫困人口全部脱贫。实现这一宏伟目标的最重要途径之一就是将整个国家联动起来,把繁荣的城市和欠发达的农村地区联动起来。中国各级政府做了大量的工作,但在本集纪录片中,我们探讨企业、个人和社会各界用首创的中国智慧为脱贫所做出的努力。

【解说词】

贞丰县坐落于中国西南部的高山里,这里生活着一群古老的少数民族。千百年来布依族在这片青山绿水中过着传统的生活。

【主持人串词】
但在这种田园生活的外表背后,这些崇山峻岭也是布依族与外界的天然屏障。

【解说词】
虽然这里风景如画,但也是中国贫困发生率最高的区域之一。在这样的偏远地区,易地扶贫搬迁往往是脱贫的有效手段。但这样的举措也有可能让当地的古老技艺逐渐消逝。生活在这里对女性来说尤其艰难。由于缺少发展机会,她们往往早婚,留在家中照顾孩子。但近年来,这里得到来自远方都市时尚界的关注,给了这里的女性一张通往美好未来的门票。

【主持人串词】
15年前,一位来自北京的设计师拜访了这个村庄,她被一门特别的技艺吸引了,答案就在这扇门的背后。

【解说词】
只要到了能穿针引线的年纪,刺绣是每一个布依族女孩都会学的技能。每家每户都有自己独特的风格,代代相传。

【主持人串词】
我们可以看到有蝴蝶、花和神话动物的绣样,真是门精妙绝伦的技艺。

【解说词】
60岁的梁忠美是村里最有经验的刺绣师之一。

【采访】
珍妮(主持人):这个很难吗?
梁忠美(独臂绣娘):不难,简单的,很简单的。一针一针地走,就是一只手在上面接这个针。
珍妮(主持人):刺绣真的很难,我的手都在颤抖。但看她绣的时候感觉很简单。

【解说词】

梁忠美一路走来实属不易。

【采访】

梁忠美(独臂绣娘)：我的手,小的时候七岁跟父母干农活,为了轧糖,轧断了左手。后来就是说我干别的,抬也抬不动了,扛也扛不了。自己慢慢想来学刺绣,要有耐心一点儿,(每天)要学6个小时。到今年的话就是40多年了。

珍妮(主持人)：以前的生活有多艰难？

梁忠美(独臂绣娘)：在家里帮当地的人绣背小孩的被面,费用都是很低的。很担心生活(费用)要从哪里来。

【解说词】

当梁忠美的刺绣作品被一位时尚界企业家发现时,一切都发生了改变。这家企业位于2 000公里外的北京。依文集团总部坐落于永定河畔,26年前由设计师夏华创立。

【采访】

珍妮(主持人)：这看起来很眼熟。

夏华(依文集团创始人)：这个是非常漂亮的刺绣,是把蝴蝶绣在这个真丝的上面。

【解说词】

当年夏华走遍中国探寻古老的传统手艺,她来到贞丰县寻找设计的灵感,在那里她遇到了梁忠美。

【采访】

夏华(依文集团创始人)：第一次见到梁忠美老师的时候,是在她生活的那个小村庄里边,她绣的每一只蝴蝶都不一样的,就像飞在天空的蝴蝶一样。所以那一刻我就思考,我说如何把梁老师的蝴蝶让她绣在真正的国际时装周的那些时装上。

【解说词】

2017年,夏华带着她的作品和那些启发并帮助她创作的布依族女性一起参加了伦敦时装周,很多绣娘此前从未离开过大山。

【采访】

夏华(依文集团创始人):然后下了飞机的时候,绣娘们很感动,很激动很感慨。然后当那些全球的模特穿着我们的设计师和绣娘们一起创造的时装走出来,在全场的时候,你会发现全场安静到真是连绣娘们喘气的声音都能够听见,但是当时装秀结束的时候,传来久久不停的掌声,大家一直在鼓掌。

【解说词】

但这些女性的财富并不局限于刺绣本身。依文集团已经建立了一个数据库,里面的刺绣图案被注册为知识产权,这些女性还能从她们的设计中赚钱。回到大山里,梁忠美有了一定的积蓄,她开了一家刺绣店。

【采访】

梁忠美(独臂绣娘):订单也很多了,我一个人也忙不过来了。带那些同胞妇女来跟我一起做这个刺绣,(我们几十人)一个月平均就是五六万元左右的收入。生活(水平)大大提高,很满意。

【解说词】

为了帮助周边的年轻女性摆脱贫困,梁忠美在村里带了很多学徒。29岁的韦大情是两个孩子的母亲。对她来说,刺绣意义非凡。

【采访】

韦大情(绣娘):我妈又爱生病,然后我爸爸一个人又什么都做,一个人工作养了好几个,然后我就觉得他们很辛苦,我就没有上学。家里这么贫困,我自己去赚钱好了。

【解说词】

韦大情跟随梁忠美学习刺绣已经有5年了。

【采访】

韦大情(绣娘):刚开始的时候是感觉看都看不懂,什么都不懂的。然后她就慢慢地教,她说:"只要你有耐心,没有什么学不会的。"我就慢慢地跟她学,经常做的话,每个月也能(赚)三四千元。

【解说词】

夏华和布依族女性的合作改变了很多人的生活。在一个时尚和潮流瞬息万变的世界里,她决心让刺绣经久不衰。

【采访】

夏华(依文集团创始人):今天其实布依族最美的纹样让很多年轻的设计师觉得惊艳,所以一件绣品背后不仅是绣的价值,还有时光的价值在里面。

【解说词】

在贫穷的农村和偏远地区,年轻一代往往会去大城市寻找就业机会。但是通过这样城乡联动的非物质文化遗产扶贫方式,让布依族女性在家乡就能通过手艺增加收入,将这门古老的技艺代代相传。

第 二 部 分

【解说词】

气候变化在全球都备受关注,这是城市中的人们最关注的一件事情。但是对于中国的 5.64 亿农民来说,极端的环境条件直接威胁着他们的生活。当中国的东南部地区遭受洪涝灾害时,西北部地区的农民们正面临着一个截然不同的威胁——沙漠化,它使原本肥沃的土地变得寸草不生。由于没有土地可以耕种,这些农民陷入了贫困。这样的情况在全世界也时有发生,甘肃的沙漠面积已经超过 19.5 万平方公里,占全省面积的 45% 以上。

【采访】

郭翊(蚂蚁森林护林员):沙漠里面光秃秃的什么也没有,都是沙丘。

【解说词】

沙漠化是这里的人们面临的难题。郭翊家从他爷爷那一辈起就开始参与治沙了。

【采访】

郭翊(蚂蚁森林护林员):在我小的时候,尤其是春季,一天到晚刮的就是所谓的沙尘暴,刮得我们上学的时候眼睛都睁不开。

【主持人串词】

但对于大多数生活在中国城市里的人来说,他们很容易忽视远在甘肃的农民所面临的困难。

解决办法在这里……在中国,手机几乎人手一部……现在在中国每座城市的任何角落,手机用户都可以加入沙漠治理的行动中来。

【解说词】
城市居民参与沙漠治理要从一款手机应用软件说起。科技巨头阿里巴巴已经深入中国人生活的方方面面。
他们开发了一片虚拟的森林——蚂蚁森林,在支付软件支付宝里可以找到。

【主持人串词】
它是这样运作的:每当我做了对环境有益的事情,我就能得到绿色能量,这些能量能够帮助我种一棵虚拟的树。如果我选择骑车而不是开车,我能够得到一些绿色能量;如果我在网上订了电子票,我也会得到一些绿色能量;如果我用手机支付账单,我还会得到一些绿色能量。

【解说词】
这个应用软件掌握了我所有的绿色行为,因为这些都是通过支付宝实现的,这对于公司来说是一种很好的推广。一旦我攒够了绿色能量,我就要选择种哪类树了。

【主持人串词】
可供选择的种类很多,我想我还是种一棵梭梭树吧。梭梭树在沙漠中很常见,因为它能够在沙漠中生长。一旦按下这个按钮,好了,我的虚拟树种好了。但是虚拟树毕竟是虚拟的,它不可能改变世界。

【解说词】
好在它并不仅是虚拟的。用户每种下一棵虚拟树,阿里巴巴就会在中国的沙漠里种下一棵真实的树。这个想法最早就源自杭州。徐笛,公司里的人也叫他祖望,是这个项目背后的主导者。

【采访】
徐笛(蚂蚁集团社会公益部总经理):在蚂蚁森林这个模式里面,我们通过移动互联网的技术,把生活在城市当中的人和在远方西北荒漠化地区去改善当地环境的人建立了一个全新的连接。

安龙：对于甘肃当地人来说，在经济方面有带来变化吗？

徐笛：我们创造了绿色用工的机会，能够让当地的一些贫困户参与到绿化的进程当中。

【解说词】

徐笛所说的"绿色用工"也就是种树，是由远在1 600公里以外的像郭翊这样的人实现的。

【现场声】

徐笛：郭翊你好。

郭翊：祖望老师好，今天很高兴又和你连线。

【解说词】

郭翊现在的工作就是为蚂蚁森林雇用当地人种树。

【现场声】

徐笛：哦，你刚好在梭梭地里面啊？

郭翊：长势是一点儿问题都没有，比我还高。

【解说词】

郭翊和他雇用的500个护林员就驻扎在甘肃省古浪县，这里位于腾格里沙漠的南缘。在过去的几十年里，随着沙漠面积的不断扩大，几十万人被迫离开他们的家园和农田。在最严重的时期，古浪县约40%的人生活在贫困中。这个模式现在使用一种传统的技术对土地进行修复。树根能够将土壤牢牢地固定住，等到土壤修复好了，就能种更多种类的树。

【采访】

郭翊（蚂蚁森林护林员）：凑巧的是我儿子出生在植树节，每年他过生日的时候，我就带他来种一棵树，特别有纪念意义，然后慢慢就越来越喜欢，就开始种树了。

【解说词】

当蚂蚁森林来到甘肃寻找合作伙伴的时候，郭翊抓住了这次机会。

【采访】

郭翊(蚂蚁森林护林员):当时我们抱着试一试的态度,我们从2019年开始种树,种了1 000万株了。

【解说词】

不仅是树在这片沙漠里快速生长,当地人也随之受益。

【现场声】

郭翊:你看这个。

【解说词】

郭翊的工作之一就是为种树项目雇用和培训当地的护林员。他们中的很多人都和老张一样,曾经是农民。

【现场声】

郭翊:根下在40厘米左右,如果有枯死的情况无所谓。

【采访】

张世俊(蚂蚁森林护林员):我原来在山上是靠种地(生活),我们山区种地都是靠天吃饭,稍微不好一些的年份连吃饭都困难。蚂蚁森林来了以后基本上就好了,生活条件也好了,环境也好了。

【解说词】

这些额外的收入对于古浪县的人们来说非常重要。

【采访】

郭翊(蚂蚁森林护林员):我们每年种梭梭的时候春秋两季大概要雇用当地老百姓接近一万人次,直接给老百姓(每人)每年增收7 000到8 000块钱,这对于我们这边的老百姓来说已经是很大的一笔收入了。

【解说词】

仅仅几年,这里已经有了很大的变化。这个项目种下了2.2亿棵树,创造了73万人次的绿色就业岗位。2020年2月,古浪县摘掉了贫困县帽子。人们在城市里种下虚拟树以后,还能够通过林地里的摄像头远程看到真实种下的树。

【主持人串词】

这就是树林。我已经能够想象我的小树在里面茁壮成长的样子。

【解说词】

接下来的路还很长,但它已经将支付宝的5.5亿用户与沙漠中抗争的农民们紧紧连接在了一起。这种生态扶贫的城乡联动也加快了脱贫的进程。

第 三 部 分

【解说词】

而对于其他地区的农民来说,问题并不出在土地本身。云南位于中国的西南部,与老挝和缅甸接壤,这里是中国最贫困的地区之一。但是云南有着肥沃的土壤和充足的降雨,这是种植咖啡的完美条件,现如今城市里的年轻人把咖啡视为时尚饮品。中国曾是茶的天下,但如今全球流行拿铁、白咖啡和卡布奇诺,让中国的咖啡市场需求也一路飙升。

【主持人串词】

一杯咖啡在中国的大城市里大约要30元,价格几乎是洛杉矶或伦敦的两倍,但这物有所值。对于那些生活讲究的人来说,喝咖啡是最新的潮流。

【解说词】

咖啡最早在19世纪末由法国传教士传入中国,但当时并没有真正流行起来。

【解说词】

直到20世纪80年代,大型跨国咖啡公司来到云南,咖啡种植业才真正腾飞起来。现在中国99%的咖啡都产自云南。

【解说词】

祁云才和他的家人25年前开始在普洱种植咖啡,但他们和其他许多云南咖农一样,没有掌握最正确的种植方法。

【采访】

祁云才(普洱咖农):(以前)我们只是做到带壳豆、粗加工这一块,价格波动太大,不能维持生计。

【解说词】
多年来单凭感觉而非科学的耕作方式让祁云才一家付出了代价。

【采访】
祁云才（普洱咖农）：当时我们种咖啡没有什么技术方面的培训。然后施点肥料都是根据我们个人的心情而施的，没有好的收益。

【解说词】
由于缺乏专业知识，很多云南咖农生产的是低质量的咖啡豆，售价很便宜。但是城里人们追求的是高质量咖啡豆带来的口感。

【主持人串词】
现在爱喝咖啡的人对口感一点儿不将就。如今的中国咖啡鉴赏家追求特制的咖啡豆，最优质的才能让他们满意。

【解说词】
云南的咖农需要帮助，他们亟须种植的专业知识。八年前，普洱吸引了一个咖啡巨头的注意。星巴克想要在中国出产世界一流的咖啡，他们选择了云南。他们采取的方式是教会咖农种植足够好的咖啡豆，以满足上海、纽约和巴黎的咖啡爱好者们。这样种出来的咖啡豆，咖农们能卖个好价钱，这些咖啡豆不是只能卖给星巴克，而是给价高者。课程从星巴克咖啡课堂培训开始。

【现场声】
王万东（星巴克农艺师）：只有正确合理的加工方法才能够造出好的咖啡豆品质。

【解说词】
最后到田间地头进行实际操作。

【现场声】
李昌江（星巴克农艺师）：这个是咖啡豆，你们讲的滴水线，所以不管你是怎么施，它肯定是在这个滴水线的区域。
李昌江（星巴克农艺师）：我们在施肥。
珍妮（主持人）：我可以试试吗？

李昌江(星巴克农艺师)：当然可以。
　　珍妮(主持人)：绕着树洒对吗？
　　李昌江(星巴克农艺师)：像这样。
　　珍妮(主持人)：这样会不会洒得太多了？这样可以吗？
　　李昌江(星巴克农艺师)：可以的。

【解说词】
　　杯测是检验种植成果的最好办法，这些豆子的味道必须恰到好处。郭琼是杯测环节的专家，咖农们都想让自己的豆子给她留下个好印象。每到收获季，每天都有几十个农民带着几百吨咖啡豆前来接受杯测，这可不是喝一口那么简单。

【采访】
　　郭琼(星巴克杯测师)：大力地吮吸进去，吸完之后呢，把那个咖啡汁吐出来，不要喝进去噢。
　　珍妮(主持人)：郭女士，为什么要如此用力？
　　郭琼(星巴克杯测师)：让你的整个味蕾都能很快感受到咖啡不同的风味，你可以试一下。
　　珍妮(主持人)：这很难，比看上去难多了。
　　郭琼(星巴克杯测师)：是有点难，我从做杯测开始已经8年了，然后差不多有100万杯，这样子的。

【解说词】
　　杯测了这么多杯之后，我迫不及待想知道郭女士对祁云才咖啡豆的评价。

【采访】
　　郭琼(星巴克杯测师)：那像这批咖啡的话，杯测的话，它非常甜，非常好，那像这样的咖啡就是高品质的咖啡。你可以喝一下。

【解说词】
　　远在千里之外的中国各大城市的咖啡馆是云南咖啡的归宿，这里供应各式冷热咖啡。多年来，像祁云才这样挣扎在贫困线上的农民缺乏种植优质咖啡豆的专业知识。通过这样因地制宜的产业扶贫，他们终于开始看到了新的希望。

【采访】

祁云才（普洱咖农）：以前的年收入也就是五六千块钱，现在的年收入可能是原来的 10 倍了，原来也没有想过能买得起车，能盖得起房子。在家里面既能赚到一点儿钱，还能照顾孩子、老婆还有我的家人。

第 四 部 分

【解说词】

让传统技艺和产业在现代生活中有所获益是中国脱贫工作的一大挑战。已经是午夜了，在中国的南方有一群人正要进入树林的深处。他们要去采集的是被称为白色黄金的乳胶。这是份有着几千年历史的工作，而现在他们正在收割的橡胶对于中国的经济来说至关重要。中国是世界上第四大橡胶生产国，每年的产量是 80 多万吨。

【主持人串词】

橡胶在日常生活中被大量使用。

【解说词】

橡皮擦、泳帽、儿童玩具。但是近些年来，中国的绝大部分橡胶都被用在了轮胎生产上，世界上三分之一的轮胎都是中国制造。这些橡胶多数原产自海南，这里的热带气候条件十分适合橡胶树的生长。橡胶对于中国来说是十分重要的物资，但是 2010 年以来橡胶的价格一直在波动，确切地说是一直在下跌，这使得胶农们割胶的成本远远高于它们的售价。

【主持人串词】

胶农们陷入了两难的境地，他们是冒着亏钱的风险去割胶还是舍弃他们辛苦经营的橡胶林呢？

【解说词】

周桂芳从上个(20)世纪 90 年代开始经营橡胶林。

【采访】

周桂芳（胶农）：我们 1995 年种胶，种到 2006、2007 年价钱有点高，我们有点收入。两年过后价钱就没有那么高，割胶又辛苦，我们就不割了。

【解说词】

周桂芳有两个孩子要抚养,为了增加收入,她开始酿酒并且种植其他作物。但是她还是一心希望自己的橡胶林能够维持下去。

【采访】

周桂芳(胶农):橡胶价钱要是高,我们还是割橡胶划算。

【解说词】

在1700公里外完全不同的世界里诞生了一个中国首创的金融扶贫方案。上海期货交易所成立于20年前,这里是市中心交易最忙碌的地方。虽然这里看起来门可罗雀,线上业务却异常忙碌。自从各种业务都电子化以后,人们能够在任何地方完成交易。

【采访】

吴星(上海期货交易所衍生品部经理):这个就是我们交易所的交易大厅,在期货市场发展早期的时候,大家都是围在交易大厅里头通过手势比价进行交易。

【解说词】

吴星在上海期货交易所工作了四年。

他交易的不是今天的商品价格,而是未来的价格。

【采访】

吴星(上海期货交易所衍生品部经理):农民们一般是担心在未来他们割胶的时候天然橡胶的价格会下跌,进而影响他们的收益。我们现在如果用期货,也是用现在的期货价格来锁定未来他们卖胶的价格,相当于他们未来的收益比较固定,给他们吃了一颗定心丸。

安龙:那橡胶价格近几年的趋势是什么样的?

吴星:2010年以来,天然橡胶的价格总体是向下走的。胶农辛勤劳作,因为价格下跌导致他们收割完胶水之后拿不到一个好的收益,就会发生一些弃割或者弃林的现象。

【解说词】

橡胶是中国非常重要的资源,各行各业对它的需求都很大。中国不能失去这些本土橡胶供应,但同时对于胶农来说,也必须保障他们的收益。于是在2017年,一个创新的模式被提了出来。保险公司联合期货市场,为胶农提供了一套金融保障方案。这有一点儿复杂,所以我打个比方为大家解释一下。

【主持人串词】
比方说这是胶农,如果橡胶价格下跌,他就会亏钱,这对他来说就是坏消息。所以他从保险公司免费获得了一份保险,橡胶价格一旦下跌,保险公司就会赔付给胶农。完美。

但是如果橡胶价格持续下跌,保险公司是不是会亏光?

为了保护自己,保险公司又与期货风险管理公司合作,对冲了橡胶价格下跌的风险。

期货风险管理公司在更大的金融市场上进行投资,购买一些能够从橡胶价格下跌中获益的产品,这也就意味着大家都不会亏钱。

【解说词】
对于胶农来说,保险赔偿的钱使得他们能够继续割胶。

【采访】
安龙:那这个新的模式帮助了多少人呢?
吴星(上海期货交易所衍生品部经理):前三年累计向约19.3万户次的贫困胶农赔付约1.6亿元。

【解说词】
有了保险,周桂芳又可以开始割胶赚钱了。晚上气温比较低的时候,她出门割胶,这样乳胶能够更快地流出来。然后在第二天早上卖掉。每天,保险公司会将赔付的金额转到她的银行卡上。今天,保险公司赔付给周桂芳卖胶收入的30%。

【采访】
周桂芳(胶农):买了橡胶保险(以后),我一年多赚2 000块钱,我们还是满意的。

【解说词】
这一中国首创的金融扶贫方案对于稳定胶农收入,促进产业发展起到了积极作用。

【解说词】
　　虽然中国的脱贫面临着许多挑战,从怎样界定贫困到如何帮助贫困户。中国脱贫所取得的成就是真实的。世界银行估算在过去的 40 年里,中国已经累计使超过 8.75 亿人摆脱绝对贫困。中国的决战脱贫攻坚取得决定性胜利,完成了之前制定的目标。通过缩小人们在财富、知识以及文化上的差距,中国正在一步步实现她的目标。

中国减贫故事的国际表达
——评析纪录片《行进中的中国》

上海广播电视台纪录片中心副主任、
纪实人文频道副总监　朱晓茜

　　《行进中的中国》是由上海广播电视台纪录片中心于 2021 年重点推出的两集纪录片,与英国雄狮电视制作公司联合摄制。纪录片通过两位外籍主持人安龙和珍妮的国际视角,分别聚焦中国的脱贫攻坚工程和疫情防控常态化下中国经济的快速复苏。从中国西南部的农场到东部的沿海城市,再到西北部的大沙漠,通过主持人的观察和采访,以一个个鲜活的人物故事和案例,讲述中国在打赢脱贫攻坚战的过程中,政府、人民和社会各界如何应对各种难题和考验。
　　节目除了在东方卫视、纪实人文频道、上海外语频道、中国国际电视台 CGTN 等国内主流媒体播出外,还登陆了美国中文台 Sinovision、北美新媒体 ODC;配套短视频在 Facebook、Twitter、YouTube 和 ShanghaiEye 等海内外新媒体上播出,产生了良好的宣传效果。

一、题材重大,国际关切

　　我们对外宣传的目的是讲好中国故事,传播好中国声音,展示真实、立体、全面的中国。让世界了解中国,让中国走向世界。随着中国在世界舞台发挥日益重要的作用,国际受众对当代中国的政治、经济、民生、外交政策和发展战略等的了解和需求也在与日俱增。由于重大题材往往是对国家阶段性重点工作或重要事件的阐释,选取其中国际受众关切的内容,通过纪录片的方式进行创作并真实呈现，既能够传播我们想讲的，同时国际受众又喜欢并易于接受，往往会起到比较好的外宣效果。

《行进中的中国》制作团队选取了消除贫困这样一个世界性的难题展开，探讨了中国是如何应对现代社会中人类普遍面临的艰难考验，题材重大，国际受众关切，其内容能够被不同国家和文化的人所理解和认同。节目讲述了贵州黔西南布依族非遗绣娘发展产业、西北部地区沙漠化治理与互联网有效结合、云南普洱农民种植咖啡豆、上海期货交易所通过金融产品精准扶贫海南天然橡胶产地，其背后展现的是非遗扶贫、生态扶贫、产业扶贫、金融扶贫等中国首创的扶贫方式。这些探讨难能可贵，尤其是在全球都面临着肆虐的新冠疫情下，全球减贫事业比以往任何时候都更需要拿出切实有力的举措，中国则为这道世界性难题提供了原创的、独特的中国方案。

二、中国故事，国际表达

合拍纪录片已经成为中国国际形象建构与传播的重要载体，通过中外合作的模式，联合摄制中国题材，由此架构中国有态度、负责任的大国形象越来越成为对外传播的重要手段。

《行进中的中国》以上海广播电视台长期从事外宣节目的专业团队，联合英国雄狮电视制作公司共同策划和制作。为了让国际受众更直观地理解中国的创新模式，纪录片采用了国际化的叙事方式。语言上，采用双语摄制，主持人的串联词、画外音均为英语，中国脱贫故事的主角则以中文口述。

两位外籍主持人珍妮和安龙从中国西南部的农场到东部的沿海城市，再到西北部的大沙漠，深入现场进行观察和采访，通过个体的脱贫故事和案例，讲述中国在消除贫困的过程中如何应对各种难题和考验。

节目的主持人采用外籍讲述人"他诉"的形式，力图降低语言和文化背景上的"文化折扣"，以较为客观中立的形象和方式出现；"借嘴说话"，有利于增强故事本身的真实感、说服力，同时也贴近海外观众的收看和审美习惯。

三、热点问题，百姓故事

进行国际传播的作品往往在策划时期就具备了一定的主题性和教育性，如果在讲述的内容和方式上说教感太强、生硬无趣，就很难吸引观众看下去，更不用说在观众心中形成价值和行为的影响力，甚至会使观众产生反感，认为是意图灌输。《行进中的中国》聚焦普通民众的真实故事，表达上力图客观准确，把全球瞩目的减贫主题化成了一个个小故事，避免了国际传播中的问题和陷阱。

当然，节目也有一些需要提升的空间：以脱贫攻坚这一集为例，节目只是讲了四个相对独立的个体故事,它们是否能够代表中国的整体脱贫情况?点状的故事有了,那宏观层面又是怎样的?如果这些问题不予回答,容易给人以偏概全的印象,比较难以托起中国减贫这样一个宏大叙事,并得出节目结尾的结论:"中国脱贫所取得的成就是真实的……中国的决战脱贫攻坚取得决定性胜利。"这些口号式的语言也有些削弱了节目的说服力。另外就是节目比较强调企业的努力,四个故事都是企业在帮扶贫困人员,其中还有一家美国公司星巴克,中国政府所做的努力在本集节目中和整个系列中都缺乏体现,这是《行进中的中国》存在的另一个美中不足之处。

以国际视野向世界讲述中国脱贫故事
——《行进中的中国》创作手记

上海广播电视台纪录片中心编导　陈亦楠

系列纪录片《行进中的中国》是中宣部国际传播局"纪录中国"传播工程的"点题"项目,旨在向世界讲述中国如何打赢脱贫攻坚战的故事。

第一,开创了中外联合制作线上"云合作"模式。这部纪录片的创作始于2020年。受新冠肺炎疫情影响,2020年以来中外合拍纪录片项目数量骤减。上海广播电视台纪录片中心和英国雄狮电视制作公司合拍的纪录片《行进中的中国》,从2020年4月开始策划,到11月完成制作,该片创作始终处于新冠肺炎疫情的笼罩下。初期策划时,中国的疫情出现好转,英国疫情却进入暴发期,于是,英方团队在居家隔离的情况下,通过每周几次的线上会议,和中方团队完成了故事与主持人选定、脚本撰写、拍摄现场连线,全片在中国完成初剪后,通过国际快递运输到英国伦敦进行精剪。之后,双方又通过线上,进入"云剪辑"的修改阶段,而彼时伦敦正在经历着第三轮的封城。因此,该片所有外方的沟通和联合制作,都是通过互联网和国际传送完成的。

从目前全球疫情发展来看,预计短时期很难回到以前落地联合制作的工作模式。《行进中的中国》首创的中外"全线上"合拍,能够在一定程度上节约时间成本,提升工作效率,值得推广到以后的中外合拍项目,也给新时期的国际传播做了有益的探索。

第二,主动设置阐明中国问题的典型议题。在对外传播中,准确把握和设置议题,需要掌握最新发展态势,紧扣国内外局势。设置什么样的议题,包含着政治判断和价值选择。系列纪录片《行进中的中国》在议题选取方面,聚焦中国脱贫攻坚的难题和中国解决这些问题的智慧和能力,阐明中国坚定的制度自信,坚定走中国自己的道路。《行进中的中国》的创作想法诞生于2019年底,在策划之初,是一部聚焦中国脱贫攻坚战的外宣纪录片。然而,2020年5月,主创团队和英方合作团队前期沟通时,新冠肺炎在中国得到成功控制,彼时世界上很多国家开始肆虐。主创团队针对当时的情况,迅速对未来的走势做出了预判,主动要求增设一集讲述中国在疫情防控常态化下,各行各业如何有序地进行复工复产,经济得到快速复苏的故事。英方团队随即表示赞同,他们认为中国恢复经济的举措,将会成为全球其他国家的宝贵经验。最终,外宣纪录片选取快递小哥、酒吧老板、大型民企员工、大学毕业生等故事,展现中国产业结构发生的调整、不同行业的恢复与兴起、企业快速应对和转型创新,以及人们调整心态适应新变化和新生活。

"中国有14亿人口,是地球上人口最多的国家。这样一个人口大国如何在充满挑战的时代中把握机会,不仅生存下来,并且还能蓬勃发展呢?"在《行进中的中国》片头,两位外籍主持人开门见山发出这样的设问,带领海内外观众"跳出中国看中国",揭秘从全球疫情蔓延,中国如何应对解决这一系列难题。看似在寻找问题的答案,实质是在探讨中国道路、中国制度为何走得快、行得通。

第三,以西方主持人视角展现中国脱贫攻坚的生动案例。系列纪录片《行进中的中国》从两名外籍主持人安龙和珍妮的视角出发,深入广袤的中国大地,穿梭于田间地头和大街小巷,现场观察并进行采访,通过主持人亲身体验的方式带领观众走近中国,传递他们对于"中国脱贫经验"的直观感受。比如在第一集中,主持人珍妮深入贵州大山采访布依族独臂绣娘,前往云南普洱探访咖农种植咖啡豆;主持人安龙体验绿色生活方式如何帮助西部地区贫困户脱贫,在上海期货交易所了解金融产品如何精准扶贫。纪录片以一个个鲜活的人物故事和案例,采用接地气的主持和解说来讲述属于普通人的"中国故事",同时展现中国政府、人民和社会各界如何应对在脱贫攻坚战中遇到的各种难题和考验,并且为此付出巨大努力。

第四,运用国际视听语言,以个体故事折射群像展现宏大主题。系列纪录片《行进中的中国》节奏轻快,风格鲜明,通过打造中国和世界对话的新模式将中国声音传递给海外受众。纪录片英文名"China on the Move",反映从中国正在发生的事情中寻找答案的节目形式,探讨中国是如何应对现代社会中人类普遍面临的考验,也非常形象地展现了中国积极应对难题的国家气质,在对外传播过程中有助于加深海外观众对中国"负责任大国"的印象。

以小人物衬托大时代,从小切口展现脱贫攻坚大主题,贴近国际观众的收视习惯。在拍摄对象的选择上,纪录片聚焦海外观众感兴趣的农民工、少数民族、女性、弱势群体等人群。每个主人公是一个群体的代表,其背后的故事又承载着一个独特的扶贫方式,比如非遗扶贫、生态扶贫、产业扶贫、金融扶贫等。纪录片以新颖、生动的个人故事展示中国社会发展背后的大图景。

第五,用中国首创的扶贫案例,向世界展示中国"答卷"。系列纪录片《行进中的中国》主题突出,视野开阔,选取的案例和采访对象代表性广泛,同时具有鲜明的中国时代特色、行业特色和地域特色。例如在第一集中,主持人通过引入时尚、科技、餐饮、金融等具有国际性的话题,在扶贫主题下,将贫困户与这些"高大上"的行业相联结,讲述了让人意想不到的"另类"脱贫故事。相比传统的扶贫故事,这样的选题可能更吸引海外观众的目光,减少因政治偏见带来的传播屏障。

摆脱贫困一直是困扰全球发展和治理的突出难题,《行进中的中国》用鲜活的案例告诉观众,中国脱贫攻坚取得的瞩目成绩为这道世界性难题提供了独特的解决方法。如西北部地区沙漠化治理与互联网有效结合、通过市场杠杆扶贫海南天然橡胶割胶农民等,这些中国的扶贫经验同时也是世界的扶贫经验,原创的中国扶贫方案给世界创造了中国样板,为全球减贫事业做出了重大贡献。

《行进中的中国》正是通过纪录片的形式主动向世界展示中国脱贫攻坚的"答卷",把中国故事传递得更远,和海内外观众分享中国方案、中国模式、中国智慧。

通过中外联合制作的模式,《行进中的中国》无论在案例选择、制作以及展现形式上都具有极强的国际传播基因,契合国际社会的传播期待,配合重大节点宣传,为全国脱贫攻坚总结表彰大会的胜利召开营造了良好的海内外舆论环境。

二 等 奖

2021年度上海广播电视奖
参评作品推荐表

作品标题	WhyChina 你所看不懂的中国 ① 中国人为什么"爱钱"？ ② 中国为什么要去月球"挖土"？ ③ 中国为什么要搞"五年计划"？		参评项目	国际传播
			体裁	电视新闻专题
			语种	英语中字
作者（主创人员）	顾佳		编辑	张佳颖、赵翌、葛奇函
刊播单位	上海广播电视台		首发日期	2021年2月12日
刊播版面（名称和版次）	SHANGHAIEYE 魔都眼 YouTube 频道/欧洲电视联盟 ENEX		作品字数（时长）	4分17秒、5分37秒、4分30秒
采编过程（作品简介）	打开海外版知乎 Quora 网站稍做搜索就能发现，大多西方人虽不了解但对中国有一定的好奇，一些如"Why is China not a developed country? 为什么中国还不是一个发达国家？""Is China weak? 中国软弱吗？"等等老外"看不懂"的中国提问。而这些问题，却只能通过一些同样并不怎么了解中国、甚至是中国"喷了"的网友在线作答。针对这一舆论场特点，特别是海外社交端上"关于中国"问题的空白，项目推出"WhyChina 你所看不懂的中国"原创视频系列。 　　以海外受众感兴趣的经济、科技、环保、历史等为切入点，原创视频系列《WhyChina 你所看不懂的中国》的看点在于不同以往的讲述视角、语态及精细制作。全系列直面海外受众对于中国所看不懂的那些"是什么""为什么""怎样的"等好奇、疑问甚至质疑，将事件抽丝剥茧，将数据与观点通过图表、动画、横纵向对比等手法展现，还原事件本来面貌。这其中既有中国故事，也体现了故事背后的中国逻辑、中国文化和华人价值观。			
社会效果	配合新媒体端传播特点，WhyChina 系列的每一单集均配发精作题图和主题海报，与视频内容一起，点面结合进行推发，也获得了不错的转发效果。系列中如"中国人为什么爱（花）钱？""中国为什么要去月球挖土？""中国为什么对外租借大熊猫？"等故事都获得了数十万的海外覆盖量。			

社会效果	此外,《WhyChina 中国"五年计划"的前世今生》一组,首次使用对应年份的历史资料画面,调动丰富的音视频表达手法,灵活运用动画、表格、图标、弹幕字样等手段,回应外媒的疑问"为什么 21 世纪的中国仍在制订五年计划",逻辑层层递进,形式耳目一新。 截至目前,该系列在海外社交平台的 YouTube 英文频道、Facebook 英文账号海外展示数超过 150 万。其中,《WhyChina 中国"五年计划"的前世今生》一组四集累计获海外展示数约 47.5 万;"东方卫视环球交叉点"YouTube 中文频道、视频号及头条号分享获展示数 12.2 万。另有 2021 年新春特辑《中国人为什么爱钱?又为什么爱花钱?》获"东方卫视环球交叉点"视频号及头条号转载,累计展示数 16.5 万。

WhyChina 你所看不懂的中国

第一集：中国人为什么"爱钱"？

"中国人爱钱,我们爱那玩意。"

这是 RONNY CHIENG 在 **NETFLIX SPECIAL** "Asian Comedian destroys America!"里的一段。

"过年的时候,我们见面的第一句话就是恭喜发财,祝你变得富有,而不是新年快乐。"

这听上去像是句玩笑话,但华裔移民在美国最初的形象似乎就是"爱钱,也会赚钱"。所以,中国人真的那么爱钱吗?

我可以告诉你,有的中国人其实比 RONNY 描述的更爱钱。

先来认识一下这位。

他是几千年来最受欢迎的中国男人:财神爷。

传说财神爷最早的原型之一可以追溯到 900 多年前的宋代,当地一位叫蔡京的宰相,富可敌国。求财的人会在蔡京生日这天去跪拜他,祈求财运亨通。这一天就是正月初五。

传说这个男人会在除夕过后的第四个晚上"降临"人间,他从"天上"降落"人间"的过程中会观察,听谁家的鞭炮声最大,就能吸引他到谁家去,同时带去一整年的财运。时间飞逝,由于地域和需求的不同,催生出了一个"财神爷天团":文财神、武财神等几十位,满足人们对长寿、学业、财富、权势的期许。但不论拜的是哪一路财神,年初五放鞭炮的风俗一直沿用至今。

然而,2016 年年初四的晚上,整个上海异常安静。就在前一年,为了控制空气质量,降低噪声污染,上海政府出台一项法规,规定上海外环以内,任何时候,都绝对禁止燃放烟花爆竹。这一禁燃规定,在今年已经影响了超过 400 个中国城市。

中国人永远都能找到最适合自己的、与时俱进的求财方式,比如通过手机。

在微信支付技术覆盖中国的今天,14 亿人口中有 12 亿微信用户,其中一亿人每天都会使用微信。除了用微信交流和支付,中国人热衷于在微信上抢红包。微信抢红包是中国独有的、全民参与的财运检测方法。虽然微信账户里多个一毛、几分根本没感觉,但只要抢到的红包比别人多哪怕 1 分也是财运旺旺的体现。中国人通过这一方式积累财富,更重要的是新一年的财运。

中国有许多有关"钱"的、通过现代生活积累下的一些人生哲理,甚至饮食习惯,比如"钱不是万能的,但没有钱却是万万不能的"。中国人有一套自己的赚钱思路,也有一套自己完整的花钱理念。所以,那么爱钱的中国人又是如何花钱的呢?

Chinese New Year · episode 1

This was Ronny Chieng's stand up performance, part of NETFLIX's special "Asian Comedian Destroys America!".

This might be a joke. But the first generation of Chinese immigrants in the US seem to be well-known for their "love for money and love for making money".

Do the Chinese really love money that much?

I can tell you that Chinese people love money much much more than what Ronny suggests.

First of all, let's meet this man.

Or this man, who has been the most popular Chinese man for thousands of years. He is the God of Wealth, or Cai Shen Ye.

One of his earliest prototypes can be traced back to the Song Dynasty, more than 900 years ago. Locals worshipped the prime minister called Cai Jing, who was very very rich, bending their knees on Cai's birthday as they believed by doing so, they might get a touch of Cai's prosperity. That day fell on the fifth day of the first lunar month.

Now, on this day, legend has it, Cai Shen Ye flies down to Earth. During his journey, he observes, listens and then decides to whom he will bring a year of prosperous luck to on the basis of who lights firecrackers the loudest.

As time went by, to cater to different regions and cultures, a league of Gods of Wealth was gradually formed, consisting of dozens of gods, such as the Military God of Wealth and Civil God of Wealth. They came into being to meet people's expectations for longevity, academics, wealth and power.

However, the whole city of Shanghai has been extremely quiet on that day since 2016. In the previous year, in order to improve air quality and reduce noise pollution, the Shanghai government banned fireworks and firecrackers at all times within Shanghai's outer-ring area. Not only in Shanghai, this policy covers more than 400 cities in China now.

Chinese people can always keep pace with the times and find the most suitable ways for them to pursue money, like on their smartphones.

In today's WeChat Pay era in China, with a population of 1.4 billion, 1.2 billion people are WeChat users, among which 1 billion use it every day. Besides being a tool for communication and payment transactions, Chinese people are fond of sending and "grabbing" red envelopes on WeChat. People found this a unique way to see if they have prosperous luck. Though sometimes you just get a few mao or penny, as long as I have a mao more than someone else, that means I have prosperous luck.

Chinese are accumulating relationships in this way, and more importantly, their prosperous luck for the coming year.

There are many more philosophies in China related to "money", originated from thousands of years of daily life experiences. Like "money is not everything, but without money you can do nothing". Chinese people have a complete set of ideas or philosophies on making money, and at the same time, on spending them as well. But, how?

第二集：中国为什么要去月球挖土

11月24日，作为中国探月工程的一部分，"嫦娥五号"探测器发射升空，经过7天384 401公里的飞行，稳稳落在月球表面。今天，"嫦娥五号"完成了此次飞行的任务之一：挖2千克月壤然后把它们送回地球。

这距离人类上一次从月球上挖土回来已经过了44年。1978年，美国曾赠送给中国 1 克月壤。这 1 克月壤来自上(20)世纪 60—70 年代阿波罗探测器分 6 次带回的 382 千克月壤。其实在那个时期,苏联也带回来过,0.335 千克。

但既然人类获取的月壤已经足够用来开展科学研究,为什么中国还要去挖土？这些土能带给我们什么？这不得不从月球演变历史说起。

之前美国和苏联所获得的月壤表明,月球上的火山活动在 35 亿年前达到顶峰,随后逐渐减弱并停止。但近年来对月球表面的观测发现,某些区域可能含有最近 10 亿至 20 亿年前才形成的火山熔岩,比如月球上最大的月海——风暴洋北部吕姆克山脉区域,也是此次"嫦娥五号"的落脚点。如果它带回的月壤样本证实这段时间月球仍在活动,那么月球的历史将被改写。

"月球采样返回",就是在月球表面挖土,并带回地球。这听起来简单,操作起来却关系到整个中国跨度近 30 年的登月工程。

首先,航天工业投入很大。美国当年的阿波罗计划耗资 255 亿美元,航天经费占全年预算的 5%,在阿波罗计划取消之后,美国的航天经费占比只有 0.5%。由此可见,登月多么"烧钱"。

其次,探测器很胖很重。"嫦娥五号"重达 8.2 吨,是人类无人探月史上最复杂最重的探测器。苏联 1968 年发射的"月球十四号探测器"重 5.7 吨,带回 101 克月壤。把"嫦娥五号"发射到 38 万公里外的月球表面,这已接近中国实力最强劲的"大胖子"长征五号系列运载火箭的最大运载能力。

目前,"嫦娥五号"已经持续挖土 19 个小时,采样完毕,返回器准备在 12 月中旬前返回地球。

采集月壤样本非常昂贵,又有很多阻碍,那为什么中国还要如此坚定地进行这长达几十年的探月工程呢？

千百年来,中国人把对太空对月亮的痴迷写进诗句:"海上生明月,天涯共此时""危楼高百尺,手可摘星辰";也写进神话:"嫦娥奔月""吴刚伐桂"。神话诗词赋予了我们对月球的美好愿景,虽然我们真正的探月之旅走得非常艰难。

经过一代代人的努力,从前我们习惯仰望的那个高度,在不知不觉中已到达。人类也在这个过程中获取了如浩瀚星空般庞大和缥缈的幸福与满足。

China's Moon Mission

As part of China's Moon Mission, Chang'e 5 was launched on Nov. 24th. After traveling for 7 days, a total of 384,401 km, Chang'e 5 landed on the moon surface. Today, it has finished its mission: dig into the Moon's surface and collect about 2 kg of lunar soil. The next will be bringing the space souvenir back to Earth.

It has been 44 years since the last time that lunar soil was brought back to Earth. In 1978, China received a gift 1g of lunar soil from the U.S. This sample of lunar soil was part of the 328 kg that was brought back during the Apollo era, when there were six missions to the Moon in the 1960s and 1970s. Around the same period, the Soviet Union brought back 0.335 kg of lunar soil.

Humans had already obtained lunar soil, which was enough to carry out scientific research about the Moon. So why is China still digging for it? What can we get from this fresh soil? To answer these questions, we need to understand the evolution of the Moon.

From the lunar soil collected by the U.S. and Soviet Union, we can tell that the volcanic activities on the Moon reached its peak about 3.5 billion years ago, and since then, it slowly cooled down and finally stopped. But recent observations of the Moon's surface show that lava in some areas took shape between 1 to 2 billion years ago, in areas such as the biggest Moon sea, Mons Rümker, in Northern Oceanus Procellarum, also the landing area of Chang'e 5. If the sample of lunar soil verifies that the Moon volcanoes are still active, the history of the Moon will need to be revised.

"Moon Sampling and Return" simply means digging on the Moon's surface, taking samples and bringing them back to Earth. It may sound easy, but that's been the goal of China's Moon Landing Project, which is 30 years in the making.

Firstly, the aviation industry is expensive. America's Apollo Project cost 25.5 billion dollars, which occupied 5% of the country's entire annual budget. If we make a comparison, the American's aviation budget was only 0.5% after the Apollo Project was canceled. As you can see, Moon landing burns money.

Secondly, the detector is heavy. Chang'e 5 weighs 8.2 tons, which is the most complicated and the heaviest unmanned Moon-probe spacecraft. Soviet Union's Moon's 14th Detector launched in 1968 weighed 1.7 tons, bringing back 101 g of lunar soil. Pushing Cheng'e 5 to the Moon, 380 thousand km into space, has almost reached the limit of China's most powerful freight rocket, "Fat 5".

Now, after 19 hours of busy digging, Chang'e 5 has finished its task on the Moon and is almost ready to return. After taking the sample, the landing machine will stay on the Moon forever while the returning machine will send back the soil sample. The return is scheduled before mid December.

It is expensive and it has a lot of obstacles. So why is China so determined to sticking to its decades-long Moon Mission? For thousands of years, the Chinese have put their obsession towards the Moon and space into verses: "As the bright Moon shines over the sea, from far away you share this moment with me." "The tower is high enough for you to reach out and pluck a star." It is also written in myths: "Chang'e is flying to the Moon". "Wu Gang is chopping the laurel". Mythological poems gave us a beautiful vision of the Moon, although the exploration itself is very tough.

After generations of hard work by the Chinese aviation industry, the once unreachable heights can finally be reached. And in this process, human beings have also gained a sense of happiness and satisfaction.

2021年度上海广播电视奖
参评作品推荐表

专栏名称	PudongUpdate(浦东在线)	创办日期	2020年4月
参评项目	新媒体品牌栏目		
发布单位	浦东新区融媒体中心	2021年度发布总次数	76次
发布平台	Facebook		
主创人员	张梦蕗、沈丹、倪娜、鲁琳、储咏瑜		
编　　辑	张梦蕗、沈丹、倪娜、鲁琳、储咏瑜		
专栏简介	PudongUpdate(浦东在线)是在Pudong China(中国浦东)Facebook账号上开设的品牌子栏目。栏目致力于及时呈现"浦东最前沿",围绕重大主题,聚焦发展热点与创新亮点,以柔性化、全球化的叙述方式,通过短视频、美图、漫画等多种报道形式,向世界立体呈现浦东开发开放的国际形象、高质量发展的政策举措与世界一流的营商环境,扩大浦东、上海软实力的国际影响,取得了优异的传播效果。 　　PudongUpdate栏目内容涵盖了浦东经济、社会的最新发展情况以及改革创新的新举措、新进展。例如,2021年1月20日发布的图文《特斯拉中国制造Model Y正式开始交付》,阅读量近36万次,互动量超过5.3万次。2021年3月14日发布的推流链接《乐鸣东方·交响音乐会预告片》,点击后可由Facebook引流至3月15日的云上直播。该帖文阅读量46.1万次,互动量近7万次,点赞量高达6.3万次。2021年8月18日发布的帖文《上海首条自动驾驶公交在临港示范应用》,展示了临港新片区的创新成果,帖文触及量7.16万次,互动量1.1万次,互动率高达16%。 　　截至目前PudongUpdate(浦东在线)栏目报道总阅读量超446万次,总互动数超37万人次,在海外社交媒体平台上取得了一定影响力。 　　Pudong China(中国浦东)是浦东新区率先在上海全市各区中开设的Facebook外宣账号。账号于2020年4月上线运营,截至		

专栏简介	2021年12月,已发布帖文480余条,总阅读量突破4 000万人次,总互动数突破300万次,粉丝数已突破60万,其中接近100%为外籍粉丝。作为全市首家国际社交平台的政府外宣账号,充分发挥国际社交媒体对海外受众的巨大影响力,努力向世界讲好浦东故事。

PudongUpdate(浦东在线)

（作品简介）

#PudongUpdate 专栏主页

Pudong China("中国浦东"Facebook 账号)主页截图

2020 年 7 月 20 日 PudongUpdate 下发布视频《特斯拉与〈和平精英〉联动宣传片》,阅读量超过 55.5 万次,观看量 9.3 万次,互动量近 1.7 万次。

2021年3月14日PudongUpdate下发布的推流链接《乐鸣东方·交响音乐会预告片》,阅读量超过46.1万次,互动量近7万次,点赞量高达6.3万次。

2021年8月18日发布的帖文《上海首条自动驾驶公交在临港示范应用》,展示了临港新片区滴水湖畔的自动驾驶公交车。帖文触及量7.16万次,互动量1.1万次,点赞量5 650次,互动率高达16%。

2021年1月20日PudongUpdate发布的图文《特斯拉中国制造Model Y正式开始交付》,阅读量近36万次,互动量超过5.3万次。

三 等 奖

2021年度上海广播电视奖
参评作品推荐表

作品标题	百年大党——老外讲故事·上海解放特辑（Witness a New Dawn）	参评项目	国际传播
		体 裁	电视新闻专题
		语 种	英语
作 者（主创人员）	朱晓茜、王向韬	编 辑	王向韬
刊播单位	上海广播电视台纪录片中心	刊播日期	2021年5月27日—6月1日
刊播版面（名称和版次）	纪实人文频道	作品字数（时长）	六集，每集五分钟
采编过程（作品简介）	\multicolumn{3}{l}{《百年大党——老外讲故事·上海解放特辑》(Witness a New Dawn)通过西方历史学者走访上海地标的形式，围绕上海解放前后诸多历史事件，以真实客观的第三方视角讲述特殊历史时期中的党史故事。系列片邀请具有东亚史学背景、已在上海生活二十余年的昆山杜克大学历史学教授，美国人费嘉炯教授（Andrew Field）担任嘉宾主持，从一九四九年在沪西方人视角，包括外交官、新闻记者、医生、商人等代表人群，正面、客观、独家讲述上海解放故事，同时聚焦十八大以来上海取得的发展成就，历史与当代相呼应，彼此印证，客观阐明我党的执政基础在于人民的拥护，是历史与人民的选择。该片采用全英文史料，包括当时《纪约时报》《每日镜报》报道，美联社、路透社电文，还首度集中使用在沪发行的英文报刊如《字林西报》《密勒氏评论报》的新闻报道，以及当时驻上海外交官及亲历者的回忆录、日记、未出版口述史等。}
社会效果	\multicolumn{3}{l}{2021年5月27日上海解放72周年纪念日，"解放特辑"通过上海广播电视台纪实人文频道电视端和"上海发布"微信公众号等网络平台全网、多平台对外首发。节目通过上海市主流媒体海外账号同时登陆YouTube, Facebook, Instagram等海外主流新媒体平台。中央外宣媒体《中国日报》在头版、二版整版刊发深度报道，并在官网、手机端以及海外}

社会效果	社交媒体平台开设专栏,每日推送。《解放日报》《文汇报》《新民晚报》等在头版载文报道,新华社、《人民日报》《光明日报》《中国日报》国内版和海外版等 20 多家媒体纷纷报道,取得了不俗的口碑及传播效果。截至 2021 年 8 月,"上海解放特辑"点击量达到 1 842 万次。该系列片在 2021 法国戛纳电影电视展览会 Mipcom 线上展映,并通过"视听上海.北美综合运营平台""长城精品频道"等海外平台实现北美洲、亚洲、欧洲及非洲的全球全覆盖展示。

百年大党

—— 老外讲故事·上海解放特辑（Witness a New Dawn）（节选）

第一集：解　　放
The Battle of Shanghai

英　文	中　文
片头	
My name is Andrew Field. I am a historian of modern China and of Shanghai. I've been living here around twenty-five years now. This time I am going to tell a story that few if any foreigners have ever told before.	我叫费嘉炯 我是专注上海史的中国近代史学者 我已在上海生活了25年 这一次我要讲述的是几乎没有外国人讲过的故事
正片	
This is the *Shanghai Post Museum*. In 1949, this was the *General Post Office Building*, one of the finest buildings here in the heart of Shanghai. In May 1949, as the battle of Shanghai moved closer and closer to the city, this building became the centerpiece of the Nationalists' plan to prepare their urban warfare defenses.	这里是上海邮政博物馆。1949年，这里是上海邮政总局大楼，是上海市中心最好的建筑之一。1949年5月，随着解放上海战役离市中心越来越近，这幢大楼成为国民党计划展开城市防御战的中心。

英　　文	中　　文
The *Suzhou River* runs through the center of Shanghai. Along the north banks were some high rising and sturdy buildings: *the Broadway Mansion*, *The Post Office Building*, *the Embankment Building*. The Nationalist defenders were determined to fight to the last men at this last line of defense.	苏州河贯穿上海的市中心。苏州河北岸耸立着一些高大坚固的建筑,如百老汇大厦、邮政大楼和河滨大楼。 国民党守军决定在这最后一道防线上负隅顽抗。
From where I am standing, you can see that this was the perfect position for the defenders. With machines guns set up in the windows of the building, sandbagged bunkers and armored vehicles on the north bank, the defender could easily pin down the PLA soldiers trying to cross the bridge below. Unless of course, the PLA used heavy artillery.	从我现在站的位置,可以看出这是防守的绝佳位置。大楼的窗户里架设着机枪,苏州河北岸有被沙袋围起来的碉堡和装甲车,国民党守军可以轻易压制试图过桥的解放军。 当然,除非解放军使用重型火炮。
That was precisely the concern of many westerners close to the battlefield. Right next to *The Post Office Building* is *the Embankment Building*, the biggest apartment building in the Far East. At the time, it housed more than 1,000 residents with 300 foreigners. American newspaperman Bill Powell was among them.	那正是许多住在战火附近的西方人所担心的。毗邻邮政大楼的是河滨大楼,它是当时远东第一大公寓楼。 那里住着1 000多居民,其中有300多外国人,美国报人鲍威尔就是其中之一。
He was the editor of a famous English language Magazine: *China Weekly Review*.	他是著名英文杂志《密勒氏评论报》(《中国每周评论》)的主笔。
By this time, he had prepared an editorial for the next issue: "*We welcome the change that has come about and hope that the arrival of the People' Liberation Army will mark the beginning of a new era—an era in which the people of China can now begin to enjoy the benefits of good government.*"	此时,他已经为下一期杂志写好了一篇社论:"我们欢迎即将到来的变革,我们期望人民解放军的到来能标志着一个新时代的开始。中国人民终于能在这个新时代良政的治理下过上好日子。"
But now as the battle moved closer and his apartment also became a Nationalists holdout, he was anxious and scared like everyone else. Would the PLA lose their patience and bring out their artillery?	但现在随着战火的临近,他的公寓也成了国民党的据点,他和其他人一样感到焦虑和恐慌。 解放军会失去耐心,用重炮轰炸这里吗?

英　　文	中　　文
While the battle of *Suzhou River* was underway, American Journalists *Harrison Forman* was on the rooftop of the *Cathy Hotel* looking down upon PLA soldiers attacking nationalists' defenders in *the Huangpu Garden* and what he saw surprised him.	在苏州河沿岸战事胶着时,美国记者福尔曼正位于华懋饭店的顶层俯瞰解放军战士攻击黄浦公园的国民党守军,所看到的一切让他颇为惊讶。
He jotted down quickly in his notebook: "Amazing that Palu haven't tried to enter Hotel. Their discipline is really something. How easy it would be for them to come in, setup some machinegun on the roof or in the bund side rooms and blast *the Garden Park* Nationalist defenders."	他在笔记本上飞快地写下:"八路(解放军)居然没试图进入外滩的酒店,他们真守纪律。他们很容易就能进来,在楼顶或在靠外滩侧的房间架设一些机关枪,就能轻易干掉黄浦公园的国民党守军。"
By this time, the battle for most of the southern part of Shanghai was already over. So, Harrison Forman decided to walk there to have a look. When he walked to NanJing Road, he saw something even more surprising.	此时,上海南部大部分地区的战斗已经结束。所以,福尔曼决定走过去看看。当他走到南京路的时候,他看到了更令人惊讶的一幕。
He added what he saw in his notebook: "*Single non-com with a tommy gun patrols Nanking Road—like a mother protecting sleeping children. It's a touching scene. These youngsters must be dead tired marching and fighting for days and nights. The rattle of gunfire doesn't disturb them. They are sound asleep.*"	他在笔记本上添加道:"一个士官拿着冲锋枪在南京路巡逻,就像一个母亲在保护熟睡的孩子。这是一个感人的场面。这些年轻人日夜行军战斗,一定累死了。苏州河畔的枪声也没有吵醒他们。他们睡得很熟。"
"All afternoon they had slept soundly along Nanking Road on the sidewalks, a most incredible thing for a conquering army to do."	"整个下午,他们酣睡在南京路的人行道上,这对打了胜仗的军队来说,是一件不可思议的事。"
The standoff at Suzhou River lasted nearly two days. Despite heavy casualties, the People's Liberation Army on the south bank of Suzhou River waited patiently and chose to encircle the line of defense instead of blasting their way through.	苏州河沿岸的对峙持续了近两天。尽管伤亡颇多,南岸的解放军选择耐心等待,包围防线而不是用炮火轰开一条路。

英　文	中　文
No foreign residents of *the Embankment building* were hurt. *Bill Power* told reporters that a collective sigh of relief went up when the battle ended.	河滨大楼的外国居民没有伤亡。鲍威尔告诉记者,战争结束时大家都松了一口气。
The residents later found out the PLA was strictly instructed not to use any kind of artillery inside the city of Shanghai, and they were not allowed to enter any private properties, no matter what the sacrifice.	居民们后来发现,解放军接到严格指示,不管做出怎样牺牲,都不得在上海市区使用重炮,也不允许进入任何私人住宅。
The finest buildings of Shanghai were left intact.	上海最好的建筑群完好无损。
Together with the revitalized *Suzhou River*, they are still one of the most beautiful sceneries of Shanghai.	如今,伴随着苏州河两岸贯通,这些建筑仍然是上海最美的一道风景线。

2021年度上海广播电视奖
参评作品推荐表

作品标题	环球交叉点——"乒乓外交"五十载 以史鉴今正当时		参评项目	国际传播
			体裁	电视新闻访谈
			语种	中文
作者（主创人员）	张悦、袁鸣、邹琪、左禾欢、应鋐、张一苇	编辑	陈维琴、杨丽芳、蒋亦菁、乐文舟	
刊播单位	上海广播电视台	刊播日期	2021年5月22日 08:10:00	
刊播版面（名称和版次）	东方卫视海外版	作品字数（时长）	40分钟	
采编过程（作品简介）	2021年是中美"乒乓外交"50周年，考虑到两国关系正进入新的十字路口，节目组将角度落在"以史鉴今"。当事者讲述是最尊重历史的记录方法。节目组辗转联系到乒乓名宿徐寅生和李富荣，以及美方运动员康妮和戴尔。年逾古稀的老人们回忆往事历历在目。谈至兴起，戴尔高歌一曲，正是1972年接待中国运动员时的助兴节目。 另一方面，节目组还采访了白莉娟、吴心伯等至今活跃在中美交流领域的实践者。被誉为中美关系"活百科全书"的白莉娟，由"乒乓外交"开启职业生涯，此后致力推动双边关系。采访中她几度哽咽，令人动容。最终，节目将海量采访有机穿插，形成一场深入且生动、坦诚且多元的对话，亦是一场穿越半世纪的对话，为探索今日中美相处之道提供思路。			
社会效果	今天的中美关系面临起伏，媒体应该向公众传达怎样的声音？时任中国驻美大使崔天凯的话也许可以给我们启示："面对各种挑战，中美可以合作、应该合作的领域不是减少了，而是增多了；推动大球转动的原动力不是减弱了，而是更强了。" 这期节目回顾50年前的外交佳话，更对今日中美关系展开思考和讨论。当今中国力量上升，美国的恐惧和焦虑导致其对华政策发生改变。但正如复旦大学美国研究中心主任吴心伯在节目中所提，"竞争并不意味			

社会效果	两国就要走向对抗,竞争对手也并不意味着就是敌人"。此时重温50年前那句"友谊第一、比赛第二",别有一番启发。 节目精华内容也被拆分成视频《徐寅生:50年前没想到,打乒乓也能促进人类和平》《中美博弈日趋复杂,五十年前的智慧"过时"了吗?》《吴心伯:中美关系回不到过去,甚至不排除战略对抗》等,在看看新闻、哔哩哔哩、今日头条等平台均点击过万,并受到上海市友协等单位的多次转发。节目播出后,观众中的上海国际问题学者特别给节目组发来信息表示肯定,称:"报道中美关系中友好的一面,难得,有意义。"

环球交叉点
——"乒乓外交"五十载　以史鉴今正当时

【提要】

康妮·史维利斯　"乒乓外交"亲历者　美国乒乓球运动员：当时有点紧张和担心，因为我对中国几乎一无所知。

李富荣　"乒乓外交"亲历者　中国乒乓球运动员：当时决定名单的时候也挺犹豫的，听说美国人有枪什么的，所以也有点担心。

戴尔·史维利斯　"乒乓外交"亲历者　美国乒乓球运动员：现场来了近万名观众，比起看球，他们更感兴趣的是中国队员。

白莉娟　美中关系全国委员会副会长："乒乓外交"的最大意义在于它让双方看清彼此的人情味。

徐寅生　"乒乓外交"亲历者　中国乒乓球运动员：真正体会到打乒乓球还能够促进人类的和平。

吴心伯　复旦大学美国研究中心主任：从民间的角度来讲，友谊第一、交往第一、合作第一。"乒乓外交"给我们的启示就是，两国的民间交流是两国关系之魂。

【访谈】

主持人：环球视野，交叉观点，各位好。欢迎收看东方卫视的《环球交叉点》,我是主持人袁鸣。50年前,以小球推动大球,中美"乒乓外交"开启了两国关系正常化的历史进程。50年后的今天,在百年未有之大变局的国际环境下,在中美关系进入新的"十字路口"的关键时刻,当年的故事对今天的外交又有着怎样的启迪?我们从"乒乓外交"中找到哪些大国相处的智慧?在今天的节目中,我将带您寻访中美两国"乒乓外交"的亲历者,看看这个历史佳话的背后有着怎样隐秘的故事。在现场我们邀请到的是复旦大学美国研究中心主任吴心伯,吴教授欢迎您。

吴心伯　复旦大学美国研究中心主任:你好。

主持人:1971年,第31届世界乒乓球锦标赛在日本名古屋举行,中美两国乒乓球代表团在赛场相遇,却始料未及地引出美国乒乓球队访华的故事,并由此开启了"小球推动大球"的"乒乓外交"。接下来我们先回顾一下这段历史。

【短片】
时针拨到1971年。第31届世界乒乓球锦标赛在日本名古屋举行。

此前,中国队已经缺席了1967年和1969年两届世乒赛。时隔六年,中国乒乓国手终于重返国际赛场。

然而,谁也没有料到,这场比赛被载入史册,却是因为赛场外的一段小插曲。

1971年4月4日上午,美国队员格伦·科恩,意外坐上了中国队的大巴。

(白莉娟　美中关系全国委员会副会长:
他一头长发,穿着带有和平标志的T恤,戴着头带。那天他睡过头了,没赶上美国队的大巴。他冲出酒店,看到一辆大巴就上去了,也不知道车上是谁,反正能开去球场就好。上车后他发现那辆车是中国队的。一开始,大家都蒙了,不知道怎么办。格伦是个嬉皮士,他不太在乎,他从来也不是一个循规蹈矩的人。对他来说,这只是一辆车而已,他也挺外向友善的。)

当时,以教练员身份带队参赛的徐寅生,就在这辆大巴上。

(徐寅生　"乒乓外交"亲历者　中国乒乓球运动员:

我们坐在车上,突然上来一个美国人,他的服装当时讲叫嬉皮士。他上来,说老实话,没人感到特别惊奇,非要把他弄下去,但是就在这个时候,庄则栋,他是三届世界冠军,人也比较热情。他就感觉到人家上来了以后孤零零一个人,不理他好像也不太热情。想到总理指示"友谊第一、比赛第二",他就去打招呼了。到了下车的时候,很多记者都围绕中国人的专车要采访,一看怎么庄则栋跟老外两个人挺热乎。大家都感觉到很新奇,那么照片新闻就发出去了。)

两位运动员的握手,意外打破了中美的外交坚冰。

两天后,4月6日,世乒赛即将结束时,毛泽东决定,邀请美国乒乓球队访华。

(康妮·史维利斯 "乒乓外交"亲历者美国乒乓球运动员:
我很兴奋,因为可以跟世界上最厉害的中国乒乓球手过招。)

康妮·史维利斯,是当年访华的美国队员之一。她依然清晰记得半个世纪前的这趟旅行。

接到邀请后,美国乒乓球队迅速改签机票,从赛地直接来中国,成为新中国成立后,第一个应邀访问中国的美国代表团。

(康妮·史维利斯 "乒乓外交"亲历者 美国乒乓球运动员:
当时有点紧张和担心,因为我对中国几乎一无所知。新中国成立后,还没有美国人去过,所以我有点紧张,不知道事情会如何发展。当我们真的踏上中国土地后,所有人都对我们很友好,让我们觉得特别亲切,我一点儿也不紧张了。)

让康妮印象最深的,是当时与中国总理周恩来的会面。

[康妮·史维利斯 "乒乓外交"亲历者 美国乒乓球运动员:
我们每个人轮流和周总理握手,当时我们在人民大会堂,现场还有许多人,我们可以向他提问。周总理还问了我们队长一个问题,他问我们对这次旅程有什么不满意的。整个观众席忽然安静下来,我心想,不会吧,队长要说什么。没想到他开玩笑地说,中国朋友把我们喂得太饱啦。当时我们去了很多地方,每天中国朋友们都盛情款待我们,每顿都有8到10个菜,吃了许多好吃的中国菜。

（还记得你最爱吃的是什么菜吗?）最喜欢北京烤鸭。]

美国代表团访华，打开了中美两国关闭了22年的大门。

1971年7月，时任美国总统国家安全事务助理基辛格博士秘密访华。1972年2月，时任美国总统尼克松成功访华。1972年2月28日，中美在上海发表《中美联合公报》，中美关系开始实现正常化。

【访谈】

主持人：我们看到新中国成立之后，其实美国对中国采取的是封锁政策，所以两国事实上是完全隔绝的，政治上没有交流，民间交流也完全隔断了。这是当时的大背景。可是1971年的"乒乓外交"似乎是横空出世，给两国打破坚冰提供了非常好的契机。那么在您看来，小球转动大球，在那个时间节点上出现，必然还是偶然？

吴心伯　复旦大学美国研究中心主任：我觉得既有必然也有偶然。先谈"必然"，我们知道"乒乓外交"发生在1971年。在这之前的1969年，发生了两件大事，影响中美关系的走向。一是尼克松上台，他上台以后就开始考虑要跟中国改善关系，来帮助美国结束越南战争。从中国方面来讲，这一年发生了中国和苏联的边界冲突。在中苏边界冲突以后，我们的领导人就考虑要跟美国缓和关系，然后集中精力来对付苏联威胁。在这种情况下，从1970年开始，中美双方都通过第三方，我们叫"第三方渠道"，开始了一些接触。

主持人：比如说巴基斯坦，甚至包括罗马尼亚。

吴心伯　复旦大学美国研究中心主任：对，就是这些渠道，来探索改善关系的可能性。到了1971年，中美的乒乓球队，去日本参加乒乓球锦标赛。在这种情况下，中美双方高层都有改善关系的意愿，所以就借用了乒乓球赛的形式，来打开交往的大门。如果我们把这件事情放在当时两国关系发展的大背景下看，这就是必然的趋势。当然也有"偶然"。如果当时中国乒乓球队没有去日本参加这场比赛，那就不会跟美方相遇，或者美方乒乓球队员没有错误地上了中国队的车，跟中方提出要去中国访问，我们也不会请他们到中国来访问，所以这实际上也是偶然。从大的角度来讲，两国关系解冻，交往的大门打开，这是一个必然的趋势；从小的方面来讲，它是通过"乒乓外交"的形式实现，确实有它的偶然。

主持人：或者我们可以这样理解吗，有了"乒乓外交"这样一个契机之后，因为"小球"转起来了，所以"大球"转得更快了。

吴心伯　复旦大学美国研究中心主任：对。可能双方高层通过第三方的交往，还需要更多的互动、摸索。但是因为"乒乓外交"，所以接下来就节奏加快了。

主持人：我看到盖洛普的民意测验：从1950年到1970年之间，大多数美国民众反对恢复中国在联合国的席位。可是自从"乒乓外交"，1971年美国乒乓球队来中国访问之后，有45%的民众表示支持。所以这个数字的变化，也可以令我们感受到，用我们现在常说的话，"民相亲、心相通"之后，似乎为两国的外交关系改善，奠定了非常重要的基础。

吴心伯　复旦大学美国研究中心主任：对，因为民意很大程度上受政府的言论、还有媒体报道的塑造。在"乒乓外交"之前，在尼克松访华之前，美国官方的言论还是把中国看作敌人。美国的主流媒体应该也是这样报道的，这就塑造了一般的民众对于中国的敌意和恐惧感。中国就是美国的威胁，就是侵略者，是一个可怕的国家。但是随着"乒乓外交"的登场，大家一看，这都是普通人，中美两国的球员在一起，他们不仅切磋球艺，而且建立了友谊。对方不是可怕的敌人，就像亲历"乒乓外交"的白莉娟女士所讲，她最后都很感动了，她觉得大家真的是朋友。所以我觉得，交流和交往能够冲破很多官方的和主流媒体的长期概念化的包装，让民众真正感受到，对方这些人其实跟我们一样。

主持人：您提到白莉娟，她是美中关系全国委员会的副会长。我也跟她做了一个访问，她特别提到了一个词，就是您刚才说的这个角度：她说我们都把对方当人看，当一个跟自己一样的普通人。在1972年中国乒乓球队访问美国的时候，她就亲自参与接待，而且50年来一直致力于推动中美民间交流。我们接下来听一听，她是怎么讲述当年亲历的故事。

【短片】
1971年4月，中国邀请美国乒乓球队访华。

当时27岁的白莉娟，从报纸上看到这则消息，几乎不敢相信。

（白莉娟　美中关系全国委员会副会长：

当时我根本不信。我以为又是一个"标题党",我不相信是真的。但后来几天,我发现原来消息是真的!天哪,真是条大新闻。这是两国关系中的大事。不过当时我还没意识到,这件事也将改变我的人生。)

当时白莉娟刚刚结束在香港的领馆工作,回到家乡密歇根州休整。一通电话,改变了她的职业生涯。

(白莉娟　美中关系全国委员会副会长:
两位密歇根大学的教授打电话给我,问我有没有兴趣去一个叫作美中关系全国委员会的机构工作。当时它们正准备接待来访美国的中国乒乓球队。)

就这样,白莉娟加入了美中关系全国委员会。

新工作的第一桩任务,就是接待回访美国的中国乒乓球代表团。

[李富荣　"乒乓外交"亲历者　中国乒乓球运动员:
当时决定名单的时候也挺犹豫的,又想去又有点担心。因为(听人)说得比较多,就是(美国人)有枪什么的,所以也有点担心。]

运动员李富荣,是1972年访美代表团的一员。他的紧张与忐忑,很快被美方的周到安排所化解。

(李富荣　"乒乓外交"亲历者　中国乒乓球运动员:
从美国方面来讲,他们确实也下了一点功夫。包括泛美航空公司,它订了一架专机,从头到尾接待我们。飞机的前舱上面写着"友谊飞剪号",挂了中国和美国的国旗。看到这些,我们也是挺感动的。)

(白莉娟　美中关系全国委员会副会长:
有人问中国队员,行程中有什么意料之外的事情。结果他们统统都说,没料到美国人如此热情好客。开始几次,我以为他们出于外交考虑才这么说的,为了听上去客气些。后来和代表团一起走访美国多地,我自己也被震惊了。美国人对中国代表团非常欢迎,向他们发问,同他们合影。)

康妮的丈夫戴尔,当年也参与了接待工作,还和中国国手们打了几场友谊赛。

（戴尔·史维利斯　"乒乓外交"亲历者　美国乒乓球运动员：
当时我和梁戈亮比，他很友好，但比赛还是很激烈。现场来了近万名观众，比平时的美国乒乓球赛人气高多了。比起看球，大家更感兴趣的是中国队员，他们都是来看中国人的。）

观众席里，坐着一个少年。他就是多年后，享誉中美教育界的领军人物，上海纽约大学美方校长雷蒙。

（雷蒙　上海纽约大学常务副校长：
对我而言太神奇了！我很小的时候，爸爸就教我打乒乓球。当时听说世界顶级乒乓球选手要来马里兰州，爸爸就买了两张票。我们去马里兰大学看比赛，当时我15岁。记得那晚，尼克松的女儿也去观战了。之前我只见过华裔美国人，那是我第一次见到土生土长的中国人。又怎么会想到，50年后，中国成了我的家呢？）

同样因为"乒乓外交"而同中国结缘的，还有美国驻上海总领事何乐进。

［何乐进　美国驻上海总领事：
（你个人也从"乒乓外交"中获益了是吗？）是的。我去了南京大学的中美文化研究中心读书。1991年到1992年之间，我是那里的学生。在那里，我的人生充实了很多。］

中国运动员不再担心美国人的枪，美国人终于见到遥远陌生的东方面孔。

"乒乓外交"打开中美国门的同时，也加强了双方民众的交流。

（白莉娟　美中关系全国委员会副会长：
"乒乓外交"的最大意义在于：它让双方看清彼此的人情味。当时美国人都很兴奋，因为见到了真实的中国人，他们不是什么洪水猛兽，也就是普通的人。）

因为"乒乓外交"结缘中国的白莉娟，如今是美中关系全国委员会副会长。

50年间,她先后筹备和参与了数百个中国代表团的访美活动,也负责组织了数百个美国代表团到访中国。

〔白莉娟　美中关系全国委员会副会长:
(你在美中关系全国委员会工作了50年。)天哪!真的过去了50年了!(时光飞逝,是什么让你坚守这份工作多年?)有些人也许觉得我痴迷于政治或者人际关系,这些的确也挺有意思,但真正驱动我的是:我喜欢和人打交道,喜欢见到不同的人,把大家融合在一起。〕

光阴五十载,白莉娟的职业生涯见证了中美关系史上的精彩篇章,也经历了中美关系的起起伏伏。在她看来,无论两国关系如何变化,必须始终保持民间交流。

(白莉娟　美中关系全国委员会副会长:
从民间交流的层面来说,中美之间的沟通还是很成功。眼下,两国政府的关系正在调整,也许变化没有那么快。但从民间来说,还是有很多事情可做,还是有很多像我这样关心中美关系的人。我们都希望看到一个更美好的未来,希望中美间的各种议程立刻重启。)

【访谈】
主持人:我听到有这样一个说法:"政界交往是国之交的动脉,民间交往是国之交的静脉。"人都是这样,静脉和动脉缺一不可,应该联动的。您同意这个说法吗?

吴心伯　复旦大学美国研究中心主任:如果我们把两国关系比作一棵树,政府的关系就代表风向。它吹动树往左摆或往右摆,取决于某个特定时候两国关系的状况。但是两国的民间交往,是树干和树根,这是真正的两国关系的基础。它是不会轻易随着风向摆动的,它也给予这棵树真正的生命力。从官方来讲,对于民间交往,应该是采取引导、鼓励、推动,而不是刻意去禁止、打压,像特朗普政府做的那样。

主持人:您一说这个比喻的时候,我在想"树欲静而风不止"。后来一想,这个不是最贴切,其实更贴切的是"任尔东西南北风"。民间的交流还是应该像您所说,要继续,这个门不能关上。我们也看到,除了体育交流"乒乓外交"之外,在之后的中美交流当中,民间交往一直扮演着什么样的角色?在过去的50年当中,有没有给您印象非常深刻的,另外一些民间交流的片段,或者高光时刻?

吴心伯　复旦大学美国研究中心主任:民间的交流是在推动两国之间的总体交流,另外也是不断拓展两国交流的领域。因为官方交流,总归领域是比较有限的,但是民间(不一样)。几乎可以想象出来的领域,现在中美之间都有交流。从我个人来讲,我对美国的研究,跟我同美国学术界的交流是分不开的,比如1994年,当时我工作后不久第一次去美国,在华盛顿待了一年。那一年对我最大的收益,就是了解了美国思想库是怎么运作的。每天去参加各种思想库的会议,而且他们还提供免费午餐,到了以后拿个汉堡包,找个地方坐下来听,主持人、发言人讲完以后你就提问。

主持人:跟咱们中国就是要四平八稳坐在饭桌上,正式的会议之后吃一顿,完全不一样的风格。

吴心伯　复旦大学美国研究中心主任:它完全就是开放的。这样长期下来,就知道美国思想库是怎么做研究的。当然那一年我也到美国各地去旅游,包括到一般的美国人家里去做客,比如感恩节、圣诞节去他们家里,去观察他们怎么过节,甚至他们到教堂去干什么。

主持人:您跟当年1994年到今天,这些朋友、老师、学生,还有没有来往?

吴心伯　复旦大学美国研究中心主任:一直有来往。很多人实际上后来我们的关系超越了学术上的交流,真正成了朋友。比如说我们谈两国关系,坦率讲两国关系问题在哪里,你谈你的观点,我谈我的观点,谈完以后大家商量怎么办,有些什么好的想法。因为都有这种相互信任,所以都能够谈得很深。

主持人:非但不伤和气,反而能够彼此坦率。但是你有没有感觉,在您的交往当中,在过去几年,特别是您刚才也提到特朗普的这四年,其实这种交流某种程度上受到了伤害和限制的?

吴心伯　复旦大学美国研究中心主任:受到了很大的影响。我们当时观察,在那边的一些老朋友,研究中国问题的专家,在特朗普时期有分化。我们讲有三派:一派就倒向了特朗普,跟着他一起批评中国;还有一派选择不讲话了,保持沉默；第三种是极少数，还是在尽力发声，但是他们发声的机会和渠道越来越少，因为跟华盛顿主流(声音不同)，他不入流了。所以这对美国的这些中国问题专家，也是一个很大的挑战。

主持人：这就令我想到，我在采访徐寅生主席的时候，他就说"乒乓外交"来之不易，应该珍惜。要把它做好特别难，可是做坏一点儿就全盘尽弃了。

【上下节】
【访谈】
主持人：可能在世界体育史上，从来没有一项体育运动像乒乓球这样，一来一回，就敲开了两国关闭了22年之久的大门。"乒乓外交"以它独特的力量，推动了中美关系的健康发展，它的影响一直持续到今天。我想这也是我们今天也还要来纪念它的一个重要原因吧。

【短片】
(徐寅生　"乒乓外交"亲历者　中国乒乓球运动员：我们不仅是去打比赛，也真正体会到，打乒乓球还能够促进人类和平。)

(康妮·史维利斯　"乒乓外交"亲历者　美国乒乓球运动员：这具有历史意义，乒乓运动打开了中美外交的大门。)

(李富荣　"乒乓外交"亲历者　中国乒乓球运动员：这个破冰之旅是寻求友谊，交朋友，发展友谊。)

(戴尔·史维利斯　"乒乓外交"亲历者　美国乒乓球运动员：中国乒乓球队1972年来访的时候，他们还学唱了一首美国歌曲，叫作《牧场是我家》。)

(音乐转场)

50年前的"乒乓外交"打开了中美两国友好交往的大门；50年后，一场跨越太平洋的纪念活动，带领彼此重温历史、拥抱今天、携手未来。

(雷蒙　上海纽约大学常务副校长：
通过共事、通过合作、通过"友谊第一，比赛第二"的理念，我们都获益良多。)

国之交在于民相亲。"乒乓外交"50年来，中美民间交往在维护和促进中美关系发展中的作用越发重要。

中美社会各界的交流与往来，有利于加深两国相互理解和友谊，有利于促进两国人民共同利益，有利于中美关系健康发展。

（康妮·史维利斯 "乒乓外交"亲历者 美国乒乓球运动员：国与国的交往，甚至人与人的交往，总有起起落落。但是我相信，只要民间交流不断，无论是体育、文化，还是教育交流，都有助于促进两国之间沟通。）

（崔天凯 中国驻美大使：
面对各种全球性挑战，中美可以合作、应该合作的领域，不是减少了，而是增多了。推动大球转动的原动力不是减弱了，而是更强了。两国要加强在应对疫情、气候变化、经济复苏等问题上的协调合作。）

【访谈】
主持人："乒乓外交"通过民间交流的形式打破了两国的坚冰，而且国际政治结构也随之发生了变化。但是在今天，中美关系又站到了一个新的十字路口。在这样一个时段，在这样一个新的时间节点，站在一个新的十字路口上，您觉得"乒乓外交"还能继续给我们的大国外交带来一些智慧和启发吗？

吴心伯 复旦大学美国研究中心主任：那肯定是的。在当前中美关系面临新的困难局面的情况下，"乒乓外交"给我们的启示是，两国的民间交流是两国关系之魂。我们要尽可能推动两国民间交流的恢复，推动它的发展，通过它来带动两国关系的进展。因为经过特朗普这四年的破坏，包括疫情的因素，现在中美关系、中美交流在一定程度上也是被封冻住了。我们也需要重新打开两国交往的大门。政治关系的恢复需要一个过程，但是民间交往的基础仍然存在，民间也有巨大的合作和交流的需要。现在我们要做的就是，在疫情得到管控以后，让民间交流释放出来，走在前面，让它来带动官方关系的改善和恢复。你想象一下，如果接下来，我们有成千上万的学生到对方国家去学习，几十万、上百万游客到对方国家去旅游，大家的观感就会（改变）。特朗普把中国看作敌人，蓬佩奥把中国看作敌人，可是你现在看两国之间几十万、上百万人的这种来往，怎么可能是敌人？这样一个观感会发生很大的变化。

主持人：您是做美国问题研究的。经过这半个世纪的发展，快速崛起、不断强大的中国，和美国超级大国，双方之间的位置，博弈关系可能会发生一定的变化。因此，前几年我们一直听到"修昔底德陷阱"，大家一直在说会不会发生。那您觉得现在，今天这样一个时间节点上，我们还需要"乒乓外交"吗？或者说"乒乓外交"能够改变这种博弈的局面吗？

吴心伯　复旦大学美国研究中心主任：我觉得从中美关系的战略格局来看，美国会越来越把中国看作一个主要的战略竞争对手。竞争是第一位的，这个恐怕是没有办法改变的，背后就是两国实力对比差距的缩小。美国对中国力量上升的这种恐惧和焦虑感，导致美国对华政策发生变化。所以我们对这个不应该有幻想，就是中美关系回不到过去了，肯定是这样。但是即使在这种情况下，竞争并不意味着两国就要走向对抗，竞争对手也并不意味着我们就是敌人。在体育比赛上也有竞争对手，但是比赛完了，大家还是可以握手，成为朋友。所以我们现在要考虑的是，在中美之间竞争越来越突出的情况下，怎么样管控好竞争，不要让竞争失控。同时最重要的是，要避免冲突和对抗。在这方面我觉得两国民间的交往非常重要。民间的交往，让两国的领导人都感觉到，两国发展友好关系，有深厚的民意基础，符合两国人民的利益。

主持人：我在这一次纪念"乒乓外交"50周年的过程当中，多次听到"友谊第一、比赛第二"，几乎每个人都在提。但事实上我们都知道，美国方面，国务卿布林肯提出，中美之间首先是竞争，其次是对抗，最后在可能的情况下合作。如果我们继续本着"友谊第一、比赛第二"的精神，有没有可能把这三个排序当中，合作提高到竞争之前？

吴心伯　复旦大学美国研究中心主任：从民间的关系来讲，肯定是把合作放在第一位的。不可能搞民间交往是为了跟对方去竞争，这不可能的。所以我觉得，从民间的角度来讲，友谊第一，交往第一，合作第一。即使在当今这样一个大环境下，也还是对的。竞争甚至对抗，那是政府层面的事情，老百姓之间，就是去交往，去理解，去合作。所以我觉得应该有一个功能的划分，不要把二者弄混淆。

主持人：那么从另外一些角度我们来看，比如说经贸。尽管遭遇新冠疫情，可是去年两国货物贸易额逆势增长了8.3%，达到了5 800多亿美元，这还是在特朗普不断压制的情况下达成的。今年第一季度，中美贸易额更是同比增长了

61.3%。所以在经贸领域,您觉得竞争和合作,将来的趋势会怎么样?

吴心伯　复旦大学美国研究中心主任:我的判断就是将来的发展,中美在经贸关系上,仍然是合作第一。因为双方对对方市场有巨大的需求,对对方商品有巨大的需求。所以这就是为什么特朗普执政四年对中国发动关税战,但是到最后,中美贸易不降反升。这是市场的规律,不以人的意志为转移的。当然美国会在其他方面,加强对中国的打压、竞争,比如说技术。它在高新技术、新兴技术方面,对中国的防范会越来越强,甚至对中国进入美国的金融市场、中国对美国的直接投资,会越来越多防范,这个都是不可避免的。但是从贸易来讲,我觉得还是有非常大的增长空间。

主持人:另外一个角度,我们最近也看到有突破的角度,就是共同应对气候变化。我们看到,4月22日习近平主席应拜登总统的邀请,出席了线上的"领导人气候峰会",也发表了重要讲话。另外,美国总统的气候特使约翰·克里也来到上海,和中国特使解振华一起,发表了中美应对气候危机的联合声明。气候问题是不是未来两国政府间,一个重大的合作窗口?

吴心伯　复旦大学美国研究中心主任:肯定是一个重要的抓手。从美方来讲,拜登是把应对气候变化看作一个很重要的政治议程,也是要把它塑造成他的政治遗产。从中国来讲,习主席一直非常关注气候变化问题。这方面实际上我们都已经走在美国的前面。现在两国重新在这个问题上,找到一个合作点。中美之间,实际上这种合作的潜力一直存在,只不过特朗普政府在人为打压合作的潜力。现在我们要做的,就是一步一步把合作的潜力释放出来,能够走多远就走多远。

主持人:您刚才提到了,特朗普政府,我们把他的做法可用这四个字来形容——"倒行逆施"。但还是这句话,青山遮不住,毕竟东流去。他是挡不住历史前进的步伐的。但是我们再来看拜登政府,他上台百日执政,无论是他的政策行动,包括他自己的宣言,我们也看到,将中国视为战略竞争对手,拜登和特朗普是一脉相承的,这个不会改变。那么在您看来,您做美国研究这么多年,接下来的中美关系,有哪一些迷思?过去的迷思,可能是到了一个去破除、去祛魅的时刻。可是又有哪些信念,我们可能还必须坚持下去?

吴心伯　复旦大学美国研究中心主任:其实这几十年,中美关系的发展也经历了几个阶段。从建交到冷战结束,是第一个阶段,整个20世纪80年代是中美关系的黄金时代。冷战结束以后很长一段时间,我们还在留恋80年代的中美关系,然后慢慢地我们就意识到,中美关系回不到过去了,我们就慢慢适应了后冷战时代的中美关系。特朗普上台以后,双方又慢慢感觉到,中美关系回不到过去了。现在拜登上台以后,可能还会有一种想法,有没有可能再回到特朗普上台之前?我觉得一个理性的观察,是不大可能了。最重要的就是美国的战略界,对中国崛起的认知发生了变化。什么认知?过去它认为,你的崛起和发展是美国可以掌控的,是美国可以利用的。现在不一样,现在它认为,你的崛起和发展,给它带来最大的挑战,就是有可能要挑战它第一的地位。今后美国对中国更多的是防范、是竞争,甚至不排除战略对抗。所以这一点我们一定要有清醒的认识。但是另外一方面,我觉得虽然中美关系进入了一个新阶段,但是它的一些基本面没变化,比如说中美两国之间都存在合作的巨大需求。刚才我们讲了,不仅是经贸,包括在人文交流、民间交流、气候变化等各个领域,还是要合作的。合作给双方带来好处,这一点是没有变的。两国社会客观存在的这种交流、理解的巨大需求也没有变。最后一个没有改变的,就是中美两国在世界事务中的合作的重要性。所以两国应该有这样一种责任感,搞好中美关系,既是为了中国和美国,也是为了其他国家,也是为了世界,这些基本面我觉得都没有改变。

主持人:非常感谢吴教授。我们今天在这里回顾"乒乓外交"给我们带来的启发。50年前当"乒乓外交"开始的那一刻,我们并不知道未来会发生什么。但是无论如何,我们是怀着一份对未来的美好期待,改善中美关系的美好期待。而50年后的今天,我们再来反思"乒乓外交"留给我们的智慧和政治遗产的时候,我想我们依然怀有这样一个美好的期待,希望"乒乓外交"的精神,能够帮助我们在未来,点亮一个更加和平、更加繁荣的美好世界。好,感谢您,也感谢电视机前朋友们的收看,让我们下期节目再会。

2021年度上海广播电视奖
参评作品推荐表

作品标题	上海迪士尼暂停开放 所有游客午夜前完成核酸检测离园（外媒分发标题："烟花下的上海迪士尼"）	参评项目	国际传播
		体　裁	长消息
		语　种	英语
作　者（主创人员）	集体	编　辑	集体
刊播单位	东方卫视海外版、美联社	首发日期	2021年11月1日
刊播版面（名称和版次）	东方卫视海外版 11月1日18:09	作品字数（时长）	2分01秒
（作品简介）采编过程	2021年10月31日18点刚过，上海迪士尼乐园因外省市新冠疫情协查需要而关闭，上海随即启动应急响应预案，有关部门迅速调动各方资源，安排在园3万多游客核酸检测、安全出园。医务人员、民警迅速到位，大巴车星夜驰援，游客有序检测、离开，当晚，迪士尼乐园的烟花如期绽放。该作品整合了乐园及周边设施封闭、园区内游客有序进行核酸检测的场景、完成检测游客的积极评价，以及乐园之后两天的闭园安排，体现了这座城市的快速响应，井然有序。		
社会效果	突发事件考验媒体的新闻意识、反应速度和编播能力，比拼的是软实力。虽然事件发生在周日，但融媒体中心第一时间反应，除了中文报道外，还及时编译，将相关内容分享给海外合作媒体，迅速成为"爆款"。24小时内，该片在全网总流量突破2 000万次，点赞及评论30.6万。在海外平台，也获得美联社和欧洲电视联盟等全球主要通讯社的第一时间关注，24小时内，"烟花下的上海迪士尼"被包括美国、英国、加拿大、日本、韩国、德国、巴西、西班牙、澳大利亚等30多个国家和地区的超过60个频道播出195次。 先期发布的24小时内，该片在自有海外社交媒体账号上也获得了超过5万的覆盖量，获得网友积极评价如："Great! I wished they would do this here in Melbourne in Shopping Malls, and big events. Thank you.（希望		

社会效果	在墨尔本的商场和一些大型活动上也能做得这么好。谢谢！）",等等。虽然部分欧美媒体在播报过程中带着点"酸意",但更为重要的是,中国面对疫情的快速反应获得了更多的正面评价,"动态清零"的抗疫政策也获得了一次广泛而有效的对外传播；特别是在此之后"奥密克戎"变异毒株接踵而至,西方各国如临大敌,反观中国却"淡然处之",令西方媒体惊讶之余,也体现了前期国际传播工作的成效。

上海迪士尼暂停开放
所有游客午夜前完成核酸检测离园

临时支起的路障……不断驶入的急救车……

(粗编11秒烟花爆竹燃放实况一点)

昨晚的迪士尼,烟花依旧升腾,但此时的度假区,已经进入疫情防控状态。

【实况:大家跟着队伍走起来,然后边走边操作,健康云打开,然后有个核酸检测服务,然后个人检测登记。】

原本的入园安检处,已经变身核酸检测点,经过分流疏导,现场秩序井然,所有游客在午夜前基本离园。

【实况 游客:我本来预想要很长时间,现在已经做好出来了,还行吧,速度挺快的。】

上海:220辆临时接驳公交转送迪士尼游客

从昨晚8时15分起,上海轨交11号线迪士尼站暂停运营服务。为做好离园游客疏散工作,上海交通部门安排了220辆临时接驳公交车,将游客统一转送到龙阳路交通枢纽。转运工作结束后,司机们接受了第一次核酸检测,公交运营公司也对车辆进行了全面消毒。

【实况　公交公司消毒人员：45 度向上喷洒，等 20 分钟再过来擦拭，只要是扶手能碰到的地方，都要擦拭一遍。】

【沈继军　上海浦东新区上南公共交通有限公司副总经理：所有用过的车，我们要加深进行消毒，包括我们的驾驶员做核酸，第二个就是叫他们回去以后，尽量不要外出，驾驶员第二天，就是过 24 小时以后，要做第二次核酸检测。】

对于防疫人员和转运司机来说，这注定又是一个不眠之夜。而正是他们和无数其他人的坚守与捍卫，构筑了这座城市从容有序的精准防疫。

附录：

2021年度上海广播电视奖获奖作品名录

（广播电视）

特 等 奖

序号	体裁	单位	作品	作者
1	新闻栏目	上海广播电视台浦东新区等十六个区融媒体中心	民生一网通	集体

（广播新闻）

一 等 奖

序号	体裁	单位	作品	作者
1	新闻专题（系列）	上海广播电视台东方广播中心	引领区一线观察记	胡旻珏、赵宏辉 编辑：俞倩
2	新闻评论	上海广播电视台东方广播中心	上海办税大厅首开"办不成事反映窗口"，办成了不少事！	俞承璋、周仲洋、范嘉春
3	长消息	上海广播电视台东方广播中心	十条公约、两场投票、四千户居民参与……封闭11个月的这扇门终于能开了！	姚轶凡 编辑：陈霞、孟诚洁

二 等 奖

序号	体裁	单位	作品	作者
1	现场直播	上海广播电视台东方广播中心	《重走一大路》特别直播	集体
2	新闻编排	上海广播电视台东方广播中心	《990早新闻》(5月23日)	张明霞、何卓莹、李英蕤、葛婧晶 编辑：张明霞
3	超长消息	崇明区融媒体中心	三兄弟同获"光荣在党50年"纪念章 党龄相加逾160年	倪格格、朱卓君、汤圣一 编辑：程雪
4	短消息	青浦区融媒体中心	苏州市吴江区人庞云华今天当选为青浦区金泽镇人大代表	张全权、张婧 编辑：陆桂根
5	长消息	上海广播电视台东方广播中心	上海100台"一键叫车"智慧屏好用吗？关于便捷性、响应度、知晓率，记者实地调查	周依宁、王迪杰 编辑：李斌
6	新闻评论	上海广播电视台东方广播中心	不做折腾"植物人"的"木头人"	汪宁、周仲洋 编辑：何周导、范嘉春
7	长消息	上海广播电视台东方广播中心	上海网约车大多不合规?!管理思路能否改一改？	陆兰婷、周依宁 编辑：孟诚洁

三 等 奖

序号	体裁	单位	作品	作者
1	新闻访谈	上海广播电视台东方广播中心	《践行"人民城市"的上海样本》系列访谈	秦畅、张喆、崔翔、邬佳力、朱应 编辑：张明霞、李军
2	新闻访谈	上海广播电视台东方广播中心	"筑梦空间站"天和核心舱发射特别直播	傅昇萦、孟诚洁、叶欣辰、龙敏、乐祺、郑子凌 编辑：张明霞、李军、袁林辉

续表

序号	体裁	单位	作品	作者
3	新闻访谈	上海广播电视台东方广播中心	反诈,检察在行动	钟姝、叶人杰、马尊伊、朱应、沈颖婕、李军、邬佳力 编辑:袁林辉、张明霞
4	长消息	上海广播电视台东方广播中心	人要有梦想!你看巩立姣!	张亦莹 编辑:顾洁、何欹
5	长消息	上海广播电视台东方广播中心	小小湿地守望者	代灵 编辑:范嘉春、孟诚洁
6	新闻评论	上海广播电视台东方广播中心	一份《处罚决定书》凭什么火出圈?罚得明明白白也是营商环境	胡旻珏 编辑:孟诚洁、陈霞
7	新闻专题(连续)	嘉定区融媒体中心	手机呼叫转移易"结"不易"解",三大运营商联合推出解决方案	周玉林、李佳祺 编辑:涂军、陆晓峰、鄢春生
8	长消息	上海广播电视台东方广播中心	警惕绿色债券"漂绿"现象	俞承璋 编辑:孟诚洁
9	新闻评论	上海广播电视台东方广播中心	不要让大家觉得骗子比我们还努力	胡旻珏 编辑:何周导
10	短消息	上海广播电视台东方广播中心	"90后"叶叔华院士全英文演讲,鼓励女性打破"玻璃天花板"	李雪梅、赵宏辉、俞承璋 编辑:孟诚洁

（电视新闻）

一 等 奖

序号	体裁	单 位	作 品	作 者
1	纪录片-系列	上海广播电视台纪录片中心	诞生地	集体 编辑：朱宏
2	长消息	上海广播电视台融媒体中心	001号浦东新区法规落地	陈慧莹、顾克军、施政、王天峰 编辑：翟轶翆
3	新闻专题（系列	上海广播电视台第一财经	全球供应链变局下的中国机会	王晢晢、钱晓鑫、邹婷 编辑：王晢晢

二 等 奖

序号	体裁	单 位	作 品	作 者
1	新闻专题	上海广播电视台融媒体中心	我在"一大"修房子	戴晶磊、李连达、陶余鑫、屠佳运、师玉诚 编辑：叶均、朱世一
2	节目编排	上海广播电视台融媒体中心	7月26日《东方新闻》	集体
3	新闻专题	上海广播电视台融媒体中心	流调蹲点记录	张英、王珏、刘宽漾、朱晓荣 编辑：陈瑞霖、朱世一

续表

序号	体裁	单位	作品	作者
4	长消息	上海广播电视台融媒体中心	一份公函的善意	陈慧莹、顾克军 编辑：瞿轶羿、张莉
5	新闻专题（系列）	上海广播电视台融媒体中心	执行第一线（第三季）	集体
6	新闻专题	上海教育电视台	《大医生》——陈尔真	李鸣、刘君、李晓峰、章琦、檀正勇、葛瑞奇、薛辰临 编辑：孙向彤、姚赟勤
7	现场直播	上海广播电视台融媒体中心	伟大的开端——中共一大纪念馆开馆直播特别报道	集体
8	新闻访谈	上海广播电视台第一财经	改变世界｜曹德旺：做企业越难越要挺身而出	朱韶民、王征、顾伊劼、李莹、刘珍 编辑：朱韶民、王征
9	超长消息	崇明区融媒体中心	花博园区成为中国首个碳中和园区	刘黎明、朱昱伟、吴仲亨 编辑：方天扬、施希
10	短消息	上海广播电视台融媒体中心	华山医院：马昕、张文宏接受国产新冠疫苗紧急接种	周文韵、吴佳亮 编辑：顾怡玫、蔡理
11	新闻专题（系列）	上海广播电视台融媒体中心	系列报道"慢车情长"	集体

三 等 奖

序号	体裁	单位	作品	作者
1	新闻专题（系列）	上海广播电视台融媒体中心	上海楼市新政后　开发商暗箱违规现象调查系列报道	吴浩亮、魏颖、查家旻、车秉健、吴佳亮 编辑：夏进
2	纪录片-系列	上海广播电视台纪录片中心	流动的中国	范士广、金翔、丁璨、任一李、闻柯、丁丁、黄日华 编辑：周全
3	超长消息	上海广播电视台融媒体中心 杨浦区融媒体中心	从棚户区到公租房　环卫工人安家上海	王歆瑜、杨镏箐 编辑：李军
4	长消息	上海广播电视台五星体育	水庆霞的左右为难　蝉联冠军的双倍喜悦	马晋翊、王廷珏、董奕 编辑：文劼、万齐家
5	新闻专题（系列）	上海广播电视台第一财经	上海城市数字化转型现状调查	邹婷、丁玎、孙冀、朱斌、路俊、张毅 编辑：丁玎、孙冀、朱斌
6	纪录片-系列	上海广播电视台纪录片中心	一级响应	集体
7	新闻访谈	上海广播电视台融媒体中心	环球交叉点·西方偏见，中国如何应对？	张悦、袁鸣、邹琪、左禾欢、张一苇、应鋐、杨丽芳 编辑：乐文舟、葛奇函、王勇
8	长消息	上海广播电视台融媒体中心	新闻特写：吴老，我来送送您	李怡、屠佳运 编辑：戴菁

续表

序号	体裁	单 位	作 品	作 者
9	纪录片-长片	上海广播电视台纪录片中心	《走出荣耀》奥运篇之"前浪"	集体
10	超长消息	上海广播电视台五星体育	31岁的钟天使跑赢了26岁的自己	夏菁、裘文祥、曹智元 编辑：文劼、万齐家
11	长消息	青浦区融媒体中心	林家村：从"百草园"到"薄荷香文苑"农家书屋助力乡村振兴	顾舜丽、丁全青 编辑：胡军军
12	新闻专题	上海广播电视台融媒体中心徐汇区融媒体中心	"这一年我的朋友圈"《谭若霜：风貌区里的烟火人生》	张文菁、王卫民 编辑：王燕
13	新闻专题（公众）	上海广播电视台融媒体中心	致命纪念册（上、下）	集体 编辑：方婷、李姬芸、李鹏

（媒体融合）

一 等 奖

序号	体裁	单 位	作 品	作 者
1	短视频现场新闻	上海广播电视台融媒体中心	还跟风报培训班？沪教委负责人道破"双减"重点	朱玫、朱齐越、林羡德 编辑：李吟涛、虞之青
2	创意互动	上海广播电视台第一财经	这条需要胆识的隐蔽战线，你敢挑战吗？	集体 编辑：周忆垚

续表

序号	体裁	单位	作品	作者
3	短视频专题报道	上海广播电视台融媒体中心	挥别"李清照"？一位外卖小哥眼里的张江	徐晓、黄逢佳 编辑：李吟涛
4	融合创新	上海广播电视台东方广播中心	【喊麦】"两会"朝你招招手，节奏你都跟我走！	沈颖婕、王俊特、张亦莹、金祎、吴沄睿、杨叶超、向晓薇 编辑：沈颖婕、王俊特、杨叶超、张亦莹

二 等 奖

序号	体裁	单位	作品	作者
1	短视频专题报道	上海广播电视台融媒体中心	假包装、假小票、假物流……揭秘海外假代购全流程	卢梅、楚华、李维潇 编辑：朱厚真、朱世一
2	短视频现场新闻	浦东新区融媒体中心	独家首发：守护这座城市最美的"烟火"！	周天通、倪晓峰 编辑：黄慎
3	融合创新	上海广播电视台东方广播中心	百年大党正青春——庆祝中国共产党成立100周年上海广播100位主持人100小时融媒体特别直播	集体 编辑：翁伟民、张明霞、杭一啸
4	融合创新	上海广播电视台纪录片中心	陈芊汐和她的207C	潘德祥、王茜、邹佳骐、姜涛、董路翔、黄思宇 编辑：周全
5	短视频专题报道	上海广播电视台融媒体中心	流调蹲点记录系列短视频	张英、王珏、刘宽漾、朱晓荣 编辑：陈瑞霖、朱世一

续表

序号	体裁	单 位	作 品	作 者
6	短视频现场新闻	上海广播电视台第一财经	架起"空中走廊"阿富汗松子开启神奇之旅｜一探进博	邹婷、朱斌、钱小岩、孙冀、崔晓晟 编辑：刘鹏
7	短视频专题报道	上海广播电视台第一财经	一"网"情深 上海城市数字化转型现状调查｜我们的城市	邹婷、丁玎、孙冀、朱斌、张毅、路俊 编辑：丁玎、朱斌、路俊

三 等 奖

序号	体裁	单 位	作 品	作 者
1	短视频现场新闻	上海广播电视台东方广播中心	陆老师有话说：七年了,高层小区的消防龙头里竟然没有一滴水？	陆兰婷、盛陈衔、周依宁 编辑：孟诚洁、顾隽契
2	短视频专题报道	上海教育电视台	时代楷模吴蓉瑾专访：肖僖康的故事	姚赟勤、金山、顾晓春、金卓悦 编辑：邹骏超
3	短视频专题报道	青浦区融媒体中心	百年芳华 感恩有你	郭苗苗、邹宇忠 编辑：池舒悦
4	短视频现场新闻	松江区融媒体中心	带着清华大学的录取通知书,他来上海陪父亲送快递	梁锋、隋垚、母萌 编辑：秦天
5	短视频现场新闻	闵行区融媒体中心	外卖小哥台风天停车疏通窨井道	张熠楠 编辑：姚怡莹
6	短视频专题报道	上海广播电视台融媒体中心	"白宫義见"特别报道：中美俄元首视频会晤	张经义、李源清 编辑：陈维琴、王勇
7	短视频专题报道	黄浦区融媒体中心	一夜成军的白衣天使	李晓强、姜东锋、王巽君、张静芝、王登轩 编辑：厉文磊、王巽君

续表

序号	体裁	单 位	作 品	作 者
8	短视频专题报道	崇明区融媒体中心	芦粟阿哥	顾欢欢、施钮辰、张志豪、陈林健 编辑：顾欢欢
9	融合创新	奉贤区融媒体中心	特大喜讯！奉贤小囡姜冉馨取得本届奥运会上海首枚金牌,实现奉贤奥运金牌零的突破	何芹 编辑：何语馨
10	新媒体新闻栏目	上海广播电视台融媒体中心	阿姨爷叔请提问	朱佳伟、徐俊杰 编辑：王燕

（国际传播）

一 等 奖

序号	体裁	单 位	作 品	作 者
1	纪录片	上海广播电视台纪录片中心	行进中的中国	朱雯佳、宣福荣、王静雯、俞洁、王芳、金丹 编辑：陈亦楠、敖雪

二 等 奖

序号	体裁	单 位	作 品	作 者
1	新闻专题（系列）	上海广播电视台融媒体中心	♯Why China 你所看不懂的中国	顾佳 编辑：张佳颖、赵翌、葛奇函

续表

序号	体裁	单位	作品	作者
2	品牌栏目	浦东新区融媒体中心	PudongUpdate(浦东在线)	张梦菡、沈丹、倪娜、鲁琳、储咏瑜

三 等 奖

序号	体裁	单位	作品	作者
1	长消息	上海广播电视台融媒体中心	上海迪士尼紧急封闭 园内全员核酸检测	集体
2	纪录片	上海广播电视台纪录片中心	《百年大党——老外讲故事·上海解放特辑》(Witness a New Dawn)	朱晓茜、王向韬 编辑：王向韬
3	新闻访谈	上海广播电视台融媒体中心	环球交叉点·乒乓外交五十载 以史鉴今正当时	集体

（广播文艺）

一 等 奖

序号	体裁	单位	作品	作者
1	广播剧	上海广播电视台东方广播中心	血红花白	徐国春、陈慧君、沈磊、罗文、张治、韩磊
2	音乐节目	上海广播电视台东方广播中心	新时代长征路——记新时代版"长征"音乐作品	李长缨、徐梓嘉、何红柳

二 等 奖

序号	体裁	单位	作品	作者
1	综艺节目	上海广播电视台东方广播中心、东方卫视中心	《最爱金曲榜》音乐盛典	集体
2	文学节目	上海广播电视台东方广播中心	张桂梅：用生命托举着困境女学生走出乡村，改变命运	李欣、张治
3	综艺节目	上海广播电视台东方广播中心、奉贤区融媒体中心	贤城花开·礼赞华章——庆祝中国共产党建党一百周年交响京剧盛典	集体

三 等 奖

序号	体裁	单位	作品	作者
1	音乐节目	上海广播电视台东方广播中心	《最爱金曲榜·流金岁月》之"大海啊，故乡"	张明、王天一
2	音乐节目	上海广播电视台东方广播中心	《致敬马勒》之"泪光童话"	刘岗、何红柳
3	戏曲曲艺	上海广播电视台东方广播中心	京剧中的男高音	左幸宁、张恩慧

（电视文艺）

一 等 奖

序号	体裁	单位	作品	作者
1	歌舞节目	上海广播电视台东方卫视中心	光辉的旗帜——上海市庆祝中国共产党成立100周年文艺晚会	集体

续表

序号	体裁	单位	作品	作者
2	综艺节目	上海广播电视台东方卫视中心	我们的歌（第三季）	陈虹、曹毅立、汤沐恩
3	歌舞节目	上海广播电视台东方卫视中心	朤月东方中秋梦幻夜	集体

二 等 奖

序号	体裁	单位	作品	作者
1	综艺节目	上海广播电视台东方卫视中心	斯文江南	集体
2	电视文艺（专题）	上海广播电视台东方卫视中心	时间的答卷	集体
3	歌舞节目	上海广播电视台东方卫视中心	潮涌长三角——长三角三省一市庆祝中国共产党成立100周年特别节目	集体
4	文艺纪录片	上海广播电视台纪录片中心	青海·我们的国家公园	李晓、王硕、许盈盈、孙尧、张晓蕾
5	综艺节目	上海广播电视台东方卫视中心	主播有新人	集体

三 等 奖

序号	体裁	单位	作品	作者
1	文艺纪录片	浦东新区融媒体中心	听见咖啡	邵丹婷、何宜昌
2	综艺节目	上海广播电视台东方卫视中心	一路唱响	王珈、戈攻独立制作人团队
3	综艺节目	上海广播电视台东方卫视中心	极限挑战宝藏行·绿水青山公益季	集体

续表

序号	体裁	单位	作品	作者
4	综艺节目	上海教育电视台	健康脱口秀——总决赛暨颁奖典礼	袁媛、周杰、王子强、陆晨、朱茱、周荃
5	歌舞节目	上海广播电视台东方卫视中心	春满东方——点亮幸福2022东方卫视春节节目	集体
6	歌舞节目	上海广播电视台东方卫视中心	梦圆东方——2022东方卫视跨年盛典	集体
7	歌舞节目	上海广播电视台东方卫视中心	嗨购上海——2021"五五购物节"全球大直播	胡倩秋、于宁、蒋演、王姿倩、张沉
8	戏曲节目	上海广播电视台东方卫视中心	福虎迎春闹元宵——2022年幸福都市元宵戏曲晚会	王冬、乐雯、沈传辰、林依

（播音主持）

一 等 奖

序号	体裁	单位	作品	作者
1	广播播音	上海广播电视台东方广播中心	6月17日《990早新闻》："筑梦空间站"-神州十二号载人飞船发射特别策划	张早、施美琳
2	电视主持	上海广播电视台融媒体中心	理想照耀中国——庆祝中国共产党成立100周年全媒体直播特别报道	何婕

二 等 奖

序号	体裁	单位	作品	作者
1	广播播音	上海广播电视台东方广播中心	江城花开又一年——纪念武汉解封一周年特别直播	李欣、杨烁
2	广播播音	上海广播电视台东方广播中心	今晚焦点：中国同尼加拉瓜复交	孙畅、杨烁
3	电视播音	金山区融媒体中心	金视新闻	马凯洲
4	电视主持	上海广播电视台东方卫视中心	《可凡倾听》"我心中的父亲"——刘伯承之子刘蒙专访	曹可凡
5	电视主持	上海广播电视台东方卫视中心	时间的答卷	陈辰

三 等 奖

序号	体裁	单位	作品	作者
1	广播播音	上海广播电视台东方广播中心	2月3日《990早新闻》	陈凯、施美琳
2	广播主持	上海广播电视台东方广播中心	探寻超导电缆背后的上海"智"造	傅昇崇
3	广播主持	闵行区融媒体中心	直击！疫苗接种	汪婷婷
4	电视播音	上海教育电视台	教视新闻	孙语鸿
5	电视主持	上海广播电视台融媒体中心	2021上海旅游节"建筑可阅读"十二时辰全媒体大直播	舒怡、高嵩
6	电视主持	上海广播电视台东方卫视中心	我们的歌（第三季）	林海
7	电视主持	上海广播电视台第一财经	市场零距离：北交所开市特别节目	江予菲

第 16 届上海长江韬奋奖获奖者(广播电视)

长 江 系 列

蔡雪瑾　上海广播电视台东方广播中心首席主持人、融媒体部《民生—网通》节目主持人

陈慧莹　上海广播电视台、上海文化广播影视集团有限公司融媒体中心首席记者

顾舜丽　上海市青浦区融媒体中心采访部副主任、中心团支部书记

韬 奋 系 列

吴　茜　上海广播电视台、上海文化广播影视集团有限公司融媒体中心(看东方上海传媒有限公司)党委副书记。融媒体中心主任

张国良　上海广播电视台第一财经日报编委

第31届上海新闻奖获奖作品名录
（广播电视）

一 等 奖

单　　位	作　　品	作者（主创人员）	编　　辑
上海广播电视台纪录片中心	《诞生地》	集体	朱宏
上海广播电视台融媒体中心	001号浦东新区法规落地	陈慧莹、顾克军、施政、王天峰	瞿轶羿
上海广播电视台东方广播中心	《践行"人民城市"的上海样本》系列访谈	秦畅、张喆、崔翔、邬佳力	张明霞、李军
上海广播电视台纪录片中心	行进中的中国	朱雯佳、宣福荣、王静雯、俞洁、王芳、金丹	集体

二 等 奖

单　　位	作　　品	作者（主创人员）	编　　辑
上海教育电视台	《大医生》——陈尔真	李鸣、刘君、李晓峰、章琦、檀正勇、葛瑞奇、薛辰临	集体
上海广播电视台融媒体中心	我在"一大"修房子	戴晶磊、李连达、屠佳运、陶余鑫、师玉诚	叶钧、朱世一
上海广播电视台东方广播中心	上海办税大厅首开"办不成事反映窗口"，办成了不少事！	俞承璋、周仲洋	范嘉春
上海广播电视台融媒体中心	流调蹲点记录	张英、王珏、刘宽漾、朱晓荣	陈瑞霖、朱世一
上海广播电视台第一财经	全球供应链变局下的中国机会	王皙皙、钱晓鑫、邹婷	王皙皙
上海广播电视台东方广播中心	引领区一线观察记	胡旻珏、赵宏辉	俞倩

续表

单 位	作 品	作者（主创人员）	编 辑
上海广播电视台东方广播中心	中原两湾城也通了！苏州河岸线贯通开放，曾有九成声音反对的巨型小区如何扭转乾坤？	汤丽薇	孟诚洁、黄津亮
上海广播电视台融媒体中心	♯Why China 你所看不懂的中国	顾佳	张佳颖、赵翌、葛奇函
上海广播电视台第一财经	薪火　红色金融(1921—1949)特别专题	集体	集体
上海广播电视台融媒体中心	挥别"李清照"，一位外卖小哥眼里的张江	徐晓、黄逢佳	徐晓、李吟涛
上海广播电视台融媒体中心	流调蹲点记录系列短视频	张英、王珏、刘宽漾、朱晓荣	张英、王珏
上海广播电视台东方广播中心	【喊麦】"两会"朝你招招手，节奏你都跟我走！	沈颖婕、王俊特、张亦莹、金祎、吴沄睿、杨叶超、向晓薇	沈颖婕、杨叶超
上海市崇明区融媒体中心	花博园区成为中国首个碳中和园区	刘黎明、方天扬、朱昱伟、吴仲亨	方天扬、施希
上海市奉贤区融媒体中心	200天完成投产，首批119万剂次上海产新冠疫苗从奉贤东方美谷走向全球	张莉莉	王鹏
上海市虹口区融媒体中心	创文曝光台	王晓祥、邹悦、陈怡	邹越、张昱昕
上海广播电视台纪录片中心	新时期中国对外传播在挑战中的转型探索——以上海广播电视台外宣纪录片为例	陈亦楠	王侠

三 等 奖

单 位	作 品	作者（主创人员）	编 辑
上海广播电视台第一财经	《改变世界｜曹德旺：做企业越难越要挺身而出》	朱韶民、王征	集体
上海广播电视台东方广播中心	不做折腾"植物人"的"木头人"	汪宁、周仲洋	何周导、范嘉春
上海广播电视台融媒体中心	7月26日《东方新闻》	集体	集体
上海广播电视台融媒体中心	伟大的开端——中共一大纪念馆开馆直播特别报道	集体	集体
上海广播电视台融媒体中心	上海楼市新政后开发商暗箱违规现象调查系列报道	吴浩亮、魏颖、查家旻、车秉健、吴佳亮	夏进
上海广播电视台	上海迪士尼暂停开放,所有游客午夜前完成核酸检测离园	集体	集体
上海广播电视台融媒体中心	植物人评残"亲自"上门还是政策上门？	康令侃、唐晓蒙、金莹莹、朱静文	魏颖、王卫东
上海广播电视台融媒体中心	假包装、假小票、假物流…揭秘海外假代购全流程	卢梅、楚华、李维潇	朱厚真、朱世一
上海广播电视台融媒体中心	迎战台风"烟花"	集体	集体
上海广播电视台融媒体中心	东京奥运会特别报道：独家专访福原爱	宋看看、陈之瑜	集体
上海广播电视台东方广播中心	陆老师有话说：七年了,高层小区的消防龙头里竟然没有一滴水？	陆兰婷、盛陈衔、周依宁	孟诚洁、顾隽契

续表

单 位	作 品	作者(主创人员)	编 辑
上海广播电视台第一财经	《31省人口大数据查询,快来看看你的家乡》H5和信息长图	周忆垚、唐雅芬、谢勤、蔡丰、孙玉	周忆垚
上海广播电视台	陈芋汐和她的207C	潘德祥、王茜、邹佳骐、姜涛、董路翔、黄思宇、朱晓荣、周全	邹佳骐、王茜、陈泰迪
上海广播电视台第一财经	大V流水席 中国顶级财经专家思想盛宴	姜筱舟、叶茗、陈韵如、高雅、蔡嘉诚、杨斐然、张健	姜筱舟
上海广播电视台东方广播中心	百年大党正青春——庆祝中国共产党成立100周年上海广播100位主持人100小时融媒体特别直播	集体	翁伟民、张明霞、杭一啸
上海市嘉定区融媒体中心	手机呼叫转移易"结"不易"解",三大运营商联合推出解决方案	周玉林、李佳祺	鄢春生、陆晓峰、涂军
上海市嘉定区融媒体中心	乡村振兴的密码,藏在热气腾腾的早餐里	陆晓峰、涂军、蔡晨皓	鄢春生
上海市松江区融媒体中心	我们,是无声骑手	王博文、隋垚、吴涵彬	王博文、隋垚、吴涵彬
上海市普陀区融媒体中心	人间烟火气,最抚凡人心——《都市烟火气》	陶钦忆	陶钦忆
上海市杨浦区融媒体中心	1949—1963年沪语广播的改造和历史启迪	郭心华	刘捷

新闻名专栏

作　品	作　者	编辑	单　位
民生一网通	集体	集体	上海广播电视台 上海市16家区级融媒体中心

第32届中国新闻奖获奖作品名录
（上海广播电视）

一 等 奖

项目	作 品	主 创	编 辑	播出单位
新闻专题	诞生地——不能忘却的纪念	集体	朱宏	上海广播电视台纪录片中心
新闻专栏	直通990	集体	杨叶超、范家春、陈霞	上海广播电视台东方广播中心

二 等 奖

项目	作 品	主 创	编 辑	播出单位
新闻编排	5月23日《990早新闻》	何卓莹、李英蕤、葛婧晶	张明霞	上海广播电视台东方广播中心
国际传播	行进中的中国（China On the Move）	敖雪、朱雯佳、宣福荣、王静雯、俞洁、王芳、金丹	王立俊、朱宏、陈亦楠	上海广播电视台纪录片中心

三 等 奖

项目	作 品	主 创	编 辑	播出单位
新闻专题	我在"一大"修房子	戴晶磊、李连达、陶余鑫、屠佳运、师玉诚	叶均、朱世一	上海广播电视台融媒体中心
新闻直播	对话长江 看见中国	集体	卢明亮、洪燕、梁延	重庆之声 湖北之声 江苏新闻广播 上海广播电视台东方广播中心

续表

项目	作 品	主 创	编 辑	播出单位
舆论监督报道	不做折腾"植物人"的"木头人"	汪宁、周仲洋	何周导、范嘉春	上海广播电视台东方广播中心
重大主题报道	薪火 红色金融(1921—1949)特别专题	集体	林洁琛、应民吾	上海广播电视台第一财经
新闻业务研究	新时期中国对外传播在挑战中的转型探索—以上海广播电视台外宣纪录片为例	陈亦楠	王侠	上海广播电视台纪录片中心